ISBN 978-0-259-78348-0
PIBN 10631720

English
Français
Deutsche
Italiano
Español
Português

www.forgottenbooks.com

Mythology Photography **Fiction**
Fishing Christianity **Art** Cooking
Essays Buddhism Freemasonry
Medicine **Biology** Music **Ancient
Egypt** Evolution Carpentry Physics
Dance Geology **Mathematics** Fitness
Shakespeare **Folklore** Yoga Marketing
Confidence Immortality Biographies
Poetry **Psychology** Witchcraft
Electronics Chemistry History **Law**
Accounting **Philosophy** Anthropology
Alchemy Drama Quantum Mechanics
Atheism Sexual Health **Ancient History**
Entrepreneurship Languages Sport
Paleontology Needlework Islam
Metaphysics Investment Archaeology
Parenting Statistics Criminology
Motivational

MANISCHE FORSCHUNGEN

ORGAN

FÜR ROMANISCHE SPRACHEN UND MITTELLATEIN

HERAUSGEGEBEN

VON

KARL VOLLMÖLLER

IV. BAND,

ERLANGEN

Verlag von Fr. Junge

1891.

K. b. Hof- und Univ.-Buchdruckerei von Fr. Junge (Junge & Sohn) Erlangen.

Inhaltsverzeichnis.

DANİEL BONİFACİ.

Catechifmus. Lindauv vid' igl Bodenfee, tras Iohann Lvdvig Brem. 1601.

(Abgedruckt Romania IX, 250 ff. & Ulrich, Rhätorom. Texte I.)

[f. aʳ] ALS BEİNADATCHEVS, NİEBELS, STATTEVELS, PRVS, SABİGS ET HVNDREFELS S. *Vugąą & Signurs d'üna intiera Dret-* 5 *chüra & Commün da Fürſtenow, als meas oravąunt Hundrevels & chears Singnurs & buns amigs, ſalüd da Deu, pậſch & beineſſer tras noſs Signer Ieſum Chriſtum.*

SIąunt cha la fąnghia ſcrittüra, Hundrevels Signurs, da per tutt igl Mund eintin da tuttas ſorts linguaghs ees raſad' ora & meſſa per ſcritt, da 10 tal ſort & aſchi clær, cha bigchia namæ ils Docturs & Muſſąąs da quella, la cognuſchan, mò era ąuter commün pievel & infąunts tras las ſchkolas & Catechiſems, quegl ees, curtas formas & conpigliameints da tutts principals punctgs della Chriſtianevla Cretta & Religiun vegnan muſſąąs & intragui- dąąs, ch'els quella ear coguuſchan & tier üna veera cretta vegnan tratgs 15 ſij: Scò nus bein veſein, cha nua cha nus vegnign or'da noſſa terra, cateius cha bunameng mün[fol. aᵛ]chiadün ſa ün qual chiąuſa or' d'la ſcrittüra fąnghia: Schi ees igl pija ear per baſünghs cha nus la noſſa Giuventütna eintin veera cretta, dretgia cognuſchientſcha da Deu, buna & deſcheinta manąuntza della vita tragian ſij. Siąunt cha la experientia. da münchia gij 20 ans muſſa, cha pür lura ün pievel & Regemeint ün ventürevel & paſchevel beinſtadi & bein eſſer ünandretg ſa gudêr, cur cha eintin las Baſelgias, quegl ees eintin veera cretta & ſervetſch da Deu vean meſs ün bun funda- meint, ſe intzaigl qual na pò eſſer nagün bein eſſer, ne vid' corp ne vid' orma, mò blear plij l'ira da Deu ſur tals Chriſtiąuns vean à d'eſſer. Schina- 25 vąunt era la Giuventütna ees üna ragiſch della Baſelgia da Deu, & Deus vutt cha quella vignig manada à lgui tiers, vut ell duvrar Babb & Mamma la tiers, ch'els quella ä lgui megnan tiers cum dretchia forma & üuandretg trær ſij, igl qual ees à Deu igl plij grąuud bein plaſchêr. Sur quegl ſcò

1

Deus tutts Chriſtiauns ha ſckiſſeu tier ſeu laud & hunur, aſchija ha ell era ordinuaa Babb & Mamma ch'els lur infaunts ünādretg tragian ſij, per nott ch'igl nūm da Deu [fol. bʳ] viguig hundraa & glorificaa. Mò quegl vean bigchia pudeer davcntar, upija che vignig vivaunt meſs ün bun fundameint, 5 or'digl qual creſcha ün bein reformaa Regemeint & Baſelgia. Quelt fundameint vean alura ſchantaa ünandretg, cur cha la divina verdad bichia namæ aveartamcng eintin las Baſelgias ciær & funſadameng vean muſſada, mò era da Babb & Mamma à cheaſa, & Muſſaders eintin las ſchkolas alla Giuventütna plantada eint, eintin la daſora manaunt(a)za della vita muſſada, & 10 manada giu digl mal. Nus ſavein cha la Giuventütna ees à Deu adüna ſtada cheara: ſcò Christus ſetts confeſſa tier S. Marc. eiut' ilg 10. cap. Nua ch'el gij: Laſchad ils infaunts vegnir nà tiers me, & bigh ils duſteies, per che cha da tals ees igl Reginaa da Deu. Sumgiauntameng era: Mal à quell igl qual datt ſcandel alla Giuvētütna, é fuſs plij bien ch'ell haveſs 15 üna mola d'mulin eintin culiets & fuſs ſtendſchentaa in funs della màr. Damæ Chriſtus pija la Giuventütna da tal ſort ha cheara, schi ees igl bein per baſünghs cha quella vignig tratchia ſij ünandretg, & tier cognuſchientſcha da [fol. bᵛ] Deu, per che cha nua cha lgiês cognoſchientſcha, ſchi ees igl ventüra. Veſiaunt damæ cha igl diever & excercitatiuns dellas ſchkolas, 20 tras da quella ſort cudiſchs, numnadameng Catechiſems, portan taunt frütg, & eintin nofs linguagh mæ na nean ne ſcritts ne ſquitſcheus, & la noſſa Giuventütna auters linguaghs bichia pò intelîr: ſunt Io graundameng & ſitg vegneu movcntaa, tras graund nott baſüngs ch'ees uſs eintin noſſa terra da intraguidar, muſſar & manar la Giuventütna ſün veera cretta, dretgia 25 cognuſchienſcha da Deu & deſcheinta manauntza della vita, (cun agüd da Deu) da ſcriver, metter ora & far ſquitſchear queſt cudiſchet eintin noſs natürâl linguagh da Tumlgieſchka: Cunbein quell ees pitſchen, cuntean ell imprô tutts ils principals punctgs della noſſa Chriſtianevla Religiun, & d'üna Chriſtianevla deſc(e)h[e]inta vita. Mò per nott che hagig taunt plij authoritad, 30 væ Io voleu ſcriver tiers à vus numnaas Signurs da queſt hundrevel Commün: Sün buna ſperaunza che vignig (cun agüd da Deu) portâr graund bun frütg. Rogaund cha la V. H. viglig queſta [fol. cʳ] chiauſa bigchia virar in mal, mò prender la buna viglia avaunt ils fatgs, & me adüna eintin tutt bien, ſcò buns Signurs & Patruns laſchar eſſer per recommendaa. 35 Deus dettig gratia che portig bun frütgh, & ſiervig tier ſeu laud & honur & tier igl nofs ſalüd Amē. Datum Fürſtno à miets Martz, digl Ann ſueiuter la Na[ſ]c(ſ)hientſcha da (G)[C]hriſti nofs Signer. M. DC. I.

> D. V. H.
>
> Voluntûs, ſubiett & obiedig
> 40   Servieint & cunviſchign
>   DANİEL BONİFACİUS.

[fol. c ᵛ].

CONRADUS İECKLİNUS RHAETİALTUS, ANDREAS DOMİNİCUS
SERVİEİNTS DELLAS Bafelgias da Tufąun & Scharąuntz in Domlgeafchka
in Commünas Trees Ligias: Gratia & pafch da Deu Babb tras Iefum
Chriftum. 5

SVeinter quegl, cha à nus ees vegneu avąunt da leger & furveer queft
præfcheint cudifch guar Catechifm & intraguidameint dels infąunts eintin
nofsa viglia & ,natürala Romąunfch da Cuira, & linguagh da noffa terra
zunt diligeintameng, bigchia ñamæ eintin igl intelectg, mò era eintin la
Orthographia, tras quell Prûs & Muffąą Humm Daniel Bonifaci da queft 10
teimp Meifter della fchkola à Fürftno, ees mefs ora & converteu: Ans ha
la diligentia & lavur da queft humm giuven da tal fort bein plafcheu, cha
nus zunt tutta via, per bafünghs & nützevel hauein İudicąą, per üttel &
prò della noffa giuventütna & digl commün pievel, cha queft præfcheint
cudifch vegnifs ftampąą, & fquitfcheu. Per quegl nus era zunt [fol. dʳ] 15
fitgh igl havein·rogąą, damæ ell quella fadigia ha mefs lundarvij, ch'ell
viglig ear lafchar ir igl cuft füntzura & dritzar che vignig fquitfcheu: Igl
qual ell era tras igl nofs amievel rieg, & teneer avąunt ans ha gitgh tiers
& impromefs da far. Per quegl fcba rogeins & varnageins nus tutts vus
Chrifitianevels Babbs & Mammas, fidêls & chears vifchins & pievel da noffa 20
terra, cha vus viglias (fcò quest humdrevel humm giuven, nagüna fadigia &
cofts ha fpargneu) ear vus ün pitfchē danær bigchia vus lafchar increfcher
queft als vofs infąunts da comprar & diligeintameng ils far ir à fchcola:
Sün buna fperauntza cha quell vignig à vus & als vofs infąunts tier grąund
üttel & prò fervir. Latiers dettig Deus la fia gratia da tutt teimp Amen. 25
Datum Tufąun à miets Febræer Anno M. DC. I.

[fol. cʳ].　　　　　　　ANNOTATİO.

EIntin queft linguagh ftò ün haveer adatgh fün quefts buochftabs.
Imprimerameng de quest ą vegnir legeu per ą. Tudefchk, ąą. per ąą.
fcò per fchkò, g. incanuras per ch. v. per w. Quefts d' ch' l' r' s' 30
t' vegnan fatgs per fchkurtzanîr ils plœds, & îr plij bein fueinter igl
linquagh. Scò, d' la, per della, ch' ün, per cha ün, l' ąutra, per la
ąutra, or' per ora, s' fa per fe fa, eint igl, per eintin igl. etc. Perqucl
ftò ün adüna leger fueinter igl linguagh, & bigchia tutt ingual fueinter
igl buochftab: Perche cha quegl daveinta eintin da tuttas forts linguaghs. 35

[pag. 60].　　　DAVARD LA TSCHEİNA digl Signer.

Che ees la Tfcheina digl Signer?

La Tfcheina digl Signer ees üna vifibla veera intzenna & figeall
della nunvifibla fpyfa & bevrąunda dellas noffas ormas.

Che intzennas vifiblas ha quella Tfchcina eint? 40

Pąun & vign, ils quals fün igl corp & fąung da Chrifti nus truvidan.

1 *

Perche ans ha Chriſtus igl ſeu corp & ſąung tras igl pąun & vign
figürąą.

Perquegl cha ingualiſmeng ſcò igl pąuu & vign han quella natüra &
virteu, ils noſs corps tier üna vita temporala da ſpyſentar & bevrētar:
5 *Aſchija ha ear la chiarn & ſąung da Chriſti quella virteu, las naſſas*
ormas tier la vita perpetuu da ſpyſentar & bevrentar.

[pag. 61]. Per che numna Chriſtus igl pąun ſeu corp, & la bevrąunda ſeu
ſąung? vignan pija pąun & vign cintin la veera ſubſtantiala Chiarn & ſąung
da Chriſti ſchmidąą, ſcò ünchüns manegian?

10 *Zunt bigchia: Perche cha in quella guiſa ſuſs igl nagün Sacrameint.*

Perche numn'ell pija in quella guiſa?

Sün quegl ch'ell ans ſagürig, cha nus aſchi veerameng digl ſeu veer
corp & ſąung eintin la Cretta daventein perſnavels, ſcò nus queſtas viſiblas,
ſąnghias intzennas cun la bucca corporala per üna ſia recordientſcha
15 *veerameng retſchevein.*

Daveinta qua nagüna ſchmïdada da quellas intzennas?

Bein: Numnadameng üna Sacramentala, quegl ees üna figürala &
bigchia ſubſtantiala, ſcò ünchüns manegian, per caſchun cha or da
commünas intzennas vignan à qua tras Ordinatiun da Deu & la ſia
20 *benedictiun, ſąnghias chiąuſas & intzennas: Nundarnâ retſchevan [pag. 62]*
ellas igl numm da quegl ch'ellas muntan, & vignan bigchia namœ igl
pąun, mò ear igl corp da Chriſti numnadas.

Ees igl noſs Salvader Chriſtus bigch'ear eintin la Tſcheina?
Bein.
25   Cò.

Cun ſeas Spiert, virteu & operatiun eint' ils côrs dels ſeas fidêls, ſcò
eint' igl ſeu ſąngh tempel.

Schinavąunt ch'igl corp da Chriſti ſubſtantialameng, bigch'ees eint' igl pąu &
vign, Cò pò ün pija mangear landarvij igl Iudicij guar condemnatiun?

30 *Per mur da quegl, cha bigchia ſe fa üna differentia digl corp da*
Chriſti.

Quals fan bigchia üna dretchia differentia intrąunter igl corp da Chriſti?

Tutts quels ils quals igl noſs Signer Ieſum Chriſtum, bigchia per lur
ſolett Spindrader & [pag. 63] Salvader incognuſchan & creen, remiſchiun
35 *dels peccąąs eint' igl ſeu ſąung bigchia tſchearchian, & nugutta tąunt*
meints per members digl ſeu corp tras diever dels ſąnghs Sacraments ſe
dattan ora, mò eint' igl coor quegl bich' ean.

Chij de far igl offici della Tſcheina digl Signer?

Nagün ąuter cha quell, cha tier igl ſervetſch della Baſelgia ees or-
40 *dinąą.*

Cò da la Tfcheina digl Signer vegnir falvada?

Scò Chriftus ha fchantꭤꭤ eint da falvar.

Cò & cun che plæds ha ell fchantaa̤ eint?

Iefus eintin quella noctg ch' ell ees ftꭤꭤ tradeu, ha ell preu igl pꭤun, & fcò ell vett ingratzgeu, lgia ell rutt & gitgh. Perned & mangead, queft 5 *ees igl meu corp, igl qual vean rutt per vus, quegl fageed per üna mia recor[pag. 64]dientfcha. Sumgiꭤuntameng eara pernett ell igl bachœr fueinter la Tfcheina & dfchett: Queft bachœr ees igl nov Teftameint eint' igl meu faung, igl qual vean fpꭤns per blears, per remifchiun dels peccꭤꭤs. Quegl faged fchi faventz fcò vus beveds, per üna mia recor-* 10 *dientfcha. Matth. 26. Marc. 14. Luc. 22. 1. Cor. II.*

Quals deen vegnir lafchꭤa̤s tier la Tfcheina digl Signer?

Tutts quels ils quals fe provan, & han rügla da lur peccꭤꭤs, & ga-regian cun queft la lur vita plij gijgh & plij bein da confirmar, & da lur invija da s⸱ mügliurar. 15

Nua de la Tfcheina digl Signer vegnir falvada?

Damœ cha lgiees ün Sacrament della commünꭤuntza da Chrifti, ʳcha dee quella ear vegnir falvada eintin la Bafelgia & communiũ da Deu.

[pag. 65]. Che ees igl offici da quels cha van tier la Tfcheina digl Signer. 20

Ch' els à Chrifto, igl lur Salvader, cun corp & orma zunt tutta via fe rendan futt, & fcò Deus eint' igl nofs Signer Chrifto ans ha hageu chears, afchi els eara, Chriftianevla Charetza & fee agl lur proffem porfchan.

[pag. 89]. Cò ün Giuvnal de ordinar la mefa. 25

AVncha tij feadzas à mefa, ordeina & paregia vivꭤunt tuttas chiꭤufas. Numnadameng l'auva, vign &c. Arfcheinta ils bachærs, mett tuaglia, cun-teals, falerios, fchüffelring, tagliers, tfchaduns &c.

[pag. 90]. Cun tal urdan dees ear far cun prender fij mefa. Prein fij avꭤunt ils tagliers, alura ils falerins, fchüffelring, cafchiel & la tua- 30 glia &c.

Cò ün Giuvnal de fervir à mefa.

AVꭤunt tuttas chiꭤufas dês ftar fij dretg & cun ils pees infemmel, cun quitꭤa̤ tettlar fij & haver adagth che mꭤnckig nagutta.

Et cur tij mettas fij da bever guar porfchas vij, fcha fæ à fenn, cun 35 intelectg, plꭤnn cha tij na fpondas.

Cur dus plædan infemmel, bigchia als faglir eint' igl plæd, Mò cur tij veans imparꭤa̤ fchi dæ curta refpofta.

Hagias füu ils bachærs adatg, bigchia mafchdar l'ün trꭤunter l'ꭤuter.

Digl teimp della noctg butzegia faventz la lgijfch, guarda cha tij cun igl fümm & mal fread da quella, na nui fetfchas da læd. Cur tij butze-gias bigchia ftidar or' tras.

Da que ch'ün prend fij d'la mefa bigchia [pag. 91] zundar ne litgear, 5 perche cha quegl ftatt mal & porta naufcha früctg.

Cò igl Giuvnal fe de falvar, cur ch'ell fetts fea à mefa.

CVr tij tetts l'eas à mefa fchi falva queft urdan: Avaunt tuttas chiau-fas dees haveer las unglas dfchubras, lavar ils mauns, ftar fij dretg, & bigh effer igl prim ella fcadella, fees cuftimaa & fui la ebriauntza, beva & 10 mandigia teas nottbafüngs, che ch'ees memgia, porta malzognia.

Cur feudin ha catfchaa maun alla fcadella, va ear tij eint: Et fch'ün chi mett avaunt, prein üna part da quegl & igl ingratzgia, l'autra part agl turna, guardæ à nui auter igl plij tiers tier te.

Ils teas mauns deen bigchia ftar gijg fügl taglier: Bigchia Ballinar 15 ils pees vij & na futt la mefa.

Cur tij bevas furba la bucca cun dus detts guar tifchzvechli, bigchia bever d'intaunt cha tij has spyfa ella bucca.

[pag. 92]. Quegl cha tij has mors, bigchia bugnear ella fcadella, bigchia litgear la detta, bigchia ruir l'offa, cun ün cuntij dees tij tag-20 lear giu.

Tij dees bigchia fcavar ils deins cugl cuntij, mò cun üna plimma guar auter dees tij far ora, mò tij dees teneer ils mauns avaunt la bucca.

Igl paun bigchia taglear giu vid' igl bruft. Quegl ch'ees avaunt te dees tij mangear.

25   Cur tij vol metter chiarn avaunt te, fcha metg cugl cuntij & bigchia culs mauns.

Bigchia fchbletfchar, fcò ün pierg, dintaũt cha tij mandigias, bigchia fchgrattar igl teu cheu, bigchia trær igl malmundügn or digl nâs

Mangear & fchantfchar infemmel ees da pur. Savents fternidar & tufsir 30 ftatt ear mal.

Cur tij has mangeu, fcha lava ils mauns & la vifta, arfcheint or la bucca & ingratzgia Deu, ch'ell afchi buntadevelmeng t'ha fpyfentaa & be-vrentaa: tras Iefum Chriftũ nofs Signer, Amen.

[pag. 93]. Cur ün' chi datt da bever, fchi t'inclina & beva cun mied, 35 ingratgia à quell cha chi ha piert da bever.

Cur ch'ün vutt plidar cun te, fcha leava fij agl porfcha honur, & tettla bein fij che ell chi gij, fün quegl cha tij nandretg fapgias refponder fün zura.

Cur tij cattas ün qual chiaufa, è feijg che che vœglig, fchi turna, 40 perche cha lgiês bigchia teu. Vn vean præft pertfcheart che lgiês davôs ün. Scha tij turnas, chi vean igl cretteu, falvas tij, chi cree nagün nagutta, perche cha lgiês üna mala inzenna.

Or digl teu plæd veans tij cognufcheu che tij has eint' igl côr. Per-
quegl hagias adatg della tia leungua.

Schbitar nagün, fcha veans tij ear bigchia fchbitąą. Schgamnegear
nagün, fcha veans ear bigchia fchgamnegeu. Gijr na nui mal, fcha chi gij
ear nagün mal.   5
Nagüna martfcha vąuna & mal hundrevla tfchąuntfcha de îr or d'la
tia bucca. Scò [pag. 94] S. Paul. Muffa Colof. 3. Tutta ira, nąufchadad
feijg lientfch da te.
Tutt quegl cha tij fas, fæ cun diligentia & ä fenn, fchi veaus tij
ląudąą da Deu.   10
Quell ch'ees eintin tfchiel vedza tutta la tia lavur: Gea ell vedza &
cognufcha igl teu côr, fcha tij lavuras fidêlmeng, fchi plægl à Deu, & chi
va bein: Mò fcha tij handlegias cun mala fee eint' igl côr, te vean Deus
bigchia à lafchar îr vij feinza caftigameint, è daveintig fur curt guar fur
lung.   15
Bigchia imprender cò tij dees ingannar la lgeud, perche cha quegl ees
üna fchgrifchur avąunt Deu, & ftąąs à Deu per quegl dar ün greaf quint.
Sees d'verdad eintin tuttas chiąufas, perche che ftatt nagutta plij mal
à nui Giuvnal cha mentchir: Ord'mentchir perfchenda ingular & ord'ingular
la fuga eintin culiets.   20
Tij dees bigch'îr ord'cheafa feinza licentia & vœglia da teu Babb &
Mamma, guarda quels ch'han da commendar fur te. Cur tij veans tarmefs
ora, fchi turna bein preft. [pag. 95]. Bigchia kybigear culs teas conpągns,
far na nui da læd ne digl mal. Schmentchir nagün fąulfamëg. Bigchia
portar guar tfchantfchar ord'cheafa.   25
Bigchia guardar fün autra lgeud, cho quella fa, guar cò la viva. Scha
tij vedzas quegl cha à nui ąuter ftatt mal, fui tij lgietz. Scha tij vedzas
quegl cha à nui ąuter ftatt bein & vean ląudąą, bigchia te turpagear da
far fcò ell.
Quell cha te caftiga cun plæds ingratzgia, & igl falva per ün cha 30
chi vutt bein.
Nua dus da fcûs plædan infemmel, bigh îr vitiers, mò davent.
Sueinter quegl tutt chear figl dritza & meiва la tia vita.
Sügl plij davôs te perchüra dagl gieg, & tutt igl teu fatg & vita re-
commenda à Deu, fueinter igl feu plæd te falva, fchi veans à plafcheer à 35
Deu, & effer feu erbtavel, igl qual vut effer ludąą & glorificąą ear dals
pitfchans infąunts, Amen.

[pag. 96].   Igl XXXIV. Pfalm.

VEgni na tiers me vus infąunts, & tettlad me, Io vus vij muffar la temma
digl Signer.
Quell cha garegia bun teimp & havefs gugient buns gijs, quell per- 40
chürig la fia leungua avąunt igl mal, & la fia bucca ch'ella bigchia tfchauu-

tfchig fauls, quell bandunig igl mal & fetfchig bion, tfchcartchig la pafch &
vommig fucinter quella.

Ils ijls digl Signer vedzan fur ils gifts, fün quegl ch'ell lur clamar
andig. Et la fia vilta ftatt fur ils mals, fün quegl cha la lur recordientfcha
5 vignig runcad'ora.

igl XXIII. Pfalm.

IGl Signer ees igl meas Paftur, à mij vean à manckar nagutta.
Ell me pafcheinta fün ün pafchk verd, & me meina tier auva frefchka.
[pag. 97]. Ell frefchgeinta la mia orma, & me meina fün la dretchia
10 via, per mur digl feu numm.

Et fcha gea Io vegnis à vandlegear eintin meadza la fchkiretza,
temm' Io auncalur nagün mal: per cha tij ees tier me, igl teu fift & bat-
chietta confortan me.

Tij paregias avaunt me üna mefa incunter ils meas inimigs, tij und-
20 fchas igl meu cheu cun icli. & schenckegias à mij eint plein.

Buntad & mifericordgia mi vean à fegutter tutt igl teimp della mia
vita, & Io vign adüna à ftar eintin la cheafa digl Signer.

igl CXII. Pfalm.

LAudad vus fervieints digl Signer, laudad igl numm digl Signer.
15 Laudaa feijg igl numm digl Signer, da d'hufs inavaunt antocka eintin per-
petuum.

[pag. 98]. Da Solegl Lavaa, antocka Solegl darendeu, feijg ault ludaa
igl numm digl Signer.

Sur tutts ils pievels ees igl Signer adultzaa, & la fia honur & gloria
25 fur ils tfchiels.

Chi ees fcò igl Signer nofs Deus, igl qual igl feu effer & habitatiun
afchi ault ha, & auncalur fe baffa & s'lafcha giu; per guardar tutt eintin
tfchiel & eintin terra.

Ell træ igl fchleatt or digl pulver, et igl pauper or digl malmundügn,
30 ch'ell igl fcheintig tier ils Printz & inavaunts digl feu pievel.

Las nunfrüctgievlas fa ell früctgievlas, & tier üna Mamma ch'ha de-
lectg cun infaunts.

GĬON ANTONĬ CALVENZANO.

Curt Moffament Et Introvidament De Quellas Caufas, Las qualas fcadin fidevel Chriftian è culpantz da faver. In Milaun. Tier ils Stampadurs dil Arcivefgeju. 1611.

Als devotioss Legents.

[pag. 3]. Di quaunta importaunza fia la conofchientfcha dellas caufas della 5
cretta, si pò conofcer da queft, che feinza quella è bigga poffevel che
l'hom poffi venir falf; fco la fanta fcrittira entin blears logs plaida, per
effer quella il fondament da tutta la religion Chriftiana. Da queft veian
che ora dil flis che ieù in per fona hai dourau, fina quel che queft
pievel fofs perfettameng moffau, et formav, introvidau entin la cretta, 10
ieu hai pertergiau da lafchar offa ir ora queft codefchet, entil qual tutt
las principalas caufas della cretta con claretia fi declaran.

[pag. 4]. Per la qual caufa entin quel la giuuentetna vean à catar il paun
rott, con il qual fi vean à poter fpifiar fpiritualmeng taunt che il
bisengs domanda, et ils pli vegls vegnan era taunt pli a fi confirmar, 15
et diventar pli perfetts, in conofcher las caufas pli mōglufas, et di
importaunza. Ieu non vi mancar di rogar tutts con tutta carezia per
l'amor de Iefu Chrift nos fpindrader, et era per quaunt mingain ha
gugent il falid della fia olma di voler ricever queft codefchet per
un petfchen fchenk, et con fauenz legger foruegnir, et fi far rich con 20
tefaur fpiritual, et prender ora da quel il frigg in gloria de Deu, et
falid dellas lor olmas

[pag. 5].   MAESTER AL GĬVENAL.

Della fcifition, et fin del Chriftian. Capitel I.

M.   Da chi effes vus ftau fcifeu?

G.   Son ftau fcifeu da Deu per la fia bōtad infinita, a fia fomeglia, et 25
fon fagg chriftian per gratia de nofs Segner Iesu Chrift.

M.   Per qual fin vi ha el fcifeu?

G.   Per conofcher a tener car, et a lui fervir in quefta vita, fina quel che
fouenter quella il poffi goder, et ver perpetnauameng.

M.   Quals een ils mitcls per vegnir a queft fin, et fi far falf?   30

G.   Een quefts quater, la cretta, la fperonza, la carezia, et las bonas ouras.

Dellá cretta. Capitel II.

M.   Che caufa e cretta?

G.   E una virtid data da Deu all'olma, con la qual nus crede in tutt quel,
che el hà fagg fauer, o per fcrittira, o per moffament, fouenter che la 35
Santa Bafelga Catholica Romana met auond a nus da crer; Et quefta
è una foleta cretta a dual, et tuttina per tutt il mond.

M. In gho caufa ftat principalmeng la cretta da Chriftus?

G. In duas principalas caufas che ftatan entin l'infenna della Sāta Crufch, queft ei nella Santa Trinitad [pag. 6] da Deu: et entin l'incarnation, et mort del fpindrader.

5 M. Gho vult gir Trinitad de Deu?

G. Vult gir che Deu è una foletta Deitad, ner una natira da Deu, la quala è in treis perfonas, che fi nomnen il Sant Bap, il Sant Figl, & il Sant Spirt.

M. Perche een treif Personas?

10 G. Perche il Bap ha negina intschiata: Il Sant filg vien dal Sant Bap, et il Sant spirt vien dal Sant Bap et Sant Figl.

M. Perche een queftas treis perfonas un folet Deu?

G. Perche een in un effer, et una poffanza, et una fapienza, et una bontad.

M. Ghe vult gir, la Incarnation, et la mort del Spindrader?

15 G. Vult gir che il figl de Deu fi hà fagg hom, et è mort vi dil lenn de la fanta Crufch per fpindrament dellas noffas olmas.

M. In che guifa fi fà la infenna della fanta Crufch?

G. Si fa con metter la maungn dregga fil frōt, et gēt, entil nom del Sant Bap, all'hora fott il bruft gent del figl, allhora fu la fpatla finif-

20 tra, et dregga, gent entil nom del Sant Spirt. Amen.

M. In che guifa fi moffa il prim fecret de la Santa Trinitad?

G. Perche quel plaid entil nom, moffa un folet effer, et ils auters plaids moffan la Trinitad.

M. Geid offa l'auter fecret.

25 G. La figira della Crufch moffa la mort dil fpindrader, [pag. 7] il qual fouenter quel che fi hà fagg hom, et hauer introuidau, et moffau la via dil falid del olma, con exempels, et con miraculs, è mort vi dil lenn della Santa Crufch.

Della Credentfcha. Capitel III.

30 M. Qual è la regola dil crer?

G. E una fomma dels Apoftels, che fi nomna la credientfcha.

M. Mi geid la credientfcha!

2. Ieiu creid in Deu Bap, tutt poffent, il qual hà fcifeu il Ciel, et la terra.

G. Et in Iefum Chriftum, il feu folet figl.

35 3. Il qual è concepeu del Sant Sprit, et nafcheu da noffa donna fanta Maria.

4. Hà indirau fott Pontio Pilato, crucifiggiau, mort, et fotterau.

5. Et è ius giù entin ils inferns, et il terz gi è leuaus da mort in vita.

6. Et è ius in ciel, et ftat dalla maugn dreggia del feu Bap tutt poffent.

7. Nōder che el è da vegnir a derfcher il vifs, et ils morts.

40 8. Ieu creid entin il Sant Spirt.

9. Entin la Santa Bafelga Catholica, et la cominaunza dels Sants.

10. La remiffion dels pucaus.

11. La beuada della carn.
12. Et la vita perpetua. Amen. —
M. Chi ha fagg la credientfcha?
[pag. 8]. G. Ils dodifch Apoftels, et tras quei eèn dodifch articuls.
M. In che caufa ftatan quefts articuls?   5
G. In tutt quel che principalmeng fi hà da crer à Deu, et la fia fanta
    Bafelga; perche il 8. prims frufts partegnen à Deu, ils autres quater
    alla fanta bafelga.
M. Mi declarat il prim fruft della cretta.
G. Ieu creid fermameng in un folet Deu, il qual è natural Bap dil feu 10
    folet figl, et infemel è Bap per gratia de tutts ils fideuels, et buns
    chriftiãs, tras quei nus efchen numnaus figls de Deu, et finalmeng è
    Bap perche el hà fcifeu tuttas las caufas. E queft è Deu tutt poffent:
    perche el pò far tuttas las caufas, et hà fcifeu il ciel, et la terra, et
    tutt il mond da nagotta.   15
    Mi declarat il fecond articul.
M. Ieu creid era entin Iefum Chriftum, il qual è folét figl de Deu, perche
G. el è ftaù fchendrau perpetnameng de Deu, et è perpeten, tutt poffent,
    fcifidir, et fegnor da tuttas las caufas, fco il Bap.
M. Mi declarat il terz.   20
G. Ieu creid che Iefus Chriftus bigga foletemeng fia ver Deu èra ver
   hom: perche el hà priù carn humana da fanta Maria, per vertid del
   fant Spirt, et ufcia è nafchiu in terra da moma fenza bap, .fco in
   ciel era nafchiu fenza moma.
M. Mi declarat il quart.   25
G. Ieu cred che Iefu Chrift, per fpindrar il mond con il feu precius
   faung, hà indirau fott Pontio [pag. 9] Pilato, è stau geflagiau,
   incoronau con fpinas, et mefs in Crufch, vi della quala, fù mort, et
   da quella preus giù, et futterrau in un noff monomeint.
M. Mi declarat il quint.   30
G. Ieu creid che Iefus Chriftus, fi preft che fù mort, fù ius entin il Limbo
    dels Sants Paders, et il terz gi, che era la Domengia fù leuaus fì
    con granda gloria, et poffanza.
M. Mi declarat il feft.
G. Ieu cred, che Iefus Chriftus fouenter che è ftau quaranta gis con ils 35
   fants Apoftols, per prouar et moffare con bearas vefidas la fia vera
   leuada, fù ius entil ciel: et fea foura tutts ils chors dels Aungels, dalla
   vart dregga, del feu Bap in gloria a dual al Bap, fco patron, et gover-
   nator de tuttas creatiras.
M. Declarat il siet.   40
G. Ieu creid, che il nofs Segnor hà da vegnir ent la fin del mond con
   granda poffanza, et gloria; a derfcher tutts ils homens, et vean a dar
   la pagaglia a mingin, fouenter che l'ha fagg las ouras.

M.   Mi declarat l'ottauel.

G.   Ieu creid entin il Sant Spirt, il qual è la terza perfona della fanta
Trinitad, et vien dal Bap, et dal Figl, et è in tutt, et per tutt a dual
al Bap, et al figl, Deu perpeten fenza fin, tutt poffent, et fegnor da
5   tuttas las caufas, feo il Bap, et il Figl.

M.   Mi declarat il noīu.

[pag. 10]. G.   Ieu creid era, che fia una fanta bafelga, la quala è la cominaunza
de, tutts ils fideuels chriftians, che han il fant battem, et la cretta de
Iefu Chrift, et che tegnen il Papa, per ftathalter de Chriftus qui in
10   terra, et giau della fanta bafelga, et quefta bafelga è fpofa de Deu,
et hà per maefter il fant Spirt; tras quei non è pericul, che ella poffi
fallir.

M.   Perche fi nomna quefta bafelga fanta

G.   Si gi fanta, perche ella ha il giau che è Chriftus Sant, et perche el
15   hà beara membra fanta, et la cretta, et il fchentamēt, et ils fants
Sacramēs: et fe gi catholica, perche è comina.

M.   Che vult gir la cominaunza dels'fants?

G.   Vult gir, il hauer part dellas orations, et dellas bonas ouras, che fi
fan entin la bafelga: da cocca nel corp human del bein de un member
20   hā part tutta l'auttra membra.

M.   Mi declarat il diefch.

G.   Ieu creid, che entin la fanta Bafelga fia la remiffion dels pucaus, con
l'agit dels fants Sacramens, et che in quella ils homens da figls del
demoni, et condemnaus nel infiern diventen figls de Deu, et artauals
25   del regeneual del ciel.

M.   Mi declarat l'undisch.

G.   Ieu creid, che enten la fin del mond han da levar fi tutt ils homens,
et prender il corp, che haveuan vi da vaunt, et queft deuenta per
poffanza de Deu, al qual è negina caufa impofevola.

M.   Mi declarat il pli davos articul.

30 G.   Ieu creid, che per ils buous chriftians fia la vita per[pag. 11]petna
complena de tutt legrament: feo per ils mals chriftians, et infideuels
è la perpetna mort, plena de tutta miferia, et fenza negin bien.

Della fperonza.   Capitel IIII.

M.   Che caufa è fperonza?

35 G.   E una virtid meffa entin la uoffa olma da Deu, per la qual nus
hauein fperonza d'hauer la uita perpetna, principalmeng per la fanta
gratia, et al'hora la pagaglia dellas noffas ouras con quella infemel.

M.   Che è dibifengs da far per foruegnir las caufas, dellas qualas nus
haucin fperaunza?

40 G.   Principalmeng è dibifengs da far oration.

M.   Che vult gir oration?

G. E leuar il nos ſpirt a Deu, con domandar las cauſas, che nus monglein
per la ſia gloria, et ſalid dellas noſſas olmas.

M. Quals een l'orationes che ſi deuen far?

G. Principalmeng il Bap noſs, l'Aue Maria; et autras, che moſſa la ſanta
baſelga. 5

M. Saueiz il Bap noſs?

G. Ìeu ſai been: perche queſta è la imprimiera cauſa, che ieiu hai im-
priu, et il ghig minga domaun, et la ſera inſemel con l'Ave Maria, et
la credentſcha.

M. Geit pia il Bap noſs. 10

G. Bap noſs, qual che ti es in ciel.

1. Sia fagg ſant il tuo nom.

[pag. 12]. 2. Vegna tier nus il teiu regenauel.

3. La tia ſanta veglia dauenti in terra, da cocca daueinta in ciel.

4. Da a nus il nos paun oz, et mingia gi. 15

5. Et perdona· a nus ils nos pucaus, ſco nus perdonaign als nos culpans

6. Et bigga nus menar in nauſcha improuament.

7. Et ſpindra nus da tutt mal. Amen.

M. Chi ha fagg queſta oration?

G. Chriſtus, et tras quei è la pli niebla da tuttas las autras. 20

M. Che cauſsas ſtatan in queſta oration

G. Tutt quel, che ſi pò domandar, et hauer ſperaunza in Deu, perche
een ſiet domandas, enten las quater primas ſi domanda il bein: nellas
autras treis, che nos ſpindri dal mal. Et quant al bein prima ſi do-
manda la gloria de Deu, ſecond il noſs grand bien, terz la gratia 25
per il foruegnir, quart il miez per gorbir, et conſervar quella gratia.
In quant al mal, ſi domanda, che el nos ſpindri primierameg dil mal
che è paſſau, ſecondo del mal, che ha da vegnir, terz del mal preſeut,
et uſcia da tutt mal.

M. Mi declarat quels plaiz, che een entin las domandas del Bap nos, qual 30
ti es enten ciel.

G. In queſts plaiz ſe renda la raggion, perche nus potein plidar cou igu
uſcia grand ſegnor, et per che haucin ſperonza d'eſſer udius, ſi gi
pia che Deu è il noſs bap, perche el nus ha ſcifcu: et tras quei nus
ſco figls correin tier el, et ſi gi che è [pag. 13] entin ciel, ſco ſeguor 35
de tutts, et ſauegnen che el nus po udir, ſe el vult; da cocca nus
hauein ſperōza che el vegli nus udir, di mena che el è Bap.

M. Mi declarat la prima domanda.

G. Nella prima domanda ſi roga, che Deu ſia cognoſciu da tutt il mond,
et uſcia il ſeu ſant nom ſia da tutts honorau, et glorificau, ſco ſi deua. 40

M. Mi declarat la ſeconda.

G. Nus domandein, che vegna tier nus il regenavel, il qual nus ha pro-
meſs, che ſouenter quel che nus hauein foruentſchiu la battaglia, che

nus haucin con il demoni, con il mond, et con la carn, et vegnin en-
ten la perpetua gloria: nella qual vegnein a ftar con Deu fenza negin
impediment, et fenza fin.

M.   Mi declarat la terza.

5 G.   Nus domandein nella terza domanda la gratia de Deu, con la qual
nus obedegn perfettameng als fes cōmandamens, fco adina obedifchen
ils Aungels in ciel.   Perche la fcala da ir in ciel è l'obedienza dels
commandamens.

M.   Mi declarat la quarta domanda.

10 G.   Nus domandein nella quarta domanda il paun de minchagi, ufcia il
fpiritual taunt, fco da gir il plaid de Deu, et ils facramēs, fco il cor-
poral, tāt fco da gir la viuonda, et la veftidira.   Perche il plaid de
Deu predicau dals predicators, et legeu da nus entin ils codefchs fpiri-
tuals, et ils fants Sacramens, numnadameng della confeffion et com-
15   munion een da lor part un grand mitel per foruegnir, et conferuar
la gratia de Deu. [pag. 14]   La viuonda, et la veftidira een dibifegns
per mantener quefta vita enten ·il fervetfch de Deu.

M.   Mi declarat la quinta.

G.   Nus domandein enten la quinta, che nus fpindri dil mal paffau, queft
20   è ils pucaus, che nus hauein fagg, tralafchiand il mal della colpa, et
della peina, che per quel nus hauein fagg, et fi met vitiers, che fco
nus perdonegn als nos culpans, queft è nus perdonegns als nos inimigs,
perche è bigga ragioneuol, che Deus perdoni a nus ils nos puchaus,
fe nus volein bigga perdonar l'ingiuria als inimigs, che è di pauca
25   importaunza.

M.   Mi declarat la fexta domanda.

G.   Nus domandein nella fexta, che Deus nus fpindri dal improuament, il
qual è mal che ha da vegnir, o non lafciand, che nus fian tentaus, o
dand gratia di poter foruenfcher.

30 M.   Mi declarat la fiet.

G.   Nus domandein nella fiet, che Deus nus fpindri dil mal prefent, queft
ei da tutta triftetia.   Amen.

M.   Mi geit l'Ave Maria.

G.   Ave Maria falidada feis te Maria, ti es plena da tutta gratia; il Segnor
35   è con tei, ti es benedida fora tuttas las autras donans, et benedeu è
il teu frigg del teu fant bift, nofs fegnor Iefus Chriftus, fanta Maria
momma da Deu roga Deu per nus paupers pucauns, offa et enten
l'hora della noffa mort.   Amen.

M.   Di chi è en quefts plaids nomnaus.

40 [pag. 15].   G.   Una part è del Aungel Gabriel, l'autra è de fanta Elifabett.
·   La terza è della fanta Bafelga.

M.   ´In che meni geits l'Ave Maria, fouenter il Bap nos?

G.   Sina quel che con rieg de fanta moma Maria pli maneuel poffi gorbir

da Deu quel che ieu domād, perche ella è quella che roga per ils
pucauns, et è plena de miſericordia, et ſtat entin il ciel ſora tutts ils
cors dels Aungls, et hà grand fauor tier Deu.

M. Voleſs gugent ſauer perche ſi tocca treis gades al gi, da ſtizar, da
mez gi, et la ſera.   5

G. Sina quei che nus intelligeien, che nus hauein da beſegns da ricorer
ſauenz al'agitt de Deu, e dels ſaings: eſſend nus entin mez dels inimigs
viſeuels et inviſeuels, et che nus doucin bigga ſoletameng dourar l'arma
della oratiō entin l'intſchiata dellas noſſas ouras, ma che nus douein
far il medeſim nel paſſar del teimps, et entil fin. Senza queſt è in 10
autra cauſa in queſt toccar treis gades: et è che la ſanta baſelga vult
raccordar adiua treis cauſas principalas del noſs ſpindramēt, l'Incar-
nation, la Paſſiō, et la leuada, et era vult che nus ſalidein noſſa donna
la damaun in memoria della leuada del Segnor: et da mez gi in me-
moria della Paſſiō, et la ſera in memoria della Incarnation, perche 15
ſco nus ſauein cert, che noſs Segnor fu mes in cruſch da mez gi, è
fu leuaus ſei la domaun merauegl, uſcia ſi creda che l'Incarnation ſi
feſs la ſera, et cura che ſi tocca ſtar in ſchanoglias, con deuotion per
ringratiar [pag. 16] pli andregg Deu, il qual a nus dat tants bene-
fecis. —   20

M. Che oration ſi dena gir, cur che tocca l'Ave Maria?

G. Queſta, l'Aungel de Deu ha laſchiau ſauer a Maria, et ha concepeu
del Sant Spirit, ſouenter, gir in Ave Maria.
Parnez mira la ſoruiente de Segnor, dauenti a mei ſouenter il teu plaid,
et un'autra Ave Maria. Et il vierf è fagg carn, et è ſtau traunter 25
nus; un' autra Ave Maria.

M. Ni ricordaz bigga era per agit ils auters Sants.

G. Ieu rog tutts ils ſants, perche els mi pon gidar con ils lor meritts et
orations tier Deu, ſco ſeas amigs, et rog in tal meni, ſco quels che
pon gorbir gratia, et bigga ſco quels che datē la gratia.   30

M. In che guiſa honoraz et clamaz, anagidd ils ſants?

G. Numnadameng con gir las Litanias, che een ſchantadas ſei dalla ſanta
Baſelga.

M. Cho ſi fa oration al ſeu Aungl?

G. Gent queſta curta et bella oration: o Aungl de Deu, il qual ti es 35
perghirader de mei, mi dai oz claretia, perchira, et gouerna per pie-
tad de Deu a ti data. Amen.

Della Carezia. Capitel V.

M. Che cauſa vult gir carezia?

G. La carezia è una virtid, che è data da Deu alla noſſa olma, per la 40
qual nus tenein car Deu, [pag. 17] per ſc ſez et il proſſim per carezia
de Deu.

M. Qual ê l'infenna di tener car Deu

G. È l'hauer un cor ferm, et ftateuel di non far pucau mortal per tutt las
caufas del mond, et indirar gugent tuttas las triftetias, et tribulations
per lamur, et carezia de Deu

5 M. Cho fe po veer in nus la carezia del proffim?

G. Se nus efchen contra el pazients, et mieuels, ufcia da fi legrar da tutt
il feu bien, fco hauer laid, et increfcher de tutt il feu mal, è vegnir
à dar aggit con tuttas caufas, che een a nus poffeulas.

Dels Commandamens de Deu. Capitel VI.

10 M. Vegnegn offa a quel, che fe hà da far per tener car Deu, et il prof-
fim, et mi geid ils diefch commendamens.

G. 1. Ieu fon il fegnor teu Deu ti deis bigga hauer auter Deu anond mei.

2. Prender bigga mal nizeuelmeng il nom de Deu enten la tua bocca.

3. Ti deis faluar il firau, fco Deus ha cōmandau.

15 4. Ti deis tener entin hunur il Bap, et la moma.

5. Ti deis bigga ammazzar.

6. Ti deis bigga far pittinegn.

7. Ti deis bigga ingolar.

8. Ti deis bigga dar faulfa perdeggia.

20 9. Ti deis bigga garegiar la donna dil proffim.

10. Ti deis bigga garegiar la rauba d'auters.

M. Chi hà dau quefts commandemens?

[pag. 18] G. Deu fez entin il fchiantament veder, et fouenter quel, Chriftus
nofs Segnor hà confirmau entin il teftament nof.

25 M. Che contegnen, in fomma queft diefch commandamens?

G. Tutt quel che fi hà da far per tener car Deu, et il proffim. Perche
ils prims treis commandamens moffan, cho fi ha da daportar cōter
Deu con il cor, con la bocca, et con las ouras. Ils auter fict moffan
da far bein al proffim, et di bigga nofcher alla perfona, nell' hunur,
30 nella rauba: ne con faglis, ne con plaiz, ne con il cor, et ufcia il fin
de tutts ils commandamens è il commandament della carezia, che co-
manda da tener car Deu foura tuttas las caufas, et il proffim fco
nus ez.

M. Mi declarat il prim commandament.

35 G. Nel antfchiata Deus nus avifa, che el è nofs ver Segnor. Et tras quei
nus efchen culpans di ubedir con tutt flis, et la tiers commanda che
nus douein reconofcher niun auter Deu che el, et douein era dar hunur
alla fanta Crufch; et fanghiadads, et allas fantas figiras, perche hauond
quellas nus honorein quels, ils quals vegnen reprefentaus, per quellas
40 figiras, et fanghiadads, quel è nofs Segnor, noffa donna, et auters fants.

M. Mi declarat il fecond.

G. Il ſecond commandament ſcomanda di blaſſemar, perche è grand puchau,
et il giuramēt fauls, o che ſi fa ſenza biſegns; non complenir [pag. 19]
nir il vot, o tutt auter diſhonur, che ſi fa con plaids a Deu.

M. Mi declarat il terz.

G. Il terz commandament commanda da ſaluar il ſirau, il qual ſtat in non 5
far cauſas che ſi fan il louer gis, et hauer teimp de pertregiar il
dound de Deu, viſitar la Baſelga, udir la Meſſa; fa orations legger
codiſchs ſpirituals, udir il ſoing uffici, et il priedi, et far autras bonas
ouras ſpiritualas.

M. Mi declarat il quart. 10

G. Il quart commandament commanda di tener entin honur il Bap, et la
moma, bigga ſoleteneng con riuerenza de Plaiz de tirar giù la capella,
ma era con agidar, et ſeruir entin ils lor biſegns. Et quel che ſi gi
del Bap, et della moma, ſi deue era far con ils autres proſsims, et
ſpirituals ſi bien non è bigga uſcia culpant, ſco al Bap, et alla moma 15
ils quals l'han tragg ſi, et nodriu con granda fatiga, et ſtenta.

M. Mi declarat il quint.

G. Enten il quint ſi commanda, che nus douein bigga ammazzar ingiuſta-
ment, è gig ingiuſtamēt: perche ils derſchaders, ils quals giudicā ils
mal fatſchens alla mort, et ils miniſters della giuſtitia, che ils fan 20
morir, ſco era ils ſoldaus nella giuſta guerra fan bigga pucau, fra
taunt che ammazzan ils inimigs.

M. Mi declarat il ſext.

G. Il ſext commandament commanda che non ſi fatſcha il pucau del pet-
tenegu, queſt è il pucau [pag. 20] cō donna de in auter, et ſi pò in- 25
tellir era in tutta guiſa, che ſi pò far queſt pucau carnal.

M. Mi declarat il ſettim.

G. Il ſettim commanda, che niun'prendi la rauba d'auters daſcoſameng, il
qual ſi domanda ladarnetſch; ne da paleis, il qual ſi nomna prēder
per forza dal maun del proſsim; ne deue far fraud con vender, ò com- 30
prar, ò con autra ſort de rauba: et finalmeng non fatſcha dan alla
rauba del proſsim.

M. Mi declarat l'ottaff.

G. Nel ottaf ſi ſcommanda la faulſa perdiggia, il mormorar far gliſna-
regn, gir mēzegnas, et tutt auter dann, che ſe fa al proſſim con la 35
lingua.

M. Mi declarat ils dus pli da vos comēdameins.

G. Deus commanda in queſts dus commandamens, che noin gareggi
la donna, ner rauba de auters, perche Deus cho veda il noſſ cor
vult, che nus ſian ſoings, et ſcuchbers bigga ſoletemeng da fora, 40
ma era in daueins, ſina quel cho nus ſian intierameng, è verameng
giuſts. —

Bref apologetica. Milaun. Tier ils Stampadurs dil Arciuesgeu. 1612.

[pag. 320].

Sthoits finalmeng, & tuas, & meas vices tibi dolendum, qui folus in
lā ampla familia filium habeas auitæ, & veræ religionis defertorē, queſt
5 ei. Che vus hauets da doler, & della voſſa & mia fort, fco q̄ll, il qual
follet haueits in egnia vſchi graunda caſada egn ſegl, che [p. 321] haigi
abandonau la veglia & vera religioū &c. Ah ö meas bab, quaunt è pli
gift il meu dolur, fco q̄ll il qual folett fouōd la veglia & vera religioun,
queſt ei dals meas magiurs o farfarers. Ieu conofch il meas Tadd, & il
10 plaunfch, & forfa aung il Bafadt fia mort entin la religioun da Caluin.
Aber or' einfer q̄ls, totts ils meas Magiurs, ils quals per tott feattfchient
ons, fi gi, che fian ftai entin la noſſa caſada, han viueu, & morts entin
la Bafelgia Catolica & verameng entin la cretta dil Euangeli, & dacoca ieu
hai fperaunza, hann furuegneu la vita eterna, la quala è entin la foletta
15 Bafelgia. Per la qual ghiaufa oder conofcheits la mia conclufioun caſſer
veriſſima, queſt ei che ö non hai bandonau la cretta dals meas magiurs ö
forfares, [pag. 322] ma retornau à quella, & all'ura ch'ieu nō hai trateneu
fott la caſada, ma abandonau, oder metteit auaunt folettameng egn da tott
queſt featt teimps, il qual haigi profeſſau la religioū da Caluin & da Zu-
20 uingler, & mi vegn ieu accordar, & q̄ft fez ꝓmett da far, fch'vus mi metteits
auaūt qual ghin della fezza religioun da tottas las treis Leias, las qualas
è clar, fco fi caua dal Vuefchgeu da Coira, ean fchon mille & tretfchient
ons che dalla Paganeglia fi ean cōuerteu & veolt alla religiun dals Chriſt-
giauns. Aber allura fra taūt che fi tfchearca q̄ft fcheonofcheu abtrinniger
25 Caluinifta, per non ftar lafcheint, ieu garagiaſſ che foſſ dau rifpofta da
totts ils Minifters dals Euangelis dal on dil Signur 1517. faggs à queſtas
paucas [p. 323] dubitatiouns. La prima, chi è quell, che mai entin la pri-
mitiua Bafelgia (la quala confeſſond, ear els fez) hà moſſau la fchobradad
dil Euangeli, & foueinter hauer preu gl'orden da Sacerdot, foueinter gl'orden
30 haigi preu donna, oder ch'haigi defendeu che fi poſſi conuegneuelmeng pren-
der, fpecialmeng ina purfchealla che haigi il vud, & confacrada à Deu?
Perch'ieu hai impreu dil fauenz leger dals Paders, da Hiftorigs Ecclefiaftigs,
& fchētamaints da Roma talas nozzas eaſſer declaradas ꝓ malmōdas & difgra-
tiadas, caſſer caftigiadas dalla Bafelgia con las fpegnias Ecclefiaftigas aber à
35 ur dals Imperaturs Chriftgiauns ear cō la pegna dil ghiau. Perche gl'Imperatur
Giouenian, il quart fucceſſur da Conftantinus Magnus [p. 324] gl'onn 336.
Vfchia determina, entil 5. c. dels Vuefchgs & dels Spirituals. Si quis, gi
el, non dicā rapere, fed attentare tantùm iungendi caufa matrimonij
facatiſſimas virgines aufus fuerit, capitali pœna feriatur, &c. quest ei.
40 Schi qualchin vean ad afchgiar, nō gig da prender per forza, mia foletta-
meug da prouar per refpect da fi confchonfcher in matrimoni con las bene-
didas purfchealllas fia condemnau per la tefta &c. La feza ghiaufa à lura

ha renuuau & crefcheutau Giuftinian Imperatur, ent il fchantameint 41. al
fez cap. *Raptores, gi el, virginum vel viduarum vel Diaconiffarum
(etiam volentium) quæ Deo fuerint dedicatæ, peffimum criminum pec-
cantes capitis fupplicio plectendos effe decernimus, quod non folùm ad*
[*p. 325*] *iniuriam hominum, fed & ad ipfius Dei omnipotentis irreueren-* 5
tiam committitur, &c. queft ei. Ils Raffaders dellas purfcheallas ò dallas
veuuas ò Diaconeffas (fchi bain confenghient) las qualas fi faran confa-
cradas, & benedidas à Deu, fafchend in tottauia graund pughiau, deter-
minainza ò fchezzagianza ch'els fiã caftigiaus per peina della tefta, perche
non folettameng, fi fà firftmoch alla glieud, ma fi fà in graund gfpott agl 10
fez Deu omnipoteint, &c. Soing Ciprian aber vifchin als Apoftels, entil
prim codifch Epift. II. vfchia fcriua. *Si fuperueniens maritus fponfam
fuam iacentem cum altero videat, nõne indignatur & fremit, & per zeli
dolorem fortaffis & gladium in manus fumit? Quid* [*p. 326*] *Chriftus
Dominus & iudex nofter dum virginem fuam fibi dicatam & fanctitati* 15
*fuæ deftinatam iãcere cum altero cernit quàm indignatur & irafcitur?
& quas pœnas inceftis eiufmodi coniunctionibus cõminatur?* &c. queft ei.
Sch'il mareu vezza che la fia donna rompa la legg con in auter, non fi
fchdegn el & biffeggia, & forfa per dalur dell'anur ò feruur forf'cara,
tfcheffa la fpada entin maun? Et che fchdegn & dolur vegneinza ä gir 20
che haigi Chriftus noff Signur & derfchader, cura ch'el vezza la fia pur-
fchealla ä glieu confacrada & ligida agl feu honnur, và con in auter, &
qual peina quitainza nus che fchmanatfchi ä fimil perfouas che rompou la
legg. S. Hieronimus, tfchantfchond d'in Diacon, [p. 327] il qual haueua
furmenau in Mongia, vfchia gil al Sabin: *Rogo quantum crimen eft, ubi* 25
ftuprum & adulterium parum eft? queft ei. Ieu ti impear qual pughiau
vean ad effer graund, fch'il fchforzameint, & ebruch è negotta ftimau?
S. Aug. entil codifch dil bain dallas veuuas, als **17.** cap. *Sed planè, gi,
non dubitarim dicere lapfus & ruinas à caftitate fanctiore, quæ vouetur
Deo, adulterijs effe peiores. Si enim (quod nullo modo dubitandum eft)* 30
*ad offenfionem Chrifti pertinet, cum membrũ eius fidem non feruet marito,
quanto grauius offenditur, cum illi ipfi non feruatur fides in eo quod
exigit oblatum, qui non exegerat offerendum, &c.* queft ei. Ieu vegn à
cõfeffar ceartameng, che quels ils quals eã crudai entil pughiau della
[p. 328] ghiarn contr'il vud della caftitad pli fuingia perche fi offrifca à 35
Deu, fian pegiurs dals Ebrechrers, perche (la qual ghiaufa in nigina guifa
fi deue dubitar) fchi pertean agl ftridar Chriftum, cura ch'in feu member
non falua la cretta agl mareu, quaunt pli grauameng vean ftridau, cura
ch'à glieu fez non fi falua la cretta in quegl che domanda l'offearta, il
qual non domãdaua d'eaffer offeart. Ils auters Paders han ghiaufas pli 40
ftrẽgas, ma hai rifchguard alla vergogna, ò torp dals Monigs & Mongias
fugidas alla libertad dil Euangeli. La feconda dubitatiõ effend la fcho-
bradad dil Euãgeli cuzzada per zuquaunt teimps, in qual teimp, in quagl

2 *

lieg, oder nnua ſi ſia midada entin la malſchobradad Papiſta? & ſcha
[p. 329] totts ils artickels, ſi ſian vegnei inſemel, o ina part, & quals?
perche ſchi gl'è la verdad, non maucaran, ò Paders, ò Hiſtorigs Eccleſia-
ſtigs, als quals la ſeza ghiauſa vegnan ä moſſar & prouar, eſſend che
5 quelſs, & tſchels cõ grannd ſlis hauennan ſagg ſuraſenn car'ils pli mene-
dels errurs cõtra la cretta Catoliga in minghia guiſa menau eint, & hauent
meſſ ora ils lur aucturs con propri noms. Nõder hã laſchau ir ora in
forſchriſts, da tott ils heretigs & hereſiarcas, dacoca è adauiert da Epifanio &
Auguſtin. La terza dubitatioun, con qual raſchoun la Baſelgia viſeula, ſij
10 ida in non viſeula? & eſſend per mille ons ſtada zuppada ſott in baung,
chi ſã ſcha tott è eu in non viſeulas ghiauſas, queſt ei il baung, ſott il
qual è ſtada [p. 330] zoppada? ils Mıniſters, ils auditurs, ils vffaunz da
bategiar, l'Euãgeli, il ſchober priedig dil plaid da Deu, & la miniſtratioũ
dels ſacremẽts, ſeinza las qualas ghiauſas la Baſelgia non pò ſtar? ſch'ieu
15 gig, che totta quellas ghiauſas ſian ſtadas inuiſeulas? che ſchi reſpondan
che l'Euangeli verameng è ſtau tralaſchau; ma ch'ils fideuels (q̃ſt ci ils
Caluiniſts, Matiniſts, Widertofers, & autra buzacaglia) eã ſemper ſtai zup-
pai, tſchearg con qual ratſchoun poſſian deuentar inuiſeuels queſts homens
& zuppaus fideuels, fugir la macula d'ina graund impietad & gliſnaria, ſeo
20 quels ils quals, taunt teimp fã, han ſchniau Chriſtum con la bocca, ils
quals han teneu pli ault la temma da queſt mõd, che quella da Deu, &
ils quals han gliſuiau [p. 331] la vera religioun, ne ſi han mai meſſ in-
conter als errurs dils Papiſts & abgotterrei. Eſſend che munameng ſemper
ean ſtai heretigs, ils quals non han dubitau da ſi metter in conter la Ba-
25 ſelgia Romana, & aueartameng ä quella contraſtar? tſchearg plinauaunt
quals & quaũts ſian quels zuppaus Caluiniſts, oder Martiniſters oder Wider-
toffers, ils quals ſi han ſchonſcheu con Caluin, Lutter, Pacimontan, mettend
ora ſott il baung & ſchgirezia in gliſch & aueartameng gl'Euangeli, & han
confeſſau, ch'els ſian ritirau dalla Baſelgia nõ viſeula, alla viſeula, che
30 renaſcheua, & che vidauaunt eran zuppai, ſi han fagg oſſa a dauiert, Cal-
uiniſtis, oder Martiniſtis, &c.? Perch'ieu fatſch ſuraſenn tott ils Hiſtorigs
da [p. 332] queſt teimp, da ſcadina religioun conoſchan quels ils quals
haun preu ſei la ſecta da Caluin, Lutter o Widertoffer eaſſer totts Papiſts, &
totts eaſſer fugeus dalla Baſelgia Romana, aber nigin da lezza Baſelgia
35 non viſeula. Sch'ã queſtas ghiauſas riſpondan con las lur inſennas, ſi moſ-
ſan talpas, & fann adauiert ä tott il mond, tott ä quellas ghiauſas, las
qualas vann ſtrologand & inſeuſchend della mutatioun ò midada della reli-
gioun catolica, & ſchobradat dil Euangeli, dalla Baſelgia da mille ons nõ
uiſeula, & della zuppada membra, ean tott ghiauſas inſenſchidas & inuen-
40 tiouns da poets della midada dils teimps, digl' aur, entil argient, dagl argient
entin igl ſierr, als quals pouers auditurs, ſierran [p. 333] poluer. & ſchigi-
rezia ent ils ecls, ſina quel che non conoſchiã, che ſott reformau Euangeli
& gratius ſchein, eau trauaglai & confuſi dallas ghiauſas meſſas ſei dalla

glieud opiniouns. & fiemmis, non folettameg conofchidas dalla foingia fcrit-
tira, & tott ils Paders, ma eara dals pli vegls heretigs. La quarta dubi-
tatioun, qual Prouincia, qual Caftel, qual ghiafa, qual hom finalmeng, pon
els metter auaût dal teimp dals Apoftels, in tocca il teimp da Lutter, Caluin,
Pacimontan, & dals auters nouaturs da nouas fectas, il qual tottalmeing 5
haigi profeffau oder fauondau, ò dafchcus ò da palees la feza doc-
trina; la quala quefts han profeffau (ieu gig tottalmeng, perche ils vegls
heretigs han conuegneu con els entin [p. 334] la magiur part, non foletta-
meng ieu fchneag, ma fearmameng il gig, & ina part hai da fura nudau).
La quinta dubitatioun. perche haigen pli gugiēt preû fei la doctrina & 10
gl'Euāgeli dil Zuuingler, che quel dil Lutter, oder da Pacimontan, oder
dals auters Boumaifters dil Euangeli? perche, dacoca han l'ifaunza da re-
fponder; ch'el è pli conform, ò pli fomglieuel a gl'Euangeli da Chriftus.
E ridiculos il pr$_i$n$_ci$p$_i$ della domanda: perch'ieu tfchearg la feza ghiaufa,
perche deue caffer pli conform quel dil Zuuingler, che quel dals auters? 15
Perche fca tei ritfcheuas la teia da Chriftus con la fpada, la quala Paci-
montan metteint, & fch'tei ritfcheuas ils plaids della fcrittira, con il fenf
il qual el datt als fez plaids, & che fia il [p. 335] ver fens, vean à cattar
tott la fia doctrina cōform'alla foingia fcrittira: las autras aber tott con-
trarias & pelegrinas. Ils plaids dalla fcrittira eā ä totts comins, aber il 20
fenf diuers, è à fchcadin fecter diuers è propri. Tfchearg plinauaunt q̄ft,
perche vus ritfcheueias pli gugiēt ils plaids della fcrittira, cō il fenf, in-
telligenzia, & declaratioun da Caluin che dil Lutter? fcha vus fcheits che
queft vus pari pli ver & pli probabil, vus ingannads, con la feza induftria,
ò cura, da tfchearner ò tfchearcar quegl che vus haueits da feguirar, & fauon- 25
dar quegl ch'al voff giudizi & opinioun è fomgliuel, & far ch'il fundameint
dalla voffa cretta fia la voffa opinioun & giudizi. Ieu non dubito, che
fchi Pacimontan, oder Lutter, oder in auter [p. 336] dals Nouaturs haueff
fagg adauiert il feu Euangeli, in quel frei pacis ò tearra, & foff vegneu
onz il Zuuingler, con la fezza latezzia foff el ftau ritfchiert, ma perche 30
Zuuingler è ftau il prim, è cara ftau il pli principal da rafchoñ. Dacoca
per il contrari, fch'il Zuuingler haueff teneu ä vaunt ils fcas moffameints
in Merenland & Holanda, onz ch'il Widertoffer, ingualiffmeng haueffen
ritfchiert il feu Euangeli. La fexta dubitatioun. Schend els ch'il Papa e
tottauia il fez Antichrift, & queft han dau d'intellir agl picuel, per in ar- 35
tikel della cretta, qual fij ftau il prim Antichrift? & perche quel Anti-
chrift, fia onz antichrift, che quel che vean foueinter? Perch'ieu catt ch'ils
Paders [p. 337] & tott ils Hiftorigs, gin, ch'eintin la Bafelgia Romana fia
mai nigina mutatioun oder midada fagg entin la religioun Chriftgiauna. La
pli da vos dubitatioun non potend els caffer tfchearts, dalla lur cretta, 40
sch' non aung tfchearts, — che quels codifchs, dals quals ghiauā ils
artichels, della cretta, fian canonigs oder foings. Ieu tfchearg nonder els
fan cō certezia da cretta, che fiau folettameng quatter Euangelis, & che

quells fez fian confirmaus, ils quals han ritfcheart dalla Bafelgia Ro-
mana? & per ch'il Euangeli da S. Margk, il qual non hà veu Chriftum,
dene caffer teneu plinauaunt ò pli ault, da ꝗll da S. Bartolameu, il qual
ò ftau Apoftel da Chriftus? & perche prender fei l'Epiftla da S. Paul,
5 als [p. 338] Gallat. feu confirmada, & foingia, & fierrian allura via
quella, la qual' ò fcritta in nom da S. Paul a quels da Laudicea? Et
queft cū las ghiaufas las qualas mi ò parcu da gir dalla mia conuerfion.
Effend aūg per fchriuer pli ghiaufas & quellas pli fearmas, fch'o ieu vegn
à fauer che queftas vi fian ftadas ghiaras. Ieu rog da fons il cor l'aul-
10 tiffim Deu, & per la fia infinita mifericordia, ch'à vaunt la fign della vita
pieteuelmeng vegli hauer da vus mifericordia, & preu d'in tottauia graund &
tfcheart pericul, non fi fchdegni da vus clommar da queft errur entin la via
regia, queft ò, la dreggia ftrada dil falid, fina quegl ch'in quefta guifa,
hauend compleneu queft continuo & perpettan [p. 339] gareggiamaint, dal.
15 qual nigina ghiaufa entil tott il mond, mi pò caffer ne pli ghiara, ne pli
defidrata, contaunfchi quel ventireuel & alleger gi, entil qual fij conueg-
neuel ä gl'in & gl'auter da fi relegrar dalla voffa conuerfioun, & relegrond
poffi per quell refpect offerir al noff creatur l'offici della Meffa. Il Segner
audi la mia oratioun, & il meu clamur vegni tier egl. Vfchi feia. Ufchi fia.
20   Stad faun ò meas ghiar Bab, & fchah vùs cattads qual ghiaufa, gig
gia da mei dira & che ponfcha mi perdonad con amoreuoleza, & il tott
metteit fei, ò dad alla grauitad della ghiaufa dalla quala fi tracta, oder
agl meu feruur entin la vera cretta, & dubitand ieu da nagotta, ch'il flijs &
las [p. 340] oratiouns fian traunter nus fcambieulas, per il falid d'omafdus,
25 ieu rog, taunt fco ieu fai & poff, che quegl che nus fafchein fia nizeuel,
glio noi & glio troi, & in tal guifa temprad las voffas oratiouns, che fcha
vus efchas entin la vera Bafelgia, Deu vus confearmi in quella, & mi clomi
ear, in quella fcha queft biggia, Deu fchela regi il voff intellig, & moueinti
la voluntad, in guifa & forma, che hauend conofcheu il voff errur, &
30 fchuueart l'art & gl'ingon dals Fondaturs dellas nouas fectas, in teimp
conuegneuel auierre la via & vus meini alla vera Bafelgia. Queft fatfchi
la foingia mifericordia, la quala nõ vult la mort dil pucaunt, ma ch'el
fivolui, & vivi. Stadt pufchpei fauun [p. 341] longameng. Da Parijs, il
prim gi da December. 1607.
35   .   Il voff Vntertenig figl.
                                             S. D.

**In Cuort Muoffament ad intruuidament da quellas caufas, Las qualas fcadin fideiùel
Chriftgiaun ei culponz da fauer. Enten Milaun. Scurfchiau digls fcutfchadurs digl
Arzuuefchgiu. 1615.**

40 [p. 3].   Tier quels ch'een legier queft Cuodefch.

    Da conta enportonza ei feigi la conafchienfcha dellas cauffas della
cardienfcha fa pò ei encanofcher giù da quei, cha fenza quella ci buca

puſſeiuèl cha igl Chriſtgiaun poſſi vègnir ſalfs, ſco la ſoingia ſcartira enten biars logs plaida, da pica quella ei igl fundament da totta la religiun, ad era digl ſalit digl Chriſtgiaun; da queſta caſchun vèen cha da quei flis cha iau en perſuna hai duùrau per quei cha queſt pieùel ſuos perfetgiameing muoſſau, et entruuidau enta la cardienſcha, hai iau patergiau da 5 ſchar ir ora queſt cuodiſchet ent'igl qual tottas principalas cauſſas della cardienſcha con gronda clarezgia ùegnien declaradas.

[p. 6].   Il Meiſter plaida con il Giuùnal.

Della ſcafizgiuṅ digl Chriſtgiaun. Capitel I.

M. Da cuinn eis tij ſcafius?   10

G. Iau ſun ſcafius da Diu tras sia gronda, non miſereiùla bontad, ſuenter ſia ſameglia, et sun faigs Chriſtgiaun tras la grazgia da nies Seguler Ieſu Chriſt.

M. Pertgiei fin ha el tei ſcafiu?

G. Per encanoſcher ä tener char ell à per ſurùit à gli enten queſta vita 15 per quei cha iau poſsi ſuenter quella ell guder ä ùer perpetnameing.

M. Quals een els mittels da vegnir a quella fin, à da ſa far ſalfs

G. Eigl een queſtas quater, la cardienſcha, la ſperonza, la charezgia, ä las bunas oùras.

Della Cardientſcha. Capitel II.   20

M. Tgiei ei la cardienſcha?

G. La cardienſcha ci ina ùertit dada da Diu all'olma, cola qualla nus cartein totta quei, ch'el ha faig da ſaùer, ci ſei per ſcartira, ù per muoſſaments, ſuenter ſca la ſoingia catholiſcha Romaniſcha Baſelgia met aùont a nus da creer, a queſta ei ina ſoletta cardienſcha, la quala ci 25 duala à tottina per tott il muond. [pag. 6]

M. Enten tgiei cauſſa ſtatt principalmieng la cardienſcha da Chriſt?

G. Enten duas principalas cauſſas, ch'een enta la cnzenna della ſoinga cruſch, quei ci entella ſoingia Trinitaad ad ent' igl daùentar Chriſtgiaun, quei ei la incarnatiun da nies Spindrader.   30

M. Tgiei ei la ſoingia Trinitaat?

G. La ſoingia Trinitaat ei in Diu quei ei ina ſoletta Deitat, ner ina natira divina, la quala ei enten treis perſunas cha ſa nomnan il ſoing Pader, igl ſoing Figl et ad igl ſoing Spiert.

M. Pertgiei eis ci treis perſunas?   35

G. Per quei cha igl ſoing Pader ha nagina cuſchata, igl ſoing Figl ci naſchius digl ſoing Pader, a igl ſoing Spiert veen digl ſoing Pader, a digl ſoing Figl.

M. Pertgiei een queſtas treis perſunas mai inſollet Diu?

G. Per quei ch'ellas ecn enten in effer ad enten ina puffonza, ina fapien-
fcha, ad ina bontad.

M. Tgiei ùult gir L'incarnatiun, u igl daùentar Chriftgiaun à la mort da
nies fpindrader?

5 G. Vult gir ch'igl figl da Diu fa ha faig Chriftgiaun ad ei mords ùid igl
lenn della foingia crufch per fpindrament da noffas olmas.

M. Enten tgiei vifa fa fa ei l'enfenna della foingia Crufch?

G. Ei fa fa con metter igl maun dreig figl front, fchent entigl num digl
foing Pader, à lura figl petz fchent a digl foing figl ä lura ùid igl
10 fchuij [p. 7] faniefter ä igl dreig fchent ä digl foing Spiert. Amen.

M. Enten tgiei vifa ftatt igl gehaimnus u fecret della foingia Trinitaat
ent quella enfenna della foingia Crufch?

G. Enten quefta vifa, ca tras quei ch'ei gi ent'igl num et buca entells
noms, fe ha muoffa ei ch'eigl ei mai in effer, mai in Diu, à tfchels
15 plaids muoffan ch'ei gl'een treis perfunas.

M. Gij offa igl auter gehaimnus della incarnatiun à la mort da Chrifti.

G. La figura della Crufch muoffa la ·mort digl Spindrader, igl qual fùenter
quei ch'ell ei daùentaus Chriftgiaun ad ha intruidau a muffau la ùia
digl falit del olma con exempels à miraclas, eis el mort ùi digl llenn
20 della foingia Crufch.

Della Cardientfcha. Capitel III.

M. Qual ei la fumma da totta quei ca fcadin Chriftgiaun dei crer?

G. Eils dudefch frufts u artigiels della foingia cardienfcha.

M. Mi tgij la cardienscha et dumbri sij quels dudefchs artigiels.

25 G. Igl emprim, iau creig enten Diu bab tot poffent fcäfider digl tfchiel
à della tiarra.

2. Ad enten fiu folett foing figl nies Segnier Iefum Chriftum.

3. Igl qual ei retfchiarts digl foing Spiert [p. 8] nafchius da Maria pur-
fchialla.

4. Ha endirau fott Pontio .Pilato, ei crucifigiaus, mors a fatteraus.

30 5. Eij ius giu ent'igls uffiarns, caud igl tiers gi lauaus fij da mort ent ùita.

6. Ei ius a tfchiel, fée da ùard dreggia digl fiu bab tott puffent.

7. Nonder ch'ell ùen ä ùegnir a derscher igls ùiùs à ells morts.

8. Iau creig ent'igl foing Spiert.

9. Enta la foingia catholifca Bafelgia, comminonza dells foings.

35 10. Remafchiun dells poccaus.

11. La laùada d'la carn.

12. A la ùita perpetna. Amen.

M. Tkgij ha faig la cardienfcha?

G. Igls dudifch Apoftels, a tras quei een ei dudifch Artigiels.

40 M. Enten tgiei cauffa ftatten queft artigiels?

G. Enten totta quei cha nus ùein principalmeing da creer da Diu à della

ſoingia Catholiſcha Baſelgia; pertgiei igls oig emprims fruſts, pertegnien
tier a Diu, a els auters quatter a la ſoingia Baſelgia.

M. Mi declari igl emprim fruſt della cardienſcha.

G. Iau creig fermameing enten in ſollett Diu, igl qual ei in natural bab
digl ſiu ſollett ſoing figl, ad era tras la ſia ſoingia grazgia in bab da 5
tutts fideiůels à buns Chriſtgiauns, ä tras quei ůegninn nus numnai
figls da Diu, a [p. 11] finalmeing eis ell bab, perquei ch'ell ha ſcafiu
tottas cauſſas, et queſt ei Diaus tott poſſent, pertgiei ell pò far
tottas cauſſas, ad ha ſcafiu igl tſchiel à la tiarra à tott igl mund ord
nauota.   10

M. Mi declari à meitg ora igl auter artigiel.

G. Iau creig era enten Ieſum Chriſtum, igl qual ei ni ſoll et figl da Diu,
pertgiei ell ei ſtaus ſchendraus perpetnamein da Diu ad ei perpetens,
tott puſſents, à ſcafider, ä ſignuir da tuttas cauſſas, ſco igl ſoing pader.

M. Mi declari igl tierz fruſt.   15

G. Iau creig cha Ieſus Chriſtus, ſei buca ſolettameing ůer Diu, ſonder
era ůer Chriſtgiaun, ell ha retſchiert carn humana da noſſa Donna
Soingia Maria, tras ůertit digl Soing Spiert, ad aſchia eis ell naſchius
ſin tiarra da momma ſenza bab, ſco igl tſchiel ei era naſchius ſenza
momma.   20

M. Oſſa declari igl quart artigiel.

G. Iau creig ca Ieſus Chriſtus per ſpindrar igl muond con igl ſiu prezius
ſoing ſaung, haigig endirau ſott Pontio Pilato à ſeigi gesliaus, encoro-
naus con ſpinas, à mes ůid la ſoingia cruſch ůid la quala ell ei morts,
ä ſeigi da quella prius giu à ſatteraus enten ina foſſa noůa.   25

M. Mi meigg ora igl Quint.

G. Iau creig cha Ieſus Chriſtus ſeigi, ſchi bauld ſco ell ei ſtaus morts,
iuus giu ent' igl Limbo, tier igls ſoings babuns, à ch'ell ſeigi igl tierz
[p. 12] gij, igl qual era la Domeingia, laůaus ſij con granda gloria,
ä puſſonza.   30

M. Mi declari igls ſijs artigiels.

G. Iau creig cha Ieſus Chriſtus ſuenter quei ch'ell ei ſtaus quronta gijs
con igls ſoings Apoſtels, per pruar à muſſar con biaras gadas, ſa ſchar
ůer la ſia itera laůada, ſcigi iuus ä tſchiel, ä ſeigi ſur totts igls
chors dels aungels, della ůard dreggia digl ſiu bab, enten gloria à 35
dual igl bab, ſco in patrun, à guuernatur, da tottas creatiras.

M. Mi meig ora igls siatt.

G. Iau creig, cha nies Segnier Ieſus Chriſtus haigi da ůegnir ſeilla ſin
digl muond, con granda poſſonza, à gloria, à derſcher totta la ſchla teina
humana, ä ůegnir ä dar la pagaglia a l'cadin ſuenter ſc'ell ha ſaig 40
las oůras.

M. Mi meig ora igls oigg.

G. Iau creig, ent' igl ſoing Spiert, igl qual ei la tiarza perſuna della

ſoingia Trinitat, a ùceu digl ſoing Pader, ä digl ſoing figl, a Dei
enten tott à dual il Soing Pader à igl Soing Figl, Diaus perpeten
ſenza ſin, tott poſſent a ſigniur da tottas cauſſas ſc'igl ſoing pader a
igl ſoing figl.

5 M.   Mi declari igls noù.

   G.   Iau creig era ch'ei ſeigi inna ſoingia Baſelgia, la quala ei la rimnada
da totts igls fideiùels Chriſtgiauns, ch'an igl ſoing batten a la ùera
cardienſcha da leìu Chriſti, a tegnien igl Papa per igl ſtathalter da
Chriſti tſchiau ſin tiar[p. 13]ra, a per igl cau della ſoingia baſelgia, a
10   queſta baſelgia eil la ſpusa da Diu, ad ha per siu muoſſader ä Meiſter
igl Soing Spiert, tras quei eis ei buca puſſeiùel u prigel, ch'ella poſſi
fallir u ire anerr.

   M.   Pertgiei ſa nomna queſta Baſelgia ſoingia?

   G.   Ell'ei ſoingia perquei cha Chriſtus, igl qual ei ſia tgiau ei ſoings, à
15   per quei cha ella ha biara membra, ch'ei ſoingia, ad era per la ſia
ſoingia cardienſcha, tſchentament, a ſees ſoings Sacraments, ad ei
Catholica pertgiei ell' ei cumina.

   M.   Tgiei vult gir la cuminanza dells ſoings?

   G.   Vult gir ch'ells fideiùels han part dellas orazgiuns à dellas bunas oùras
20   cha ùegnien faiggias ella ſoingia Baſelgia, da coca ùid igl tgierp digl
Chriſtgiaun han digl bien da din nember totta l'autra membra part à
gudament.

   M.   Mi meigg ora igls Dieſch

   G.   Iau creig ch'enten la ſoinga Baſelgia ſeij ina remiſchiunn, à perduna-
25   ment dells poccaus, tras igl agid dells ſoings Sacraments, a cha la
tras enten quella een igls Chriſtgiauns orda figls digl damuni, ä con-
demnaus, digl uſien daùentar figls da Diu ad ardaùels digl reginaùel
da tſchiel.

   M.   Mi meig ora igls indiſch.

30 G.   Iau creig ch'enten la fin digl muond ùegnien totts chriſtgiauns à laùar
ſij, à prender tiers ells lur corps, igls quals ei han giu ùi- [p. 14]
uond, ä quei daùenta per la puſſonza da Diu, aigl qual ei nagina
cauſſa non poſſeùla.

   M.   Mi declari igl pli thuenter artigiel.

35 G.   Iau creig cha per ells buns chriſtgiauns ſei la ùita perpetna, com-
pleina da tott legarmēt, ſco p'ells mals chriſtgiauns a non fideiùels ei
la perpetna mort, pleina da tottas peinas, treſtezgias, ä da tott mal, à
ſenza nagin bien.

Della Speronza.   Capitel IIII.

40 M.   Tgiei ei la ſperonza?

   G.   Eigl ei ina vertit, meſſa da Diu enten noſſa olma, tras la quala nus
ùein ſperonza da ùer la ùita perpetna, a principalmeing per la ſoingia

grazgia da Diu, ä lura era per ina pagaglia da noſſas bunas oùras, daùentadas tras quella ſoingia grazgia.

M. Tgiei eis ei da baſeings da far per furùegnir quellas cauſſas, dellas qualas nus ùein ſperonza?

G. Principalmeing eis ei dabaſeings da gir Pater noſs, à da far orazgiuns. 5

M. Tgiei ei la orazgiunn?

G. La orazgiun ei in allzar ſij nies ſpiert tierz Diu, con damondar da d'ell quellas cauſſas, ca nus munglein, per ſia gloria, et per igl ſalit da noſſas olmas.

M. Qualas een las orazgiuns, cha dein ùegnir faiggias? 10

G. Principalmeing eſs ei igl Pater niés à l'Aùe [p. 15] Maria, ad autras orazgiuns, cha la ſoingia Baſelgia muoſſa.

M. Saes igl Pater nies?

G. Iau ſaij bein, pertgiei queſt ei la primera cauſſa, cha iau hai empriu, à iau igl gis mingia gij ſera à damaun col' Ave Maria à la cardien-15 ſcha enſemel.

M. Gij igl Pater nies.

G. Bab noſs qual cha tij eis enten tſchiel,

1. Soing vegai faig igl tiu nom.
2. Tiu reginaùel ùegni tier nus. 20
3. Tia ùeglia daùenti ſin tiarra, ſco entē tſchiel.
4. Nies paun da mintgia gij, dai à nus otz.
5. A Perduni à nus nos poccaus, ſco nus perdunein à noſs culponz.
6. A nus meini bucca enten empruament.
7. Sonder nus ſpindri da mal. Amen. 25

M. Tgij ha faig queſta orazgiun?

G. Chriſtus, à tras quei eis ella la pli niebla da tottas las autras.

M. Tgiei cauſſas een enten queſta orazgiun?

G. Totta quei, ch' ei ſa po damondar, à ùer ſperonza da furùegnir da Diu, pertgiei egl een ſiatt damondas, ad enten las quater permeras 30 ùeen ei damondau igl bien, pigl qual nus duùien rogar Diu, ad enten las autres treis rogein nus cha Diaus nus ſpindri da igl mal. A tont ſco tocca tier aigl bien, ùeen ei emprima gada domandau la gloria da Diu, à lura ùeen ei damondau igl nies grond bien ad' entella tiarza damonda ùeen ei garigiau la graz- [p. 16] gia per furùegnir quei 35 bien, ad enten la quarta igl mittel, per urbir a mautouer quella grazgia. A quei cha toca tier igl mal, veen ei rogau emprima gada, cha Diaus nus ſpindri digl mal, ch' ei paſſaus nomnadameing digl poccau, per l'autra digl mal cha ha da ùegnir, à per igl tierz digl mal, ch'ei oſſa gegenùertig ù en perſchienza, ad aſchia rogein nus da ùegnir 40 ſpindrai da tott mal.

M. Mi meigg ora queſts plaids, ch'een ell' enſchiatta digl Pater nies, bab nos qual cha tij eis en ſchiel.

G. Con quefts plaids ùeen ci dau la rafchiun, per tgici nus podeijen pli-
dar con in fchij grand fegniur, à per tgici nus ùeen fperonza da ùegnir
tctlai da quel, con quei cha Diaus ùeen nomnaus nies bab, per tgici
ell ha nus fcafiu, à tras quei currein nus fco figls tier ell; à fa gij,
5   qual cha tij cis en fchiel, fco fegniur da totts, ä faùein, chell nus po
udir fch'ell ùult: da, cocca nus uein fperonza, ch'ell ùegni nus ad udir,
da picca ell ei nies bab.

M.   Mi declari la prima damouda.

G. Enta la prima damonda ùeen ei rogau, cha Diaus fcigel enconafchius
10   da tott igl muond, à cha la tras feigi sui foing nom da totts Chri-
ftgiauns undraus à glorificaus, fco ei fa deigig.

M.   Mi meigg ora igl auter puing.

G. Nus rogein ch'igl raginauel da tfchiel ùegni [p. 17] tier nus, igl qual
Diaus ha a nus empermes da dar cur ca nus ùegnin a ùer fureenfchiu
15   la guiarra, ca nus ùein con igl demuni, con igl muond, a con noffa
carn, a ùegnin a uegnir enta la perpetna gloria, enta la quala nus
uegnin ad effer fenza nagin err, ni enpediment femper a femper mai.

M.   Mi declari igl tierz riug.

G. Nus damondein eigl tierz riug la grazgia da Diu, colla qualla nus
20   obedijen perfeggiameing als sees condaments, sco ells Aungels een adina
obedir enten tfchiel, pertgiei la fcala da d'ira enten tfchiel, ei la obe-
dienfcha dels condaments da Diu.

M.   Mi declari la quarta damonda.

G. Nus rogein a domondein ella quarta damonda da Diu igl nies paun
25   da mintgia gij, afchi bein igl paun fpiritual, igl qual ei igl plaid da
Diu, a ells foings Sacraments, fc'igl temporal, nomnadameing la ùi-
uanda a la veftgiedira; pertgiei plaid da Diu, ch'ei perdegaus dels
predicaturs, a legius da nus entels cuodifchs fpirituals, a ells foings
facraments nomnadameing della penetienzgia a digl Altar; een da lur
30   ùard in gront mittel da furuegnir a da mantener la grazgia da Diu;
la ùiùonda a la veftgiedira een da bafeings per mentaner quefta vita
ent'igl furuetfch da Diu.

M.   Mi meig ora igl quint fruft.

G. Enta la quinta damõda rogein nus Diu, ch'ell nus fpindri digl mal
35   ch'ei paffaus u daùen[p. 18]taus, quei ei dels nos poccaus, cha ùein faig,
perdunont, a fchont fuenter igl mal della cuolpa a igl mal della peina,
ad ei mefs ùi tiers, fco nus perdunein a ells nos culponz, que ei nus
purdenein a els nos inimiggs, pertgiei egl ei buca rufchanaiuel cha
Diu perduni a nus ells pocaus, fcha nus lein bucca perdunar igls
40.   unùiartz ad aùiras als noss inimigs, chèen da pauca enportonza.

M.   Mi declari la sis damonda.

G. Nus rogein enta la fis damonda da questa orazgiun, cha Diaus nus
fpindri digl naufcha impruuament, igl qual ei igl mal, cha ha da vegnir,

u ch'ell nus lafchi buca uegnir enprůuaus, u ch'ell deti grazgia da podeer furuentfcher ells naufcha tentaments.

M. Mi meig ora la fuentra damonda digl pater nies.

G. Nus rogein Diu enta la tfuentra damõda, che ell nus fpindri digl mal prefent, u gegenuertig, quei ei da totta triftezgia. Amen. 5

M. Mi gij l'Ave Maria.

G. Ave Maria falidada feijes tij Maria, pleina d'grazgia, igl Segniur ei con tei tij eis benedida deuter las donauns, a benediu ei igl frigg da tiu bijft, Iefus Chriftus: Soingia Maria momma da Diu rogi per nus pauper poccanz offa ad entra l'aura da noffa mort. Amen. 10

M. Da quinn een queft plaids vegni giggi a nomnaj?

G. Ina part een digl Aungel Gabriel, a l'autra da [p. 19] foingia Elifabet, a la tiarza part della foingia Bafelgia.

M. Per tgiei fin gijs l'Ave Maria fuenter igl Pater nies?

G. Per quei cha iau co' igl riug da noffa Donna Soingia Maria poffi tont 15 plij maneiuèl urbir da Diu, quei cha iou fon per gariar da d'ell, pertgiei ella ei quella cha roga per ils poccanz, a plena de mifericordia, a ei ent tfchiel fur totts igls chors dells Aungels, ad ha gronda urbida auond Diu.

M. Iau les bugient fauer per tgiei ei tocca treis gadas igl gij, nomnada- 20 meing, da fen di ftezar, da mietz gij, a la fera da Ave Maria.

G. Quei dauenta per quei ca nus entelligen, cha nus ueijen da bafeings da cuorrer faůenz tier igl agid da Diu, a dells foings, da picca nus effen enten mietz igls inimigs ůafeiuels a nonůafeiuels, a cha nus doůeijen doůrar igls uaffens della orazgiun bucca mai enta l'entfchatta 25 da noffas ouras fonder era enten la meffedat a la fin da quellas, queſta ei era in autra cafchiun, per la quala ei uen toccau quella uifa treis gadas, nomnadameing cha la Soingia Baſelgia uult adina ſa recordar, da treis principalas cauffas da nies Spindrader, igl daůentar chriftgiaun, la paffiunn, a la fia lauada da mort ent uita; a ůult era cha nus fali- 30 deijen noffa Donna, la damaun per in regierd della lauada da fiu soing figl, nies Segnier Iefu Chrifti, a da mietz gij per in regiert della pasfiun, a la fe[p. 20]ra per in regierd della Incarnatziun u deůentar chriftgiaun, da quei dulsch faluader, pertgiei da coca nus faůein guůis cha nies Segnier ei mefs ůid la Soingia Crufch a miez gij ad ei laůaus 35 fij la damaunn merueigl, afchias fe creij ei era ch'ell sei incarnaus, quei ei ch'ell seigi retfchiarts chriftgiaũ ent'igl bijft? da noffa Donna, la fera, a cura cha ei tocca, fchas fa dei ei ftar en fchanuglias con devotzgiun, per entgrazgiar Diu tont plij endreig, igl qual ha dau a nos tonts beneficis a duns. 40

M. Tgiei orazgiuns fa dei ei gir cur cha ei toccn d'Ave Maria?

G. Quefta, igl Aungel da Diu ha fchau a fauer a Maria ad ella ei uegnida portõza tras igl Soing Spiert, a fijo quei fagij ei in Ave Maria.

preing mira iau fun la furuienta dil Segniur, a mi dauenti fuenter igl
tiu plaid. Lura fa gij ei pufchpei in Ave Maria.

A igl üieri ei faigs carn, ad ei ftaus enten nus, a fa gij la tiarza Ave
Maria.

5 M.   Clomas bucca era lura per agid igls auters Soings?

G.   Ieu rog totts igls foings, pertgiei ei poon mei gidar con lur meritar,
a con lur orazgiuns auond Diu, fco fees amigs, a rog enten tal meinig
ch'ei deijen urbir grazgia ami da Diu con lur riugs, a bucca ch'ei
deijen fetfch dar a mi la grazgia.

ADAM NAULI.

10

Anatomia dil svlaz dil Steaffan Gabriel, a Lyon tier Gion Royaulx. 1618.

[p. 97]   MINISTER.   fol. 28.

*Eifi da mai nigin pargatieri, entil qual nus ftuuein far
giu noff puccaus?*

15   La S. Scrittira muffa che feigig na mai dus logs il tfchiel & il vffiern.
Matt. 7. V. 17.

EXAMEN 24.

Or d'in mal & fauls antecedēt vean ādinna egna faulfa confequenzia:
ti hâs fi fura fagg la tia cōclufioun che nus haigian nagotta d'andirar per
20 noff pugiaus: la qual chiaufa vai ieu fchon muffau non effer la verdad:
& la trâs gîs che na fegig egn purgatieri: aber tutt egna fco la confe-
quēzia eis, vfchi eara la proua che tei prens or da foing. Matt. 7. il qual
na gi auter che queft: *largia ei la [pag. 98] porta, & fpaziufa ei la
veia che meina aila perdizioun, & blears vann eint per quella: ftreggia
25 ei la porta, & veia che meina tier la vitta & paugs ean quels che la
cattan.* & cun tutt metts pufchpei tiers il text ina fcrotta da tia doctrina
per nott che tei poffes catfchar vi nauaūt la marcanzeia fiont che tei gîs
(gl'ei mai dus logs, il tfchiel & il paruis) nu ei pia enten il text da tutt
la foinghia fcrittira che gigig gl'ei mai dus logs? ner queft vocabul (.mai.)
30 trâs il qual il pieuel certameng pò quittar che feigig vfchia? & cuntutt ei
maniuel trêr il pieuel per il nâs, numnadameng fafchent crêr las tias in-
uentiouns & proprias chimeras. Plinauaunt na fcheff egn bíggia malameng,
fchent che fuff mai da duas forts predicants ent ē las Leias: l'egna, che
zunt tuttaueia paugs fa cattan che feigian da graunda recha chiafa & che
35 haigian [pag. 99] pudeu ftudiar or da lur rauba largiameng fuueinter il
-lur plafcher, & l'autra, che zunt blears (& blear membgia) feigian da quels
che cun graunda fadeia haigian cun la lur rauba pudeu vegnir agl vffizi
da predicant: donque na fa catta ear ina tearza fort da quels che biggia
or dil lur fpender fonder che maglian la Muofa a Zurig ner autrô? & chi

na fà che queft ei la verdad & pir plei che na feigig da bafegns, duas giadas la mezada? vfchi eara, fchi bein foing Matt, gi che ftregg ei la veia che meina tier il paradis; & largia quella che meina alla perdizioun per amur da queft na fchclauda el biggia or il purgatieri, & il plei che tei pos prouar or da quei lieg, che fa podeff prender l'androra che feigian 5 na mai dus liegs finals fuueinter il gi dil Giudizi: & ne aung queft, fa po gir, che per ils condēnaus [pag. 100] enten l'vffiern & beaus, fiont che auter logs eara vegnan ad effer perpetnamēg; nūnadamēg, la tearra tfchiels nofs, &c. fco S. Giō gi entē l'Apoca. cuntutt fâs ina mala confequenzia che feigig na mai dus: nua pufchpei maneuel sa veza che vâs mai tfchear- 10 giont ancagliur vei & nà fchi fà anqual chiaufa per tei, & lais blear platts ils quals ean conter tei, d'ina vart zeinza leger; fiontche clerameng, fa catta egn tearz lieg nua las ormas che moran zeinza hauer fagg auōda per ils lur pngiaus fuueinter quefta vetta.

Sco gi S. Paul. 1. Cor. 3. — *che las ouras da minghin vegnan a* 15 *vegnir prouadas; & che fche las ouras da qualghin, vegnan a reftar, ven el ratfcheuèr la pagaglia; aber fche las ouras da qualghin vegnan ad arder, vean el andirar la peina; el aber [pag. 101] vean ad effer falf, taunt fco trâs il fieg.* chi peia ei quei fieg; ch'il fieg dil purgatieri? & per far curt & bien, tralafchont blear auter logs della fcrittira che prouan 20 il purgatieri; vi ieu prender folettamēg dus; il prim ei or da queft da prouar: numnadameng, nua lazarus, la feglia dil princip, &c. feigian'ftaus fuuenter, ch'ean ftai morti; & che Chriftus ils hà lauantau? enten gl'vffiern na poni effer ftai, perchei da là ei nigina ramafchun? eut il paruis ear biggia, perchei che da là nà fà ratorna? donque ftoni effer ftai euten 25 in 3. lieg, il qual ei il purgatieri: il fecond ei or dil 2. cudifch dels Machabeêrs. *cap. 12. v. 46. ei pia in foing & falideiuel partraggiameint da rogar per ils morts, fina quei che fegian fchligiaus dils pugiaus.* chei fa pò garagiar pli clêr? Cun tutt fchi gl'ei bien da rogar per ils morts fchi ftôn els effer anzanua enten egn [pag. 102] tearz lieg: fiont che per 30 ils beaus non ei da bafegns; & per ils damnaus nizeigia nagotta, donque per quellas ormas che ean enten peina per ils lur pugiaus ent il purgatieri, & cuntutt, fco gî il text, eifi ina buna chiaufa da rogar, per nott che deus las veglig liberar. & quefta verdad & ear autras podefs ieu prouar or dals 4. docturs & auter S. Paders, mà fiont che tei na ta fieruas da quels fchi 35 tralafch ieu eara: & funt bein cunteint mai cun la fcrittira foinghia da ghi fas plei che vonda. Aber fiont queft lieg dels Machabeers, vfchi cler, che ni Caluin nî auter Heretigs che hann fchniau il purgatieri, non hà pudeu enten nigina guifa, fin egn auter mainig declarar & metter ora, fchi hà el fchniau, che el feigig da taner per la foinghia fcrittira. Cuntutt ta dumond ieu eara, 40 cha tei teans queft cudifchs per S. fcrittira [pag. 103] ner beggia, ner nà già? fcha tei gis che non, nomnadamēg che na feigian da tener per foinghia fcrittira? fchi perchei ils lafchads, & metteits enten la Bibla? Ner nonder prouas ch'els na feigian vſchi bein la foinghia ſcrittira ſco ils auters cudiſchs della Bibla? & la raſchun oi queſta, perchei che vus haueits la Bibla ratſcheneu da nus, & nigin vus pò determinar, quala ſeigig la foinghia ſcrittira, che la foinghia baſelgia Catollica, la qual cumonda da tenêr & 5 tean quels cudiſchs vſchi bein per foinghia ſcrittira ſco ils auters.

Scha tei loſſos aber recurrer à volſa fantaſeia Caluiniſtia, & gîr ch'il S. Spirt vus inſpirig quala feigig la foinghia ſcrittira ner biggia? nu mi prouas queſta fantaſeia? qual Prophet? qual Apostel? qual Euangeliſt hà queſt ancagliura tſchantſchau? ner forſa penſau [pag. 104] da tanicn chi- 10 méras, numnadameng ch'il foingh Spirt dettig enten voſſa teſta tal baga- tellas? ſcha tei gîs aber, & teaus per S. ſcrittira? ſco gl'ei ear fearmameng da tenêr & crêr, bein peia, ſchi na pôs fugir & ſchniar cun nigina con- cienzia biggia, che feigig egn purgatieri: cun tutt biggia ta turpagiar da confeſſar queſta verdad cun tutta la baſelgia; ſiont che na n'ei ina turp da 15 biggia fauêr, ſonder da beggia ſa laſchar muſſar: taunt plei che la chiauſa eis pli clera ch'il ſulegl.

Et la raſchun ſezza muſſa: perchei che ſche qualchin muriſs mei enten pugiaus venials, ſeinza hauer rigla & laid da quels: ſchi na pò queſt trâs quels vegnir condemnau, per chei che queſt ei enten grazia da Deu? & 20 ear biggia vegnir ſalf; perchei nigina malſchubra chiauſa pò ir entil tſchiel: donque ſtò ei eſſer in lieg nua ch'el [pag. 105] poſſig fâr trâs quels pugiaus. tei podeſſes forſa gir, che deus trâs ſia misericordia gli perduna ſeinza fâr pênitenzia? & nonder mi prouas queſt or della ſcrittira? Item cò prouas queſt priuilegi, à nui & biggia ear gl'autrui? ſiont che, tutt il mal vean à 25 vegnir caſtigiau, & tutt il bien remunerau?

[pag. 186]   MINISTER. fol. 38.

Schi mangiein nus la carn, a buein il ſoung da Chriſt?

Iè: er bucca carnalmeng, mò spiritualmēg, bucca cun la bucca dil chierp, mò cun la bucca dal'olma Ioa. 6. v. 63.

30 [pag. 187]. *Item chei eiſi mangiar la carn da Chriſt & beiuer ſeu ſaung ſpiritualmeng? f. 39.*

Gl'ei trâs vera cardientſcha trêr a ſe ſez Chriſt crucifigiau, perchei ſco paun a vin, nizeigian nagotta ä quels ils quals, mangiä & beiuen buc, aſchi nizeig ear bucca la paſſioun da Chriſt ils quals crein buc: Ioa. 6. 35.

35   *Item ei il paun, il chierp da Chriſt ad il vin ſeu ſoung carnalmeng a corporalmeng?*

Na perchei cha Chriſt ei lauaus dils morts, & turna bucca antroqua la fin dil mund. Act. 3. v. 21.

EXAMEN. 24.

40   La pli figna râſcha haueſſas tei mai pudeu cattar per inraſchâr il pieuel [pag. 188] a voſſas proprias. chimeras: & cuntutt ſcha queſtas treis chiauſas

fuſſan vêras, ſco tei & ils teas cumpoigns, teneids auaunt agli pieuel ſchi ſtueſſ enten las ligias mai eſſer ſtau la vera crettá, dal'antſcheatta dil mund antoccan la voſſa gloriuſa vegnida della religioun Caluiniſtica auaunt ver 80. onns? la qual chiauſa ſche vſchia fuſs; ſchi voleſſ ieu dalounga dauantar Caluiniſt; perchci che credent ieu quei che auaunt quattor diſchtſchient 5 onns ei carteu enten las ligias, schi ſtueſſ ieu ad auters antocca l'ātſcheatta che pieuel ei ſtau enten las ligias hauer carteu faulſameng; & cuntutt volend ieu vegnìr ſalf ſueinter voſſ mainig, ſchi ſtueſſ ieu ad auters vegnir da voſſa nouella cretta; aber ieu creig veſſ, che tei & ils teas cunfrars haigiā taūt ardameint a gir antaniē blaſphemias; ſiontche vuſez ſtueſſas 10 enten [pag. 189] queſta guiſa cundemnar tutts ils voſſ pardauaunts, per non hauer hugieu la vera cretta.

Aber per far alla curta, dacoca non ei la verdad ch'ils noſſ pardauaunts feigian ſtaus euten errur della cretta, vſchia non ei la verdad che la tia eretta feigig la vera: biffg ſulettameng per queſt poing ſonder da tutts ils 15 auter artigels: & cun queſt vegn ieu a reſpöder allas tias citatiouns or della ſcrittira & bein or da prepieſt. & primierameng alla prima da S. Gion. c. 6 v. 6 — nua ch'el gi sueinter tia vpinioun. *Il ſpirt ei quel che viueinta, la chiarn nizeigia nagotta, ils meas pleids che ieu vus hai tſchantſchau ean ſpirt & vitta.* Nua plaida qui Chriſtus ni da bocca dil 20 chierp, ni da bocca dal' orma? ſonder reſpöda na mai à quels che ne carteuan als ſeas pleids, ſco el ſez gi entil vears che veā sueinter, che gl'eran da quels che na [pag. 190] carteuan; & cuntutt che quels eran carnals, & antelligieuan ſueinter il puder & forza natirala, et biggia dalla puſſaūza & verteu da Deu: ſco ſchett Chriſtus a S. Peter: *Matt. 16. chiarn & ſaung* 25 *na ghi han reuelau; queſt ei;* la puſſaunza & antallegg human, *non ghi han quest fagg a ſauer ſonder il meu babb da tſchiel.* & S. Paul, *gl'hom animal, na pò entallir las chiauſas da Deu;* queſt ei, la natira na pò da ſe ſeza hauer quella ſorza d'antallir verameng cun la cretta ſainza agid & grazia da Deu: cuntutt cura che Chriſtus gi; la chiarn nizeia nagotta, 30 na vult antallir la chiarn; ſonder il ſqirt carnal, queſt ei, la natira, ner cretta ſueter il antallegg human ſchigliog, na hauefs el bein gigg, ſch'in duuefs antalir ſin la ſia chiarn: laqua la nagin na pò gir che ella nizeigig nagotta ear materialmeng, ſiont che trâs quella nus haucin [pag. 191] ratſcheueu la redemptioun: & cuntutt fenuani queſta reſpoſta a Chriſto, il 35 qual ils reſpondet che la puſſaunza, da Deu, fuſſ ſpirt & vita, queſt ei, che agliui na fuſſ impoſſeuel da far quel ch'el haueua gigg, ſecond ch'il Prophet Dauid gi. *Pſal. 109. ch'el ha gigg & ei fagg el ha Cumondau & ei ſchgifeu.* cūtutt Chriſtus ch'era vêr Deu & vêr Carſchgiaun, hauet gigg che fufs ſià chiarn & ſeu ſaung, ſchi ſtò igl eſſer dauantau ſco el hà gigg; 40 perchei che tutta quei ch'el gi & cummonda, ſtò eſſer fagg & dauantau: & che vſchi dauentig, ei che ſeas pleids eau spirts & vitta queſt ei puſſeiut da far tutta quei ch'aglioi plai. Cuntut pò ſcadin vêr co ti prouas la tia

fantaftica cunclufioun? fiont cleriffimameng giù futt or dals propri plaids
da Chriftus vegn a prouar che verameng nus ratfcheucin il corp & faung
da noff fegner [pag. 192] cun la bucca dil chierp, primieramẽg; & lur
cara cun la bucca dal orma fcha nus il ratfcheucin vengiaunzameng.

5   Aber examinein ign paug plinauaũt quefta voffa tfcheinna enten la
quala vus pretendeits mai spiritualmeng da ratfcheuer noff fegner; & biggia
realmeng & corporalmeng: fchi ta dumõd ieu feigig queft (*spiritualmeg.*)
nũnadameng fchi feigig la diuinitad, ner il corp da noff fegner fchgin
fpirt, ner la fia orma? ner la grazia? ner nagotta? ner forfa fulettameng
10 iua recordientfcha? fcha tei gîs la diuinitad cun il chierp & orma? fchi
el'ch Catollig; fcha tei vol gir la grazia? fchi fâs primierameng counter
blear auter Caluinifts che crein nagotta effer dau la trâs fonder che feigig
na mai ina recordientfcha: Però ta dumond ieu fcha quella grazia eis entil
paun & vin, ner che ti la ratfcheiuas na mai antras [pag. 193] la cretta?
15 che la grazia feigig entil paun & vin, na veans a gir; fcha tei gis pia trâs
la cretta? ni aung pò quest ftâr, perchei che fch'in Caluinist ratfcheua
maluangiaunzameng, numnadameng enten pugiau; quell na pò retfcheuer
la grazia fchibein ch'el crei vidla tfcheina vfchi bein fco quell che ratfcheua
vangiaunzameng, donque na fa pò cun la cretta furuagnir la grazia Sacra-
20 mentala: fcha tei vol aber gîr ch'in ratscheiuig nagotta trâs la fcheina,
fonder che gl'ei na mai ina recordienfcha: fchi ftò Chriftus & S. Paul
eaffer manzafêrs: perchei che Chriftus gi, queft ei meu chierp, & meu
faung, & na gi queft ei la recordientfcha da mia paffioun? fonder gi; che
cura nus mangiein & buein fia chiarn & faung che nus duueian far enten
25 fia recordientfcha numnadamẽg dil benefizi, & S. Paul gi: quel che beiua &
[pag. 194] mangia maluangiaunzameng, quel mãgia a fefez il Giudizi, &
na gi chi fà malvangianzamẽg la mia recordiẽtfcha. Cuntutt gig ieu; cò
eifig puffeiuel ch'egn poffig fa cõdẽnar na mai sa recordont dalla paffioũ
da Chrift? fiont che nigina chiaufa fpirituala fa ratfcheua trâs la tfcheina &
30 che fchi ufchia fuff; fchi fafcheff in puccaunt aung in pugiau fulettamẽg
fa recordont da Deu? ner fchend paternoff, &c. aber chi ei quell che na
vezig che queft eis graundas blafphemias? & cuntut fa pò ear maneiuel
vêr che niaũg fpiritualmẽg na fa pò ign parleger chei la voffa tfcheina
feigig?
35   Per gl'auter poing che tei gis che mangiar & beiuer, il corp & faung
da Chrift, feig cun la cretta trêr a fefez Chriftum crucifigiaus, perchei fco
paun & vin nizeiã nagott a quels ils quals mangian & beiuan buc, vfchi
[pag. 195] nizaia ear bucca la paffioun da Chrift a quels ils quals crein buc.
    La propria fcrittira che tei cittas per queft ta fà manzafêr, audi pia
40 il text. *Ioa. 6 v. 35. ieu funt il paunn dalla vitta, il qual vean tier
mei, na vean ad hauer fomm, & il qual crei enten mei veã mai hauer
feid.* Nu' ei qua egn pleid: per amur dalla paffioũ da noff fegner, cun
il qual poffigas prouar la tia fantafeia? & taunt plei che Chriftus gi enten

quei *cap. v. 52. Il paun che ieu vus vegn a dar ei la mia chiarn per
la vita dil mond.* Et enten tal guiſa, *che chi na mangia ſia chiarn &
beiua ſeu ſaŭg quel non hà la vitta enten el, v. 54.* & qual ei quella
chiarn & faung da Chriſt? forſa in ſpirt? ner autra fantacia, fco forſa vus
pudeſſas ſiembgar? zunt tutta veia biggia, fonder quella ſeza chiarn & 5
faung ch'el hà dau vi dalla crufch per ils nofs pugiaus [pag. 196]. *Matt. 26
v. 26. Mar. 14. Luce 22. 1. Cor. 11.* & cuntutt vezzig minghin vffaunt,
ſche la tia fantaľeia pò ſtâr cun il pleid da Deu?

Per il 3. poing che tei gis che mãgiar & beiner il corp & ſaŭg da
noſſ ſegner, na feigig d'antallir corporalmeng, perchei che Chriſtus feig eus 10
a tfchiel, & il feu corp na tornig bigg antrocan la fign dil mund & vol
prouar or dil 3. c. Act. v. 21. il qual lieg muſſa cleramẽg che tei fâs inna
faulsa conſequẽzia perchei che ieu ta dumond ſchi fuſs bein gigg? egn mill
pò purtar egn predicant, donque na pò portar dus? chi na veza che queſta
conſequenzia ei ſaulſa? ner ſch'egn ſcbefs, Ils predicants dellas leias dein 15
guardar or il plaid da Diu, fco i cumportaſſ, & bigg s'ãpagghiar da chiaufas
teimporales? dõque nõ ei da quels, (& forſa la plipart) che vultan reger
[pag. 197] il dreg & Giudizi fecular? Item la Chirurgia; & medefchina?
fuſs il peia biggia gigg la manzegna, ſchẽd ch'ils predicãts na fa ampaigghiaſſan da chiaufas feculares; ſiont che, i douran da tanien forts 20
maſtregns & vultan hauer il nâs entil ſpirituale & temporal eaſſer? (che
mai na han fagg ils Apoſtels, ner Paders) vſchi vi ieu ear gir: fchi bein
che Chriſtus quell eis eu entẽ tfchiel & reſta là antocca la fign dil muud,
& che lura vean el enten propria perlona vegnir ad derfcher fur las creatiras: fchi nõ eiſi bein fagg a gir, peia non el qui eutẽ queſt mũd per fia 25
puſſaunza, entil Sacrament? perchei che aglioi ei tuttas chiaufas puſſeiulas.
Aber pernott ch'in vezig ch'il text na fâ per tia conſequenzia, vdein ils
pleids dil text. Act. 3 v. 21. il qual gi da queſta maniera. *Il qual ei
ceart da baſegns ch'il tſchiel il retſcheiuig, [pag. 198] antoccan il teimp
della reſtituzioun da tutta quei che Deu hà plidau trâs ils prophets.* 30
Nu'ei qua fagg menzioun ch'el trâs fia puſſaunza na feigig ear qui fin
tearra cun feu chierp Sacramentalmeng? fiont ch'el gi ear; ieu vi eſſer
cun vus antoccan la fign dil mund? cuntutt ua vult auter gir & antallir il
text, che chriftus na n'ei qui enten quella guiſa, fco el era cun ils Apoſtels,
fonder enten tfchiel, & enten tal guiſa vean el enten la fign vegnir da 35
tfchiel dacoca l'ei eu a tfchiel a giudighiar il mũd, vezig pia fcadin puſphei
che beallas & maruegliufas conclufiouns ti fâs? —

[pag. 290]   MINISTER. fol. 75.

Gi la ſearra dil babb noſs.

Perchei cha teu ei igl Raginauel, la puſſaunza, la gloria, a feimper 40
ammen. —

3 *

Perchei ha Chriftus cummandau da ferrar afchia?

Par dar d'antallir cha Deus [pag. 291] scigig bucca mai nieff babb,
mò era nicll' regg tutt puffcint, il qual veglig, & poffig dar quei cha nus
vein rugau, a laud da fia perpetna gloria.

EXAMEN. 69.

La fearra, ei vid fe feza būna, & cōuean a Deu: aber la tiers na
vezzas che trais ils traus tràs la bucca? fiont che na pò vegnir daggiada,
& imaginada, la pli graunda falfadad, numnadameng, che tei afchgias cun
atanien impudenzia & ardameint, gir & cūfirmar che Chriftus haigig cum-
10 mondau da farrar il babb nofs, enten quella guifa & forma? da grazia &
per l'amur dalla paffioun da noff fegner mi porta ign fulett pleid da tutta
la bibla che muffig, ner cumondig quefta fearra Caluiniftica? has tei amlli-
dau che fi fura [pag. 292] has muffau che nagotta deig in metter vitiers
la Bibla, ner il pleid da Deu? nu pia cattas, che Chriftus haigig mefs quei
15 vi dil bab nofs? vezzas peia, fcha`queft non ei eu antorn cun pomma
martfcha? dont nūnadamēg da crêr agli pieuel che Chriftus haigig quei
cummondau, & pir na n'ei la verdad: cūtutt fcha tei haueffas ferrau cun
l'Aue Maria, fchi na haueffas falleu fonder fagg fueinter quei che cumporta
ad ign vêr dil Euangeli, aber vus vus turpagiads dalla gir, fchi bein gl'ei
20 entil Euangeli. Lucae I. & vfchia voleids eaffer dil Euangeli & haueids
turp dil gir. Aber dacoca il reft della tia doctrina ei, vfchi ei queft eara:
cūtutt, fche la fign (fco gi il prouerbi) ei quella che dei corunar l'oura,
fchi ei queft ina poura coruna, & fchleatt figieal, da cunfirmar & ferrar
giù cun antanien oruadaglia: aber da queft non ei da fa fchmaruegliar,
25 [pag. 293] per chei che dacoca l'antfcheatta ei & la mazzadad, vfchi dei
ear effer la fign. Et queft ei curtameng per tia doctrina Chriftiana: per
il reft numnadameng da tias faffanoias da canzauns, las qualas ti gis effer
fpiritualas, & pir las hâs meffas giù & fchātau, fueinter las pli fpurghias
& namarufas temporalas canzouns chē poffigan vegnir imaginadas, entē las
30 qualas eara gis las pli graundas ftaruegias ch'in poffi cattar, las qualas da
refuttar na pagia la breia, auter fchina blafphemia che ti gis. fol. 216 v. 4
enten quefta guifa.

MINISTER.

Vangieus ei ilg Antechrift. Grond pieuel faig crudar, Da
35   *niefs fpindrader Chrifte Seu pleid faig amblidar.*

[pag. 294].   EXAMEN. 70.

Scha tei antallis per gl'antechrift, tutta quels ch'eau curdaus giù dalla
vera bafelgia, & han muffau, ner muffan, qualche poing della doctrina dil
40 Antechrift, fchi gis tei dil pli bein, fco gi S. Gion. Ep. 2. v. 18. 2. ad
Thef. 2. v. 7. ch'el era fchon dil lūr teimp: ei d'antallir, cun la doctrina:

aber fcha tei antallis ch'el dei eaffer vegneu dil tutt fchi non gis quei ch'è vid fe fez; perchei che, el dei vegnir entils danos teimps & la fign dil mũd. Dan. 7. Apoc. 20. Dan. 12. Mat. 24. fchi ifch tei & tutts ils auters fectierers della doctrina dil Antichrift; fiont che vus tutts ifchas curdaus giù dalla veglia S. Bafelgia. Itẽ fcha ti leffas aber per queft Antichrift, 5 il Papa fco auters Caluinifts fchfatfchadameng? fchi gis ina grãdiffima blaffemia, fiont che entẽ perpetteu mai na veãs ni ti ni auters gir cuu la verdad; & tralàfchõt bear autras proprietads dil Antichrift vi ieu na mai ver treis ner quatter metter là & muffar, che il Papa na pò effer quella perfounna che la voffa mifera & poura tefta vus datt eint primierameng pia 10 vean gl' Antichrift a reger na mai treis ons & miez. Dan. 7 & 12. Apoc. 12. Et chi ei vfchi matteu & balurd che na fapgia che dal antfcheatta dalla ba-felgia antoccan fin queft [p. 295] vra han feimper regieu ils Pappas? Per l'autra: vean fubit fueinter fia mort ad eaffer il Giudizi Dan. 7. Apoc. 20. Matt. 24. 2. ad .The. 2 Ep. Ioa. 2. nu pia ei fueinter la mort da qualche 15 Pappa ftau il Giudizi? Per la tearza, vean el fchniar Chriftum. I. Ep. Ioa. 2. Item fa vean a dar or ch'el feigig il Meffia. Ioa. 5. Item fa vean a dar or che el feigig Deus. 2. Thef. 2. Et fe vean ad alzar fur tut che vean numnau Deu. 2. ad Thef. 2. Dan. 11. Da grazia chi po effer vfchi af-frountau da gir, & puder metter la ch'ils Pappas fchneagian Chriftũ? Cur 20 mai fa ha in Pappa dau or per Meffias? ner Deus? da chei teimp ei ftau in Pappa che fa haigig alzau fur tutt ils Deus? Per la quarta vean el a vegnir arfàntau cun il fieg da tfchiel. Ioa. 20. Apoc. muffig ign da vus Caluinifts inreformaus che queft feigig dauentau cun qualche Papa? Aber ad vffauns malubiegigs, ei nigina chiaufa malfaiggia? 25

ILG CELESTIAL HIERUSALEM.

Ilg celeftial Hierufalem, Turig. 1620.

1.

Iou fai'nzanu' ün bi marcau,
Lieug da la pafch vên ell numnau:
Hierufalem, mi vean alg feu, parche
iou'ftem,
Silg mund nun ei fieu parc.

2.

5 Silg mund nun ei tanien marcau,
En tfchiel eis ell zund bi fitau,
Glorgi' ad hanur, ha nies fignur,
fampgiau a nus,
Zund leagar ei fieu effer.

3.

Deus quei marcau ha fetz fcafieu,
10 Tras Iefum Chrift ilg car filg fieu,
Deus quei marcau ha fetz fchãtau,
a ferm funzau,
A cun daleg fitaue.

4.

Schubar a foing ei quei marcau,
Parche Chrift fetz lg'ha fchubragiau:
15 Cun fieu foing faung, quei fchkazzi
ground, ch'ell a hor fpons,
Tras quell ilg fa'l zund fchubar.

5.

Quell fabi Deus lg' ha tarmanieu,
Ch'l oi grond a larg cun logs furnicu,
En quei marcau, nun vêr quitau, lou
   oi fampchiau,
20 Larg deg avund' à tutfe.

6.

Ilg pli bien ei vi d'quei marcau,
Ch' lei fin ün ferm falom fchantau,
Quei fundamēt, ei cunafcbent, Chri-
   ftus puffent,
'Ls Apoftels l'g han muffaue.

7.

25 Mô quei mi legra zund datfchiert,
Da tutt logs na vean ftradas tiers,
Lou da tutt temps, fa po ir ent, chi.
   va gugient
Las portas ean avertas.

8.

Purtniers en lou'ls oungels da Dieu,
30 Als quals parchirn' ilg pievel fieu,
En quei marcau, ha Deus dumbrau,
   fin adin chiau,
Sa er als nums da tuttfe.

9.

Aur ad argient a grond danêr,
Par ün grond fchatz ha'lg mund pilg
   vêr,
35 Mo ti nar mund, quei ei malmund,
   ardfchilla zund,
L' gei tutta vanitade.

10.

Mô enten tschiel fampchiau ha Dieu,
Quei cha nagin êlg mai ha vieu.
Nagin fa gyr, nagin udyr ne an-
   talyr,
40 Chei bien lou vên ad effer.

11.

Sulelg la tearra fto havér
Ad ear la lgina bein pilg vêr,
D'unviern a d'ftad lur claritad, fan
   en vardad.
Ilg mund ftô quels havêre.

12.

45 Mô vin tfchei mund gi ieu pilg vêr,
Stnein nus quels zund buc havêr,
D'la lur lgifchur, vagnins allhur, a
   vagnir fur,
Deus lgyfcha fetz avunda.

13.

Quell cun fi' aulta maieftad
50 Fa deg avunda claritad
La nagin fcbkir, mai po vagnir quei
   crei fagir
Ilg gy lou cutza femper.

14.

Quei lieug da tfchiel a bi marcau,
Ilg qual Deus ha· à nus famgiau,
55 Ei cun daleg, fitau andreg, zund bein
   parfeg
Lou ei nagut malmunde.

15.

Scha gea filg mund fus ün zardin,
Cha cun tut frigs fus beal a fin,
Da tuttas forts, dultfch afch a forz,
   carfcheff als orts,
60 A fuff latiers bun' aua.

16.

Sch'ei quei nagut da radfchunar,
Ancuntr'ilg lieug cha Deus vult dar,
Moungel nun ei, lou fagir crei, da
   tut aquei,
Cha lagrament po fare.

17.

65 Ô Iefum Chrift vêr filg da Dieu,
Quei lieug en tfchiel has ti gur-
   bieu;
Ti eis quei tfchut, chi has meff fut,
   la mort par tuts,
Cun tieu foing faung fpindraue.

18.

Vffonts da Deus par ti'amaur,
70 Vagnin nus tuts ô car figùur:
Tras grazchia tfcheart nus vean ave-
   art, ilg tfchiel pardeart,
Ovras nun pôn gidare.

19.

Mô pir partrachi bein ſcodin,
Lient nun vean buc aminchin,
75 Quei ch'ei malmund, ſclaud'or Deus
zund, quei ei radunt,
Ils mals ſtôn ſtar dafora.

20.

Ils nun cartents a fandſchadurs,
Ch'amblidan Deus par lur hanurs,
Fan adaleid, lgi ſieu ſoing plaid a
lgi vardad,
80 Ear ſieu ſoing num buc hundran.

21.

Als quals lur troſt han ſin queſt
mund,
Ad han' na fleivla cretta zund,
A fã puccau ſeinza quitau, a ſan
buc grau,
A Deus par ſeas grond dunſe.

22.

85 Ear quells chi mazn'a faṇ dalcid,
Cun guaffans puings ad êr cun plaid,
Temman nagin, drizan ſgurdin,
ſchdagian ſcodin,
Ad han pauc bien alg côre.

23.

Ear pitanadars a ranvers,
90 A tutt malgiſts a mansaſers,
Cha vanitad, malſchubradad, a nau-
ſchadad,
Enten lur côrs cuvieran.

24.

Da quella ſort ſcô lgei numnau
Nun pôn vagnir en quei marcau:
95 Ear ſcungirar a vaun ſinar, cun
tutt mal far,
Ent ilg uffiern ſtô arder.

25.

Mô quels cha Chriſtus ha ſpindrau,
Quels van ſagir en quei marcau,

Quals tſchertameng, ſagirameng
crên fermameng
100 Sin ſieu vangiau ſa fidan.

26.

A temman Deus enten vardad,
Si dretg culg ſpirt en pietad,
A tignan car, ilg ſieu plaid clar,
cun gyr a far,
Da côr zund bein da tſchierte.

27.

105 P'ilg num da Deus ên els parderts
Da d'andirar cruſch ad unguerts
Ad ean fitai cur ch'a Deus plai,
cun tutta fei
Da bandunar queſt munde.

28.

Par quei lein nus zund buc tumér,
110 Laſchein pir yr ſcô Deus vult vêr,
Schein ell manar, ell ſa bein far,
ad á nus dar
A tutts 'na buna fine.

29.

Preſt a vagnir vên l'aulta Deus,
Cun la pagalgia a ſeas ligeus,
115 Ch'ell vên a dar, ſeinz' antardar, a
s'anriglar,
A quells chi bein cumbatten.

30.

Hei nus laſchad 'lg uffiern gun-
chyr,
Sch'nus gea ſilg mund ſtucin pitir
Deus ha ſampchiau en tſchiel bien
paus, a bien ruaus
120 Larmas ei lou naginas.

31.

Ô vèr cartents ſpuſa da Christ,
Rugad cha vies ſpus vegnig preſt;
Nus basêngs vein a mal munglein
partal rugein
Ch'ell vêlgig far la guerra.

32.

125 Sin tei lein nus noff fag fchantar,
Cuntut ò Deus nuns bandunar,
Ving en agid cun tia vartid, a tieu
falid,
Nus dei la vitta femper.

33.

Quell chi ha queft l'g amprim cātau,
130 Quell ei dals mals parfaquitau,
Avont dus ons ei'l trag en Tschons
cun feas uffons
132 Sin Deus ftat fieu cunfierte.
AMEN.

RHETUS.

Rhetus, ilg vêlg Grifchun, schqitfchau, anno 1621.

1.

Iou funt quel vêlg Grifchune,
Ilg qual hai vugagiau,
La vitta, raub'a faunge:
Ad hai êr cungiftau
5 Cun gronda tapfradade,
A tras agid da Deus,
La niebla libertade;
Fag liber mês pies.

2.

Bein preft s'ha quei midaue,
10 Cur guauld par dreg lev'ir,
Frig êr que giuf giu d'cheue,
Pudig que big patir.
Matti bein preft a ftrada,
Cattei pufpei bein bauld
15 Mi' vêlga libertade,
Scatfchei davent ilg guaúld

3.

Zund marvalgiufamenge,
Ad êr cun prigels graunds,
Hai jou mes ragimente
20 Spindrau da quels Tirauns.
Els êran zund gramadis,
Schlafchei sco grafs vadêls,
Sur tfchengals, vals a creftas
Schantavn'els lur caftêls.

4.

25 Fagevan fchalmarias,
Daminchia fort fchlafchijng,

Duvravan Tirannias,
La tiers grond mal mundijng
Cur jou que mal vazeva
30 Cun gritt'a cun dalur,
Da cor jou mi vulveva
Tier Deus ilg mês Signur.

5.

Quel ha mei preft gidave,
Gidau or zutt lur mauns,
35 Lur guauld ha el fpazave,
Scatschau êr quels Tirauns:
Tras zund maneval mittels,
Ch'jou vefs zund big carteu,
Hai jou quei niebal tittel
40 D'la Libertad gurbieu.

6.

Bear gronds fa lamantavan,
Ch' jou friv' ilg giuf giu d'cheu,
Par lur dregs fig pliravan,
Ch' jou fufs lur aigen ftau.
45 Mô jou da vêlg nun fovà
Subgiet nanuih fignur:
Sullett a Deus farviva,
Quell ei mieu dreg fignur.

7.

Mo lg'êran mal cuntentfe,
50 Mi levan quei fcuvir,
Sin me fgrizchievn'ils dentfe,
Cun guauld mei far vagnir

Sut vêlga Tirannia:
Mo Deus ha tut spazau
55 Lur lifts a schalmaria,
Ch'els han nagut drizau.

8.

Cun stent'a cun dalure
Hai jou zund bear pruau:
Cun cotschnas mias savurse
60 Hai jou bear guragiau
Quaunt bear mal gijs ad onse
Hai jou stuiu sufrir!
Par ch'iou a mês unfontse
Pudefs ruaus gurbir.

9.

65 Vid' mia rucha barba
Han bears êr sa talgiau,
Cur els lur detta zarta
Lient han bein stuschau:
Mês peuls zund mal pundschevan,
70 Els êran memgia dirs,
Nu' ch'els vid' me s'vulvevan
Ern' els zund mal sagirs.

10.

In summa co ch'els fevan
Schi gnivn'els enten turp:
75 Deus el mês fags rigeva,
Lur guauld quel êra curt.
Cur jou ilg cheu sgrullava
Tamevan els zund mal,
Lur guauld jou prest spazava,
80 Lur lifts en general.

11.

Mês stand hai jou drizave
Sco vus ilg veits ratschiert,
A Deus l'gha confirmave
Cun sia grazch'a spiert:
85 Vofs velgs cun tapfradade,
Si dreg'lg han mantanieu,
Cun saung, savurs a spada
Vofs dregs vus han gurbieu.

12.

Vus steiz sco star sin plimmas,
90 A veits gig pasch hagieu:

Fagiets zund Pauca stimma
Dilg mal ch'els han patieu.
Els han a vus laschave
La niebla Libertad,
95 Ch'ls bein han gudagnave
Tras Deus cun tapfradad.

13.

Quei bein praneid par core
O vus mês car unfonts,
Vofs dregs nun fryats ore
100 Ch'vus veits gudieu bears ons.
Mireid sin vos prus vêlgse,
Rigid sco els vofs fags,
Vdid,. davrid als êlgse,
Faged sco els han fag.

14.

105 Nun vus laschad sin êsters
Cur vus munglads agid:
Els tendn'a vus balesters,
Ruinan vofs salid.
Vus setz mateid a strada
110 Vofs faigs par cundrizar,
Vus setz duvreid la spada:
Deus vên a vus gidar.

15.

Ach big vus angonneyats
Cun aur a cun argient,
115 Ach biggia sa lascheyats
Sin êstr'agid dalientsch!
Quei fa vus malparina,
Quei fa vus schmaladir
Vofs filgs enten la china,
120 Als quals ston angaldir.

16.

Anvilg'a malvulgieutscha
Fad ir da vus da vent,
La gritta frid da lientsche
Da cor zund bein gugient,
125 Vus antalgid andrege
Sco'ls vêlgs sulevan far,
Sarvid a Deus si drege,
Schi vèn'la vus gidar.

17.

    Queft gis iu bun grifchune,
130 Chi ha par vofs'amur
    Cantau quefta canzune,
    Par dar lgi Têrr' hanur.
    Ell mufs' a vns la pafche,
    Scha cun Deus pola ftar,
135 Pauc bien, bear bitr'ad afche
    Ha el ftuieu fchigar.

18.

    O Deus vie po'nagide
    A tutt Real Grifchuns,
    Ch'els poffan cun vartide
140 Taner, guder tês duns.
    Parchire quels da tierte
    Da mal, da forzz'a guauld,
    Als Dei filg mund cunfierte,
144 En tfchiel als gide bauld. Amen.
    FIN.   J. P. J. B.

STEFFAN GABRÍEL.

Ilg ver sulaz da pievel giuvan.   Typis Georgii Hambergeri: tras Thomas Salomon Blech. **1625.**

[pag. 113].   PSALM. XXXI.

Quefta Canzun ei fachia ent ilg on. 1604. cur ilg Reg da Spania (pag. 114) ha bagiau la fortezia en Vultlina. Sco, In dich hab ich gehoffet Herr. Da Iefus an dem creutze ftund. Es ift uns ein Schne gefallen. Sommer vo bift fo lang gefin.

Nus fpronza vein sin tei Singur
Vangir nus lai buca zanur,
Nus vellgias ti fpindrare,
Nus dai agid
5 Tras tia vartid,
O Deus, o Senger chare:

Las tias urelgias arve fi
Nies rieug, o Senger, aude ti,
Faftchinne Senger baulde,
10 En priguel grond
Nus ftein bein zunt,
Ah leve cun tieu guaulde.

Nies fcharmiader tiers nus ftaï,
Ch'nus veian nies agid vid tei,
15 Nus gide vurriare,
Cun tia vartid
[p.115]. Nies anamic
Ti gide fugiantare.

Fortezias fan els bagiar,
20 Cun quels latfchs vult'n els nus pi-
                lgiar,
Sco cur ün pelg' utfchelse:
Deus dai agid,
Tras tia vartid,
A fpaze lur caftelse.

25 Ti eis nies crap, nies grip, nos mirs,
Nies fchilt, fut tei ess' nus sagirs:
Ti noss' eis er fortezia:
Quou lein nus ver
Chi vult nufcher
30 Ti, nofs' eis er farmezia,

Cuntut fcha gie ilg müd fus bein
Da Spangiers, a dimünnis plein,
Ca leffan nus ftrunglare,
A tut ilg mund
35 Ancunter zund,
Lein nus buc zageiare.

Qüel c' ha gidau ilg ferm Samfon,
Iofua, Moyfes, Gedeon,
Quel c' ha pudieu gidare,
40 Avont bers ons,
[p.116]. Nos pardavonts
Ven nus buc bandunare.

Nus velgias Deus dfeimenc gidar,
Nus bucca ti ad els furdar,
45 Nus bucca lai vangire
Cun nos uffonts
En fut lur mouns;
Fai quels Tyrans morire.

Scha ti nus vol Deus caftigiar,
50 Da tei nus bucca lai fcarpar:
Sch'els gie nus prender pone
Ilg nies terrein,
A chei ch' nus vein:
Quei porta pitfchen donne.

55 Ilg tfchiel fton els a nus lafchar,
Sch'ilg cor dues ad els fchluppar.
Nus ti parchir' o Deuse.
Cun tia fei
Nus gid' tiers tei,
60 En tfchiel tiers tuts ligieufe.

[pag. 135].

PSALM XCIIII.

Sco, O Herre Gott Pf. 23. En la perfecutiun d'ilg on. 1620.

TI Deus, ilg qual vandetta fas
Vien po cun ti clarezia:
Ti Deus, ilg qual vandeta fas,
Caftige la lofchezia.
5 Derfchader grond
Da tut ilg mund
Quont gig dein quels mal fare?
Quont gig Salgir?
D'latezia rir?
10 D'ilg mal er fa ludare?

Tieu pievel fquitfchẽ els o Deus!
Ils orfens, vieuas tias,
Ils tes uffonts, ils tes ligieus,
Cun grondas tyrannias.
15 Pilgiar, rubar;
Strunglar, mazar,
Fan gomngias er cun gire.
Deus veza buc,
Deus aud' nagut,
20 L'ha buc adaic fagire.

[p.136]. O vus fcün biesc zenz'antallec,
Cur leits po antallire?
Quel c'ha fcaffieu l'orelg' andrec
Duves quel buc udire?
25 Quel c'ha fchentau
Ilg elg elg cheau,
Duves quel bucca vere?
Ilg Senger grond,
Ca derfch'ilg Mund
30 Duves quel buc favere?

Quel ei, o Deus, pilgver beaus,
Alg qual ti das la torta,
A ven antras tieu plaid muffaus,
Dad ir tras tia porta.
35 Quel ven manaus,
T'ilg ver ruvaus;
Dintont fchi volvas roda,
Ad has famchiau
ün ault fuffau;
40 En quel ilg naufch bault croda.

Sieu pievel Deus, quel tutpufsẽt
Ven buc a bandunare,
Si' hierta buccạ frir navent,
Ilg faic ven el midare;
45 [p.137]. Ils buns fpindrar,
Ils mals caffar,
Duvrar andrec giftia.
Futs quels, ils quals
Han cors reals,
50 Manar en cafa fia . .

Ah chi ven po mei a gidar;'
Ad effer mieu amige?
Ah chi ven po cun mei a ftar,
Ancunter 'lg anamige?
55 Jou fus curdaus,
Morts futterraus,
Sch' ti veffes buc gidaue;
En mi dalur
Has ti Signur
60 Mi' olma cunfortaue.

Mo co duves gift Deus, a Bab,
Cun tei ver cumpangia,
La fupchia da la naufchadad,
Quels da la malgiftia?
65 Els fan ramur,
A grond uffrur
Par fponder Saung d'ilg pruse:
Mo Deus quel ei,
[p. 138]. Nies ferm cafti,
70 Fortezia anturn nusc.

Deus ven a render, a pagar
A quels lur malgiftia,
Deus ven a rendar, a pagar
A quels lur tyrannia,
75 Els en dalur,
Els en zanur
Ven metter giftamenge:
Els a mazar,
Els a caffar,
80 Caffar fagiramenge.

[pag. 212].

DAVART LA LOSCHEZA.

Sco: Ich dank dir lieber Herre. Vilhelm bin ich der Thelle.

BEr filgias ha ilg Satan,
Vult quellas maridar:
Par ch'ellas fic carfchentan
Sieu Raginavel char:
5 Manfegnia, Gitigonza,
Lofchez', ambitiun,
Matt' Eivra, Scuvidonza:
Las afflan tuttas hum.

[p. 213]. Lofchez' ei la pli bella,
10 Queli' affla bers marieus.
Murar ti buc fin quella,
Ner ca ti ftridas Deus:
Nies Deus vult ver bafeza
Vult quella fic alzar,
15 Vult mal a la Lofcheza,
Vult quella fic baffar.

Lofchez' ei fic fchurvada,
Sa dat fic ber da crer,
Vult effer bi fitada,
20 La Cufta grond daner.
Scha ti vens quella prender,
Schi fpendas tes daners,
Ti vens er bault a vender
Tia cafa, praus, ad ers.

25 Lofchez' ei bucca cretta,
La sbitta bein fcadin,
La dat a tut la lechia,
Cuven er cun nagin:
Ell' ei parfula bella,
30 Vult ella tut manar
Nagin vartir fper elia
Scadin fut tfchapitschar.

[p. 214]. Lofchez' ei naufcha tutta,
Muronza d'ils pardieus,
35 La daic' er Deus nagutta,
La sbit' ilg plaid da Deus:
udir vult ella bucca
Davart fia naufchadad,
La vult ftuppar la bucca
40 Buc fchar gir la vardad.

Parchei eis ti fcatfchause,
Nabucadonofor?
Els gaults fet ons er ftause,
Sc'ûn bof lou ghieu ün cor?
45 Lofchez' ha mei fchurvaue,
Scatfchau mei cun zanur,
Mieu cor hai jou alzaue,
A Deus buc dau l'hanur

Lofcheza bella matta
50 Ha Bimelech fchurvau,
Ch'el ha fin ünna platta
Setonta frars mazau.
Lofcheza fa far guerras,
Fa fponder faung ilg hum,
55 Ruvinna lgieut, a terras.
O mal' ambitiun!

[p 215]. Co has vulieu fcatfchare,
O Abfolon fchurvau,
Tieu Bab vulieu mazare,
60 Las fias dunnauns sforzau?
Lefcheza, grammafchia
Ha mei fic ghieu surprieu,
O fmaladida ftria!
Ent ilg uffiern mei frieu.

65 O Adam, o narr' Eva,
   Parchei veits vus mangiau,
   D'ilg fric ch'la Serp purfcheva,
   Sin tuts la mort manau?
   Lofcheza, grammafchia,
70 Nus zunt ha gheu furprieu,
   Nus zunt manau or d'via;
   Nus faic curdar da Dieu.

   Parchei has ti fcatfchaue,
   O buntadeivel Dieu,
75 Bers Aunguels condamnaue,
   A femper fmaladieu?

   La gronda lur Lofchezia,
   Ha quels ghieu furmanau,
   Ch'eis han pardieu mia grazia:
80 O fmaladieu puccau!

[p. 216]. Lofcheza, grammafchia
   Ti filgia d'ilg mal Spirt,
   Va ti en cafa tia
   Ent ilg uffiern machiert:
85 Tumer tei cun baffeza,
   Vi jou da cor mes Deus:
   Ah dai a mi la grazia,
88 Mi aulze t'ils ligieus,

[pag. 216].

DAVART ILG PITANENG.

Sco' lg'; Veltlich Iofeph: Pfal. 139.

Fugit ilg pitauenge,
   El eis ün grond puccau,
   Fugit tut malmundenge:
   Deus ha quei fcommondau,
5 Deus ha quei fcommondau pilgver,
   Er fcrit en tavias d'crap,
   Deus caftitat vult ver.

   Rumpaders da la Lege
   Duveffan ngir crappai
10 Sch'ilg Mund les far andrege,
[p. 217]. S'ilg Mund zunt buc lafchai.
   Co leits vus po dar quint a Dieu,
   Vus ca maneits la fpada,
   Quei mal ha fic furprieu.

15 Seba ti eis ranafchieuse,
   Perchire bein tieu chierp,
   La cafa da tes Deuse,
   Ilg tempel d'ilg foinc Spirt.
   Ach leffes quel ti patichar
20 Cun fcreng, cun pitanenge,
   Ilg Spirt da tei fcatfchar?

   Ta met buc en zanure,
   Tiers pitfchens, ad er gronds,
   Ah met buc en dalure
25 Tia dunn'a tes uffonts:
   Vol perder er tia fanadad,
   Ta metter en malfoingas?
   O gronda narradad!

   Vol ti tes Deus ftridare,
30 Par ün fchi curt dalec,
   Ent ilg uffiern curdare?
   Nu has tieu antallec?
   Ils pitanaders fton pirir,
   Soinc Paul gi claramenge,
35 [p. 218]. Quei ven buc a fallir.

   Co has pers tia vantira,
   O David ti grond Reg,
   Curdaus er en fvantira,
   Cun tes uffonts anec?
40 jou hai Deus grevamenc ftridau,
   jou ha bein rut la Lege:
   O fmaladieu puccau!

   Co has pers la fermezia
   O Samson fic ludaus,
45 Vangieus er en triftezia,
   Pilgiaus, ligiaus, fchurvaus?
   O Deus jou sunt curdaus da tei,
   Curdaus en pitanenge,
   O væ, o pauper mei!

50 Co eis Ioseph ti pruse,
   Malgiftamenc chifaus
   En la parfchun er frieuse,
   Dus ons lou ent ferraus?
   jou hai ber ont vulieu ftridar,
55 Stridar la mia Patrunna,
   Ca pitaneng duvrar.

Sufanna ti beada,
Co eis ti cun zanur,
Zunt a la mort truvada,
60 [p. 219]. Ti pleina d'tutt hanur?
jou m'hai vulicu ont fchar crappar,
Co l'avundar ils velgse,
Mieu hum, a Deus ftridar.

O pitaneng malmunde,
65 O ti malmund puccau!
Quonts has ti da queft Munde
Ent ilg uffiern ftufchau!
Da quel Deus velgias parchirar,
Nus regiar cu'lg foinc Spirte,
70 Tiers tei en tfchiel manar.

[pag. 219].   DAVART ILG SALTAR.

Sco: I lgei puschpei vargau ün on.

ÜN lieuc, a Scol'eis ilg faltar,
ün lieuc da Satanafse:
Scha ti nies Deus andrec tens char,
Schi fas quou buc ün paffe

5 Schulmaifter eis ilg Sprit malmūd,
El muffa naufchadade.
Surmeina quou bers filgs d'ilg mund,
Cun lifts, a faulfadade.

[p. 220]. El muffa quou fic bers puccaus,
10 El muffa la lofchezia;
Scadin vult effer bi fitaus,
Sch'el gie ha buc richezia

Scadin ven quou zunt bi fitaus,
Agual fco ir a fiera,
15 Scadin ftat quou vanai freinaus,
Er minchia batallgiera.

Scadinna Mumma vult fitar,
A far fia filgia bella:
Par ch'ella pofsic s'ilg faltar,
20 Purtar bein la platella

El muffa quou matauns, a mats,
La gritta, fcuvidonza:
Laventa fi er gronds dabats,
Scadin vult fia muronza.

25 Ilg Satan fa funnar bein bault:
Quou filgia tut pilgvere:
Ils pons d'las filgias fgolan ault,
Las commas lain las vere.

Salgint, current van els anturn,
30 Cun breia, cun calira,
Sco pauper muvel nar, a fturn.
O gronda narradira!

[p. 221]. Quou tend'ilg Giavel ilg fieu latfch,
Quou ha tut pers l'hanure,
35 Las femnas filgian enten bratfch:
O ve, turp, a zanure!

Ilg Satan fa quou bers murar,
Las guardan mai la plimma:
Ilg Satan fa quou maridar:
40 Vantir' ei quou naginna.

El quou fchurventa bera lgieut,
Anvid'ils cors cun fieuge:
Ber fcreng ven quou mes fi, a mieult,
Mieult en ün auter lieuge.

45 Els van bault en ün auter lieuc,
Anfemmel a far fcheiver,
Ilg Satan lou anvid ilg fieuc,
Mat, Matta tut eis eiver.

Quou perden beras ilg tfchupi,
50 Pòn mai quel pli afflare,
Tut lur hanur quel fcazi bi:
O fmaladieu faltare!

Ad ünna lieuffa par faltar!
Tras anridar d'ilg Giavel;
55 Ilg Reg Herodes leva dar
Er miez fieu raginavel.

[p. 222]. Ilg cheau d'Soinc jon Batift hal dau,
Suenter fieu griare:
Ah chei fgrifchur! Ah chei puccau!
60 O fmaladieu faltare!

Ah charas filgias, a matauns,
Fugit po d'ilg faltare,

Scha vus leits prufas ngir dunauns,
64 Ilg Paravis hartare:

[pag. 222].   DAVART L'EIVRADAD.

Er en quel miedi.

DA l' Eivradad deis ti fugir,
Tont fco dad ünna ftria:
Da l'Eivradad deis ti gunchir,
Gunchir da l'uftaria.

5 Scha quella po tei cumpillgiar,
O paupra creatira!
Schi ven' la chi tut bien rubar,
Rubar tut tia vantira.

La ven a prender tes dauers,
10 Rubar tia vafcadira,
La ven a prender praus, ad ers
Ta metter en paupira:

[p. 223]. La tia mulger, a tes uffonts
Ven ell' a far curdare
15 En gronda fom, en priguels gronds,
Far ir quels a rogare.

La tia Signura Eivradad,
Ven tei a tuffagare,
A prender tia fanadad,
20 A bault ta fchirantare.

Ti vens a perder tieu bien num,
Tut ven da tei a rire.
Tut ven a gir; Mireit quel hum!
Mireit el fa buc ire!

25 Scadin fin tei ven a muffar:
Mireit po quei mallgiader!
Er ils uffonts tuts a clummar;
Mireit po quel buvader!

A perder vens tieu autallec,
30 Sch'ilg vin ha tei furprieue,

Ti vens a far nagut andrec,
Ad effer fc'ün mattieue.

La tia Signura Eivradad
Ven tei chiunsch a manare,
35 En grond puccau, a naufchadad,
Ent ilg uffiern catfchare.

[p. 224]. Ti vens pluntar, ringiar, talgiar,
Saltar, giugar, garrire,
Ti vens murar, ad er mazar,
40 Zundrar, a fmaladire.

O Lot co eis fchi mal curdaus,
A faic lchi grond puccaue?
Pleins d'vin, fic eivers funt jou ftaus,
Ilg vin mi ha fchurvaue.

45 Ah Holophernes gröd fchuldau,
Co t'ha mazau juditta?
Ilg vin mi ha ghieu durmantau,
Ch'jou hai lou pers la vitta.

Ah Amon ti zenz' honeftat,
50 Chei t'ha or tfchiel ferraue?
jou funt mazaus en l'eivradad,
A morts ent ilg puccaue.

ün biefc fa beiver, a mallgiar,
Suenter fia natira;
55 A ti ne fas, ne vol calar;
Ti paupra creatira!

O grond puccau a naufchadad!
Fic grond ord d'tutta via!
Deus nus parchire d'leivradad,
60 Bein tras la grazia tia.

[pag. 225].   DAVART LA GITIGONZA.

Pfalm 51.

LA falla Satan ha famchiau,
Cü quella bers carftiaus pilgiau
L'ha num la Gitigonza.

Da quella falla deis fugir,
5 Da quella deis navent gunchir,
Cuu tutta tia puffonza.

Scha Satan po tei cumpilgiar,
Bein bault ftos ti tes Deus si dar,
Survir a lgi Mammonne,
10 A gli Mammon itos ti furvir,
A quel Tiran ftos abadir:
O finaladien ligiome!

La rauba ftos taner fic char,
Sin quella tut tieu cor fchantar;
15 Schantar la tia fidonza,
Schantar tieu cor fin praus, ad ers,
Schantar tieu cor fin tes dauers:
O Smaladida fpronza!

Ad arder ven tieu cor fc'ün fieug
20 Par rauba femper far fieu rieug
Aver naginna finne.
[p. 226]. Ti vens mai buc ta contantar,
Pir pli, pir pli vens ti griar,
O feit, o arfantimme!

25 Grond Alexander vet ilg Mund,
Cun aur, argient, cun fcazis zunt,
Sieu cor pir pli ardeva;
Spondeva larmas cun dalur,
Ch'el mai d'ün Mund fus ün Signur:
30 O flomma gronda, greva!

En quella falla murtirar
Stos ti, a mai buc ruvafar,
Ver ftent', ad er fadia,
Zunt ber luvrar, a pauc dormir,
35 Zunt mal mangiar, ad er pauc rir:
O gronda tirannia!

Il Satan ven tei a fchurvar,
Ca ti nagin vens fchanigiar:
Tut ven da tei a gire;
40 O grond Tiran, o dir Carftiaun!
O grond ranver, o pauper chiaun!
Tut ven tei fmaladire.

Ilg Satan ven tei a manar,
Tras bers puccaus tei a runar
45 Runar ent ilg uffierne:
Ti ftos tia rauba bandunnar,
[p. 227]. Ti ftos d'ilg Mund navent tilar,
Sc'ün nieu, a pauper vierme.

Er' ün Prophet eis quou pilgiaus,
50 Cun aur ei Bileam fchurvaus,
Ch'el let urar fvantira,
Let Ifrael fic fmaladir,
Ch'el vinavont pudes buc ir,
O paupra creatira!

55 O judas co has antardieu
Chrift ilg perpetten Filg da Dieu?
Ilg gyt ha mei fchurvaue.
Quel ha mei faic ün traditur:
Ah pauper mei! o chei fgrifchur!
60 O fmaladieu puccaue!

Mo chei fus'ei, tschoc, nar, matieu,
Sch'ti veffes gie tut furvangieu
Ilg mund cun fia puffonza?
A ftos morir, tilar navent,
65 Star elg uffiern perpetnamenc?
O mala Gitigonza!

[pag. 227.]   ## DAVART LA SCUVIDONZA.

Sco: Auff meinen lieben Gott.

[p. 228]. O Pauper ti fcuvieu!
Ti eis zunt fc'ün mattieu;
Quont pitfchn'ei tia vantira?
Ti paupra creatira!
5 Quont grond ei tia fvantira?
Ti paupra creatira?

A tieu parmer Carftiaun
Pos buc cuvir ün graun,
Pilg bien has ti dalure,
10 Pilg mal ta legr' ilg core,
Pilg bien has ti triftezia,
Pilg mal has ti latezia.

Quei eis ün grond puccau:
Ha Deus buc commondau?
15 A tuts bien da cuvire? —
A tuts er' da fuvire?
Co afcas ti fcuvire?
Deus ven quei buc vartire.

Ti pauper nar fcuvieu
20 Sumelgias bucca Dieu,
Ti has ün cor machierte:
[p. 229]. Sumelgias ilg mal Spirte,
Ilg bien pol buc cuvire,
Ilg mal pol bein vartire.

25 Ti pauper nar Carſtiaun,
    Ti fas a chi grond don,
    Ti fas a chi dalure,
    Ti malgias tez tieu core,
    Ti pos nagut durmire,
30 Ti pos er bucca rire.

    Ti pauper nar Carſtiaun,
    A chi eis ün Tiraun;
    Ruvaus has ti nalgiure,
    Ti perdas tia calure,
35 Smarſchentas la tia ofsa
    Faſtchinnas a la foſſa.

    O Cain mal partarchiau,
    Parchei has ti mazau
    Mazau ilg tieu frar Abel?
40 Pardieu ilg Raginavel?
    La filgia ſcuvidonza,
    Ei ſtada tia muronza.

    O Saul ti pauper nar,
    Co levas ti mazar,
45 Er David ilg tieu Schiender,
[p. 230]. Quel c'ha pudieu tonts venſcher?
    La filgia Scuvidonza,
    Ei ſtada tia muronza.

    O joſeph Filg da Deus,
50 Par chei eis ti vandeus,
    Vandeus bein da tes frarse,
    Navent d'ilg Bab ſchi charse?
    La filgia Scuvidonza,
    Ei ſtada lur muronza.

55 Quel ſmaladieu puccau,
    Ha ghieu er muvantau
    Da far ils tſchocs judeuse
    Mazar ilg Fiig da Deuse:
    O cauſſa nun udida!
    O cauſſa ſmaladida!

[pag. 234.]   DAVART LA PERSECUTĬUN.

Sco: Chi vult a Deus plaſchere. M. Lucius Gabriel.

Fumaz moria, guerra,
    Ad arſantar
    Ei bein partut la terra,
    Chei lein nus far?
5 Ah nu' lein nus po ir?
    Nu' lein nus vangir via
    Da queſta tyrannia?
    Nu lein nus po fugir?

    Tiers Deus lein nus fugire,
10 El po gidar,
    El lai nus buc pirire,
[p. 235]. Po parchirar:
    El ei bein tutpuſſent,
    Cur tut ſtuvet morire,
15 Tras ilg Sündflus pirire,
    Noe gida'l navent.

    Cur treis juvnals judeuse
    Elg furn ſcaldau,
    A Daniel fo freuse,
20 Ent ilg fuſsau
    A Ionas en la Mar:
    Ilg fieuc pudet buc arder,
    Ils Leus er bucca morder,
    Ilg peſc er buc mazar.

25 Deus po bein parchirare,
    Mo'l lai ſavents,
    Mazar, ad arſantare,
    Er ſes cartents:
    Sch'el ſchas er tei mazar,
30 Co vol ſchi bault morire?
    Co vol ſchi bault ſchmarſchire?
    Co pos tut bandunnar?

    Da quest mund til jou via;
    Elg ver ruvaus,
35 Da mala compagnia,
[p. 236]. T'ils Aunguels, a beaus
    Mieu chierp ſto bein ſmarſchir:
    Mo Chriſt ven a turnare,
    Miu chierp a lavantare,
40 Cun gliergia quel vaſtchir.

    S'ilg Mund ha quel bien ſtare,
    C'ha ber daners,
    Lagreivel da mirare,
    Ber praus ad ers,
45 Vol ti tut quei ſi dar?
    Ta rend'en ubadienſcha,
    Stai giu da tia Cardienſcha,
    Schi pos a caſa ſtar.

Par rauba da queſt Munde,
50 Dat Deus a mi,
Sieu Raginavel gronde,
O l'eazi bi:
Duves jou pauper vierm
Da Chriſt mi turpiare,
55 Mei or da tſchiel ferrare,
A frir ent ilg uffiern?

Dadents cu'lg cor pos crere,
Dadora far,
Nagin na ſto favere,
60 [p.237]. Buc cunfaſſar:
Par quei ven bucca Deus
Tei or d'ilg tſchiel ferrare,
Tei elg uffiern catſchare,
El ei fic grazius.

65 Chi ven mei a ſchnagare;
Ha gic nies Deus;
Ven buc ilg tſchiel hartare
Cun mes ligeus.

Mes Deus vi jou tumer,
70 Sieu plaid er cunfeſſare,
Dad el buc turpiare,
Tiers el ferm rumaner.

Fic ber ſtos andirare,
Vangir ligiaus,
75 Gig en parſchun ſtos ſtare,
Ngir Murtiraus;
Els vengian tei mazar,
Cun ſpada ſtos morire:
Co vol ti'lg fieuc vartire?
80 Chei vol ti lura far?

Deus bein mi ven gidare;
'Lei tut puſſent
Vanſchida m'impraſtare
[p. 238]. Da far gugent.
85 El ha faic ſi lavar
Er Lazar da la foſſa,
El ei la ſpronza noſſa,
El ven vanſchida dar.

[pag. 257]. DAVART LA FIN D'ILG MUND.

Sco: Pſ. 130. Lobvaſſer: Es volt gut Jæger. Der Graff
von Rom.

HEI ſi lavei d'ilg ſienne,
Arvit ils elgs andrec,
[p. 258]. Tadleit chei jou cont d'bienne,
Chei jou hai antallec.

5 Alzeit vos cheaus en aulte,
Pilgver Chriſt dei turnar,
Vangir ven el zunt bauide
Sur vifs, a morts truvar.

Anſennas dein d'vantare
10 Ont co la fin d'ilg mund;
La Bibla muſſa clare
Quei ſeic vargau bein zunt.

Vangieus ei'ig Antichriſte,
Grond pievel faic curdar,
15 Da nies Spindrader Chriſte,
Sieu plaid faic amblidar.

El gi: Mireit Chriſt tſchoue,
Vangit ſcha vus leits ver.

Mo'lei zunt bucca quoue,
20 El ei en tſchiel pilgver.

Che vult' a lgi buc crere
A lgi buc ſavundar,
Quel fa'l cun buc furtrere
Mazar, ad arſantar.

25 Grond ſponder faung, a guerra,
Fumaz, ad er moria,
[p. 259]. Ei bein partut la terra,
Caſſad'ei la giſtia.

La lgiſch ven pardagada,
30 Nagin vult quella crer,
Carez'ei sfardantada,
Nagin vult Deus tumer.

Grond has, a ſcuvidonza,
Gir mal par tut ilg mund,
35 Ehrgit a gitigonza
Sen ſi la ſupchia zunt.

Saltar, a pitanenge
Da prers, purs, a Signurs,
Giugar, a malmundenge
40 Lur foinchias ean lavurs.

Fic beiver fc'ünna vacca
Ei ünna grond' hanur,
A riedfcher fc'ünna gatta
Ei uffa buc ҳanur.

45 ufs' ean ils temps da Noe,
ufs ean ils temps da Lot,
Puccau, mutvil, o ve ve
Fic regia gi, a noic.

Cuntut bault a vangire
50 Ven Chriftus nies Singnur,
[p. 260]. Ilg mund a fruft ad ire
Cun arder, a ràmur.

Bers Aunguels a manare
Ven el cun maieftat,
55 Sur vus ven el a ftare
Cun gronda claritat

Trumettas a funnare,
Ven el, ad a garrir,
Ils morts a lavantare,
60 Vont el tut far vangir.

El ven bein fc'ün pafture
A far ün zavrament,
Las nurfas cun hanure
Zavrar perfechiamenc.

65 A gir a fes Ligieuse:
Ven el bein cun buntad,
Vangit vus banadeuse,
Tiers l'hierta da vies Bab.

En mia fom, a feide,
70 Veits vuts a mi furvieu,
Iou funt ftaus nieus elg freide,
A mei veits vus vaftchieu.

O Bab ti ver Signure,
Cur vein nus po tei vieu,
75 [p. 261]. Cun fom, feid, a dalure,
A vein a chi furvieu?

Cur vus veits fpifiaue
Quels ca tumevan Dieu,

Quei hai jou rafchunaue
80 Chi feic ami furvieu.

A gir lur cun giftia
Ven el lou als pardieus,
Or da la vifta mia
Tileit vus fmaladieus.

85 Tileit vus ent ilg baffe,
Ent ilg perpetten fieuc,
Cun vies Bab Satanaffe,
Lou ei ilg vies drec lieuc.

En mia fom, a feide,
90 Vus paupers nars, a trifts,
En mieu bafengs, a laide
Veits vus ferrau ils ifchs.

Cur vein nus po tei vieue,
Cun fom, ad er cun feid,
95 A chi vein buc furvieue,
En tieu bafengs, a laid.

Cur vus veits 'lg ifch ferraue
Avont quefts pauperets,
[p. 262]. Sch'ai jou bein rafchunaue,
100 Ch' jou feic fclaus ora mez.

Ent ilg uffiern ftou ire
Quels paupers fmaladieus,
Navent da Deus fparchire,
Navent da tuts ligieus.

105 Quou fton els femper ftare
O paupers nuncartents.
Plirar, bargir, urlare,
Garrir, fgriziar ils dents.

Nus vein fallieu la via
110 Nus paupers fmaladeus,
Vivieu en malgiftia,
Sbitau ilg plaid da Deus.

Chei gida la lofchezia,
Cun noffa naufchadad?
115 Chei gida la richezia,
Cun noffa faulfadad?

Quei ei paffau tut via,
Bein zunt cun pauc dalec,
Sc'lin mes, ca va par via,
120 A naf, ca curr' anec.

Lg ei tut vargau bein baulde,
Sc'ün zuffel nechiamene,
[p.263]. Sc'utfchols, ca fgolan auite,
Sc'ün fieüi narramene.
125 O vo, o vo uffierne,
Fufs' nus po ftai fcaffi
ün bof, rufc, Serp, ner vierme,
Fus nus po mai nafchi.

Vus paupers fmaladieuse,
130 Quei ei tut memma tard,
Vus veits sbitau' lg ver Deuse,
Cuntut meits en la mort.
Queft feie a vus cantaue,
Chars frars, ad er' farurs,
135 Tumeit Deus cun quitaue,
Vus tuts purs, a Signurs.

Il vêr sulaz da pievel giuvan, Bafel da Joh. Jacob Genàth. 1649.

[p.264].   Co Abraham ha maridau fiu filg Ifac.   Gen. 24.

M. L(ucius) G(abriel).

CUR Abraham let maridar
Ifac ilg char filg fieue,
ün fieu fumelg ha 'l faig clummar,
Ilg qual tumeva Dieue.
5   Ha faig girar, ch'el velgig ir
En terra d' sês parentse:
Ad Ifac dunna anqurir,
Cun bels lagreivels dunse.
Ilg furvient quei ha girau:
10 Diefch kemelthiers ha'l prieue,
Cun beara rauba quels cargau,
Ad ieus en num da Dieue.
Mà en Mefopotamia,
Vangit fper ün marcaue:
15 Lou fper ünn' aua ruvafsà,
Deus ha 'l da cor rugaue.
O Deus la Spufa muffe ti,
Ca ti has urdanaue:
La filgia, cur jou gig á lgi,   .
20 Mi dai da belver aua: ·
[p. 265] Ad eila porfcha l'au' á mi,
A gi, Iou vi latierse,
Scha quei fufs adachar á chi,
Buvrar tes kemelthierse.
25   Scha pofsig jou lur antallir,
A fermameng ferrare,
Ca quella feig fagir, fagir
La dunna d'Ifac chare.
Dàntont ca el figet fieu rieug,
30 Vangit or d'ilg marcaue
Bein ünna filgia en quei lieug
Cun ün vafchi par aua.
La filgia fò fitada bi,
Fitada cun beltezia,

35 Cun caftitad, ad auter pli,
Cun gronda pardertezia.
Cur eila vet lou aua prieu,
Lev' eila bault turnare
En cafa d'ilg char babe fieu,
40 Sin gaffas bucca ftare.
Ilg furvient l'ha falidau,
Da beiver dumandaue.
Da beiver bault lgi ha la dau,
La feit á lgi ftizaue.
45 [p.266]. Iou vi tes kemelthiers buvrar,
Bein bault la filgia fchette:
Ad el laschà quei daventar:
La filgia lgi plafchette.
El vet fin quella grond adaig,
50 Sin tutta fia manonza:
Fo leds, fa fmarvilgià d'ilg faig,
A veva bunna fpronza.
El fchet, Ah bella filgia gi,
A cui ti audas tierse?
55 Parnefs tieu bab mei bucca fi
En cafa, cun mês thierse?
La fchet, Mieu bab ei Bethuel,
Sch' ti vol ta cuntentare,
Schi vi jou bein plidar cün el,
60 Ch'el ven albierg. chi dare.
Ilg furvient ha s'anclinau,
A Deus en tfchiel ludaue,
Argient, ad aur ad eila dau,
Ad er fich angraziaue.
65   Rebecca lur a cafa mà,
Fo leda tutta via,
Alg bab quei faig tut fi dumbrà,
Ad á la mumma fia.

[p. 267]. Bein bault cur Laban ilg ſieu frar
70 Ha quei ghieu antallegge,
Curret el ora p'ilg manar,
Manar en ſut lur tegge.
Zunt grond hanur purſchenan ei,
Lgi denan da mangiare.
75 Mangiar, ſchet el, vi jou vontſei,
ün plaid duveits tadlare.
Ilg mieu Patrun mi ha tarmeſs
Ad Iſac par mulgêre:
Iou hai girau, ad amparmeſs,
80 Da far tut mieu pudere.
Deus hai jou enagid clummau:
El ha mieu rieug udiene:
El ha Rebecca urdanau
Alg ſilg d'ilg Senger mieue.
85 Cuntut duveits raſpoſta dar
Guai uſs', a buc ſurtrere,
Scha vus leits voſſa filgia dar
Ad Iſac par mulgêre?
La mumma, ad ilg babe ſieu
90 Han bault raſpoſta daue:
[p 268]. Han gig: Quei ven d'ilg Senger Dieu,
Deus ha quei ordinaue.

Po quei pudein nus bucca far
Ancunter ſia velgia:
95 Rebecca lein nus uls ſpiar,
Chei gis ti, chara filgia?
La ſchet, Iou fatſch par viefs cummond,
Cun el vi jou bein ire.
Els ſchenan, Va, ti char uffcnt,
100 Deus velgig banadire.
Ilg ſurvient Deus fich ludà:
Bear duns ad eila daue:
Parnet la filgia s'antilà,
A Caſa l'ha 'l manaue.
105 Rebecca bault dalunſch davend
Vaſet ſieu char marieue:
La viſta lur curclà eli'ent,
D'ilg thier ſalgè la giue.
Iſac la Spuſa ratſchavet,
110 Fo leds zunt tutta via:
Rebecca el fich char tanet,
La fò la dunna ſia.
[p. 269]. Deus velgig grazia cumparchir
A tut ils prus cartense,
115 Tal Spus, a Spuſas d'anqurir,
Sco quels fitai cun dunse.

Ünna ſtadera da paſar qual ſeic vera cardienſcha Typis Georgii Hambergeri. 1625.

[pag. 309]. Mireit po, chars Griſchuns, mireit po la conſcientia da queſt grond Doctur! El chiſa ils Predicants da las Treis Ligias da ſuperbia, loſchezia, angurdienſcha. Ils Predicants han parvendas da 100. ner 200. 5 Rhenſchs, els van hundreivlamenc vaſtchi, vivan cun lur pievelet hundreivlamenc. Ils Prelats, Avats, Oveſcs, Cardinals han entradas da bera milli curuñas, han curts ſco Fürſts, ean vaſtchi ſco Fürſts, ſa numnan Fürſts. Ilg Papa porta ünna Curuña da treis dubels, gi ch'el haic vartid en tſchiel, en terra, a ſut terra: s'aulza ſur tuts Regs a Signurs: ſa dad ora, ch'el haic da comman- 10 dar ſur ils Aunguels: ſa ſa bitſchar ils peis: paſſa cun quels s'ils Imperadurs: ſa lai numnar Deus en terra. Dec. Greg. I. 1. t. 7. c. 3. Scheit, ſcheit vus mes chars Griſchuns, quals van par las mūtongias da [pag. 310] la Loſchezia, a par las vals da l'augurdezia, ils Predicauts, ner ils Prers, Avats, Oveſcs, Cardináls, Papas? 15
El chiſa ils Predicants, ch'els s'ampatſchian da cauſſas temporalas, ilg qual ils Apoſtels, ner Paders mai nan han faic, gi el. Il Predicaut da las Ligias han nagins officis ſeculars, els gin lur ſen ſc'auters Griſchuns a muntaner lur hartada Libertad. Ilg Oveſc da Cuira, ilg Avat da Diſentis, ſchentan Landrichters, Maſtrals, Landvogts, han ilg Criminal, a drec da 20

malefici enten bers locs. Ils Ovelcs enten autern locs han lgieut a terras, meinan guerras: ilg Papa gi fez, ch'el haic duas fpadas, ünna fpirituala, ad ünna feculara: el fchenta fi, a fiera giu Regs. O mes Grifchuns truveit vus, quals fampatschian da cauffas temporalas, plinavont co lur uffici na
5 po purtar, ils Predicants, ner ils Prers, Iefuiters, Avats, Ovefcs, Cardinals, Papas. Scha queft nief Doctur fus a Romma, fchi vangis el a vangir mal ratfchorts, ch'el gi: ch'ils [pag. 311] Apoftels, a Paders, s'haien da cauffas temporalas nagut ampatfchau. Parchei ca quei fris anturn la fupchia d'ilg Papa, a puffonza d'ils Prelats. El, el ven tfchou a ftuver ftar anavos cun
10 la pfifa, fch'el vult effer amic d'ilg Papa.

O mes chars Grifchuns, arvit ils elgs, lg'ei bucca da far par rauba, ner par autras cauffas d'ilg Mund, mo par vies perpetten falid, cuntut figeit vics faic fagir: Saveits vus buc, ca nies Senger ha gic; Cur l'ün tfchiec meina l'auter, fchi crodan els amadus en ün fuffau? Mat. 15. Cur vus
15 prencits ent daners, fchi pafeits vus quels a mireits, ch'els feian bucca memma lefs, bucca fauls. Ah pafeit po er la doctrina da vies perpetten falid; gurdeit po ca quella feic bucca memma leva, bucca faulsa. Pafeit po quella cun ünna drechia, gifta ftadera, la quala vus angonnic bucca. Nu' afflein nus ünna tala fagira ftadera? La Bibla ei quella ftadera; La
20 Cardienfcha, ils Diefch Commondaments, ilg Bab Nos ean quella ftadera. Quei ca po ftar ent fin [p. 312] quella duvein nus prender fi: quei ca po fin quella bucca ftar ent, duvein nus, tont fco leva, mala, faulsa muneida frir navent.

O Senger, nus parchire da faulfa doctrina, andrize nos pas, noffa Car-
25 dientfcha, noffa vitta, fuenter la Lgifch da tieu S. Plaid, nus meine en tieu S. Raginavel tras Iefum Chriftum, Amen.

Ad Altftetta fpera Turig ils 26. Aug. 1625.

[p. 430]. DAVART LA BASELGÌA LA QUAL' EÌS EN TSCHÌEL.

I.

30 Scha nus duveian urar, a clummar enagid ils Soincs, ad Aunguels en tfchiel, ner bucca?

ILs Prers gin cafchi. Conc. Trid. Ses. 25. Dell. De Sanct. Beat. lib. I. c. 19.

Nus fchein, ca nus duveian far hanur a quels, ragurdar dad els, par-
35 dagar [p. 431] ord 'els, ludar Deus, ch'el ils ha dau afchi gronds duns, favundar lur exempels, mo buc urar, a clummar enagid.

Nossas Raschuns.

udit pardichias da la S. Scritira. Deus gi Pf. 50. V. 15. Silg gi d'ilg bafengs clomme mei enagid: fchi ta vi jou fpindrar, a ti deis mei ludar.*
El gi bucca clomme mei ad ils Soincs enagid, mo Mei, Mei.

I ftat fcrit, Luc. 11. Ch'ils Apoftels haien rogau nies Seuger, ch'el ils deie muffar dad urar. Chei'ls ha'l muffau? Ilg Bab Nos* Da clummar enagid ilg Bab da tfchiel, a nagin auter.

I ftat en la Cardienfcha d'ils Apoftels; jou creig enten ün Deus.* Quel ent ilg qual nus cartein duvein nus clumar enagid a nagin auter: parchei 5 ca S. Paul gi, Rom. 10 v. 14. Co dein els clummar enagid quel ent ilg qual els crein bucca?* Mo fchi cartein nus mai en ün Deus, a buc ent ils Soincs. Cuntut duvein nus clummar enagid mai ün Deus, a buc ils Soincs.

[p. 432]. Deus gi ent ilg I. Comondament: Avont mei deis ti ver nagins 10 auters Deus.* Chei eis ei ver auters Deus? Ilg ei fchantar fia fidonza fin las creatiras, anquurir ilg falid tiers las creatiras, dar l'hanur da Deus a las creatiras.

Parquei gi S. Paul, ch'ils Pagauns feian ftai nars, ad haien midau la vardad en la manfengia, cun quei ch'els haien urau, a furvieu, a las crea- 15 tiras Rom. 1. v. 25. Gal. 4. v. 8. Coloff. 2 v. 18.*

Deus gi, Ef. 42. v 8. Mia gliergia dun jou buc ad ün auter.* Schi co afcan ils Prers dar l'hanur da Deo a las creatiras?

Nies Senger gi, Matt. 4 v. 10. Ti deis urar ilg Senger tes Deus a furvir fulettamenc a lgi.* Quont clar ei quei?   20

I Reg. 8. v. 39. Ti Senger, ancanufches pirfuls ils cors da tut ils Carftiauns.* Scha Deus ancanufcha pirfuls ils cors, fchi dei'l pirfuls vangir clummaus enagid. Parchei ca quel, ilg qual ancanufcha buc ils cors, po bucca vangir clummaus enagid.

Eccl. 9. v. 5. Ils morts ancanufchen [pag. 433] nagutta pli, ad han 25 naginna part pli vi da tut quei, ca daventa fut ilg Solelg.* Sch'ils morts ancanufchan nagutta pli, ad han nagutta da far cun las cauffas da queft Mund, fchi co dein els vangir clummai enagid?

Deus gi, 2. Reg. 22. v. 20. a lgi Reg Iofias: jou ta vi rafpar tiers tes babs, par ca tes elgs vezian bucca tut queft mal, ch'iou veng a far 30 vangir fur queft lieuc.* Sch'ils elgs d'ils Soincs veza buc quei, ca daventa fin queft Mund, fchi co dein els vangir clummai enagid?

Ef. 63. v. 16. Abraham fa da nus nagut, Israel nus ancanufcha bucca.* Sch'Ils Soincs fan da nus nagut, a nus ancanufchen bucca, fchi co dein els vangir clummai enagid?   35

Act. 10 v. 25. Cornelius eis ieus ancunter a S Pieder, ei curdaus giu tier fes pois, ad ilg ha urau. Mo Petrus ilg ha dert si, l'chent; Stai fi, jou funt er mez ün Carftiaun.* udits, ca S. Pieder sha bucca vulieu lafchar urar!

I ftat fcrit, Act. 14. v. 15. Ca cur ilg [p. 434] pievel da Liftra leva 40 unfarir a S. Paul, ad a Barnabas, ils quals vevan faic faun ün fchiran, fchi haien els fcarpau lur mätels, feian curri tenter ilg pievel clumöt: Vus humens, parchei figeits queftas cauffas? Nus effen er nus Carftiauns cun

affects fco vus, a pardaguin a vus ilg Evangeli, ca vus vus volvcias da
queftas vannas cauffas t'ilg vivent Deus.*

1 ftat Apoc. 19. v. 10. Ca cur S. Ion let urar ün Aunguel, fchi fchet
el: Guarde far bucca: Parchei ch' jou funt ticu cunfumelg; ure Deus.*
5 udits, ca ne 'ls Soincs, ne 'ls Aunguels pon vartir, ca l'hanur de Deus vengic
dada ad els?

Cuntut, o chars amics, partarcheit bein quei, ca Deus gi, Ier. 17. Bana-
deus ei quel hum ilg qual fchenta fia fpronza s'iig Senger: Smaladieus feic
quel hum, ilg qual fchenta fia fpronza fin Carftiauns.*

10   Raschuns d'ils Prers.

1. Ilg Patriarch Iacob ha clummau enagid ün Aunguel,
Gen 48.

R A. Tras quel Aunguel ven antallec [p. 435] nies Senger Chrift, ilg
qual ven favents ent ilg Veder Teftament numnaus ün Aunguel, Gen. 31.
15 v. 13. 13. Exod. 13. v. 21. Exod. 14. v. 19. Malach. 3. v. 1.

2. Iob. 5. Ta volve tiers anqualchin d'ils Soincs.

R A. Tras ils Soincs s'antalli quou buc ils Soincs fin tfchiel; mo'ls
Soincs a cartens fin terra. Tiers quei plaida bucca Deus quou cun Iob, mo
Eliphas fieu amic: ad i fues buc lundarora; Eliphas ha commandau da clum-
20 mar enagid ils Soincs. Cuntut duvein nus far quei. Sch'ils Soincs ent igl
V. Teftament ean ftai ent ilg Limbo, ad han favieu nagut d'ils vifs, fchi
co han els pudieu vangir clumai enagid? Nauli, p. 276.

3. Nus rogein ils Cartêts fin terra ch'els dein rogar par
nus: Cuntut pudein ns er rogar ils Soincs en tfchiel, ch'els
25 dein rogar par nus.

R A. Quei ei buc tut üña: Deus ha coṁondau, ca nus duveien rogar
ils cartents fin terra, ch'els dein rogar par nus. [p. 436] mo 'l ha bucca
commondau, ca nus duveian rogar ils Soincs en tfchiel, ch'els dein rogar
par nus.

30   Als cartents fin terra pudein nus plirar noś muncaments: als Soincs
buc. Scha nus cartein, ch'els fapien nos muncaments, a ch'els audien nies
rogar, ad ilg fufpirar da nos cors, fch'ils falvein nus par Deus; parchei ca
Deus fa pirfulamenc ils cors d'ils Carftiáuns, veza tut, ad auda tut.

4. Cur ils Soincs ean ftai fin terra, fchi han els favieu
35 ils Secrets, a cors d'ils Carftiauns. Elifeus ha favieu ilg la-
darnitfch da fieu fumelg Giezi, 2. Reg. 5. Daniel ilg fiemmi
da Nabucadonofor, Dan 2. Soinc Pieder ilg fraud dad Ananias,
a Saphira, Act. 5. Quont pli fan els uffa en tfchiel?

R A. Ils Soincs fin terra favevan bucca tut ils Secrets, a cors d'ils
40 Carftiauns: [p. 437] mo fulettamenc quellas ĉauffas, ch'ilg Spirt da Deus
ils fcuvriva. Cuntut fchi fieu'ei buc or da quei, ch'ils Soincs en tfchiel
. vezien tut, ad audien tut.

5. Nies Senger gi, Luc. 15. Ch'ils Aunguels ſa legrian cur
ün puccont ſa volva. Sch'els ſan, ſchi ſan er ils Soincs: par-
chei ch'ils Soincs ean ſco'ls Aunguels.

R A. Ils Aunguels vengian tarmesſi ſin terra, Hebr. 1. v. 14.
Cuntut
pon els or da las ovras maneivel ſaver cur üu puccont ſa volva: Ils Soincs, 5
ils quals ſtatten adinna en tſchiel pon quei buc ſaver: ad ean er buc en
tuttas cauſſas ſco 'ls Añguels, mo ſitai cũ gliergia ſco quels
6. Ils Soincs vezen Deus ilg qual ei partut, a ſa tut: Cun-
tut ſan er els tut.

R A. Nua ſtat ei ſerit, ca quels ca vezē Deus vezian tuttas cauſſas 10.
en el? Els vezen Deus, ilg qual ei perpettens, ean els par quei er per-
pettens, a nun ſcaffi? [p. 438] Na. Els vezen Deus, ilg qual ei tutpuſſents:
ean els par quei er tutpuſſents? Na. Schi co aſcan ils Prers gir; Els vezen
Deus, ilg qual ſa tut, cũtut ſan els er tut?

7. Abraham ſaveva d'ils frars d'ilg Rich hum. Ad el ſez 15
ſaveva d'els ent ilg uffiern.

R A. Ils Prers contragin a ſaſez. Els gin, ch'ils Soincs ent ilg V.
Teſtament ſeien ſtai ent ilg Limbo, ad hajen ſavieu nagut d'ils vifs: a
tſchou gin els, ch'els hajen ſavieu. Els cõtragin a la S. Scritira, Eſ. 63.
Abraham ſa da nus nagutta. Ils morts ſan bein, ca 'lg ei lgieut ſi'lg Mũd: 20
mo ls ſā buc lur cors, gir, a far. Nau. p. 276.

8. Ils Soincs porten noſſas uratiuns avont Deus, Apoc. 5. 8.
c. 8. v. 3. Cuntut auden els quellas.

R A. Tras las uratiuns d'ils Soincs, Ap. 5. S'antalli buc noſſas ura-
tiuns, mo las lur, cun las qualas els lauden Deus en tſchiel. Tras quel 25
Aunguel Apoc. 6. S'antalli Nies Senger Chriſt, Exod. 14. v. 19. Mal. 3. v. 1.

[p. 439]. 9) S. Pieder amparmetta da rogar par nus ſuenter
ſia mort. 2. Pet. 1. 15.

R A. Quei ei sfaulſiau la S. Scritira. S. Pieder gi bucca, ch'el veigle
rogar pils Cartents ſuenter ſia mort: mo ch'el velgic ſcriver ad els, par 30
ch'els ſa ragorden ſuenter ſia mort da ſia Doctrina.

Da metter, ch'ils Soincs rogaſſen pils Cartents Cuñũnuamenc, ſchi ſieu'ei
buc or da quei, ca nus ils duvelan clumar enagid.

10 Quel ca vult vangir avont ün Reg ſto avõt rogar ils
Singurs da la Curt, ch'els plaidian la millgiur par el: aſchi 35
ſtuvein er nus rogar 'lg amprim ils Soincs, ch'els rogien par
nus tiers Deus.

R A. Deus ei buc aſchi loſchs ſco 'ls Regs da queſt Mund: el cum-
monda ca nus duveian da liungua vangir tiers el. Pi. 50. Clomme mei
enagid. Matt: 11. Vangit tiers mei. Tiers quei ei Chriſtus [p. 440] el 40
quel, ilg qual plaida la milgiur, a roga par nus tiers ilg Bab; 1. Joh. 2.

11. Nus dumandein d'ils Soincs buc agid; mo nus rogein
els, ch'eis dejen rogar par nus.

R A. Nus duvoin er buc rogar, ch'els dejen rogar par nus: parchei fcha nus cartein, ch'els audien nies rogar, à fufpirar da nos cors, fchi falvoin nus els agual Deus.

Quella fetis' ei nagutta, parchei ch'els dumoudan er agid d'ils Soincs; 5 feo da Nies Senger En lur uratiuns gin els; Maria Mumma da la grazia, Mumma da la mifericorgia, nus parchire d'ilg anamic, nus prend fi en l'hura da la mort. Item, En tei, Maria, vein nus fidonza, en tei vein nus fpronza, nus defendo a femper. je els rogan, ch'ella deic coṁondar a Nies Senger; o vantiercivla palgialaunca, la quala fas giu nos puccaus commonde cun 10 drecs da Mumma a lgi Spindrader: o paupra tfchocca cauffa! Bre. Rom. Cant, Ambr. tiansf: Mifsal.

LA SERRA,

O tutpufsent Deus, ti has coṁondau en tieu [p. 441] foinc plaid ca nus duveian favens urar. jou fai, ca l'uratiun eis ün miez da furvangir tes 15 duns corporals, a fpirituals: jou fai, ca l'uratiun eis ünna claf dad arver filg tfchiel, a ratfcheiver tia grazia: Mo, o Deus, chi dei jou clummar enagid? ils Prers commondan ch' jou deic clummar enagid ils Aunguels: els coṁondan, ch' jou deic clummar enagid ils Soincs: Els commondan, ch' jou deic clummar enagid en la moria S. Baftiaun: ent ilg mal da cur- 20 dar via S. Valantin: en dalur d'ils elgs S. Luci: en dalur d'ils dents S. Polonia S. Florin. Els commondan da clummar enagid en furtinna dad aua S. Niclau: en furtinna da fieuc S. Achta. Els cuṁondan, ch' jou deic rogar S. Antoni, ch'el deic parchirar la biefca. Els commondan da cluṁar enagid S. Cathrina. S. Chriftoffel, ils quals mai nan ean ftai fi'lg Mūd. Els com- 25 mondan da clummar enagid Prers; jefuiters; Borromeus, Lojola, Xaverius, ils quals ean avont paucs ons morts a d'ilg Papa mes ent ilg diember d'ils Soincs. Co dei jou far? Dei jou clumar enagid las creatiras? Dei jou clummar enagid quels, ch'ean ftai paupers pucconts, ad ean vangi falvi tras tia grazia? Dei jou cluṁar enagid umbrivas, las qualas ean mai ftadas 30 nagutta? Dei jou clummar enagid Prers ils quals jou fai bucca fch'eis ean en tfchiel, ner elg uffiern? Ti, o Senger, has gic, cloṁe mei enagid: ti eis mieu Scaffider tei vi jou cluṁar enagid: ti eis tutpufsent, tei vi jou cluṁar enagid: ti eis mieu buntadeivel Bab, tei vi jou cluṁar enagid. Mieu Spindrader Chriftus ha gic; Pilgver gic jou a vus, chei ca vus vangits 35 rogar mieu Bab da tfchiel, en mieu Num fchi ven el a dar a vus. Tras quel vi [p. 442] jou clummar tei enagid ils gis da la mia vitta. Dai grazia Senger, ch' jou pofsic far quei andrec.

LUCÌ GABRÌEL.

Ilg Nief Teftament, Bafel, Ioan Iacob Genath. 1648.

[i^r] Cuntut rog jou vus d'ilg Evangeli, a vus da Meffa, ca veits quitau par viefs perpetten falid, ca vus leigias bucca fchazigiar afchi lef la S. Scartira. Legit enten quella gi e noig: parchei ca vus affleits enten ella la vitta per- 5 petna, Joh. 5. Carteias buc á vofs Muffaders fenz' andriefcher fuenter, a grundigiar fch'ei feig afchia fco els muffen, ner buc. Savundeit ilg exempel d'ils Bereenfers, ils quals, cur els vevan udieu pardagont ilg Apoftel Paulus, fcha maven els a cafa, ad anqurivan en la Scartira, fch'ei fufs afchia ner buc. Cur vofs Muffaders vus muffen anzachei, ca po ftar cun la S. Scar- 10 tira, fcha carteit, a parneit fi. Cur els muffen anzachei, ca ftat nilgiur fcrit en la S. Scartira, a po bucca ftar cun quel[i^v]la, fcha carteias buc, a parneigias bucca fi. Scheigias buc fco beara fchletta lgeut, Guardian els fch'els muffen buc andreg, els vengian a render quint par mei. Quels ca furmeinan auters cun lur faulfa doctrina, vengian bein a render á niefs 15 Senger ün gref quint, a vengian a ratfcheiver ünna pli greva condemnatiun, ca quels ca vengian furmanai. Mo quels ca fa lain furmanar, vengian er ad ir ent ilg Uffiern. Gi bucca niefs Senger Chriftns fez, Math. 15. Cur ün tfchiec meina 'lg auter tfchiec, fcha croden els amadus ent ilg fuffau.

Antroquan uffa veits vus ghieu quefta fcüfa, ca vus antalgias buc la 20 Bibla, ner ilg Teftament en Tudefc: ad enten viefs languaig feig naginna Bibla, a nagin Teftament. Quei ha nuvantau mei da mettur giu ilg Nief Teftament en Rumonfch. Uffa veits vus ilg plaid da Deus en viefs lan-guaig: ufs' ei quella fcüfa preida navend da vus. Iou hai faig quint, ch'ünna pli grond' a foingch' ovra poffig jou hucca far ca quella.   25

Vus faveits, ca nus vein ün languaig pauper, ent ilg qual ei mounca bear plaids; a cuntut duvrein nus en Rumonfch anqual plaid Tudefc: mo ou hai, nu' ch'ilg ei ftau puffeivel dad afflar plaids [k^r] Rumonfchs, lafchau ir ils Tudefcs: ancanuras, nu' ca jou hai maniau, ch'ei fadettig pli bein hai jou er duvrau anqual plaid Italian.   30

Ilg languaig Griechifch, ent ilg qual ilg Nief Teftament ei vangeus fcrits d'antfchetta d'ils Evangelifts, ad Apoftels, ei ün languaig curt, ch'ün fto favents antallir ün plaid, ch'ei bucca mefs ent ilg text Griechifch: ca fch'ün mettefs par Rumonfch da plaid en plaid fco ent ilg Griechifch, fcha favefs ün vefs antallir. Cuntut hai jou mefs tenter ent anqual plaidet fco 35 Iohannes Pifcator en fia Bibla Tudefca, a fco Iohannes Deodatus en fia Bibla Italiana, ad auters pli, par ch'ün poffig antallir tont pli mancivel.

|p. 480| Cap. XVIII.

Chriftus ven antardens da iudas, a pilgiaus. 13 Manaus
tiers Annas, a Cajaphas. 17 Ven fchnagaus da S. Pieder.
28 Ven furdaus a Pilatus. 39 Quel amprova d'ilg largar.

5   CUR a Iefus vet gig quellas cauffas, fcha mà 'l cun sês Iuvnals vi fur
ilg aual da b Kedron, lou fov'ün iert, ent ilg qual el ci ieus, a sês Iuvnals.

2. A Iudas, ch'ilg antardè, favev'er er el ilg lieug: parchei ca Iefus
veva favents fa rimnau lou cun sês Iuvnals.

3. c Mo cur Iudas vet prieu la cumpangia, ad ils furvients d'ils Ault-
10 Sacerdots, a d'ils Pharifeers, fcha vangit el lou cun laternas, a fifchellas,
a vaffens.

4. Mo cur Iefus faveva tut quei ca vangifs a vangir fur el, fcha mà'l
ora, a fchet ad els, Chi anqurits?

5. Els lgi figenau rafpofta, Iefum da Nazaret. Iefus fchet ad els, lou
15 funt quel. (Mo Iudas ch'ilg antardè fov'er lou cun els.)

6. A cur el vet gig ad els, Iou funt quel, fcha manen els anavos,
a denan a terra.

[p. 481] 7. Ad el ils fpià pufchpei, Chi anqurits? Mo els fchenan,
Iefum da Nazaret.

20   8. Iefus figet rafpofta, Iou vus hai gig ca jou feig quel. Scha vus
anqurits pia mei, fcha lafcheit ir quels.

9. (Par ch'ei vangifs cumplanieu quei ch'el veva gig, d Iou hai par-
dieu nagin da quels ca ti mi has dau.)

10. e A Simon Petrus, ca vev'ünna fpada, target ora quella, à pichià
25 ilg fumelg d'ilg Parfura d'ils Sacerdots, a lgi talgià giu l'orelgia drechia:
mo quei furvient veva num Malchus.

11. A Iefus fchet á Petrus, Meg tia fpada enten la teigia. Duefs jou
bucca beiver ilg bichêr ch'ilg Bab mi ha dau?

12. Mo la cumpangia, ad ilg Capitani, ad ils furvients d'ils ludeus
30 pilgianen Iefum, ad ilg ligianen.

13. Ad els ilg mananen 'lg amprim tiers f Annas: parchei ch'el fova
fir da Cajaphas, ilg qual era Parfura d'ils Sacerdots da quei on: ad Annas
ilg tarmatet ligiaus tiers Cajaphas, ilg Parfura d'ils Sacerdots.

14. g A Cajaphas fova quel ca veva dau ilg cuffelg als Iudeus, Ch'ei
35 fufs bien, ch'ün carftiaun morifs-p'ilg pievel.

15. h A Simon Petrus, ad ün auter Iuv[p. 482]nal mavau fuenter á
Iefus. A quei Iuvnal fova cunafchents cu'lg Parfura d'ils Sacerdots, a mà
cun Iefus enten la curt d'ilg Parfura d'ils Sacerdots.

---

a Matt. 26, 36; Marc. 14, 32; Luc. 22, 39. — b 2. Sam. 15, 23. — c Matt. 26, 47;
Marc. 14, 43; Luc. 22, 47. — d Joh. 17, 12. — e Matt. 26, 51; Marc. 14, 47;
Luc. 22, 50. — f Luc. 3, 2. — g Joh. 11, 49. — h Matt. 26, 58; Marc. 14, 54;
Luc. 22, 54.

16. i Mo Petrus ſteva dador la porta. A'lg auter Iuvnal, ca fova cunaſchents cu'lg Parſura d'ils Sacerdots, mà ora, a plidà cun quella ca parchirava la porta, a figet vangir ent Petrum.

17. A quella fantſchella ca parchirava la porta ſchet á Petrus, Eis ti buc er ün d'ils Iuvnals da quei carſtiaun? El ſchet, Iou ſunt buc. 5

18. Ad ils fumelgs, a ſurvients ſtevan lou, a vevan faig barnieu, parchei ch'ei fova freid: a ſa ſcaldaven: mo Petrus ſtev'er lou cun els, a ſa ſcaldava.

19. Ad ilg Parſura d'ils Sacerdots ſpià Ieſum da sês Iuvnals, a da ſia doctrina. 10

20. Ieſus lgi figet raſpoſta, k Iou·hai plidau avertameng avont ilg Mund: jou hai adinna muſſau enten la Sinagoga, ad ent ilg tempel nu' ch'ils Iudeus vengian anſemel da tuts logs, ad hai plidau nagut ent il zupau.

21. Chei ſpias ti mei? Spie quels c'han udieu chei jou hai plidau cun els: mire, quels ſan chei jou hai gig. 15

22. A cur él vet gig quei, ſcha l det ün d'ils ſurvients ca fova lou ünna frid' á [p. 483] Ieſus, a ſchet, Fas ti afchia raſpoſta á lgi Parſura d'ils Sacerdots?

23. Ieſus figet raſpoſta, Scha jou hai plidau mal, ſcha dai pardichia d'ilg mal. Mo ſcha jou hai plidau bein, ſcha parchei mi pichias ti? 20

24. m Ad Annas ilg veva tarmeſs ligiaus tiers Cajaphas ilg Parſura d'ils Sacerdots.

25. n Mo Simon Petrus ſteva, a ſa ſcaldava. Ad els ſchenan á lgi, Eis ti buc er ün da sês Iuvnals? El ſchnagà, a ſchet, Iou ſunt buc.

26. Ad ün d'ils ſurvients d'ilg Parſura d'ils Sacerdots, parents da quel, 25 alg qual Petrus veva talgiau giu l'urelgia, ſchet, T'hai jou bucca vieu ent ilg iert cun el?

27. A Petrus ilg ſchnagà puſchpei: O a ladinameng cantà ilg chiet.

28. p Ad els mananen Ieſum da Cajaphas enten la caſa da la Drechira: mo 'lg era la damaun: ad els manen buc en la caſa da la Drechia, 30 q par ch'els ſa patichaſſen buc, mo par ch'els pudeſſen mangiar ilg tſchut da Paſcas.

29. A Pilatus mà or tier els, a ſchet, Chei ploing maneits ancunter queſt carſtiaun?

30. Els figenan raſpoſt', a ſchenan á lgi, Scha queſt fuſs buc ün mal- 35 fichiont, [p. 484] ſch'ilg veſſen nus bucca dau á chi enten maun.

31. A Pilatus ſchet ad els, Ilg parneit vus pia, a truveit ſur el ſuenter vieſs ſchentament. Mo ils Iudeus ſchenan á lgi, Ilg ei bucca dau tiers á nus, da far morir auchin.

i Matt. 26, 69; Marc. 14, 66; Luc. 22, 55. — k Joh. 7, 14. — l Jer. 20, 2; Matt. 26, 67; Act. 23, 2. — m Matt. 26, 57; Marc. 14, 53; Luc. 22, 54. — n Matt. 26, 70; Marc. 14, 66; Luc. 22, 55. — o Joh. 13, 38. — p Matt. 27, 1; Marc. 15, 1; Luc. 23, 1. — q Act. 10, 28 cap. 11, 3.

32. r (Quoi daventà par ch'ilg plaid da Iefus vangifs cumplanieus, ilg qual ol veva gig, a dau d'antallir da chei mort el vangifs a morir).

33. f A Pilatus turnà pufchpei enten la cafa da la Drechira, a clumà Iefum, a fchet à lgi, Eis ti ilg Reg d'ils Iudeus?

5 34. Iefus figet rafpolt' à lgi, Gis ti quei da tatez, ner han auters gig à chi quoi da mei?

35. Pilatus figet rafpofta, Sunt jou pia ün Iudeu? Tieu pievel, ad ils Ault-Sacerdots t'han furdau à mi: chei has faig?

36. t Iefus figet rapofta, Mieu raginavel ei bucca da queft Mund: fcha 10 mieu raginavel fufs da queft Mund, fcha veffen mês Survients vurriau, ca jou fufs bucca daus ent ils mauns d'ils Iudeus: u mo ufs' ei mieu raginavel bucca da quou.

37. A Pilatus fchet ä lgi, Eis ti pia ün Reg? Iefus figet rafpofta, Ti gis: parchei ca jou funt ün Reg. Parquei funt [p. 485] jou nafcheus, a 15 par quei funt jou vangeus ent ilg Mund, par dar pardichia á la vardad. Chi ch'ei da la vardad, auda mia vufch.

38. Pilatus fchet á lgi, Chei ei la vardad? A cur el vet gig quei, fchi mà 'l pufchpei ora t'ils Iudeus, a fchet ad els, X Iou affel naginna culpa enten el.

20 39. y Mo vus veits ünn' ifonza, ca jou vus lafchig larg ün fün Pafcas: leits pia, ca jou vus lafchig larg ilg Reg d'ils Iudeus?

40. Ad els garrinen pufchpei tuts, a fchenan, Bucca quel, mo z Barabbas. Mo Barabbas fov'ün morder.

Cap. XIX.

25 Chriftus ven gasliaus, curunaus cun fpinnas, fgammiaus, cundemnaus a la mort, a crucifichiaus. 26 El racummonda fia mumma á Iohannes. 30 El miera. 40 El ven futterraus.

Lura parnet a Pilatus Iefum, ad ilg gaslià.

2. A la fchuldada figenan ünna b curuna or d'fpinnas, a lgi mettenan 30 quella fin fieu cheau, a lgi targenan ent ün manti d'fcarlatta:

3. A fchevan, Seigias falidaus, ti Reg d'ils Iudeus. A lgi devan cun fifts.

4. A Pilatus mà pufchpei ora, a fchet [p. 486] ad els, Mire, jou ilg mein ora tiers vus, par ca vus faveias, ca jou affel naginna culpa enten el.

35 5. A Iefus mà ora, a purtà la curuna d'fpinnas, ad ilg manti d'fcarlatta. A Pilatus fchet ad els, Mire chei carftiaun!

r Matt. 20, 19; Joh. 3, 14 cap. 12, 32. — f Matt. 27, 11; Marc. 15, 2; Luc. 23, 3. — t 1, 13 Tim. 6. — u Joh. 6, 15. — x Matt. 27, 24; Marc. 15, 14; Luc. 23, 14. — y Matt. 27, 15; Marc. 15, 6; Luc. 23, 17. — z Act. 3, 14. — a Matt. 27, 26; Marc. 15, 15. — b Matt. 27, 27; Marc. 15, 16.

6. Mo cur ils Ault-Sacerdots, ad ils ſurvients ilg venan vieu, ſcha garrinen els, a ſchenan, **c** Crucifige, crucifige. Pilatus ſchet ad els, Ilg parneit vus, ad ilg crucificheit: parchei ca jou affel naginna culpa enten el.

7. Ils Iudeus lgi figenan raſpoſta, Nus vein ün ſchentament, **d** a ſuenter niefs ſchentament dei 'l morir, **e** parchei ch'el s'ha faig ſez ilg Filg 5 da Deus.

8. A cur Pilatus vet udieu quei plaid, ſcha tumet el pli fich:

9. A turnà ,en la caſa da la Drechira, a ſchet à Ieſus, Nunder eis ti? Mo Ieſus lgi det maginna raſpoſta.

10. A Pilatus ſchet á lgi, Plaidas ti bucca cun mei? Sa ti bucca, ca 10 jou hai puſſonza da ta crucifichiar, ad hai puſſonza da ta largar?

11. Ieſus figet raſpoſta, Ti veſſes naginna puſſonza ſur mei, **f** ſch'ei fufs bucca dau á chi ſurangiu: cuntut ha quel, c'ha ſurdau mei á chi, pli grond puccau.

12. Da quei anvi anquriva Pilatus d' [p. 487] ilg largar: mo ils Iudeus 15 garrivan, a ſchevan, Scha ti lais larg quel, ſch'eis ti buc amig d'ilg Imperadur: **g** chica ſa fa Reg, cuntergi á lgi Imperadur.

13. Cur Pilatus udè quei plaid, ſcha manà 'l ora Ieſum, a ſaſet ſin la ſupchia da derſcher, en quei lieug ca ven numnaus Lithoſtrotos, mo enten Hebreiſch, Gabbatha. 20

14. (Mo i fova ilg **gi** da la Preparatiun da Paſcas, anturn las ſis huras:) ad el ſchet als Iudeus, Mireit quou viefs Reg.

15. Mo els garrinen, Navend cun el, navend cun el, ilg crucifige. Pilatus ſchet ad els, Dei jou crucifichiar viefs Reg? Ils Ault-Sacerdots figenan raſpoſta, **h** Nus vein nagin Reg, auter ch'ilg Imperadur. 25

16. Lura ſch'ilg ſurdet el ad els, par ch'el vangis crucifichiaus. **i** Ad els parnenan Ieſum, ad ilg mananen davend.

17. Ad el purtava ſia cruſch, **k** a mà or en quei lieug ca ven numnaus da la Cavaza, ad ha num en Hebreiſch, Golgotha.

18. Lou ilg crucifichianen els a cun el dus auters, 'lg ün dad ün maun, 30 a 'lg auter da 'lg auter maun, a Ieſum enta miez.

19. Mo Pilatus ſcrivè er ilg titel, ad [p. 488] ilg mettet ſin la cruſch. Ad ei fova ſerit, **l** IESUS DA NAZARET, ILG REG D'ILS IUDEUS.

20. A quei titel han bears d'ils Iudeus ligeu: parchei ch'ilg lieug, nu' ca Ieſus era crucifichiaus, fova datiers ilg marcau. A quei fova ſerit en 35 Hebreiſch, en Griechiſch, ad en Latin.

21. Cuntut ſchenan ils Ault-Sacerdots d'ils Iudeus á Pilat, Scrive buc, Ilg Reg d'ils Iudeus: mo ch'el hagig gig, Iou ſunt ilg Reg d'ils Iudeus.

---

c Matt. 27, 22; Marc. 15, 13; Luc. 23, 22; Act. 13, 27. — **d** Lev. 24, 14. — **e** Joh. 5, 18. — **f** Sap. 6, 5; Rom. 13, 1. — **g** Act. 17, 7. -- **h** Gen. 49, 10. — **i** Matt. 27, 33; Marc. 15, 22; Luc. 23, 33. — **k** Hebr. 13, 12. — **l** Matt. 27, 37; Marc. 15, 26; Luc. 23, 38.

22. Pilatus liget rafpofta, Quei ca jou hai fcrit, hai jou fcrit.

23. m A cur ils fchuldaus venan crucifichiau Iefum, fcha parnenan els fia vafcadira, a figenan quatter parts, a minchia fchuldau ünna part; a la raffa. Mo la raffa fova fenza cufadiras, taffida da fifum antroqua 5 giu dim.

24. Ad els fchenan ün ancunter 'lg auter, Nus la lein bucca talgiar a frufta, mo frin la fort da chi la deig effer: par ca la Scartira vengig cumplanida, la quala gi, n Els han parchieu ün cun 'lg auter mia vafcadira, a fin mia raffa han els frieu la fort. A quei figenan ils fchuldaus.

10 25. o Mo fper la crufch da Iefus ftevan fia mumma, a la fora da fia mumma, [p. 489] Maria, dunna da Cleopas, a Maria Madalena.

26. A cur Iefus vafet fia mumma, ad ilg Iuvnal ch'el taneva char ftent lou fperas, fcha fchet el ä fia mumma, Dunna, mire tieu filg.

27. Lura fchet el alg Iuvnal, Mire tia mumma. A da quell' hur' anvi 15 la parnet quei Iuvnal en fia cafa.

28. Suenter quei, cur Iefus favet, ca tuttas cauffas fuffen p cumplanidas, q par ca la Scartira vangifs cumplanida, fcha fchet el, Iou hai feid.

29. A lou fò mefs ün vafchi plein d'afchieu. r Mo els amplaninen ün 20 fchvum cun afchieu, ad ilg mettenan anturn ün ifop, a lgi purfchenan fi vid' la bucca.

30. A cur Iefsus vet prieu ilg afchieu, fcha fchet el, Ilg ei tut cumplanieu: ad el bafsà ilg cheau, a det fi ilg Spirt.

31. Ad ils Iudeus par ch'ils corps rumaneffen buc vid la crufch s'ilg 25 Sabbath, parquei ch'ei fova la Preparatiun, (parchei ca quei gi, fova quei grond gi d'ilg Sabbath), fcha ruganen els Pilat, ca lur commas vangiffen ruttas, ad els prei davend.

32. Ad ils fchuldaus vanginen, a rumpenan las commas d'ilg amprim, a da 'lg auter ca fova crucifichiaus cun el.

30 33. [p. 490]. Mo cur els vanginen tiers Iefum, a vafenan ch'el fova fchon morts, fcha lgi rumpenan els bucca las commas.

34. Mo ün d'ils fchuldaus punfchet cun ünna loufcha enten fia cofta: f a ladinameng vangit ei ora faung ad aua.

35. A quel c'ha vieu, ha dau pardichia, a fia pardichia ei vardeivla: 35 ad el fa ch'el gi la vardad, par ca vus carteias.

36. Parchei ca queftas cauffas ean daventadas, par ca la Scartira vengig cumplanida, t Vus lgi duveits rumper nagin iefs.

37. A pufchpei gi ün autra Scartira, u Els vengian a vêr quel, ent ilg qual els han punfchieu.

---

m Matt. 27, 35; Marc. 15, 24; Luc. 23, 34. — n Pf. 22, 19. — o Marc. 15, 40. — p Joh. 17, 4. — q Pf 69, 22. — r Matt. 27, 48; Marc. 15, 23. — f Zach. 13, 1; 1. Joh. 5, 6. — t Exod. 12, 46; Num. 9, 12. — u Zach. 12, 10; Apoc. 1, 7.

38. x Mo ſuenter quei ha Ioſeph d'Atrimatea (quel fova ün Iuvnal da Ieſus, mo adaſcus, y par temma d'ils Iudeus) rugau Pilat, ch'el poſſig prender giu ilg chierp da Ieſus: a Pilatus det tiers. Cuntut ſcha vangit el, a paruet navend ilg chierp da Ieſus.

39. Mo Niçodemus (z quell ca fova vangeus vivont tiers Ieſum d'noig) 5 vangit er, a purtà ünna maſtira da mirra, ad aloë anturn tſchient livras.

40. Ad els parnenan ilg chierp da Ieſus, ad ilg plaganen enten lanzouls cun [p. 491] las ſpecerias; ſco ils Iudeus han l'iſonza da ſutterar.

41. Mo enten quei lieug, nu' ch'el era crucifichiaus, fov' ün iert, ad ent ilg iert ünna foſſa nova, enten la qual' ei fova ounc mai meſs nagin. 10

42. Lou mettenan els Ieſum, paramur da la Preparatiun d'ils Iudeus, parchei ca quella foſſa fova datiers.

DECLARATIUN.

N. 14. a 31. a 42. Preparatiun] Mire Matt. 27. 62.

[f. 74ª]   15
PRIEDI ſin la bara **Dilg Singorr land Richtter Caſpar Schmidt da grieneck.**

Ano 1659. adi 30. octobris Text I. Reg. IV. V. 29. Antroqua la fin dilg capittel.

(Ineditum; nach Hs. G.)

A. Dieus det a Sallamon zund gronda sabienſcha ad antalleg ad er 20 ün cor larg sco ilg sablun vid la riva da la mar; a la sabienſcha da Sallamon fova pli gronda, Ca la sabienscha da Tuts enten Orient, a. ca (s) la sabienscha da [fol. 74ᵇ] Tuts enten egipta; ad el ſova pli sabis Ca tuts carſtiouns.

Ad el plidava Trei milli sprnchs a sias canzuns eran milli a tschunge. 25 el plidava er dils pummers a dilg pumer da Ceder, ca crescha sin libanon, antroqua silg Iſsop, ca cresha vid la prei. el plidava era da la bieſca a dilgs utschels a da la vermanelgia a digls pescs, ad ei Vangiva da tuts pievels a da Tuts Regs da la tera, ca vevan udieu da sia sabienscha, par udir quella; or da quei anparnein nus: 30

I.

Ca nus duveian er nus amprender DauCanuscher Dieus [fol. 75ª] or da sias ovras, sco Sallamon, jlg qual ha plidau dilgs pumers A da lur natira, da la biesca a dilgs utschels, da vermanelgia a dilgs pescs a da lur na Tira: sentza cunaschiensa da Dieus po nagin vangir salfs.   35

Sco niessenger gi joh. 17, 3: quest ei la Vitta parpetua chels aucanuschian tei, ca Ti seigias parsuls ilg ver dieus a quel ca Ti has tarmes

---

x Matt. 27, 57; Marc. 15, 42; Luc. 23, 50. — y Joh. 12, 42. — Joh. 3, 2 cap. 7, 50.

jessum chriftum. mo nagin carftioun po ancanuscher Dicus par fcigia meng
sin quest mundt.

nus ligcin EXo[r]d. 33. ca moisses haigig garigiau da ver la v'esta da
Dicus. mo Dicus ha gig: Ti vens mia vista buca puder ver, par chei ca
5 nagin Carftiaun ven a ver mei a puder viver; [fol. 75 ᵇ] mo jeu Ta vi metter
ent ilg cuvell da quei grip a Ta vi curclaar cun mieu moun, a Trouckua
jeu sund vargau vi; mo cur jeu veng a Trer navend mieu moun, schi vens
Ti a ver mieu dicss, mo mia vista po in bucca ver.

cun quei ha Dicus vullieu dar danTallir ca nagin na pofsig sin queft
10 mund aucanuscher Dieus perfeichiameng; mo sieu diels pudein nus ver, quei
ci: or da sias ovras, or da sias creatiras ilg pudein nus ancanuscher. Dieus
nus ha dau dus cudischs or dils quals nus pudein ancanuscher Dieus : I. ilg
cudisch da la scartira. 2. ilg cudisch da la natira. ilg cudisch da la scar-
tira, la bibla, [fol. 76 ᵃ] San la gronda pardt bucca leger; jlg cudisch da la
15 nattira san Tuts leger. quall ei pia ilg cudisch da la natira? ilg ei queft
mund, quei cudish ha mai Treis platts, mo gronds; lg amprim plat ei ilg
Tschiel, ca nus vasein cun las cratiras ca en lient; lgautter ei la tera; ilg
Tierz ei la mar. quei cudisch ha ligieu savens jlg Reg a prophet David
ad ha grondameng sa fmarvilgiau da las ovras da Dieus, sco nus vasein
20 ses psalms. quei cudisch han ligieu ilgs soings ad oungels enten Tschiel
cun Tut gin els Apoc. 15, 3: grondas a marvilgussas ean Tias ovras Senger
Dieus Tutpusent. [fol. 76 ᵃ] Legit er vus ilg amprim plat; mireit fin Tschiel,
sin la lgina a sin las fteillas; miret, co ilg sollelg dat claretzia silg mund
ilg gi, la lgina a las fteillas la noig; pattarcheit vi da lur gleitiadad, co ilg
25 sollelg, la lgina a lafs [steilas] van en in gi ad ina noig anturn Tut ilg mund ;
patarcheit vida lur grondetzia: ilg sollelg dei efser, sco quels ca han ftudiau
mathe(r)matica scrivan, tschient sisontta sis gadas pli grond ca Tut la Töra
a la mar. an chinas fteillas, ca paren esser fco pinchas lgischettas, dein
efser Tschient a sett gadas pli grondas ca Tut la terra a la mar. pudein
30 nus buc or da quei amprender dancanuscher la gronda pusontza da Dieus?
lein nus bucca gir cun David e culgs soings [fol. 77 ᵃ] enten Tschiel:
grondas a mirvilgusas ean las Tias ovras Senger, Dieus Tutpusfent! vangit
anpauₒ pli bas gu, fcha vaseis vus, co ilg Tschiel ven ancanuras surtraigs
cun neblas, a co ei ven or da las neblas ancanuras plievia, ancanuras neif,
35 ancanuras Tampefta, ancanuras camegei chin quitta chilg luft seigig an-
vidaus cun fieug, ancanuras Tunei ca la Tera Stramblescha. scheid puspei:
grondas a marvilgusas ean las sias ovras Senger, Dieus Tutpufsent!

lgautter plat ei la Tera; legit er quei plat cun flis, mireit, quontas bellas
planiras ilg ei silg mund; mireid, chei gronds cullms, chei aultta pitza, ca
40 mai nagin carftioun po vangir si; mireit, chei bellas flurs ei crescha Silg
feld, ca fallamon cun Tut [fol. 77 ᵇ] sia gliergia ei bucca staus fitaus sco
ina da quellas. mireit, da conta sort frigs ei crescha or silg feld a silgs
pumers ca sarvescha Tiers la vivonda dilg carftioun. pudein nus bucca or

da quei ancanuscher la gronda pussontza da Diöus a sia gronda buntad,
ilg qual fa crescher da Tonta sort frigs par amur dilg carftiaun.

lein nus bucca nus fmarvilgiar a gir: grondas a marvilgusas ean las
Tias ovras, o Ti Tutpussent, o ti buntadeival Dieus! pattarcheit, quontta
milliar dutschels Dieus fa vangir minchon da nief fin Tera, conta milliera 5
dlimaris, quontta milliera d pefcs, ca surveschan Tiers la vivonda a vaschia-
dira dilg carftioun. [fol. 78] Datten bucca quellas caussas pardichia ca
dieus seig in Tutpussent a buntadeivel Dieus? cur vus veis pattarchiau[1])
vi da quellas c(e)riatiras Tuttas, scha mireit sin vus a sin vos uffonts.
quontta milliera Dufons scafescha dieus mai en in on da nies Tembs silg 10
mund! quont marvilgiusa ei la membra dilg carstioun, ilgs oelgs, ca vezan,
las urelg(s)ias, ca auden a cunzund ilgs mouns a la lieunga! Ilgs mouns
san far da Tuta sort lavurs, san scriver a cun ina parsuna plidar, cun in
chei vi sur mar pli ca Tschient milgias davend. chei marvilus nember ei
la lieunga dilg carftioun, ca ieu cun mia lieunga sai dar danTalir a vus 15
Tut quei ca ieu·hai ent ilg sen, a vus cun vossa lieunga saveis dar dan-
tallir ami [fol. 78ᵇ] Chei ca vus leis lein nus bucca gir a clumar puspei:
grondas a marvillusas ean las Tias ovras senger, Dieus Tutpussent!

Ilg Tierz pladt ei la mar, quel ei da lunsh davendt da nus. scha vus
pudefses leger quei plad, fcha vafefsas caussas a schi maruilgussas sco sin 20
la tera. mireit mai sin nies rein, co i va aua gu par nies rein a mai na
mouncca aua; a schi er las fantaunas. chi ha scafieu las auas? chi fa
vangir, ad in vangir? Dieus, quel Tutpussent. lein nus bucca puspei clumar
a gir: grondas a marvilgussas ean las Tias ovras Senger, Dieus Tut pussent!
amparneit, amparneit er vus or da quei cudisch la (la)natira dad ancanuscher 25
Dieus. a schi Savens sco vus mireits ancuntter Tschiel, scha pattarcheit,
chi ha scafieu quei [fol. 79ᵃ] Bi Tschiel a quellas bellas caussas ca ean
lient, a scheid: o Ti pussent a maruilgus Dieus! a schi savens sco vus
meis ora silg feld a vaseis, co i crescha erva a felgia a da Tutta sort frigs,
scha scheit ancunter vusetz: chi fa crefcher quellas caussas? Dieus fa quei; 30
parchei? paramur d'ilg carftioun, par chilg carftioun haigig sia vivonda a
vaschadira; schei puspei: o Ti tutpussent a buntadeivel Dieus! cur vus
vaseis chei ven ruviers a bovas ca metten sut beins, cassas, clavaus, fco
ilg ei davan Tau avont paucs gis, scha scheid: chi Tarmetta quels ftroffs?
Dieus parchei? par quei chel ei er in gift Dieuf, ell nus caftigia par nos 35
puccaus. pli anavondt amparnein nus:

II.

ca caussas da queft mund scigen Tut vani'l'ad, ci itat cn quei capittell
[fol. 79ᵇ] Da la gronda richetzia da Sallamon, da sia fchuldada, da sia
richetzia, da sia pusfontza, da sia gronda gliergia a maiiaftad, da sia gronda 40
sabienscha. nu ei ell uffa? el ei morts da gig a nou, schieu chierp lci

---

fchmarfchious a Turnaus en Tera, Tut sia richetzia, pussontza pumpa
gliergia a maieftadt ha pilgau fin. Soing Iacob gi, ca nossa vitta seigig
scin Tompf ner fim, ca ftullescha ladinameng. jac. 4. ei bucca la gliergia
a la pufsontza da Sallamon ftullida da gig annau scin fim? Dieus gi Tras
5 jlg profett Efaias ca las caussas da queft mund Seigiau fco lerva ora silg
fold a sco las flurs. Ef. 40. lervva secca, las flurs cordan giu. ei bucca la
gliergia, la pussontza da Sallamon seccada sco l'ervva a curdada gu sco las
flurs? [fol. 80ᵃ] Ilg reg David gi ca las caussas da queft mund seigian sco
in siemi pf. 90. ün fiemgia chel haig afflau daners; cur el da Defta, fchi
10 hal nagut enta moun. ün autter fiemngia chel seig ju grond singur; cur
ell dadefta, scha vetzel chilg ei nagutt. cur Sallamon ei deftadaus da sieu
sien, schi hal gig: Vanitad da vanitad a Tuttas caussas en vanitad. Eccl. 1.
ge udit chei el gi Eccl. 2: jou hai faig grondas ovras, iöu hai bagigiau
cafsas, ieu hai anplantau vinggias, ieu hei faig orts a churchins, ieu hai
15 pflanzigiau da Tutta sort pumers fricheivels, ieu hai gieu fumelgs a fantfcha[la]s,
ieu hai gieu biefca grosa a manidels pli ca Tuts quels ca ean ftai ontt ca
Ieu a Ierusallem, ieu hai mes an zemel argieut ad aur, iöu hai guardau
par cantadurs a da tutta sort sunar, [fol. 80ᵇ] Ieu sund ftaus pli gronds
ca Tuts quels ca ean stai ont ca ieu a ierusalem, a mia sabiensch[a] rumanet
20 Tiers mei a Tut quei ca mes elgs a mieu cor garigiaven, hai ieu nagut
dustau. Ieu dustai a mieu cor nagina latezia, mo, eur ieu mirai sin la lavur
da mes mouns a sin la breigia ca ieu hai gieu da far quellas, mire, scha
fovei Tut vaniTad ad anguscha dilg chierp. gronds ei staus nabucadonosor,
el ha rigieu bunameng fur Tut ilg mund. nu eil ufsa? el ha pilgiau fin.
25 grond ei ftaus ilg grond allexandör, ilg quall ha prieu enten paucs ons
hunameng Tut ilg mund. nu eil ussa? el ha stuvieu morir, cur chel ha
gieu mai Trentta Treis ons, a sieu raginavel ei icus a frufta. grond fei ftaus
Julius cafsar, ilg qual ha [fol. 81ᵃ] gieu Tontas vantschidas ad ha radig
bunameng Tut ilg mund sut sia pussontza. nu ei el ussa? nu ean Tonts
30 imparadus da ruma ca han rigieu da lur annou. els ean Tuts morts, an
Troqua Sin quel ca rega da quest tembs, a quel ven er vonzei a morir. o
vaniTad dilg mund! la vanitad dilg mund ha ancanuschieu ilg amparadur
severus, quel ha gig, cur ell savöva cel vangis vnnzei a morir: omnia fui &.
nihil mihi prodeft: jeu sund staus Tutas caussaus ad ussa mi nitzegia quei
35 nagut. gual sco da gir: jeu sund staus in amparadur, ieu hai gieu grondas
vanfchidas a gronda pussontza ad usa sTo ieu morir a Tut bandunar. la
vaniTad dilg mund vasein nus era ent ilg Singor landt Richter, cafper
Schmidt. dieus lgi ha ghieu dau in grond [fol. 81ᵇ] an Talleg à gronda
sabienscha. el ha savieu Tuts ilgs schentamens da Cuminas Treis ligias,
40 Tuts igls fchanTamens da valtrina; el ha ghieu gronda graitzia da saver
.plidar; ell ei staus Maftral da lgiont à da la fopa; el ei ftaus comisari Da
clavena; el ha gieu unficis en valtrina a cundert quels cun grond laud; el
ei sTaus in obrist sur in regiment schuldada en nossa pattria; el ei ftaus

land Richter da la part, ilg qual ei ilg pli ault offici en nofsa Tera; el ei
Tarmes da las ligias par in gsandter Tier östers first a singors; ad ussa ei
ell morts. o vaniTad dilg mund! amparneit, amparneit la vanitad dilg mund
dancanuscher; rantöid buca vos cors vid laf caussas da quest mund; veias po
5 quitau pilg Tschiel [fol. 82ᵃ] par quellas caussas ca cutzan a semper. caufsas
da quest mund pelgian fin; rauba da quest mund pelgia fin; hauur da quest
mund pelgia fin; dalleg da quest mund pelgia fin. la richetzia, sabienscha
da Sallamon ha pilgiau fin; la farmetzia da Samson ha er pilgiau fin; la
pussontza dilg grond Alexander ha pilgau fin; Tut Ilg mund vön a pilgar
10 fin mo enten Tschiel ean Tutas caussas sentza fin: Dieus sentza fin, ilgs
aongels sentza fin, ilgs beaus sentza fin, ina beadienscha sentza fin, ina la-
tezia sentza fin. vus parchireid dilg unfiern, parchei ca lau en er Tutas causas
sentza fin: ilgs dimunis fentza fin, ilgs cundamnaus sentza fin, [fol. 82ᵇ] las
peinas fentza fin, bargir a sgirziar Dilgs dens fenza fin, üna mort sentza fin.
15 grigeits buc da vangir enten Tschiel, enten quei lieug, nu chil ei ina la-
·tetzia, üna beadienscha sentza fin, scha ftuveis anprender a survangir la
vera, dreichia sabienscha. Ilg ei da duos sorts sabienscha: üna sabienscha
da queſt mund ad iua sabienscha ca ven or da Tschiel, dilg bab da las
lgifchs. la sabiönscha dilg mund ei, cur in ei parderts da far rauba, cur üns
20 santlli bein sin caussas da que(t)st mund. quella sabiensscha fa bucca faalf
ilg carftioun. la vera, dreicia fabienscha caa fa falf ilg carftioun ei ancanu-
scher Dieus andreg [fol. 83ᵃ] a saver la via Dad ir a paravis. ün auter frust
da la vera sabienscha ei ancanuscher vussetz, chei paupers pucconts nus
seigan a chei nus veian maritau. ün autter frust da quella Sabiönscha ei
25 crer en Iessu chriſt, Crer chei seig enten nagin auter salid, ca enten el a
nagin autter num Tras ilg qual nus ftuveian vangir salfs, schanTar Tut la
sprontza da nies sallid fin fia passiun a mort. in autter frust da quela
sabienscha ei star gu dilgs puccaus a far bunas ovras. quella vera sabienscha
ha ilg Singor Landrichter Casper er giou. el ha ancanuschieu Diöus andreg;
30 el ha ancanuschieu ses puccaus; el ha schantau Tuta sprontza sin la pas-
siun da nies sengör [fol. 83ᵇ] ad ha gig, cur jeu ilg hai vassitau el en fia
malzoinia, chel creigig chilg soung da Iessu chrift ilg schubreig da tut sieu
puccau. el ha er mussau sia cardienscha cun bunas ovras, parchei chel ha
faig fi a la scholla da cucra, als paupers a da bagigiar nofsas baselgias.
35 Ilg reg Sallamon ei ftaus ilg pli sabi da Tuts carftiouns a suenter quei ei
el davantaus in grond nar, parchei chel ha prieu milli dunouns ner midia-
nas a par plascher a sias dunouns pagounas hal bagiau altars ad ersters
Dieus ad ha setz unfrieu sin quels altars, mo enten sia velgiadegna, suen-
ter quei chel ha anprieu dancanuscher [fol. 84ᵃ] la vanitad dilg mund hal
40 gig Eccl. 12: Ti deis Tumer Dieus a salvar ses comondameus. scha vus
savundeis quei cufselg, scha vaugis vus, cur las vanitads da quest mund
pelgian fin, a furvangir la vitta parpettna. quella graitzia detig Dieus a
nus Tuts Tras Iessum Chriftum. Amen.

Ilg Chiet d'ils Grischuns tras Joh. Rudolf GenaThl.   Rafel 1665.

[f. 8ᵃ]   La gverra da Venust.

Ent il miedi feo: So will ich aber fingen.

1.

Iou vi a vus cantare,
Cantar d'ils Pardavons,
Lur guerra fi dumbrare,
Ilg foung ch'els han er fpons.
5 Ilg lofch Pivun quel ei sgulaus,
En terra d'ilg Steinbuke,
Lou faig bear malruvaus.

2.

Elg Münfterthal fchantaufe,
La Clauftra lou brifchau,
10 [f. 8ᵇ] Navent lou tfcheffentaufe,
A Fürftenburg pilgiau,
Pilgiau, brifchau tras tradiment,
Dad ün Vvefchk da Cuira:
Er Mejafelt prieu ent.

3.

15 Cur ilg Steinbuc vafette,
Vangint quel lofch pivun,
Da gritta el lgi fchette;
O pauper ti narum!
Ti dar pudeffes grond danêr:
20 Ca ti chiou fuffes ftaufe,
En tieu angif pilg vêr.

4.

Lavaus ei ilg Stsinbuke,
Ancunter quels Pivuns,
Faig larma dar partutte;
25 Hei fi, hei fi Grifchuns:
Ils Svabs lein nus bault moun ca-
           tfchar,
Ca Bearas ftôn bargire,
P'ils hummens laid purtar.

[f. 9ᵃ]   **5.**

Vangi ean ils Grifchunfe,
30 Galgiardameng pilg vêr,
S'ilg Stêg t'ils lofch Pivunfe,
Cun els faig Scheivér Nêr.
Da Mejafelt navent catfchau
Mazau bein beara tfchiente,
35 Mai oig d ils nofs cuftau.

6.

Faduz ün ferm caftie,
Han els bien bault pilgiau,
Belfort ad Alvangüe,
A Strassberg er catau:
40 Tuts treis caftel d'ils noss brifchai,
Quels dûs Belfort, Strafsberge,
Ean mai pli bagegiai

7.

Ils Svabs han fchonzas frieue,
Giu fut ilg Münfterthal,
45 Lur fchonza ha tunfchieue,
Zunt tras a tras la Vall.
[f. 9ᵇ] Ils Velgs Grifchuns ean fi la vai,
Par Lgündifchgis Tfchinqueismas
Elg Münfterthal rivai.

8.

50 Nus vein fchantau la fpronza
Sin Deus, clumaven els,
Ti Deus eis noffa fchonza,
Fortezchia, a caltels,
Da tei, da tei lein nus fidar,
55 Nus dai, ô Deus, agite,
Nus gide vurriar.

9.

Cur Svabs lur elgs alzanen,
Vafenen ils Grifchuns,
Lur alas fick fchladanen,
60 Sco narrs, á lofchs Pivuns;
Nus lein, fchevn'els da beiver [d](a)ar,
D'lg Adifch fenza zaina,
Nig Brandis fchet ad elfe;

10.

Nig Brandis fchet ad elfe;
65 [f. 10ᵃ] Iou gig a vus pilgvêr,
S'ilg Stêg vafi jou quelfe
Figent bi Scheiver Nêr,
Bear Svabs pilgiont, mazont, ftrun-
           giont;
Ah bucca quels sbitteite,
70 Iou gig à vus vivônt.

11.

Nus lein quels buc fpechiare,
Vus gig jou fin la fin,
Ilg diefs sân els ftrelgiare,
Schanegian á nagin.
75 Iou veng damoun quou bucca ftar,
Chi vult cun mei guncbire,
Vên buc à s'anriglar.

12.

Ils Svabs han gig; La fchonza
Lein nus buc bandunnar,
80 Quel ei la noffa fpronza,
Nagut lein nus dichiar,
Schi fufs tfchinquonta milli zunt,
Seig Svizers, ner Grifchunfe,
[f. 10 b] Schi fufs gie tut ilg Mund.

13.

85 Marsgis han ils Grifchunfe,
Antfchiet fa cuffelgiar;
Co lein nus quels Pivunfe
Antfcheiver à sbluttar?
Els ban bears fabis hummens ghieu;
90 Dûs trops lein nus bein fare;
A tuts quei ha plafchieu.

14.

A mezanoig bein baulte,
'Lg ün triep ei rukigiaus,
Sur Schlinga culm bein aulte,
95 Eis el dabot paffaus:
Els ean Mezemna bei vangin
Sin terra d'ilg anamige,
Rivai lou á miezgi.

15.

Els ban antfchiet a vêre,
100 Ils Svabs cun tut lur comp,
[f. 11 a] El fova bein pilgvêre
Da quindifch milli grond.
Grifchuns elg urden s'ban lugau,
Lur comp quel fova pitfchens:
105 Deus par agid rugau.

16.

Ils Svabs han s'ils Grifchunfe
Antfchiet à fagittar;
Chei lein nus fco narunfe
Algs Svabs quou noda ftár?

110 Mai quatter milli ferms Grifchuns,
Ean ftai en quella guerra:
Els fovan fco liuns.

17.

Ilg Capitani fchette,
Si tapframeng Grifchuns,'
115 'Lg ei temps da far l'antfchetta
Svabs fierren giu las punts:
Lur comp en bear munds fô fpar-
chieus;
'Lgamprim han els mefs moune,
Bein bault eis el fugieus.

18.

120 Cur quel fugit na vente.
[f 11 b] Vafennan ils Grifchuns
Ancunter els tragente,
Dûs trop da lofch Pivuns:
'Lg han tapframeng quels moun
catfchau,
125 Tiers quei lou en ün guaulte,
Dûs trops fov' ei zupau.

19.

Sur tut ban els lur Schonza
Cun flifs bein parchirau,
Cun bois, lgieut d'ampurtonza,
130 Nagutta nazigiau:
Ilg Steinbuk ba fik fpuvantau
Quel lofch Pivun pilg guaulte,
Las plimmas ha'l ftartfchau.

20.

Oz pôs ti buc mitfchare
135 Cun tia faulfadad:
Oz vi jou tei pagare,
Pagar ti' naufchadad:
Oz vi jou tei fchi tarfchinar,
Ch'ilg guault vên tras tieu founge,
140 [f. 12 a] Zunt cotfchens davantar.

21.

Ilg lofch Pivun fgulava,
P'ilg guault anturn partut,
Las alas el pandlava,
A fieu culiez fo rut:
145 La cua hal er zunt ftartfchau,
Fô bluts, plagaus, fchiraufe,
Sasez nagut fumlgiau.

22.

Tieu cheau, ô narr Pivunne,
Vi jou cun foung lavar;
150 Tieu diefs, ô lofch narrunne,
Cun hallenbarts ftrelgiar;
jou oz vi d'ancanufcher dâr
Ils pûrs da las Treis Ligias:
Quels vôns mai pli sbittar.

23.

155 A mi has cufchinaue
Cu'lgs vaffens ün jentar,
Cun foung has fchmanatfchaue,
Nus tuts da buvantar;
Mô tieu jentar ftos tez malgiar,
160 Tieu foung ftôs ti er beiver,
[f. 12ᵇ] Sch'ilg côr duvefs fchlupar.

24.

Iou bears pudess numnare,
Ca s'han falvau zunt bein,
ün da Zingiau ludare,
165 Ad er ün da Lumbrein.
Cunzunt ha tapfer vurigiau,
Ilg Banadeg Funtouna,
Quel tapfer, grond fchuldau.

25.

Cur quel fô tucs elg venter,
170 Ha'l cun ün moun purtau,
Ilg fieu dadens fuenter,
Cun 'lg auter vurigiau:
L'ha gig; Hei tapframeng Grifchuns,
Ah buc fin mei mireigias,
175 Scha vus leits ftar Patruns.

26.

Ils noss han er cataue,
Lur Sagiatom, a tut,
Bear pulvra lou afflaue,
[f. 13ª] Bear ballas, plum partut,
180 Or d'quei Grifchuns han fagittau,
Ancunter ils Pivunfe,
Lur naufchadad fchatfchau.

27.

Pivun jou t'hai pichiaue
- Bein quatter huras zunt,
185 Vid tei mi rachangiaue,

Lavau tieu cheau malmunt:
La fchonza has lafchau catar;
Las bois, a las bandieras
Stôs algs Grifchuns lafchar.

28.

190 Var quatter milli zunte
Tras fpade ean mazai,
'Lg ei rut er ünna punte,
Elg Adifch bears nagai;
Ilg anamig ha cunfeffau,
195 Ch'ilg haig da quindifch milli
Set milli Svabs muncau.

29.

Ils noss han bault ilg fieuge
Partut la terra dau,
[f. 13ᵇ] Nagin marcau, ne lieuge,
200 Fô quou buc arfantau,
P'ilgs pings uffons ancrefch à mi,
Ils quals tras lur Signurfe,
Ean en dalur vangi.

30.

Fürft buc fai guerra plie
205 Ancunter ils Grifchuns,
Teas quints chi ean fallie,
Cuftau zunt bears Pivuns.
Las Ligias has vulieu fpazar
Mô noffa Libertade
210 Stôs ti ounc oz lafchar.

31.

Deus ei il Reg a Caue,
Ilg Obrift d'ils Grifchuns,
Tiers quei s'han els ligiaue
Cun Taurs, cun Vrs, Liuns:
215 Quels vengian bein à dumagniar,
Serps, Bafilifks, pivunfe,
Lur Libertad falvar.

32.

Mi fcheit, ô vus Grifchunfe,
Grigeits da cunfalvar,
220 [f. 14ª] La Libertad, voss dunfe
A voss uffons lafchar;
Schi favundeit voss Pardavons
Lur- tapfradad, Cufngienfcha,
224 Schi fteits fidreg bears ons.

CANZUN,

Meſsa si sin Giunker, Giacen de Mont, habitons della Casa dil Signiur Mistral Ott de Mont ora giu Cadorcet, et sin sia chara Muronza, Oũa Maria de Marmels de Muriſsen, il Oñ 1650.

(Ineditum nach Hs. B.)

[f. 2ª].

Ina Dameun aschi zun marveil
contava ina utschalla,
contava ina utschalla,
ina zun fina et bialla:

5 che jeu dueſs dabot star si e dar
plait a mia chara e bialla;
si che jeu stevel ed en che jeu trievel
miu tgietschen et bi Vistgiu.

Pinavel jeu giu mes aschi bials cha-
vels
10 ad era las mias aschi biallas Par-
piglotas;
matevel jeu si capialla grischa,
grischa della Ligia.

Giu ad'or casa che jeu bein mavel,
mia chara e bialla leu entupavel,
15 mia chara e bialla leu entupavel;
ad' ella tucavel jeu Meun.
[f. 2ᵇ].
Seias beinvignen, bialla sco ina
Dunschalla!
ina Urialla fuſs mi chari.
finamein ch'ella mei engraziava,
20 strinscheva la sia schuialla.

Sche nagin veſsi per mal,
sche leſs jeu vuſsi compigniar,
sche leſs jeu vuſsi compigniar
entocha sil Vitg de Muriſsen.

25 Na, na, quei astg(el) jeu buc,
quei astg jeu bucca schari;
la mia Mama ei sil auli, Barcun,
e veſa per tut entuorn, entuorn:

Neua jeu mon e tgei jeu fetsch,
30 e tgi leu vegn cun mei;
neua jeu mon e tgei jeu fetsch,
e tgi leu vegn cun mei.

Piglia, che jeu piglavel
per il siu aschi bi Meun alfi;
35 cumpignia, che jeu cumpignavel
entocen si Pradapleuna.

Leu vai jeu musau Amur et cha-
rezia;
[f. 3ª] sche vigneva ella aschi cotschna,
sche vigneva ella aschi cotschna
40 sco il Pon e la Scarlatta.

En mias Caultschas sun jeu ius,
in alf facalet vai jeu ora priu,
cun quater Dubluns et oitg Du
catuns,
e treis aschi melens Anials.

45 Pernei vus quei, salvei vus quei,
entocen jeu mon giu Cuera,
Sche vi jeu si a Vus purtar
in Vistgiu dellas Atlas neras.

Na, na, quei astg jeu buc,
50 quei astg jeu buc prender;
sch'il miu Padraster quei enflaſs,
siu mei e sin vus aschi fetg sci-
gniaſs.

Jeu vi schar ent' ils vos Meuns,
sco sch'ei fuſs ent' ils mees;
55 pilver pilver vi buc schnagar
pilver vi buc schnagari.

[f. 3ᵇ].

Giu a Vella suu jeu ius,
miu grisch cavail si ristigiau,
miu grisch cavail si ristigiau,
60 sil Vitg de Murifsen vai schgurentau.

Sees niebels frars vignevan giu,
a mi tucaven ei Meun,
ami purschevan honur,
envidaven a Casa lur.

65 Per il Bratsch an ei mei piglau,
et si et en Casa an ei mei manau,
si ed' en Casa an ei mei manau
fper la mia schi chara Brinetta.

Leu han ei purtau de beiber e
migliar,
70 Leu han ei purtau de beiber e
migliar;

jeu sun era buc vignius ni per bei-
ber ne migliar,
jeu sun era buc vignius ni per bei-
ber ne migliar.

Per Lubientscha dumendar,
cun la vofsa Sora schar tgintschar.
75 La Lubientscha cisei schon dau;
cun la nofsa Sora cisei schon tgin-
tschau.
[f. 4ᵃ].
Leu vein nus tgintgiau ils plaits,
che vidavon en stat tgintschai:
ils plaits della Leig
80 confirmau pli endretg.

Sin la foppa dil vies Cor,
Leu cisei scret e sigilau,
Leu eisei scret e sigilau
84 cun miu pitschier de aur sarau.

M. LUDVIG MOLITOR.

Ün cudischet da soinchias historias, Bafel tras ils hartavels da Joh. Jac. Genath.
1652.

L'HISTORIA DA SUSANNA Ent igl miedi.

Sco: Nus fpronza vein sün tei singiur.

PArdichias faulfas ven plidau,
Cun quei lg' uffiern ven gudangiau,
S'ilg Mund zanur latierfe.
Sco nus ligin,
Ad er udin.
Da dus zunt naufchs Cufslgierfe.
2 [p.137] Quels par Derfchaders ngin
fchentai
En grond' hanur da tuts falvai.
Duvevan tiers lur ftare.
A lgi rafchun,
Cun ün cor bun,
Ilg mal fig caftiare.
3 Cur quels taner duvevan dreg,
Tiers Jojakim en fut fieu teg.
Vafenn'els dus minchünne,
La Dunna bi,
Anturn miez gi,
Mont or en fieu curchinne.

4 Hilkia veva num fieu Bab,
Quel l'ha traic fi en caftitat.
Sufanna ngit numnada.
Tumeva Dieu,
A fieu marieu.
Fó bell' à bein muffada.
5 Mo quels velgs fchelms à grond
Paltruns,
Parquei ean daventai naruns,
A vevan pir elg core.
Co ngir puder,
Cun ella fcher,
[p.138] Afcavén buc gir ore.
6 Els mannen bear à lagiar,
Parfula quella par afflar,
Un gi tuts dus ean ftaie.
Schenn' à Jentar,
Lein nus tilar,
Vonzei ean els turnaie.

7 Pufchpei anfemmel ean vangi.
Buc quefcher chiou pudennen pli,
S'han quei rifchdau dafcufe.
Ilg tentament,
Vett els prieu ent,
Ch'els fovan zunt rabgiufi.
8 Nus ngin ounc or ftuver mirar
Un temps, ca nus la ngin afflar,
Schenn, els.ounc damparfeie.
Quou daventà,
Ca quella mà,
Cun duas elg iert pufchpeie.
9 Els fonn' zuppai elg iert dafcus.
Par balfam à favun meit vus,
Schett ell', à fafchineite,
Jou vi boingiar,
A mi lavar,
[p. 139] Ils ifchs cun vus cludeite.
10 Quou nginn' nou tiers ils mals Cufs-
lgiers
Ils ifchs fchenn' els ferrai ean tiers,
Cun nus deis ti dormire.
Nagin po ver,
Scha ti vol crer,
Schillgog ngin nus à gire:
11 Nus veigian tei cun ün Juvnal,
Afflau dafcus figent quou mal,
Quel feigig ftaus zunt fermfe.
Seig or tilaus,
Navent mitfchaus.
O lift; ô fraud da fchelmfe!
12 Snfann' antfchiet ha fufpirar
Ah! co dei jou à mouns pillgiar,
Sch'jou ngis: fto jou pirire.
Schi'jou buc favund,
Mi leits vus zunt,
En priguel mei radire.
13 Po jou ber ont vi Deus tumer,
Sch'jou zenza culpa je fto ver,
Ch'ei faic mi ven antierte.
Ell' ha bargieu
Tfchels hau garrieu,
[p. 140] Arvennan lg'ifch d'ilg ierte.
14 Ilg pievel d'cafa tiers curdà
Sufauna l'ün da quels chisà,
Sco'ls vevan fchmanatfchaue,
Quel ei fugieus,
Naveut ftulieus.
Ca nus vein angartaue.

15 Da quell' han els tont mal plidau,
Ca fes fumelgs sh'an turpiau,
Parchei ch'els mai n'han gieue.
La tal fgrifchur,
A tal zanur,
Da lur Patrunn'udieue.
16 Sufanna lur à cafa mà,
Lgi Bab a Mumma tut rifchdà,
Co ella ngis fquitfchada.
Mo lg' auter gi,
Ean els vangi,
A dreg la cummondada.
17 La ngit vont dreg cun fes Parents,
Cun Bab, uffonts, à cunufchents,
Ha cauldamenc bargieue.
Sün Tfchiel mirà,
Chi la guardà,
[p. 141] Ha er bargir ftuvieue.
18 Mo quels dus velgs han cummondau,
Ch'ilg piez lgi deigig ngir fcarpau,
Giu d'ilg fieu chiau navente.
Par ounc puder,
Si' vifta ver,
Cun quei ver lagramente.
19 Els lgi maten' lur mouns s'ilg chiau
Sco' lg urden fò han els girau.
Nus vein la vieu quei gie,
En mal daleg,
Rumpont da leg,
Ad effan tiers currie.
20 Nus quei Juvnal vein lieu pillgiar,
Ell fo pli ferms pudet mitfchar.
La vein lur dumoudaue.
Chi quel feig ftaus,
Ca feig mitfchaus?
Mo l'ha nus pauc dichiaue.
21 A quels Derfchaders tut cartet.
Da l'ancrappar ancunafchet.
Sufann'ha fig garrieue
[p. 142] Chei dei jou gir,
Jou fto morir,
P'ilg plaid ch'els han manchieue.
22 O Senger Deus, ô Bab grazius!
Ca fas fecrets, à faics dafcus,
Ti fas fagiramenge,
Ca tut lur gir,
Ei fpir manchir,
Spir lifts, angonnamentfe.
23 Deus ha prieu fi quel uratiun,

Ilg lieu bargir à devotiun.
Cur l'or vangit manada,
Schet Deus à quel,
Filg Daniel.
Dad ir sin quella ftrada.
24 Quel mà partut dad ault clumont:
Jou zenza culpa funt d'ilg foung.
Sin quei ean els furftaie.
Lg'han plidentau,
Ell ha plidau.
Quont nars vus effes ftaie?
25 Parchei à tala lgieut cartcits,
Ad à la mort fchi bault truveits,
Zenz' auter partarchiare?
[p. 143] Quefts han lg'antiert,
Gig jou datfchiert.
Cuntut duveits turnare.
26 Ils velgs lgi fchenn: Chei vol ti gir?
Mo quels figet el fparallgir.
Ad ent mai 'l ün clummare.
Schet: Tes puccaus,
Ean ufs' rimnaus,
Ca Deus ta ven piccbiare.
27 Ti has truvau malgiftamenc,
Cuntut vens ti puffeivlamenc,
Parquei oz caftiaufe.
Sut chei pumer,
Has la mullger,
Quei gi elg iert afffaue?
28 Sut ünna lginda hai jou vieu.
Ell fchett: Ti has elg cer manchieu
A vens tatez pillgiare.
Tfchel lur clummà
Ilg plidentà.

Co vol ti ta fcüfare?
29 Un filg da Canaan ti eis
Ad has dafcus ad à paleis,
[p. 144] Bar fellgias furmanaue.
Mo queft ha Dieu
Tumer vulicu,
Lur has quei fi dichiaue.
30 Cuntut mi gi fut chei pumer,
Has quels afflau anfemmel fcher?
Un ruver cifci ftaue.
Ilg tieu cuffelg,
O naufch fumelg,
Ha mal tei angonnaue.
31 La fi' bellez' ha vus furprieu,
Cuntut vus ven ei ngir randieu.
Suenter vies vingiaue.
Deus enten Tfchiel,
Ha Ifraël,
Parquei da cor Indaue.
32 Els ngin truvai lur à la mort,
Quei fò ad els lur drecchia fort,
Sufanna ngit fpindrada,
Ils fes Parents,
A Cunafchents,
Fonn' leds da la midada.
33 Ilg Bab, ilg hum, à tuts ils fes,
[p. 145] Han Deus ludau, gidau ch'el ves,
A buc fchau far antierte,
Da nus ludaus
Ad angrazchiaus.
Seig Bab, filg, à Soinc, Spierte.

[p. 182]   DAVART ILS DUNS DA DEUS:

ils gronds puccaus d'ilg Mund, à davart las anfennas da Deus, faic
s'ilg 5. gis d'Aguoft. fco ün gi da Cuminna Iaginna ad uratiun êlg
On 1652: Ent ilg miedi,

Sco: Hei fi laveit d'ilg fienne.

O vus mes chars Grifchunfe
Cur leits vus antallir?
Cur leits vus ugir pli bunfe?
Lg'ei temps ufs' da bargir.
2 Deus ha tras fpira grazia.
Muffau zunt her buntad,
Muffau la fi' charezia.
L'ha faic fc'ün Soinc bien Bab.

3 Ell' ha vus banadieue.
Pi'ilg pli cufteivel dun.
[p. 183] La lgifch d'ilg Soinc plaid fieue,
Lg'ei bucca ün pli bun.
4 Latiers vus, há'l fchentaue,
En gronda libertat
Mo quella veits sbittaue,
Vus bers ô tfchoccadat!

5 Chi ha vies bi terreine,
  Schi richameng cargau?
  Cun vin cun gronn cun feine?
  Deus ha quei tut luvrau.
6 Chei veits vus fez s'ilg Munde,
  Vid' olm' à vid' ilg chierp?
  Sagir nagutta zunte,
  Da Deus veits tut ratfchiert.
7 Mo chei racunafchienfcha,
  Veits vus par quei muffau?
  Prieu giu ha la prudienfcha,
  Carfchieu ei ilg puccau.
8 Nu ean devotiufe?
  Nu ei fei à vardat?
  Prieu giu han Soincs à prufe,
  Carfchieu ei naufchadat.
9 Chi mira sün baffezia?
  Chi dovra pli buntad?
[p. 148] Nu ei pafch à charezia?
  Gifti' à caftitat?
10 Tieu plaid ven pauc tadlaufe
  Ils cors ean andirieus.
  Tieu tempel ven sbittaufe,
  Ah prend puccau ò Deus!
11 Ilg Spiert d'la naufchadade,
  Ha fieu Zarclim frieu or.
  En ti' Carfchiounadade,
  Ad ha furprieu lur cor.
12 L'ha furmanau Pafturfe,
  Cun duns ils durmentau.
  L'ha furmanau Singurfe,
  Cun aur ils fchurventau.
13 Samnau há'l gitigonza,
  Muottvil à pittaneng,
  Lofchez' à fcuvidonza,
  Ad auter malmundeng
14 Samnau há'l malgiftia,
  Hafs, gritta, malruvaus.
  Manfengias, ranvaria,
  Ad auters bers puccaus.
15 Samnau há'l ilg ftrienge
  Mals kunfts há'l bers muffau.
[p. 185] Da ragifchar quei fcrenge,
  Pir veigias tuts quittau.
16 Sieu êr quel ei carfchieu"
  Sieu fem ei fi picclaus.
  Ell ei zunt gronds vangicufe,
  Pli gronds ch'el mai feic ftaus.
17 Ell fa ch'ilg temps ei curte,

. Ch'el dei ngir mefs à lieuc.
  Cuntut curr' el partutte,
  Par grandanir fieu fieuc.
18 Da quei han buc adaige,
  Quels fchletts carfchiouns d'ilg
       Mñd.
  O chei n'ün pauper faicce?
  Da crer Igi Spiert malmunt.
19 Ufs' ven ilg prus sbittaufe,
  A guault cun el duvrau.
  Ilg mal quel ven dichiaufe,
  Ad er tiers bein falvau.
20 Chi po tyrannifare,
  A fa ilg Kunft parfeg.
  Schi po'l ber angulare,
  Ad ei adinn' andreg.
21 Mo Deus ün mal plafchere,
  Ha giu da quei mal far.
[p. 186] Duves el quei tut vere,
  A bucca caftiar?
22 Anfennas há 'l muffaue,
  Bein beras pir quefts Ons.
  Ch'el feic par quei ftridaufe,
  Sün nus à nos uffonts.
23 Lafcheit ngir andamente,
  Co lg'ei uffonts nafchieu.
  Chei mendas muncamentfe,
  Vi d'els quels hagien gieu.
24 Mireit sün las ruinnas,
  Chei don las hagien dau,
  Sün auas, neifs, pruginnas
  Quont quellas lavagau.
25 Saveits ch'en la lavinna
  Ean nof i fi Riein,
  Ounc plis da tal furtinna,
  Si Mutt, en Schons, Vall Rein.
26 Vus ngits ver antallegge,
  La nova da Turig.
  Co tras ilg tun anegge,
  Deus hagig dau caftig.
27 Ber cafas ruinaue
  Faneftras, tegs fig rutt.
[p. 187] Oic d'els er lou mazaue.
  Faic auter don partut.
28 Ah chai ei la cafchunne,
  Ca Deus s'ha fchi ftridau?
  Cartcit à mi vus bunfe,
  Quoi fa nics grond puccau.
29 A tut ilg pardagare,

Han bers nagut tadlau.
Cuntut fto Deus plidare,
Cun nus sün auter grau.
30 Ses ftroffs à nus ean melfe,
Ca char fan à faver,
La gritta da Deus fezze,
A chi ca buc vult crer.
31 Quels datten d'antallire,
Ch'ilg Mund bauld hagig fin.
Ca Deus bauld vengig ngire,
A derfcher fur fcadin.
32 Cuntut vus millgiureite.
Mideit vies gir à far,
Ilg Tutpuffent tumeite,
A quei taneit pli char.
33 Lafcheit ir vanitade,
A quei malmunt daleg.
[p. 188] Quei tut varg'en vardade,
Sco fpimm' à füm'aneg.
34 Deus mefs ha la fagyre,
Vi d'ilg martfcä fchliet pumer,
Ch'a fieu fric buc madire,

A ven vefs pli furtrer.
35 Cuntut fch'ei vus clumaffe;
Bein bault rafpofta deit.
A fch'el cun crufch picchiaffe;
Pir lura vus baffeit.
36 Ah velgias po quittaue,
Par quei ch'à femper ftat.
En quei Soinc bi marcaue,
Ven bucca naufchadat.
37 Scha vus urellgias veitfe,
Schi ngits quei ad udir.
Sch'eis cors ean buc zunt freidfe,
Schi ngits quei antallir.
38 Vus ngits tiers Deus turnare,
Ilg mal tut bandunnar,
Chrift ven vus madagare
Ilg Tfchiel vangits hartar.
39 Beai ean quels Carfchiounfe,
Ca crein lgi plaid da Deus.
[p. 189] Quels prend Deus en fes mounfe,
A'ls fchenta t'ils ligieus.

[p. 189] DAVART ILG CURS D'ILG MUND. Sa conta.

Sco: Carfchioun chei t'aulzas.

Ah chei piuntare?
Chei gir á fare?
Ah chei lugare?
Ei sün queft Mund.
Scó'lg Mnnd cuzaffe,
Adüuna fteffe,
A fin mai veffe,
Ufs' va ei zunt.
2 Ilg Papa gronde,
Vuit ir avonte.
Sur ping à gronde,
Puffonza ver.
Vult pardunnare,
[p. 190] En Tfchiel fchentare,
D'ilg fieuc fpindrare,
Sün fieu plafcher.
3 Ilg Reg sê aulte,
Cun forz' à guaulte,
Vult el bein baulte,
Sieu faic lugar.
Vult terras vere,

Sa far tumere,
Sün fieu plafchere.
Tut cummondar.
4 Ilg niebel humme,
Vuit ftar fi fumme,
Sa far grond numme,
En minchia faic,
Da bagiare,
Da fa fittare
Da s'angarfchare,
Hà'l grond adaig.
5 Ilg grond Singiure,
Anquier hanure,
Ilg pauper pure,
Squitfchar vult fut:
Cun fieu darchiare,
[p. 191] A fauls quintare,
Cun angonnare,
Lgi prend el tut.
6 Ilg Marcadonte,
Va vinavonte,

Par tont à tonte,
  Gudoing, vult dar.
El plaida lomme
  Sieu agien cromme.
Lanziel à ponne,
  Par far cumprar,
7 Chei fa ilg pure?
Par ver favure,
  D'anqual Singiure.
  O tfchoccadat!
Dat el navente,
  Ilg Regimente,
Lai rumper ente,
  La libertat
8 Chei vult ün gire?
Ei ven fagire,
  Vfs pir à pire,
  O chei fgrifchur!
Mai effer gronde,
[p. 192] Lefs' minch' uffonte,
  Dad On ad Onne,
  Vean ei pigiur.
9 O char Carfchioune,
Chei has par moune?
  Tieu faic ei voune,
  Partrachia quei,
Sas buc ch'ilg Munde,
Bageg radunde
A frufta Zunde.
  Ven ir vonzei?
10 Sch'ni ngis cartieue,

Lgi plaid da Dieue,
  Schi ancofchieue,
  Vangis ei bein.
Ca tut nies fare,
Nies handliare,
Nies ir à ftare,
  Scic mai fc'ün fein.
11 Sco l'aua d'flimme,
Scò 'lg temps a fimme,
  Je fco ün fiemmi.
  Va nechiameng.
Afchi deis crere,
[p. 193] Palpar à vere,
  Cun tei vom ere,
  Sagirameng.
12 Ah ragurdeine;
Ca nus ftuveine,
Tut nies terreine,
  Bault bandunnar.
Vont Deus vangire,
D'ilg far à gire,
D'ilg ftar ad ire,
  Cun el quintar.
13 Nagin fchnagare,
Nagin fcüfare,
Veu quou gidare,
  Tut fa nies Dieus.
Quei po tumeine,
En quel carteine,
Lgi favund[e]ine,
  Cun tuts ligieus.

ÜN RIEUG

sin on nief dilg 1656.

(Nach Hs. A; cf. Zeitschrift für rom. Philologie VI. p. 91.)

Ser cumpar, char undrevel
Mastral! par ün bien maun
Sco lges bein a pusseivel
Vus greg sin quest nof on.

5 Pasch, sanadat, vantira,
Fricheivels ons da Deus,
Fideivla er darchira,
Sabi cunselg cun vus.

Er pievel prus ubiedi,
10 Galgiart, tapfer, real,
Cur ilg basseng dumondig,
D'ragischar or ilg mal.

Dilg plaid da Deus pasturssc,
Prus, yfrigs a sieu laud;
15 Mo quels grischs luvs rabiuss
Ragischig ora bault!

Ei char, dulsch Senger Deuse!
Quont gig vol tiers gurdare?
Quont gig vol teas ligieus
20 Mazar, scarpar laschar?

Rachnege ti ilg saunge
Chei en Biemont on spons!
Rachnegia ti quei bongie
En Swiz da tes uffonts!

25 Cur tut agid mundaune
Da nus veau prieu davent,
Ven Deus cun tieu ferm mann,
Honur meg tetz lur ent.

Us eis ci temps, Grischuns,
30 Tapfer da guragiar
Seiges tapfers Barunse!
Lgei pilg salid da far.

Rumonas parmaschunsse
Leias zund buc sfidar!
35 Lgei mei angonamentse;
En lur latsch par pilgiar.

O Deus, la ti' baselgia
Scharmege us bein bault!
Mo la pitouna velgia
40 A frusta meg cun gault!

                 Amen.

FUORMA

da menar il dreig souenter il [criminal] dreig de la refchiun, fco ei fa meina enten il niefs Comin da lomneza **1659**.

(Ineditum nach Ms. Ce.)

5 [f. 1ᵃ] L'AMPRIMA GADA SCHI sa Rimnen ilg nies couselg a fan

Confelg Co Ei wulten pilgiar a moun, fchä ei wulten termetter per ilg zuosaz ner fcha ei vulten els far per inna gada inna entfchiatta a lou fchar menar tras ilg Seckelmeifter in ploind a per inna gada era tatlar la Rifpofta a fuenter la Rifpofta milgs anavont lura fa Confelgiar da tarmetter 10 per ilg zuofaz, suenter ilg faig fus grond ner pitfchen, lou handlear a buona fei senza mal Artt.

Souenter quei Confelg fchi veu ei ilg pli da termetter per il züosaz con inna fchrittira Sigilada con il Sigill dil Comin, ei feig ala Fopa, Flem, Wall, als quals vengian lou manegai per ilg lur ferament Souenter il nies 15 uertrag da tarmetter els lur dgiraus a gidar menar queft dreig Souenter ilg nies velg vertrag, cha nus in cun liauter wein an toccan ofsa menau a [f. 1ᵇ] bona fei a quei sin il tall dgi, fco ei ven lou enten quella fcartira lou de terminau da Conparer.

Lura Souenter fchi Cunparen quels fingurs dil zuosaz, ei feian da la 20 Fopa, Flem a dera Wall, ilfs quals prefenten quella fchrittira ad els tarmefsa hon dgir, ca fchinavont fcho els enten quella Schritira en lou maneai per ilg lur Sarament a vies uertrag, cha in cun liauter enzemel vein da vangir enten ilg ondreinel Comin da Lomneza, fchi vein nus bucca lieu far

autter, mai far obedienſcha, a dera tatlar lur gareigament da in ſingur
mistral a mes Singurs a dera in entir lodeiuel Comin, wein era buna
ſpronza wit vus mes undreivels ſingurs, cha ei ſeig bocca da baſengs da
nus enten tals fadgs da nus dovrar, ſonder podeias nuſs maneivel terle-
ſchar; lein era rogar, ſcha ei ſus puſeivel, da nus bocca enten queſt faidgs 5
dovrar.

Lou ſouentr ſan ilgs nos Singurs in conſelg Sin quella ſchiſa da quels
[f. 2ª] del zuoſaż, a lou offneien dsilg fag a dera la raſchun per dgei
Cauſa els à termeſsi da vangir souenter ilg nies velg uertrag, Cha vein in
con lgiauter. 10

Lou ſouenter, Cur cha quels del zuoſaz en in formai della Caſchun
da la lur Clomada, ſchi ſen els enſemell a ſan in Conſelg, a ven lou or-
denau in lieug sin il plaz ſott ilg tſchiel aviertt, nua cha ei deig ngir da
derchiar con far in Ring, ina meiſa con inna couiarta a dera treis Supias
ner ſcabellas da ſer ilg treis derſchaders, a giu ſot ina ſcabella alg ſchri- 15
vont, a lur er ilgs Caumers, ils quals ſton eſser con argimentas a ſcadin
in halunbart enten moun, ilgs quals dein lou perchirar la derdgira, ſcha
anchin les far da laid.

Lou ſouenter quei ſchi vengnen ilgs noſs da meſingurs ſin quei plaz
ordenai, a lou enpiara lura ilg nies Miſtral in da meſsingurs della wartt 20
drigia, ſcha ei velgen pilgiar a moun à far inna entſchiatta da queſt dreig,
ner dgei ei wulten far; lou dgi quel da meſsingurs: ſchinauont ſco ilg
fadg ei tont a navont, ſchi ſou iou da quei ſen, da prender a moun a far
ina entſchiata da menar queſt dreig a ſchi gig a ſchi lieung, [f. 2ᵇ] ſcho
a vus ſomelgia ilg dridg ſouenter orden a ſchantament del keiſerlich 25
dreig a bona fei; uilgi era deus, cha ei daventi a nagin entiertt.

Souenter quei ſchi enpiara ill Miſtrall puſpei in autter da meſsignurs
della wart ſeniaſtra a dgi: ſchinauont ſcho ei compelgiau il pli da far inna
enſchiatta da queſt dreig, ſchi enpiara iou, ſcha bein la derchira na deig
ngir eſser conplenida con ilg zuoſaz ſouenter orden a dera ſouen[ter] ſchen- 30
tament de il Comin a dera ſouenter il ſchentament de il Keiſerlich recht,
ner dgei ei ſeig dreig.

Sin quella domanda ſchi dgi quel da meſsingnurs: Jòu ſon da quei
ſen, cha nies weibel tras vies Comondament deig comendar ils nos meſsin-
gurs de il nies Comin a dera quels ondreivels ſingiurs de il zuoſaz dela 35
Fopa, Flem a dera Wall, ils quals souenter il nies vertrag in con liautter
vein, a cou far enten nom da Dieu ina entſchiata da menar queſt dreidg
a ſchi gidg a lieung, ſco ilg baſengs datt en, souenter orden a ſchentameut
de il Comin a dera ſuenter il Keiſerlich Recht; a vilgi Dieus, Cha ei da-
ventig a nagin entiert. 40

[f. 3ᵃ] Lau empiara il Miſtral lur' in autter da meſsingurs della
ward dreigia a ils autters meſingurs, ils quals ſavonden tuts quel della
wart seniaſtra.

Lou ſouenter ſchi ordeinen ii nos Singurs dus ner pli da meſsingurs
5 con il nies weibei enzemel, ils quals wan par quels meſsingurs de il Zuosaz
a els mancian per il lur ſerament [et] il vertrag, ca vein in cun liautter,
cha ei deien cou vangir a gidar cou menar queſt dreidg ſouenter orden a
dera ſchantament de ilg Comin a dera de il keiſserlich Recht.

Lura ſouenter ſchi conparen lura quels ſingnurs de il Zuosaz, ils quals
10 datten lura lur ſchisa ſouenter, ſcho a dels plai da dar lins a lauters.

Sin quella ſchiſsa de quels del zuosaz enpiara lura il Miſtral puſpei
in da meſsingurs da nies Comin de la vard dregia, il qual conoſch bocca
ſchiſsa a quels ſingurs de il zuosaz, sonder conoſch, cha ei deien cou ſtar
nounauont con els enzemel, ſcho ſabis perſunas ca eſsas a gidar conſelgiar
15 a dera menar queſt dreig a ſchi gidg a lieung, ſco ilg dreig vezig, cha
[f. 3ᵇ] ei seig poſseivel ſouenter ſchentament a orden de ilg Comin a
dera souenter il ſchantament da ilg Keiſserlich Recht a bona fei.

Lau ſouenter empiara lura ilg Miſtral in della ward ſeniaſtra, il qual
Sauonda quell della wart ſeniaſtra, als autters ſingnurs era ſavondan tuts.

20 Souenter quei ſchi paſsen quels singnurs enten il Ring con ils nos ſingnurs
enzemel, a lura ſchi ſe in da la Fopa della vard dredgia pir in pir richter,
a lura in da Flem della vart ſeniaſtra er pir in pi richter, als auters con·
ils nos enzemell, a lura ſchi empiara il nies Miſtral in omfrag, ſcha ei
vilgen pilgiar a moun da tſchantar la derchira ſouenter orden a ſchenta-
25 ment de il Comin a dera ſouenter orden a ſchentament de il Keiſerlich
Recht a bona fei.

Lou ſouenter statt ilg ſingnur Miſtral ſi a fa inna entſchiata a dgi
enten queſta fuorma tier quel della vartt dreig da meſsingnurs del il nies
Comin: ſcha bein ei na nei ſin dgi a ſin ura, cha iou com mieu ondreivel
30 tierzs poſsig prender la baccetta con la ſpada enten moun enſemel a ſer a
derſcher [f. 4ᵃ] en queſt ordinau lieug a ſchi gidg a ſchi lieung con mieu
undreivel tierz ſomel gia dreidg a diaſsa souenter orden a ſchantament de
ilg nies comin a da ill Keiſserlich Recht a bona fei enten nom da Dieu, a
wilgi Dieus, cha ei daventig a nagin entiertt.

35   Reſpond quell ſingnur della wartt dredgia a dgi: Mo via enten nom
· da Dieu; iou son da quei ſen, ca vus cun vies undreivel tierz podeias cau
ſtar ſi a prender la baccetta con la ſpada enten moun enten queſt ordinari
lieug a ſer a derſcher ſouenter orden, poſsa a vartitt a ſchentament de il

Keifserlich Recht a bona fei, a villgig Deus, cha ei daventig a nagin entiert enten quefts fadgs.

Lou fuenter fchi empiara il Miftral pufpei quel della wartt feneftra, in da mefsingnurs da nies Comin a dgi: Jou con mieu ondreivel tierz, fcha bein ei na nei dgiraus, a dera quefta derdgira ei conplenida da menar 5 queft dreidg fouenter orden a fchentament de ilg Comin a dera fouenter fchentament dil Keiserlich Recht, cha vus leias trovar quei, ca vus fumelgia il dredg.

[f. 4ᵇ] Sin quella domonda fchi troua quell ad gi: mo via enten nom da Dieu, cha sapig bocca autter mai, cha la derchira feig Complenida 10 con il ordinari zuofaz a dera ils autters da mefsingnurs fouenter orden a fchentament de ilg nies Comin a der fouenter ilg fchentament de il K. R. a bona fei.

Lou souenter fchi empiara il derfchader con fieu ondreivel tierzs els auters mefsingnurs della vartt dredgia, ilgs quals fauonden tutts entocca la 15 mefsadad quei trouament.

Lou fouenter fchi empiara il Miftral con feu ondreivel tierz quel della vardt dredgia, a fchinavont fcho la Derdgira ei conpleinida fouenter orden a fchentament de il nies Comin a dera de il K. R. a dera condanauont ella deig ngir emponida a tras ziun ella deig ngir emponida fouenter il 20 fchentament de il K. R. a bona fei.

Sin quella domanda fchi trova quell della wartt dredgia pufpei a dgi: mo wia enten nom da Dieu, iou ui trovar quei, cha a mi fumelgia dreidg.

[f. 5ª] Lou fouenter trova a dgi: iou fon da quei feu, cha quefta derdgira deig ngir emponida tras il nies weibel fouenter orden a fchenta- 25 ment del Comin a dera fouenter fchentament de il K. R. a bona fei, fcho da wilg ei denter nus dovrau a menau; permera gada, cha quefta Derdgira deig efser emponida a fchi dgig a fchi lieung, fcho queft dreidg a ina fin, era con quefts plaidgs a plidaments a Riferuas, cha churcha ei ngnis ers ner dabats, o uer mord, cun ficug ner auas, dellas quallas caufsas Dieus 30 nus wilgig pergirar, plinavont chur cha ngis ilg Spirtual, il qual mas con ilg foing Sacrament a nauont ner a nauos, cha lura vus fer derfchader con vies ondreivel tierzs a dera con inna Comina derdgira Star Si a quellas Caufsas, ner autras mallas, emprovar da efser lavont, era ira fouenter il foing facrament afchi dgig a fchi lieung, fcho a vus, ferderfchader con 35 vies ondreivel tierzs a dina entira Comina, ondreivla Derchira fomelgia dreidg. Iou era, cur cha quellas caufsas fufsan pafsadas, lura pufpei poder tornar ent queft enponiu [f. 5ᵇ] lieug con totta compleina derdgira a pofsonza a wertitt fouenter il fchentament a orden de il Comin a dera de il K. R. enten queft lieug ner lou navent en toccan il lieug, cha vus fer

G *

derfchader con vies ondreivel tierz a dera mefsingiurs a da fa confelgiar da tutt a quei, cha ils bafongs po purtar enten queft fadg; deig er efser emponiou fouenter orden a dera fouenter fchentament de il comin a dera fouenter fchentament de il K. R. a bona fei.

5 Souenter quei fchi fa il Derfchader con fieu ondreivel tierz in omfrag ils auters da mefsingiurs da ina Comina derdgira a totts in fouenter liautter, ills quals favondan totts quei trovament in fouenter liautter.

Lou fouenter fchi ftatt il veibel nonnauont con la fia Bacceta enten il Ring a dgi quefts plaids: Wia enten il nom da Dieu, da cocca dreigs a 10 trovament a cou dau, fchi enponefch iou queft dreidg lina gada a lauttra a la tiarza, er cha fcha in dgin enfchaves en qual ers ner dabats entoccan quefta derdgira na na fin, quel deig efser cordentaus enten la Cuolpa gronda, a fcha el vefs bocca witt la [fol. 6ª] rauba, fchi dei ell efser Caftiaus wit la hanur ner fin la witta, fouenter fco ilg fall fufs, a quei a diafsa foventer 15 fchentament de il Comin a dera de il K. R.

FUORMA DA MENAR IL DREIG,

fouenter il ziuil dreig de la refchiun, fco ei fa meina enten il niefs Comin da lomneza. fa lai menar enten quefta fuorma, fcho chou fouenter ftatt fchrit, tots omfrags a dera trovaments della entfchiatta an toccan la fin; a quei a bunna fei 20 da mei ftoffel Chapäder fchrit enten il on della nafchienfcha da Jefsus Chriftus antoccan cau: milli fis tfchient tfchungquonta noff. 1659.

(Ineditum; nach Hs. Ce.)

[f. 38ª] La Parmera gada fchi lai il miftral tras il nies weibel ils Singiurs enzemel, quels cha en enten il lieug della cafsa, nua cha ei s[t]aten 25 la derchira, a lou fa il miftral in omfrag tier quels fingiurs, cha en lou, fcha ei vulten prender a moun a fchentar derchira; lou ven ei ramefs a il Miftral, fcha lgei da mefsingiurs tonf, cha ei fa pofsig fchentar la derchira; a lura fchi Comonda il veibel nou tierfs ils Singiurs per il ferament, ils quals vingen a fan bona obedienfcha.

30 Lou fouenter fchi fe lura il Miftral davofs la meifsa fi fum, a empiara in da mefsingiurs della vard dredchia, a dgi: iou empiara vuf, tal fingiurs, fcha bein ei na nei fin dgi a dera ura, cha iou pofsig cou prender la Baccetta enten moun a fer a derfcher enten queft ordinari lieug? cha vus leias trovar quei, cha vus fomelgia il dreig u.

Lou trova lura quel da mefsingiurs a dgi: via enten nom da Dieu, fchi vi iou [f. 38ᵇ] era trovar quei, cha a mi fomelgia il dreig a dgi: iou fon da quei fen, cha ei feig bein fin dgi a dura, a fin temps a dera enten queſt ordinari lieug, cha vus, fer Miſtral, podeias cou prender la Baccetta enten maun a fer a derfcher a fchi dgig, fcho a vus fomelgia il dreig. 5

Lou fouenter fchi empiara el, il Miſtral, ils autters da mefsingiurs antoccan lgei vergau la mefsadat, ils quals favondan quei trovament.

Lou fouenter fchi empiara lura pufchpei in autter da mefsingiurs della vart finiaſtra a dgi: vus tal fingiurs, iou empiara vus, fcha bein ei na nei fingiurs avunda da menar il dreig fouenter nies fchentament, a menar il 10 dreig, cha ell vilgi trovar quei, cha vus fomelgia dreig u.

Refpond il mufsadur a dgi: via enten il nom da Dieu a fon da quei fen, cha vus doveias tras (m)[n]ies veibel fchar Comendar mefsingiurs entzemel, a far ina entfchiatta a manar quei dreig a fchi [f. 39ᵃ] dgig a fchi lieung, fcho a vus fomelgia dreig fouenter niefs menar de il dreig. 15

Lou fouenter fchi dgi lura il Derfchader: via enten nom da Dieu, fchi emponefchel quei dreig lina gada a lauttra a la tiarza fouenter il nies orden a fchentament per il ferament u.

Lou fouenter fchi Cloma lura il veibell: fcha in chin uult prender mufsadur, fchi po el vengir, fchi ven ei dau u. 20

Lou pon lura prender mufsadur, chi cha vult derchiar, fchi lgi ven ei dau u.

Suenter quei prenden ei mufsadur quel, Cha vult derchiar, a dgi: fer derfchader, iou font tschou a gareig mufsadur u.

Lou ven ei lubeu da il Derfchader, il qual domonda quel, chel vult 25 mufsadur, qui el gareig, lo nomna el quel, cha el vult, per nom a roga, cha el deig far la milgiur nua, cha el meneia da haver il dreig u.

Lura fchi Comonda il Derfchader quel, cha ei prieus per mufsadur, il qual [f. 39ᵇ] ſtat lura fi a fa fia fchifsa con dgir a quel, cha a el pricu per mufsadur, cha el lou deig prender in autter, cha fapig far ilg fieu plait 30 a dreig a, cha el na vingig bocca antardaus; lou ven el quel mufsadur bocca tarlafchaus, fonder fto lou far obedienfcha u.

Sin quei fchi comonda lura il Derfchader a dgi: fcho iou pos antalir, fchi efses vufs tal da mefsiugiurs prieus per mufsadur. Con tott fchi vus comond iou, cha vus leias chou ſtar fi a far con plait a dreig a queſt tal, 35 fcho la perfsuna puo efser fieu plait a dreig enten miett a fuorma da cocca lgei dreig per il ferament, cha vuf veis l'adg al dreig u.

Lura fchi dgi il mufsadur: for derfchader, trafs vies comondament
fetfch iou il fieu plait a dreig a tal ner taila perfsuna enten fuorma, miett
da cocca lgei dreigs; ui era a del ver refservau ils fes dreigs, cha chur
cha iou a del andardas, fcho iou bein fai, cha vit [f. 40ᵃ] mei ell ven efser
5 andardaus, a cha el pofsig lou ftar dgiu da mei a prender in autter mufsadur
a vond don a diafsa per conofchienfchia da in derfchader a mefsingiurs. u.

Lura Comonda il Derfchader a dgi: iou vus comond il dreig a fcha-
mont il antiert per il ferament, cha vus veits fadg a lgi dreig. Iou refpond
quel mufsadur a dgi: vilgi Dieus, cha ilg dreig daventig a lgi dreig u.

10   Lou fi fura fchi dgi lura il mufsadur: ferderfchader, mi lobi in con-
felg fouenter il nies orden a ira a faciar il ploing da queft tal ner talla
perfsuna fouenter, fcho eila lou po efser u.

Lou lubefch lura il Derfchader il Confelg da ira a faciar il ploing
fouenter il orden. u.

15   Lou fouenter fchi tuorna lur il mufsadur dil ploing, il qual dgi: fer-
derfchader, fcho iou pofs antalir, fchi vult queft ploing toccar a tal ner
talla perfsuna. Contot podeis vus, ferderfchader, fchar lou clamar, fcba el
vult prender mufsadur a far rifpofta ner bocca. u.

Lou fouenter fchi prenda lura la rifpofta era mufsadur quel, cha a lgi
20 plai a dgi: [f. 40ᵇ] ferderfchader, mi lobi era a mi mofsadur da far la mia
rifpofta a lgi ploing, il qual ven era lou alla rifpofta. u.

Sin quei fchi ftat lura fi quei mufsadur della rifpofta, il qual fa fchifsa
era, fcho quel mufsadur del ploing era a fadg. u.

Lou fouenter fchi roga lura quel, cha a el prieu per mufsadur, cha el
25 deig far la milgiur; lou dgi lura quel mufsadur: ferderfchader, tras il vies
Comondament fetfch iou cou il plait a dreig a tal ner talla fouenter, fcho
la perfsuna puo lou efser, enten miet a fuorma da chocca lgei dreig; iou
plidefch era a lgi tal fes dreigs, cha churcha el enterdas da refponder a
lgi ploing, cha el pofsig ftar dgiu da mei a prender in autter a vond don
30 a diafsa per conofchienfcha da vus, ferderfchader a mefsingiurs. u.

Lou fouenter fchi dgi lura il mufsadur dil ploing: fchinavont fcho la
rifpofta ftat lou en con mufsadur, fchi leits tatlar il ploing da tal ner tala,
fcha iou favefs tener a meter ora a vont vus, ferderfchader a mefsingiurs
a il venzament de il dreig. u.

35   [f. 41ᵃ] Lou refpond lura: iou vi tatlar a far fura fen con vies agit
a dera adgit da mefsingiurs.

Lou fouenter fchi dgi il mufsadur, cha el deig comondar a quel, cha
quel cha vult ploindfcher, cha el adgig fezs, a fcha el gie fies ina ent-

tfchiatta, fchi fto el nuotta tonmeins tornar fezs a dgir: a con tot podeias
vuf, ferderfchader, la primagada comondar, cha el mettig il fieu ploing per
quei, cha el vengig bocca antardaus da fes dreigs. u.

Lou fouenter fchi dgi il Derfchader, cha qual cha dgi, feig bein dgig
a fadg ina enfchiata. lou entfcheif lura il mufsadur a met il ploing fin il 5
milger faver a fiara fin el dauofs a dgi: contot fchi ei queft il ploing, cha
jou ai plenfchieu enten queft dreig enten nom da tal ner tal perfsuna da
cocca vus, ferderfchader a mefsingiurs, cou veizs alla lieunga antaleg, a
fchia el vult ver mefs fieu ploing a bona fei, el vult era a gli ver refervau
il fieu ploing, cha fouenter fcho la rifpofta ven, cha ella pofsig il fieu 10
ploing alzar ner bafsar a diafsa per conofchienfcha da vus, ferderfchader
a mefsingiurs, a fcha la rifpofta lefs fouenter il [f. 41 b] ploing contergir,
fchi volt el emprovar da meter fi con prufsa verdeivlas perdichias, cha quei,
cha ell a plenfchieu, ven lou facattar. u.

Lou fouenter fchi ftat lura fi il mufsadur della rifpofta, il qual dgi: 15
ferderfchader, a fchinavont fcho il ploing ei cou mefs ora, fchi mi leizs vus
lobir confelg da ira a faciar la rifpofta conter il ploing, conter quefta part
a la lieunga. u.

Lou lobefch lura il mufsadur il derfchader, cha ei pofsen ira a faciar
la rifpofta foventer il nies orden. u.   20

Lou fouenter fchi tuorna lura il mufsadur della rifpofta, il qual dgi:
ferderfchader, leits antallir la rifpofta della contrapart, fcha iou faves taner
avont vus, ferderfchader a mefsingiurs dil dreig?

Lura Refpond il Derfchader a dgi: iou vi tatlar a far fura fen con il
vies agit a dera da mefsingiurs. u.   25

Sin quella rifpofta fchi dgi lura il mufsadur: ferderfchader, leis an-
talir la rifpofta da queft tal ner tal a conter il [fol. 5 a] ploing, cha chou
ei menau alla lieunga, fcha iou favefs tener a vont a metter ora a vont
vus, ferderfchader a mefs fingiurs?   30

Lou dgi lura il Derfchader: iou vi tatlar a far fura fen con vies adgit
a dagit da mefsingiurs.

[f. 42 a] Lou entfcheiff lura il mufsadur della rifpofta a fa vult fa fchifsar,
fcho quel dil ploing a vult, cha quel cha a da refponder, deig refponder
fezs, per quei cha el na vingig bocca antardaus da responder a lgi ploing, 35
il qual ei chou ella lieung conter el menau. lou roga lura quel, cha a da
derchiar, cha el deig far la milgiur. lou entfcheiff el a refponder, fcho el
manegia da responder fin tots poings, a lura fiara el la rifpofta a dgi;
queft ei la rifpofta, cha el dat per quefta gada a fchent con quella rifpofta
enten dreig, fcha bein el na ha refpondeu a lgi ploing, ner chei ei feig dreig. u.

Lou empiara lura pufchpei il Derfchader, ca el deig trovar da tut a
quei, cha algi fomelgia il dreig; a lura fchi trova ell a dgi: [f. 42ᵇ] fcho
iou vai antalog, fchi a il ploing mefa ora, cha fcha la rifpofta lefa cou
dgir a contor a lgi ploing, fchi vilgig il provar da metter fi con perdichias
5 da tut a quei, cha el manegia enten dreig da goder, a dafchia fchi vult
era nomnar perdichias da tut a quei, cha el manegia da goder, a per
quofta gada refpondien a lou fouenter daventig il Dreig da tut a quei, ca
ci feig il dreig. u.

Souenter, cha lgei dau la rifpofta, fchi fchenta lura il mufsadur del
10 ploing vi dreig a dgi: ferderfchader, fchinavont fcho il ploing a la rifpofta
en lunfch bocca per ina a ina part a lauttra a quou enten queft dreig
nomnau perdichias, fchi fon iou da quei fen, cha ei pofsen quellas perdi-
chias in part a lautra nomnar a lou fouenter daventig milsanavont il dreig!

Lou empiara lura il derfchader il mufsadur della rifpofta, il qual fa-
15 vonda quei trovament del mufsadur del ploing.

[f. 43ᵃ] Lou fuenter fchi fchenta lura pufpei il mufsadur del ploing
vi dreig, Chei fouenter nomnar ofsa feig dreig, a lura empiara il Derfcha-
der a dgi, cha el deig trovar quei, cha a lgi fomelgia il dreig. u.

Sin quei omfrag fchi trova quel mufsadur dil ploing a dgi: iou fon
20 da quei fen, a fchinavont fcho ina part a lauttra a cou nomnau perdichias,
fchi fon iou da quei fen, cha vus, ferderfchader, podeias lou vengir fin
ina da quellas perdichias, cha cou en, a lou fchar far adament il ploing
a vont a lura la rifpofta fouenter, a fcha in chin da las perdichias da
lina part a lauttra fofsen bocca cou, lou daventig milsanavont pufchpei il
25 dreig. u.

Lou fouenter empiara lura il derfchader il mufsadur della rifpofta, il
qual favonda quei truvament. —

Lou fouenter fchi nomuen laf omefdus parts a fan adament il ploing
a vont a lura la rifpofta fouenter da tut a quei, cha lina part ner lautra
30 manegia da goder.

[f. 43ᵇ] Lou comonda lura, fouenter cha las perdichias a dau lur
fchifsa, il Derfchader a dgi: fcho iou pofs antalir, fchi efses vus talles a
tals, cou comendai per perdichias, ei feig a lgi ploing ner alla rifpofta, cha
vus leias cou dar perdichia da tut a quei, cha enten queft dreig ei, feig
35 dil ploing ner enten la rifpofta tocca tiers cou, chur ca ina part ne lautra
nofpirar vulten, cha vus fchiafses far in farament, cha vofsa perdichia feig
la vardat.

Lou foventer fchi datten lura lafs pardichias ina fouenter lautra la
parmera gada. u.

Lou fouenter, cha laf Perdigias an dau lamparmera gada, fchi empiara lura il Derfchader pufpei il mufsadur dil ploing fin laf perdichias la primagada dadas, dgei ofsa milsanavont feig il dreig? lou trova el a gi: iou fon da quei fen, fchinavont fcho vus, ferderfchader, veizs emperau las perdichias lina gada, a fchi fon iou da quei fen, [f. 44ᵃ] cha vus leias am- 5 parar lina gada a lautra a la tiarza, a lou fouenter daventig il dreig. u.

Lou fouenter empiara lura era il derfchader il mufsadur della rifpofta, il qual favonda quei trovament. u.

Lou fouenter fchi datten lura laf perdichias, a dau lauttra a la tiarza, fchi empiara lura il derfchader laf parts, fcha ei vulten contentar a bocca 10 far girar, ner chei ei vulten far. u.?

Lou fouenter fcha ei vulten far dgirar, fchi tfchenta lura il musadur dil ploing a dgi: fchinavont fcho lina part ner lautra vulten chou las perdichias far girar, fchi fchent iou vi dreig, dgi deig dar il ferament a laf perdichias. lou ven el emperaus, cha el deig trovar quei, cha a gli fomelgia 15 il dreig; lou trova ell a dgi: cha vus, ferderfchader, doveias dar il ferament. u.

Lura fouenter empiara lura il derfchader il mufadur della rifpofta, il qual fauonda il trovament. u.

[f. 44ᵇ] Lou fouenter fchi ftat fi il derfchader fin peifs a ils autters 20 da mefsingiurs a lou dgi el, cha las perdichias deien chou tancr fi treis dets da lur moun dreig, a lou dgir a mi fouenter: da cocca la perdichia, cha iou vai dau, quei ei la verdat, a fchi pilgver mi gidi Dieus a la foingia trinitat a tuts beaus foings a foingias, cha en enten tfchiel. u.

ZACHARIAS DA SALO. 25

Spieghel de devotiun, Verona, Andrea Roffi. 1665.

[p. 130] Da vardt la vitta merits a soinghiadat de Maria.

VOlend difcurrer della vitta, à Soinghiadat della Gloriufa Purfchalla Maria entfchiaueuerem dalla fia Giuuenteghien, cura fua pinghia de treis ōz portada dals fees parētz, Bab, à Mumma ent'il Tempel di Gierufalem, 30 nuoa ella ftett vndefch onz, cun autras deuotiufas figlias, qualas ftcuan a furuiir à Diu, enprender Scartira, bunnas vertitts, cuu faar autras fagtfchendas in feruetz del Tempel de Diu. Lau pia fteua Maria confacrada al Diuin furuetfch per in exempel allas autras figlias del perfegg viuer ch'haueuan da far; S. Hieronymus ghii ch'ella enprouaua d'effer adina 35

l'enprima allas Vigillias, & Mudinas ò Moginas della noigg: Et che enten
la Leghie de Diu era la plii perfegghia, à perderta in faluar fii quella:
Maria fua la plii humiliteiula; la pli deuotiufa, & gratiufa, enten cantar ils
pfalmis de Dauid: La pli fliffia, & charitateiula; la plii fchobra, ziechtia, &
5 la pli perfegghia, enten tuttas virtuts: Ils fees plaids eran tuttauia gratiufi;
[p. 131] Adina haueua il num de Diu, entē fia bocchia: Adina oraua:
Haueua quittau, che fias cumpognas, fcheffen bucca plaids maldefchētz:
neer ch'ellas fi vilassen fii inna l'autra. Auifaua, turziaua carinameing
quellas. Cura vegniua falidada, refpondeua, Deo gratias, il fetz fieua cura
10 vegniua ella dā gchī clamada. Pareua verameing, che Maria fuff inna
figlia vegnida ghiù dal Tfchiel. Il viuer de Maria era in Spieghel a tuttas
las autras, de tuttas virtitzs. S. Ambrofius ghii, che Maria mai fieua, ne
fcheua, à naghin, nin mal. à tutts portaua carezzia, refpetaua ils pli gronds,
à naghin, fchuiua: fchanaghiaua il ghiir plaids, che fuffen de fiu laud, ò
15 da vanadad, ne mai ei fi vilada encunter Bab à Mumma: è mai hà ghiu
de difpitar, cun naghin: ne fi teneua gronda pli ch'els auters. Se tur-
pighiaua nuotta, de difcurrer cun paupra gliaud, ne fieua ghiu da quels
gōmias. Era gratiufa fenza glisnarias. Il fiu ira per las vias, era zunt da
raar, à quei cun modeftia gronda, à per befegns; bughient fteua à cafa.
20 Cura maua ord cafa, alla Bafelghia, leua haueer cumpagnia per inna per-
deghia della fchobradad; Il fiu plidar era difcrett cun rifpett à modeftia: &
tala fuorma, à perfectiun de viuer in Maria per treer alla curta ei bucca
mai ftaus quels vndefch onzs che ei manida enten [p. 132] il Tempel de
Diu, (fuuenter ils quals per vuorden, à volontad de Diu fi è fpufada cun
25 S. Ioeff huom Soing Purfchel, a de grondts merits, fco defcheua ei per
tala fpufa, &c.) fonder tutt il temps de fia vitta, che ei ftaus il fpacci de
63. onzs fuuenter il parer dels buntz Docturs.
    O' che vitta Soinghia, e perfeggia ei quefta d'inna creatira terrena ha
bein rafchun la mia Religiun Francifcana, a cantar en hannuur di quefta
30 Beada Purfchalla fil ghii, ch'ei Concepida. Nihil eft candoris, nihil
eft splendoris, nihil eft virtutis, quod non refplendeat in Vir-
gine Gloriofa. Queft vult daar ad entelliir, che in Maria tarlifan, rifplen-
dan tuttas forts, qualitats de duns, de perfectiuns a de virtits; in vuifa tala,
ch'enten ella manca zunt nuotta, mò de tutt bien ella ei a nus in perfeig
35 Spieghel. Prenden pia exempel cau las figlias, la fuorma de luur viuer?
Prenda exempel la deuotiufa Giuuenteghien de foueudar quefta zunt virtuufa
Purfchalla Maria, enten, la fia vitta a manonza. Prenden finalmeing exem-
pel, ils Babs a Mūmas, dal Bab, à dalla Mumma de noffa Donna, S.
Ioachim, & Anna, d'vnffertir fii a Diu luur vffonzs, ad entfchieuer da far-
40 tont eē pings als treer fii enten la deuotiun a tema de Diu, fe vulten haueer
  da dels cuntentezzia s'in quefta vitta, a Gloria cun Maria ent lautra.
    [p. 133] A' per quei, che tocca tier al difcuorrer dels merits, à Soinghia-
dat de Maria, nus mortals pudeign bucca ne capiir, ne mifirar la mendra

part dels fees merits, perghiei Immenfa fuit grazia, qua ifpa plena
fuit. S. Bonauen. in Spec. B. V. cap. V. ll Serafich Doctur moffa per
intellir queft fchi grond diember de merits, che fi dei far fuora feen prima
alla Soinghiadat, ch'ha giu ent la fia fchuobra a immaculata conceptiun, la
quala Soinghiadat fua afchia gronda (ei nighi zniuel) che ha vargauo biar 5
quella dels auters Soings, che folettameing Deus pudeua quella capiir il
qual creauit illam in Spiritu Sancto, & fe al' entfchiatta, fin
quel' hura ch'ei vegnida Maria concepida, la fia Soinghiad ei ftada tont
gronda, che naghin auter che Deus può quella fauer o capiir; quala veen
mai ad effer ftada fil fin della vitta? ftond che quella Soinghiffima olma, 10
dalla prima huora, che fua fcafida, entucchen al fparghiir de quella da
queft Mundt mai per naghin ping temps, ne aunch cura dormiua da coo
che ftatt fcrit, (Ego dormio, & cor meum vigilat) ella ei ftada
fenza meritar? E contas milliaras, a milliaras· d'Acts d'affects encunter
Diu doueua ella per ming hura far hauend l'entelleg bein d(h)ef[h]daus, fuint, 15
ornaus, arichius de tutts dūs de natira è de grazia hauēd inna perfegghia
volontad laurada, è p[er]fettionada [p. 134] dal fetz Spiert Soing. Quia
ipfa creauit illam in Spiritu Sancto. O' Soinghiadat gronda, che
fi può bucca metter ora, ne intellii da dauter entelleg che dal vies ò Maria,
ò dal Diuin? O' grond à maruiglius Thabor de fchuobradat? O' florius 20
Libano di bellezzia? cun conta rafchun Soinghia Bafelghia vus nomna Re-
gina Sanctorum omnium, perghiei verameing effes la Corunna, à gloria de
tutts Soings, et ha era endreig â ghiir, che vus effes zunt vengonza de
tuttas lauds, & omni lauda digniffima; perghiei fe può bucca mai ghiir in
voffa laud tont che feighi auunda, adina refta da ghiir: Afchia iau era pia 25
vi bucca mi cuntentar di quei ch'hai giig entocchen huoffa de vus ò Soinghia
Maria, fonder vargar auont ad auters pungs, numnadameing à difcurrer
della vofsa bellezzia dell'olma, à del chierp. —

La Glisch sin il Candelier. de Gion Gieri Barbifch. Combel. 1685.

La vita de soing Placi Sigisbert. 30

[p. 303ᵇ] Enten quei ha Soing Sigisbert enciet à vegnir pli, e pli
conofcius dal Pievel lau d'entuorn habitont, e touts fco tier el vegnevan,
tractava el quels tuts cun plaids charins, teneva ad els avont il plaid de
Dieus, e metteva ora la Doctrina digl S. Evangeli, cun tonta carezia &
humilitonza che tuts giù da del fe fmeravigliavan, il veneravan, e tenevan 35
el char. Enten quei medefim liug nua che la Clauftra oung al prefent ftatt,
era da gliez temps ina ftanza, & ina piazza dell' Bololatria, & enten quella
piazza era in grond ruver ù plonta confecrada ad in fauls Dieus, guala
volend ina gada S. Sigisbert la tagliar à tiarra, fche vegnet dafratont lau-
tier in Pagaun, a cui era enconter cor il voler difmetter quefta plonta, 40

prendet per quei era el ina Segir enten Maun per fin de fender davos diefs
il Tgiau à S. Sigisbert, aber cur' ch'el hauet aulzau fi Braccia per gli dar
la frida, fche gli een quella de fubit deventada fchirada, e gli reftada enten
gl'ault fermada, fco el l'haveva quella alzau per menar la frida: S. Sigis-
5 bert receivet da queft negina tema, e fuenter ch'el hauet quefta plonta
tagliau a tiarra, faggiet il Soing oratiun per obtener à cogli Pagaun la
fanadat, il qual, effend tras l'oratiun del Soing refanaus, ei cau fi fura fe
volvius tier la S. Cardienfcha & ei era de S. Sigisbert vegnius cathechizaus,
e battiaus.

10   Bein favens mava S. Sigisbert or' de fiu defiert per la vallada entuorn
predigont il S. Evangeli, facciend grōdas miraclas, & informont quei Pievel
enten la S. Cardienfcha, e vita Chriftiauna.   Denter autra eis ei ina gada
deventau, che S. Sigisbert ei vegnius tier ina grōda rimnada de Pagauns,
ch'eran vegnidi enfemel per far ina Fiafta à gli fauls Dieus Apollo, il qual
15 els veneraven, & havevan fermau la Figura de quel vid' in grond, e griefs
Salifch; Et havend il Soing urbiu de quels l'audienza, she ha el alla
[p. 304ᵃ] liunga ad els dau d'entellir ils lifts & inganaments digl Demuni,
la vanadat della Idololatria, è la fleivladat de tuts ils fauls Dieus, quals els
adoravau, con fe porfcher, & emprometter, ch'el volefs far tagliar entuorn
20 quei falifch fenza che lur Dieus Appollo gli podefs far qualche contraft;
A qual pierta, e domonda ils Pagauns vegnennen en veglia, credend che
gl'Appollo vegnefs podèr biar de pli che Soing Sigisbert; Il Soing aber ha
cau fi fura bein preft comandau ad in de fees Giuvenals de prender ina
fegir, è tagliar, & havend queſt al pli dau duas fridas enconter il falifch,
25 fche encievet il Demuni, qual fe tratteneva enten quella figura d'Appollo
fermada vid il falifch, ad alzar quella plonta enfemel con la ragifch or'
dalla Tiarra fi ent il Luft, per far quella cun gronda forza curdar giù fin
quei Pievel, e fin Soing Sigisbert, la qua la cauffa vefend il Soing fche ha
ell ftendiù ora fiu maun, faig enconter quei falifch l'enzenna della Soingia
30 Crufch, è fermau quel ent il Luft, ad entont che quei Pievel bà podiù fe
retrèer d'ina vard, ed albura ei quella plonta cun grond fracafs curdada
fin Tiarra cridond durlont, e fe lamentont da fratont il Demuni, eh'el veg-
nefs da Soing Sigisbert fcacciaus da fiu Albierg, ruvaus, e da fia Refi-
denza.

35   [p. 304ᵇ] Sin queft miraculus Succefs han tuts Pagauns lau prefenti
glorificau, e lodau Nies Segner Iefum Chriftum, il qual havefs dau ina tala
vertit a fees furvients, abaudoñen cau fi fura lur fuperftitiuns e faulfas
Cardienfchas, creden enten il ver Dieu Iefum Chriftum, garegian de vegnir
battiai; Sco ei gliei era daventau, e de Soing Sigisbert tut quei Pievel lau
40 d'entourn vegnius convertius tier la Soingia Cardienfcha, e battiaus.

Plinavont eis ei daventau, ch'ina principala Perfuña infetada greva-
meing, e furprendida dalla lepra, ù dalla malfognia del bienmal, ei vegnida
prefentade avon Soing Sigisbert, per impetrar, è receiver da d'ell la fanadat,

quala Perfuña S. Sigisbert, folo circumplexu, e folettameing cum ftender, &
applicar fia Braccia entourn ella, l'ha complein e perfeigiameing liberau
da queft mal.

In autra gada ei era in malfpirtau vegnius menaus tier S. Sigisbert,
per urbir da d'el la liberatiū, il qual S. Sigisbert gual, en lau hà liberau 5
dal Demuni cun folettameing metter fees Mauns fur il fiu Tgiau. Sin' in
auter Temps ei plinavont vegnida menada in autra Perfuña tier Soing Sigis-
bert la quala pateva la frenefia, & era zund furiufa e ftraunia fur la quala
il Soing ha faig la S. Crufch, e cau tràs la refanau, è la remefs enten
fiu entelleig, e ruaus.   10

Auters biars pli ha el da grevas malfognias, e perichels, & era biars
dell'improvifa mort, tràs fia compleina perfeiggia Cardienfcha, e ferma
fperonza liberau, e prefervau.

La vita dilg beau Martir Rusca.

[pag. 364ª] Ei pia nafchius il nies Glorius Marter de Chrifti Nicolau 15
Rufca, à Lucarn, Tiarra Niebla futt il Domini, ù Signoradi dels Signurs
Suizers del Suizerland, de honorats, e richs Parens, devotius Catholics, ils
quals han traig sî quei affon enten la Soingia temma de Diu, e bien ftudi,
fco el vegnieva ludaus dels fes Schuelmeifters, per haver giu in bien en-
telleig, e buna memoria. Tarlifchava da quei temps quella gronda Glifch 20
della Soingia Bafelgia Soing Carli Boromeo Cardinal, e Arcivuefc de Milaun,
il qual haveva fchon furdau quei afchi ludau, e frigeivel feminari, nua cha
vegnevan bein muffai enten la humana, e Sacra Scartira ad era enten las
Chriftianas vertits ils giuvens Scolars de noffas Ligias, e digl Suizerland
dels R. R. Paders Giefuiters per daventar buns Spirituals, e defenfurs della 25
Catholica Religiun, effend da quei temps gron da Bafengs per combatter,
a fe defender enconter la Herefia Luterana, e Calviniana, [p. 364ᵇ] cha
travagliava fig en quels gijs la Soingia Bafelgia.

Ei fa gi, e legia, che il nies Nicolaus digl qual nus plidein feigi ftaus
fig emperneivels à Soing Carli per la fia buna vita ch'el menava, ad havent 30
entupau queft giuvenal ina gada S. Carli fcha hagi el mefs il fiu maun fin
il Tgiau figient l'enzenna della Soingia Crufch ad hagi à gli gig quefts
plaids: Fili certa bonum certamen, confuma curfum tuum, re-
pofita eft enim tibi corona Iuftitiæ quam reddet tibi juftus
judex in illa die: La qual Profetia hâ giu fiu effect al temps del fiu 35
glorius Marteri, e mort per defenfiun della Religiun Catholica.

Havend queft devotius, á fervent ftudent Rufca finiu il fiu ftudi de
Filofofia, e Theologia Sacra, e bein muffaus enten il Lungaig Greg, ad era
Hebraig, fcha el enciet á fe far bein valer cun difpitar cun els Predicants,
á ils confondeva generufameng, il qual ei ftau cafchun d'in gron hafs cha 40
quefts portaven encōter il furvient de Diu; Faigs ch'el ei ftaus Spiritual
fcha eis el vegnius clumaus digl Vefcovat de Coira per benefici, e falitt

dellas Olmas, enten il qual Offici el ei ſtaus de grondiſsim frigg, ä per els
ſees gronds merits eis el vegnius creaus Arcipret de Sondrio in Valtrinna,
il qual buordi há el exercitau per biars Ons cun grondiſsima [p. 365ᵃ]
vigilonza, & engrendiment della Catholica Religiun: Laſch ora da racontar
5 la exemplara vita ch'el há menau, enten tutta ſchubradat, humilitonza, mo-
deſtia, devotiun, mortificatiun della propria carn, ad enten il ſtudi dell'Ora-
tiun, e vigilonza dellas ſias Nurſas, ad iſer digl ſalit dellas Olmas, cun trer
ſî, entruidar, muſſar als pichiens affons la Doctrina Chriſtiana, ſchibein cha
el ſus vegls de 70. Ons, ad era cun muſſar als affons dels ſez de Priedi
10 de far l'enzeuna della Soingia Cruſch pertgiei la ſia charecia era tont gronda,
ad ardenta ch'el ſe tramidava enten tuts, cun affons era el in affon per
gudegniar tuts: Omnibus omnia factus, ut omnes Chriſto lucri-
faceret. I. Cor. 9: Per las qualas biallas á nieblas vertits els ſez Predi-
cants ſe ſchmervigliaven, à pudevan vi da del emflar nagin vici, ù defect
15 cha pudes el tgiſar, ù convenſcher, ſolettameing ad els figieva mal da ver
queſta clara, à tarliſchionta Gliſch ſin il Candalier, non pudent quels cha
vivevan enten ſchiaradegnia, ad enten l'umbriva della mort ſurfierer avont
lur ſchiocchentai Eigls ina tala Gliſch nunder ch'ei han ſe reſolvî de la
ſtizentar, à caſſentar giu digl mund.
20   Muentai pia ils Miniſters à Derſchaders de Calvin, e Lutero d'in haſs
diabolig ſch'han ei conſpirau de prender la vita à [p. 365ᵇ] queſt ton da
bein, a devotius Arcipret Ruſca, à tala fin han enciet à dar ſco tons Gie-
dius, è Fariſeers faulzas tgiſas, e perdeggias enconter el; Ad han con il
Capitani, ù Governatur de Sondrio ch'era in Calviniſta vegnî per ina d'igl
25 far perſchunier; quei Coſegl ei faigs la noig, à tuts els adverſaris han dau
la vuſch ch'el dues vegni fermaus à pigliaus à meza noig, nunder cha enten
quella viſa, ſco ils Giedius han faig cun pigliar Nies Segner, aſchia era
els bein armai da Buis ad auters Vaffens cun biar Pievel, cun Scalas ſecre-
tameing tier la Caſa digl Arcipret, à per las Finiaſtras vegnien ei enten la
30 Combra zopadameing ſco ſcha el fus il pli grond Lader ner Morder ch'ei ſa
pudes catar ſigl Mund; Van vid il ſiu Legg, il prenden à ligen ſtreggia-
meing ſenza nagin erbarm, cun bucca dar peda ch'el ſa pudes Veſtgir cun
il Veſtgiu da Spiritual, à bein gleiti han ei sblundergiau la Caſa quels
Miniſters infuriai, ad engulau tut il riſti en caſa cha da bij, a da bien ei
35 ſtau, à cha ad els ei vegniu a mauns, à ſuenter quei han ei el menau alla
Perſchun cumina cun il ligiar rigoruſameing cun Cordas, à Cadeinas, à il
metter enten Tſcheps, à il far pertgirar ora entocchan la damaun da pli
Schuldada.
La damaun bein mervelg han igls Contraris clumau [p. 366ᵃ] Coſeigl
40 per ordenar tgei ei dues vegni faig cun quei perſchunier Arcipret, cun portar
naunavont faulzas perdeggias enconter el ſcurvenar, à petichiar la ſia ino-
cenza, ſco ei gliei ſtau deventau cun Nies Segner Ieſum Chriſt enten la ſia
Paſſiun; Sigl davos han ei ſarau giu digl menar à Tuſauna Val de Tomi-

liafca enten la Ligia Grifa, nua à quei temps fova rimnaus biar Pievel per
quei Strofgricht ton ftamentuos, à crudel, per metter à pierder la Catholica
Religiun, che zunt biars Catholics ftovevan vegnir per la vita, honur, à
rauba; Lau pia han ils Luteraners, à Calvinifts menau cun ftrapaz, à turp
il bien Signur Arcipret Nicolaus Rufca, & mefs enten fchira Prefchiun, bein 5
fermaus Peis, à Mauns cun Cordas à Cadeinas, dau da migliar empaug
Paun dir, à fchliett, ad Aua da beiver; Suenter il meinan enten il Liug
da tgirlar nua ch'el ei vegnius dals Contraris de Religiun fchmaneziaus cun
plaids ingiurius, ad era tgifaus faulzameing ch'el cun fias Brefs fcrittas à
gli Governatur da Milaun hagi voliu enterdir la libertad della noffa Tiarra, 10
ad afchia deigi el val confeffar il fiu falir, fchiliog il veglien ei figl Tgierl
dar tontas peinas, à il tgierlar ton gig à liung cha nagina giugadira vi
da tutta la fia Perfuna, refti enten l'autra; El aber fenza nagina temma,
mo bein [p. 366ᵇ] gagliardameing cun faccia legra ha refpondiu cha el
hagi ni fcritt, ni faig terdimens, fonder ch'el feigi fenza cuolpa, ad era 15
inocent da quei ch'ei il tgifan: Vegnen neu navont faulzas perdeggias las
qualas gin cha Nicolaus feigi cuolpeivels de talas cauffas, e de tals errurs;
à fchi bein cha il furvient da Diu figies encanofcher cun talas, e tontas
rafchiuns à circunftanzas clarameiug à quellas malas perfunas la lur faul-
zadat chei reftaven confundî, furventfchî, ad era cun tutta zanur nuotta 20
tont meins quels crudels Contraris, à Minifters, ù Predicants de Luter, e
Calvin carteint pli allas menzegnas, che alla verdat, han dau aurelias allas
faulzas perdeggias qualas een vegnidas crefchentadas cun autras quatter
querellas: Prima ch'el agi giù culpa, e ftau tier, gidau de vender la For-
tezza de Foventes; l'autra ch'el agi empediu la Scola à Sondrio de quels 25
da Priedi, bocca voliu fchiar far; La tiarza, ch'el ves viult alla Catholica
Cardienfcha dus mazs da Priedi; Et la quarta querella, ù chifa ch'el hagi
empediu de fchiar foterrar ent fentieri, ù Soing benediu Liug quels della
Cardienfcha de Priedi; Sovra de quefts pungs, & auters pli, fco confeffan
aung oz il gi perfunas degnas de fei, e tutta verdat che à quei temps fonan 30
prefents vezenan, & udinan queftas cauf[p. 367ᵃ]fas, cun las qualas Per-
funas bucca de gig jau hai plidau, gin abfolutameing per lur confcienzia,
che las cafchuns per las qualas han pegliau, à planfchiu quei Soing Hum
il Signur Arcipret de Sondrio, een ftadas quellas ch'jau hai cau fcrit, foura
dellas qualas turni pufpei à gir ils Contraris de Religiun cun lur Predicants 35
han fig, à gagliardameng planfchiu, ä finalmeing determinau, fentenziau,
ch'el feigi mefs a maun à gli Heinker, che fenza nagina gratia deigi quei
metter fil Tgirl, à il tgirlar bein entocchen ch'el confefsi d'haver furpaffau
en quels pungs, & achifas dadas, fco fi fura ei gig.

Era à quel temps il Signur Arcipret Nicolaus Rufca veigl entuorn à 40
quatter ga vengs Ons, 80. Fa per tont il Heinker il fiu Offici, caccia à
maun duas Seras à il tgirlar, prima il difvifchieffa, all'hura ben ligiaus cul
mauns vi da vos, rentan vi da del ils crutfchs, entfchievan à il trer fi crudel-

mning, ad aſchia cun grōda ſia dolur il tgirlan, tutta la ſia Nembra ſe ſgor-
dina in or da gliauter, rumpen il ſiu Petz; A ſe bein ch'el cun dolents
ſuſpirs gemma, à gij: Ohime, Ieſus Maria m'agidi: Quels crudels Miniſters,
à Contraris de Religiun ſe movan enten nagina viſa ä Compaſsiun del tor-
5 mentau Spiritual, ſonder gareſſan ſco tonts Giedius: Confeſſa, Confeſſa, che
ti meritis la mort Con[p. 367 ᵇ]feſſa che ti has ſurpaſſaus en quels pungs
dellas achiſas dadas: Il bien defensur della Catholica Cardienſcha Signur
Arcipret taſſrament reſponda d'haver nuotta ſur paſſau de quellas cauſſas,
ä querelas, ch'el han achiſau, mò confeſſa d'eſſer in redli Spiritual, à ſin
10 quei vegli el viver, a morir: Ad aſchia ei ſtaus el bein taſſer ſil Tgirl
proteſtont con faccia legra, che vegli bugient morir per la confeſsiun della
Verdat: All'hura in de quels Miniſters cun crudeivla procedura, ſco in grimig
Tiers ſenza nagin intelleig ù ferſtand, pli ſe vila a ſe volva enconter il
Patient Martir, in particular veſend, che il Heinker haveva buca bein cun
15 las Cordas Strig els mauns, va vi tier il Predicant da Cicers Gion da Porta,
e quatter auters ladinameng curran ſuenter, che ſco ſcriva l'Auctur del
Cudiſch de queſta vita, een ſtai Stefẽn Gabriel Predicant al Gliond, Plaſch
Alexander, Bonura Toutſchiet, Caſpar Aleſſi, queſts 5. figient gl'Offici de
Heinkiars ſtrenſchenan cun Sugas pli fermameing els Mauns del Marter de
20 Chriſti Nicolaus Ruſca, ad enten compagnia de quei ſez Heinkier il giden
ei a treer ſij, e ſtender, e martirizar cun pli grōda furia, e rabbia; O tgei
glieud, tgiei Miuiſters a ſurviens digl plaid de Diu, dil S. Evangeli? pater-
tgiat ſe Nies Senger Ieſus Chriſtus ha ordinau als ſees Apoſtels, ù com-
mandau ent il ſiu [p. 368 ª] Soing Evangeli de far en queſta guiſa da mazar
25 Gliaut? Confideri minchadin chi ha Cor de Chriſtiaun, qual Spirt de Predi-
cants de Miniſters de Diu era mai queſt, non de Diu, aber del Demuni.
　　Nof en ſtai ils Predicants preſents al Martirizar, & alla Mort del Signur
Arcipret Ruſca, tier als ciung ſi ſura numnai een ſtai era queſts quatter,
il Schuelmeiſter della Scola Luterana da Sōdri, che ſe nomnava Ser Leci;
30 Il Vuoli Bool Predicant in Tavau; Iachen d'Engadina Predicant ad Auf-
ftan; Gion Gianet Predicãt in Chionz; & Gieri Ginaig, che ſuenter ei· da-
ventau de Predicant in bien Catholic, e dals Contraris de Religiun vegnius
mordegiaus, & amazaus en Coira, tuts ils auters numnai Predicants, che
funan tier als tormẽts, e mort de queſt Signur Arcipret han faig ina mala
35 fin, ſco vegni a gir ſil fin de queſta vita, che verameing ei ina (e)[c]auſſa
da far bein ſura ſeen.
　　Suenter queſts torments, è peinas che ſi ſura vein gig del nies defen-
ſur della Catholica Cardienſcha Nicolaus Ruſca hã ils Predicants, à Contraris
de Religiun de niefenſi ſtai cun tutta rabbia vi da del, figient fig not,
40 ch'el deigi confeſſar ſees felaments per ils quals el vegniva tgirlaus, ſchigliog
‘leſſen ei reſtigiar pli grefs, à gronds torments; Il Marter de Nies Seg[p. 368 ᵇ]
ner reſpondeva ſenza nagina temma con bucca de rir, ſco ſe'l haves
nagin mal, ù dolur, che rẽdeva ina gronda compaſſiun, & herbarem als

Catholics, che fuvan prefents, deua el refpoftas cun arguments tals, che confondeva quels fees Contraris, fcheva che la fia caufa fus fenza cuolpa, che leva el remetter à Diu, à che tut fe metteva el enten fees Soings Mauns, che bein bugien endirava el per fiu amur quels torments in defenfiun della Soingia Cardienfcha. Giu da queftas rifpoftas han ils Predicants 5 fe envidai fi pli ftroniumeng cha mai de gretta, ad han fe pegliai per las Cordas vid las qualas quei comporteivel Arcipret pēdeva, il traig fi pufpei cun gronda furia, à fchau dar giù aneggiameng, tergient cun tutta forza per els Peis, per far rumper, e fchlugar tuttas las giugadiras, ad aveinas cun talas ftarmentufas dolurs, ch'ei gliei ina miracla cha quei devotius Hum 10 vegl de 80. Ons ei feigi bucca morts vid il tgirlo quefta gada, nuotta ton meins gidaus digl agit da Diu, fe regurdava el dellas Soingias plagas da Nies char Salvader cun vnfierer fi fias peinas, e tormens per fatisfactiun de fees muncamens, e pùccaus enten ils quals el ves pudieu curdar els gijs de fia vita, beinche el ves quella adina confervau netta, e fchubra. 15

Vegnen pufpei quels rabbius [p. 369ᵃ] Contraris cun lur Minifters neunavont cun auters forts de torments, cun il fierer vidanau, il pitgiar cun las Sugas, à fin il tgirl blaftemar cū ingiurius à shliats nums, fco ils Gicdius han faig cū fgamegiar à rier ora Nies Segner vid la Crufch, fchent: Ecce quā pulchrè hic facrificulus Miffaticus, Paniceum, Ido- 20 lum fuum elevat in hac, quam celebras Miffam, finamus illum, etc. Auctor In vita Nicol. Cun autras gomgnias, pertgiei il devotius Signur Arcipret fe racomandava à Diu, à Noffa Donna cun cauldas Oratiuns, quels Predicants, à Contraris il fgomegiavan, ch'el doves far Meffa, alzar sî l'Oblada etc. afchia il riend ora, ä fgamigiond; cun talas, 25 ad autras turpigiufas blaftemas, peinas, à turmeings han cuzau via ina lunga hurella fchiond ftar il patient Spiritual Nicolaus Rufca entocan ei vegnida l'hura da d'ira à Cieina.

Scriva l'Auctur ent la vita de queft Signur Arcipret, che ils nos Contraris de Religiun hagin dau à gli biars auters tormeins, à che pli gadas 30 l'hagin tgirlau tuttas las qualas cauffas metti en filentij, à folettameing plidi mà de duas gadas ch'el feigi vegniu tormētaus al temps de fera, che l'agin tgirlau, fco ha gig, ad ha refdau à mi Perfunas aung viventas, degnas de verdat ordinadas à quei temps per Rechtfprechers, ner Giraus, quals hau cun agens Eigls viu la [p. 369ᵇ] crudeivla procedura dovrada dals nos 35 Contraris de Religiun encouter quei Signur Arcipret, à cun zunt ina Perfuna aung de freftgia memoria ha el lau con gronda compaffiun ftuiu veer; à queft requinta fco perdeggia de vezida, che per duas Seras feigi el ftaus tgirlaus, ä che alla fecunda, ner gl'autra tgirlada feigi el mort vid il tgirlo, fi las Cordas, & denter autras caufas, che m'hà refdau gi, che fchegiè ils 40 Contraris fgargnevan tuts fco Lufs rabiaus encouter il Arcipret, ftova el ancalura fenza nagina temma, a refpondeva con bucca de rir, fenza nagin mal, fco s'el fus faun, a queft feigi avonda gig per l'emprima tgirlada, vignen all'autra.

Vegnius pia gl'auter gi enconter la Sera fch'han bein gleiti ils Con-
traris cul Minifter ij alla Prefchun, ù liug digl tgirlo tier il Arcipret Rufca,
cha fchafcheva enten peinas, ad han pufpei encict a dar novas peinas, il
mettent vid il tgierl, fco la fera vidavon ligiaus, a pendius vid las Sugas,
5 il qual cun ina patientia mervegliufa ha endirau quellas grondas dolurs, a
tormens, engrationd Deus ch'el gli deva vertit, e forza de furfierer per fia
gloria, e defenfiun della Soingia Catholica Cardienfcha, tontas, a fchi crudelas
peinas, e tormens, rugont ch'el vegli a gli dar tonta fermezia, è taftradat,
ch'el poffig enten fiu furvetfch [p. 370ª] fponder tut il fiu Saung, a finir
10 enten las peinas la fia vita per ina vnfrenda, a perdeggia della fia Soingia
Cardienfcha. Tentanen pufpei il Sacerdot de Diu cun autras forts de
peinas, e torments de far ch'el confeffas fco ils Contraris garegiavan d'haver
furfalliu, a commes quels errurs ch'els gl'incolpavan che a tal effect per las
faulzas perdeggias, e furia dels Predicants ei ftaus tenius fi cun grondas
15 fias dolurs, a peinas vid il tgierl bein gig quefta gada, mettent da pli vid
la detta dels Peis ligioms cun grevâs peifas cha ftendevan à fcarpaven
tut il Chierp, ch'ei fe vefeva il da dens; Oh che gronda tirannià, e crudeivladat,
ei mai ftada dovrada enconter quei bien devotius Signur Arcipret Rufca qual
con ina grandiffima patienzia hà furfriu queft grond Marteri.
20   Miferabil Spectacal verameng da d'effer bargius cun larmas de Saung,
vezend ch'els il laian ton gig fil Tgierl, ä ch'ei fa prendan bucca com-
paffiun ni dels fes tormens à peinas, ni della dignità Sacerdotala, ni della
fia innocenza, mò cha il vultan ei fin tuttas vifas ch'el feigi mal falvaus,
e terfchanaus, à ch'el mieri, e buc' auter, à fco tonts Giadieus enconter
25 Nies Segner, Crucifige, Crucifige; Oh Dieus tgiei paffiunada Giuftitia,
tgiei carecia dels fuondaders de Lutero, e de [p. 370ᵇ] Calvin ei mai
quefta? Turnen pufpei ils Derfchaders con ils Predicants à fa patergiar
ora tgiei hagien da far enconter l'Arcipret per il far confeffar ch'el hagi
falliu, ad afchia con novas forts de peinas vershmochs, ingiurias tormentau
30 quei taffer Schuldau de Nies Segner Iefu Chrifti, bucca mai cun fenza diem-
ber vifas de torments, fonder cun lur fmaladidas liengas, mauns, à peis
entfchievenan ä gir novas ingiurias, villanias, e naufcha plaids bucca mai
enconter la fia Perfuna, fonder era enconter il Papa, à Cardinals, Vuefcs,
Prelats, Spirituals, Munis, Munieffas, Giefuiters, Capucciners, cha ieu afchi
35 bucca de fcriver giù en quefta Legenda, la naufcha viarva, à menzegnas
che fche van quels nos Contraris de Religiun.
Fovan adina fi fura, e moleftavan quels Predicants che gl'Arcipret do-
vefs confeffar fees errurs, è felers, pertgiei ei fpetgiaven vez ch'ei vegnes l'ura
ch'el fufs fententiaus alla mort, à per quefta fin han ei clumau il Landfchriber
40 della Part fura, cun commendar ch'el deigig far tut sforz, per trer della bucca
digl Patient la confeffiun d'haver faliu, enconter il qual el fe volvent ha gig.
Infcribe chartæ tuæ, mè prorfus innovum effe, & ab omni
prædictionis [p. 371ª] culpa, ob cuius fufpicionem ufque ad

mortem, excrutior, in omni mea vita alienum extitiffe. Meam
infuper innocentiam, teftabitur Deus cum Tribunali fuo Di-
vino; Sed quia Divinæ providentiæ complacet, ut pro Catho-
licæ Religionis teftimonio, vitam meam, & fanguinem pro-
fundam, exoptatiffimam hanc gratiam, promptiffimo mentis 5
affectu accepto etc. Vdent quefts plaids ils Predicants, fcha levan ei
vegnir or da fen, een daventai afchi rabbius, è infuriai, ch'ei han enciet ä
fpidar enten faccia à gli Marter de Chrifti, à il pitgiar cun pungs, il met-
tenen el filla Roda rudlond quella entuorn, tergient vi da nau cun grond
verfchmoch, terfchanont figl pigiur ch'ei favevan, il qual furfreva tuttas 10
cauffas cun in generus, à legreivel Cor., vnfrent fi à Diu tut poffent de
endirar per il fiu Soing Num aung pli grondas peinas; Ils Derfchaders, e
Minifters fovan fchon ftaunchels da il tormentar, ad afchia han ei fchau el
pendieus vid il Tgierl enten il ault ad han ei ij à Cicina pertgiei l'ura era
fchon tarda.   15

Finalmeing dentont ch'els Derfchaders, e Predicants ftevan legers bein
megliont, à bovent figient dellas fenadats, numnadameing enten honur della
Republica de Veniefcha per la Ligia cha quella haveva [p. 371ᵇ] faggia
cun las Ligias, e Signurs Grifchuns; Perneit mira ch'il Marter de Iefu
Chrifti dil muentar continuameing vida nau vid il Tgierl, fchon tut sfar- 20
caus il Chierp, e vegnidas fleiflas las Sugas per la gronda peifa eis el
daus giun tiarra fco per morts; Ner fchein nus che queft dar giù dal tgierl,
feigi daventau per miracla de Diu, fco teftifica ä dat perdeggia quella fi
fura viventa Perfuna, cun biars auters che han vezziu, quei ei, che ils
Crutfchs, ner Curgius, de Fierr che tegnevan fi il Chierp, rantai vid las 25
Sugas, ch'eran fig bein ferms à griefs, een all'hura mervigliufameing aviarts
sî, fteudî ora grad fenza nuotta romper, fco fe fuffen ftai de Plomb, ù
Ciera; Havent il Heinker vdiu la remur il qual ruefava empauc lau fpera
figl Strom, eis el curieus per vurdar quei accident, ad encurfchent, ch'il
Spiritual tergieva, deva il fiu Spirt a Diu, effend ruttas fi las aveinas, à 30
il Saung copiufameing curreva per quellas, e per Bocca ora, e per il Nas,
fche ha el fchigentau pli bein ch'el hà podiu cun il fiu Fazolet, al'ura ei
ius bein gleiti à dar part als Derfchaders, e Minifters, ch'eran aung davos
Meifa enten tut legerment, fco fi fura ei gig.

Vdent queftas novas fcha han ei da sî alla Cieina ad een ij [p. 372ᵃ] 35
ils Derfchaders culs Predicants enten il liug ch'ei tgirlavan, a vefent quei
Spectachel che il Arcipret fteva per Tiarra mort enten il fiu Saung, che
curreva aung abuntontameing per Bocca, e Nas, che per compaffiun fcha
bargieva il Heinker, aber bucca figieva afchia il Predicant da Cicers Gion
de Porta il qual, fco in Crieu a crudel Tiraun comendava ch'el fus mefs 40
da nief enfi figl Tgierl, a traigs enten il ault, e dar novas peinas, e tor-
ments per empruar fcha tal accident fus vegnius tras vegnir mal, ù fcha
verameing el fufs mort: Et cau a queft ton mal Confegl confentenan ils

auters Miniſters, & il mettenan ſil tgirlo, a gidan il Heinker tier tal ſchliet Offici.

Vezent pia ch'el era mort, a che ſia faccia ſova tutta bialla, a tarlishonta, han dovrau ina malitiuſa liſtiadat per ſe ſchiſar quels Miniſters, à
5 Perſeguitaders, els han raſau ora vuſch ch'ei il veſſen bucca ſaig murir ſigl T'girl cun lur torments, ſonder dent la cuolpa a gli Heinker ch'el il hagi tuſſegau, a dau la mort cun far quel ovra de carezia in ſiugentar dalla Bocca, ù Nas il Saung col ſiu Facolet, ſco era mettent la cuolpa ſigls Catholigs, emputont ch'el ſez Heinker veſs per ſcafimen dels ſezs Catholics
10 il tuſſagau: All'hura udent queſtas querelas ils Derſchaders han examinau il Heinker [p. 372ᵇ] cò el haveſs tuſſagau quei Spiritual; Reſpondet el che sha ſmarvegliava cò voleſſan metter la cuolpa ſin el, ſonder che doveſſen enconoſcher che fuſs ina gronda marveglia de Dieus, ad hà el muſſau ils Crutſchs, ù Curgins de Fierr con ils quals ei han ſchi crudeivlameng il
15 ſtuviu tgierlar, ch'ei eran mervigliuſameing aviarts ſî, ù ſtendij ora grad ſenza rumper ſco ſe fuſſen in lom Plumb, ner Ciera; Ad 'ha gig: Mirei chau ina miracla de Diu? Con queſts dus Crutshs ner Curgins veiu nus tgierlau pli che 300. Perſunas, à ſavens meſs vitier peis de 30. Crennas Crappa, ù autras materias, ad els een bucca rots, ä mirei, cò ei een ſtendi
20 ora grad à bocca rots ſco ſe fuſſen ſtai Ciera loma, cò era ei puſſeivel che ſchi grofs Crutſchs dueſſen en quella viſa ſe ſtender ora? Queſts Crutſchs daventai grads à bucca rots per miracla de Diu han viu Perſunas che fovan lau preſentas, che aung oz il gi vivan á conſeſſan tal verdat, á jau hai bucca de gig con quellas plidau, compaig per ina perdeggia dell'
25 innocenza di quei Signur Arcipret, ù della malgieſta, a pli che de fierr dira Tirannia daventada enconter el. Con tala clara perdeggia ha pia il Heinker bein ſe defendiu, e vegnius larg dalla malitiuſa liſtiadat dels Predicants, a Perſeguitaders digls Catholigs, che levan haver la ronina, e deſtructiun [p. 373ᵃ] della noſſa Religiun, ſco fan aung oz il gi biars de dels.
30 Cun in autra mervigliuſa enzenna, ha voliu Nies Segner declarar gl'innocenza, à Soingiadat del ſiu char Surivient, e Marter Nicolaus Ruſca, ad ei queſta; Cura el ei ſtaus morts ei vegnius dal Ciel ina clara Gliſch ſovra la Tuor, e liug nua ch'el fova, che det da ſe ſmarvegliar, à da bargir per devotiun a chi tala enzenna veſet, la quala miracla fù da biaras Per-
35 ſunas veſida, che ina de quellas viva era entochen uſſa, à queſt ei ſchon 67. Ons, che ei daventau, a gloria de Diu, e difeſa della ſia Soingia Cardienſcha.

Il ſiu Chierp ei ſtaus treis gijs enten la Perſchun ſin empauc Strom digl temps de gronda calira ſco ei era entuorn Soing Barclamiu, quei ei
40 dals 23. d'Avoſt, ch'ei mort, entochen als 25. ch'ei ſtaus ſotteraus, ad hagi zünt nuotta ferdau mal, à ſuenter ch'el ei ſtaus ſot la Fuorca ſotteraus (pertgiei ils Catholics han bucca giu urbida dals Contraris de ſotterar en benediu Liug) ha il Avat de Faveras termeſs 12. Humens à Cavagl ils quals

han priu il Chierp à menau à Faveras de noig, à lau fchaian la benedida offa del Marter de Chrifti Nicolaus Rufca, à la fia Olma fin Ciel per tutta l'eternitat; che ludaus, à benedius feigi l'Altiffim Dieus.

Sin la feza hura ch'il Chierp [p. 373ᵇ] digl Arcipret ei vegnius mefs en Tiarra, ch'ei ftaus entuorn à duas uras avöt fera dels 25. Avoft 1618. 5 la vendeggia de Diu fe faggia à fentir cun diverfas enzennas, & in particular cun la ruina digl Cuelm fper la Tiarra de Plurs, cun fe fundar tutta quella feza biala Tiarra, à Cafti ch'era tont numnau, il qual fova de grond gijr, ei reftau folettameng ina Cafa lau fperas per ina memoria de quei ftarmentus, e fpuentus Cafs. — 10

H. CAFLISCH.

La Vusch da Deus ner Soings Discurs. Squitschau ent ilg on 1669.

[p. 9]   Cap. II.

Lamprimma Propofitiun: *Ilg eis ün nunmideivel Schentament da Deus, ch' ils Malgifts ftovien fa volver, ner morir. Confirmatiun da quefta* 15 *Propofitiun. Objectiun: Ca Deus vengig je buc ad effer afchi nunmifericorgeivels da condemnar ils Pucconts?*

Rafpofta.

Ilg eis ün nunmideivel Schentament da Dieus, ch'ils Malgifts ftovien fa volver, ner morir. Scha vus carteits enten Deus, fchi carteit er quei 20 ch'el gi. Da duas l'ünna: *Ils Malgifts fton fa volver, ner vangir condemnai.* Iou fai bein ch'ils [p. 10] Malgifts vengen vefs a lafchar fa dar da crer, ca queft Truvament feig gifts a vardeivels. Mo 'lgei bucca da fa fmirvelgiar, fch'ils Malfichiouts proteften ancunter ilg Schentament. Ei s'affla paucs ca fejen anclinai da crer quei ch'els leffen ch'ei fufs bucca 25 ver: mo ilg ei ounc ber pli paucs ca velgien dar tiers, ca las Cauffas fejen vardeivlas, las qualas can ancunter els. Mo tut las Proteftas ch'ils Malfichionts fan ancunter ilg Schentament, ner ancunter ilg Derfchader, ils pon zund buc fpindrar.

Els veffen pudieu vangir avont à lur Mort, a mitfchar da quella, fch'els 30 veffen cartieu ch'ilg Schentament fufs vardeivels, ad ampruvau d'ilg cumplanir; Mo cun fchnagar, a chifar ilg Schentament, fan els ca l'Executiun d'ilg Truvament, ch'ei daus fur els, a lur Condemnatiun veugen tont pli bauld noutiers. Sch'ei fufs buc afchia, fchi vangiffus, en ftailg d'ünna Parfunna ca defenda ilg Dreg d'ilg Schentament, ad afflar tfchient [p. 11] ca 35 trajeffan nounavont Rafchuns par caffar quel: ad ils Carftiauns vangiffen ber pli bugend a portar nounavont lur Rafchuns, par las qualas els leffen

ch'ün ils caſtiaſs bucca, co tadlar quellas, ca lur Superiurs als pudeſſen gir, p'ils obligar dad ubadir. Ilg Schentament ei bucca faigs par ca vus dejas fur quel viefs Truvament, mo par ca vus duejas vangir rigi a truvai tras el. Mo ſch'ei s'aſſlaſs anqualchin da tal ſort tſchocs, c'aſcaſs vugiar da trer
5 en Dubitonza la Vardad, ner la Giſtia da queſt Schentament da Deus, ſcha vus vi jou tont claramentg metter l'ünn'a l'autra avont ils œlgs, ca tuts Carſtiauns cun autalleg vengen a ſa contentar cuntut.

Confirmatiun. Par 'lg amprim, ſcha vus leits bucca crer ch'ei ſeig ilg Plaid da Deus, c'ha ordinau queſt Schentament, ſcha vejas adeig mai ſin
10 queſtas paucas pardichias da la S. Scartira, lura vangits a vus contentar cun quellas, ſenza ca jou vus portig avont ounc [p. 12] autras pli. *Math. 18. v. 3. Pilgver jou gig à vus: Scha vus vus volveits buc, a davanteits buc ſco ils Uffonts, ſchi meits vus buc ent ilg Raginavel da tſchiel. — Joh. 3. v. 3. Pilgver, pilgver jou gig à chi: Chi ca naſcha buc da nief anſi, po*
15 *bucca ver ilg Raginavel da Deus. — 2. Cor. 5. v. 17. Quel ch'eis en Chriſto eis ünna nova creatira, las Cauſſas velgias ean paſſadas, mire tuttas Cauſſas ean vangidas novas. — Col. 3. 9. 10. Targeit or ilg velg Carſtiaun cun ſias Ovras: a targeit ent ilg nief, ilg qual ven nuvalieus en cunaſchienſcha, ſuenter la Sumelgia da quel ch'ilg ha ſcaffieu. —*
20 *Heb. 12. v. 14. Senza la Sanctificatiun ven nagin a ver ilg Senger. — Rom. 8. 8. 9. Quels ca ean enten la Carn pon buc plaſcher a Deus. Sch'anchin ha buc ilg Spirt da Chriſti, ſch'eis el bucca sês. — Gal. 6. v. 15. En Chriſto Ieſu pagan ne la ſurtalgiada, ne la pelletta anzuchei, mo ünna nova Creatira. — 1. Pet. 1. v. 5. 23. Ilg qual nus ha, ſuenter*
25 *ſia gronda Miſericorgia ranaſchieu, buc or d'ün Sem mortal, mo nunmortal, tras ilg vivent Plaid da Deus, ilg qual cuzz' à ſemper. — 1. Pet. 2. v. 1. 2. Metteit pia navend tutta Malitia, a tut Anganament, Gliſnereng, Scuvidonza, a tut plidar mal, a vejas Arſentim ſuenter ilg nunsfalſiau* [p. 13] *Laig d'ilg Plaid, ſco ils Uffonts ch'ean piruſſa*
30 *naſchi, par ca vus carſchejas tras quel. — Pſal. 9. v. 18. Ils Pucconts vengen a ſtuer turnar ent ilg Uffiern, a tuts Pievels c'han amblidau Deus. —*

Sco 'lg ei bucca baſengs ca jou declerig queſts Texts, ch'ean da ſaſez clars avunda; aſchi maneig jou ch'ei nizegig er nagutta, da trer nou tſchou
35 ounc auters Logs da la S. Scartira, ca plaiden gual da queſta Materia. Scha vus carteits à lgi Plaid da Deus, ſch' eis ei ſchon avunda par vus ſurplidar, ca da queſtas duas Cauſſas ſtovig l'ünna daventar, nomnadameng, ch'ils Malgiſts ſtovien ſa volver, ner vangir condemnai. Vus eſſes uſſa ſchon vangi tont anavont, ca vus ſtueits confeſſar ca queſt ſeig vêr, ner
40 gir avertameng, ca vus lejas bucca crer à lgi Plaid da Deus. Scha vus eſſes ünna gada vangi antroqua lou, ſch'eis ei da ver pitſchna Spronza pli da vus. *Ach! vejas pô quitau par vuſez, a vus parchireit, tont ſco ei vus ei puſſeivel.* Parchei ch'ei para, ſcha vus figeits [p. 14] bucca quei,

ca vus vangias bauld ad effer cu'ls fchnueivels Dimunnis a paupers Con-
demnaus, ent ilg perpeten Fieuc.

Sch'ün vus figefs manchir, lgi vangiffes buc a falgir cun Gritta en la
Vifta, p'ilg pichiar a far Vendetta? Cuntut, co veits afchi zund naginna
Turp, ca vus leits gir à lgi Tutpuffent, ch'el mentig? Scha vus fcheits 5
clarameng ä Deus, ca vus lgi lejas bucca crer; fcha vus fmirvelgeit bucca,
fch'el vus exhortefcha bucca pli quoudanvi, mo vus bandunna, a vus furdat
à vufez fco toņts Defperaus. Parchei vus duefs el vifar, fcha vus leits
bucca crer enten el? Cumbein ch'el tarmattefs tiers vus üu Aungel giu da
Tfchiel, fchi par'ei ouncalura, ca vus lgi vangiffes buc a crer: Parchei 10
ch'ün Aungel po bucca plidar auter ch'ilg Plaid da Deus; Gal. 1 v. 8. *je
fch'el vus vangifs a far a faver ün auter Evangeli, fcha fuffes bucca
culponts da lgi crer, mo d'ilg taner par ünna Schmaladifchun.* — Ilg
ei pilgver nagin Aungel enten Tfchiel, [p. 15] a lgi qual ün deig crer pli
co á lgi Filg da Deus, ch'ei vangieus tarmefs d'ilg Bab celeftial, par nus 15
far à faver la Doctrina d'ilg Salit. Sch'ün lgi duefs bucca crer, fchi dei
ün ounc ber meins crer à tut ils Aungels da Tfchiel. Mo fcha vus fteits
afchia cun Deus, via, fchi vus lafch jou er afchia ftar, antroqua ca Deus
ven en ünn'autra pli ftarmenteivla Guifa ad ir anturn cun vus, a vus cun-
venfcher. 20

Deus ha ünna Vufch, la quala vus vangits a ftuer tadlar par forza.
Cumbein ch'el vus rog'uffa da tadlar la Vufch da fieu S. Evangeli, fchi
ven el ouncalur à fieu Temps buc a rogar, ca vus duejas tadlar la ftar-
menteivla Vufch d'ilg Truvament tiers voffa Condemnatiun. Nus pudein
buc vus sforzar da nus tadlar ancunter voffa velgia: mo Deus vus ven a 25
far andirar cumbein ca vus leffas bucca.

Objectiun. Mo nus lafcheit mirar, chei Rafchuns vus veits, ca vus leits
bucca crer a lgi Plaid da Deus, cur el gi: [p. 16] *Ilg Malgift fto fa
volver, ner effer condemnaus?* Iou fai voffas Rafchuns. Vus leits parquei
bucca crer, damai ca vus manigeits ch'ilg haig buc la Paritta, ca Deus feig 30
afchi rigurus a nunmifericorgeivels da vus condemnar à la Mort perpetna.
Vus manigeits ch'ei fufs ünna gronda Crudeltad, fcha Deus vus vangifs,
paramur d'ünn'afchi leva Cafchun, (fco vus vus deits da crer ch'ilg puccau
feig) a condemnar perpetnameng. Mo queft ei gual quei, ca nus ven a dar
Occafiun da plidar davart l'autra Propofitiun; nua ca nus vein pricu avont 35
nufez da defender la Giftia da Deus afchi beim en ses Schentamēts, fco
eu sês Truvaments.

CHRISTIAN GAVDENTS.

Praxis Pietatis. quei ei. La Prattica, ner, Exercizi da la Temma da Deus. Squitschau à Balel, da Iohann Rudolph Genath. Anno 1670.

[p. 276] *Unna curta Uratiun da damuns.*

O Ti mifericorgeivel Deus a Bab, jou ta rog paramur da Jefu
5 Chrifti, ca ti velgias pardunar à mi tuts mês puccaus, ch'jou hai faig tras laver, a nunfaver ancunter tia Divina Majeftad, a muvantau tia gifta gritta en bearas guifas cun malgir, mal far, a malpatarchiar; A fpindre [p. 277] mei da las peinas, a judicis ch'jou hai vingiau. Fai foings mieu cor tras tieu foing Spirt, parca jou poffig s'ilg avangir damanar ünna vitta pli
10 foingchia, a religiufa. O buntadeivel Deus, jou angrazch' tieu foing Num da tut mieu cor, ca ti mi has la noig paffada fchi graziufameng parchirau, adau afchi bien paus, a ruvaus: A ta rog ca ti mi velgias s'ilg gi d'oz buntadeivlameng parchirar da tuts dons a prigels d'ilg chierp ad olma. Uffa racummond jou à chi en tês mauns, a Divina protectiun mieu chierp
15 ad olma, a tut quei ch'jou pelg' à maun da far a lafchar, a ta rog, ei feigig ca jou vivig, ner mierig, ca tut furvefchig tiers tia gliergia, a tiers falid da mia paupr' olma, la quala ti has fpindrau tras tieu cufteivel Saung. Banadefche, o Senger cur jou vom or, a cur jou turn ent, a fai ca tut quei ch'jou veng s'ilg gi d'oz gir, far, a patarchiar, furvefchig à laud da tieu
20 perpetten num, tiers ædificatiun da mieu parmer Carftiaun, a cunfiert da mi'aigna confcientia, cur jou veng a ftuer render quint fin quei grond gi. Exande mei, o perpetten Bab, paramur da Iefu Chrifti tieu parfulnafchieu [p. 278] filg, cun igl qual, anfemel cun ilg Spirt Soing feigig dau igl laud, a l'hanur, a la gliergia, à femper Amen. Bab nofs, &c.

---

25 # BALZAR ALIG.

La Paffivn de nies Seguer Iefu Chrifti, Praga, tras Vrbano Goliafch. 1672.

[p. 1] LA PASSIVN DE NIES SEGNER IESU CHRISTI, *Prid'ora dels quater Evangelifchs.*

CUra ca la Fiafta da Pafchgias fò nautier, fcha fchet Iefus tier fees
30 Iuuenals: vus faueits ca caud dus gys, ei fei Pafchgias, ad igl Figl digl Chriftgiaun vên â vegnir furdaus, chel vegnia crucifigaus. A lura èen ils parfuris dils fpirituals, als Docturs, als veigls digl pieuel rimnai enfemel ent' igl Palaz digl (pa)parfura dils fpirituals, che fa numnaua Caiphas, â

faig cofeigl de pigliar Iefum cun in liſt, â dil mazar. Aber ei temëuen igl
pieuel, â fcheuan bucca filla Fiafta, per quei chei vegnig buc in vfrür denter
igl pieuel. Lura fò Iudas Ifcarioth in dels dudifch jus tier quels parfurs
dels fpirituals per enterdir el, ä metter â mauns â dels, â fchet tgei leits
â mi dar, fcha vi jau igl metter â mauns â vus? â cur chels venan quei 5
udiu fcha fouan ei lêtz, ad han emparmes â gli trenta daners, ad el ei fa
cuntentaus â dels da quei far. A caudanuia [p. 2] enquerit el commoditat
da poder igl metter amauns fenza nagina canera. Sigl emprim gy azimo-
rum [quei ei dils pauns fenza lauont] fil qual ſtoueua vegnier mazau igl
Tfchiot per far unfrende, een els Iuuenals y tier Iefum, â fchenan ä gli, 10
nu' vol ca nus meien â paregiar ä tgi igl Tfchiot da Pafchgias da magliar?
ad el tarmetet dus da fees Iuuenal Petrum â Ioannem, ä fchet, meit, ä
paregeit â nus, ca nus pudeien magliar. Els fchenan nu' vol ca nus pari-
geien; el aber fchet, meit ent' igl marcau, pertgei perneit mira, cur ca vus
vegnits ent' igl marcau, fcha vegnits entupar in hum portont in vafchi cun 15
aua, â mei enta la cafa fuenter el, nua chel va, â fcheit ä gli Bab da
Cafa, igl Meifter ha gig igl miu temps ei nau tier, Iau vi far pafchgias
cun mees Iuuenals tier tei, nu' ei igl cumach da tfcheinar, ca jau maglig
igl Tfchiot cun mees Iuuenals: ad el vên ä vus ä muffar in gront Saal
fitaus, lau parigeit â nus. Sees Iuuenals aber manen, ä vegnenan ent' igl 20
Marcau ad anflanen fco el ha giu gig adels, ad han parigiau la pafchgia.
A cur chei fò fera, fchei Iefus vegnius, ä fchentaus ä meifa cun ils dudifch
Apoftels, ä fchet ad' els; jau hai con gront gargiamēt garegiau da maglar
queft Tfchiot cun vus, onch' jau andirig, pertgei jau gig â vus, ca cauda-
nuia veng jau bucca maglar pli da quei: entou'[c] ei vegnig complaniu ent' 25
igl Reginauel da Diu: ad el prent igl [p. 3] Califch, ad ha engrazgiau
â gig, perneit quel, ä pertgit denter vus; pertgei jau gig â vus ch' jau
veng buc â beiuer igl Frig da quella vid [oder vegnia] entrocca egl igl
Reginauel da Deus vên ch'jau veng ä beiuer in nief cun vus ent' igl Re-
ginauel da miu Bab. Cur ca Iefus fauet, ca fia hura fufs vegnida, chel 30
vomig or da queft munt tier igl Bab: fco el veua teniu char èls fees, ca
fouan figl munt, fcha el taniu char els entocca la fin. A fuenter Tfcheina
cur ch'igl Demuni vet fchon mefs ent' igl cor ca Iudas Ifcarioth enta[r]defchig
Iefum. Sauent Iefus, ch' igl Bab á gli vês dau tuttas cauffas enta mauu,
à chel fufs vegnius ora da Diu, à turnas tier Diu, fo el lauaus fi della 35
Tfcheina; trag ora fia veftgiadira, priu iu lanziel antuorn el â mês aua
enten ina butfchida, entfchiet â lauar els peis, dels Iuuenals, ä fchigientar
cun quei piez, chel veua entuorn el. Lura vegnet el tier Simon Petrum, à
Petrus gi à gli: Segner deis ti lauar mees peis? Iefus refpondet à fchet ä
gli: quei ca jau fetfch faas ti uffa buc, fuenter vêns ti aber à fauer. Lura 40
fchet Petrus ti deis mai lavar mês peis: Iefus refpoudet à gli, fcha jau veug
bucca lauar tei, [p. 4] fcha vens ti bucca hauer part cun mei. Gi Simon
Petrus, ô Segner bucca ma els mês peis, fonder era els mauns, à igl tgiau.

Iefus fchet à gli: quel chei lauaus, ha bucca bafoings da lauar auter chels
peis, fonder ei tut fchubers. Vus effes fchubri aber bucca tuts. Pertgei el
fauoua qual igl vegnis entardir, cun tut fchet el; vus effes bucca tuts fchu-
bers. A cur chel vet lauau ils lur peis, fcha target el en fia veftgiadira:
5 à fafet pufchpei à meifa, à fchet ad els: faueits tgei jau hai faig cun vus?
vus numneits me Meifter à Segner: à fcheits andreg: pertgei jau fun. Scha
jau vies Segnur à Meifter hai lauau vos peis; fcha doueits era vus lauar
in gliauter els vos peis. Pertgei jau hai dau à vus in exempel, ca fco jau
hai faig, fcha figeit er vus. Piluer piluer gig jau à vus, igl furuient ei
10 bucca pli gronds chigl fiu Segnur, à igl Apieftel ei bucca pli gronds ca
quel ch'egl ha tarmes. Scha vus faueits quei, biai effes vus, fcha vus
figeits. Iau gig bucca da vus tuts, jau fai quals, jau hai ligin ora, fonder
chella Scartira vegnig conplanida: quel ca maglia miu Paun, ven ä dar
igls calcoings encuonter mei. Vffa gig jau ä vus, ouch'ei na daventig, per
15 quei, cur ch'igl ei dauentau, vus carteias ca jau fei gig. Piluer piluer gig
jau ä vus, fchins prend fi quel ca jau tarmet, fcha prend el fi mei. Aber
quel ca prenda fi mei, prend fi quel cha mei termes. Cur [p. 5] ch'els
aber tfchanauen, à Iefus priu igl Paun engrazgiau, benediu, à rot à det
als fees Iuuenals, à fchet perneit, à magleit, quei ei igl miu T(h)[g]ierp, ca
20 vên per vus à vegnir daus: quei figeit enten miu regiert. Samiglontameing,
ha el fuenter Tfcheina priu igl Califch, engrazigau à dau ad' els, ä gig:
bubeit tuts or da quel. Pertgei quei ei igl miu Sauug digl nief Teftament,
igl qual per vus à biars pli vên à vegnir fpons per ina remafchiun dels
puccaus. Quei figeit, tontas gadas fco vus igl bubeits, enten miu regiert.
25 A lura han tuts bubiv or da quel: Iefus era perturbaus ent' igl Spirt, ä
fchet perneit mira igl maun digl miu tarditur ei cumei fur Meifa. Piluer
piluer gig jau à vus, in da vus mi vên entardir. Als Iuuenals mirauen in
fin gliauter, à fteuan en dubitonza da qual el plidas, ad eran vegni tutta via
trifts. A fchenan in fuenter gliauter, Segner funt jau? el aber refpondet,
30 à fchet; in dils dudifch, ca met igl maun cun mei en la fcadialla, mi vên
entardir. Igl Figl digl Chriftgiaun va bein, fco glei fcrit da del: væ aber
à quei Chriftiaun, tras igl qual igl Figl digl Chriftgiaun ven entardius, pli
bien fufs ei à quei Chriftigiaun, chel fufs mai ftaus nafcheus. Aber Iudas,
ch'igl, antardit, refpondet, à fchet, Rabbi font jau? Iefus fchet ä gli, ti has
35 gig; als Iuuenals entfchauenan à fpiar qual quel fufs denter els, ca vegnis
à far quei? ei fova aber in [p. 6] dels Iuuenals, igl qual Iefus taneva char,
ca fteua pufaus fin igl petz da Iefus: à Simon Petrus gli Tfchagignà chel
dues fpiar tgi quel fufs, digl qual el plidaua. A tras quei ca lez fa pufaua
figl brüft da Iefus, fcha fchet el gli; Segner tgi ei quel? Iefus refpondet;
40 glei quel, agl qual jau dun igl Paun chei bogniaus ent. A cur chel vet
bogniau ent igl Paun, fcha det el à Iudas Ifcarioth Figl da Simon. A
fuenter quella buccada mà fatanas enten el. A Iefus fchet à gli, quei ca
ti fas, fai dabot. Aber nagin da quels ca fafeuan à Meifa antalgeuà, pertgei

el vefs gig quei à gli. Pertgei ina part manegiavà, ca Iefus [da pia ca Iudas veua la buorfa] gli vefs gig; cumpri ent quei ca nus munglieu fin la fiafta: ner chel dues dar aqual cauffa als paupers. A cur chel vet priu la buccada, fcha fintila el ladinameing vauent. Ei foua aber noig. A cur ca Iudas fò jus ora, fcha fchet Iefus, ufs ei igl Figl digl Chriftgiaun glori- 5 ficaus, à Deus ei glorificaus ent en el. Scha Dius ei clarificaus ent el, fcha ven Deus er igl clarificar enten fafez, à ven bault igl clarificar. Vus aber effes quels, ca effes ramni cun mei enten mês tentaments. A jau vi parigiar à vus igl Reginauel, fco mieu Bab igl ha parigiau à mi, ca vus magleias, à bucceias fin mia Meifa, enten miu reginauel, à fafeias ent ils Throns, 10 à troueias las dudifch fchatainas dad' Ifrael. Chars affonts, aung ampau ftund [p. 7] jau cun vus. Vus vegnits ad anguris mei: á fco jau hai gig als Gideus, nu ca jau vom, pudeits vus bucca vcgnir. Ad vffa gig jau ä vus: in nief commondameut dunt jau à vus, ca vus tauejas char in glauter; da coca jau hai taniu car vus, à fchia tanejas er vus char in glauter. 15 Vidaquei vegnaṅ tuts ad ancanofcher, ca vus feias mês luuenals, fcha vus veits charezia in denter glauter. Simon Petrus fchet à gli: Segner nu vas ti? Iefus refpondet, nu' ca jau vom, pos ti vffa bucca vegnir fuenter à mi; mo fuenter quei, vens ti à vegnir fuenter mei. Petrus fchet à gli: Segner, pertgei pos jau bucca vffa vegnir fuēter tei? jau vi metter mia vita per 20 tei. Iefus refpondet, vol ti metter tia vita per mei: Simon Simon preing mira Satanas ha garegiau da vus criular, fco la falin. Iau aber hai rugau per tei, ca tia cardienfcha vegnig buc igl meins; ä ti, cur ca ti vens ad effer viults, fcha confermi tês fraas. Petrus fchet â gli: Segner, jau fun paregiaus dad' ire cun tei en Parfchiun, adenten la Mort. Iefus fchet à 25 gli: Petre, jau gig ä tgi, igl Tgiet ven buc à cantar oz antrocca ca ti na vens hauer fchnagau treis gadas, ca ti mi ancanofchas buc. Ad el fchet adels: cur jau vus hai tarmes fenza burfa, à taftgia, à calzêrs, vus hai ei muncau enzatgei? mo els fchenan, nuotta. Cun tut fchet el adels, aber vffa, tgi cha burfa, prendig fumigliontameing era la tafca, ä tgi cha bucca, 30 [p. 8] vendig fia rafsa, à cumprig ina Spada Pertgei jau gig à vus, ei fto aung quei chei fcrit vegnir cumplaniu vi da mei: adel ei vegnius mês [ä dunbraus] denter ils malfifchens. Pertgei ca las cauffas chêu fcrittas da mei, han fin. Els aber Schenan, Segner, mira, cau en duos fpadas, adel fchet adels, igl ei auonda. 35
A cura chels venan cantau la canzun da grazias, fcha mà Iefus ora fuenter la fia ifonza figl culm dellas oliuas.

Epiftolas ad Evangelis, Cuera fi Cuort, Gion Gieri Barbifch. 1674.

[p. 28] Epiftla fi la fiafta da Baonia Ifaia cap. 60

Leui fi, feies terlifchiaus Ierufalem, pertgei tia glifch ei vegnida; à la 40 gloria digl fegner ei vegnida fur tei. Pertgei, preing mira, las fciradeguas

vegnien à curclar la tiarra, à ils picuels: aber fur tei vên igl fegnur nefcher,
à fia gloria vên enten tei vegnir vafida. Als pagauns vegnien vnligiar enten
tia glifch, als Regs enten la clarezgia della tia nafchienfcha. Aulzi entuorn
tees eigls, à miri: tuts quels een rimnai, à vegni tier tei: tees figls vegnien
5 de loufe vegnir, allas tias figlias vegnian à lauar fi da vard. Lura vens ti
à vêr, à vens prender tier, tiu cor vên fe fmervegliar, à vên à vegnir ften-
dius, ner rafaus ora, cura che la biarezgia della mâr ei fe voluer tier tei,
la fermezgia dels pagauns vên à vegnir tier tei. La biarezgia dels camêls
vên tei curclar, ils Dromedarijs de Madian ad Epha: tuts de Saba vegnien
10 à [p. 29] vegnir, Aur ad intfcheins portar, à laud à gli fegniur dar.

Euangeli fi la fiafta da Boania. Math. cap. 2.

Cur ca Iefus fuo nafcheus enten Bethlehem Iudæ digl temps digl Reig
Herodis, mire fcha vegninen fabis digl Orient enten Ierufalem, à fchenan:
Nu' ei igl Reig dils Gidius, ch'ei nafcheus? pertgei nus vein viu fia fteila
15 ent' igl Orient, ad effen vegni per igl vndrar. Vdint aber igl Reig Hero-
des quei, eis el perturbaus à tut Ierufalem cun el. A cur el vet rimnau
anfemel ils parfuras dils fpirituals à fcrivonts digl pievel, fchi ha el do-
mandau da d'els nua Chriftus deigig nafcher. Ad els fchenau àgli, A Beth-
lehem Iudæ. Pertgei chei glei fcrit afchia tras igl Prophet. A ti Bethlehem
20 terra da Iuda, eis Zunt bucca la mendra denter ils princis da Iuda: pertgei
ca or da tei ven à vegnir in Guvernadur igl qual ven à reger [p. 30] miu
pievel d'Ifrael. Lura ha Herodes clumau dafcus ils fabis, ad andarfchiu
da dels cun flis igl temps della ft.ila, la quala era ad els cumparida: Ad
ha tarmefs els enten Bethlehem, fchent; meit, ad andarfchit cun flis fuenter
25 igl Affont, à cur vus igl vegnits ä ver anflau, fcha figeit dafaver à mi per-
quei cha jou vegnig er, ad vndrar el. Igls quals, cur venan udiu igl Reig,
manen: a mirè, la fteila chels vevan viu ent igl ' orient, mava avont els,
entroc' ella vegnit, à fa fermà fur nu' chigl affont fouæ. Mo vafent els la
fteila, fcha fa lagranen els cun Zunt grond legrement. A manen en la
30 cafa, ad afflanen igl affont cun Maria fia mumma: ad els curdanen giu, a
igl aduranen; ad arvenen fi lur fcazis, à gli vnfrinen fchenckes. Aur, In-
tfchins, Mirra. A fuenter quei fch'ei fouan vifai ent igl fien, da bucca tur-
nar tier Herodes, een ei turnai per inn' autra via enten lur tiarra.

[f. 16ª] # URAZCHIUN

da Mars gis ner Mezeamna, mefsa giu da IR. A⁰ 1674.

(Ineditum; nach Hs. Cf.)

Ô Tuttpuffent, perpetten a gist Deus, Büntadeivel a mifericorgicivel Bab, nus paupers pucconts cumparein avont tia S. Vista, patichiai a tartai 5 si cun tonts puccaus, ca nus efsan bucca vangonts, dad alzar si tiers tei nofs œlgs ancunter tfchiel, a da purtar avont á chi niefs Rieug, scha ti lefsas guardar sin nofs puccaus a Surpafsaments, a far cun nus Suenter tia ftrenga a rigorusa gistia.

Parchei ca nus effan gie antroqu'anufsa bucca vandligiai Suenter tes 10 Cumondaments, quels vein nus Surpafsau, tieu S. Plaid sbittau, a bucc' ubadieu á tês Survients ca plaiden enten tieu Num cun nus a nus fan á Saver tia S. Vœlgia.

[f. 16ᵇ] Nus vein er ftridau tei cun Nuncardienscha, Sur tutt las an- sennas, ca ti has faig tenter nus. Tes gronds a nundumbreivels Duns a 15 Beneficis vein nus malnizeivelmeng Surduvrau cun Sagirezia da carn. A [ne tras tias Schmanatfchas, ne tras tês castigs da Bab, cun ils quals ti nus has afchi buntadeivelmeng castigiau] nus vein nus lafchau manar a trer tiers vera penitenzia a milgiurament.

Tuts quels ad auters puccaus, datten pardichia ancunter nus a nus 20 chisan: ad ean tont gronds a bears, ch'els ean carfchi Si Sur nos cheaus, a lur diember ei pli gronds ch'ilg Sablun da la Mar. Parquei vein nus anvidau ilg fieuc da tia gritta, a da tutta Sort grevas tortas, or da tieu gist truvament, vein nus traig Sin nus.

Mo ufsa, ô Senger, grazius a mifericorgeivel Deus, da leunga cumpur- 25 tonza a da gronda Buntad: Damai ca ti nus has Cummondau, ca nus du- vejan en tutts basengs clumar [f. 17ª] tei en agid, ad anqurir tia S. Vista, a tiers quei amparmefs, ca ti nus völgias exudir:

Sch'anqurin nus tia Vista, nus baffein avont tei, a purtein avont á chi niefs Rieug, bucca cun fidonza Sin nofsa gistia, mo Sin tia gronda miferi- 30 corgia a cunforteivla Amparmafchun, a rugein tei par grazia a parduna- ment. Va pia po buc á Dreg cun tia Fumelgia, a nus ftruffeige buc en tia gritta, a nus castige buc en tia grinĩadad. Mo sc' ün Bab Sa prenda puccau da Sês Uffonts, afchi völgias er ti ta prender puccau da nus pau- pers pucconts: par amur d'ilg custeivel meritar da tieu car Filg Iefu Christi, 35 caffar tuts nofs Surpaffaments, curclar nofsas naufchadads, las fierer davos tei a schmarfchentar ent ilg funds da la Mar. Parchei ca nus vein vera Rigla da nofs puccaus a Surpafsaments, cun ils quals nus vein anridau tei tiers gritta, a vein faig afchi grond mal avont tei.

Volvo graziusameng navend da nus, tuttas tias tortas a bein meritaus, gists ftrôfs, ca ti nus has Schmanatfchau, cunzunt ils malruvaus, Ufruors, rebelliuns, Guerras a Sponder Saung, ca daventa da quest temps enten la Christiaunadad.

5   [f. 17ᵇ] Nus gide ti, ô Senger! a nus Spindre da tutta malgista puffonza dad anamig, a da Carftiauns c'han Seid Suenter Saung a catfchen malpuffeivelmeng Sin nus. Spaze a fai á frusta, tras tia divina prudenzia a puffonza tutt lur prapchias a naufcha — Cuffelgs, ch'els fan adinna, cunzunt da quest temps, ancunter tia chara Bafelgia a Cumin, Specialmeng 10 ancunter noffa chara Patria. Bucca dar tiers, ca lur naufcha parpiest garteigig, doste lur Sgrifcheivla furia a rabgia.

Cunsalve tenter nus tia divina Vardad, à lai vangir pardagau tieu S. Plaid Schubrameng, clarmeng ad avertameng, Sco antroqu'anufsa, á nus ad á nofs Uffonts, c'han da vangir Süenter nus.

15   Muffe a rege tutts Christianeivels Oberkeits (particularmeng ils Chaus da Cuminnas treis Ligias, cunzunt er ilg Oberkeit da niefs char Cumin da Fleiñ) cun tieu S. Spirt, ca tutt lur Rêger daventig enten buña Cuvangienfcha, par carfchentar tieu Reginavel, ad ilg Bien-ruvaus, Schierm, la protectiun a tutta prosperitad da nofsa Chara Patria.

20   A sch'ei duvefs po vangir adaquella, Süenter tia divina velgia, ca nus paramur da tieu Num a da tia [f. 18ᵃ] divina vardad, ftüeffan andirar anqual cauffa a vangir perSequitai: Scha nus dai dregia Cumportonz' a ftateivlezia, par ca nus, tras la Crufch ad afflictiun, nus lafchejan bucca volver navend da la Vardad ca nus vein ünna gada ancunafchieu: Mo Sejan 25 promts, willigs a beinparegiai, enten bien a mal temps, da rumaner a perfeverar tiers Christum Iefum niefs Salvader a Sieu Salideivel Plaid, a da bandunar bugent questas cauffas temporalas, par Survangir las perpettnas.

[Mo dintont ca nus vangiffan Sforzai da prender ils Vaffens, par nus duftar a defender la Vera Cardienfcha a nofsa Chara Patria, scha völgias, 30 ô Singiur d'ils Singiurs, ti tez muffar vurrigiar nofs mauns a nofsa detta da far la Guerra: a far ca nus Sejan parderts, tapfers, gailliards a Senza teña. Gie Sejas ti tez niefs Guvernadur, niefs Fürst, niefs Capitani, par ca nus tras tei vurrigejan tapframeng, a muntanejan la vanfchida Sur nofs anamigs].

35   Mo damai ca ti, ô Deus, or da la nungrundigeivla Funtauna da tia mifericorgia, has amparmefs [f. 18ᵇ] ilg grazius pardunament d'ils puccaus, ad ilg dostament d'ils bein-meritaus Strôfs, mai a quels pucconts ca Sa milgiuran a Sa volven cun vera Riglienfcha tiers tei, a Sur quei girau: ca ti greigias bucca la mort d'ilg puccont, mo ch'el Sa volvig a vivig: Scha 40 nus volve ti, ô Senger, Scaffefche enten nus ün cor Schuber, a nuvalefche - enten nus ün ftateivel Spirt, par ca nus gunchian giu d'la via da perdiziun, a nus volvejan navend da nofs Surpaffaments, a dad ufs'anvi ubadian á tia Vufch, vandligejan enten tês Schentaments, Salvejan tês Cummonda-

ments, a pudejan manar ünna ruvaſeivla a chioua vitta, en tutta teñia da
Deus, ad honestad.

A damai ch'er auters Christiauneivels Cuncartents, ch'ean vi a nou da
partutt ilg Mund, cunzunt enten la Christiaunadad, vengian perSequitai
paramur da tieu S. Plaid a Num, Sch'ils Scharmeigeti a defend' els an- 5
cunter tutta malgista puſſonza: als dai tafradad a gailliardezia, par ch'els
poſſian traframeng cunterstar als Anamigs da tieu Num, a muntaner la van-
ſchida ancunter els, a ca tieu Reginavel vengig pli a pli gronds a Sa
Schladig ora dad ünna terra en l'autra.

Ô Deus! baſſe tias nrelgias, ad aude: arve tês œlgs [f. 19ª] a mire, 10
co ils Anamigs d'ilg S. Evangeli trozeigian, quont muotvilligs, garmadis
a loſchs els ean, chei Tyrannia a nunudidas Sgriſchurs ch'els fan, nu' ch'els
han Surmaun: Als Vélgs Schaneigian els buc a Sa prendan bucca puccau
d'ils Uffonts. Ilg Saung da tês Cartents Sponden els Sco aua, ad anquieran
nagut auter, ca co els poſſian caſſar a ragiſchar ora la Cunaſchienſch'ad 15
hanur da tieu Num, ad en stailg da quella da manar ent a da cunfermar
l'Idolatria ad ilg Surdiever da tieu Num.

Ah Senger, guarde po, a ta ragorde, ca ti eis nieſs Deus, nieſs Bab,
nieſs Reg, nieſs Spindrader, nieſs Salvader a nieſs Pastur: A ca nus eſſan
l'ovra da tieu maun, tês Uffonts, tia Fumelgia, tieu Pievel, ti'ïerta a las 20
Nurſettas da tieu Paſc.

Leſſas ti uſsa amblidar vi l'Ovra da tes mauns? Bucca ver adaig Sin
tês Uffonts? Bucca Spindrar tia fumelgia? Scatſchar tieu pievel? Surdar
ti'ïerta? Dar par ün raub tias Nurſettas, las qualas ti has cumprau cun
tieu cuſteivel Saung. 25

Ah Senger, lai po buc caſſar la Ligia, ca ti has faig cun nus enten
tieu char fílg Ieſu Christo. Partrachie, [f. 19ᵇ] ô Deus, ch'ei Seig tſchou
da far par l'hanur da tieu glorius Num, par tieu Plaid a par tieu Reginavel.
Parchei duveſsan ils Anamigs blastemar a noſsa Cuntrapart far gomgias da
tieu Num a gir: Nu' ei lur Deus? Psal. 79. 10. 30

Ti eis gie nieſs Deus: Bucca dar tiers, ca Carstiauns mortals ta cattian
anqual cauſsa Sura: ils tumenta bear ont a fai vangir lur Vista pleina d'turp,
ch'els Spigian Suenter tieu Num, a ſtoppian ancanuſcher, ca ti vengias par-
suls numnaus ilg Senger, ilg pli grond Sur tutt la terra;

Daco ca ti has muſſau, da tutt temps annou, tês beneficis a tês Spin- 35
draments: Aſchi lai er uſſa buc calar tia Buntad: buc amblidar dad eſſer
grazius, a bucca Serrar, tras gritta, ilg maun da tia miſericorgia.

Ta volve tiers nus, a Seigias à nus grazius, Sco ti has par iſonza da
far à quels ca tengian char tieu Num. Tſchels Sa lain bein Sin Cavals a
Carrs, a tengian carn par lur bratſch: Mo nus nus laſchein Sin tei, nos 40
oelgs guardan Sin tei. Ti eis noſsa fidonza, nieſs Crap, noſsa fortezia, nieſs
Grip [f. 20ª] nieſs Casti ault, nieſs Spindrader, ilg Schilt a Chiern da nieſs
Salid, Sin ilg qual nus vein noſſa bunna Spronza.

Cuntutt nus vens ti bucca Surdar par ün raub en lur dens, rumpe a
Scarpe lur latfchs a reits, ch'els nus han tendieu: Scharmege la Libertad
da nofsas ConScienzias, a da nofsa chara l'atria. Cunferme a cunforte er
tutts malSauns, fleivels, cumbrigiaus a quels ch'ean enten malacurada: bana-
5 defch'a parchire ils frigs da la terra, a nus dai tutt quei ca nus vein
basengs tier l'olm'a Chierp.

     A Suenter quei ca nus vaugin a ver cumplaneu la curffa da questa
vitta, fcha völgias ti, tras tia grazia, nus prender Si tiers tei enten tieu
Reginavel da tfchiel paramur d'ilg Custeivel merit, da tieu filg Iesu Christi
10 niefs Salvader a Spindrader, ilg qual nus ha cumondau dad Urar:

Bab nofs, qual &. —

     [f. 20ᵇ] Paupra Patria, rumpe, Spaze, fai a frusta tutts mals cuffelgs
ancunter quella, nus parchire da fumaz, guerras, murias, da tutts Ströfs:
Nus dai, ô Deus! bunna Sanadad, nofsa vivonda, niefs paun da minchia
15 gi, bunna pafch a bien ruvaus: Nus dai tut quei ca Survefcha tiers ilg
Salid da l'olma a d'ilg Chierp, a nus fai, Suenter questa paupra vitta Harta-
vels da tieu S. Raginavel, tras Ies: Christu. Amen. – Par Survangir da
Deus quella gratia Scha lein nus: Schanulgiar giu a gir da[c]urmeng Bab
nofs &.

———

20   AUGUSTIN WENDENZEN.

La vita de nies signier Jesus Christus. Cuera. de Gion Gieri Barbisch. 1675.

[p. 98]   L.

     O Tuts vus auters, clom el fets tier nus pauper puccons, tuts vus che paffeis
per quefta via de quefta Vita, fiei perfen, a urdei, fcha vus vafeits, fcha vus
25 enfleits ina dolur fco mia dolur. O. S. I. charecia mia, dulfchecia mia, mia
fperonfa, mia fidonfa, miu bien regiert, miu gröd cöfiert, miu dulfch I. has
ti bein endirau grödes peines, biaras angufchas, a pitres dolurs per mei
pauper fchi grond [p. 99] puccont! A encuenter coñi fund jau bein a tgi
fchi mal enconofcheiuels, fchi mal engracieiuels! caudenui pia, miu char
30 fegner, vi jau bein empruar dadeffer pli bein patertgiaus; jau vi quei tiu
S. piter Marteri fliffiameing emprender, a vi quei era ad auters bugiē muf-
far; da quei vi iau favens plidar, ragiunar, a fe patertgiar, ordigl miu cor
vi iau quei mai fchar paffar. Mi dai po o S. I. Tiu agit latier, a la tia
S. gracia. Sche mi enfin iau cū la tia enfeña della S. crufch, ad encieiff
35 enten Num digl Bab, a digl Figl, a digl Spirt foing, Amen.

LI.

     Ierufalem quei gröd merviglius, a pli niebel marcau digl Mund era
bagegiaus, a fteua enten miez igl Mund: lau ha N. char S. cierniu ora igl

liuc della ſia pitra Paſſiun a doloruſa mort, per far eſſer ſiu ferſchmoch
ton pli grōds, a latras (p. 100) nies ſpindriment ton pli cōpleins. N. S. I.
ha voliu morir enten miez igl Mund, per nus dar d'entellir, ch'el hagi en-
dirau per tut igl Mund, che tuts puccons entuern entuern advalmeing ſe
poſſen far vi tier, a ver art a part della ſia ſchi cuſteiula mort. Sper igl 5
Marcau de Ieruſalem ei la gronda vall de Ioſafat, nua che tuts nus auters
paupers puccons ſin la fin digl Mund vein de vegnir preſentai, examinai,
paleſai, a troai de tut nies viver, a demanar. A vegnin lau de N. Spin-
drader, a Derſchàder N. S. I. mingin a recieiver la pagaglia ſuenter nies
meritar. Sper quella vall ha N. S. voliu endirar a morir, per nus muſſar, 10
tgi vult lura lau recieiver in mieivel troament, deigi uſſa ciau ſiu S. Mar-
teri bein entellir, a ſuendar. Per meſa la vall de Ioſafat mava in Aua
nomnada l'Aua de Cedron; (p. 101) dadin maun la vall fuu' igl Mercau
de Ieruſalem, digl auter maun igl cuolm dellas olivas; lau fuua lura in
grond bi iert; ad enten quei iert veva N. S. l'iſonſa de ſavens ire la noig 15
cun ſes Apoſtels, ad orar. Enten quei iert ha N. S. voliu far l'enciata della
ſia S. doloruſa pitra Paſſiun. La Paſſiun de N. S. ei verameing in Comin
grond bi iert, nua tuts nus pauper puccons podein prender bialles flurs,
grond frigg, zun bien fried pigl ſalit dellas noſſas olmas.

LII. 20

N. Char S. I. pia quei bontadeiuel Spindrader digl Mund, ſuenter quei,
ch'el ha giu tutas cauſas muſſau, a bein ordinau; a ſiu temps ei ſtaus nau
tier, ch'el ha (p. 102) voliu far fin a queſta ſia mortala Vita, ad ha voliu
complenir igl N. ſpindriment cun endirar igl ſiu gref dir piter Marteri; 25
ſcha eis el la giefgia S. ſera de noig ius cun ſes 11. Apoſtels ordigl Mar-
cau de Ieruſalem tras la vall de Ioſefat ſur quell' Aua de Cedron; ad ei
vegnius entigl iert dellas olivas. Sin quei viadi ha el plidau tier ſes
Apoſtels, ad ha gig: tuts vus, o mes Iuvenals, vegnis queſta noig ſe ſcan-
daliſar enten mei, vegnis mei bandunar, a vus ſe ſpataciar: ſco ei ſcrit ſtat: 30
igl paſtur ven a vegnir piggiaus, les nurſas vegnien a vegnir ſpataciades;
mo curch'iau vegn ad eſſer ſi lauaus, ſche vus vi iau vegnir avon, a vi
mi ſe ſchar ver enten Galilea. O ſegner, giennen tuts ils Apoſtels cun in
bien cor; a ſpecialmeing S. Pieder; O char ſegner, On vi iau cun tei
morir, oncha tei bandunar, mo N. (p. 103) char S. enconoſcheva bein lur 35
fleiuladat, a ſaveva tgiei ei fuſs digl Chriſtiañ. En pia vegni ad en paſſai
ent igl iert dellas olivas N. char S. I. ad era tuts ils 11. Apoſtels.

LIII.

N. S. I. ha lau gig a ſes Apoſtels; vus ſchentei cau denton ch'iau vom, 40
ad ur; vigliei, ad orei, ſine quei che vus cordeies bucca enten tentaments.
El ha priu cun el S. Pieder, S. Iacob, a S. Ion 2. Frars, ad ei ius plina-
von per ad els muſſar les anguſchas, ch'el lura ſenteua. A quels 3. Apoſtels

veva N. S. muſſau la ſia gloria ſco Diaus ſigl cuolm de Tabor, a per quei
ha el a quels er voliu muſſar les ſias anguſchas ſco chriſtiañ ſigl cuolm
dellas olivas; che quels che vevũ ſelegrau de ſia letccia, dueſſen era ſe
candoler do ſia triſtecia; per nus muſſar; pli biar in reciciva de Diaus, a
5 pli in ei culpõs de ſurſrir [p. 104] per Amur de Diaus. A quels ſes 3. pli
chars Apoſtels ha N. S. lura ſchau contonſcher, a dau d'entellir les ſias
grondas anguſchas, a pitradats, ch'el ſenteva entigl ſiu cor, a per tuta le
ſia S. Perſuna. El ha lau enciet a vegnir blaichs, trẽblar, a temer, a ſe
muſſar zun tuta via grondamcing travegliaſus, ad ha gig: truriga ei la mia
10 olma entrocha ſi la mort: reſtei cau, a ſurfri er vus cun mei veglici, ad
crci chei vus ne cordeies enten tentaments.

LIV.

El ei lura cun gronda dolur ſe ſpertgins ordad els, ad ei ius ton ſco
in frẽſs in crap lunſch, ei lau ſe mes giu engienuglias cun la ſia facia ſin
15 la tearra ad ha lau faig oratiun tier ſiu S. Bab de Ciel. O cun tgiei mer-
vigliuſa humilitõſa, caulds ſuſpirs, ſreides ſanurs, a pitres anguſchas ha N. S.
char lau [p. 105] ſpons larmes, a ſaig oratiun per tuts nus ſchi monglus
pauper puccons! o Bab miu char, orava el denter auter, ſcha poſſeivel ei,
ſche vomi po daven da mei quei ſchi dir caliſch; po auncalura daventi
20 bucca ſco iau vi, ſonder ſco ti vol. Per la charecia, a igl adaig ch'el veva
de ſes Iuvenals, ſco in bien paſtur tier ſias nurſas eis el lura levaus ſi
ordela oraciun, ad ei vegnius tier ſes 3. Apoſtels, mo ha quels enflau, chei
dormeven; el ils ha charinameing deſtadau, ad ha gig ad els, mo ſpecial-
meing a lgi pieder, ſco preſura dels auters: Simun dormes? Veis vus
25 aſchia mai in' hura bucca podiu cun mei vegliar? Vegliei, ad orei, ſine
quei che vus ne cordeies enten tentaments; Jgl Spirt quel ei bein gleitis,
mo le carn quell'ei fleiula. Queſt ei la madeſchina, che N. [p. 106] char
S. ſco in bien miedi ha dau a ſes Apoſtels, a tuts nus auters encuenter tuts
tentaments dels nos inimigs; nomnadameing vegliar, ad orar.

30 LV.

Pvſpei l'autra gada ei N. S. tornaus entel' oraciun, a ſco vidavon cũ
gronds ſuſpirs, groſſes larmes, a pitras peines ha el orau tier ſiu S. Bab
de Ciel, ad gig: O Bab, Bab tutas cauſas en a tgi põſſeiules, preing daven
de mei queſt caliſch, mo auncalura daventi buca quei ch'iau vi, ſonder quei
35 che ti vol. El ei l'autra gada tornaus tier ſes Iuvenals, mo el ha quels
puſpei enflau dormẽd; El ha quels ſchi mieiulameing deſtàdau, a ils ha
plidintau; mo els ſe turpi giaven, a ne ſaveven tgiei a lgi reſponder. N. S.
ils ha lau ſchau ſtar, ad ei el tornaus la 3. gada tier l'oraciun, a puſpei
ſco adina, cun mervigliuſa humilitõſa ſe mes giu [p. 107] ſin la tearra, a
40 deciartameing clamau ſura a lgi ſiu ſoing Bab de Ciel, ad ha rogau: O
Bab, ſche ti vol, ſche preing po quei caliſch daven de mei, pero bucca la
mia veglia daventi, ſonder la tia. —

Memorial della passiun de N. S. Cuera. de Jion Gieri Barbisch. 1675.

[p. 9]   Declaratiun della S. Meffa.

I.

La S. Meffa ei ina vnf[r]enda, u in facrifici, entigl qual ei ven vnfriu fi a Diu, fut fameglia de Paun, a Vin, vera carn, a [p. 10] faung de N. S. 5 I. C. a quei ha Ghriftus N. Salvader a Spindrader fets fchentau fi, a comendau de far: pertgiei la giefgia S. fera avon ch'endirar igl fiu S. piter Marteri, ha el cun mangiar igl Ciut, faig ina fin digl V. T. fuenter quei ha el lavau ils peis als fes Iuvenals, ad ei de nief enfi fchentaus a meifa cun fes 12. Apoftels; ha priu paun entils fes SS. mauns, a vin enten in 10 Califch, ha benediu, ad ha confecrau, a fchentau fi igl S. Sacramēt digl Altar, cun midar, tras igl fiu S. plaid, la fubftancia digl paun, a vin, enten fia vera carn, a faung; pero fut les fpecies de paun, a vin; adafchia ha Chriftus lau el faig l'emprima Meffa. N. S. ha lau era comendau als fes Apoftels, chei deien er els far quell' vnfrenda, a facrifici della S. Meffa, 15 cun quels fets plaids ch'el veva lau dourau; a quei per in perpeten regiert [p. 11] della fia Paffiun. A bucca mai ils Apoftels, fonder era tuts Spirituals ch'endreig vegnien benedi, a fchentai enten ftaigl dels Apoftels, dein quei complenir, a far, finaquei, che quella vnfrenda della S. Meffa ne peigli fin avon la fin digl Mund.   20

II.

Ils SS. Apoftels fuenter quei che N. S. ei ius a Ciel, ad ha ad els termefs igl S. Spirt, han tuts faig igl Offici della S. Meffa; pertgiei igl Altar, fin igl qual S. Pieder Cau dels Apoftels ha celebrau, aunc oz igl gi ei enten Roma.   Era S. Andriu Apieftel cur chel fuua domondaus de 25 far vnfrenda ad iafter Diaus, ha el dau refpofta, ad ha gig: Iau vnfrefch fi a lgi ver Diaus mingiagi figl Altar in Ciut fenfa macla, a cur che tut igl pievel ha mangiau la carn de quei Ciut, fche refta igl Ciut ch'ei facrificaus, aunc vifs, ad entirs.   Era S. Mathiu Apieftel, [p. 12] ad Evangelift ha faig Meffa; a denton ch'el fieva quei S. Offici, eis el vegnius Martirfaus 30 figl Altar.   Afchia era tuts ils auters SS. Apoftels han faig igl Offici della S. Meffa; pertgiei ch'ei vevē fpecials Altars oreiffer quels digl V. T. ei veven califch; ei benedeven paun; a vin entigl califch; a confecraven carn a faung de N. S. a quei ei bucc auter che far Meffa.

Formvlar de refponder à gidar ils fpirituals. Cuera da Gion Gieri Barbisch. 1676. 35

[p. 1] Ils SS. Officis che vegnien compleni aviartameing enten la S. Bafelgia; Igl Offici della S. Meffa, Mugines, Veafpres, Complets, Letanias, Rofaris, ad autres Oraciuns, a Proceffiuns cominas en avon Diaus zun bein vegnidas, emporneivlas, a charas; ad han veramcing grond' vrbida.

Ellas en adinna enten la S. Bafelgia de tuts ver fideivels grondam. fche-
zigiadas, a tenidas aulta pertgici ils Reginavels, les tearres, les Victorias;
igl funs, a frigg, a tgici che nus vein, manten Diaus tras les oraciuns co-
minas dels Spirituals, giova igl Imperadur Iuftinian; pertgiei lgiei no poffeivel
5 cic Diaus ciunchi giu quei che bears enfemen charam. rogon, a damoden;
gieva S. Gieronimus D. Pertgiei [p. 2] Diaus ven buna a charameing sfor-
zaus, a fe turpegia bunameing de bucca tadlar, a recieiver les Oraciuns de
bears, gieua S. Ion della bucca d'aur. Diaus fets ha empermefs, ad ha
gig: fche 2. v. 3 (a ton pli, fche pli bears) vegnien ftar enfemen a do-
10 mandar de tgici ch'ei vulten, fche ven igl miu S. Bab de Ciel ad els dar;
gic. Iau vi effer cun els enfemen, a vi domadar ad vrbir; afchia ha
Chriftus empermefs.

    Quels che ftaten cun ils Spirituals, a giden orar, cantar, celebrar enten
Bafelgia, quels han mingiamai fueuter ils Spirituals pli art a part de quellas
15 Oraciuns che lau vegnien faggias, gie bucca mai de quellas, fonder de tutas
fimilgiontas Oraciuns che vegnien complenidas per tuta la·S. Bafelgia; a per
quei han bears Imperadurs, Reigs .Fürfts, a Segniurs (p. 3) grondameing
fe flifigiau, a felegrau dad ire en Bafelgia, refponder Meffa, cantar, a
gidar ils Spirituals entels SS. Officis. A quei ei igl Offici Principal dels
20 Aungels de Ciel, aviartameing, continuameing enten la Cafa de Diu ludar,
benedir, ad engraciar Diu.

    Queft codifch ven nomnaus Formular, quei ei, ina fuorma, a vifa de
refponder, a gidar ils Spirituals en Bafelgia. A la ragiun pertgiei quei
codifchet ei faiggs, a fquicciaus, ei foletameing: per dar cagiun, a dar bien
25 cor ella chara, buna, devociufa juventegnia de emprender, de fefliffigiar, a
felegrar de far igl Offici ded Aungel, a gidar, ton fco ei poffeivel, ils
Spirituals enten tuts SS. Officis. Verameing vegnien quels recieiver la
pagaglia dels Aungels enten Ciel, ils quals vegnien devociufameing, cun
modeftia, a charecia [p. 4] de Diu coplenir queftas cauffas giu fin tearra.
30 Quei ei verameing igl miftreng dadin ver fideivel, gi S. Paul Apoftel, can-
tar, benedir, ludar, ad engraciar´Diu cun tut igl cor cun Pfalms, Himnus,
a Canzuns Spirituales.

    Chara Iuventegnia, chars figls a figlias chares: vus effes fco tontes
bealles gilgias enten la vignia de N. S. fco tontes florides rofas entigl iert
35 della S. Bafelgia. Sche vus vegnis ad emprender, fe fliffigiar, a fe deleiggiar
de queftas beallas cauffas de Diu; vegnis bugien cantar, orar, a ludar Diaus
publicameing, fche vegnis vus tontas gades far in' vnfrenda a Diaus dadin
bien friet che ven a legrar la aulta SSS. Trinitat, la benedida Mumma
de Diu, ils Aungels a tuta la beada cuort de Ciel. A curche vus vegnis .
40 a vegnir cauai ora de queft iert, ad ora della tearra [p. 5] da queft
. Mund tras la zapa della mort, fche vegnis vus vegnir plontai fco tontas
legreivles gloriufes plontas enten la tearra S. tearra dels vifs, entigl Paradis
digl S. Paruis.

Bears S. S. Officis ven ei faigg enten la S. Bafelgia, tuts per laud ad
honur de Diu, per in regiert dels mifteris che N. S. I. Chriftus ha com-
pleniu ciau fin tearra.

IOHANN GRASS.

Ils Pfalms d'ilg foinc prophet a reg David, Turig tras David Geffner. 1683.

Ilg II Psalm.

1 PArchei tont fa fmatefchan ils Pagouns
 Sa rimnan cun tal rabj'a garmafchia,
 Chei prendan po ils pievels ufs'a mouns
 Da vounameng far tala Malgiftia
[p. 6] Anfembel curran fig ils regs d'la terra,
 Lur Furfts a Principals s'han cuffilgiau
 D'effer rebels, antfcheiver far la guerra
 Ancunter Deus ad ilg fieu char unfchieu.

2 Si fi gin els rumpein a zund sfarkein
 Ils lur ligioms culs quals els nus ligiaffan,
 Si Frin navend a lunfch da nus mattein
 Ilg giuf cu'lg qual els nus fchillgiog cargaffan
 Mo quel c'ha fi en tfchiel la fia ftonza
 D'lur matidonza ven fa riantar,
 Ilg fenger ilg gual ha tut la Puffonza
 En lur intents ven quels fig fgammiar.

3 Allhur ven ell cun els anfemblameng
 Afchi plidar en fia gronda gritta
[p. 7] Cun fieu rugelg ils ven el grondameng
 A tumantar, tremblar ca ven lur vitta.
 Schend, ô vus Regs, Chei ei la vofs' altezja,
 Jou hai mieu Reg mefs ent ad ordinau
 Sur Zion ilg mieu culmen d'la Soinchezja
 Ilg hai jou mez prieu fi a curunnau.

4 Iou fieu decret, (fchi gi ilg Reg Ligieu)
 Vi declarar, a faic chel ordinava,
 Ilg fenger gic acunter [sic]. mei ha gieu
[p. 8] Ti eis mieu Filg jeu tei oz generava
 Da mei dumonde, fcha chi vi jou render
 Par hiert' ils pievels a pagouns bein zund,
 Ilg tieu foinc raginavel ora ftender
 Troq'ils pli oradim cuufius dilg mund.

5 Tras tieu ferm guault ils vens a fruft' a far
 Cun un pal d' fier', als far ir en malbura.
 Sc'un kruog da terra cochia guels fmaccar.
 Manidlameng fchi metter guels futfura.

Korrigirte Druckfchler des Originals: 4 g. soine;

Vus Rogs cuntut feigias antalgianteivels
A vus derfchaders vus lafcheit muffar,
Men muffaments fchi buns a rufchaneivels
Parncit po fi, ils leigias obfervar.

[p. 9] 6 Survit lgi Senger a lgi favundeit,
Vivind en fia temma tuttavia.
Da funds dilg cor en quel vus fa lagreit
Po cun tremblar vont la giftia fia.
Bitfcbeit quel filg, figend hanur adinna,
Chel buc fin vus fa vilig nechiameng,
A vus ftuveigias tuts ir en ruinna
Pirir fin via puccadufameng.

7 Parchei tont bault ch'un buc vangis quittar
Ven fia gritt' ad arder zenz'uftonza.
O quont beaus ean lura da numnar
Quels c'ban fin el fchentau tut lur fidonza.

[p. 63]   Ilg XVIII. Psalm.

1   FArtont ch' jou hai la vitta temporala,
Taner vi char cun amur cordiala,
Mieu fchild, mieu chiern, mîs armas ad uftonza,
Mieu Dieus, lg agid fin quel ch'jou hai fidonza,
[p. 64]   Tei Senger ch'eis mieu grip a mieu cafti,
Mieu bien fpindrader ca ftas tirs a mi.
Cur jou ilg Senger laud a clom dacor,
Dils anamigs fpindraus bault veng jou or.
Ligioms d'la mort mei zund anturn pilgiañen,
Uals da Belial mei tumantannen.
Icu fova zund vitirs la foffa ngieus,
[p. 65]   A bunameng d'ils latfchs d'la mort vanfchieus.

[p. 66] 2   En quel' angufcha Deus jou adurava,
Mieu grond bafengs a lgi jou palantava,
El mia vufch fi enten tfchiel tadlà,
En sîs urelgias mieu garrir turnà.
Bein bault fin quei la terra fa tremblava
Ilg fundament dils culms fa muventava
Tremblar ftuveva tut zunt fermameng
Parchei ca Deus vilaus fo grondameng.
Or dilg fieu nâs ma fi un fim fgirfcheivel
Un fieug ord' fia bucc' er ngit fchnueivel.
Tont fo'l vilaus a vèt quei faic fi prieu
Ch'el fagittava giu zund bêr burnieu.

3   Ilg tfchiel baffa'l a ngit giu cun furtinna,
Quou fut fes peis fò unna fcuradinna,

El ei noutirs ſilg Cherubim ſgulaus
Sun alas dl'aura mirvilgius manaus
  Groſſas a ſcüras nevlas ilg curclannen
S'cünna camonna quellas ilg zuppannen,
Mo p'ilg grond clar ch'ei lur vont el vangieu
S'han quellas groſſas nevlas ſparalgieu.
  Ei dett tampeaſt' zund clar ei camagiava,
Ilg Senger enten tſchiel zund fig tunnava,
'Lg aultiſchem ſia vuſch figet tadlar,
Laſchà tampeaſta grofs'alg tun curdar.

[p. 67] 4 Cun sês piliets ils mals el ſpatatſchava,
Cun ſieu cameg zund fig 'l ils tumantava,
Ilg fundament d'la terra fò avirt,
Ilg funs d'las auas er vangit ſcuvirt.
  Mes anamigs cur ti Deus caſtigiavas,
Ancunter els cu'lg flad d'tieu nas ſufflavas
Ti ſurangiu has or tieu moun raſau,
A m'has or d'l'aua ſaun a ſreſc manau.
  Dilg anamig ca veva pli puſſonza
Sc'jou, m' hal' gidau, a cumparchieu ſpindronza,
Mieu don a prigel vieu ha'l a mirau,
Cur 'lg ei ſtau temps ha Deus agid mi dau.

5 El m'ha gidau ſilg larg or d'la cruſch mia,
Tras quei ſaver ſchau la charezja ſia,
Tenor mia giſtia Deus mi det
Suenter mes mouns ſchubers el randet.
  Parchei ch'jou hai buc bandunau las vias
Dilg Senger, buc vivieu en malgiſtias
Iou hai vont oelgs tanieu ſes truvaments,
Buc frieu navend cun flis ſes muſſaments.
  Iou hai meſs flis da far ilg dreg adinna,
Am'hai ratraig da nauſchadat ſcadinna,
Cuntut tenor mia giſti' el det,
Suenter mes mouns ſchubers el randet.

[p. 68] 6 Ti vers ils buns ô Deus eis buntadeivel,
A vers ils giſts eis giſt ad amigeivel,
Ti eis ſidreg a quel ch'ei er ſidreg,
Eis ſanaſtraus a quel ca fa maldreg.
  Ils pauperets ti gidas bein adinna
Mo 'ls loſchs garmadis mettas en ruinna,
Aſchi ha Deus a mi lieu anvidar
La bealla lgiſch ch'elg ſcür a mi dat clar.
  Cun tei jou currer pos tras la battalgia,
Cun tei jou ſailg or ſura la miralgia.
Ilg faic da Deus ei ſchuber a perſeg
Ad ilg ſieu plaid elg ſieug pruvaus andreg.

7   El ci un fchild ad unna ferma fchonza,
A tuts quels c'han mai enten el fidonza.
Chi ci pli Deus chilg Senger tutpuffeut
Chi ci fchi ferm, fco quei nies Deus vivent.
  Cun tapfradad ti Senger mei tfchintavas,
A mia ftrada bein fagir lugavas,
Mes peis ha'l faic als peis d'camutfch fumlgionts,
Ch'jou poffig ir p'ils culmens aults a gronds.
  Muffau da vurriar ha'l mia bratfcha,
Ca quell' un arc d'bruntz rut ha fco la glatfcha.
Ti das a mi ilg fchild da tieu falid,
A tieu moun dreg mi gid' a dat vartid.

8   La grazja tia ch'ei cureivla bunna
Ha tirs hanur alzau mia parfunna,
A nu ch'jou vom fas ti er larg par mei,
Ch'jou buc fcarpitfchig ent cun ilg mieu pei.
  Als anamigs hai jou er dau fuenter,
Turnai buc, troq' ch'jou vi fdartfchau lur venter,
[p. 69]   Ils hai pichiau, chels buc pudenn' ftar fi,
Mo ean tras forza fut mes peis vangi.
  Mei has vafchieu cun forza da cumbatter,
Ad has plagau quels mei ca levan batter.
Mei lais ti ver ilg dies dilg anamig
Quels c'han lieu mal hai jou fut mei radig.

9   Quels lur barginn', mo nin' ils liberava,
Clumann' tirs Deus, mo quels nagin gidava,
Sco pulvr' elg luft ils hai jou or rafau,
Sco lozz' en via quels fut tfchapitfchau.
  Mei gidas or d'la razza fanaftrada
Ca porta gritt', ad ei zund haffiada.
Mei dils Pagouns par chiau has cunafchieu
C'a mi furvefchan lgieut ch'jou hai mai vieu.
  Schi bault fco 'ls eáfters puei da mei udinnan
Cun glifnareng lur quels a mi furvinnan
Er quels ca fonn' en lur caftels ferrai
Tumennan tont, fco'ls fuffan fpatatfchai.

10   Ludaus feic Deus vivent mia farmezja,
Ilg Deus da mieu falid en grond' altezja,
Quei Deus c'a mi latirs la forz' ha dau
Ch'jou hai mes anamigs fut mei fchentau.
  C'ha mei fpindrau da quels, mei c'haffiannen,
Alzau fur quels c'ancunter mei falzannen,
Ils quals fin mei pir levan ligiar
Da quei fauls hum has mei favieu fpindrar.
  Dentr' ils Pagouns ven ufs' tei mia bucca
Ludar ils gis d'la mia vitta tutta

Cun Pfalms vi jou tei femper celebrar
Parquei ca ti tieu Reg has lieu gidar.

[p. 70] 11 Cun tieu bratfch has fpindrau quel ord' l'angufcha
La tia gronda grazja chel gaud ufla
[p. 71] David tieu char unfchieu numnadameng
Ad elg vangir fieu femper petnameng.

[p. 557] Ilg CXLVII. Pfalm.

1 LUdeit ilg Senger d'la puffonza
[p.559] Parmur d' sis ovras d' ampur-
tonza,
Ilg ei ün faic a Deus plafcheivel
Ludar ilg Senger buntadeivel.
Ierufalem tras grazja fia
Ha 'l bigiau, duvrau giftia,
Si' hierta ca fò fpatatfchada
[p.560] Vont ons, ei uffa turnantada.

2 Ils cors ruts el pufchpei fcampenta
La fanadat a quels turnenta,
Lur plagas velgias malcureivlas
Cun madafchinnas fanadeivlas.
Ha 'l ligiau fur, 'l ha cunafchienfcha
D'ilg cuors d'las fteilas, la fabjenfcha
Sia manidlameng las d'umbra
A cun lur agien num las numna.

3 Gronds ei nies Deus, fia grondezja.
Ha da puffonza la berezja,
Nuncumpilgeivl' ei la fabjenfcha,
Sia, puffonz'a cunafchienfcha.
Vers quels ca vivan en baffezja
Vult el muffar fia charezja,
Mo quels ch'ean pleins da garmafchia
Firr'el navend d'la vifta fia.

4 Sin l' harpfa cun recunafchienfcha
Cantei, ludei fia fabjenfcha
El regia tuttas creatiras
Surtrai ilg tfchiel cun nevlas fcûras.
Par far curdar giu plievja bera
La quala bongia tutt' la terra
Tras quei nofs culmens bi flurefchan,
Si 'ls quals bers frigs ad ervas cre-
fchan.

5 [p.561] Ils thiers fulvadis el fpifenta,
Ad ilg nies muvel el viventa,
Ils giuvens corfs, garrir fch'els ven-
gian
D' el lur vivond' er quels' furvengian
'L ha buc daleg da la fermezja
D' ilg bi cavalg, d' fia fpertezja,
La comba ferma a lingiera
Da quel ca curra Deus buc mira.

6 Mo mai da quel Deus fa dalechia
Ca ven en fuorma zund perfechia
Tumer fieu num, fcbentar la fpronza.
Sin la buntad fi' a puffonza.
Ierufalem ti ftonza fia
Laude tieu Deus, fia giftia
Er ti ô Zion ta ragorda
Da ludar la mifericorja.

7 Las tias portas el parchira
Puffentameng, chi dat vantira.
Ils tes uffonts el benedefcha
En lur intent 'l ils favorefcha.
El dat la pafch partut la terra
Giu d' tieu antfchies fa 'l ir la guerra
Cun duns cufteivels el t'angrafcha
A cu'lg pli bien furment ca nafcha.

8 [p. 562] Sieu plaid a velgia ch'ei
fecretta
El or da tfchiel fi 'lg mund tarmetta,
Sin terra zund aneg quel curra,
A chei ch'ilg Senger vult lavura.
El fa vangir la neif curdada
Sco plats da louna fcartatfchada,
Er la pruinna fin la terra
Sc'ei fufs femnau or tfchendra bera.

9   Ord' neifs a plicvjas giu cur-
dadas
Fa'l ngir las glatfchas fchalantadas,
Chi effer po da peal tont dira
Surfrir ca poffig lur fchaltira.
   Mo fch'el mai ün ful plaid favella
[p.563] Anecchiameng fchi lieua quella
A fchel fufflar fa l'aura fia
Sto l'aua bault bault ir par via.

10   Sieu plaid a Iacob el tarmetta,
Ses urdens ferits cun fia detta
Ad Ifraël tras grazja fia
Ha 'l dau, ch'el vivig en giftia.
   Cun ils Pagouns fa 'l buc afchia
Lils muïfa buc la velgia fia,
Ils fes ftatuts, fi' ordinonza
Ludeit cuntut fia puffonza.

[p. 563]   Ilg CXLVIII. Pfalm.

1   LUdeit nies Deus anfemblameng
Ca ftat ault fi e' lg firmament,
Vus creatiras fi' lg tfchiel ault
[p.564] Ca fteits, ludeit ilg Senger bault.
Vus oungels tuts, vus sîs armadas
Lgi laud par dar bein pariadas
Sulelg a lginna Deus ludeit
Vus fteilas tuttas quei figeit.

2   Vus tfchiels ludeit ilg Senger ver,
Vus d'aua pleinas nevlas er
Glorifichieit quel tutpuffent
Ludeit ilg fieu num reverend.
   Cun ün sûl plaid d' la fia bucca
Ha el fcaffieu tut or d' nagutta
Farmau afchi puffentameng
Ca tut ven ftar perpetnameng.

3 [p. 565] L'ha cuors ad urden ferit
avont
Taner ch'ei vengian. Vus fartont
Balenas, ad en l'aulta mar
Tut quei ca ftat dei Deus ludar.
   Vus fieug, tampeaftas, neifs da-
neivlas
Vus zuffels, plievias falideivlas

Ca drizeits or fieu fcaffiment
Ludeit ilg Senger tutpuffent.

4 [p. 566] Muntongiàs aultas a vus
crefts
Pumers da frigs, vus ceders, pefcs,
Vus thiers fulvadis, vus arments,
Utfchels d'ilg luft, a vus ferpents,
   Vus Regs d'ilg mund, vus furfts
da guerra,
A vus guvernadurs d' la terra,
Vus giuvens, giuvnas ad uffonts
Vus hummens velgs, a vus dunouns.

5   Lgi num d' ilg Senger tuts dei
laud
[p. 567] Parchei ch'el ftat alzau zund
ault,
La fia gronda majeftad
Sur terr'a tfchiel a femper ftat.
   Un chiern ch' ei zund fig fali-
deivels
Ha 'l drizau fi a'ls fes fideivels
Cuntut ludeit ilg Senger Dieu
Vus ch'effes 'lg agien pievel fieu.

CUDISCH DE CANZUNS.

Canzuns devotiusas da cantar enten baselgia, Combel, G. G. Barbisch. 1685.

[p. 30] In autra de Noffa Donna.

Te legri Regina digl Ciel,
Te legri O Maria,
Te legri Mumma d'Emanuel,
Alleluja, rogi Diu per nus Maria.

5 Deus t'ha giu preordinau,
Te legri O Maria,
Ounca Ciel à Tiarra feigi ftaus,
Alleluja, rogi Diu per nus Maria.

Ti eis il niebel fcheng da Diu,
10 Te legri O Maria,
Che da Ciel à nus Babuns ei dau,
Alleluja, rogi Diu per nus Maria.

Ifaias t'ha profetizau,
Te legri O Maria,
15 Cun tuts Profets vivont ludau,
Alleluja, rogi Diu per nus Maria.

Tei non ha toccau,
Te legri O Maria,
[p. 31] Il nies Puccau artau,
20 Alleluja, rogi Diu per nus Maria.

Ti eis il niebel Spiegel clar,
Te legri O Maria,
Che tonts muffaments à nus ei dar,
Alleluja, rogi Diu per nus Maria.

25 Ti Gilgia denter las Spinas,
Te legri O Maria,
Sur tuttas Rofas finas,
Alleluja, rogi Diu per nus Maria.

Ti Rofa fenza Spinas,
30 Te legri O Maria,
Sur tuttas Soingias Figlias,
Alleluja, rogi Diu per nus Maria.

Ti bij à luftig Paradis,
Te legri O Maria,
35 A tiu Figl, & à tgi fei laud à pris,
Alleluja, rogi Diu per nus Maria.

O ti niebla Spufa da Diu,
Te legri O Maria,
[p. 32] Vmbrivada da fur ent giu,
Alleluja, rogi Diu per nus Maria.

Ti Cafa da tutta fabienfcha,
Te legri O Maria,
Ti Marcau da tutta undrienfcha,
Alleluja, rogi Diu per nus Maria.

45 Ti niebel Tron da Salamon,
Te legri O Maria,
Encoronada figl ault tron,
Alleluja, rogi Diu per nus Maria.

Ti vifchi della manna plein,
50 Te legri O Maria,
Ca da Ciel vegnius eis bein,
Alleluja, rogi Diu per nus Maria.

Ti tiarra benedida,
Te legri O Maria,
55 Nunder la vita ei vegnida,
Alleluja, rogi Diu per nus Maria.

Ti dulfch pomee della vita,
Te legri O Maria,
[p. 33] Ch'igl naufch vefs ounch pli grita,
60 Alleluja, rogi Diu per nus Maria.

Ti fuinta Naaf da Marchadons,
Te legri O Maria,
Che has portau il Paun a nus, affons,
Alleluja, rogi Diu per nus Maria.

65 Ti niebel Curtgin farau,
Te legri O Maria,
Lai nus avond Diu racomandau,
Alleluja, rogi Diu per nus Maria.

Ti niebel Scazzi da tut il Mund,
70 Te legri O Maria,
Ca varga tut Aur, & Argient,
Alleluja, rogi Diu per nus Maria.

Ti bialla fco la glina,
To legri O Maria,
75 Sco il Soleigl legida fina,
Alleluja, rogi Diu por nus Maria.

[p. 34] Ti Regina da foing Michael,
Te legri O Maria,
A da tuts ils Aungels digl Ciel,
80 Alleluja, rogi Diu per nus Maria.

Ti Regina da tuts Patriarchs à Profets,
Te legri O Maria,
Da tuts Apoftels a Martirs tiers,
Alleluja, rogi Diu per nus Maria.

85 Ti Regina da tuts Confeffurs,
Te legri O Maria,
Da tuttas Purfchallas à Soings Legius,
Alleluja, rogi Diu per nus Maria.
                Amen.

[p. 52]   In autra.

Lavaus ei il nies Segniur, Alleluja, Alleluja.
En gronda Gloria ad era honur. Alleluja, Alleluja.

Per nus eis el crucifigaus, Alleluja, Alleluja.
[p. 53]   Per nus ei morts à fattaraus, Alleluja, Alleluja.   .

5 Las Marias manen ad encurir, Alleluja, Alleluja.
Iefum nies Diu cun gron bargir, Alleluja, Alleluja.

O Segner Deus O char Segniur Alleluia, Alleluia.
Per nus has ti portau dolur, Alleluia, Alleluia.

Vi tiers la Foffa ellas mannen, Alleluia, Alleluia.
10 Cun triftezzia lau en vrdannen, Alleluia, Alleluia.

In Aungel fteva da vard dreggia, Alleluia, Alleluia.
Veftgius en alf fco el fus in Reg, Alleluia, Alleluia.

Donauns lafcheit pò da bragir, Alleluia, Alleluia.
[p. 54]   En Galileam doveits vus ijr, Alleluia, Alleluia.

15 Als Giuvenals lasheit pò da faver, Alleluja, Alleluja.
Ca Chriftus fei lavaus pilver, Alleluia, Alleluia.

O tgei letezzia han ellas giù, Alleluia, Alleluja.
Cur ellas han nies Segner viu, Alleluia, Alleluia.

Ludaus feies ti Segner Iefu Chrift, Alleluja, Alleluja.
20 Ca ti lavaus eis guis a gift, Alleluja, Alleluja.

Ludada fei la foingia Trinitad, Alleluia, Alleluia.
Da d'uffa fin la perpetnadat, Alleluia, Alleluia.

[p. 66]   Canzun de foing Placi, e foing Sigisbert.

Ei glei in liug de vegl ennau,
Enten la Ligia fura:
Muftêr è Difentis nomnau,
Stateivel ounc quell'ura.

5 De pli che milli ons ennau,
Ina Caplutta ei ftada:
De noffa chara Donna lau,
Tràs foing Zipert fchentada.

Bià Soingiadat vegn lau hondrau,
10 Sco grond, è niebel Scazzi:
Lur foings Patruns ruauffen lau,
Soing Sigisbert, Soing Placi.

Gl'emprim Avat foing Sigisbert,
En quella Clauftra fteva:
15 [p. 67] Il Vorden de foing Bene-
detg,
Tràs el cau .encieveva.

De niebladat ei el nafchius,
Ord Schottland el vegneva,
El ei daventaus Religius,
20 E foingiameing viveva.

El falva vera Paupredat,
La Carn el bein furvencia:
Siu viver ei Purfchalladat,
A Diu far obediencia.

25 El dat fi per amur de Dieus,
Bab, Mumma, Frars, è Sora:
La niebla Cafa, Rauba, Praus,
Als Paupers part' el ora.

Soing Gallus, è foing Columban,
30 Agli fan Compagnia,
Tràs la Tiarra Tudefca van,
Sin Roma ei lur via.

Il Papa dat de predegar,
[p. 68] Vertit cun pleina fuorma:
35 A tuts tier quals el vegn rivar,
Cur ch'el da Roma tuorna.

Il Papa foing Gregorius,
Soing Sigisbert termetta:
Enten quei ruch defiert tier nus,
40 Per nies falit perpeten.

El dat er' à foing Sigisbert,
La Gniffla fularada:
Cun quella el en quei defiert,
Hà faig Meffa cantada.

45 Ei falven fi ounc oz el gi,
Quei grond, è niebel Scazzi:
A tgi che vult fche muffen ei,
Cul Piez dil bien foing Placi.

Soing Sigisbert dal Papa mefs,
50 Tier nus vegn tràs Vrfera:

Murt fom, è feit cau viv'el vefs:
Ferdalgia endir el era.

[p. 69] Per fiù furvient ha Deus quittau,
Termett agli vivonda
55 Dal Ciel han Aungels Paun portau,
Fient tgei ch'el damonda.

Avont ch'el fei tier nus vegnùs,
Sco nos vegls bia reftaven:
Han ei ounc cau fauls Dieus teniù,
60 Wauld Afens adoraven.

Entuorn fis cient quatordifch ons,
Suenter Chrifti Nafchiencia:
Hà foing Zipert nos perdavons,
Muffau la vera Cardiencia.

65 Il qual fchi bauld ch'el ei rivaus,
Tier quella paganiglia:
Hà el liberau de tuts puccaus,
E tutta viarmaniglia.

Gl'imprim fritg ch'el hà furvegniù
70 Del fiu muffar è Priedi:
Ei ftau foing Placi viults tier Diu,
Sc'in malfaun tràs fiu miedi.

[p. 70] Quel era vivont in Signur,
De gronda, è niebla mionza:
75 Agli fievan tuts honur,
Murt fia buna manonza.

Shi bauld che quei numnau Signur
Hà giù la vera Cardiencia:
A foing Zipert fia Muffadur,
80 Ha el faig fuotiencia.

La fia rauba, praus, e tut,
Liberalmeing el fchenghegia:
A foing Zipert; il qual cun tut,
La Clauftra cau bagegia.

85 Lur' era cau in grond Tyraun,
Che Victor fe nomnava:
Quel era pir ch'in Publican,
En mal el fe fitgiava.

Tier quel termett Soing Sigisbert,
90 Siu char giuvnal, e niebel:
[p. 71] Ch'el volvi quei Vm mal per-
dert,
E grond ranveer tont triebel.

Soing Placi nuotta tementaus,
Giud fia tirannia:
95 Rign'el Tiraun murt fees puccaus
E gronda malgiuftia.

Quei ftaufch agli Tiraun giu 'l' cor,
Pò buc zuppar la gritta:
Vult ver foing Placi lunfch fur Mar,
100 Ne prender agli la vita.

Tier quei han el ounc endridau,
Las femnas, e moronzas:
E fin foing Placi vilentau,
Suenter lur ifonzas.

105 De lur' ennou enquir' el cò,
El quei Schuldau fcavazi:
Sees ferviturs termet' el òr,
Fient mazar foing Placi.

Ils ferviturs fan quei bugient,
110 Ei cuorren preft fuenter,
[p. 72] Sco ftumentùs Liuns fient,
Che han la fom el Venter.

Ei ciaffen el, fchent: Ti Poltrùn,
Tgei dovras ti poffonza?
115 De ftroffegiar nies bien Patrùn,
In Vm de buna manonza?

Uffa tei vein nus engartau,
Negin vegn tei nus prender:
Dai nou bein preft à nus tiu Tgiau,
120 En milli tocs lein fender.

Soing Placi per amur de Dieus,
Siu zart Culiez fcuviera:
Per la iuftia paregiaus,
La mort vugient furfiera.

125 O Dieus, gi el: Perdun' à quels,
Lur fel, è gronda gritta:
Ch'ei han fin mei: Iau rog per els;
E dai ad els la vita.

Schēt quei, hà el porfchiu fiu
           tgiau,
130 Et hà reciert la frida:
[p. 73] Si' olma, havent negin puccau,
.   Cun gloria en Ciel ei ida.

Ils Aungels vegnen giù de Ciel,
Cun palmas, è cun crunas:

135 Che Chriftus ha termefs tier el
Pagont las ovras bunas.

Tedlei pó tier, tgei iau vi gi
A vus ò char fideivels:
Siu Tgiau de Tiarra prend el fi
140 E ftat fin peis ftateivels.

Vefent quei tut ils ferviturs,
Preft fugien els navenda:
Tir il Tiraun cun bia fchnavurs,
E refden quei cun temma.

145 Soing Placi quel va vinavond,
Siu Tgiau fin maun portava:
En leza via entupont,
Ina che pons lavava.

De quella el in piez rogont,
150 [p. 74] Hà mefs fiu tgiau fi fura.
E fà viadi plinavont,
Valfent d'in miez quart ura.

Quei Piez han ei ounc oz el gi,
En Clauftra von numnada:
155 La pli part de quei fcazi bi,
Ounc ufs'ei faunganada.

Tier quei hà el onc Deus hondrau,
Cur ch'el cul'tgiau vigneva,
Han tuts els fens de fez tuccau,
160 Che tut la gliaut vdeva.

Vdint il bien foing Sigisbert,
Tuccont els fens cun temma,
Hà el ladinameing zechiert,
Tgei munti quel' enzenna.

165 El và enconter val, e lau,
A fiu giuvnal foing Plazi:
Soing Plazi dat agli fiu tgiau,
Per in prefent, e fcazi.

[p. 75] A foing Zipert van càulda-
           meing,
170 Las larmas giu per vifta:
Siu char giuvnal vont el vefent
Morir: ò cauffa trifta!

Soing Sigisbert cun pitradat,
Compogn'el en Bafelgia:
175 Setiarra cun folemnitàt,
Vront fur foffa, el velgia.

Vefent il grond Tyraun fient,
Las cauffas mervegliufas:
Hà el vogliu fugir navent,
180 Murt temmas ftumentufas.

El po ch'untgir il ftroff de Diu,
Volent fugir navenda,
Sur pont el auva dat el giù,
Sia olma il Giavel prenda.

185 Suenter quei che foing Zipert
Ha faterau foing Placi:
Vegn tut current en quei Defiert,
Per vifitar quei fcazi.

[p. 76] Tut, ping è gròds, Fürfts e
Prælats,
190 Survegnen grazias grondas:
Agit e bunas fanadats,
Suenter lur dàmondas.

Ei vegnen largs de malefiz,
Tràs fia gronda urbida:
195 Sanadat receiven zops e mits,
Survegnen ciocs vefida.

De lur' ennou foing Sigisbert,
A Diu fliffi furveva:
Sco bialla flur en in bi Iert,
200 Cun Soingiadat floreva.

Entochen quella bialla flur,
Cun grond merit cargada:
Ei dada giù cun grond' honur,
Vegnida coronada.

205 Da quefta vita vegn el clamaus,
En buna vegliadegna:
Tuts quels cun quals el en vita
ei ftaus,
Han gronda crefchadegna.

[p. 77] Afchi ei quella clara glifch,
210 En quei Defiert ftizada:
Perpetnameing ent il Paruis,
Vegn terlifchar beada.

Suenter mort volet el fcher,
Sper fiu Giuvnal foing Placi:
215 Ch'el poffi fiu ruaus haveer,
Sper quei ton niebel fcazi.

Tràs quei Deus ha faig daventar,
Che fco vivont fin tiarra
Els han teniù in gliauter char:
220 Els ina foffa fiarra.

E fco ei een enfemblameing,
Stai nos Entruidaders:
Schi vegnen ei perpetnameing,
Nofs effer Schermegiaders.

225 Quei muffa clar lur grond agit,
Che tut el Pievel fenta:
[p. 78] Sco fenza fin tras lur merit,
Onch oz el gi daventa.

Te legra pia ò Difentis,
230 Per in ton niebel fcazi:
Il qual tei meina fin Paruis,
Soing Sigisbert, Soing Placi.

Hondreien quels fideivelmeing,
Cun vera confidonza:
235 Suondeien era prufameing,
Lur vita è lur manonza.

Sche vegnin nus enfemblameing,
Tras lur riug & urbida,
Effer beay perpetnameing:
240 Tier qual nus Iefus gida. —
Amen.

Canzun della Caftiadat.

Iau les a tgi cantar,
Sche ti lefses mei tedlar,
Della Purfchalladat,
Et della Caftiadat,
5 [p. 79] Quei ei ina foingia ifonza,
Et ina buna fchonza,
Enconter il naufcha Spirt.

Tgi fei quella dovrar,
Pos ti bein tez fauer,
10 Chei fei nies Segner char,
Savein nus tuts pilver;
Quel ei ftans foings a gifts,
Cun ils Evangelifts,
Cun biar milli pli cun el.

15 Maria la Mumma de Diu,
   Quella niebla Purfchialla,
   Ha Iefum parturiu,
   Ei ftada a Diu novialla;
   Cun tut eis ei legrus,
20 Sco ils foings cen er vivius,
   De viver caftiameing.

   Il bien foings Gion Baptift,
   En quei fchi grond defiert,
   Ei ftaus caftgs a gifts,
25 Ha giu nagin confiert,
[p. 80] Cun nagina femna bucca;
   Schliatta era la fia fuppa,
   Scatfchava il tentament.

   Contas biaras Purfchallas,
30 Ha ei fa anflau figl mund,
   Ch'een ftadas à Diu noviallas,
   Caftiameing vividas zunt,
   Et era aunc oz il gij,
   Ch'een era, far afchia,
35 Quei deis ti creer a mi.

   Soing Paul quel nus el gijr
   Entras il Spirt de Diu,
   Chei feigi aunc biar pli bi,
   Da ftar fenza mariu;
40 Tgi viva caftiameing,
   Sch' ha el adina Diu en fenn,
   Quei er iau hai empruau.

   Sche ti vol effer caftgs,
   Sche ftos ti gigniar,
45 A bucca ftar a paft,
   Adina zechigiar;
   Mo caftiar il Chierp,
   Sche veen tier tei il foing Spirt,
[p. 81] Ad enconterftar à gli Carn.

50 Ina niebla vertit de Diu,
   Eis ti Purfchialladat,
   Cun quella ei Deus vivius,
   Cun gronda foingiadat;
   Quel ven encoronaus,
55 Chei adina enconterftaus
   A gli voluft digl mund.

   Iau rog tei Spiritual,
   Fai avonda, a il Sacrament,
   Et era tei Iuvenal,
60 Cun viver caftiameing,
   Ti niebla, zichtia Piglia,
   Fai à Diu per fia veglia,
   A plaidi zichtiameing.

   Ei ftat a tuts pli bein;
65 Quei faveits vus creer à mi:
   De plidar undreivlameing,
   Ei fei noig ù il gij;
   Fi fei la Donna ù il Hum,
   U auters, ch'een d'entuorn,
70 De plidar pauc à bien.
                        Amen.

Confolaziun della olma devoziufa, Thront, Tier Noffa Donna dèlla Glish: Tras ils Religius degl Vorden de foing Benedeig; della Claustra de Moftér. 1690.

[p. 76] *In' autra Canzun per la Quareifma della Pafsiun de nies Signer.*

Els ei pufseivel
Chę ti fideiuel
Curri buc l'auva per vifta giu
Sbe ti petraiggias
5 Las peinas faiggias,
A tiu Saluader per tei filg perdiu.

Se giennuliaua
Per tei rogaua
El Hiert con larmas gronda shnur.
10 Las fias combas
Murt peinas grondas
Agli fig tremblen per la ti' amúr.

Sauòg el fuaua
Pigliar fe shaua,
15 Cun ftomentufas cadeinas d'fièr
Quella lafciada
Stuorna shuldada,
Lig el cun fugas fco' el fofs in tier.
[p. 77]
En faccia picchia
20 Faulfa perdicchia,
Sin el fentenza della mort far da.
De diras geislas
Fridas fnueivlas,
Sia membra fleivla enten frufta va:
25 Varda la faccia
Varda la braccia,
Varda la fia perfuna per tutt
Tutta vnflada
Da faung trattada,
30 Dels Luffs fcarpaus eis ęl val fc'in
          cret ciut.
El fe inclina
La cruna de fpina
Sco in vęr Spus è de faung Reg
Cun fifta greua
35 Sil chiau gli deua,
Sc'el fufs de crappa sēza nagin
          sheneg.
Pilatus muofsa
Gli Pievel vffa,
[p. 78] Vardeit (shet el) sh'el feig' ī
          Chriftiañ

40 Se contenteies
E bucc' voleies,
Che iau caftigi el pli cun miu maun.

Cun rabi' è gritta
E gronda difpitta,
45 Vult tutt il Pieuel cun fia vush
Senza dar peda
E fenza misheda,
Che Iefus vegni traigs or' tier la
          crush
Jefus ven pia
50 Traigs per la via,
Cargaus fin fia shuvialla col lenn
Fan gronda prefsha
Tutt fin el grefsha,
Sc' el fufs in morder & n ord de fenn.

55 Bucca fenteua
Meins peina greua,
Vęfent Maria fiu foing filg char
La cauldmeing plira
Cun el vult ira,
60 [p. 79] E per nus er la fia vita dar.

La veftedira
Trai' ora prend mira,
A tiu Saluader cun bear zenur
Nius enguttauen
65 El, à forauen,
Sia membra zarta cun gronda dolur.

Treis huras fteua
Siat plaids el sheua,
Vid il len della foingia Crush
70 La mort el clomma
Dat fi si' olma
A piart la vita cun zunt gronda vush.

Guardeit fideiuels
Teidleit carteiuels,
75 She glei shi gronda ftau dolur
Che vies Saluader
E vies Dershader,
Ei oz furfrint ftaus per la vofs'amur.

Se recordeies
80 [p. 80] E se figeies,
Vengonz de quella grond' honur
A vies Saluader
A vies Spindradër,
Vus ringrazieies sig cun grond'amur.

85 Cau ent shai vsa
IESUS en sofsa,
Tés grefs poccaus el ha fatterau
Pertraggia pia
Emblid' mai via,
90 Tgei l'olma tia, agli ha cuftau.

                      Amen.

[p. 80] *Ina autra Canzun per la Quareisma Ils fiat foing Viarfs.*

Dentont che Iefus tutt plagaus,
Pendet vid la Crush enguttaus,
Spinauen fias veinas;
Ils fiat foings Viarfs ba'l lau plidau,
5 Con ftormentufas peinas.

Gl'emprim plidat el cun cor plein,
Tier liu foing Bab carinameing:
[p. 81] O Bab: ad els perduna,
Pertgei ch'ei fan buc tgei ch'ei fan,
10 Vid la mia perfuna.

Igl auter plaid bein ha'ntelleig,
Il pauper Schocher de maun dreig,
Sco ventirau artauel;
Ti vens adefser oz cun mei,
5 Enten miu Reginauel.

Il tierz plaid fuua de kumber grond
Tier fia Moma á tier foing Gion,
Preing mira tiu Filg ô Donna,
E tier fôing Gionn fiu char giufnal:
20 Preign tia Momma.

Egl quart foing plaid hal lâmentau,
Co fiu Bab veu'el bandunau,
En peinas ftomentufas,

O Bab co lais mei endirar,
25 Las plagas dolorufas.

Il ciunc fiu foing plaid vid la Crush
Ha el clamau cun aulta vush:
[p. 82] Iau hai bein feit zunt gronda,
Solettas larmas digl puccont,
30 San effer mia bevronda.

Igl fys foing plaid ba ferrau giu,
Vfs ei vid mei tutt compleniu,
Tuttas dolurs finefshen;
Sce ma'ils Chriftiaũs er els aũc megls
35 De quellas fe furüefshen.

Il fiat foing plaid val vont finir,
Siu pitter è shi ftreing morir,
Tier liu foing Bab el clomma,
O Bab: Miu Spirt en tês foing mauns,
40 Morint, iau recommonda.

Tgi che përtraggia con bien cor,
Queft fiat foing Viarfs po prender or'
In frig de tonta valitta,
Che Diaus gli ven ciau grazia dar,
45 E la perpetna vita.

                      Amen.

[p. 217]   *Canzun de nies Patriarcha S. Benedetg.*

Gl'ei in Pomêr ent' gl'Orient,
Qual ei plantaus da Dieu pofsent,
La plonta della vita,
Sia vertit fiu grond agid,
5 De vit' il num meritta.

Siu bift ferms è ftat fi grad,
Sch'in connif ei de mëza ftad,
L'ha zund negina menda,
El va ent' gl'ault con in tal guault,
10 Las neblas ch'el furprenda.

De biars forts romma pòs mirar,
Entuorn el, à te fmarvegliar,
Giud lur grond' eleganza,
Fa fe legrar mò il gvardar,
15 Lur bialla ordinanza.

La feglia femper verda ftat,
[p. 218] Vnviern à ftad nin donn gli dat,
Et een ord prigel de feccàr,
La lur beltad, la lur bontad,
20 L'entira plonta een lodar.

Siu fritg ei buns, & ha vertit,
Da mantaner con fiu agit,
E conferuar la vita,
L'eï generòs, l'ei virtuós,
25 De quei ba nin difpitta.

Funs cn la tiarra ftenda giu,
Queft bi Pomêr da Dieus fcafiu,
Sia ragish zund bialla,
Queft fundament dat a gli lenn,
30 Tutta vertit novialla.

Bials ei il fritg, biall' ei la flur,
Biall' ei la romma, à la verdùr,
Quei tutt ftat in onn ora,
Gl'ei tutt cargau, tutt bein fittau,
35 Cau nina caufa mora.

In zard è niebel á bien fried,
[p. 219] Per tutt fe rafa zund da ried,
Fa bein à tgi che freda,
Tutt fenta guft è grond voluft,
40 Tgi de fredar prend peda

In tal Pomêr shi bij è grond,
Che ftat adina fur tutt onn,
Tgi vult enflar fin tiarra,
Nu ei in tal, che feig' dual?
45 Gagliardameiug empiarra,

Nu feig' in tal grond bi pomêr,
Iau hai enflau sh'vom ch'en èr,
Pomêr da Primavera,
Gie bucc' in tal che feig' dual,
50 Mo in che vargi era,

Il Patriarch Sointg Benedetg,
Ei quei pomêr che iau manegg,
La plonta della vita,
Dious ha plantau è creshentau,
55 Da quei negin dubitta.

Cur fe dumbraua quater cient,
[p. 220] Et aunc oggionta fin bien quint
Ei ftau la fia enciatta,
Siu vegnir nau, ei era ftaus,
60 Da gronda niebla Slatta.

Quel fi cresbett da dij à dij,
Siu cor el er' alzaua fi,
Da bien eut bien el mava,

Tgi che vefet queft Aungellet,
65 Giu d'el fe fmarvegliana.

De ons quattordesh cur' ch' el ei,
Dil mund ils prigels shon el vei,
Enceiva preft de quel sbittar,
Prend von fefez, ô bein perderts,
70 De bucca sbar fe engannar.

Ent in defiert Sublac nomnau,
Treis ons ha el lau fe zupau,
E foinggiameing viueua,
Roman folet, de quei favett,
75 Ch' à gli la fpifa deva.

Ha queft Pomer bein fe fermau,
[p. 221] E las ragishs zund lunsh refau,
Vult per quei Dieus el palefar,
Il mund entir quel fez fa dir,
80 Che pli à pli el feig' friggiar.

Ha dodesh Clauftras bagagiau,
Et era quellas confidau,
Adodeshs dils fees giufnals,
De grond' bontad è foinggiadad,
85 Hauent il mund lur bucca tals,

Sil' cuolm Cafsin ei el lur tratgs,
E zund grond frigg ha er lau faig:
E biaras olmas convertiu,
Zūd biars pagaũs ha tatg chri-
ftiaũs,
90 Tier il ver Diu tuts quels voluiu.

Ei era ftaus in ver Profet,
Tutt ils difcús el dir fauett,
Sco era tutt il de vegnir,
El pann è glafs, tgi mai quittafs?
95 Il tiffi vefa è fa dir,

Il Totilas Tyran crudel,
[p. 222] In vm cun fiu vesggiu tier el,
Trauett, è vult fiu fpirt prouar
Enconoshett il Soing, è sbett,
100 De ent nof ons la mort fpeggiar

Cur el fiffonta ous ha giu,
A dus aunc tier, sh' ha Dieus voliu
Queft bi pumêr er' trausplantar.
En tal cortin, nù fenza fiu,
105 El poffi femper fe legrar.

9 *

L'vra è dij, dil fin morir,
Ha el aunc fauns l'aviu do dir,
Hauend reciert foings Sacramês
En grond fplendur, è grôd honur,
110 Ei iûs à Ciel con legrament.

Een pli cic milli onns pafsai,
Sin queft pomôr che friggs en ftai,
E fco ils codishs fcriven,
Sutt fiu muffar, intruidar,
115 Aunch dodesh Vordens viuen.

Ord' quefta plonta een creshi,
[p. 223] Zund biaras flurs & friggs aunc
pli,
Zund buns & er cufteinels,
Daten bien fried, fco en bien iert,
120 A Dieus een emperneinels.

Il Orden foingg ch'el ha plantau,
Per il mund ha el portau,
Da dij ent dij el ei crefcius,
Il Orient, il Occident,
125 Sutt fia Regla ei vegnius.

Ciunquonta milli & aunc pli,
Lefs Claufuas aunch nomnar fij,
Per figls fco er per figlias,
Ent' bien muffai à tutt furdai,
130 A Diu cun cor à veglia.

Ord queft foing Orden een vegni,
Veing oigg Papas, fco tutt fa di,
E Cardinals er' duocient,
Tuts foings è bûs cû biars grôs dûs,
135 Il mund de tals ha giu bafegns.

Siscient à milli Arcivefcs,
[p. 224] E quater milli er' Vefcs,
Da Benedeig il Patriarch,
Shon vô biars ons ē quefts grôs
foings,
140 Tuts en vegni fco d'in bi arch.

Abbats en ftai cun zunt bien quint,
Quindish milli à fiattcient,
Che cun lur codishs fcriuer,
A biars puccons, hæretics gronds,
145 Ha bein muffau de viner.

Biars Rçiggs & er' Imperadurs,
Reginas è zund biars Signiurs,
Cun niebla figliolonza,
Han faig eudreig, de Benedcig,
150 Er' prender la manonza.

Biars Dicas, Firfts & er Baruns,
Biars Grof, per viuer or' dal mund
En er' lur grôd pracht ftai sbitar,
A lur grond ftand cun bien ferftäd
155 A fia Regla tutt furdat,

En quindsh milli ciunquonta nof,
[p. 225] Ciunc cient, & aunc biars lasb
iau or',
Che foings tuts en shon declarai,
Sutt Benedeigg fco futt lur Reigg,
160 Sutt fia·Regla·tuts en ftai,

La Clauftra de Cafsin folett,
Ciunc milli cinquonta Soings bauett,
Ciunc ciēt aunc tier pos er' nomnar
De quei bein pò & era ftò,
165 Tutt cun rashun fe fmarvegliar,

Ei quei pi bucc' pomêr d'honur,
Che porta tonts bials friggs è flurs,
De diember é perfecziun,
Nin orden ei, che fco quel feig,
170 Ne Regla ne Religiun.

Ha Benedeigg Dieus benediu.
Dal faig il num ha furvegniu,
A tuts fes Monichs benedi,
Che tonts en ftai, che nin po mai,
175 Sutt in cert diember definit.

O Patriarch foing Benedeigg,
[p. 226] Miu cor quel fenta grond de-
leigg,
Murd' legrament el ei ballar,
Tont fco el fa, è poffa ha,
180 La tia laud vult el cantar.

O Pader Soing, fun tei rogar,
A veglias mei er' enferlar,
En tiu Pomêr de vita,
Lau Ti con mei, è iau on Tei,
Viuer femper meritti.

Amen.

[p. 7]   *In autra Canzun per Gl'advent.*

DE d'inä Rofa nefshe,
Ina divina flur:
Ent il bi iert de Ieffe,
Or d'in pomer d'honur.
5 Val fin la mefa noig,
Denter la neiff florefshe,
Teidli fi con adaig.

Quella divinä Rofa,
De quei fritgeivel iert;
10 Ei la Donfialla Spufa
Maria, digl foing Spirt,
Quell' ha portau el bift,
[p. 8] Purfialla mervegliufa,
La flur ch'ei Iefus Chrift.

15 Soing Lucas quei dèfcriua,
Sco l'Aunghel Gabriel;
En Nazareth arriua,
Da Diu trâmefs de Ciel,
Tier la Purshalla ven,
20 El l'affla' en fia ftiua,
Oraziuns lau fient.

Il Aunghel la falida,
Ave pleina de Diu:
Del Signer benedida,
25 La grazia has furvegniu,
Denter tuttas Donnauns,
Soletta eis or' legida,
Da d'effer Momma de Diu.

De queï falit fmaruelgia,
30 Quella Donfialla fitg;
E gronda temma pelgia,
Guid quei che gli ven dig;
Il Aunghel refpondet,
[p. 9] Quei chiou à ti confelgia,
35 Quei ei de Diu folett.

A mi crei ô Donfialla,
In filg vens concepir:
E vens reftar Purfialla,
Suenter parturir;

40 Iefus deis el nomnar;
Quei, la Slateina humana,
Ven dalla mort fpindrar.
Co ei quei mäi carteiuel?
Maria agli rêfpond.
45 Ch'ei feigi quei polfeiuel,
Ch'iou porti in affont.
Cognosh iou po nin Vm?
E vi negin receiuer,
Shi dig che ftat il Mund.

50 Soing Spirt ven vmbriuare,
L'Aunghel refpofta dat:
El ven à conferuare,
La tia Purfialladat,
Pertgei quei tiu affont,
55 [p. 10] Che ti vens à portare,
Ei in Figl da Diu grond.

Che quei ti fei carteiuel,
Elifabeth dei far:
Il fiu bift mal-fritgeiuel,
60 Quel ei in figl portar;
Deus ella ha legrau,
Con in frig shi legreiuel,
Sis meins ha la portau.

Maria la Purfialla,
65 A Diu la veglia dât;
Shent: Iou fun la fancialla,
De fia Maieftat;
Et tier il Aungel shet:
A mi daventi pia,
70 Suenter il tiu plaid.

Lau tras vertit diuina,
Ha eila del foing Spirt,
Reftont Purfialla fina,
Igl Figl de Diu riciert:
75 O dun a fcazi grond!
[p. 11] L'ei Momma, è refta adinä,
Purshalla fco viuont.

Amen.

[p. 11]   *Canzuns de Nadal.*

1.

PEr Nadäl noig effent tutt tgiù,
La gronda fien mei ha furpriu,
Zunt pleina de dulcezja:
Pli beins che lou mi mai ei ftau,
5 Ell fiemi de letezja.

Semgiai ch'in Aunghel comparefs,
Et enten Bethlehem me manafs,
En terra de Judça.
Mervaglias clar, vi iou cantar,
10 Tedleit tgei iou vefeua.

Enn ina ftallà mai iou ent,
In Afen & in boll' lieut,
Sper in purfeppi fteuau,
[p. 12] Ina Dunshalla niebla lau,
15 Bargent fper els fefeua.

Ent fiu ruilg in ping affont,
Tutt nius è trift lau ruaffont,
Sc'il bi folegl sclareua:
Ils fees eglets larmauen fpess,
20 Sc'ina fontouna viua.

Queft affont er' il poffent Diu,
Che Ciel à terra ha fcaffiu,
E tutta quei che viua.
Pò tutts del Mund el sbitten zuud.
25 Negin honur gli deuan.

Ils fees peiùts á zarts manuts,
Per la ferdalgia tremblan tuts,
Pitefshen gronda peina,
Per quei fiu chiau el vidanau,
30 Savens cun larmas meina.

Eu shliats pièzèts, el ha zugliau,
La Momma fiu affont durau,
Ha mefs ent il purfepi,
[p. 13] Quei ei il Thron che Salomou,
35 Con fia pompa ftetti,

Il boff è gl'Afen cognoshiu.
Hau lur Patrun Signur à Diu,
Vont ell feshenugliaven:
Per ina tgin' il purfeppi fiu.
40 Agli affont pinàueu.

Quei ping affont a lur Diu char,
Con lur poder per el scaldar,
Sin el dabott fladauan,
L'ha ninna troft, con bein el braig,
45 Auter che dils glimaris.

O gronda àmùr: gròds ei tiu guault,
Diaus has ti traig oz giu digl ault,
En ina paupra ftalla,
A Diaus poffent, dat nutrimèut,
50 Il fein de ina Parshalla.

Quel cha tutt, tutt de guvernar,
Sc'in pauper orfen ei reftar,

Sil mund ch'el bandonavá;
[p. 14] Tanient amur, tanient, hòuur,
55 A mai negliur f,afflaua.

Vont qual ils Aungels Cherubins,
Ils Throns, ils Firft, ils Seraphins.
E tutt il Ciel f'inclina.
A quel grond Deus de Sabaoth,
60 Honur ven dau nàgina.

Lau er' in um fper quei affont,
Bicciont favens & adoront,
Fient gli reverenza.
O ti poccont ven er' navont,
65 E fai oz penitenza.

Quel che cul Tun flo̅ma a Cameig,
Fiuc, fuolper, rasha è grond caftig,
Ils mals feliog ftrofegia:
Ei oz tont pings, è tont charins,
70 De far la paish garegia

El ha nins vaffens enten maun,
De trer la fpada fa el plaun,
Sin tei pil tiu bien fpeitgia,
[p. 15] Crez eis el tutt, fco mai in Ciut,
75 Emblidau fia fermezia.

Gie sh'el nus lefs gie caftigar,
Vegnefs la Mo̅ma quei duftar,
E prender gli la fpada;
Pertgei con nus zund malmonglus,
80 L'ei buna' adina ftada.

O mund malmund! te turpigiar,
Dueffes ti, & er' sbitar,
Il pracht è la lushezia,
Mira gl'affont fin queft fiu Thron.
85 Cau eis el en triftezia.

Chrifttgiaun pertracchia queft affont,
Per tei ha el dau fi fiu Thron,
Nu'ci charezia tala? ·
Queft ei il leg, de quei grond Reg,
90 La ftalla ei fia Sala.

Fertout fuu iou mi deftedaus,
E tier me mez pufpei turnaus,
Con buna regordonza,
[p. 16] Miu cor tont pli f'alzaua si,
95 Tier Iefus mia fperonza.

Sh'in fiemi tal podefs vegnir,
Aunc pli, lefs iou vngient dormir,
Entocchen fiatt è mefa:
Jou lefs cantar, en fien clamar,
100 O Jefus, viua Iefus.

O miu curreïuel Iefusett,
O dulsh affont, ô miu shittet,
O troft de mia vita,
Sper tiu purfeppi vi iou ftar,
105 Igls dis de mia vita.

Con deuoziun vi iou cāu ftar,
E milli gadas tgi cantar,
O Iefus! viua Iefus;
Pufpei cantar vi iou turnar,
110 O Iefus! viua Iefus.

Con tutt à mi fai la favur,
Ch'iou poffi pò ver queft' honur,
Da Ti furuir adinna,
[p. 17] De tei lodar, tei adorar,
115 Sper quefta dulcia chinà.

                 Amen.

[p. 39]   *In autra Canzun de Danief.*

EN in Curtin fun iou oz ftaus,
In ftaub de Rofas ei cauaus,
Hai rut giu la flur oz en damaun,
Portau à vus per in bien mañ.
       alleluia.

5 JESVS niēs Diu ei quella flur,
Ei furtagliaus oz con dolur,
Ei cotshens, brins, & ei er' alfs,
L'ei verts, morels, è fa tuts falfs.
       Alleluia.

La Rofa ha fried, è la favur,
10 Ell' ha il mel è la colur,
Igl fried de quella fcaccia il màl,
Sc'ils viarms vegnien fcacciai del fal.
       Alleluia.

La Rofa cotsna éi dils paziens,
Als comporteivçls fa'l prefents,
15 Il chietshen faung de nies Signur,
Preing enten maun quçlla niebla flur.
       Alleluia.

[p. 40] Con quçfta pon çr' ils malzauns,
Vrbir la grazia à vegnir fauns,
Con buna veglia comportar,
20 Per mur de Iefus nies Diu char.
       allel.

Gli Oberkeit la Rofa brina,
Preig enten maun è falu' adiña,
Bien regiment dei quel faluar,
In bien exempel dei quel dar.
       allel.

25 Chei ei pli bi chin Oberkeit,
Che vif con Diu è fa bien tsheit,
Caftigia il mal, fa far il bien,
Quella flur brina fcaccia il fien.
       allel.

A commins Vishins vi iou er' dar,
30 La Rofa verda shar ferdar,
Te lai dovrar en la lavur,
Fideivlameing per ver honur.
       Alleluia.

Vi shèngiar la flur morella,
Zichtias donauns perneit vus quella,
35 [p. 41] Perneit fin maun ferdeit fiu
             fried,
Tuttas cauffas dovreit con mied.
       all.

Dçvoziun à fideivladat,
Charezia amur a priufadat,
Als vos mariùs, fco Deus ha dig,
40 She ven la flur portar bien frig.
       allel.

Preing er' ti figlia la Rofa alua,
Zichtiameng er te ti falua,
A Iefu Chrift agli tiu fpus,
Fai in ciuppi zunt prezius.
       alleluia.

45 Sti faluas fliffi quella flur,
Ven ei adeffer tia honur,
La zichtiadat ei in fcazi grond,
A bein plashiu à Diu poffent.
       alleluia.

Pernüit fi pia, queft bien maun,
50 Vus felègreit fora á damaun,
Oit quellas flurs pernuit il mel,
Dal cor cul fried feaccieit il fel.
    allel.

Sin queft Danief fun vies Paftur,
[p. 42] Vi shengiar JESUM la flur.
55 JESUS nus vegli pertgirar,
E vus doveits per mei rogar.
    alleluià.
     Amen.

[p. 44]   *In' autra canzun del Sheiver.*

O Mund ti furmeinas,
Nus trais ti en peinas.
Verdat dis nagina,
Menfignas adina,
5 De bucca morire,
Bifegna morire,

Ne val medicina,
[p. 45] Bein che zund fina,
La mort cur la fplunta.
10 She faas tgei quei munta;
Ti ftos lur' morire,
Bifegna morire.

Sh'il Papa giè bialla,
Defs cotshna capialla,
15 Gli mort aunc' alhura,
Cur glei tier quel hura,
Sbe fto el morire,
Bifegna morire.

Signur è grond Ritter,
20 Miftral è Landrichter,
La mort nuott shezegia,
A quels nuott shenegia,
La fa tutts morire,
Bifegna morire.

25 Shuldau con fermezia,
Signur con richezia,
La mort nùott difpetta,
Lei nuotta pli cretta,
[p. 46] La fa tutts morire,
30 Bifegna morire.

Vus Minders fin gaffa,
La Mort tier vus paffa,
Sin vus la laghegia,
Vus prender manegia,
35 Cun ella ftoueits ire,
Bifegna morire.

O nieblas Donshiallas,
O figlias zund biallas,
La Mort fin vus mura,
40 Vus prend preft fur' hura,
Cun ella ftoueits ire,
Bifegna morire.

Doctrina fabiencia,
Tutts lifts è prùdiencia
45 La mort quei nuott guarda,
Perquei nuott fentarda,
De preft far morire,
Befegna morire.

[p. 47] Officis garegias,
50 Guder quels manegias,
La mort ten la fpada,
La frida ei pinada,
Per tei far morire,
Befegna morire.

55 Ils Prers fin' pervenda,
De trer preft navenda,
Els nuotta petrachien,
La mort er' panc datgien,
Ei fton preft morire,
60 Befegna morire.

Ils Monichs che vren,
Ils purs che lavuren,
Han nuotta cuvida,
La mort dat la frida,
65 La fa quels morire,
Befegna morire.

Ti cafa bagegias,
De ftar ent manegias,
La cafa ei pinada,
70 [p. 48] La foffa cavada,
Lau ftos ti preft ire,
Befegna morire.

Veli è de feida
Ti has vffa queida,
75 La mort en tiarra nera,
Ei cauffa zund vera,
Fa tut quei fmarcire,
Befegna morire.

Il chierp ti bein trattas,
80 Con biar bunas tratgias,
La mort, cert·daventa,
Als viarms tei prefenta,
Tier quels fa tei ire,
Befegna morire.

85 La carn ti shmechlegias,
Mai nuott agli fnegas,
Dai mo empauc peda,
Zund mal la preft freda,
En marcia ven·ire,
90 Befegna morire.

[p. 49] La·mort ha la mira,
De nus tutts far ire,
Ent bara ent foffa,
Ent cendra et ofsa,
95 Stoein preft morire
Co ven ei lur' ire.

Vall nuot il bargire,
Aunc meins val il rire,
La mort tutts fagitta,
100 Pli gleitta ch'in quitta,
Tutt preft fto morire,
Co ven ei lur ire.

Puccont tgei vol dire,
Cur ti ftos morire,
105 Pôs bucca fugire,
Pôs bucca vntgire,
Bifegna morire,
Co ven ei lur' ire.

Vugient lefs vdire,
110 She in mi lefs dire,
[p. 50] Co feig' il morire,
Co vegni lur ire,
Ach tgi fa quei dire,
Vugient lefs vdire.

115 Lâ vita paffada,
Ei mai pli tornada,
La vita finida,
Ei mai pli rendida,
Tgei feig' il morire,
120 Nagin vfs fa dire.

Co feig' il morire,
Co vegni lur' ire,
Il mittel fe drova,
Or far fez l'emprova,
125 Ti tez ftôs morire,
Ti tez lur fâs dire.

Vi pia finire,
Cantar de morire,
Nuott auter fai dire,
Che ftô tutt morire,
Co vegni lur' ire,
Iau fai bucca dire. Amen.

[p. 71] *In' autra Canzun de Quareifma, con la quala l'Olma ei furprida della Charezia de Diu.*

IAu fun d'amur furprida
miu cor ei envidaus,
La vr' ei shon vegnida
Iau bai mai nin ruaus.
5 Mo Iefus fenza menda
Gareg iau con verdat,
Il mund ha frig dauenda
Con fia vanadat.

Mo Iefus mei tormenta
10 Mo Iefus dat de far,
Miu cor fc'in fiug dauenta,
Sh'el vult ca bauld calar.

Il fiug, la flomma viua,
E tutta mi dolur
15 De tei folet deriua
O Iefu bialla flur.

Shi bauld fc'el Alva para
E vegnen las Aururs,
[p 72] Shi bauld mi olma chara
20 Surprenden las dolurs,
Fetsh era p'il di ora
buc' auter che bargir,
Fin ch'il foleilg la fora
Sil mund lai er fclarir.

25 Gie sh'iau mo ves fperonza
   La noig de rucfsar,
   Cur chin mett emblidonzà
   Tut quei chin ha de far,
   Cur ch'il foleilg tramoingia
30 Ell va de nus dauent,
   Cur tutt fa fura foingia
   Dorma cauldameing.

   Léfs effer bein contenza
   E mai mi lamentar,
35 Vugient lefs iau far fenza
   Ni auter mi legrar,
   Mo glei tutt adumbattçn
   Ver pos iau nin ruaus,
   Dolurs de far mi datten
40 Ch'han mai nagins firaus.

[p. 73] Sil mund ei ninna cāufsa
   Che peglia bucca fin,
   Il lufft favenz ruauffa
   E ftat en fiu têrmin,
45 Sh'ei fa gie dig mal'aura
   E crefcia fi pil Rhein,
   She ven ei aunc biall'aura
   E tuorn il bi farein.

   La mar ven er mattidà
50 E fe fcoflenta fi,
   Iau fa co la fe mida
   Bear gadas en in di,
   Mo vallalau fi fura
   Dat or' il bi fcleilg,
55 E fa ch'enten in bura
   Se mof bucc' in caueilg.

   Ad in ch'ei fin la via
   Tucc'era d'endirar,
   Sh'el vult en cafa fia
60 Con fanadat tornar,
   Mo lau quell' or' ruauffa
[p 74] Sh'el ei gie fe ftunclaus
   In fumma ninna cauffa
   Ei fenza fiu ruaufs.

65 Mo iau, mo iau me fenta
   Adinna en dolur,
   Adinna mi dat ftçnta
   La chara dulce' amur,
   Mai ina noig entira
70 Pòs iau bein rueffar,
   Fetsh era fur mefira
   Bucc' auter che cridar.

   Chareziâ à mi dat peina
   O Iefu miu shi char,
75 Mo ti ó glish fereina
   Miu cor pós confolar,
   Il inimig fa guiarra
   Siu mei fco 'l fus mattius,
   E mei con gritta empiarra
80 Nu ei pl tiu bi Spûs.

   Perquei mi van las larmas
   E boignien il miu fein,
[p. 75] Hai er' vfs tontas biarmas
   Zunt mai me fentiu bein,
85 Il mal de hura ed vra
   Quel cresh è ven pli gronds,
   Quel mai ne fe migliura
   Shin vefs gie milli ons.

   O Iefu mi legria
90 Cur vol tier mei vegnir,
   Cur vol ó vita mia
   Receiuer miu fufpir,
   Cur vol muffar ti' faccia
   E shar goder te tez,
95 Cur mei pigliar en braccia
   E ftrensher vid il pez.

   O sh'iau vefs la ventira
   Da gleitti tei goder,
   Lefs iau tutt mia mira
100 Sin tei folet hauer,
   Cun tei fun iau fpufada
   Tier tei vi iau vegnir,
   Fai po ch' er' ina gada
104 Iau calli de bragir.

              Amen.

[p. 145]

Della Miraculufa Bafelgia De nofsa Donna della Glish á Tront.

I.

MAria clar, eis terlishar,
A Tront fin Acladira: Aue Maria
Sco biars han viu, quei liuc fclariu,
De di, de noig, à fira. Aue Maria.
5 Regina dil Paruis O Maria della
   glish !

Cau eut quei liuc, fieuan fiuc,
Frint shibas ent il sheiuer, ave Maria
Quei has midau, fantificau,
Per nos riugs cau receiuer, aue
   Maria
10 Regina dil paruis, ô Maria dell
   'glish.

Cur ch'an dumbrau, de Chrift' eñau,
Mi[l] li fiscient fiffonta: Aue Maria.
A quater ons, nos Perdauons,
Compares terlishonta. aue Maria.
15 Regina dil paruis, ô Maria della glish

[p. 146] Aunc buc dē dig, ei ent ill Vig,
Ina Capella ftada, Aue Maria,
A foing Baftiaun, cau fin in maun
Ei ftada confecrada. Aue Maria.
20 Regina dil paruis, ô Maria della
   glish.

Quella volênt, fil fundament,
Lau turnentar: preng mira aue Maria
Mont els cau tras, retens lur pafs,
Sil creft dell'Accladira, aue Maria.
25 Regina dil paruis, ô Maria della
   glish

Cau lunder giu han cognofciu,
Chei deien ftaigl de quella aue Maria
Cau bagegiar á Ti de char,
Ina foingia Capella, Aue Maria.
30 Regina dil paruis, ô Maria della
   glish

Cur ch'han shentau gl'ēprim crap cau
Han viu la prima fira: ave Maria,
Sclarir con glish fc'in bi paruis,

Il creft dell' Accladira, ave Maria,
35 Regina dil paruis, ô Maria della
   glish.

[p. 147] La fanadat il Signer dat,
A tutts de cau d'envia: Aue Maria.
Quels ch'ent quei liuc il tiu grōd riug
Damonden, ô Maria: avê Maria.
40 Regina dil paruis, ô Maria della
   glish.

Ils morts viuents, ils ciocs vefents,
Ils lurds fas ch'ei bein audē, ave M.
Ils zops pafsonts, ils mits plidonts,
Dieus a Maria lauden, Aue Maria.
45 Regina dil paruis, ô Maria della
   glish.

Rofar' orar, Aungels cantar,
E bi fonont las orglas, Aue Maria.
Gliaut or da d'or, fco fuls in Hor,
Auden pfallont las Horas, ave Ma.
50 Regina dil paruis, ô Maria della
   glish.

Mo orauont, Liuc terlishont,
Han viu perfunas biaras, aue Maria
A tals paret, fc'in Tempel vet,
Dudesh feneftras claras, aue Maria
55 Regina dil paruis, ô Maria della
   glish.

[p. 148] Cur ch'ei calar, glish terlishar,
En la foingia Capella, Aue Mariá.
In zund bien fried fenten deriet,
Quels ch'vren entō quella, Aue M.
60 Regina dil paruis, ô Maria della
   glish.

Or de zund biars, vi mo dumbrar,
In ú lauter exempel, Aue Maria.
Dels duns che das, miraclas fas,
Maria en tiu Tempel, Aue Maria.
65 Regina dil paruis ô Maria della
   glish.

Affont ch'ei morts, nafshus mocorts,
Fuorma de talpa nera, Aue Maria.
lian cau vrbiu, tras tei, de Diu,
Agli la vita vera, Aue Maria.
70 Regina dil paruis ò Maria della
glish.

Con pcis à mauns, shiraus, mal-
fauns,
Matella cau portada, Aue Maria.
Igl auter di, la leua fi,
Va feza per la ftrada, Aue Maria.
75 Regina dil paruis ò Maria della
glish.

[p. 149] In vm effent, aunc mal cartent,
De quei che cau dauenta, aue Maria
Vargont can tras, fco foing Thomas,
La gronda glish ftemeta, Aue Maria
80 Regina dil paruis ô Maria della
glish.

Malfauna ha cau tei vifitau,
De lunsh nau tier vegnida, aue Ma.
Sauna tras tei, fper eila vei,
Eñ aur fclarent veftgida, aue Ma.
85 Regina dil paruis ô Maria della
glish.

Aunc ch'ei fei teig, faig o perfeig
La Meffa celebraua, Aue Maria.
Cau il Pleuaun, per in mâlfaun,
Che val lau meglioraua, Aue Maria
90 Regina dil paruis ô Maria della
glish.

In grond puccont treis ga tentont,
D' ir' entē la Capella, Aue Maria
Aunc ch' el fei ftaus bein con-
feffaus
Ven el fclaus or de quella, aue Ma.
95 Regina dil paruis ô Maria della
glish.

[p. 150] Ent quei liuc cau, han ei manau,
Perfunas malfpirtadas, Aue Maria.
Tras tiu confiert, del nausha Spiert,
Een ellas liberadas, Aue Maria.
100 Regina dil paruis ô Maria della
glish.

Ent biars locs foings, en ftai puc-
cons:
Ch' hā mai fgiau dir lur macla,
A. M.
Cau lur poccau, han confeffau,
Con ricla, tras miracla, Ave Maria.
105 Regina dil paruis ô Maria della
glish.

La terlisbûr, biars ban d'agûr,
Aunc oz el di tal vra, Aue Maria.
Per nus muffar, fco nus ten char,
La noffa Muffadura, Aue Maria.
110 Regina dil paruis ô Maria della
glish.

Veing ons en ftai, vefs vi paffai,
Ch'ei han fin quella gonda, aue M.
Si bagegiau, tier quei ch'ei ftau,
Ina Bafelgia gronda, Aue Maria.
115 Regina dil paruis ô Maria della
glish.

[p. 151] Sin ciunc Altars, en celebrar,
Vfs'il foings Sacrificis, Aue Maria.
Con deuoziun, cau quels de Trunt,
Conten ils foings Officis, aue Mar.
120 Regina dil paruis ô Maria della
glish.

Biars minchia di, cau vegnieu fi,
Mo orauõt las fondas, Aue Maria.
Gauden Perduns, à Remishiuns,
Et Indulgenzias grondas, aue Mar.
125 Regina dil paruis ô Maria della
glish.

Een confefsar, à peruergiar,
Biar milli càu perfunas, Aue Maria.
Sil grond Altar, Olmas fpindrar,
Tras Mefsas & ovras bunas, aue M.
130 Regina dil paruis, ô Maria della
glish.

Vi far la fin, miu Pelegrin,
Hais buna confidonza, Aue Maria.
Mai ven tei shar, mai bandonar,
Maria, ti'fperonza, Aue Maria.
135 Regina dil paruis ô Maria della
glish.

[p. 152] Ei pia ftai con nus, à dai,
   A nus la troft diuina, Aue Maria
   Ils tes dulsh egls, fin nus aung megls
   Maria, volu' adina, Aue Maria.
140 Regina dil paruis ô Maria della
      glish.

   Tiu foing Figl char, Iefus, muffar
   Nus veglias ô Maria, Aue Maria
   Che nus mirar, podeien clar,

   La delcia faccia fia, Aue Maria.
145 Regina dil paruis ô Maria della
      glish.

   Nus effen vols, Vus effes nofs,
   O Icfus! ô Maria!, Aue Maria.
   Perfetgiameing, Perpetnameing,
   Lodein Iefus Maria, Aue Maria.
150 Regina dil paruis ô Maria della
      glish.
                Amen.

[p. 183]   *Canzun de nofsa Donna.*

   O Mumma beada
   Sco mai ne fei ftada
   O gloriufa Patrona:
   Roga per nus Maria,
5 Te lein falidare
[p. 184] Da cormeing vndrare,
   Ti veglias tediat
   Il nies domandare;
   Roga per nus roga per nus,
10 Roga per nus ô Maria.

   Da laid è dolure
   Ven quella ramure
   Mifericordeivla Patrona
   Preng erbarm Maria
15 Nus en fin la mare
   Stein tuts per negare
   Mai nus Ti banduna
   Ne chei va tutt fud fura:
   Pren erbarm preng erbarm
20 Preng erbarm de nus Maria.

   La foingia Cardiencia
   La buna intelgiencia
   O Pofsenta Patrona
   Gida nus Maria.
25 Ei lefsen cafsare
   Nus ora rishare
   Bafelgias priuare:
[p. 185] Lur Vuts & Altare
   Gida nus gida nus
30 Gida nus ô Maria.

   Ils tufsegaus Kezers,
   Ils menzefers Hleppers,
   Ti ferma ô Patrona
   Confermi nus Maria:
35 Con Chriftum fnegare

   A nus engannare,
   Sia carn è fiu faung e(n)
   Zunt fierer giun plaune
   Confermi nus confermi nus
40 Confermi nus ô Maria.

   Siu laud & honure
   Pafsiun á dolure
   O ventireivla Patrona,
   Conforta nus Maria:
45 Las grazias divinas
   Las ftrengas giginas,
   Tutt dishonorefshen
   Ses duns fgamiefshen.
   Conforta nus conforta nus,
50 [p. 186] Confortã nus ô Maria.

   Vigilgias à Mefsas,
   De quei mo fan beffas,
   O bein vengiada Patrona,
   Schermege nus Maria:
55 Ils calish patenas,
   Rofaris, Enzennas
   Ciapitshen tutt futt, à
   Shazegien quei nuotta:
   Shermege nus shermega nus,
60 Shermege nus ô Maria!

   Con vaffens nus ciaffen,
   Il nies cun guault raffen,
   Fideivla ô Patrona,
   Pertgira nus Maria:
65 Fan qualche defpitta,
   Per nus prender la vita,
   Pi'l qual eila tiarra,
   Voin dinna la guiarra.
   Pertgira nus pertgira nus,
70 Pertgira nus Maria.

[p. 187] La gronda trauaglia
Da quolla Canaglia
Migeivla ô Patrona,
Defendi nus Maria:
75 Ils Tempels arfenten,
Ils Vuts ei finarfenten,
Las Clauftras sblundregen,
La ranba slazegien.
Defenda nus defenda nus,
80 Defenda nus ô Maria.

Cons orfens che pliren,
A viauvas che criden,
Migeivla Mefsedura,
Ah braig con nus Maria:
85 Biars vmmens à femnas,
En morti per temmas,
Tutt ei che felamenta,
De quella shelmamenta.
Brag con nus, brag con nus,
90 Brag con nus ô Maria.

Nus gida ô Momma,
[p. 188] Stizenta la flomma,
Migeivla ô Patrona,
Nus audi ô Maria;
95 La vit' à manonza,
A nausha ifonza,
Lein nus meglierare,
A Tei fuendare.
Audi nus, audi nus,
100 Audi nus ô Maria.

Sco a Pharao mava,
Ch'ella mar el negava,
Prudenta ô Patrona,
Nus libra ô Maria,
105 La mar el fetiarra,
Ch'el fa à nin guiarra,
Ashia nagenta,
Er' quella shelmamenta.
Libra nus, libra nus,
110 Libra nus ô Maria.

Sco Iudith fpindrava,
Siu picuel falvaua,
O animofa Patrona,
[p. 189] Scampenti nus Maria:
115 Il inimig maza,
Holofernes fcavaza,
El tgiau agli prenda,
Sin loncia quel penda,
Scampenta nus, fcampenta nus,
120 Scampenta nus ô Maria.

Ashia biar gadas,
Ils Chriftiauns libravas,
Benignâ ô Patrona,
Stai con nus Maria:
125 Da peinas zund diras,
A malas fventiras,
Dau vita legreivla,
A mort ventireivla.
Stai con nus, ftai con nus.
130 Stai con nus ô Maria.

Nus efsen curdare
A pei á rogare,
Charina ô Patrona,
Teidli nus Maria:
[p. 190] Tiu figl per nus roghi,
Che en Ciel el nus loghi,
Tier quella rimnada,
Dils Soings e beada.
Teidli nus, teidli nus,
140 Teidli nus ô Maria.

Nus gid' vregiare,
Cardiencia faluare,
Benedida ô Patrona,
Meini nus Maria:
145 Sin quellà morire,
Tier Tei lur vegnire,
Perpetnameing ftare,
En Ciel tei laudare.
Meina nus, meina nus,
150 Meina nus ô Maria.

Amen.

Devociufas Canzvns, Pfalmi et Hymnis per las Vefpras, dal P. Zacharia da Salò, Banadutz de Peter Moron. 1695.

[f. aʳ]   *Canzvn dil s. Rosarii.*

1.

NIebla dil Ciel Regina
Veglias recieiver sî
Queſt bi floriu adina
Miſterius Ciupi.

2.

5 Miſteris de letezzia
Een ciung, ciung dolorus
Ciung pleins de contentezzia
Numnai ils glorius.

3.

Dagl Aungel falidada
10 Con fpecial confiert
Portonza eis daventada
Tras gratia digl Soing Spirt.

4.

Sil Cuolm per lunges vias
Has Lifabeth vifitau,
15 Per Mumma dil Meffias
Ha eila tei vndrau.

5.

Sco Mumma à fco Purfchalla
Has tiu Soing Figl de Diu
Senza dolurs en Stalla
20 De Bethlem parturiu.

6.

Per dar il bien Exempel
[f. aᵛ] Has tiu Figl prefentau
A Simeon egl Tempel
Ad el bein confolau.

7.

25 Per tiu Figl pers turnavas
Encurend cun dolurs
Cun legarment anflauas
Egl Tempel culs Docturs.

8.

Vrond egl Iert dauenta
30 Trurigs de tala fort
Ch'el fieua Saung a fente
Angofcha de mal mort.

9.

Aviartamein fin Gaffa
Han ils Giedius menau
35 Traig ora fia Raffa
Crudelmein geisliau.

10.

Han fil Soing Tgiau la Cruna
Da Spinas fcharf fitgiau
Cun Puorpra la Perfuna
40 Curclau, a fgommiau.

11.

Sil Cuolm cun gronda ftenta
Sto el la Crufch portar
A leu la pli dolenta
Vnfrenda daventar.

12.

45 [f. bʳ] Han vid la Crufch cun guottas
Fermaus egl Luft alzau
A gli cun peinas tuttas
La mort fchi pitra dau.

13.

La fin eil cun Victoria
50 Si della mort levaus
En maieftad a gloria
Sco Reig de tuts Beaus.

14.

Suenter ch'el fin tiarra
Ei ftaus curonta Gijs
55 Eis El ord quefta Viarra
Tornaus en fiu Parvis.

15.

Il Soing Spirt per carezzia
Hal als Apoftels dau
Il qual ha cun clarezzia
60 Tutta verdad muffau.

16.

Dals Eungels eis portada
Cun glorius cantar
En Ciel ad ault cientada
Tier Chriftum tiu Figl car.

17.

65 T'encruna per Regina
La Soingia Trinitad
A gaudes troft Divina
En Thron de Maieftad.

18.

[f. bᵛ] Tia buntad Patruna
70 Banduna buc cumpaig
Quels ch'an tgi quefta Cruna
De Soings Mifteris faig.

19.

Vrbefchi che nus leien
Cun Diu en gratia ftar
75 Ad el, à tei pudeien
76 Perpetnamein lud(n)a[r](m).

Amen.

Canzun de Nadal.

1.

[p. 16] QUEI dulfch Affon iteien,
Con el tuts felegreien,
Queft ei il ver Meffias,
Ton fcrits de Profezias,
5 O car dulfch Affon.

2.

Biars Gijs, ad' Ons rogava
Tiu Pievel, à fpitgiava
Schi vefs tia nefchienfcha
[p. 17] Vffa eis ti en prefchenfcha
10 O car dulfch Affon.

3.

O temps tut ventireivel,
Confiert fur tut legreivel,
O tgiei gronda merveglia
Dieus fot noffa fameglia,
15 O car dulfch Affon.

4.

Il Ciel gl'Affon termette
Gl'Affon il Ciel empermette
Tgiei Gratia pli beada
Sà effer à nus dada,
20 O car dulfch Affon.

5.

La Tiarra ch'en fchi greva
A ftgira Noig fchifcheva

Ven ufs fchi bein fclarida
Da Glifch fchi benedida
25 O car dulfch Affon.

6.

O Affon che bragi
Il laig de Mumma fchagi,
Quel ei pli deleggeivel
Chil Meel de Ciel cufteivel,
30 O car dulfch Affon.

7.

Per diermi ruaufeivel
[p. 18] Viadi fmifareivel
Has faig von pauc' urialla
Da Ciel en quefta Stalla
35 O car dulfch Affon.

8.

Schil freid tgi dat faftidi
Sche gi chil Cor envidi
Il fiug della carezzia
Quel fcaulda con dulciezia
40 O car dulfch Affon.

9.

Schen Stalla fcher tgi tucca
Che defcha à tgi bucca
Sche porfch Mumma adina
Siu foing ruogl per tgina,
45 O car dulfch Affon.

10.

Schil fein voles tei punfcher
Agl Boof con sbavas unfcher
Teen Mumma fot la Tetta
Sin fia zarta detta
50 O car dulfch Affon.

11.

Sch giè la ftgiradegna
De Noig dat cherfchedegna
Schen cheu che confolefchen
Tees Aungels à furvefchen
55 O car dulfch Affon.

12.

[p. 19] Dai bucc'adaig de queftas
Mifteriufas moleftas
Mo beịn de quella tia
Schi Soingia Compagnia
60 O car dulfch Affon.

13.

Sche quefta Mar con vellas
Muenta tees Eigls ftellas
Ei quei P(r)edras cufteivlas
Ch'en pli ch'il Ciel vateivlas
65 O car dulfch Affon.

14.

Per bucca lai encrefcher
Ton bien ven da tei nefcher
Che ven legrar adina
La Maieftad Divina
70 O car dulfch Affon.

15.

Per tia humilitonza
Dai pò à nus figronza
De veer tia clarezzia
En Gloriufa altezzia,
75 O car dulfch Affon.

Il Moribund prende cumgiau digl Mund.

1.

[p. 80] REfti ò Mund glienadi
Con tia faulzadad,
Ieu vai de far viadi
Enten perpetnadat
5 [p. 81] Per veer biars Ons en fumma
Rimnai tia pagalia
Mi ven la Mort à ftumma
Per ton pli gronda taglia

2.

O buns Amigs quei ei
10 Ils fuenter pietigot,
O cars Parens reftei
La Mort mi fa zun nott,
Senza nina duftonza
Sto jeu naven tilar
15 A vai er mai fperonza
De pli puder tier vus tornar.

3.

Tgi fa nu jeu vegn mai
L'emprima Noig lofchar
Tgi fa sh'entgin mi lai
20 Sot teig mei ruaufar,

Sch'jeu vai nuot en buorfa
Ven mei negin recieíver
Mo bein con perfa Nuorfa
Il Luff voler far cieiver.

4.

25 La ftermentufa Mar
[p. 82] Della perpetnadat
Mi refta de paffar
Da mia fleivladad
Tgi fa fche Suffels, à Vellas,
30 Mi portan en Barbaria
Ch'ils Eigls perpetnas ftellas
Dettan tribut, à tirannia.

5.

Regordi ò Chriftgiaun
De mei bauld fuendar,
35 Ei fei oz ne demeun
Quei vult zunt pauc muntar
La fin ei u perpetna
Perpetnadat Beada,
V aber la perpetna
40 Perpetnadat Damnada.

CANZUN DELLA MORT.

1.

La grimma mort con fiu Piliet
Lageigia filla vitta.
Trai fi fiu arg, fchmanaccia fchliet
A cuorre tut de gritta
5 Per fieuer preft à dar il reft
A fia Salvifchina,
[p. 83] Felefcha mai nu chella trai
Tucca la noda adina,

2.

A quei Piliet fchi tuffagau
10 Pò conterftar nin Miedi
Sonder il Chierp da quei toccau
Man'afla nin remiedi,
Mo con in zug fchi bauld fc'ha tuc
La ftermentufa frida
15 Schai fenza fen il Chierp fc'in Len
A l'Olma ei fchon ftulida

3.

Ven ton macorts che de mirar
Scadin fo germifchefcha
Dat ton mal fried che fperas ftar
20 Nagina gig vertefcha,
Ven curclau vi ont' il Vafchi
A frius ent' ina Foffa,
Als Viarms il gaft daventa paft,
Ven ruois navend fill' Offa.

4.

25 Cieu curcla giu il grond Signur
Con Voppen Niebla Platta
Leu ftat zuppau il pauper Pur
|p. 84] Sot tiarra fia Schlatta:
Tgei leggia ci fei de queft à cici
30 En Ciendra tut fchmarciefcha
La vanadat de faulzadat
32 Se'il fim egl lufft ftulefcha.

Consolatiun della olma devotiusa, à Cuera tras Peter Moron 1703 (à Panadulz de Peter Moron 1703).

[p. 5]   *Dieus ludaus da tuttas creatiras.*

1.

SEi benediu, tiu Num ò Diu,
Da tuttas Creatiras,
Las qualas ti de Noig, à Gij,
· Per tut fchi bein pertgiras.

2.

5 Tgei chei, da tiu foing meū fcafiu,
Von tei fa reuerenza,
De tgi furvir tei engrondir:
Nin Vra ftat lifchenza.

3.

[p. 6] En mintgia liug, Lufft, Aua, Piug,
10   A Tiarra t'vbedefchen,
Cuolms, plauns, a vals, cun verds
              Ciupials,
Tei ver Signur ornefchen.

4.

Il Feld, la ftad, tia Maieftat,
Cun nieblas flurs veftgiefche,
15 A mintgia flur fia colur:
A fiu bien fried vnfrefche.

5.

Curtins ad' Orts, de tuttas forts,
Friggeiuels de bellezzias,
Per ti ludar, ad engratiar:
20 Partgiefchen or letezzias.

6.

Glina à Solegl, tard à meruegl,
Semper viglionts fin via,
Cun lur fclarir, de noig à gij,
Mo tut, per la gloria tia.

7.

25 [p. 7] Vaults, Praus, ad Eers, Caglias
            Pomers,
Lur bials veftgieus fplengegiā,
Perquei che tuts, chā els viu biuts
Tei chas quei faig fchezzegen.

8.

La Feglia tei, tut Iarua chei,
30   Sil Fald vndrar feftginan,
Combas, à roms, fpigias fils ftroms:
En tia honur, s'enclinan.

9.

Stgellas, à Sens, tuts Inftruments,
A ti laud femper funan,
35 Aur ad Argient, Pedras fclarent:
Tei, per ver Reig, encrunnan.

10.

Tgi vei la Mar, fto fmervigliar,
Las ftermentufas Vellas,
· Con feigi vêr, tieu grond pudêr,
40 Perdeggia datten ellas.

11.

[p. 8] Con biars à bials, nicbels Vccials,
Een bein maruegl à ſtrada,
Con lur ſgolar, à dulſch cantar:
Engratian, la Rogada.

12.

45 Cons tbiers én mai ſil mūd ſpiſgiai
Tuts tei Scafider lauden,
Ils Peſchs de Mar, per adurar:
Tei, ſoing Antoni auden.

13.

Tuts ſtands chē mai, da tei clamai
50   Tier la vera Cardienſcha,
Sei Spirituals, ne Temporals:
Ti porſchen obedienıcha.

14.

Las Religiuns, fan permiſchiuns
De tei ludar adina,
55 Cun biar vegliar, ſauens orar:
A cun ſtreingia gigina.

15.

[p. 9] Las Olmas ch'een, ſaradas en
Perſchun dil Purgatieri,
En tia honur, cheis gieſt Signur,
60   Vnfreſchen lur marteri.

16.

Tuts en Paruijs, tier nus auijs
Da tei ludar termetten,
Tuts ils Beaus, egl ſoing Ruaus,
Tei lauden en perpetten.

17.

65 Picciens Affons, mo en Ciel grons
Tras gratia dil ſoing Batten,
Datten honur, cho per ſauur,
En gronda Gloria ſtatten.

18.

Ils lur zun bials, florius Ciupials,
70   Ti porſchen las Purſchiallas,
Soings Confeſſurs porſchē er flurs,
A Crunas zun nuiallas.

19.

[p. 10] En pedras flurs, een las dolurs
Dels Martirs vſs midadas,
75 Per tei ornar, encoronar,
Ti vegnen preſentadas.

20.

Scadin bugien, cha ſcafimen
Sei Aungel, ne Erz Aungel
Reuelatiuns, à Commiſſiuns:
80   Nus porta ſenza maungel.

21.

Ils Principals, à Poteſtats,
En tia honur tut ſpenden
L'autoritad, à dignitad,
Da tei reciarta renden.

22.

85 Vertits à Thruns, Dominatiuns
En gloriuſa altezzia,
Vnfreſchen ſi, per ti ſurvir,
La paſch, guern, fermezia.

23.

[p. 11] Ils Seraphins, à Cherubins,
90   D'amur pleins, à ſabienſcha,
Per tei ludar, à tener car
Een ſemper en preſchenſcha.

24.

Tiu meruiglius, à glorius,
Soing Tempel chei Maria,
95 Conta en ruaus, ſur tuts Beaus;
La Canzunetta ſia.

25.

Vſs ô Chriſtgieū, dil niebel Seung
Dil Figl de Diu cuſteiuel,
Veglias er ti, adin'vnſri
100   Tiu Cor à Diu plaſcheiuel.

26.

Has el ſtridau? tiu Cor ſmaccau,
De rigia à gli vnfreſchi:
En gratia ſtas? far ſrig latras,
Ell ſemper benedeſchi. — Amen.

10 *

[p. 78]   *Canzun della Vanadat Mundana.*

1.

LA vita humana, la troſt mundana
  Ei cauſſa vana:
      Il mund ei fats,
Tgi ſin quel viva, ven mai à riua,
5 Mo ſc'in vmbriua
      Ei ſiu ſolaz.

2.

Quei ch'vſſa para, ſco glina clara,
  Damaun er bara;
      Ven à vegnir,
10 Quei ch'oz ſlureſcia, damañ ſmar-
         cieſcia,
Gual ſc'ina feſcia,
      Ei ſiu florir.

3.

[p. 79] Ad aunch ſin tiarra, per rauba biara,
  Encieiuas guierra,
15   Sauens, ſauens:
Per ina plaunca, per in launca,
Da prau, ca maunca,
      Eis mal contens.

4.

Tgei ei bellezia, tgei ei grondezia,
20 Tgi ei richezia,
      Tgei beins à praus?
Tgi ſe ſagira, digl mund, à mira,
Siu ſi' ventira,
      Ven angannaus.

5.

25 Nu' eil Virgili, nu' ei gl' Ouidi,
  Nu' ei gl'Oraci,
      Nu' Martial?
Lur Poëſia, lur garmiſchia,
  Paſſad' ei via,
30   Et id' à mal.

6.

[p.80] Tgiei emportaua, ch'ei non s'anſlaua,
  In che plidaua,
      Sco Cicero?
- Si' eloquenza, ſi' excellenza,
35 Ei ſtada ſenza,
      Ne frig, ne pro.

7.

Ti bialla faccia, ô ti mattaccia
  Ven ſco la glaccia
      Preſt or' luar:
40 Mo tgei manegias, tgici ti ſpanegas
Pertgiei ſliſſegias,
      Da te ſitar?

8.

O tgiei Regina, cont zart' é ſina,
  Ei ſtad' adina,
45   La Jezabel,
Tut ſanganada, dals chiauns ſcar-
         pada,
Vegnit ſin prada,
      Da Jezrael.

9.

[p. 81] Il rich vm veva, tut tgiei ch'el leua
50 Quel ſe veſtgieua,
      Tut en veli
El banchetaua, el bein magliaua,
El s'angraſchiaua,
      Sc'in graſs Vadi.

10.

55 Sil mund viveua, è quel gudeua,
  Quel poſſedeua,
      Cun grond deleig;
Non ſe cattaua, in tal ca maua,
  E ſolazzaua,
60   Sco jeu maneig.

11.

Et auncalura, vegniu ei l'hura.
  Ch'el preſt ſi ſura,
      Stouet morir:
Vertit è poſſa, cun chierp & oſſa,
65 Tut ella foſſa,
      Stouet vegnir.

12.

[p.82] Si' Olm' ei ſtada, ſil mund beada,
  E pi' paſſada,
      Giu egl' vnſiern.
70 Lau en cadeinas, è triſtas cieinas!
  Surfreſcha peinas,
      E grond tuſſien.

13.

La cuorta fiafta, dil mund tempiafta
Sin fia tiafta,
75   Ha faig curdar:
Siu rir ei ora, cun ricl' el mora,
Siu cor gli fora,
Il s'enriclar.

14.

La garmifchià, la renveria,
80   La tirannia,
Ch'el ha dovrau,
Con in' ægliada en malcorada,
En fiug è fpada,
Quel ha menau.

15.

85 [p. 83] La mort perduna, à noi Perfuna,
Il Reig la Cruna,
Sto bandunar:
Cau ei nin miedi, nagin remiedi,
Ne riug, ne Priedi,
90   Po cou gidar.

16.

Ne medefchina, ne pedra fina,
En la furtina
Po tei gidar:
Ord tia, Tenda, tutt fui nauenda,
95   Per quella fenda,
Stos ti paffar.

17.

Ei mi renfchia, mi tarladefchia,
Ch'il mund ftolefchia,
Ladinament:

100 Quei ch'oz fi crefchia, damaun fmar-
          ciefchia,
[p. 84] A tut finefcha,
          En in moment.

18.

Cuntut, fche mira, ti' el ciel fufpira
Et te pertgira,
105   Da tut poccau:
Dil mal vntgiefcha, à Dieu furvefcha,
Quel benedefcha.
          Gli fai d'engrau.

19.

Morir ftoein nus, Dar quint ftoein
          nus,
110   Scha tgiei tenein nus
          Sin vanadats?
Viuien pia, con tema fia,
Queft ei la via,
          Dil ver folaz.

20.

115 Perpetna vita, quei non dubita,
          Sch'in la merita,
          Ha Dieus pinau:
[p. 85] Scha ti'l furmeinas, perpetnas peinas,
          Da fiug cadeinas,
120   Ha'l paregiau,

21.

Scha mira pia, per quala via,
Ti vas tier tia,
          Perpetnadat:
L'ina deleggia, l'autrei pli ftregia,
125   Ti has la leggia,
          Veis, co ei ftat.

Confolatiun della olma devotiusa, Panaduz de Peter Moron. 1731.

Canzun de N. C. Donna da Citail.

[p. 275] Lein oz far in viadi
Sin in Cuolm bein merveigl
En in zunt ault Salvadi
Ch'ei bein nomnau Citail,
5 Tgei gratia, à ventira
Ch'in Paftur ha lur giu
Sin queft Cuolm, tont' urbida
Da veer la Momma de Diu.

[p. 276] Igl Onn che fe dumbrava
10 Milli ciung cient otgionta
Digl temps ch'il Muvel mava
Tras quella gronda Gonda,
Giacum de Marmels fuva
Igl num digl bien Paftur,
15 Maria ad' el compara
En zunt gronda fplendur.

Con vufch zund amorcivla
Camonda à quoi Pastur
Da bagegiar in Tempel
20 Agli enten honur,
Schei veffen dubitonza
Che quei fufs bucca ver,
Igl Ciel ven dar n'enzenna
Che tut quei deien creer.

25 Tras in Chiameig reftava
Cou treis degnots de Saung
[p. 277] Sigl Crap, nu l'era ftada
Ch'ei ufs figl Altar grond,
Sco per Miracla vera
30 Sin quei Crap ei reftau
Ounc pli ch'ina mez'ura
Giul plaun il Crap manaus.

Vafent miraclas biaras
Schi claras fc'il Soleigl
35 Che pli, ch'il Cuolm de Faran
Ei benediu Citail,
Ha Salauc fia ventira
Tras gratia enconofchiu
Da bagegiar queft Tempel
40 Alla Mumma de Diu.

Han viu l'empri[m]a fera
Sclarir fc'in bi Soleigl,
Che tut Surmir vefeva
A Terglifchar Citail,
45 En val lou ha la Boda
[p. 278] En tut Surmir calau
A biaras grazias dadas
A quels ch'an lou rogau.

Or da zund biars Exempels
50 Vi jou mò paucs dumbrar
Che han enten queft Tempel
Reciert la fanadat,
Da biaras forts Malfognias
Een vegni medegai
55 Tras riug de Noffa Donna
Een bein ftai confolai.

Affos ch'en morts nafchi macorts
Fuorma de Talpa gir,
Tras Tei han cou urbiu la sort,
60 La fuorma, à vetta ver,

Schirans, Malfaûs en peis à mauns
En Crutfchas cou manai,
En quei fez gij daventai fauns
A Cafa fez tornai.

65 [p. 279] Biar mal Spirtai da lunfch
manai
Cou buc pudeven tier,
Dils naufcha Spirts fig moleftai,
Garir ftuevan fig,
Mo tras il riug en queft foing liug
70 Maria ha urbiu
Digl fiu foing Figl, en queft Citail
Che biars een liberai.

Tier quei ch'ei ftau lur fabricau
Da curont' Onns ennau,
75 Tras Ser Decan Candrian
Biar pli ounc bagegiau.
Sin treis Altars ven celebrau
Savens Soings Sacraficis;
Con devotiun, quels da Salauc
80 Conten ils foings Officis.

Tuts quefs che vifitefchen
Complein Perdun ven dau
[p. 280] En queft foing liug urbefchen
Val fco à Roma, er lau,
85 Biar milli cau perfunas
Che vegnen lunfch nou tier,
Confeffen fchar encrefcher
Da bandonar queft liug.

Vi far la fin char Pelegrin
90 Veglias buc ftarmentar,
Mò cun bien Spirt in à fcadin
Quei rnch viadi far,
Pli lets ch'in bien foing Pieder
De Tabor ei tornaus,
95 Er ti tras quei viadi
Vens effer confolaus.

Cun aulta vufch clamein nus,
MARIA de Citail,
Tras tiu foing riug, rogein nus
100 D'urbir digl tiu foing Figl,
Che la vera Cardienfcha
[p. 281] Tier nus po dei reftar
En tutta obedienfcha
Er quella confervar.

105 Nus veglias po buc bandunar
MARIA de Cita[i]l,
Culs tes dulfchs Egis fin nus mirar
Entochen noffa fin,

Che nus pudeien er nus veer
110 Igl tiu foing Figl tras tei,
Enfemblamein er nus guder
Perpetnameing con tei,
Amen.

Canzun de S. Wechier de Tumegl.

[p. 350] MAteien nus buc' enblidonza
Il nies glorius Patrun,
Ch'ei Soing Vechier, fenza dubitonza
Che nus ha urbiu Perdun,
5 Che fco el vidavont, ei ftau il nies Plevont,
En Ciel ven ad' effer il nies Biftont.

Igl Onn ch'in dumbrava, oi(n)g cient curonta,
Nauli de Schlatta fova ciau ina Legg,
Che tras Vut urbefchia, quella gratia gronda,
10 D'aver in Fegl afchi perfeig
[p. 351] Il qual de verdat, en gronda Dignitad.
Sclareva eu perfeggia Soingiadat.

Quei ei gl'emprim, mò bucca mender fcalim
Ch'il bien foing Vechier paffa En fia Pleiff da Tumegl,
15 Cun Exempels, è Doctrina,
Er tuts ils Lafters caffa,
A tuts fauls Docturs, faig ver ils erurs
Cun generus combatter.

Aunc gli reftava, da madagar la plaga
20 Da quel Tiraun d'Ortenftein,
Che Groff Gierg de Werdenberg numnava
Mal vivent en queft Cafti
Il Soing nuotta ftermentaus, fturziava ils fees Puccaus
[p. 352] Cun Plagas favens digl Cafti ftufchiaus.

25 Veva foing Vechier, il fiu bien Patrimoni
Bucca da lunfch'er digl Cafti,
Tutt la Viuatfcha, con ina bialla Vegnia,
Afchia fi nomna aunc oz il gij,
Quella fova agli Tiraun, fco la Norfetta de Natan
30 Per haveria fminacia la vetta.

In gi ch'il Soing mava, fia Vegnia mirava,
Catt' il tiraun el adagur,
Termetta en tutta furia, cun rabia ftermentufa
Dus dils fees [s]leats Serv`iturs,
35 Ils quals val' alau, gli taglien giu il Tgiau,
Che per tiarra ci crudau.

[p. 353] Miraclas che bafta, il foing Chierp fi sbaffa
Prend fez fi da plaun, il fiu Tgiau fin maun

Statt fin peis ftatteivel, cun vufch zund legreivla
40 Conta Victoria Victoria,
    Vefend er quei tut, ils Morders zund dabott
    Fuien con gronda tema, è fpott.

    Engual lau nu' il Tgiau, ei à tiarra crudau,
    Nefchia ina bialla Fontauna
45 La quala chi la beiva, fcompa della Fevra
    Et autras malzognias biaras
    Chei vut ins gir de pli, che er' aunc oz il gi
    La Fontauna digl Kopff fi nomna.

[p. 354] Soing Vechier il grond, quel mava vinavont
50 Siu Tgiau fin maun portava,
    Giu per Vinatfcba fi per il Creftet cantont
    Pauc meinz d'in miez quart d'ura,
    Lau ha il Soing er ruefau, è ftau dils Aungels encurenau,
    Nua la fia Bafelgia ei bagegiau.

55 En gual lou han tuts ils Sens, da fafez er fi tuccau
    En tutta la Tumgliafchga
    Sco era ils Sens, digl niebel Stifft
    è Clauftra dellas Munieffas da Cazes
    Nella quala il Soing er veva, duas eignas Sorurs
60 Aurora, & Eulalia numnadas.

[p. 355] Cun gronda temma ftaven, vafent ch'ils Sens fez maven
    Il Pievel tut era ftarmentau
    Aurelia declarava ch'ei fufs fiu Frar, Soing Vechier
    Che à Tumegl fufs martirizau
65 Perquei cureva in Pievel grond, acompignaus er digl Plevont,
    Per furvegnir quei Scazi grond.

    Dalonfch er vefevan, ina fplendur zunt gronda
    Che fott Ortenftein fclareva
    Aber il Rein, che fuva zund grond
70 Nagin paffar pudeva
    O puffent Diu, gual lou ha il Rein fi fpartgiu
    Che à pei fchieg tut pudeva.

    Mont anavont entochen fin quei liug
[p. 356] Nua la fplendur fclareva
75 Han lou enflau, il glorius foing Vechier
    Che fiu Tgiau fin maun aunc veva,
    Il qual purgietel à fias Sorurs, per in prefent pretius,
    Ricievent il porten à Cazes.

    Vegnint er tier il Rein, à quel pufpei cumplein
80 Sco vidavont faig via,
    Sco il Giordan all' Archa, per gronda miracla
    Che pufpei à pei fchieg tut paffa,

Ch'il Pievel tut clamava, cun larmas compogniava
Il Soing Scazzi, alla Bafelgia de Cazes.

[p. 357] 85 Dietolphus, Vuefch de Cuera, ha fez voliu effer era
A fotterar quei foing Scazzi
E quella Soingiadat, à cun gronda Solemnitat
Sot il Altar grond cientada
Tut quei er daventava, igl 'Onn ch'in dumbrava,
90 Oig cient oggionta quatter.

Continuaven las Miraclas à Tumegl, & à Cazes
A fcadin à lur dumondas
Ch'ei han ftoviu fermar, è cun Efchs fierr farar
Il Liviall digl bien foing Vechier
95 Sco er à Tumegl il fiu foing Saung che figl Altar eis aunc
Miraren en fia Caplotta.

[p. 358] Biars cient Onns fuenter digl Uvefchg Henrico Sexto
Dils milli, quater cient novōta fis,
Sco era Ioanne Sexto, ils melli fis cient curonta
100 En grondas Miraclas alzau il Chierp Soing
Et à Tumegl fia Capella, cun niefs Perduns ei quella
Er ftada reconfecrada.

E quefta Fiafta, ei fchon biars cient' Ons faiggia
La prīma Domengia de Maig
105 Ei Perdun bucca mens, tut las Domengias da queft Meins,
Che cun vifitar gudognien
Entochen ils vengoig da Maig cun Spiritual vantaig
Ch'ei la fia Fiafta digl bien Soing Vechier.

[p. 359] Tras fiu Soing riug, ha Dieus en queft Soing liug
110 Faig biaras, è grondas Miraclas
Er oz tras fia urbida, nus paupers pucconts gida
Tier la tees gratias, che nus da Dieus rugein,
Ach che nus il Schlacht vinceien, è tras el triunfeinen,
Et à Dieus perpeten laud deien!

115 Si legra Tumegl, è tut la Tumbliefchga fa Fiafta
Per haver avont Dieus in tal Biftand
Che fa ver la fia urbida, à fcadin, ch'en el confida
Secondont ils fes entruidamēts.
Ina buna fort nus ven el dar, d'iua mala mort nus perchirar
120 E tier IEfum nus en foing Parvis manar, Amen.

IOHAN MŒLI.

Ünna Canzun ner Dispita tenter laua ad ilg Fieuc

Faichia tras mai Jon Mölli Student en Türig Anno 1670 als 29 Augus[t].

(Abgedruckt nach Ms. A; cf. *Zeitschr. f. roman. Phil. IV 80 ff.*; Varianten von Mss. F, Sb & Ca).

I.

[f. 28ᵃ] Cantar les iou a vuse
Quei c'iou hai antalleg;
Vi buc taner dascuse,
Tadleit si bein andreg!

II.

5 Tschei gi a spas bein maven
Mai laua ad ilg fieuc,
Datschiert fig dispitaven
Cou ora en ün lieuc.

III. *Fieuc:*

Ilg fieuc quel scheva a laua:
10 Quest vi iou gir achi:
Iou sunt adina stause
Per ber pli ferms ca ti.

IV. *Aua:*

Mo laua ha Raspundieu:
Co ascas ti quei gire!
15 Iou hai adinn' udieue,
Ti sappias bein manchir.

[f. 28ᵇ] V. *Fieuc:*

Ilg fieuc quel Raspundete:
Iou hai gig la vardad.
Dabat quou antschavete
20 Par quela naradad.

VI.

Parchei el schev'a laua:
Ampera mei ils purs,
Co iou ils hai gidau,
Sch'ti vol, er ils Singiurs.

Anmerkung: *Die Korrekturen in A und F scheinen von der Hand der Copisten selbst zu sein. Ca ist von einer spatern Hand durchkorrigirt. — In F fehlt die Angabe der Interlokutoren von Strophe VII an, in Ca fehlt sie ganz. — Die Anfügung des metrischen e an die betonte Ultima aes den Vers schliessenden Wortes ist völlig regellos: die Abweichungen der einzelnen Handschriften sind deshalb in diesem Punkt prinzipiell nicht berücksichtigt. — Der Kausativendung -entar in A entspricht regelmässig -antar in den ubrigen Mss. — Die Mss. haben gar keine Interpunktion.*

Titel: La Difpita tenter ilg fieug alaua *F, fehlt Sb, Ca.* 1—17 *fehlt Sb.* 1—32 *fehlt Ca.* — 2 c' *fehlt F.* — 6 Mei *F.* — 8 leug *F.* — III. feug *mit ubergeschriebenem i, F.* — 9 feug *wie III. F.* a *fehlt F.* — 11 adüna *F.* ftaufse *F.* — 12 par *F.* ber *mit ubergeschriebenem a, F.* — 14 gir *F.* — 15 adina *F.* — V. feug *wie III. F.* — 17 feug *wie III. F.* — 19 DaBott *F.* cou *F.* Iou *Sb* antschavet *F.* antschaueva *Sb.* — 20 quella *FSb.* — 21 ' *fehlt FSb.* — 22 Amperra *F.* Ampieara *Sb.* mai ilgf purfs *F.* purse *Sb.* — 23 gidaue *F.*

VII. *Aua:*

25 Mo laua alg fieuc bault schette:
Ti fas a mi antiert,
Ti gis buc tut andreg,
Quest vi iou meter tiers.

VIII.

Iou pos bein venscher teie,
30 Iou pos tei or stizzar,
La lgieut po. er cun meie
Tei ora bandischar.

IX.

Cur ti eis vi d'ina cafsa,
[f. 29ᵃ] Vol quela arsentar,
35 Schei lgieud cun mei a strada,
A pon tei stizantar.

X. *Fieuc:*

O Aua, teidle, meie!
Chei iou vi gir a chi.
Iou hai tadlau er tei,
40 Udieu la tia vartidt.

XI.

41 Iou hai brischau marcause,
Vischnauncas ad er vics;
Mo aua nu eis stada?
Nu fova tia vartid?

XII.

45 Gomora hai iou brischaue,
Nu fova tia vartid?
A Sodom arfsentaue,
Nu fova tieu agid?

XIII. *Aua:*

Quesch chiou! quesch chiou, o fieuc!
50 Iou vi tei cuschentar.
Ti sto us ir a lieuce,
A mi vantschida dar.

XIV.

[f. 29ᵇ] Deus ha gieu cumandau
Da far brischar lgez lieuc,
55 Schilgoc ves jou dustaue,
C' ti vesas buc pudieu.

XV.

Schagie ca ti eis fermse,
Schi pos aunc bucca tut.
Iou hai en pitschen temps
60 Pudieu tut far ir sutt.

XVI. *Fieuc:*

Schi vei us a mi aua,
Quei veng iou er afar,
Cur Deus ha cumandau
Ilg mund dad arsentar.

XVII.

65 Ampera tut ils grondse!
Scadin pos amperar;
Ampeara ils uffonts!
Scadin ven mei ludar.

XVIII.

Ampera las mattaunse!
70 Cur las ean a mulin:
Tier mei las curen naune,
Sa scauldan dilg pli fin.

---

25 feug *wie III. F.* scheve *F.* — **26** amei *F.* — **28** tier *Sb.* —
VIII. Fieg *F.* — **31** Ca la lget (*mit übergeschriebenem u und i*) *F.* —
IX. aua *F.* — **33** vid una *Sb.* vi diina *Ca.* — **35** Schei ean cu mei *Ca.* —
36 a pon tei or ftizar *F.* stifantar *Sb.* A pon] pon els, *Ca.* — X. fieg *F.* —
37 O *fehlt Ca.* Auva *F.* teidle] Teidle ti *F.* teidla *Ca.* — **39** er tei] or teie
F. — XI. feg *mit übergeschriebenem i, F.* — **43** Mo nu eis stada o aua *Sb.* —
45 Gomor *Sb.* — **49** chieu *F,* chiau *Ca.* feug *F* (*mit übergeschriebenem i*), *Ca.* —
51 ftof *FSbCa.* us] er *SbCa, der Korrektor macht* en in *aus* ir a. — **52** vanschida
F. — XIV. (Iou hai adin' udieue | ti sabchias bein manchir) *Ca, worauf die vier
richtigen Verse folgen.* — **53** ngieu scumondaue *Ca.* — **54** lieg *F* (*mit über-
geschriebenem u*) *Ca.* — **55** C' fehlt *F.* Ca *SbCa.* — **57** Scha gea *F.* — **58** Schi
pos zund bucca far tutt *Sb.* — **59** en] Er *FSb.* pischens *Sb.* — **61** veig *F,*
crei *Sb.* — **63** Cumondaue *Sb.* — **65** Amparra *F,* Ampieara *Sb,* Ampeara *Ca.*
tuts *Ca.* — **66** amparar *FSbCa.* — **67** Amparra *F,* Ampiara *Sb,* Ampear er *Ca.* —
69 Amperra *F,* Apierra *Sb,* Ampeara *Ca.* — **70** ean] van *Ca.* mollin *Ca* —
71 Tiers *FSbCa.* noue *F,* noun *Sb,* naue *Ca.* —

[f. 30ª]   XIX.
Cunzunt cur ilg ei frid,
Ston elas sa scaldar
75 Lanticra noig vid' mcie,
C' las stovian bucc schalar.

XX.
Ils mats pos amparare,
Sch'els curen bucc tiers meie,
Sch'els staten da schalaro
80 A miez enten la neif.

XXI. *A(a)ua:*
Iou hai tei gig udieue,
Cuscheschas usa chiou,
La tia vartit hai vieue,
Plidar vi us er iou.

XXII.
85 Co sunt iou schi nizeivla
Tuta la lieunga stad,
Co sunt iou schi lagreivla,
Quei gig iou cun vardad.

XXIII.
Scha iou bucc cunsalvase
90 La lgieud, la bieschia a tut,
Si sur ei guis tut mafse,
Vanzas er buc ün gutt.

XXIV.
Curr' ei buc tut tier mei
[f. 30ᵇ] La stad, cur ilg ei cauld?
95 Cur ca la lgieut ha seid,
Tier mei tut ven bein bauld.

XXV.
Sagau a fig luvraue
Cur ils parders han gig,
A bciveer ün zig d'auva
100 Faschinan els bein fig.

XXVI.
Raschlau a fig suaue
Cur las femnas han,
A beiver ün zig daua
Da bot da bot las van.

XXVII.
105 La stad en la calira,
Cur tut la lgieut ha seit,
Tier mei tut vult vangir,
Mirar nu ca iou seig.

XXVIII.
Nu fus la bieschia tuta,
110 Cur ell' ha gronda seid?
Viver pudes la buca,
Scha ella ves ca meie.

XXIX. *Fieuc:*
Ca tia vartid seig gronda,
[f. 31ª] Sto iou bein cunfefsar.
115 Iou hai cato la groma,
Vantschida stos mi dar!

XXX.
Parchei schün ves gie aua,
A ves lur bucca mei,
Schi fus ei pauc gidaue:
120 Chei les ün far cuntei?

---

73 freid *FSbCa* — **74** Sto *Sb.* — **75** L'antira *Sb.* — **76** Ca *F*, C'las tovian *Sb.* Chellas ftopian *Ca.* — **77** Schel *Sb.* — **79** Sch'els] Cur chels *Sb.* — **80** En miez *Sb.* — **82** Cufchefcha *F.* chieu *F*, chiaue *Ca.* — **83** hai vieue] ha vieue *Sb*, udieue *Ca.* — **84** Midar *Sb.* vi us] via *F.* — **85** nizevla *F.* Tut quella lunga *Ca.* — **88** en vartad *Sb*, e vardad *Ca.* — *XXIII nach XXIV in Ca.* — **90** a bieschia tut *Sb.* la bieschca tut *Ca.* — **91** mafse *Ca* a *ist hineinkorrigirt.* fin fur Ei quei tut m. *F*, Sisur ei quest t. mafsa *Sb.* — **92** Vanzas] Vangis *Sb.* in *Sb.* Vanzas pauc a nagut *Ca.* — **93, 96** tiers *SbCa.* — **99** A] Da *Sb*, Par *Ca*, in *Ca.* — **100** faschtünen *Ca.* bein] zund *Sb.* — **102** Cur ca *Sb.* Cur las mataunfe er han *Ca*, er *ist hineinkorrigirt.* — **103** zich *Sb.* — **104** fig daBott d. *F.* — **106** tut] ca *Sb.* ha *fehlt Ca.* — **107** Tiers *FSbCa.* — **109** la *fehlt F.* tuta *mit über-geschriebenem o, F.* — **110** Cur elf han *F*, Cur el ha *Ca.* — **112** Schella ves bucca mei *Sb.* — **113** Ca] Co *Ca.* — **115** cato] catau *SbCa.* groma] porta *F.* — **118** lura *Sb.* Saves lur bucca mai *Ca.* — **120** in *Ca.*

XXXI.

121 Nu chei malmund anpaue,
Chün sto giu schubriare,
Schi va un lur par aua,
Ti stos bear andirar.

XXXII.

125 Tei fier ün or sin gafsa,
Cur ti has schubriaue;
Scadin sin tei lur pafsa,
Cur ti has tut lavaue.

XXXIII. Aua

O fieuc iou sunt nizeivla,
130 Custeivla pli co ti;
Iou sunt er fig lagreivla,
Tut dat ilg laud ami.

XXXIV.

Mei sto un gie manar
[f. 31 b] Cun grond cust or dils gaults;
135 En bischels mei schantar,
Ca custa buca pauc.

XXXV.

137 Tier quei scha iou fus buca,
Vangis tut a secar,
Carschis pauc a naguta,
140 Sch' iou ngis buc a schuar.

XXXVI.

Mei ston lur er purtare
Las neblas entilg ault,
Ch' iou pofsig tut bungiare,
Bungiar la terra bauld.

XXXVII.

145 Iou sto gie far la frinna,
Mulins sto iou manar,
Sch'ün ha cha vund' adina,
Co dat ei ber da far,

XXXVIII. Fieuc:

Ilg fieuc lur raspundete:
150 Iou sunt guis ilg singiur.
[f. 32 a] A mi tut dat ilg drege,
Ei quei buc grond hanur?

XXXIX.

Ston buc las femnas tutas
Mei vi da nou purtar?
155 Sch'ellas mei vefsan bucca,
Nu fus ilg cuschinar?

XL.

Ti aua eis la mendra,
Anturn stos ti ruschnar
Mo iou en buna tschendra
160 Mi pos zunt bein zupar.

XLI.

Itschal ad er la crappa
Sto mei bein or pichiar.
Ilg gi sunt iou sin plata,
La noig pos ruvafsar.

XLII.

165 Mai ston er tuts afaicse
Savens bein parchirar,
Tier mei ver grond adaig,
Ch' iou pofsig bucc don far.

---

121 An chei malmund ampaige *Sb.* — 122 Chiu *FSbCa.* gieu *Sb.* — 123 Scha *Sb.*
vain *FSbCa.* — 124 a *von* bear *in A ist übergeschrieben*, biar *Sb.* Ti ftos giu
fchubriar *Ca.* — 125 fierin *FCa.* fierra ün *Sb.* — 126 schubrigiau *SbCa.* —
127 Scodin *Sb.* — 130 co] ca *SbCa.* — 133 ftoin gea *F.* gie] er *Ca.* — 134 Cun
fadia or dilgf golts *F,* Cun grond cuost or d'ilgs guaults *Sb,* Cun grond cust or
dilg gault *Ca.* — 136 cuosta *Sb.* — 137 Tiers *FSbCa.* — 138 fauar *Sb.* —
140 Sch'iou] Schie *Sb.* — 141 ston lur] Sto ün *Ca.* — 142 ault] lufft *Sb.* —
143 Ch'iou] Chie *Sb.* — 144 terra bauld] launa tutt *Sb.* — 145 gie] er *Ca.* —
146 molins *Ca.* — 147 Schin *FSbCa.* cha vund] mei buc *Sb.* adina] ad aua
Ca. — 148 ber] Bear *F,* schi *Sb.* — 150 guis] quei *F* gues *Sb.* — 151 amei *F.* —
152 gronda anur *F.* — 154 vi anau *C.* — 155 mi *Ca.* — 158 u *von* ruschnar
ist übergeschrieben. — 161 Atfchal *Ca.* — 162 Ston *SbCa.* picare *Sb.* — 163 stund
Sb. — 164 ruvarfar *FCa.* — 165 mei *FSbCa.* — 166 Savenz *Sb.* — 167 Tiers *SbCa.*

XLIII.

Iou pos toi aua baulde
170 Cun mia vartit scaldar,
    Bein bauld ti stos ngir caulda;
    Bulgir ta pos iou far.

XLIV. *Auva:*

[f. 32 ᵇ] Mo l'auva det rasposta:
    Quoi pos ti buca far!
175 Sch'ün fa quei bucca aposta
    Chün pofsig mei duvrar.

XLV.

Tiers quei Bulgir sch'iou stoe,
    Cur ti mei stos scaldar,
    Cunzunt sch'iou vom sur ora,
180 Schi pos iou tei stizzar.

XLVI.

Cuntut lein ufsa quescher,
    O fieuc, mieu servitur!
 Aschi lein nus schar efser,
    Ca mia seig l'hanur.

XLVII. *Fieuc:*

185 Ilg fieuc quel raspundete:
    Suenter dunt jou bucca!
    Ti, paupra fantscheleta,
    Ti lesas regiar Tutt.

[f. 33 ᵃ]   XLVIII.

Cur nurfsas ad ils lufse
190 Pariña san vangir,
    Schi lein alur er nuse
    Pli bein sa cuvangir.

XLVIIII. *Auva:*

Mo l'auva raspundete:
    Cuntenta sunt iou fig,
195 Sco ti, mieu fumelgette,
    A mi gual us has gig.

L.

Sch' ti pos mei schigiantare,
    Schi bucca schanigiar;
    Schiou pos tei stizentare,
200 Scha vi iou buc sparngiar.

LI.

Ti pos us cun tieu gaulte
    Sgular, sei buc quont ault,
    Mo iou achi vi baulde
    Er render ilg paun chault.

LII.

205 Quei seig aschi cantau
    A vus ca veits tadlau;
    Dilg fieuc ad er da lauva
    Seig quei us dispitau.

Fin.

---

169 baulte *Ca.* — 170 caulde *Sb.* — 173 dat *Sb.* — 175 Schin *FSbCa.*
bucca *fehlt F.* a sposta *Sb.* — 177 sch'] *fehlt Sb.* — 180 Sch' *Ca.* — 181 lein]
Bein *F.* — 183 nus] ufs *Ca.* — 184 l'] *fehlt Sb,* la *FCa.* — 187 fantschalletta *F,*
fantschellaetta *Sb.* — 188 regor *FSbCa.* — 189 ad] dad *Ca.* — 190 sa *Sb.* —
191 alur] calar *Sb.* — 192 sa] nufs *Ca.* — 196 gual us has] cal ns ha *Sb.* —
197 *das erste* a *in* schigiantar *ist übergeschrieben.* Scha ti *F.* schigintare *F,*
schiantar *Ca.* — 198 Schi] Scha *Cv.* schaniar *FCa.* — 199 stizentare] er
stizare *Sb.* — 200 Schi *Sb.* — 202 fai *SbCa.* — quont] ton *Sb.* — 203 baulte
Ca. — 204 caulte *Ca.* — 205 achi *Ga.* — 208 us] bein *Ca.*

Soings Discurs dad üun' Olma fideivla. Luven. Tras Ioh. G. Barbifch. 1686.

[1ʳ]   Cordiala Congratulatiun par hanur ad amur vi d'ilg Rev.

Sr. Frar, Sr. Ion Moeli.

SChi eis ei puffeivel er en la Rumonfch
Manare la plimma en furmas lagreivlas?
Trutz d'auters Languaigs, las Scartiras nizeivlas
San legier cantare nofs Velgs ad uffonts
5 L'antfchetta ludeivla da nofs GABRIELS
Ei faigchia da fcriver cun gronda vantira
Bers auters cun Cudifchs, nizeivla Scartira
Ufs fittan carfchentan niefs char Ifraël.
Cun Deus cun niefs Senger a Reg d'ils Singiurs
10 Ver avad migeivel ad er cumminōza
Plidar a Difcurrer cun tutta fidonza
Chei vol ti vantira pli gronda Hanur?
[1ᵛ] Queft Cudifch, ca porta en noffa Rumonfch
Ilg Author fideivel cun Rimas mureivlas
15 Chi porfcha d'amprender tal' cauffas plafcheivlas:
Sieu Num dei flurire tier velgs ad uffonts.
Vus Aungels d'ilg Senger, Vus Spirts d'ilg Parnafs
Scrivit a damchejas fieu faig cun puffonza.
Deus dai ti vantira, parchire la fchonza
20 O fia Bafelgia ch'ilg Senger fpindrafs!

A lgi Scuvieu.

Ner fai pli bien, ner quefch ô malvulgieu Derfchader,
22 Ser Ion quel fpigia pauc fuenter tei blafmader.

Vra a metta
Benedictus de Cafutt
V. D. M.

[p. 544] DAVART LA GRONDEZIA DA LAS PEINAS D'ILG UFFIERN.

Semper meditare Gehennam, Quei ei, Vi d'ilg Uffiern fa
ragurdar Quei dofta da lient curdar.

Ent ilg Miedi Sco ilg I. Discurs.

1.

CHAR' Olma devotiufa!
'Lg Uffiern deis partarchiar,
Furtinna ftarmentufa
Ca ei lient d'afflar.
5 Schi ven quei tuttavia
Ilg mal daleg fcatfchar,
A tei fin bunna via
Sagirameng manar.

2.

D'ilg MAL ei lou bundonza,
10 D'ilg BIEN ei lou nagutt,
[p. 545] Ad ei er bucca fpronza
Da furvangir ün gutt.

Lou maunca bucca Male
Nu' c'ün ven ftruffigiau
15 Parmur d'ilg pli grond Male,
Ilg qual eis ilg Puccau.

3.

Lou fa buc effer Biene
Nu' c'ün ei frieus navent
Navent d'ilg pli grond Biene,
20 Ilg qual ei Dieus vivent.
Lou effer ven calira,
Ilg arder d'üin grond fieug.
Callir' ad er Schaltira
Anfemmel en ün Lieug.

4.

25 Cadeinas lou ils tengian
Ch'els bucca pon mitfchar,
Perpetnas larmas vengian
Or d'els a flusfiar.
Ilg fim lou ils fchurventa,
30 Ven fig ils plugiare;
Ilg lieug lou ils arfenta,
Ven fig ils murtirar.

5.

Angufcha, feid, arfira,
Chiular a fig urlar,
35 [p. 546] Purtinna, ber fvantira
Ven Deus fin els cargar.
Lou ei mai fpir triftezia,
O ti fgrifcheivel lieug!
Lou ei mai fpir fclirezia,
40 Er enten miez ilg fieug.

6.

A quei ch'els gie tfcherneffan
Ven fig ils ftarmentar,
Tutt quei ch'els lou vafeffan
Ilg mal ven carfchentar.
45 O paupra lur VASIDA!
D'ilg bien els vein nagutt,
Da quei ch'els vein nuvidas
Eifei bein plein partutt.

7.

Ilg bi Solelg a Lginna
·50 Ad els ven buc lavar,
Elg Scür els ean adinna,
A vezan buc ilg clar.
Deus a la vifta fia
A femper pon buc ver,
55 Sgrifcheivla cumpangia
Ils ven lou cumparer.

8.

O paupra lur UDIDA!
Chei els fton lou tadlar,
[p. 547] Blaftemmas fmaladidas,
60 Zundrar, a defperar.
Dimunnis zund fgrifcheivels
Ston els udir burlont,
Carftiauns malvantireivels
Dent is, a fig chiulont.

9.

65 O pauper lur SCHIGIARe!
Chei els fton beiver ent,
Un callifch d'ficug a fulper
Ca brifcha lur Dadents.
Ilg callifch da la gritta
70 A d'ilg rugêlg da Deus,
Ca ven ad effer bitter
Als paupers fmaladieus.

10.

O pauper lur FREDARe!
Els fredan nagin Bien
75 Lur Nas ven gravegiare
Da bera fort Tuffien.
O pauper SENTIMENTe!
Pichiras fentan els,
Je fieug dador, dadentse,
80 O væ! ò pauper quels!

11.

Lur Chierp ei lou fgrifcheivel
Fig êri, gref, maccort,
[p. 548] El ei d'vantaus fumlgeivel
Zund à la nêra Mort.
85 Lur aigna Ragurdonza
Ven els a murtirar,
Muffar lur mattidonza
Duvrad' ent ilg malfar.

12.

Ils fa ngir en memorgia
90 Ilg Bien ch'els han perdieu,
Ilg mal a la Cavorgia
Ch'els han ufs furvangieu.
Els ngiffan ont griare
Ver Delgias milli ons
95 Sco femnas or fton ftare
Elg parturir Uffonts:

13.

Co lou mai ünn' Urella
Star enten tal' dalur,
Tont grev' a ferm' eis eila:
100 O væ! Chei ftarmantur!
La Temma fa carfchenta,
La-Spronz' ei fchon navent,
L'Angufcha ils bargienta, (Mat.22.13)
La Rabgia fgrizch' ils dents.

14.

105 Scadinna malgiſtia
Surven ſieu meritar,
[p. 549] Pli gronda ch'ell'ei pia
Pli grond ei 'lg andirar.
A ſco elg Tſchiel lagreivel
110 Maneivel ei d'afflar
Tutt quei ca ſuſs plaſcheivel,
Suenter ſieu griar.

15.

Schi elg Uffiern lou ſperas
Nagin bien ei d'afflar,
115 Sch'ün gie vangiſs quel era
Cun arſentim griar.
Chei niz, ſcha gie ch'els vevan
Silg Mund zund ber daleg,
Sch'els bandunnar ſtuevan,
120 Ir elg Uffiern aneg?

16.

Chei niz, da bunna Spiſa
Un temps ver ent ſtrunglau,
Ad uſs en quella guiſa
Ver tala ſom vingiau?
125 Chei ha quei niziaue
Tont Vin dad ent lappar,
Ad uſs pir buc ver Aua (Luc. 16. 25)
La lieunga da bungiar?

17.

Chei niz da braveria,
130 Ver gieu ſchi loſchs vaſtchieus,
[p. 550] Ad uſs ſtuer aſchia
A ſemper eſſer nieus?
Chei niz dad eſſer ſtaie (Sap. 5. 8)
Silg Mund ſchi loſchs Pivuns,
135 Ad uſsa ngir briſchaie
Sco paupers nêrs tizuns?

18.

Chei niz da bella vitta
Ver gieu ün temps dador,
Alg calliſch da la gritta
140 Uſs beiver ſur chiau or?
Chei niz da ver gudieue
Un pitſchen temps hanur,
Ad uſs eſſer vangieue
A ſemper en zanur?

Romanische Forschungen IV.

19.

145 Chei niz da tal' cultiras
Anſemmel ver rentau,
Ad uſs en tal' ſvantiras
Stuer ngir cundemnaus?
Sur tutta pein' ei queſta,
150 Ch'els vezan bucca pli
Ne Deus ne ſia viſta
A ſemper lou d'anvi.

20.

Sch'els mai' na gâ pudeſſan
Ngir a ver Deus andreg,
155 [p. 551] Pli bein els ſa ſentiſſen,
Tutt mal callaſs aneg.
Mo ſia Viſt' a ſemper
Els vezan bucca pli,
Sia gritt' ils va ſuenter
160 Alg ſieug lou ſuffla ſi.

21.

Lou ſperas ſpirts ſgreiſcheivels
A ſemper ſton els ver,
Maccorts a malcureivels,
Ancunter lur plaſcher.
165 Sch'ei ſò ad els plaſcheivel
Tals Spirts da ſavundar,
Sch'eis ei dreg a puſſeivel
Cun els er d'andirar.

22.

Silg Mund ün ſa ſtarmenta
170 Cur ün vei anqual Spirt,
Fai quint chei ei daventa
Ent ilg Uffiern machiert?
Buc mai lur cumparidas
Ils vengian ſtarmentar,
175 Mo cunzund er lur fridas
Ils vengian ſtain tuccar.

23.

Scha Deus lai daventare
Ch'ilg Nauſch po ſin queſt Mund
[p. 552] Ilg Prus perſequitare
180 En beras guiſas zund,
Fai quint co'ls Cundemnause
Lou vengian ngir ſalvai
Ch'ean ngi à mauns alg Nauſche,
Ses agians davantai?

11

24.

185 Dador han els martuiri,
Dadents han els ilg Vierm,
Ilg qual mai bucca miera:
Ah vœl ti mal Uffiern!
Lur aigna Malgiftia
190 'Vont els lou ven a ftar
Par els puder afchia
Dantont far defperar.

25.

Ilg Dunn d'la Patientia
Ad els ci giu tfchuncau,
195 Ils Temps d'la Penitentia
Ei lur tutt antardau: (Mat. 25. 10)
La Porta da Spindronza
Ei fchon ferrada fi,
La Porta da la Spronza
200 Statt buc averta pli.

26.

Lur gin els: O vus grippa,
A culms curdeit fin nus,
[p. 553] Zuppeit nus vont la gritta
Da quei Deus ftarmentus!
205 Mo fch'els gie fig garrefchan
Gid' ei nagutt fagir,
Ils Culms er fez ftulefchan
Las Inslas fton fugir. (Apos. 16 20.)

27.

Chi Peinas vefs pli levas
210 Nagin troft ven fentir,
Mo quel c'ha lur pli grevas
Ven fig à tfchel fcuvir.
Els han nagutt latezia
C'anchins Salfs ean d'vantai,
215 Sco tfchels han buc triftezia
Ca quefts ean cundamnai.

28.

Els vengian buc favere
Nu' ent', ad er nu'or,
Angufcha ven pilgvere
220 A gravegiar lur Cor.
Els lou zunt fig haffegian
Un' lgauter a fafez,
Els bucca fa turpegian
Da blaftemmar Deus fez.

29.

225 Quei c'ün filg Mund andira
Ei tutt particular,
[p. 554] Minch' ün ha fia mafira
Bein en fieu andirar:
L'ün ora ftatt malfongias,
230 Un auter gref furvetfch,
Un auter turp a gomngias,
Un auter grond contraft.

30.

Mo lou ven la fvantira
Ngir tutt' anfemlameng,
235 A zund fenza mafira
A femper grevameng.
Tutt quei ch'ei andiraue
Ei feig da Buns ner Mals
Schi gig fco'lg Mund ei ftaue
240 Martuiris corporals,

31.

Po buc ngir cungualieue
Mai cun ilg andirar
Dad ün fulett pardieue,
Vi bucca gir da bears.
245 Ti Senger buntadeivel,
Nus velgias parchirar,
Ent ilg Uffiern fgrifcheivel
248 Nus lai po buc curdar!

CRISTIAN CAMINADA.

Un muffament davart la præparatiun tiers la mort. Turig tras Euftachium Frofchauer. 1690.

Soings partriarchaments.

`   Cur ün la damoun fa deifchda.

Adinn'a minchia gi,
Mi deisd ilg Senger fi.
El ei la mia vartid;
Mieu fchirm, mieu lchild, falid. Ef. 50. 4.
5   Leve fi, ti ch'eis durmantaus,
A mette giu ils tês puccaus,
Scha ven Chrift tei illuminar,
A la' fia foingchia grazia dar. Eph. 5. 4.

    Cur i rump' Arurs vi d'ilg Tfchiel.

La noig ei navend vargada,
La lgifch nou tiers rukiada,
Hei gunchin ilg mal pli a pli,
A targein ent la lgifch d'ilg gi. Rom. 13. 3.

    Cur ün leva fi or d'ilg lèg.

Senger, ti fas mieu ir, fchér, à lavar,
Ti ancanufchas tut mieu partarchiar,
[p. 48]   La Mi' olm'a chierp racummond á chi,
Oz, queft' hura, adinn'a minchia gi, Ps. 139. 1. 3.

    Sch'ün veza la fteilla d'la damoun.

O mieu grazius Deus, teng mei ent ilg tieu moun,
C'iou crodig buc, fco la fteilla d'la damoun. Ef. 14. 12.

    Cur ilg fuleg leva.

Iefu, ti clar fuleg d'la giftia,
Illuminefche l'olmetta mia, Mal. 4.
Quel ei ün grond a Puffent Singiur,
Ch'a fcaffieu ilg Tfchiel, a fia fplendur. Syr. 43. 5.

    Sch'ün anvida ünna lgifch.

Ilg foing, a dulfch plaid da Dieu,
Ei la lgifch, a cunfiert mieu. Pf. 119.

    Schün fa trai ent.

Iefu, 'lgandirar á merit tieu,
Ei ilg mieu manti, a bi vafchieu.

11 *

[p. 49]   Cur ün lav'ils mouns.

Cu'lg foung da Chrift funt jou lavau,
A fchubriau da mieu puccau. Pf. 51. 4.

Cur ün va or d'cafa.

Senger, parchire mieu ir a turnar,
    Afchi gig, fco jou veng fi'lg mund cou ftar. Pf. 121. 8.
Cun tieu Spirt velgias reger, a manar
Da gronds, a grevs puccaus mi parchirar. Pf. 143.

Cur ün va tiers la lavur.

Deus, la lavur promove ti,
Scha vaei bein à moun queft gi.
Ent ilg num da Dieu antfchaveit,
A fri ufs'or la voffa reit. Pf. 118. Luc. 5. 5.

Sch'ün Ara.

Quel ca fin la crutfch fia meis ilg moun, Luc. 9. 62.
Mirig buc navos, s'ilg mund, ch'ei voun,
[p. 50] Senger, ils fulchs, la terra fai fricheivla,
Ca quella portig ünna meafs lagreivla. Pf. 65. 11.

Sch'ün Semna.

Ent ilg num da Dieu,
Hai jou ufs or frieu,
Ilg fem raftiau,
Tiers ilg er arau,
5 Deus banadefchig,
Ch'i tut fi crefchig,
A veng nou navont,
Bein diefch dubels tont.

Sch'ün amplouta.

Deus ca dat benedictiun adinna,
Carfchentig quefta mia fadinna, I. Cor. 3. 7.

Sch'ün fa Fein.

Tuta carn, a gliergia d'ilg carftioun,
Ei fco ilg fein, ca ftat la damoun.
[p. 51] L'erv'ilg Fein, las fiurs fan vi pifir,
Afchi ilg carftioun, quel fto morir,
5 Mo ilg plaid da Deus ch'ei vardeivel,
Stat en perpeten, ferm, ftateivel. Ef. 40.

Cur ün va or fi lg Feld par meder.

O Deus, la meafs ei grond'a carfchida fi,
Cuntut dai luvrers, ca feigian or ligi. Mat. 9.

Cur ün meda.

Senger, dai à mi ün cor plein da buntad,
Ch'en Tfchiel poffig meder gliergi'a Màjeftat. Gall. 6. 11.

Sch'ün fcuda.

Fafchein ilg bien, gunchin, a fugin ilg mal, Lev. 26. 45.
Scha ven banadieu ilg groun c'ei fi fi 'lg Iral.

Schi ven fera.

Ah refte tiers mei Iefu mieu,
Damai chi 'lg ei ufs fera ngieu. Lu. 24.

[p. 52]   Cur ün sé à Meifa.

Senger, mieu chierp cun fpis'amplanefche ti,
A la mi'olma, Ah buc amblide vi Lu. 14. 25.

Cur ü(u)n leva fi.

Ludau feig nies Deus da gi en gi,
Par fpis' a buvrond' ad auter pli. Pf. 103.

Cur ün fa trai ora.

O Senger Buntadeivel, trai ti or à mi,
Ilg velg carftioun, ch'el en mei buc regig pli. Col. 3. 9.

Sch'ün fa met giu à dormir.

Senger, jou mi met giu en tia chira,
Cuntut mi defende, a parchira. Pf. 4. 5.

[p. 53]   Sch'ün fa deifchda da meza noig.

Da meza noig mi deifd jou fi.
Par angraziar, ô Deus, à chi. Pf. 119. 62.

Sch'ün fa buc dormir.

Cur la fien, ei da mei navend gunchida,
Scha mi parchira Deus, ca buc cupida, Pf. 121. 4.
O Senger Deus un dulfch fien dai ti à mi,
Ner buns partrachiaments, ch' la noig meinan vi. Pf. 127. 2.

Cur i tuca d'ir à Priedi.

Tiers la cafa di'lg Deus da Iacob fafchinein,
Nu' ca nus d'ir fin fias vias, amprendein. Ef. 2. 3.

[p. 54]   Cur ün va à Darchira.

Senger, dai lgi Derfchader fen, antalleg,
Da chiapir, antallir, a truvar andreg,
Ca la giftia d'el vengig obfervada, Pf. 27. 1. 2.
A la rafchun d'ilg fquitfchau fcharmiada.
5 Ch'el fchi poffig gir,
Senza fa fchnuvir,
Sco jou oz cou, fur da vus dunt truvament,
Schi trovig mei, fi'lg groud gi ilg Tutpuffent.

IN PREZIUS SCAZI DELLA OLMA.

In prezius scazi della olma. Shentaus giu e fquicciaus a Thront, Tier Noffa Donna dèlla Glish: Tras ils Religius della Claustra de Mofter. 1690.

5 [pag. 3]   INA BIALLA REUELATIUN

La quala Iefus Chriftus fez ha faig da fauêr à treis Soingias, nōnadameing à S. Mechtilda, S. Elifabeth, à S. Brigitta, che haueuen fauens rogau con grond defideri de fauêr enten particular fia pitra Pafsiun.

1) Per gl'amprim, ha Iefus dig: doveies Vus mias charas figlias fauêr:
10 Che iau haigi reciert dels Giudius cient è duas fridas fin la Vifta.

2) Per l'autra, fun iau trenta gadas, enten gl'Hiert da quels vegnius picgiaus con puîng vid la bucca.

3) Antocca tier la Cafa de gl'Annas fun iau daus giu fiat gadas. —

4) Sil Chiau, fin la braccia, à fil pez hai iau furuegniu trenta fridas.

15   5) Samegliontameing hai iau pigliau trenta fridas fin la giuvialla, è vid las coêifsas.

6) Pils caueigls fun iau alzaus fi or [pag. 4] traitsh, trenta gadas.

7) Còl cor hai iau fufpirau cient è vengia nof gadas.

8) Siattonta treis gadas fun iau traigs via nau per la barba.

20   9) Iau hai pigliau in ftausch mortal che iau hai ftoviu dar à tiarra con quella shi greua Crush.

10) Dallas gaislas hai iau furuegniu fis milli fis cient fiffonta fis fridas.

11) Vid il chiau hai iau furuegniu dalla Cruna da fpinas milli punshidas.

25   12) Vid la Crush hai iau furuegniu treis punshidas mortalas dallas fpinas, che paffauan tras il Chiau.

13) Sin la Vifta mi ei vegniu fpidau fiattonta treis gadas.

14) Vid tutta mia perfuna mi han ei faig ciunc milli, quater cient, fiattonta ciunc plagas.

30   15) Sholdada dels Giudius, che mei han pigliau, ean ftai ciunc cient oig, fergers tredish, à trenta de quels che han mei portau entuorn.

16) [pag. 5] Iau hai fpons ord mia perfuna trenta milli, quatter cient, trenta daguottas da faung.

A fcadin, che ven minchia di á oràr fiat Pater nos à fiat Aues Marias &
35 ina Crediencia entochen quei diember viuōt nomnaus dellas daguottas de faung ei complenius, vi iau (ha Iefus dig) per honur da mia pitra Pafsiun, á dolorufa mort dar queftas ciunc grazias ù Priuilegis:

1) Complein Perdun è Remifshi(n)[u]n de tutts fes poccaus.

2) Quella tala perfuna ven bucca fentir negina peina dil Purgatieri.

3) She ella morifs giu ouncha ellà vefs compleniu quei diember, she vi iau quintar quei, gual fco la vefs compleniu.

4) Iau vi quella fcheziar adual als Marters, gual fco la vefs fpons fiu faū per mei, è per mia Crediencia.

5) Sin la hura della mort vi iau la fia Olma far manar entē ciel tras fiu bien [pag. 6] Aungel con tutts fees Parens de faung tocca fil pli danos ftol, per fort che quels fufsen aunc ent il Purgatieri.

Quefta Reuelaziun ei vegnida enflada à Ierúfalem entē la S. Foffa & à cogli che porta quella con el, po il naufsa Spirt bucca noshêr, à ven effer pertgiraus dalla mort aneggia; á po bucca morir mal. Ina Doña che ei portonza à porta quefta Reuelaziun con ella, ven hauêr letezia enten il parturir. Nagiña mala cauffa po reftar enten quella Cafa, nua quefta Reuelaziun ven faluada sì: A cogli, che porta quella adiña con ël, ven la Beada Purfialla Maria comparer treis diis auont fia mort. A quei tutt ei vegniu approbau da S. Ignazi enten Cecilia. 15

Oraziun.

O Signer Iefus! che has furuegniu dels Giudius cient á duas fridas ella Vifta, ch'eis entē gl'Hiert trenta gadas vegnius picchiaus con puing ella bocca, ch'eis entocca la cafa [pag. 7] da Annas daus giu fil tratsh fiat gadas, ch'has pigliau trenta fridas fil chiau, fila pez, á fin la braccia, & era 20 trenta fridas fin la giuvialla á fin las côeiffas, ch'eis alzaus fi ord il tratsh pils cauegls trenta gadas, che has fufpirau con tiv cor, cient è veing à nof gadas, & eis fiattonta treis gadas traigs via nau per la barba, & has furuegniu in ftaufsb mortal, che ti has per quei ftoviu dar à tiarra con tia shi greua crush & has pigliau dellas gaislas fiscient fiffonta fis fridas à 25 ftrichiadas, ä vid il tiu chiau della cruna de fpinas milli pungidas, à vid la crush treis pūgidas mortalas dellas fpinas, che paffauan tras tiu chiau, à ti ei fpidau fin tia coreivla faccia fiattonta treis gadas, à vid la tia perfuna vegniu faig ciunc milli quater cient fiattonta ciunc plagas: & en ftai ciunc cient Sholdaus, che han tei pigliau, oig fchergers, trenta che han tei 30 portau entuorn, & has fpons ord tia foingia perfuna [pag. 8] trenta milli, quater cient trenta daguottas de faung: Iau rog Tei, miu dulsh Iefus per remifshun è perdun da tutt ils mês poccaus, è fpindramēt da tutt prigel della carn, è dil Demuni enten vertit de tia pitra Paffiun, da tiu foing faung, che ti has fpons à da tia mort. Mi dai po grazia da migliurentar 35 mia vita, mi lai bucca morir giu da queft mund fenza vera Coutriziun, dolùr è Confeffiun da mês poccaus, é fenza receiuer il foing Sacrament dil Altar. Sur tutta quei, she mi dai tia foingia Charezia, che iau tegni char Tei, bucca per teña da gl'Vnfiern, ne per la fperonza dil Paradis, mo folettameing per amùr della tia foingia Charezia. Amen. 40

Sin quei di fiat Pater nos a fiat Aues Marias & ina Crediencia.

INA CVORTA NIZEIVLA E DE-VOZIVSA FVORMA DA VDIR MESSA.

[p. 53] **Ina cvorta nizeivla devoziusa Fvorma da Vdir gl' Offici della Soingia Messa**
5 **Enten Memoria della Pitra Passion de Nies Saluader Iesv Christi. I. II. S. (Disentiser**
Klosterdruck 1690—1691).

[p. 53]   Oraziun de dir avont prender Penetienzia Sacramentala.

[p. 54]   O Ti zund buntadeivel ä migeivel Signer Iesus Christus! prend
si la mia Confessiun, o ti Soletta Speronza digl salit della mia Olma! Iou
10 rog tei, dai la dolur a gli miu cor, è las larmas als mees êgls sinaquei
ch'iou possi mias marciadegnas bragir giu con humilitonza, à Siubradat digl
cor.   La mia oraziun vegni datier avont tia faccia, ô Signer she ti vens
a te mussar straunis enconter mei, tgi ven pò mai lura mei gidar? Tgi
veen à mi perdunar igls mees poccaus.   Te ragorda de mei, ô Signer, ti
15 che has clamau tier la Penetiencia la donna Chananea, & igl Publican, &
has priu si, ê reciert las larmas de S. Pieder.   O Signer, miu Diu, prend
si la mia oraziun! O Salvader digl Mund, miu bien Iesus che has voliu
morir vid la Crush per far salfs igls poccons, mira sin mei, pauper poccont,
che clomma en agitt igl tiu soing Num, & hagias bucca [p. 55] tont ana-
20 vont adaig della mia malizia, che ti emblidasses via la buntat, pertgei, she
iou hai gie faich igl mal, che ti, per quei podesses mei condemnar, has ti
aunc alura bucca piars la possôza de mei far salfs.   Perduna pia à mi ti
che eis igl miù Salvader, è prend poccau della mia olma pucconta: Sligia
ora sias cadeinas, medegia las sias plagas.   O Signer Iesu, tei gareig iou,
25 tei enquir iou, tei vi iou, mussa pò á mi la tia faccia, & iou veen à vegnir
salfs.   O zund buntadeivel Signer, tras igl meritar della tia tuttavia Siubra &
immaculada Moïfa, à semper Pursialla Maria Maria, trametti sur la mia
olma tia glish, è tia verdat che iou possii lau tras verameing enconufsher
tutts mês moncaments á poccaus, igls quals iou sun obligaus de confessar,
30 e vegni gidaus e mussaus de quels compleinameing, á con ina vera dolur
dar de intellir agli miu Bab Spiritual, Tras tei, ô [p. 56] Miu Iesus, che
vives è reges, co'l Bab á co'l Spïert soing en tutta perpetnadat.   Amen.

Oraziun suenter la Confefsiun.

SEigi·pò a ti emperneivla ä bein facchia quefta mia Confessiun, ô Signer
35 Iefu Chrifte tras igl meritar della tia beada Momma, semper Pursialla Maria,
à de tutts igls Soings, e tgei che mi ei vffa, ù autras gadas moncau de
d'ina perfeggia dolur e compleina sivbradat della Confessiun complenefshi
la tia divina pietat, à misericordia, è conforma de quella veglias mei enten

Ciel pli perfeggiameing haver abfolviù e slargau digls mees poccaus. Che vives e regias Dievs en perpetten. Amen.

[p. 56]   Oraziun avont fe pervergiar.

[p. 57] O Ti Tuttpofsent ä perpetten Signer Dieus, prend mira, iou vom per receiver igl Santifsim Sacrament digl tiu folett Figl nies Signer 5 Iefum Chrift: Iou vom fco in malfaun tier ill miedi della vita, fco in malfiuber tier la fontauna della grazia, fco in ciec tier la glish della perpetna clarezia, fco in pauper è monglùs tier ill Signur digl Ciel a della Tiarra. Contut she rog iou la buldonza de tia mifericordia che ti veglias medegar la mia malfognia, lavar la mia malfubradat, fclarir la cioccadat, far rich 10 la paupradat, veftgir la niùadat, finaquei che iou poffi tei Paũ digls Aunghels, Reig dals Reigs è Signur dels Signurs receiver con tõta humilitonza è reverenza, con tõta dolur è devoziun, con tonta fubradat ä Crediencia, con tal meini & intenciun, fco glei da bafeings per il Salit della mia olma. Iou rog tei dai pò, che iou poffi bucca mo receiver il [p. 58] Santifsim 15 Sacrament digl Chierp à Saung de Chrifti, fonder era la caufa feza, è la virtit da quei Santifsim Sacrament. O ti miu zund migeivel Dieu! dai a mi il ver Chierp dilg tiu folet Soing Figl nies char Signer Iefu Chrifti, il qual el ha traig della beada Purfialla Maria, che ieu poffi talmeing receiver, finaquei che iou meritefshi, da vegnir incorporaus enten fiu Chierp 20 Spiritualmeing è da vegnir dumbraus denter la fia Nembra. O ti miu zund charin Bab, dai pò a mi il tiu folet char Figl il qual iou vffa vi zuppadameing receiver, che iou poffi quell clarameing de faccia a faccia en tutta perpetnadat ä ver contemplar. — Amen.

Oraziun de dir, fuenter ch'in ei fe pervergiau.   25

O Ti miu zund dulsh Signer Iefus Chriftus, fori pó à tràs [p. 59] il moguol, & il pli da dens della mia olma con la tuttavia dulcia è fanadeivla plaga de tia Amùr, con la tia vera, reala, & Apoftolica foingia charezia, finaquei che la mia olma fefpiardi ä gliñi ora per la foletta charezia è garegiament de tei. Tei garegi la mia olma, à maunchi da fafeza enten tia 30 Sala, garegi pò de morir & effer con tei. Dai pó che la mia olma garegi tei Paun dils Aunghels ina Spifa dellas Olmas foingias, nies paun Spiritual de mingia di il qual ha tutta dulcezia e fauur, e tutt deleig, fill qual ils Aunghels garegian de mirar, garegi adiña è receivi il miu cor, e con la dulcecia della tia favuar vegni compleniu igl dadens della mia olma: 35 Tier tei hagi quella adiña fcit fco tier la fontauna della fabiencia e perdertadat, tier la fontauna della glish perpetna, tier igl flim dellas letezias, e buldonza della cafa de Dieu. Tei garegi ella adiña, tei [p. 60] enquiri ella, tei affli ella, tier tei vommi ella, tier tei contonshi cila, tei pertraggi ella, da tei plaidi ella, e fecci tuttas caufsas en laud & honur digl tiu Num, 40 con humilitonza e difcreciun, con charezia e deleig, decorameing e bein mancivel, con perfeveronza tocca la fin: e ti foies folettamcing adina la mia Speronza, tutta mia fidonza, mia richezia, miu deleig, mia dulcezia, mia legria, miu ruaus, mia pàsh, mia côtentiencia mia part, mia rauba, e tutt igl miu fcazi, onten igl qual fe lafshi giu e ruauffi dulcicmeing igl miu cor, 5 e la mia olma femper à femper mai. Amen.

LA MIRA DE BEIN MORIR Quei ei Ze-

coutas biallas Devoziuns, perfidas giú fin mingia dì, per tutt l'iarma ora, per reverir é hondrar S. IOSEPH Sco particular Patron per bein morir. Typis Monafterij Difer-tinenfis. 1691.

10 [p. 3]   A QUEL CHE LEGA.

Vid il bein ù mal morir dependa, tutta la Perpetùadat. Tgi bein legegia bein fiera, tgi bein fiera bein tucca,· tgi bein tucca bein miera, tgi bein miera bein fiarra, tgi bein fiarra bein fa tiarra. Vid il bein ú mal morir dependa tutta la Perpetnadat.

15   Il Cacciadùr:
Tras la Mira, bein fegira;
Sia frida, Cun Mefira.
Chriftiaun ti eis quei Cacciadur, & ashia:
Tras la Mira, bein fegira; Tia Frida, Cun Mefira.

20   Tia mefira tier la quala ti deies legiar & has il œgl aviert, ei la Per-petnadat; il fchuz ù la frida che ti has de far, ei tia mort: La.mira, tras la quala ti has de legiar de shar giu quei fchuz, ei foing Iofeph: Tras quella Mira, tras S. Iofeph vens ti per guifs figerar è far bein tia mort. S. Iofeph ei [pag. 4] per cert la figira mira de bein morir. Ite ad Iofeph, 25 Meit pia tier Iofeph; Figeit quei che Pharao, ha giu commēdau ä gli Pievel de Israel. *Gen. 41.* de quei temps ch'ei eran en gronds munglamens de Garnezi; meit, shiet el tier els: Meit tier Iofeph, quel vus ven a pro-veder è gidar cun garnezi avunda. Et ashia era vus, meit. tier Iofeph, bucca tier quel del veder Teftamēt, fonder tier quel del nief Teftament tier 30 S. Iofeph, tier il glorius Spus de nofsa chara Donna, quel vus ven.vegnir en agit è gidar entē vos munglamens. Ite ad Iofeph: Meit tier S. Iofeph. Pertgei che S. Iofeph ei in general Patron, en tuts munglamens en munglamens fpirituals, è corporals, fco di S. Therefa de Iefu: Mo oravont aber ei S. Iofeph in particular Patron dils Moribunts, in particular Patron de quels che vulten 35 morir bein. Facite vobis amicos &c. vt cum defeceritis, recipiant vos in ·[pag. 5] aeterna Tabernacula. Figeit quei che nies char Signer à· vus co-monda ent il foing Evangeli *Luc. 6.* Entocchen vus effes aunc en vita, faungs è frefch meit tier S. Iofeph, rogeit è compreit el ora per vies amig;

Sinaquei che vus cur che vus haveits de morir è paffar de quefta vita, che El vegli effer vies Moffadur è Patron, è receiver la voffa Olma entē ils perpettens tabernaculs quei ei enten il foing Pervis. Preing pia queft Cudefshet, chei nomnaus Mira de bein morir, quci ei co ti fideivel Chriftiaū deies far honur & hondrar S. Iofeph minchia di per tutt l'iarma ora 5 cun ina particulara Ovra ù Devoziun, por vrbir ora ina buna ventireivla mort. Volva è revolva pia favens, è lega flifig quei Cudifshet, á fai cul ovra quei che el à ti muoffa è fcriva avont; She vens ti figirameing bein viuer, ä pi bein morir, è fiualmeing femper bein reger cun Iefu Maria Iofeph. 10

[pag. 7]   Paig Spiritual cun S. Iofeph.

O Ti glorius biën S. IOSEPH, Spus da Maria Purfialla é Momma da Dieu. Ti grazius ·Patron è Meffedur dils Moribunds da quels che mieren, è da tuts fervients da tiâ gloriufa Spufa è Pu[r]fialla MARIA. Preing mira iau N. Tei hondresh è reveresh cun gronda humilitonza, á ent precienza 15 da IESUS è MARIA prend iau fi oz à leg è ciarn iau or Tei per in fideiuel Patron de mia mort, & vnfrefsh fi memez, ent tiu poffent fchirm è govern figiēt in ferm propieft de mai Tei bandonar ils dis da mia vita, fonder vì cau denvia fefprovar cun tuts mes flifs da mantanêr è crefcētar tiu benediu Num laud & honùr; [pag. 8] Rugont Tei humiliteivlameing, che Ti mi 20 veglias pò prender fi è rencognufber per tiu malvongonz fervitúr à mei recomendar enten la favúr è grazia da tia gloriufa Spufa Maria è char Felg Iefu. S. Iofeph mi ftai pò tier è gid enten tuttas mias lavùrs, fadigias è fac[i]entas, las qualas iau vi vnfrir si per fpir honur è gloria de Dieu è da noffa chara Doña. O Ti biē S. IOSEPH mi ftai pia tier, è gida 25 enten tuts mes munglamens, fpecialmeing fin la mia fin, il qual iau roga devoziufameing vfsa per adinna, recomendont en tees benedius mauns la mia Olma vfsa é fil vra della mia mort. — Amen.

[p. 115]   Canzun de S. Iofeph.

<table>
<tr><td>1.</td><td>2.</td></tr>
</table>

1.

O Legiu Bab dil Salvader,
Pertgirader dil Spindrader,
  Iofeph feies falidaus,
  Caft fpus è purfial adina,
5 Da Maria, Mumma diuina;
  Milli ga feies lodaus.

2.

O dulsh pons, ô dulcias tginas,
Tier las qualas tei inclinas,
  Il dulsh Iefum aduront,
10 O cont era ventireivla.
  Tia vita: è legreivla,
  Cun quei tont charin Affont.

3.

Tia Iefus ei Richezia,
Vêra Iefus ei dulcecia,
15   Quella ti has furvegniu:
Quel bicciau con tia bucca,
Quel hondrau con olma tutta,
Iefum fin bratfch has teniu.

4.

[pag. 116] Iefum ver Diu adoraves,
20 Bauld el fco in reig hondraves,
Denter milli legraments:
Sco bab agli commendaues,
Bauld fco tiu Figl el carezaues,
A bicciaves el favens.

5.

25 Iefum ftrensher cun la bracia,
A godêr la foingia faccia,
O tgei troft ò fcazi grond?
Cun Maria ftar & ira,
Di à noig damaun è fera,
30   A cun quei carin Affont.

6.

Tgi ei mai che non garegi,
Iefum ver? è fe fliffegi,
Quel portar carinameing,

Sei negin che non adinna,
35 Cuorri preft tier quella Tgina,
Laudi Iefum cauldameing.

7.

O Iofeph pli carezeivel,
A fur tuts Soings hondreivel,
[pag. 117] Flur della purfialladat.
40 Dieus ha dau à ti letezia
Pli ch'auters: à legrezia,
Sur tuts Soings beadadat.

8.

O beaus, à ventireiuel,
Ei quel ch'ha tei buntadeiuel,
45   Bab, à principal Patrun,
Quel che meritefch da reiuer,
Ent Parvis, è da receiuer,
Tras tiu riug complein perdún.

9.

Tras Iofeph, è tras Maria,
50 Iefus de nus prendi via,
Nofsas cuolpas, à puccaus,
Tras lur riug nus Iefus meina,
Ent Parvis tuts fenza peina,
Enten il beau ruaus.

                              Amen.

In' autra Canzun de S. Iofeph.

1.

O Iofeph ti bien foing Iofeph,
Ti eis la noffa fort,
[pag. 118] Tiu Filg ei filg de Diu folet,
Tia fpufa ei noffa troft;
5 Dacormeing lein tei falidar,
Oz dus treis plaids á Ti cantar:
La grazia de tiu filg vrbesh,
Quella fur nus fpringesh.

2.

O Iofeph ti nies char Patron,
10   Crett bucc nus emblidar;
Ti eis quei niebel ault bi Thron
Sil qual Dieus ei pufar;
Roga per nus il tiu filg char,
El à ti fa nuott, nuot fnagar,
15 Statt bufaigh fper tei giun plaun,
Siu manutt has en tiu maun.

3.

O Iofeph, tgei bi filg ti has,
Tgei 'mùr, mo tgei dulcett,
Tgei fins peifets, mo tgei bi pafs,
20   Tgei niebel shentillet;
Cun quel lefs iau vugient magliar,
Lai ina miula mei el manar,
Lei tont carins, lei tont grazius
Dai po quel oz à nus.

[pag. 119] **4.**

25 Rog tia fpufa ò foing Spus,
La Mumma de Diu char,
Nies cor ei da quei malmunglus,
La fei per nus rogar,
Iau rog tuts dus, per mei puccont,
30   Rogeit il vies char dulsh Affont,
Gideit tuts treis, ort nies puccau,
Frit fi il ftroff paregiau.

5.

O Iofeph miu! ô miu Patron,
Treis cauſſas iau garëg,
35 Vrbesh po quei dil tiu Affont,
Per receiuer in pareg,
Sheit voſſa paupradat ſentir,
Cur ch'iau vus vets ſtun da bragir,
Veſent vus paupers ſco quintar,
40 Mo rauba garegiar;

6.

Suenter quei, vi iau ver rogau
Vertit de comportar,
Da pi ch'iau hai tut bein vengiau,
Tgei vi iau murmegniar;
45 Mi gidi pi' empauc furfrir,
[p. 120] Empauc endirar aunc che morir,
Lai bucc' vntgir, bucc zagiar,
Fallir, ni deſperar.

7.

Pil tierz leſs iau ſtatteivladat,
50 Dil bien perſeverar,
Iau rog tuts treis, en ina gad,
Gideit mei vregiar,
Quella vertit lunsh oravont,
Mi plai, buc' ina reſaluont,
55 En noſsa mort la buna fin,
Vrbit á finadin.

8.

IESUS MARIA IOSEPH char,
Tuts treis lein ver hondrau,
Vrdeit bucc' ſur nies mal cantar,
60 Aunc meins ſur nies puccau,
Deit grazia de meglierar,
Ch'il mal pudeien nus mitshar,
Tenêr vus char, á vus ſurvir,
Vus viuer à morir.

Amen.

ANDREA NICKA.

Cunfiert da l'olma cartenta, Turig d'ils Hartavels da Heinrich Bodmer. 1692.

Uratiun a partrachiements par ün Bab d'caſa.

[p. 344] TI perpeten Bab, jou angrazch' tei, da tut mieu cor a da tut mi' olma, ch'ei ha plaſcheu à chi da banadir mei cun uffonts, or da la bucca d'ils quals ti has andrizau tieu laud: ils quals ſurveſchan à chi tſchou giu baſs, 5 a lou ſi aduran tei cun milliera d'Aungels a ſemper. Afchi gig ſco jou ſunt ſtau s'ilg Mund, ſch'ils hai jou vivintau, ad ils traig ſi enten la tia charezia a temma, ad ils laſchau tettar ilg laig da la temma da Deus da lur Mumma: a cur els han antſchiet a creſcher ſi, ſch'ils hai jou muſſau da vandligiar ſin las tias vias, a da viver ſuenter ils tês ſoings cummon- 10 daments. Iou hai meſs tut fliſs dad eſſer ad els ün Exempel, ün furier, ad ünna lgifch. Uſs ca jou ſunt raſtigiaus da turnar tiers tei, ilg qual eis ilg parſul authur da la mi' vitta, a la ſuleta fantauna da la mia beadienſcha, ſcha racummond jou quels à chi en tês ſoings manns, a rog tei, ca ti velgias mirar ſin els giu da Tſchiel c'uls ælgs da la tia charezia. Els eau tês 15 char Senger: ancanuſche las nodas da la tia [p. 345] ſumelgia, a l'anſenna da la tia ovra. Queſt, vi d'ilg qual ün veza tarlgiſchont tontas marvelgias, ei ſcaffieu à furmau d'ilg tieu mann; a queſt' olma la quala à lgi dat clarezia, ei ün flad da la tia bucca ad ünna clarezia da la tia viſta. Ti has amparmeſs dad eſſer nieſs Deus, ad ilg Deus da noſs uffonts. Las tias 20 grondas a lagreivlas amparmaſchuns ean fachias à nus, ad à noſs uffonts.

O celeftial Bab, jou greig bucca, ca ti els prendias navend d'ilg Mund, mo
ca ti parchiras els da tut mal: ca ti els prendas fi fuenter ilg ticu bien
plafcher fut l'umbriva da las tias alas, ad ils velgias parchirar da tutta
miferia a ftrofs, cun ils quals ti fmanatfchas da caftigiar ilg Mund paramur
5 d'ilg puccau ca regia. Ner fcha ti els caftigias, cun tortas da carftiauns,
ad anquioras a cafa cun ftrofs d'ils Filgs d'ils carftiauns, fcha velgias pô
bucca trer navend dad els la tia mifericorgia a buntad da Bab, par ch'ilg
fiouc da lur tribulatiuns fetfchig lur cardienfcha tont pli ferma, lur vitta
tont pli foingchia, ad ilg lur ifer tont pli caults, ad ils aulzig fi tiers tei,
10 a tiers la tia perpetna beadienfcha. Soing Bab, ti fas, ca queft temps ei
tut lavagaus, a ch'ils lafters [p. 346] regian da partut. Ti fas, quont fleivla
la Natira da quefts paupers uffonts ei, ad anclinada tiers ilg mal. Dai ad
els tut quei ch'els han da bafengs da ftar ancunter ad ün tal tiffi, ca la
naufchadad d'ilg Mund prendig buc ent lur cors, ner ch'ilg Satan ils fur-
15 meinig, ner ca mala cumpangia lavgig lur bunnas damanonzas. Dai ad els
ilg antalleg, dad ancanufcher tei, ün cor da taner char, ün arfantim da ta
tfchaffar anturn par vangir uni tuttavia cun tei. Ch'ils tês buns Aungels
ils parchirau gi a noig, ca la tia providentia ils cumpongig, tieu plaid ils
autruvidig, tias amparmafchuns ils cunfortig, ilg tieu foing Spirt ils reno-
20 vefchig, a turnentig ad els la fumelgia da Deus. Dai ad els ne richezia
ne pupira, mo dai ad els lur vivonda ordinariameng. Dai ad els avont
tuttas cauffas ilg paun, ca ven giu da Tfchiel, a dat la vitta alg Mund, a
lai els fchigiar ilg dun celeftial, a las vartids d'ilg Mund, c'ha da vangir.
Anvide els cun tia charezia a vaftchefche els cun da tutta fort Chriftiaunas
25 vartids, mo principalmeng ils fai foings tras ilg tieu fpirt, a fai els novas
creatiras, damaica fenza la foingchiadad naginna pô vêr tei. Fai els ferms
[p. 347] a semper enten la tia ligia, a ca quella reftig fin la lur Profteritad
fco ünna cufteivla hierta. Parca ti vengias glorifichiaus da fchlatt'en fchlatta,
antroqua la fin d'ilg Mund. Parca ne 'lg Mund ne lg uffiern poffian els
30 raffar or d ilg tieu maun, a ca naginna cauffa poffig ils fparchir da la tia
charezia, la quala ti has muffau en Chrifto Iefu ilg tieu Filg. Ca la mort
ils fetfchig bucca tumer mo bear ont ils legrig a cunfortig, damai ch'ella ei
ünna via dad ir enten la Patria celeftiala da lur Bab, ad ilg ifch dad ir
ent ilg tieu S. Paradis. Ch'els en tuttas midadas ca daventan tfchou giu
35 bafs, adinua hagien lur ælgs fin tei, ilg qual eis hier, oz gual quel à femper.
Ch'els mai na amblidian, chei els feigian culponts à tia Deitad, da la quala
els han ratfchiert ilg effer a la vitta; a ch'els tengian pli ault la gliergia
d'ilg tieu S. Num, ilg tieu furvetfch, a la fpronza d'ilg tieu Raginavel
celeftial, ca tutta gliergia, pumpa, richezia, fcazis, a dalegs d'ilg Mund. O
40 Deus ca eis ilg fcaffider a Bab dà lur fpirts, tarmette ad els bear ont milli
- morts, a milli martuiris, ad ils turnente pli bauld en quei nagut, ord ilg
qual ti has els traig, ca furdar els als lafters, ad errurs, ad à [p. 348] l'ido-
latiia, la quala dat l'hanur a la gliergia a las creatiras, la quala à nagin

auda auter ca à lgi fcaffider. O Ti tut puffent, a mifericorgeivel Deus, jou
veng bucca gir à chi fco Efau à Ifaac, fuenter quei ca Iacob vet ratfchiert
la benedictiun: char Bab, has ti mai ünna benedictiun? Parchei ca jou fai,
ca ti has ünna gronda mar pleina, ad ünna nunmafireivla fantauna pleina
da benedictiuns: mo jou rog tei cun ilg pli grond ifer ad arfantim ca jou 5
fai, ca ti velgias banadir mês chars uffonts cun la pli foinchia a Divina
benedictiun d'ilg Tfchiel a da la terra. Prende els en tês mauns, ad ils
porte fin las tias alas, fcrive els en tieu cor, ad ils teng char fco la poppa
d'ilg tieu ælg. ·Ch'els hagien adinna la tia temma avont lur ælgs, ch'els
tengian tei char da tut lur cor, ch'els furvefchan à chi da tut lur puder, 10
a ch'els glorifichefchan tei en latezia a triftezia, tras la vitta a tras la
mort: fco ilg tieu Filg Iefu Chrift ei lur gudoing eu lur vitta ad en lur
mort. A jou bandun ilg Mund fenza carfchadengia, a mês uffonts fenza
dubitonza. A vom cun ünna foingchia latezia tiers tei, ilg qual eis ilg
mieu Deus a lur Deus, mieu Bab a lur Bab; mi fidond [p. 349] da la tia 15
gronda a perpetna mifericorgia, ca nus vangian ünna gada pufchpei a nus
vêr tuts rafpai anfemel en tieu ravulg da Bab, a lafchai avont la tia vifta,
leza par mirar, a par nus fadular cun ünna cumpleina latezia. Amen.

SCHENTAMENTS PAIGS, A CONDITIUNS. 20

Ch'ilg Cumin da Flem ha faig ad andrizau Si enten ilg onn 1696.

1⁰ fol. 1ᵇ. Ha ilg Ludeivel Oberkeit ad ilg antir Ludeivel Cumin
afflau par fig basngius a nizeivel da far quest tschentament, numnadameng
damai ch'ilg ei bearas lamantaschuns, ch'ilg gi d'ilg Sabbath vengig Sin
beras guisas a graus bucca mai strapazaus a Surpafsaus, mo er zund tut- 25
tavia profanaus: par ca quel vengig pia da quou d'anvi pli bein obervaus,
sch'eis ei vangieu urdanau, ca tuts quels, ils quals Schmaladeschan a zun-
dran, ner antschcivan dispittas a sa pichian, dein el'ser 'curdai enten la
fallonza da 2. ₳ Cruñas. A tuts quels ca fieran partidas, dein er efser curdai
en la fallonza da 2. ₳ Cruñas, a quei senza grazia.   30
fol. 2ᵇ. 2⁰. Dei minchi'oñ ilg Atun vangir purtau avont Cumin, cur
ei deig vangir Scargau dad Alp, cun questa declaraziun, c'avont Scargar
deigig nagin, da nagiña Sort bieschia manar or da l'Alp, S'antalli quella
par laschar ir Sin la pastira, ner anzauu' auter enten don, Senza lubienscha
d'ilg Oberkeit. Aschia dei er tut vangir cargau ad Alp, a nagins vadels
vangir tani a casa, sco antroquan ufsa ei daventau, sut fallonza.

3⁰. Da Callond' Avust pon las Cauras ir, un gi Si Calsons, ad ilg auter Si Platta, ad aschia adinn' ün gi par lganter. Las Cauras da Fidaz dein da quou d'anvi ver nagins dregs dad ir Sin L'Alp Sura da Vacas, a quei Sut una Cruña fallonza, tontas gadas sco ei vangils Surpalsau. Lg' 5 Atun cur nolsa bieschia ei Si Culm, dein las Cauras er buc ir Si, antroqua S'ils pli davos oig gis, avont ca la bieschia vengig giu da Culm a Casa.

4⁰. Eis ei dau tiers, ca sch'ei fuls anqualchin, ca vels da basengs par Sia Casada d'uña Vaca, ei seig da taner a Casa ner da metter ad Alp, Scha po el quella cun Sia Comoditad cumprar, mo bucca prender si mai 10 p'ilg laig, ner far anqual marcautia cun ella, [fol. 3ᵇ] par gudingiar quou- tras anqual caulsa, Sut fallonza dad uña Cruña, la quala dei vangir trachi'ent senza grazia da quel c'ha fallieu. Quei dei er vangir antalleg davart la bieschia Schiggia. Er dei ei elser Scumandau, ca nagin polsig prender Si bieschia eastra, par taner a Casa, Sco antroquan ulsa ci daveutau, Sut 15 l'aduala fallonza.

5⁰. Scha Calsons a Platta fulsan curclai Sut cun neif, ch'els pudelsan cun la bieschia lou bucca Star, Schi pon els gunchir giu antroqua elg Prau d'ilg Urs; mo aschi bauld ca la neif tschelsa, Scha dein els Suenter la neif turnar cun la bieschia en l'Alp. A Sch'ilg Prau d'ilg Urs fuls er curclau 20 Sut cun neif, Scha pon els vangir a Casa cun la bieschia.

Lousperas ei ei er Serrau giu, ca quels da Platta polsian ansembla- meng cun las Vaccas da Casa pascar S'ilg Plaun Valatsch.

Er eis ei Scumandau da prender si Platta nursas par las vender, a far marcantia cun ellas.

25 6⁰. En cas ch'ei daventals, ch'ün ner plis velsan uña Vaca, ca vels bucca faig vadi avont ca cargar ad Alp, Schi dei quella ver term 10 gis, da Spender minchiagi 8. Crizers, a lura cur ils diesch gis ean [fol. 4ᵇ] vargai, a la Vacca ei larga d'ilg vadi, Scha dei ella vangir prid' en la Caschada a quintar, ad ilg Pur, c'ha quella Vacca, dei adinn' elser culponts 30 da pagar suenter ils gis. Mo Scha la Vacca figels bucca vadi avont ils diesch gis, dei la Caschada buc elser culponta da la prender ent pli.

7⁰. Cugl parchir ner far a mezas ven ei laschau sco da vegl ei stau.

8⁰. Lg' Atun cur la bieschia ei si Culm, dei Muntatsch, Calgia Spelsa, Lainis, (chei) ch'ei Sut la via nova elser liber, a bucca vangir paschentau 35 Sco ils beins da Casa, Senza lubienscha d'ilg Oberkeit, ei Seig ch'ilg Culm Seig curclaus cun neif ner buc.

9⁰. Tuccont tiers ils bos antirs, Scha dei minchia Girau muntaner ün, ca Seig blaus ner fuscs, gronds a Sufficients, ad ils Giraus dein da quou d'anvi puder taner nagins taurs ners, ne maccords brins, par Survir a lgi 40 Cumin; ad a nolsa Duña dein quels bos antirs tuts, ils pings aschibein Sco - ils gronds, elser Sufficients, a vangir catschai Sin ilg platz, par vangir visitai d'ilg Cumin a Cuvigs, Sch'els Seigian Sufficients, bels a grouds, Sco Sisur'ei [fol. 5ᵇ] Scrit, ner bucca, a Sch'ei vangils afflau ilg contrari, Scha dei ilg

Mastral Sin don a cust da quels, c'han buc observau ilg tschentament, far cumprar, a quala part ca Surpaſsas quei tschentament, ei Seigig aschibein ilg Mastral Sco ils Giraus, dein els eſser curdai a lgi Cumin Senza grazia, 4 △. A par vangir aschia tiers quella fin a mîra dein ils Giraus da quou d'anvi puder metter ün Vadi taur, ansembel cun uña Gianitscha ner treis 5 Vadels cun las Vaccas, aber buc auter, Sut peina da 3 △. Er dei la parmavera a nagins taurs vangir traig la corda, Senza ver auters Sufficients, par proveder las Alps.

10. Dein er ils Cotegias avont ner Sir S. Michel eſser culponts da talgiar Pustretsch a da dar quint, par ca la fumelgia dad Alp poſsig pli 10 maneivel trer ent lur pagalgia, la quala dei vangir pagada cun rauba Sufficienta; en cas aber ca quella rauba fuſs buc Sufficienta, dei quella tras ils fumelgs vangir meſs' enten ils mauns d'ilg Oberkeit.

[f. 6 b] 11. Sch'ei daventaſs, ch'ei vangiſs anqual Maſser ner Pur nief, ca fuſs bucca Staus cur las Alps ean vangi parchidas, ei Seig qual on 15 ch'ei fuſs, Scha dei quel eſser culponts da cargar cun ils Ses ils pli datiers Parents da Saung, a nua ch'el veſs parents, ca fuſsen adualmeng parentai, a cargaſsen en ünn' Alp daparsai, Scha dei el eſser culponts da fierer la Sort, nu' ei lgi tuccig dad ir, adiña Suenter la Schlatta da Mascel.

12. Scha la bieschia da Caſsons figeſs don S'ilg Culm, avont ch'ei 20 fuſs fanau, ven ei als Purs, c'han pilgiau don laschau ils dregs da far stümar.

Mo dapli ch'ilg ei fanau, Scha la fumelgia laschaſs ir la bieschia par ilg Culm ora, Scha dei ella vangir pindrada, ad ils Purs da Caſsons dein eſser culponts da pagar ilg pindrer, par minchia cheau quatter Crizers. 25

Mo Sch'ei vangiſs catau, ca la fumelgia ner ils Pasturs la laschaſsen mitschar ora tras liederlichiadad, dein els vangir castigiai d'ilg Seckelmeister.

[f. 7 b] 13. Ün Ludeivel Cumin ha er urdanaua ſerrau giu, ca Sch'ei fuſs anchin, ca veſs funds oreifer nies antschies, ner S'ilg a vangir vangiſs 30 ad hartar, ner cumprar, tras la quala cauſsa las Alps, pastiras a buals vangiſsan Surcargai, Scha dei ei eſser rameſs ad ün Oberkeit d'ancanuscher, chei quels minchi'oñ Seigian scigian parquei obligai da da dar a lgi Cumin.

A dei da quou d'anvi nagin puder laschar ir ne sin la pastira, ne enten ilg bual, ne enten l'Alp, anchiña bieschia autra ca quella, ca veu anvaruad'or 35 tschou a Flem-, Senza gravezia. Oreifer Sch'ün d'ilg Cumin Sa maridaſs ord Flem, a Saveſs ilg funs da Sia Duña bucca vender, po lura quel la bieschia da Sia Duña 3. oñs cargar tschou a Flem en Si' Alp senza gravezia.

Quei ca ven prieu giu da tscheins, Sch'ilg ei bucca zund ber a gref, 40 mo hundreivlameng, dei ei eſser liber, a bucca pagar par l'erva; Sch'ei fuſs aber mema ber, Schi ven ei rameſs a minchi' Alp.

[f. 8 b] 14. Nagin na dei cumprar Si anchiña Sort biesclia, Siu Sen

da far marcantia, cuntut tras ilg qual l'Alp pudefs vangir Surcargada, Sut
fallonza da treis Cruñas.

15. Las Cauras dein ir tras Rungs, Muntatsch, a Calgia Spefsa, mo
ils ansculs dein lur pasc bucca ver ansiverts, a quels c'han ils ansculs, dein
5 quels tras ün pastur far parchirar; quella canun aber, Scha dein els vangir
castigiai.

16. A las Vaccas da Casa ei dau ora par lur pasc, Rungs, Muntatsch,
Vall Steina, Prau pasc, Rungialona, Vallvau, Prau l'giurs, Prau Sura davos,
sco ils duigs da Tarschlims mufsan cun ilg Streg Valvau. Ad ils Cuvigs
10 pon plidir ils pasturs, cun quella conditiun, ch'els Seigian flifsigs, quella
Canun aber Scha dei ilg Oberkeit plidir auters, a Sch'els Survafsefsan quei,
Scha dei minch' ün d'ilg Oberkeit efser curdaus a lgi Cumin tont Sco 12 bazs.
Ad ils Cuvigs dein efser libers par uña Vacca, un bof, un biesc d'casa,
duas nursas ad uña Caura, da la Spisa d'ils pasturs [f. 9 b] par uña
15 roda. Sur da quei aber ean els obligai da dar la Spisa sco auters d'ilg
Cumin.

Er dei minchi' oñ flifsia- a Sufficientameng Suenter las gafsas ad an-
turn ilg funs, nua ch'ilg ei pastira, vangir claus, a Sch'ei vangifsan afflai
anchins, ca fufsen liederlichs, scha dei ei minchi' oñ vangir pindrau, num-
20 nadameng X^r 2. par tschunckeisma, a Sur da quei Sin don a cust da quels,
ch'ean liederlichs, dei ilg Oberkeit far clauder.

17. Aschibauld ca la bieschia ei la parmavera Si Culm, Scha pon tuts
gualts vid ils Culms ad a Casa vangir paschentai, rasalvond la pastira da
bos dei efser libra, a quella da las Vaccas ilg Plaids, antroqua quels da
25 l'Alp Sura cargen.

18. Enten ilg parchir las Alps eis ei urdanau a concludieu, ca quels
c'han si funs par tscheins, deigian la bieschia, ch'els anvernan cun quei
funs, cargar en quell' Alp, nua ch'ei tucca da cargar la lur, cun quella
conditiun a rasalvada, [f. 10 b] ca Sch'ei vangifs afflau ün oñ ner l'auter,
30 ch'ünn' Alp fufs Surcargada a vefs pli Vaccas ch'en las autras Alps, Scha
dein ellas vangir angulivadas, a dei minchi' Alp efser culporta da ratschei-
ver Suenter ilg diember, la Sia part da l'amprima parchida; a quei Senza
Contergir a Sa contermetter.

19. La Parmavera pon ir p'ils beins, Cavals, nursas, bieschia d'casa,
35 Cauras a Sterls, adinna Sin bienplascher d'ilg Cumin, da liberar a Scuman-
dar, Suenter Sco ilg basengs dumonda, ad a lgi Sumelgia bien.

Mo quels ca laschafsen ir S'ilg funs pli velgia bieschia, ch'ils Sterls,
dein efser curdai fallonza uña Cruña minchia gada Senza grazia. Ad ils
Purs ca vezan Surpafsont quei tschentament, dein minchia gada efser obligai,
40 da notificar ad un d'ilg Oberkeit.

20. Ilg ei er vangieu ilg pli, ca las nursas deigian vangir mefsas 10.
ner 15. gis S'ilg crap, avont ch'ei vengig cargau ad Alp, ad ils [f. 11 b]
pasturs dein da quou d'anvi par las nursas, ch'ean S'ilg crap, efser obligai

da mingiar la Spisa tiers ils Purs Sco a Casa, a minchia damaun ir Si a flifsiameng parchirar, ch'ellas vom̅ian buc Si en l'Alp, a fetschian don; a Suenter quei dein las nursas ver lur Alp elg Tamill, cun quella conditiun, ch'ils Purs deigian efser culponts, da dar par minchia peza ner nursa, ca ven or da l'Alp, per l'erva a Sal en tut Crizers Sis. A lura dein ils Purs 5 d'ilg Tamill efser culponts las nursas da laschar catschar ent ad or da l'Alp Sin lur cust; a da dar ad ellas minchi' on̅ 9. quartannas Sal; A parsort ch'ils Cautegias parnefsan Si enten l'Alp nursas eastras, Scha dein quellas vangir zavradas tschou a Flem.

21. Ilg ei er Serrau giu, ch'ils Cavalls, ca vengian anvarnai ora tschou 10 a Flem elg Cumin, deigian ver lur Alp ent ilg Tamill, a dei a la Caschada par minchia Cavalg vangir dau 10. bazs; a lura dei la Caschada dar urden, ch'ils Cavalls vengian parchirai bein tras un pastur ner autra guifa, ad ilg diember d'ilg plaun dei buc vargar pli ch'ils Sedisch Cavalls, je aschianavont [f. 12ᵇ] ch'enten ilg Cumin vengian buc anvernai ora plis. 15 En tal cas dei ei vangir prieu ampasch, a quels er laschar cargar Sco Sisura.

Ilg ei er cufsilgiau, ch'ils Cavalls, ch'ean cargai elg Tamill, deigian buc vangir pri or da l'Alp avont ca Scargar, a Sco antroquan ufsa ei daventau, dein els lura vangir mefs Si Platta. Mo chica vult prender or ils 20 Cavals, dei efser culponts d'ils taner en Stalla, a buc Schar ir Sin la pastira Senza lubienscha d'ilg Oberkeit.

Als Purs ch'ean sl Platta, eis ei dau lechias da prender Si Cavalls, rasalvond Sch'ilg Spiritual lefs metter si, ner Sc'ei fufsen en nies Cumin Landrichter, ner Landschriber a Landvaibel, Scha dein ela puder cargar 25 Si Platta par dus Renschs. P. Sco antroquan quou.

Mo quei ca tucca tiers ilg Cavalg d'ilg Mastral, Sch'eis ei ramefs a la Caschada, Sch'els vulten laschar cargar ilg Sieu par nagutta ner buc, ner prender er par el ils dus Renschs, Sco d'ils auters Sisura, a dein vangir pri Si nagins cavalls easters, Sch'enten ilg Cumin fufsen da quels d'ils lur, 30 ca lefsan cargar.

[f. 13ᵇ] 22. Enten las Alps dei er buc vangir mefs pli bieschia d'casa, ca quei ca minch' ün ha da basengs, a buc par far marcantia lunderor, Sut peina da 5. Ⱥ fallonza. A dein da quou d'anvi quels, c'han Vaccas enten las Alps, par minchia biesch d'casa efser obligai da dar a la Caschada 35 bazs 3. A quels c'han bucca Vaccas, eis ei er dau tiers cun quella gravezia da metter ün, Sch'els mattefsan aber pli ch'ün, dein els efser culponts par minch' ün da dar 1. Ⱥ. A Sch'ei vangifs afflau, ca la fumelgia cun quella ner cun autra Sort bieschia fufsen partaschauns, dein quels vangir castigiai d'ilg Seckelmeister.   40

Er eis ei tuttavia Scum̅ondau da taner a casa la Sh. bieschia d'casa, rasalvond en nuvill, Sut fallonza da Xʳ. 20. minchia gada, a Sch'ei Sa cattas parsulameng Sin las vias; a quei deig Survir la mezadad a lgi pindrer.

12 *

23. Eis ei a minchia Caschada ner Alp dau tiers da dar bof a las
Vaccas 4 gis avont nofsa Duna, a dei par minchia Vacca minchia gi vangir
dau a la Caschada X. 4. Chi c'aber laschafs currer tiers avont ils 4. gis,
Scha dein quellas Vaccas efser Sclaufsas or da la Caschada.

5   Item dein els efser culponts da plidir un ferm Bub ner fumelg, a d'ilg
muntaner tutta Stad, er [f. 14^b] dar bein cundriz, ea quel hagig un bien
pêr bos, ner Gianitschas, par ch'el pofsig flifsiameng trer la grascha or
d'ilg Stavel, par la trer andreg a niz, ca l'Alp vengig bein ladada a Sal-
vada ner cultivada. Nua ca quei daventafs buc, dei ilg Oberkeit plidir ün
10 Bub Sufficient, ad ils Cautegias dein vangir castigiai d'ilg Seckelmeister.

Schilgiog pon ils Purs da L'Alp Sura laschar vi ils tschengels, aber a
nagin oreifer ilg Cumin.

24. Aschi bauld ca las Vaccas ean cargadas ad Alp, Scha dein ils
Sterls da L'AlpSura ver lur pasc ansi, Sin quei da las Vaccas da casa.

15   25. Eis ei er vangieu afflau par bien, je concludieu a Serrau giu, par
ca las lavurs cumiñas vomian tont pli bein or da maùn, ca' da quou d'anvi
deigig tut ilg Cumin efser S'ilg platz; cura ch'ei ha Sturmigiau la terza
gada; a chi ca fufs buc, cur ilg Verckmeister clomā, dein tuts quels, c'han
muncau, efser curdai a lgi Seckelmeister tont Sco 5. bazs. Enten la quala
20 fallonza dein er efser curdai quels ca lavuran buc, ner fugifsen or da la
lavur cumiña, a dein [f. 15^b] quels ca cumōndan la lavur, par Sarament
efser obligai da dar ent chisa, a quel ca vangifs a Survêr, quel dei Senza
grazia vangir castigiaus d'ilg Seckelmeister.

26. Dein er quels, ca han claus ent, pagar alg Cumin, quei ca d'ilg
25 Oberkeit ven a vangir ancunaschieu.

27. Er eis ei statuieu, ca quels ca prendan tiers femnas eastras, deigian
efser obligai da pagar alg Cumin 20. Cruñas.

28. Minchia Sis ons dein las Alps vangir parchidas, a quels c'han
lura Sis ons cargau enten ilg Tamill, dein buc efser culponts pli da fierer
30 la Sort, antroqua ca tuts vaschins vengian a ver cargau lient, rasalvont ca
Sch'enten la davosa Roda fufsen bucca Purs avunda da cargar quell' Alp
Suenter l'jsonza.

[f. 16^b] 29. Eis ei concludeu a Serrau giu, ca da quou d'anvi deigian
ils Cuvigs puder plidir ilg nursê, mo cun quella Conditiun, ca quel Seigig
35 obligaùs da parchirar er las nursas enten l'Alp, a quei par Renschs 10. cur
ilg ei mai ün Nursé; Scha quei nursé aber lefs ver ün bub, dei el ver mai
7. Renschs pagalgia.

30. La fumelgia dad Alp, c'han sa plideu en l'Alp, dein bucca puder
gir giu lur Survetsch Senza raschuns Sufficientas, a quei Sut peina da
40 4. Cruñas; ner aber Sch'els vefsan raschuns Sufficientas, Scha dein els gir
giu a Callonda dMarz.

A cura ch'ei ven da tschentar Cautègia a da plidir la fumelgia dad
Alp, Scha dein mai quels c'han tefsera puder tschentar a plidir.

31. La Parmavera dein ils Nursês 4. gis avont Scumandada ir cun las nursas or d'ilg funs, giu d'aua Sparzas, 2. gis, a 2. gis giu l'jsla, las qualas dein lura vangir uchiadas, a bucca [f. 17ᵇ] catschadas a casa la Sera, par ch'ei vengig quoutras buc faig don enten ilg funs.

32. Dei ilg Mastral tras Scaffiment d'ilg antir Oberkeit ün on a minchi'on quests Schentaments ad auters ca Savunden Suenter, la parmavera, cur' ei ven faig Scumandada, laschar leger si avont ilg Cumin, par turnentar quei a minch' ün enten memoria fresca: parca nagin, Surpafsont quels, pofsig Sa Sculpar tras nunsaver.

[f. 30ᵃ].

Ilg Chiett yuvan d'ilgs Grifchunfs.

Sa Conta fco:

Vilhelm bin ich der Telle.

(Ineditum nach Ms. H; Varianten von Ms. Cs.)

I.

O vus, Grifchunfs, bargide!
Bargit par vies mal far!
Vofs velgs ean bucca plie,
par quels duveits plirar.

II.

5 Quels vus han Survangieue
fig gronda Libertad;
Cun foung han muntanie,
vus gig jou en vardad.

III.

Nu mai ean pilgiai via
10 Vofs prufs velgs pardavonts?
[f. 30ᵇ] Cun lur Vardat, gistia,
L gean morts a vont bears ons.

IV.

Cun ells ei futtarad
Tut la vardat a fei,
15 manfsengias fi lavada;
Da velg na foua quei.

V.

Ufs ei la terra pleina
D: Lofchezia, pracht pilgver;
la gitigonza ils meina,
20 Nagin vult ufs Saver,

VI.

Da Dieus Ch ei vengig gige
A pardagau fchi stain;
el perda fesf amigse,
[f. 31ᵃ] ven hafsigiaufs da Cain.

VII.

25 Beiver, malgiar, giugare
Ven ufs duvrau partut;
plidar Cun Dieus, urare,
quei Kunst ils plai nagut.

VIII.

Da quei ven ei fig rise
Sin nozzas a fin pafts;
Salgir, faltar, garrire
ei lagrament dilgs gasts,

Der orthographische Charakter der sehr fehlerhaften Niederschrift Cs er-hellt zur Genüge aus den unten folgenden Proben VIIIᵃ f.; XXIXᵃ ff. Titel: Ina canzun da Cantar Ilg Miedi sco: Iou sund vilholm d'ilg thel. — 7 mun-taneu. — 13 sutarau. — 15 lavadas. — 18 D' *fehlt*. — 20 Nagin ils vul saver. — 28 Quei savens ils. — 29 ris. — *Nach* VIII *stehen folgende zwei Strophen:* VIIIᵃ Ilg pardagar nizegia buc | da quei ven ei fig rise | mansengias grondas han sur | maun has a scuvidonza. — VIIIᵇ A chi o Deus vi jou plirar | tieu plaid ven fig sbitau | ilg meineig ner fauls angirar | tiers tei ei zund cumin

IX.

Biarfs dilgs fpiritualse
Zunt pitfchen han quitau;
35 fcha gie ven faig grond male,
scha rump ·n· els buc ilg Chiaue.

X.

Quels fig tutts finadine
[f. 31ᵇ] Han Char favur dilg mūde,
par ünna zaina d vinne
40 ean els vanals bein zunde.

XI.

Lau fperafsa sto jou gire,
ilg ver er Cunfefsar,
Ca biars Cun flis fagire
puccaus San ftrufigiar.

XII.

45 Sin quels ven ei guardaue
Cun gritta a Cun hasf,
A quels ven dau Cumngiaue,
nagin quels pli griafs.

XIII.

Wufs Secularfs Grifchunse,
50 Ca veits ilg Sarament,
Leits fcharmiar ilgs bunse,
[f. 32ᵃ] ilgs bunfs Cafsar navend?

XIV.

Scha vufs quei buc figeitse,
gig iou pilgver, pilgver!
55 La fchmaladifchun vus veitse,
Sur vus ufs ven ilg ver.

XV.

Quels Ca duvefsan darre
A Dieus ·L· gamprim L'hanur,
ilg fan Sutt tfchapitfchiare,
60 Lgi datten mandanure.

XVI.

par aur han els vandieue,
vandieu perpetnameng,
Christum, ilg plaid da Dieuc,
zunt bandifchau navent.

XVII.

65 Dieus ven Sa Rachnigiare
[f. 32ᵇ] Vid vufs grifchuns vonzei,
Vus la pagalgia dare
par vofsa malla fei.

XVIII.

Furmiglas da Lafs Ligiafs,
70 vus turpigeits vus buc?
fcheits vardagar Lafs Striafs,
Christum Sbiteits partut.

XIX.

Scha vufs veits bucca rigla
par quei Ca vus veits faig,
75 Dieus buc fin vufs amblida,
Struffegia tuts a faigs.

XX.

Cunttut tierfs Dieus .s. volveit
Cun Larmas a bargir!
bein bault vufs milgiureide,
80 [fol. 33ᵃ] fcha vus Leits buc pirrir.

XXI.

Iudafs ha San riglaue,
Curieufs .tils Sacerdots,
Trenta danerfs turnaue,
pandieufs, fchluppaufs a morts.

XXII.

85 Lei ieufs Culs traditurse
ent ilg perpetten fieug,
en peinafs a dalurfse,
Lau ei ilg fieu dreg Lieug.

36 rumpan els ch'ilg. — **37** A quels tuts. — **38** cor. — **39** d' *fehlt*. —
41 speras. — **44** strufiau. — **46** hasf]'fel. — **48** gras. — **51** bunse *ist in H über durch-
strichenes* malse, **52** mals *über durchstrichenes* buns *vom Kopisten selbst gesetzt.* —
58 lanprima hanur. — **59** ils. — **60** mendra hanur. — **61** Par amur. — **65** rahingiar. —
67 Vus] vult. — **69** da la Terra. — **74** par] da. — **81** sandriglau. — **82** tiels. — **84** *fehlt*;
an seiner Stelle steht als Schlussvers der Strophe: Lou jeus culgs traditurs. *Diese
Verschiebung geht durch die nächsten drei Strophen.* — **88** sieu ver dreig. —

XXIII.

L ha Schau davofs bears frarfse
90 Ca prendan er danerfs;
Quels ean ad els tont Carfse,
·Ch· els vulten pli ver bears.

XXIV.

Schin Lefs tutt Si dumbrare,
[f. 33 b] Co els han handligiau,
95 Quels ngifs ·n· els malsalvare,
Tilgiafsen giu ilg Chieaue.

XXV.

Anchinfs gin a vugegian:
Deus ha nagin adaig;
Hafsegian A Sfalsegian
100 Quei Ch ün Cumin ha faig.

XXXVI.

Chi vult ad els plaschere,
Ston els tutts Savundar;
Quels vingian els pilgvere
par lurs Amigs Salvar.

XXVII.

105 O vus, ca bagieitse
Sin Regs, firsts a Singiurfs,
Carn da Carstiaun Salveifse
par viefs bratfcha ·a· favur!

XXVIII.

[f. 34 a] Quels tuts ean fchmaladieufse,
110 Ca fin Carstiau[n]fs Sa lain
S' dichiar ilg plaid da Dieuse,
Ad enten Christ na Crein.

XXIX.

Vufs rifch, pufsents Singnurse,
Co leits vontsei morir?
115 Vufs veits fquitfchau ilgs prulse,
pilg Sieu zunt faig vangir.

XXX.

Vufs veits traig giu fadiafs,
Veits buc pacau ilg hum,
Vivieu en malgiariafs,
120 en tutt daleg dilg mu[n]d.

XXXI.

Dieus ven vus Strufigiare,
Vus gig iou en vardat;
vid vus vandetta fare
[fol. 34 b] par vofsa naufchadad.

XXXII.

125 Vufs veits nagutta daue
Als paupers pitfchennets;
ha Christ quei rafchunaue
Ch el Seig Sclaus ora Sez?

---

89 laschau. — 92 vulten ver pli bers. — 94—96 *Statt dieser drei Verse
stehen folgende vier:* Co els hanliau schils lur | ufsa savefsen quels | ngifsan mal-
salvai | talgiaseu giu ilg chiau. — 97 vugiein. — 99 hasigiein aflein. — 101 Ch'in
vul. — 102 tut. — 104 lur a migs salvai. — 105 bargits. — 108 bratsch. —
110 carstiauns. — 111 s'dichiar] gi clar. da *fehlt.* — 112 Christ na] carstiauns. —
115 ilg. — *Nach Strophe XXIX stehen folgende fünf Strophen:* XXIX a Ilg plaid
da Deus veis | vus sbitau la libertad zuod | surduvrau o chei sgrischur; chei |
starmantur A chi o Deus! a chi sig[n]iur — XXIX b Lein nus quei faig plirare |
o traditu[r]s! o morders gronds | pilg soung dils prus ca vus veis | spons ven
Deus vandetta fare — XXIX c O vus grischuns cun vies puccau | vies Deus en
tschiel veis vus stridau | quel ufsa vus cafstigia | ilg plaid da Deus veis vus
sbitau. — XXIX d La libertat zund surduvrau | Deus mufsa sia gistia | Ils buns
veits vus persequitau | schelms traditurs buc castigiau | duvrau ber malgistia | veis
preu Daners par truvamens. — XXIX e Veis faig antiert rut saraments | duvrau
bear tirania | vus veits traig giu fadias | veis buc pagau ilg hum (= 117 f.). —
Strophe XXX lautet: Viveu en malgiarias | en tuts Daleigs dilg Mund | Viveu en
malgistia | sbitau ilg plaid da Deus. — 127 Quei hai jou raschunnau. —

XXXIII.

you vi a vufs mufsare
130 Co Lgci pafsau quels ons,
Ca tals Cumpoings a frarfsc
Han er pilgiau grond don.

XXXIV.

Cur buns ean Sut Squifcheie,
tierfa Dieus clumanen els,
135 A purl' ean fi Laveie,
Chi fo pli grüts Ca quelse

XXXV.

[f. 35ª] par Cunfefsar ilg vere
ti prus eis La CaSchun;
Saturpiar pilgvere
140 Dein quels dilg Cumin hum.

XXXVI.

Viefs beiver a malgiare,
Viefs efser or da Sen,
Vof bials Singiurs urare
fa rumper faraments.

XXXVII.

145 partrachia bein andrege!
Va tras ilg fchantament.
Ca Dieus Cun fieu foing dette
Ha fcrit parfechiament!

XXXVIII.

Zundrar a Scungiarenge,
150 Girar, falvar nagut,
Sinar a grond Strienge
fig regia ufs partut.

XXXIX.

[f. 35ᵇ] Ilg Sabat ven Salvause
fig da nagin da nufs,
155 ven fchandlig furduvrause
Da purf parniest Singnu[r]s.

XL.

Comprar a marcadarc
fan bearfs tutt Sin quei gi;
Dicus ven quei ftrufigiare,
160 pilgvcr, jou gig a chi.

XLI.

Iou les bugend nagutta
gir dilg Saltar mal mund;
ilg giavel ilg barlotte
Meina par tutt ilg munde.

XLII.

165 Vus pauprafs Striafs velgiafs!
[f. 36ª] Quont gig Leits vufs Saltar?
Vus da la Scola nera!
Leits mei vus milgiurar?

XLIII.

Nagin hanur als velgse
170 ven dau da lur uffonts;
Nagin fchazegia quelse
Chan pardagau bears ons.

XLIV.

Gistia ven fbitada,
Mazar in retli hum
175 Cun bucca a Cun la fpada.
fa Survangir grond num.

XLV.

Rumpader da la lege
Rafai ean or partutt;
Nagin vult far andrege,
180 A Dieus fa renden Sut.

XLVI.

Manchir ad angollare
ei ufsa buc puccau;
[f. 36ᵇ] fcuvir, il mal griare
per tutt ven buc Salvau.

---

131 a frarfse] vos fras. — 133 squitschai. — 134 clumavan. — 135 prus. —
lavai. — 138 pur. — 141 Viefs] Lein. — 142 Viefs] leis. —. 144 far. — 148 par-
sulameng. — 149 Zundraders a scungiraders. — 156 Da purs singiurs Uffonts.
parniest *in* H *ist zweifelhaft, da die beiden letzten Buchstaben in Korrektur
stehen.* — 157 Comprar] Lapar. — 168 mai. — 169 Nagina. — 171 Nagut ven
fchazigiau quels. — 175 a] ner. — 177 Rumpaders. — 180 sarender. — 184 Ven
par nagut salvau.

XLVII.

185 Dieus nus ha dau bunſs onse
Cun paſch a Cun ruvaufs;
mo nus Cun nofs uffontse
vein quels fig Surduvrau.

XLVIII.

Cuntutt tem jou Sagire
190 Ca Dieus, ca` regia ilg mund,
nufs fetſchig angaldire,
Ragiſchig ora zund.

XLIX.

Caleid da far puccaue!
Stei Si, o vus griſchuns!
195 Dieus vus ha Schmanatſchaue,
ilg Stroff ei buc da lunſch.

L.

[f. 37ª] Quei tutt prophetiſeſcha
La greva zunt Sagir,
Ca ſchon da gig ei meſse
200 vid ilg pumer Ragisch.

LI.

Vangit Anſemel tutse
en Caſsa da nieuf Dieus!
urein Cun ün Spiert rutte
A Cor fig ranaſchieu!

II.

205 Grond ei la grazia Sia;
el ven a pardunar.
Quei ei la vilgia Sia:
el ven nus pardunar.

LIII.

O, Senger, nus Cunſalve
210 tiers nofsa libertad!
tiers tei, o Dieus, nus volve
trafs tieu Spiert a vardat!

LIV.

[f. 37ᵇ] Nus Spindrig ord dalure!
Dilg mal nus Sprinde ti!
215 tras Christum, nies Singnure,
nus meine bauld Lau Si!
Amen. Finnis.

[f. 1ª]

INNA CANZUN

Scritta a quella da breill.

(Ineditum nach Ms. Sa.)

I.

Antsdheiver ufs jou lefs:
Si preil han ngieu tarmeſs,
purtau han giu una Sera
Anus ün paun con perra.

II.

5 P[e]r quei ancresha ami,
jou Sto aschi quei gir:
Tumasch Stathalter Christ
Numnar vus ilg stueits.

---

186 Cun] bien. — 192 zund] tuts. — 193 Calcin. — 194 Stein giu. —
199 meſsa. — 201 Ei vangin. — 203 urei. Spiert] cor. — 204 a cun ün cor
fig ranaschieus. — 208 pardunar] madagar. — 209 A semper nus cunsalvar. —
214 dilg mal parchiri ti.

III.

[f. 1ᵇ] Partscherts eis el vangicus,
10 Nurfas grafsa[s] vein nus ingieu,
  Mangiar maj ünna ilg past,
  pain gic quei lgi cuzzas.

IV.

  Ei fus mai tras ilg gi,
  ounc quei Sto jou sc(i)r[i]uer si;
15 Ani quei gic quintar,
  Quontas en ün on puder purtar.

V.

  Veing meins chu disch tschient
  Ven a purtar ilg quint;
  Scha vus leits quei giu quintar,
20 Ilg quint vus ven a dar.

VI.

[f. 2ª] Minch on tontas mingiar,
  lgi vus quei bucca bear?
  Ell sto enzachei pingar,
  Chel pofsig sa dustar.

VII.

25 Ilg ses cumpoings chel ha,
  Ston er ver da mingiar;
  Parchei chilg lumbardun
  fus er bugient patrun.

VIII.

  Ilg Maister Tieni fraui
30 Schmanatschas bearas gadas;
  Rumias, lur cumpong,
  Han els ngiu pers tschei on.

IX.

[fol. 2ᵇ] Ilg jon statbalter Christ
  Bugient a lgi stes tiers;
35 Oun ün filg statbalter Christ
  Schmanatschas fa er fig.

X.

  Duña onna h. l. prieu cun nagut,
  Nus ampudein nagut;
  ünna richia ves el bein prieu,
40 Mo ella ha bucca vulieu.

XI.

  Lgei nies giavüschament
  Saluar fei, Sarament.
  Sche els vulten buc calar
  Tontas schmanatschas far,

XII.

45 [f. 3ª] Cur els vengian giu da breil,
  lein nus mufsar ilg steilg:
  Nus vein bears buns cunpongs,
  Chi statten tiers, jou gic.

XIII.

  Els ston schar raualgiar,
50 Scha ilg Cor duues schulppar;
  Lgon a Valendau
  han grond par nus quittau.

XIV.

  Castris alquels da fiem
  par nus sametten en;
55 Tumein a quels da Trin
  Ean er ils nos vafchins.

XV.

[f. 3ᵇ] Tusaun a quels da Tschons
  Vein büña confidonza,
  querra, purtents, giadinna
60 Valgia par nus adinna.

XVI.

  Ston lafchar ravalgiar,
  · Scha ilg cor ils dues schulppar;
  Tiers quei rumanere
  . . . . .

---

14 sciruer. — **15** *Nach* Ani *folgt ein durchgestrichenes* v. — **41** neis.

XVII.

Nus vein ounch pli migionza
65 A lgeut zund dampurtonza:
Bern, Pasel a Turig
Statten tiers, jou gig.

XVIII.

[f. 4ª] jlg plaid da Deus tengian char
A lain quell bucca Cafsar,
70 Schi gic sco ei stad Turig,
Vurzs stat er, jou gicg.

XIX.

Ilg plaid da Deus pardagar
En Vurzs ston els lafchar;
par quei ils dolla ilg cor,
75 Ch'els afsan buc samover.

XX.

Schar Cantar mefa lein,
Nagut maruelgias vein;
Cõtan adin Cantar,
Nagut ils lein dustar.

XXI.

80 [fol. 4ᵇ] lur puinc ent' ilg cor
      datten
ad els, chei lou rabatten;
Scha els vulten buc calar,
Nus lein er buc dustar.

XXII.

Mireit, els fuña scela!
85 Mireit fut la rafsa en quella!
quei dei bucca davanttar,
Nus lein er buc mirar.

XXIII.

Ilg prer ei vid ilg altar,
Antscheiua lou puplar;
90 [fol. 5ª] Ei dat lou bear schamer,
fimient ston els ha(n)uer.

XXIV.

un Cudisch ha el lau
A loga vi a nou;
quou dad bea da lugar
95 Ancunter Tschiel Mitar.

[f. 2ª]

UNA CANZUN(S)

chel Prædicant da Ilantz à fatta, cur chel à survanjeu üna bella spusa.

(Ineditum nach Ms. Ca.)

I.

Mieu cor salegra,
Mia liunga conta,
Mieu spirt angranzia
Nos Dieu lou sii.

II.

5 Üna bella spusa,
Parderta, prusa,
Da bunna casa
A el dou à mi.

Anmerkung. *Die Korrekturen sind von der Hand des Kopisten selbst, es ist nämlich korrigirt:* (im Titel) *canzuns aus* canzons; *üna aus* nüna; (im Text) *vor* Poma *ist* meila (22), *vor* sciinare *ist* st (39) *vor* latezzia *ist* po (42) *gestrichen. Die Abschrift stammt von einem ladinischen Kopisten, welcher Umstand das Vorkommen einiger Ladinismen in dem sonst rein surselvischen Liede erklärt. — Die Interpunction ist vom Herausgeber vervollständigt.*

III.

Parsuis jou ora,
10 Il gi la sera,
Dieu üna Masera
A dou à mi.

IV.

Par ün agide,
Par ün confierte,
15 Par ün salide,
O scazzi bi!

V.

[f. 2ᵇ] Sciin bi Pomere,
Sciin bi Malere,
Chei tut plein flurse,
20 La Spusa ei,

VI.

La flur stulescha,
La Poma cresha:
Deus banadeshic
Cun fils vonsei!

VII.

25 Uffontz, Signure,
à nossa lavure,
à tia hanure.
Lein nus trer si.

VIII.

Uffontz nizzeivels,
30 Uffonts lagreivels,
A bucc fifseivels
Nus daj po ti!

IX.

Daj Ubadiensha,
Daj cardiensha,
35 Daj cunashiensha.
O Deus Pussent!

X.

[f. 3ᵃ] Tut ilg Rienare,
Tut ilg stridare,
Tut ilg sciünare
40 Seias da lünsch dau[e]nt!

XI.

Daj Basseria,
Daj latezzia,
Da po carrezia
Ber ons à dis!

XII.

45 Cur nus morin,
Cur nus sparchin,
Sin nofsa fin
Nus daj ilg Parvis.

XIII.

Mieu cor suspira,
50 ad ei minchura
Lou ora tiers vus
Pufseivlamente.

XIV.

Cur vezza jou quei,
Vus spera mei
55 Vangint Vonsei,
Vangint allegramente.

[f. 32ᵇ]
LA CANZUN
cur jlg filg da Sörz-Fortt ei jeu a guara.
(Ineditum nach Ms. G; mit Varianten von Ms. F.)

I.
Ieu leger Iuvnall
Sai us, chei Ieu vi far;
us sun ieu si carschieu
a sun er bi vaschieu.

II.
5 Ad hai bein aung danẽrs,
cunprar vi in bi Tegen.
Da vend vi ieu Tilar,
vi cou buca pli star.

III.
jeu sund us bein antisfe,
10 davend vi ieu bein ire.
mia muma a mieu bab
mi fan aschi luvrar.

IV.
[f. 33ª] Cur jeu hai gig luvrau,
mi san ei nagin gra[u],
15 dus ons vï ir navend
a vi lou far bien Tembs.

V.
Cur jeu vom ent luftria
cun ina cunpangia;
a vom er bein da rar
20 mincka eamna mai in gada,

VI.
A spend ieu er na vendt
minch emna mai mietz rensch,
a cassa cur ieu turn,
ean ells da maila velgia

[f. 33ᵇ]   VII.
25 a gin a mi: Ti schelm!
Ti voll tutt sfar navend!
ei fus a chi raschun
Da dar cun in baftun.

VIII.
ei fa a mi schi mall,
30 chieu vi cou buc pli star!
a guara vi ieu ir vi,
vi cou bucca star pli!

IX.
Ieu hai us gig luvrau,
mi san po nagin grau;
35 dus ons vi ir navend,
a vi lou far bien Tembs.

X.
en mia juvantegna
vi star da buna velgia,
en mia velgia deDna
40 ven pa lur carschadengia.

Anmerkung. *Die Korrekturen in G und F scheinen von der Hand der Copisten selbst zu sein. — In G besteht oft Zweifel ob man Worttrennung oder Wortverbindnng anzunehmen hat. — F schreibt immer* iou. *— Die Anfügung des metrischen* e *ist völlig regellos (cf. Anmerkung pag. 154).*

Titel: LA Canzun cur ilg filg fer fort Ei jeu a guara. — **1** Ieu] HAi Iou. — **2** fei. — **3** ufsa fundt. carschieus. — **4** fund. vaschieus. *Strophe* IV *fehlt in* F. — **17** ent Lustaria. — **18** üña cunpanegia. — **20** mincha amda. üña. mai ina *in* G *sind hineinkorrigirt.* — **22** mincha amda. — **24** ean] fchan. — **26** sfar tnt. — **28** ün. — **30** ch] *fehlt.* — **31** *und* **32** *fehlt* F, *welches* **33** *und* **34** *an deren Stelle zu Strophe* VIII *zieht; diese Verschiebung dauert bis Vers* 70. — **36** bin. — **39** villadena. — **40** po.

[fol. 34ª]   IX.
Ieu steffan gabriell
vi ir a vi star leger,
Cun mieu cunpoing risch belli
lein bein safar vuller.

XII.

45 En Teras lunsch navendt
nus sa Dieus Tut pusfendt
bein er nus par chirar,
schi bein sco ftar a caffa.

XIII.

Ilg gi, la noig, la sera
50 lein nus nies Dieus Tumer,
urar lein nus savens
Dilg mal cunchir navend.

XIV.

da mallas cunpangias
laschens lein nus bein ir,
55 da moun lein nus bein ir,
chi vult cun nus vangir.

[f. 34ᵇ]   XV.
Cumngiau lein nus ver prieu,
lein ir èlg num da Dieus!
mia muma a mieu bab
60 mi fan ei bein zund mall.

XVI.

Cou en lur velgie Dedna
ilgs meten carscha Dedna;
ma Dieus vi ieu rogar,
cell ils velgig parchirar.

XVII.

65 Tiers Dieus vi ieu clumar,
da cor vi ieu rogar,
chilg Dieus bab Tut pusse[n]te
mi velgi po culg Tembs

XVIII.

A cassa mi gidar,
70 Chieu posig ils lagrar.

Ilg Bab gi:
[fol. 35ª] O filg Ti mal ubiedi!
Ti has cou mema bien;
Sch Ti vol ir navend;
fcha sund ieu bein cunTend.

XIX.

75 Ei ven sagir ilg Tembs,
ca chi vi an Da mend,
Co ti has tanieu char
Tia muma a Tieu bab,

XX.

Co ti has dau annur
80 a Tieu schi bien paftur,
co ti has savundau,
sco chi ei pardagau.

XXI.

Ti lesfas lur bein far,
mo igei lur mema Tard!
85 cur lgei lur autardaus,
ven ei lur mal ruvaus.

XXII.

[f. 35ᵇ] Ti mi has ber custau,
mi dau in grond quitàu
da Tei bein er Trer si,
90 Da vend voll Ti us ir?

XXIII.

Scha ti navend vol ir,
par Tei vi buc bargir!
Cur ti eis bein navend
In ura cou navend,

---

43 rischbele; *i in* risch *ist in* G *übergeschrieben.* — **44** valer. — **45** Ent
terra da l. — **52** gunchir. — **56** *vor* 55 *in* F. — **58** elg. — **61** ent. — **63** Mo. —
64 Chel. — **67** pufent. — **68** vilgig. — **69** mei. — **70** els. F *rechnet* Ilg
velg Bab gi *als Verszeile, die mit* **71—73** *seine* XVII. *Strophe bildet. Diese Ver-*
schiebung dauert bis Vers 125. — **72** mengia. — **75** vean. — **78** ìnama. —
84 f. menga tart *und* antardau [sic] *haben ihre Plätze getauscht.* — **88** das ün. —
94 üna. navend] da flem. —

XXIIII.

95 daners chi mounc ei buca,
mai mira par la bursa!
bien vin a biena supa,
ei pinau a chi par Tut.

XXV.

Ie bunas urdanias
100 pinau a chi en mincha ustria,
gillginas a capuns
Ti eis in grond narun!

XXVI.

[f. 36ª] Ca Ti cou ussa ſtas,
sti stos aſchi luvrar,
105 fchilg ei us Tut aschia,
scha pos Ti us bein ir.

XXVII.

Schi eu fus us bein sco Ti,
jeu star les bucca pli;
O Ti iuvnal da flem
110 Ti has Tar ment mal tembs!

XXVIII.

L'unviern pos Ti bein ir
Tu gi a bella stiva!
la stad vi schar gir Tei,
co ti vas en lusteria!

XXIX.

115 a spendes er navend
minch on pli ca Diesch renschs.
par Tei sto ieu bein dar
minch on in bi armal.

[f. 36ᵇ]
XXX.

par Tei en Ten l'uſtaria,
120 ca ti has spandieu via
Ti custas ber oung pli
da Tei oung b[i] viſchir.

XXXI.

Dilg poun da minchagi
vi iou na guta gir
125 Co Ti mi has custau
mi sas a schi nagin grau.

XXXII.

Sti pir da moun vol ir,
schi has Ti cou la via,
sti pir voll esſer ieu,
130 schi va a Teme Dieu.

XXXIII.

Sco ieu sund bein Tieu bab,
vi ieu da cor rugar!
Ach seias po er crets,
fai po er bein an dreg!

XXXIV.

135 [f. 68ª] Cur ti venſs a turnar
Chiou pofsig mi lagrar.
O filg! ti mieu unffont,
hei! teidle mei a vont.

XXXV.

Iou funt la tia muma,
140 met mei po Buc ent cumBer!
A va po Bucc navent
Ent mieu grond munglament!

XXXVI.

Tieu BaB Haf ti udieu,
quel Ei fig ragullgieu,
145 Ach velgiaf po quou ſtar!
lein nuf Cun el plidar,

XXXVII.

Chel chi ven pardunar,
fchin Bab ven el a far.
O filg! ti mieu unffont!
150 Ach ti po mei favunda!

---

97 buna. — *Nach* 98 *folgen die Verse:* utschels ad er Barsauf | Ei achi partut ſampchiau | Bunas michas a Buns pesch | XXV Achi avont ven mes. — 99 Ie] fig. — 100 ven *vor* en. — 101 galinas. — 102 ün. — 104 sti] fcha ti. schi. — 105 uſsa. — 107 uſsa. — 108 pli] ün hura. — 113 la stad] Datut. — 114 lustria. — 116 rensch. — 119 ten *fehlt.* — 122 oung b] er bi vaschir. — 125 Ca. — 126 *fehlt, wodurch die Strophenabtheilung wieder in beiden Mss. gleich wird.* — 127 da moun] davent. — 130 tema. — 132 da cor] quei. — *Strophe* XXXIV *bis und mit* XLVIII *des oben stehenden Textes sind aus* F; *in* G *sind hier zwei foll. ausgefallen*

XXXVIII.

Hafs ti schon anBlidau?
Nof meinf hai tei purtau,
Hai tai er parturieu,
Dalurs a schmerz gieu.

XXXIX.

155 [f. 68ᵇ] IN on Hai tei tazau,
fin Bras[c]h Ber tei purtau,
Hai tei er Ber fischau,
Hai Breigia Buc spargiau.

XL.

Cun bregia a cun dalure
160 Iou fova paccadufsa,
par tei Bein cuschantar
Hai Ber stuvieu ditar.

XLI.

par tei Bein Durmantar
Hai Ber stuvieu Cantar,
165 par tei hai ber vilgiau
Cazolas anvidau.

XLII.

Partei Bucc fchar Bargir
Hai pauc pudieu durmir,
o filg! ti mieu unffont,
170 murir lai mai avont!

XLII.

Ach va po Buc navent
en mieu grond munglament,
Iou velgia fund vangida,
A veng bauld a murir.

XLIV.

175 Ach velgias po quou star,
A mei er cunfartar,

Murir lefs jou gugent,
Cunzund fti vafs navent!

XLV.

Bers Ean navent tilai,
180 Ean ge mei turnai.
Cur l'gan stai counavent,
Turnai fufsen gugent.

XLVI.

[f. 69ᵃ] Ilg Ean fig stai anriglai,
Mo Igei stau antardau,
185 langufcha da mieu Cor
Chi fai jou Bucc gir or.

XLVII.

Ent gueraf hai udieu
Ca Deufs vengig·pauc furvieu;
davart ilg plaid da deus
190 darar cou ven udieu.

XLVIII.

Ilg urden da Schuldada
Ei Beiver a gugar,
Zundrar a blaftamar,
faltar ad angular.

XLIX.

195 [f. 37ᵃ] Cou ei ber pittineng,
A faig ven cou pauc bien;
Iosep quell fova prus,
Ilgi bab hal Dau annur.

L.

Ifsag Tumeva dieu,
200 Igi bab hall uba Dieu.
Conts paucs vein nus Da quels,
Cunzund us da quest Tembs.
Lauda Dieus.

---

153 f. *sind hineinkorrigirt an Stelle der erst hierher versetzten* **157** f. —
158 *Die Handschrift hat* spargaiu. — **161** *ist hineinkorrigirt.* — **198** lanur. —
199 deuf. — **201** Con pauc. *Unterschrift:* Laud a deuf amen q. c. a. a. I. I. d. m.
E. S. A.º 28 | Dals 16. gif d. s (= quella canzun auda a Ioh. Ianet da Matton
En Schoms Aº. 1728, dals 16 gif de schaner cf. fol. 69 vº).

[f. 19ᵃ]

INNA CANZUN

Da Durmantar ün char üffont

sa conta ent ilg miedi sco:

(Ineditum nach Ms. Sa.)

Il nies uffont vi jou ittar,
[f. 19ᵇ] Cun mia canzun ilg durmantar;
    ludaus feig ilg fcaffider fieu,
      Ilg fenger Dieu!
5 jlg qual ilg ha fchi bein fcaffieu.

Ti Deus, chilg has vallieu fcaffir,
    jlg völgias po er banadir.
    Dai fanadat a nies uffont,
      Chel veꞬgic grond!
10 lai viver quel bears gis ad Ons!

Dai er ilg paun da minchia gi!
[f. 20ᵃ] A Bab a mūma dits trer si.
Ti das als tiers ad ils utschels;
      quont pli a quels,
15 Ca ti has andirrau par els.

Dai er a lgi, o Deus, ilg spirtt,
Chel feig als fes un groug cunfiert,
A Bab a mūma dubadir,

      Ad els survir;
20 A tuorp ils lai po buc vangir!

Dai gratia ti, o Deus, o Bab!
Chel ancanuschig la vardad,
[f. 20ᵇ] Da crer a far ilg dreg cun flis
      Bears ons a gis,
25 Alur vangir elg foing Parvis.

Deus, dai a nus lagreiuels uffonts
En diember dad anzꞃconts onts!
Deus nus ha zunt da cor lagrau,
      Nus Confortau,
30 Tuts bein fcaffieus uffonts nus dau.

Vs hai jou mieu uffont itau,
Cun mia canzun ilg durmantau;
    jlg nies uffont ei durmantaus.
      Deus feig ludaus;
Deus velgig da ilg ver ruvaus!
      Amen.

ÜNA CANZUN

[f. 71ᵃ]

davart la cunpartonza, ubadienscha, humalitad, Caretzia a Tema.

(Ineditum nach Ms. G.)

Iou ma bein ina gada
or filg feldt par ir a spase;
Tschung flu[r]s ieu lou catava,
Cun quelas gieu sulaze.
5 quelas hai jeu prieu cun meie,
hai prieu er avont meie,
Da quellas metter ora,
Co quel(s)as haigen numme.

Lamprima flur ei nera,
10 Sa numna cunpartonza,
lei loma sco la Tschera,
lei ina buna schontza.
[f. 71ᵇ] stos cunpartar ad er furfrire
Tut quei, ca chi ven faig cungir,
15 a prender bein an pasche,
Scha ge chei fumelg asche.

er christus nies Singure
a quela greva crusche
purtau schi ber par nuse,
20 hal bein bugent purtaue.
ber melli soings culg patzient lop
en stai cunparteive[l]s bein dabot,
quei chels han cunpartaue,
ha Dieus els us pagaue.
25 hei vus lagreit da quellas flurse,
quelas nus pon gidare
enten Tschiel tilg singer chare.

Lauttra ei bealla ubadienscha
Cun in bien cor savundare,
30 [f. 72ª] Cun gronda sabgienscha
jlg plaid da dieus salvare,
A Bab a muma ubadire,
cun nies puder adels furvire;
mo an cunter dieus survire
35 fan grond puccau l pilgvere.

La Tertza ei humelitade
bein bugent cunpartare;
lei üna soingia issontzi
a düuna sabasar e,
40 Sco jesus christus nies fingure
e sabasaus scin pauper pure
ell ha par reger nuse
gig Ta base culs ligieus;
loschetzia naradade
45 po dieus buca vartire.
[f. 72ᵇ] Lei mei jna van\itade
jlg mund da sangrandire,
la portta ei strechia da en tchiel ire,
Stos ta bassar zuud bein bugent,

50 luschetzia buc duvrare,
Schi ven dieus a talzare.

La quartta ei la caretzia,
Cun scadin bein cuvangire
gugent a cun latetzia,
55 A nies singur survire;
mo chei custeivla flur eis tie!
jeu par caretzia sto bargire,
A christus nies Singure
ha er gieu quella flure,
60 Tont car nus bal Tanieu,
[f. 73ª] Chilg sieu custeival sounge
or del ei Tutt curieue
par spindrar tei car[s]chiounc!
la caretzia ei bucca pli silg mund!
65 Survir a dieu l ei sfardantaue,
Zund ilg aigen nitz surprieue,
quei eis us ilg lur dieue.

Las Tschung flurs ei : la tema
stuvein nus Tuts avere
70 jlg maschel a la femna,
Cun quela a Dieus furvire.
chi dovra quella, fa zund bein
da la purtar enten sieu seine
fti Temas nies fingure.
75 Ach schein nus ir par sene
qu[e]llas custeivlas flurse!
[f. 73ᵇ] Ach veias andamendte
nieblas dunouns a purse,
Iuvauals ad er matounse!
80 quelas stuvein nus Tuts avöre
ieits enten Tschiel vangire,
quellas custteivlas flurse
nus fcatschan las dallurse.

                         Amen.

[f. 1ᵃ]

URAZIUN

da rugar par ina beiada fin

(Ineditum nach Ms. G.)

O ti parpetten deus! jeu sto vonzei
         morire,
Tilar navendt dilg mundt,
en tera lur fchmarzir.
Ti eis jlg mieu cunfiert,
5 mieu bab, mieu Singer Dieus,
jlg qual ei or da Tschiel
par mei filg mund vangieu.
da Tia passiun a mort
jeu mi cun fortt,
10 da tia anparmaschun
savens jeu miragort;
quel ca crei en mei
vi ieu buc cundamnar,
La vitta zenza fin
15 en Tschiel lgi vi ieu dar.
[f. 1ᵇ] Cun tut Ta rog ieu Tei,
Cur ei ven a da quella,
Cur ieu sai buc plidar
Ad ai pers la favella,
20 Cur ieu sunt fleivel zunt,
pos buc sin combes star,
Cur ieu pos buc in moune
A buc in bratsch alzar,
Cur ieu sai buca ver
25 ad hai pers la vasida,
Cur mes parents, amigs
Mi pon nagut gidare,
Cur ieu veng a murir,
or da quest mund tillar,

30 Schi veng, perpetten Deius,
Or tschiel cun Tieu agid;
Mi fai Tras tieu Soing Spiert
Sagirs da mieu Sallid!
Utschels or dilg unfiern,
35 Lai Ti vangir bucin;
[f. 2ᵃ] Tes oungels or da tschiel
Tarmet sin mia fin!
Languscha da la mort
Mi velgas surlefgiar,
40 Beada fin a mie
Tras graitzia mi amprestar.
En Tes Soings mouns mieu spiert
vi ieu racumandar;
Mieu chierp en tera ven
45 dur mir a ruvarsar;
mo Ti vens a turnare;
quei ei la sprontza nosfa,
Nos corps far si lavar,
vangir or da la fosa.
50 Lur vens mei bi vaschir,
Cun glierga mei fitar,
Cun olma a chierbp tras Tei
Elg ver ruvaus manar.
[f. 2ᵇ] Ach, aude po mieu rieuge,
55 o Ti perpetten Dieus;
A preng mei si Tiers tei,
Tilgs oungels a ligieus!
               Amen.

ĪLG SALTAR DĪLS MORTS.

(Nach einem fragmentarischen Druck aus dem XVII. Jahrhundert. cf. den Ab-
druck des Liedes nach jüngern Handschriften in der *Zeitschrift für romanische Philo-
logie* VI 74 ff. *und* VIII 586ff.)

56. *Dunschealla.*
NU' eis Dunfchealla?
Ti Iuvantfchealla,
Ti tutta bealla,
Ta lai afflar:
5 Eis gie purfchealla,
Preng giu capcalla,
Ti ftos'n urealia,
Cun mei saitar.

57.
O Mort je beine!
10 Veis buc mieu seine,
Schi beai cumpleine,
Co chi plai quel?
Lg' ei bein afchia,
Dunfchella mia,
15 Mo quella via,
Stos ir cun tfchels.

58.
O Mort pardunne,
Mieu chiau radunne,
Elgs ora summe
20 Baffai ti veis!
Ah! Iou sunt tfchocca,
Elgs hai jou bucca,
Sai ver nagutta:
Sagir crer deis.

59.
25 Ah Mort vol fchare
Sin tei murare,
Vi tei bitfchare,
Sch' ti viver lais.
Iou pos micorfcher,
30 Cun tieu bien porfcher.
Mi leffas ftorfcher
Or, da mieu glais.

60.
Ah Mort! Ah cretta,
Unn' urealletta,
35 Mei bufachietta,
Lai aunc reftar!

Un meig da flurse
Cun pli calurse,
Zund marvilguse
40 Vi fchangiar.

61.
Ah bealla tutta!
Ilg fil ei rutte,
Iou prend nagutta
Ne maigs ne flurs.
45 Ti ftos saltare,
Tes elgs ferrare, ·
Ilg spirt si dare,
Has gie dalurs.

62. *Hum velg.*
NU' eis Hum velge?
50 Iou Mort ufs venge,
Claud ilg tieu elge;
Mi pelgie maun.
Ah buc! Ah bucca!
Mort buc mi tucke,
55 Ner ch'jou balucke,
Dunt bauld giun plaun.

63.
Hai onns a gife
Luvrau cûn flife,
Mia barba grifcha
60 Quei muffa si:
Hai bear luvraue,
Bear murtiraue,
Bear andiraue,
Ad auter pli.

64.
65 Mieu char Hum grifche!
Trai ent camifcha,
Preng tia valifche,
Lein ir plaun niefs:
Eis gie fchi grifche
70 Sc'ünna parnifche,
Ner fco paun mifche,
Ti eis in diefs.

65. *Dunna Velgia.*

TI Dunna Velgia,
Roṁ senza felgia!
75 Tieu cor a belgia
Da tei dumond.
'Triftezi' a laide
Sa datten glaide:
Ah chei dir plaide:
80 Dar si queft Mund.

66.

Veis buc co joue
Dunt vi da noue,
Co jou fto tfchoue
Ir (L)[Z]upigiond?
85 Hai bear filaue,
Cufieu, cuntfchaue,
Pauc ruvafsaue,
Mi racummond.

67.

Buc racummonde,
90 Ti ftos avonde
Vangir saltonde
Cun tieu diefs ault:
Ne tieu rafchdare,
Ne fuspirare
95 Pos jou tadlare:
Fafchkinne bault.

68. *Ferm.*

VUs Huṁens fermse!
Lg'ei ngieu ilg tempse
Ch'er vus ils vermse
100 Targejas vi.
Ei quei carteivel,
Ei quei puffeivel
Ca nus fco' lg fleivel
Tutt dejan si?

69.

105 Nus effan ftaie
Zund ault dichaie,
Par ferms salvaie
Antroccan ufs.
Saig en pichiare,
110 Stufchar, alzare,
Seig en luvrare,
Vantfchieu vein tutts.

70.

Iou creig quei tutte,
Mo teṁ nagutte.
115 Pagar vi blutte
Viefs sa ludarr.
Fermezi' a poffa
Ch'ei en vofs' offa
Iou en la foffa
120 Vi sutt curclar.

71. *Dunna.*

NU' eis ti Dunna,
Ti prufa Mumma,
Fideivl' a bunna?
Megg er giu chiau.
125 Ab tile vie!
O Mort jou vie,
Par anqual gie
Tei ver rugau.

72.

Hai anzacontse
130 Schi pings uffontse:
Aunc ün per d'onnse
Trer flad mi lai!
Ah ei fto effer,
Tont pos ti quefcher,
135 Lai buc ancrefcher,
Un bitfch ils dai.

73.

Mes beals tfchernieuse,
Mes dulfchs ligieuse,
Tutts bein fcaffieuse,
140 Pings orfannetts!
Vus fcheid branclare,
Mirar, bitfchare,
Ilg Lezi dare,
Mes chars pinchetts!

74.

145 Ah Mumma noffa!
Meit buc aunc uffa,
Tier à la foffa,
Tier nus pò fteit!
Nus fchi pauprettse,
150 Schi zund pinchettse,
Schi fleivelettse,
Davos buc fcheit.

75.

Ah Mort lai giro!
Ah miro! Miro
155 Sin lur bargire
Ta preng puccau!
L'iin ten davose,
L'iin ten pilg chose,
O Mort ti ftose
160 Aunc fchar ampau!

76.

Ah prusa Dunna!
Sur tia Perfunna
Sunt jou Patrunna,
A bucca quels:
165 Ti ftos vangire,
Ti ftos sparchire,
Ta fcarpalgire,
Navend dad els.

77.

Mieu char trieppette,
170 Mieu pievelette!
Da mieu dalege
Iou vom dabott.
Ilg Mefs vult vere,
Vus ngits ftuvere
175 Madringia vere:
Ah Bietigott!

78. Vffonts.

VVs pings uffontse,
Da dus, treis onuse,
Ilg meins culpontse,
180 Leits er vangir?
O Mort maccorta;
Lein ont la Torta,
Co quella sorte
Da tei vartir.

79.

185 Vein nagin male
Faig actuale,
Parmur d'ilg quale
Ti mazas nus.
Pir veits puccaue
190 Er vus bartaue,
Lez ha manaue
Mei fur da vus.

80.

Nus balbigoine
Tont bi tfchantfcheine,
195 A rir figeine
Savenz nofs Velgs:
Un fruft d'ilg core
Scarpaffas ore
Cun bear dalure
200 Sagir ad els.

81.

O Bab gideite,
Mumma dufteite,
A mei zupeite,
Cun tutta fei!
205 Unna Bagorda,
La Mort maccorta
Ei or vont Porta   ·
Vult prender mei.

82.

Ta fai navende,
210 Mort or da senne!
Ner ch'iin bien lenne
Ven tei tuccar:
Ner quittas tie
Quei fcazi bie
215 Ca nus à chie
Duveivan dar?

83.

Niefs dulfch, cureivel,
Uffont lagreivel,
Cunfiert mureivel
220 Ei buc par tei.
Niefs dulfch uffonte
Lai pô ngir gronde
Preng nus avonde,
Rugar lein quei!

84.

225 O Chara Lege,
Stuveits anege
Viefs char dalege
Metter gieu d'bratfch!
Par fia bealtezia
230 A charinezia,
Voffa triftetia
Nagutt jou lafch.

85. *Student.*

STVDENT à spaffe
Nou er filg plaze
235 Cun tes sulaze
La Mort ei tfchou.
O Mort ti fturna,
Ti gronda ngurngia,
Chei vas anturne,
240 Chei spluntas cou?

86.

Hai ftudiaue,
Bear anpruaue,
Sulaz duvraue
Da beara sort:

245 Duvefs jou pia
La vjtta mia?
Serrar afchia?
Chei quittas Mort?

87.

Ti ftos lavare,
250 Schar plimma ftare,
Pupir fcarpare,
Tieu faig ei or:
Lgei nagin mieze,
Dai nou' lg culieze,
255 Lai far parmieze,
Pir hagias cor. —

[f. 14ª]

INNA CANZUN DAVART IL SPIERT A LA CARN,

Dilg temps da la Morria

Ent ilg miedi sco: „chi vult a Deus pluschere".

(Ineditum nach Ms. Sa.)

Carn

la Mort partutt sa Rafsa;
Nua lein nus fugire?
la va da casa ent cafsa;
Nua lein nus irre?
5 la reiva sur ils mirze;
nua lein nus po vangir via,
fugir da la Moria
Ad efser lau sagirse?

[SPIERT]

Tiers Deus lein nus fugire;
10 El po gidare,
[f. 14ᵇ] Amiez quei grond morire
Vus cun saliuare;
Et ell ei bein tutt pufsentt.
Cur tut stuvet morire,
15 Tras ilg Sindflus pirire,
Noe gida el nauent.

CARN.

Cur tuts treis juvnals judeus
Elg fuorn scaldaue,
A Daniell fo frieus,
20 Ellg ault fufsause;
A jonnas en la marre
jlg fieug pudet buc arder,
jlg leu er bucca morder,
[f. 15ª] jlg pesch er bucca mazzare.

SPIRT.

25 A la mor Ezechias
Pudet spindrar,
Cur el vet la moria,
far milgiarare;
Ell ha faig si lauare
30 Er lazarus da la fofsa;
Ell ei la spronza nofsa;
El po nus schiarmiare.

CARN.

Cur ti stos er morrire,
navent tilare,
35 navent da Deus sparchire
[f. 15ᵇ] A tut li dare,
Vangir purtaus naventse,
En terra er schmartschire,
Dils verm[s] milgiaus vangire,
40 Pos ti quei far bugentt.

[SPIRT.]

Dei jou pia zagiare?
Quei fetsch jou buc;
jou da Deus mi vi fidare,
jlg qual po tutt;
45 jou sei, chell ven sagire,
Cur ell ven a turnare,
Sur vifs a mortts truvare,
Tils eunguels mei far ir.

[CARN.]

[f. 16ᵃ] Biar onts pedefsas stare
50 quou si quest Munde,
Da Rauba Carschentare,
Aver bein zundt;
Schti vol bucca savundare,
Par mieu cufelg buc far,
55 Schi seias en dalure.

[SPIERT.]

Schia jou viff plli gig sin teare,
Schi to jou farze
Cun tei adinna gueara,
Mai Ruvufsare
60 A viver ent pucaus.
o, tut pufsent singure,
mi gide or da delure
[f. 16ᵇ] A preng Elg ver ruvaus!

[CARN.]

Scha ti vefsas bucca puccaue
65 A fufses Soings,
Schi foses schion Biause.
Ti eis puconts;
ti eis zund schmalladieus;
. Tei or dilg tschiell serra[r]e
70 Ven ilg pufsent, gist Deus.

Spiert.

jou han zund biars puccaus,
quei sai jou bain.
Mo Chrift ha ma lavaue
A faig Serrein;
75 Chrift ei ilg mieu agid;
[f. 17ᵃ] Trafs Chrift sun jou, sun jou
                    fpindraus;
Trafs Chrift sund jou beaus;
sin el stat mieu Salide.

[CARN.]

fic biar ftos andirare,
80 Dalur er vere,
Cur ti elg leg stos stare
A lou fc[ba]mere;
Cur ti pos buc plidare,
Nagin pos ancunuscher,
85 Co vol ti lura fare?

[SPIERT.]

Deus bein mi uen gidare
Sparchir nauent;
Vanschida mi amprestare
Da far bugent.
90 [f. 17ᵇ] O dira, fraida mortte!
Tei vi jou bein vartire,
Schi jou pos pir lur fugir
dilg uffiern a lauttra moartt.

CARN.

Vol ti bucca savundare,
95 O freschk f . . vnale,
Ami en quei dreg dare?
Morir fa maile.
jau les biars pli bugent
Biars ons sin tiara stare,
100 Cun auters scheiuer fare,
Ca us tilar nauente.

[f. 18ᵃ]   SPIRT.

Christ ei la vitta mia,
Mieu miez murire; ·
Sia mort ei mia gistia,
105 lai buc pirire
Da ses ligeus buc ün;
Tiers nus velgie el postare,
A nus Vanschida dare,
. Dar ina buna finna! Amen.

[f. 6ª]

[DA] VARTT İLG RİCH HUM.

S. lucas, en ils Sedisch Capitels, Ver 19. 20. 21.

(Ineditum nach Ms. Sa.)

O Vus, mes chars fideiuels,
leis ussa si tadlar;
Schi seias amparneiuels,
Schia vi jou a Vus musar,
5 Ca vus duveias ir tiers Deus;
Als paupers deit par la Mur-Dieu:
Ei fova dad jn temps fin tiara
Da in schi grond rich hum;
Quel era daus si pein zund,
10 par far algi in grond Num,
Biara rauba a grond daner
las casas, chel bagiaua;
[f. 6ᵇ] Ils paupers, ca el squtschava,
Viueua fuenter ilg muotvill;
15 ilg uffonts eran zund gieuens;
Ells eran malla mulsaus,
Targgieuan si zund duveits
Cun beiuer a cun malgiar;
El sa Vascheua zund Custeiuels
20 En Saida ad en Valli.
Sin la meifsa algi garreiuan
Cun pumpa a grond survire;
paun a carn a capuns
freua ell avont ilg chiauns;
25 paupras vieuas ad orfens
Andirauan grondas foms.
[f. 7ª] Sias fannestras si cladaua
Cun gronda striaunadat,
Ses ölgs er fi saraua,
30 la tiers ell sa lodava:
jou funt a nagin culpons.
Quou vangit bein ina gada
jn pauper lazerus;
quel fova er plein plaga,
35 la tiers shi fig darutse;
Avont la cafsa spluntava,
las mieüllas paun gariava,
pudeva bucca Survangir.
Al chiauns da quei Rich hum
40 parneuan schi mal puccaue,

[f. 7ᵇ] Lichiauan sias plagas,
jlgs mauns ad er ilg chiaue.
Sin la terra, ca el tschascheva,
ilg Aunguel Deus termettete,
45 A scheua a lazarus:
o ti mieu char fideiuel!
Scha ti eis gie ussa fleivels,
Schi sparchias tont pli maneiuel.
Quel aunguel ölg parnett,
50 Cur lazarus fo morts,
A parnett si enten tschiel,
Elg Ravolg dat Abrabam
[f. 8ª] Cun gronda Claritad.
Ei lura vargau vi treis gis,
55 Chilg Rich hum vangit malzauns;
El figeua vangir biear miedis,
Chels ilg duuefsen far fauns.
En ilg leg ca el schascheva
Cun peinnas a granda dalur,
60 Daila temma ca el trembla
Biaras savurs ilg mavan
Cun turp a gronda zannur;
la Dunna ilg cunfertaua,
Pudeua buc gidar;
65 jls uffons quels tut Bargieuan,
[f. 8ᵇ] Pudeuan bucca spindrar;
fumeis, quels tuts fugeiuan;
jlg Pieuel Salagraua,
l'olma chel manava
70 bein enten sieu mutsuilg;
la mort ilg figet tont nod,
Ca el ftuuet nauent.
Da meza noig sgulaua,
jlg giauel Cun el mava:
75 En ilg funds dilg uffiern
Vangit el zutterause.
Ove, co el lou clumava;
El Bragia a garescha
[f. 9ª] A gi: o ve, o vä!
80 Tshou ei zund nagin beaue.

Cur ell fova en las peinna,
Sos ölgs el si alzaua,
Ancunter tschiel mirava,
tiers Abraham clumava:
85 o Abraham, mes bab,
preng ti puccau da mei!
las peinnas an schi grondas;
jlg ficug na vult stizar
gronda feid en questa floma,
90 Sco jou tschou sto andirar.
Cun tut ta Rog jou tei:
[f. 9ᵇ] Tarmeg ami anagide
jlg tieu car lazerus,
Chel fetschig da miege,
95 Da aua in fulet daguotte
fartschentig mia lieunga
Tschou enten quest grond fieug!
Nagin Char[s]tiaun na crei,
Co jou fto quou andirar
100 Tschou enten quest seir lieug.
Abraham ha fag rasposta,
Ancunter ilg Rich hum cloma:
Peifa ancunter peifa
Ven ei cun tei, cun tei pafsaue;
105 [f. 10ᵃ] Mafsira par Mafsira
Ven ei achi duvraue.

jlg Rich hum alura clumaue:
o Abraham, mieu bab!
jou ay aung 5 frars a cafa;
110 quels an er gronds pucconts.
Schi lai ell po vangire;
Als tanner auon dei.
Chels pli andreg viuian
A vengian bucca er:en questa
floma.
115 Abraham ha dau Ra[s]posta,
Ada bein gig ad ell:
jls tes frars, quels an bein Moifen
Ad er ilgs soing prophets;
[f. 10ᵇ] Els ponn udir ils sez.
120 Els Metan avont ad els,
Co els deian viuar
Suenter lur mungler.
Ilg Rich hum ha gig agli,
Ells vengefsen ont a crer, ca el
laua si,
125 Abraham fa Raspostla a gi:
Schels crein bucca ala vera lgisch,
A Moifsen ad els soings prophets,
Schia vangifsen els er bucca crer,
Ca in dils morts lauas si,
130 Ner anqual chin auter pli.
Finis, ende, τέλος.

Cuorta Memoria.

(Nach dem Abdruck des Herausgebers in *Archivio glottologico italiano* VII, 242—246;
das demselben zu Grunde liegende Ms. α konnte nicht neuerdings verglichen werden;
Varianten aus den Mss. Mo, N, O, Db.)

Augustin Stöcklin, il 62ᵃᵛᵉˡ avat.

[p. 242] Sin ils 10 d'August ei pia Augustin Stöcklin entras il Redᵐ
Avat de Faveras Iodocus Höslin, sco deputau digl Nunzi vegnius puplicaus,
declaraus et enconoschius per Avat della Claustra de Muster, cun las soli-

---

Anmerkung. *MoDb schreiben am Anfange aer Wörter (statt ſ) immer die
Majuskel S. N setzt konsequent, Mo häufig* ſch *statt* tſch: ſchentar ſcharna *etc.*
N schreibt habituell feig, vendeigia, faiggia *etc.*; vein (vegn), malsoinia *etc.*;
ſchentauus (*part. perf. pass.*); *NDb reduziren vortoniges* a *leichter zu* i (chiſchun)
als MoO. (caſchun *203, 7; 206, 13*), *cf. 208, 18 etc.*

---

1 10. giis de *Db.* — 2 vegnius *fehlt MoNODb.* —

tas ceremonias e fuormas. Sin quei sez di ei questa electiun vegnida pu-
plicada enten la Claustra et en Casa Cumin avon tut igl Oberkeit, il qual
schi bein ch'el figieva parer d'aprobar questa electiun, sche fuvan tonaton
biars sut maun de quels digl Oberkeit, ils quals vesevan fetg nuidas, ch'en-
5 tras ils Rev^{ms} Nunzis Scoppi e Scotto fussen els privai della pussonza e
dils dregts, ch'els per spazi de 100 onns havevan exercitau, de numnada-
mein els legier ora e tschentar igl Avat de Muster. Per tala chischun han
quels aschia sut maun entschiet, part cun faulzadats, part cun lests, a leven-
tar si et endridar il pur tal' visa, che denter quel era grond disturbi e
10 confusiun; gie ei gliei cautras daventau, che sin ils 3 de September, ina
Domengia, ein serimnai a Muster cun canera encirca 200 umens, per lau
sut fenestras della Claustra, en Curtin Cumin taner e far Cumin; sco ei
gliei era daventau, che mo quels 200 umens, schi bein ch'il Cumin entir
dumbra pli che meli e tonts tschiens, han lau cun grond fracas e canera
15 senza nagin uorden teniu e faitg Cumin. Quel han els entschiet sut Vias-
pras e finiu suenter tucar d'Ave Maria. Sin quei Cumin ei stau zun bia
de far e sescogniar davart la Compositiun faitga cun il Monsignur Nunzi
Scoppio igl onn 1623. Era la questiun, sche quela fussi stada fatga cun
consentiment e savida de tut il pievel ton Sut-sco Sursassiala. Signur Po-
20 destat Berclamiu de Torre e quels de Somvitg schnegaven. Signur Mistral
Gion de Florin aber pretendeva, che quei fussi daventau cun savida de tut
il pievel, il qual el ha era empruau e fatg ver. Gie el ha empruau, che
sez, Podestat Berclamiu de Torre, che fuva il pli contrari, seigi sez staus
en preschienscha, cura che la Compositiun seigi vegnida sigillada. La canera
25 dils schumbers et il grir e sescogniar dils rabiai, las ovras e las malas

1 gi *Db.* quella *Db.* vegnida *fehlt MoNODb.* — 2 enten la Curia quei ei enten
la Cafa Cumin *MoODb*; enten la Clauftra ne Curia u Cafa Cumin *N.* — 3 aschibein
Sco *Db.* fuvan] eran *MoNODb.* — 4 biars *fehlt O.* vefen *N.* nuidis *Db.* — 5 ii Rvd^m
Nunzi Stopi e fco Els fufsen privai *N.* fussen els] fufsien *MoODb.* — 6 dils *fehlt*
MoNODb. ch'els] che ei *Db.* numnadamein els *fehlt MoNODb.* — 7 e] et ils *Mo*;
a Els *N*; et Els *Db.* — 8 aschia *fehlt MoNODb.* — 9 si *steht hinter* endridar *MoN*
(endrizar) *ODb.* quels *E.* gron Difturbis *N.* — 10 Sercladur. — 11 Serimnaj *nach*
Canera *MoNODb.* — 12 Sut las *MoNODb.* en] enten *MoO.* Curtgin *NO.* far]
salvar *Db.* ei *fehlt Mo.* — 13 era *fehlt MoNODb.* aschi bein sco ilg *Db.*
entir *fehlt Db.* — 14 milli a tons Cient *MoODb.* fercas *Db.* — 15 senza] a Senza
Db. ilg qual ei han entschiet *MoNODb.* — 16 cau ei *MoODb.*; leu ei *N.* zun
fehlt Db. — 17 Seschiniar *MoNODb.* il *fehlt MoNODb.* — 18 Scapio *Db.*
la] quefta *N.* fufs *O.* fatga *fehlt N.* — 19 Sesialla *MoDb*; fifsialla *ON.* Signur
fehlt MoODb. Putistad *Db.* — 20 Berclamin *fehlt N.* e] fco *N.* e Sig² *Db.* —
21 tut il Cumin a Pievel *N.* — 22 era el ha *MoODb*; El era ha *N.* ha empruau]
ha Sezs empruau *MoNO* (engirau) *Db.* — 23 ilg Sezs *MoNODb.* — 24 cura
che] curca *MoN*; Cura *O.* — 25 fchumbraders *N.* garir *O.* Seschignar *MoODb*;
fefgernir *N.* ovras] aviras *MoNODb.* las *fehlt N.*

tschontschas dils malperderts figevan snavur a tgi che uordava e tadlava tier. Mistral Iacum de Torre e l'annerherr Genal denter auters havevan aschi ditg griu e faitg canera, ch'els il davos muort ch'els fuvan vegni raups, podevan bucca pli grir. Aschia havevan il biars lau sin quei Cumin
5 per la furria pli l'uorma de Demunis, che Christgauns e Glicut raschuncivla e de ferstand. Cau sin quei Cumin ci denter els ˙ra stada la questiun, sch'els deigien rcnconoscher igl legiu ora Avat Augustin Stöcklin ne buc. Ina part lev'el renconoscher; aber cun quela condiziun, che per igl avegnir suenter mai pli duessi vegnir tschentau Avat auter [p. 243] che in della
10 tiarra; in' autra part volevan El zun tuttavia buca renconoscher per Avat. Sin quei Cumin eran ils pirs et ils pli tussegai encunter la Claustra et encunter igl Avat: Podestat Berclamiu e siu frar Mistral Giacum de Torre, il qual ha giu faitg rimnar ensemen quei sedicius Cumin cun schumbers; Blasius Genal, l'annerher de Somvitg cun aung biars auters de quels ord
15 il Ring figievan la pli canera. Martin Bundi era Capitani della Canera e della Narradira. Mathias fravi, Balzer fravi e Stathalter Caspar de Platta, il qual greva, che sch'igl Avat de Faveras turnassi aung pli, sche duessien ins better El en il Rhein. Della Vischneunca de Medel eis ei stau solettamein siat ummens, e de Tujetsch mo dus, ils quals eran termess mo per
20 tadlar tier e mirar, co ei passassi sin quei Cumin; in de quels, cun il num Iacob Durschei, ei daventaus leu inimitg della Claustra. Da Muster ein compari fetg paucs; tonaton ils principals de quels ein compari per defender e taframein seprender en per la Claustra. Ina part cuschevan e miraven

---

1 figeva *MoN*. vardava *MoDb*; urdava *NO*. — 2. Baneher *Mo*; Panaher *N*. — 3 gitg *O*. chei ilg davos muort quei chei eran vegni *MoNO*, (*das zweite* chei *fehlt*), che Els muort quei eran vigni *Db*. — 4 Raugs *N*. bucca pli pod. *MoNODb*. grir] *fehlt MoNO*; plida *Db*. parevan aichia ils biars *MoNODb* (pia *vor* aschia). — 5 furia chei vevan pli de demunis che fuorma de Chr. *MoN* (*das erste* de *fehlt*) *O* (*ebenso*) *Db* (*ebenso*). — 6 e *fehlt Db*. ei era denter Els stau *Db*. — 7 fchej deien ilg legiu òra avat A. St. encanofcher *MoNODb*. ne buc *fehlt MoNODb*. — 8 Ina part] Ina autra *MoO*; Ina autra part *N*. levan *Db*. encanofcher *MoNO*. — 9 il devignir *N*. tschentaus *MoNO*. — 10 leva *N*. levan *Db*. zun *fehlt Db*. encanufcher Augustin Stöcklin p. a *MoNO*. — 11 era *N*. pürs *Db*. — 12 encunter *fehlt MoNODb*. Jacob *ODb*. — 13 ilg qual con Schunbers.ha giu faig qual Seditius Comin rimnar enfemel *MoO* (ensemen) *Db* (enseman); ii qual ha giu faig cun Schumbers quei Cumin fchi Sodicius r. enfemen *N*. — 14 General. — 15 la pli gronda *Db*. che era Cap. *MoNODb*. della Canera e *fehlt MoNODb*. — 16 Mathias e Balzer fravi *Db*. de *fehlt Db*. — 17 gareva *N*. duesin better el Rein *Mo*; duesin El better El Rein *NO* (duefs ins) *Db*. — 19 Sollettameing Sin quei Cumin 7 et de Tuiesch *MoO* (Tuietsch). Tuetsch⋅ *NDb*. dus ·umens *O*. termefsi *MoNODb*. — 20 tadlar e mirar tier *MoODb*. passi *N*. in dils quals veva Num *MoN* (de quels) *ODb*. — 23 Seprendevan *MoNODb*. per defender la Cl. *MoODb*. cuscheva e mirava *N*. —

tier, buca senza suspet, ch'els sezs havessen instigau si discusmein, d'entras
violenzas e caneras dil pur far rumper et annular la composiziun e con-
venziun fatga cun il Nunzi, la quala els sezs stgiaveu buca annular e rum-
per. Mo tut quei ha nuotta podiu nezegiar: pertgei che lau era ina baby-
5 lonia de tonts tgaus, ch'ei han mai podiu far ina conclusiun ne ina tscharna
de resolver enzitgei; per motiv ch'ei era ton bia meinis. Per la Claustra
fuvan ils pli favoreivels il Niebel Sig^r Conradin de Castelberg, da quei
temps Mistral, in Signur giuvens ded onns, aber vegls de prudienscha e con-
segl; Mistral Giòn Berther; Mistral Gion de Florin; Stathalter Paul de
10 Mont, cun aung biars auters pli. Buca liung temps ei la vendetga et il
stroff de Diu restaus ora als persequitaders della Casa de Diu, pertgei
Mathias fravi ei igl onn suenter en Valtrina, eivers e pleins de vin, vegnius
mazaus dals purs. Mistral Giacum de Torre, che steva en crsa della Clau-
stra et haveva entras ils Schumbraders fatg rimnar quei sedicius Cumin, ha
15 semegliontamein igl onn suenter, sco in ordasenn e desperau, fatg fin de
viver. Chrest Caviezel, il qual ha giu leventru bunamein l'entira Vischnaunca
de Trun encunter la casa de Diu, quel ei vegnius en tala zanur, che sia
dunna ha el bandonau; el aber ei ius a Veral a Compostel per far pene-
tienzia, et ha finalmein aschia erconoschiu siu malfaitg, ch'el ba rogau per
20 perdun e domondau gratia igl Avat. Ziperus Tschupina ha stoviu tener
lau ded ina liunga, malmunda malsogna. Sth^r Clau ha en spazi de dus
onns piars il ferstand et ei vegnius ord da senn. Gion Pedrut ha en quei
sez onn sitau giu sesez en in mulin. Gion Stiaffen ei vegnius en pupira,
ch'el ha schau spiarder ils deivets, c dus onns suenter a Locarno en Lom-
25 bardia paupers e miserabels ha [pag. 244] stoviu morir. Ils Schumbraders
ein vegni cargai ded ina greva malsognia, della quala els plaun a plaun
han stoviu morir. Auters han giu de star ora autras meriteivlas sventiras
e strofs, che vegn cau laschau ora. Vergau empau de temps e quietai em-

---

1 Sezi *MoNODb.* si *fehlt Db.* Descusameing *Mo.* — 2 violenza e Canera
MoODb. — 3 e convenziun *fehlt Db.* Sezi *MoNODb.* aftgiaven *O.* — 4 nuotta]
bucca *Db.* neziar *O.* — 5 ha *N.* — 6 per motiv] per tgei *MoNODb.* biars *MoN*;
biar *ODb.* — 7 favoreivli *MoDb.* — 8 e Signur Giuvens *Db.* de ons *Mo*; d'ons *N.* —
10 temps] temps fuenter *N.* — 11 bucca restaus *Db.* della] della Claustra e *N.*
pertgei che *MoNODb.* — 12 fravi] fravi quel *O.* Pravi e Quel *Db.* e *fehlt O.* —
13 dils *MoNODb.* Jacob *MoODb.* — 14 ilg fchumbrader *MoDb*; igl fchumber
O. — 15 la fin *MoNODb.* — 16 laventau *nach* Trun *MoNODb.* — 17 vegnius
fehlt O. enten zanur talla *MoNODb.* — 18 el *fehlt Mo.* — 19 ha *fehlt MoNODb.*
dumendau e rugau per perdun dilg Avat *Db*, rugau e domendau dilg Avat per-
dun *MoO.* — 20 Ziperg *Mo*; Zapertg *O*; Zipertg *Db.* — 21 de ina *MoO*; d'ina *N.*
ha *steht vor* piars *MoNODb* (piarz). — 22 ei *fehlt MoO.* — 23 en in molin Sigitau
Safezs *MoNODb.* en] a *MoNO.* — 24 Locarn *MoNDb.* en] a *MoNO.* — 25 ha *fehlt MoNODb.* —
26 de ina *Mo*; d'ina *N.* dellas quallas *MoDb.* — 27 Auters biars *N.* giu de
star ora *steht nach* strofs *MoNODb.* — 28 che] ilg qual *MoNODb.* cau veng
MoODb. vein bucca cheu schret sunder schau ora *N.* quietau *NDb.* —

pau ils tumults e revoluziuns, ei igl elegiu Avat Augustin sepresentaus avou
igl entir Senat de Muster, e cau avon quel faitg in sapientissim e kräftig
Discuors, il qual El ha entschiet sin questa moda: „Honoreivels e Stimai
Senaturs! Ieu sundel staus constupins et hai fetg conduliu e sesmervegliau,
5 cura che Ieu ils 3 de September sut las solemnas Viaspras hai advertiu in
triep umnuens digl pievel can canera e schumbers serimnai ensemen ord il
temps usitau, enten il Curtin Cumin per secontermetter, grir e clommar en-
cunter alla nossa elexiun. etc." — Entras quest siu bein sabi discuors ha
igl Avat Augustin cau ton affectionau, che buca mo la sia electiun, sunder
10 era la compositiun dil Monsignur Nunzi Scopio ei vegnida acceptada e con-
firmada ton dil Lud.vel Cumin, sco era dil Senat Muster. Quietada e lugada
ch'ei stada questa differenza, sche pren mira! ei ina autra dificultat e dispetta
neschida denter Monsiguur Uestg et igl Avat de Muster per chischun della
Confirmatiun e Benedictiun. Ilg Uestg pretendeva, ch'igi Avat e la Claustra
15 fussien sut El; encunter commi igl Avat pretendeva de totalmein esser
exempts et en nagin grau subjects agl Uestg. Questa dispetta ei vegnida
a Roma avon la Sacra Congregatiun. de propaganda fide, la quala ha de-
cidiu e renconoschiu, ch'igl Avat deigi la sia Confirmatiun e Benedictiun
dil Revdm ordinari Sig.r Uestg supplicar, e persuenter il deivet satisfar e
20 pagar; dil rest aber deigi igl Uestg ne saver ne puder pretender Dretgs
encunter igl Avat ne Religius e Claustra de Muster, ne sias persunas u
membra, resalvond quei che vomi tier la Curra Animarum, e l'administra-
tiun dils Sointgs Sacraments. Sin quei pia ha igl elegiu Avat de Muster
stoviu domondar, et ha domondau igl Uestg de Cuera la Confirmatiun, et
25 igl onn suenter, ch'ei stau 1635 ils 10 de Fevrer, eis El solemnamein
cun pumpa gronda e legermen de tuts a Cuera enten la Cathedrala vegnius

---

1 ilg legiu ora avat MoNO. ferefolvius e fereprefentauus N. — 2 e lau
MoNODb. faitg] giu MoNODb. Sapientifsim, Sabi e krefftig MoN (kröfti),
ODb (krefti). — 3 Stimatifsims Db. — 4 restaus feg MoODb. — 5 Jeu hai N.
haj advertiu nach pievel MoN [sic] ODb. ils 3. dis MoO (gis) Db (giis). —
6 serimnar MoODb. ora dil temps ensemel MoN (ensemen) O (ebenso) Db
(enseman). il fehlt Mo. — 7 Curtgin O. — 8 clamar N. alla] la MoODb fehlt N. bien
Mo; bien e O. — 9 Augustin ilg avat MoODb; il Aug. il A. N. etc. fehlt MoNODb.
cau] leu N, fehlt Db. effectionau Mo. effectuau NDb. — 10 la] la sia N. Scapi
Db. confirmada] constituida MoNODb. — 11 ton dilg entir MoNODb. Sco Senat
da Muster Sco de tuttas ludeivlas Visnaunchas MoN (fco era da), ODb (Sco era
de). — 12 ch'ei stada fehlt MoDb. prein N. ei vor neschida MoNODb. dispetta
fehlt N. — 13 Reverendifsim Signur Uestg Db. — 14 Ilg] che ilg MoNO. —
15 fufsi MoODb. de soletameing ne totalm. N. — 16 enten MoNODb. sub-
ject MoODb. — 18 enconoschiu MoNODb. — 20 ni . . . mi O; ne . . ni Db.—
21 Das erste ne fehlt MoODb. e] ne N. ne] ner MoO. u] a N. — 21 nembra Db.
momi O. l' fehlt MoNODb. — 23 legiu ora MoNODb. — 25 ilg on 1635 MoODb.
ils 10. dis MoDb (favre). eis El] ei O; fehlt MoN. — 26 vegnius steht nach
Cuera MoODb (vigni). —

benedius ora. Suenter questas difficultats e disturbis esser quietai, ha igl
Avat per igl emprem giu quittau, de derscher si e tschentar in Colegi ne
Scola lau en Claustra, sinaquei che la giuventetgna vegniessi tratga si et
entruidada enten la pietat, doctrina e sabienscha; tier quei ha igl Avat
5 destinau Gregorius Feer, in um en sabienscha e Pietat. In dils pli prin-
cipals et emprems scolars, ch'ein vegni sin quela Scola, ei stau in Giuven
de gronda speronza, Udalricus de Monte, de Luugnezia, il qual ei quei sez
onn, il meins de November vegnius mes sin Scola, et ha lau faitg ina tala
entschatta enten`ses Studis e buns deportaments, ch'el alla fin ha meritau
10 ded [p. 245] esser encoronaus cun la Gnefla de Uestg de Cuera, la quala
el ha portau per gloria e laud de nossa patria e cara Rhetia per spazi de
pli onns, entochen ch'el ils 20 de Fevrer anno 1692 ei da questa vetta
vegnius clomaus per retscheiver la pagaglia de sias fadigias stentusas e
noblas vertits. Enten quei sez onn 1635 ils 15 de August ei entras la
15 moria vegnius raffaus da quest mund il Rev.sim Iosephus Morus, Uestg de
Cuera et enten siu liug ei succedius Iohannes Flugius de Aspermont. Sut
il Regimen de quest Avat Augustin ei, igl onn 1637 la pestilenza, che
per spazi de enzitgei onns ha giu serasau en plirs logs dellas treis Ligias,
era vegnida entochen Tujetsch, e ha lau en fetg cuort temps priu naven
20 70 persunas. Per vegnir en agit pia e gidar tier il Salit quelas olmas,
ha igl Avat, pleins de quittau et iffer, scret ina biala bref a Sursaissa Ro-
monscha, a Lonsch, tier il Pader Prefect dils P. P. Capuciners, e ha de
quels obteniu in R. Pader Capuziner, R. P. Amadeus de Mortara, il qual
per cuoz de plirs meins ei lau staus et ha surviu al pievel de Tujetsch,

---

1 ora *fehlt* MoNODb. esser *nach* Suenter MoNODb. igl Avat *nach* em-
prem MoNODb. — 2 e tschentar *fehlt* Db. ve] ner MoODb. — 3 enten la O.
vegnefsi tratgi Si et inftruida *nach* Sabientscha MoN (entruidada), O (tratgia)
Db. — 5 in *fehlt* MoNODb. — 6 et] dils MoDb; iu digls O; dils emprems e
principals N. en vegni *nach* Scolla MoNODb. Staus MoODb. — 7 Lumneza
MoDb; Luñeza N; Lumnezia O. ei *vor* vignius MoODb. — 8 de *fehlt* MoN
(9 bris). ha *fehlt* MoNODb. cau Db. — 9 ils fes MoNODb. buns fehlt N. —
10 de esser MoODb; d'esser N. encoronaus] anumerauus e ornaus N. — 11 el
fehlt N. nofsa tiarra e patria e c. R. N. — 12 fevre Db. — 13 vegnius *fehlt*
MoNODb. stentusas fadigias MoNODb. — 14 Enten igl oñ O. — 15 vegnius
fehlt MoNODb. — 16 et *fehlt* MoNO. ei *fehlt* MoNODb. — 17 ei *nach* 1637
MoNODb. che *fehlt* Db. — 18 zatgei MoNO. ha giu Serafau *nach* Ligias
MoON (ferafau ora) Db. enten pli logs MoNODb. — 19 era] e MoNODb.
Tuiesch Mo; Tuetsch N. ha *vor* priu MoNODb. enten MoODb. navenda MoN. —
20 pia fehlt N. e gidar] idas Mo; e gida O; a gidafs O. — 21 per il salit
pleins N. — 22 Lens MoDb. Capuciners] Cap. mifiouary MoDb (Caputschiners).
ha *fehlt* MoNDb. de quel Db. — 23 obtener Mo. d'Malcharia N. — 24 per
de cuorzs de pli meins al Pievel de Tuiesch infetay de peftilenzia MoO (Tuietsch,
della); per de cuotzs de pli meins al Pievel de Tuetsch infectay della Peftilenza
N; per ilg cuorz de pli meins agli pievel de Tujetsch infectai della Peftileuza Db.

ch'era infectans della pestilenza, cun carezia e grond iffer, e gidau ad ad-
ministrar ils Ss. Sacraments. Fortont aber che plaun e plaun la pestilenza
ei scrasada da Tujetsch entochen Muster, enten il Vitg de Segnas, sche ha
il piissim Avat Augustin giu grond quittau, e fatg tut siu pusseivel per
5 vegnir en agit e preservar Muster de questa aschi gronda disgrazia. A tala
fin figeva El puplicas oraziuns e processiuns, et aung lautier cun veglia e
consentiment digl entir Convent ha El expressamein fatg Vut et empermi-
schun de per il devignir adina la sera, suenter il Complet orar ne cantar
las Litanias de Nossa Dunna; in' isonza e devoziun, che de temps en temps
10 ei vegnida salvada en Claustra, et el Chor adina vegnida observada. —
Anno 1639 ils 25 d'October ha igl Avat Augustin, depersei et era ensemen
cun igl entir Venerabel Capetel della Cadi, scret a Roma brefs, entras las
quaias ils Paders Capuciners della Provinzia de Breschia ein fetg vegni
ludai. Igl onn suenter 1640 ils 22 d'Avrel ha igl Avat cun lubienscha
15 digl Ordinariat, vestgius en Pontifical, benediu e mess ne tschentau igl
emprem crap ne fundament per bagegiar la nova Baselgia de S. Gion Bap-
tista a Muster. Sin il crap de fundament per la Baselgia ch'era vegnius
benedius e tschentaus en, fuva ei cun gronds Buchstabs tigliau questa per-
petna memoria: „*Anno Domini 1640, Aprilis die 22, lapidem hunc pri-*
20 *marium poni et benedici per Reverd.ᵐ Augustinum Abbatem Murii ibi-*
dem Disertinensis Parochiae ab Illust.ᵐᵒ Ioanne Curiensi Episcopo
currarunt.“ —

---

1 iffer gron ei lau Staus a Surviu et gidau administrar SS. *MoN* (a admini-
strau ils SS.), *O* (igls SS) *Db* (ils SS). — 2 la peftilenzia de tuiefch ei Serabit-
schada entochen Muster ner Segnias sche *Mo* (Segnias) *Db* (Muste) *N*. — 3 Signias
N. — 4 siu] ilg *Mo*, il siu *NODb*. — 5 prefeverar *Mo*; perfeverar *N*. Mufte *N*.
tal *MoO*. et per tala fin *N*. — 6 El *fehlt Db*. lau *fehlt Db*. — 7 ha El *fehlt
MoNODb*. emprimariameing *N*. — 8 avegnir *MoO*; evignir *NDb*. ne] ner
MoDb. — 9 nofsa Carra Doña *MoODb*. in' *fehlt MoNODb*. d'entems en temps
Db. — 10 vegnius Saivaus *Mo*; vigniu faivau *NDb*. et el Chor] el cor ei
MoNO. elg Chor ei *Db*. — 11 ensemen *fehlt N*. — 13 ils Paders Capuziners
d'ella Provinzia de Bergen en vigni feig ludai entras la Bref Scretta a Roma da
Avat Augustin e venerabel Capetel *N*. qualas ils] quallas feg vegnien ludaj
ils *MoODb*. Capuciners] Cap. mifionaris *MoODb* (Caputschiners). Brixien
MoODb. ein f. v. l. *fehlt Mo*. — 15 dilg ordinau veftgiu *Mo*; dil ordinari
viftgiu *N*; dil ordinari viftgius *ODb*. mez *O*. ner *MoODb*. — 16 ner *MoODb*.
bagegiar *fehlt N*. la] ina *MoODb*. nova *fehlt N*. — 17 Mufte *N*. Crap chej
vegnius benedius e Schentaus per Crap de fundament era ei *MoODb*. vegnius
fehlt N. fchentauus per crap de fundamen Era ei *N*. — 18 Buohftabs *MoO*;
Beuhftabs *N*; buhstabs *Db*. tegliau *Mo*; tagliau *O*. —

Nachwort.

Was die **Auswahl der Texte** dieser ersten Lieferung der *rätischen Chrestomathie* anbelangt, welche die oberländische Literatur des XVII. Jahrhunderts umfasst, so verweist der Herausgeber auf die Worte des Prospektes, der unlängst für das ganze auf zwei Bände berechnete Werk ausgegeben wurde:

„Es sind aus allen Denkmälern des ersten Jahrhunderts oberländischen Schriftthums (des siebzehnten) Proben gegeben, weil augenscheinlich jeder dieser ältesten Texte bei der Manigfaltigkeit der dialektischen Varietäten und dem Schwanken der historischen Orthographie ein sprachliches Interesse besitzt, dem freilich ein entsprechendes literarisches nicht immer zur Seite steht. Von den Inediten der Kunst- und Volksliteratur sind dem XVII. Jahrhundert eben aus sprachlichen Gründen nur diejenigen nicht sehr zahlreichen Stücke zugetheilt worden, welche ausdrücklich oder durch unzweideutige historische Bezüge aus diesem Jahrhundert datirt oder uns in einer handschriftlichen Aufzeichnung dieser Zeit erhalten sind. Da die meisten rätischen Manuscripte aus dem XVIII. und XIX. Jahrhundert stammen und das Beste der ungeschriebenen Literatur vom Herausgeber aus dem Munde der Mitlebenden gesammelt ist, so figurirt der grösste und zugleich werthvollste Theil des rätischen Folklore erst unter den Denkmälern des XVIII. resp. des XIX. Jahrhunderts".

Doch enthält diese an folkloristischem Material ärmste Lieferung einige bisher unbekannte historische und politische Lieder, ein Weisthum aus dem Lugnetz und die Flimser Dorfordnung, welche Inedita für den Literar- wie für den Kulturhistoriker von Interesse sind.

Die Aufnahme der Contrasti (Feuer und Wasser, Leib und Seele), sowie des Totentanzliedes rechtfertigt sich durch das Interesse, welches die Vergleichung der rätischen Behandlung dieser Stoffe mit der ausländischen bietet. —

Sobald ein Herausgeber sich nicht entschliesst jede Abweichung eines
Textes vom andern, auch die unbedeutendste und scheinbar sinnloseste, mit-
zutheilen, trägt er das Element der Willkür in den kritischen Apparat
hinein, den er gibt. Es existirt kein objectives Kriterium, das ihn bei
einer Auswahl in jedem Falle sicher leite. Auch die Unterscheidung in
sogenannte graphische und Sinn-Varianten ist weder ausreichend noch lässt
sie sich strenge ziehen.

Der Zweck dieses Buches verlangte die Mittheilung einer vollständigen
varia lectio nicht, und die Rücksicht auf den Raum verbot dieselbe.

Die *varia lectio*, die in einer solchen Chrestomathie gegeben wird,
dient offenbar rein dem Lehrzweck. Sie ist ein Mittel des philologischen
Unterrichts, und in dieser methodischen Aufgabe lag für mich das sub-
jective Kriterium, nach welchem ich die Auswahl der Lesarten traf. Es
scheint mir Pflicht des Herausgebers über dasselbe eingehendere Auskunft
zu geben:

Augenscheinliche Schreibfehler sind übergangen. In die manigfachen
Schwankungen der rätischen Graphie erhält der Leser meist innerhalb eines
und desselben Stückes einen Einblick. Er wird vollends mit derselben ver-
traut werden bei der Vergleichung der Parallelabdrücke einzelner Denk-
mäler, deren in den späteren Lieferungen mehrere gegeben werden sollen.
Diejenigen Schwankungen, denen nach dem dermaligen Standpunkt unseres
Wissens keine oder wenigstens keine verwerthbare phonetische Differenz zu
Grunde liegt (z. B. die ungemein häufige Abweichung in der Worttrennung;
weiter Schwankungen wie: *fag — fatg — faig faitg; igl — ilg — il;
paug — pauc; dues — duefi — duess; de - da; et — e -- a;
che ein — che en — ch'ein — ch'en; veng — veng — vein; eunc —
eung — aunc — aung; vartit — vartid — vartidt — wartid* etc. etc.)
sind demnach in der *varia lectio* unberücksichtigt gelassen. Einige diese
Punkte beschlagende Angaben, die einzelnen Handschriften betreffend,
finden sich in einer Anmerkung an der Spitze der *variæ lectiones*. Ueber-
dies sind die manchmal recht umfänglichen Lesarten genau in der Graphie
der einzelnen Handschriften wiedergegeben, sodass das graphische Bild der
einzelnen Mss. da ist.

Von den graphischen Schwankungen, die zugleich eine phonetische
Differenz, aber auch weiter nichts, involviren, sind diejenigen, welche be-
sonderes Interesse erwecken, entweder konsequent mitgetheilt (*di — gi;
curtin — curtgin; in — ün; custa — cuosta; Muster. — Muste*)
oder in der Anmerkung an der Spitze der *varia lectio* erwähnt (z. B. die
Reduktion eines vortonigen *a* zu *i: chischun — caschun*). Die Schwank-
ungen in der Schreibung rätischer Eigennamen (*Lumneza — Lumnezia —
Lungnetzia*) und deutscher, ins rätische Lexicon übergangener Wörter
(*krefftig — kröfti*) sind notirt; die Ersetzung rätischer Eigennamen

durch deutsche ist angegeben (*Giacum — Jacob*). Diejenigen graphischen Schwankungen, welchen eine etymologische, die Wortbildung betreffende oder syntaktische Bedeutung zukommt, sind ausnahmslos notirt — (*sagirs — sagiri; bia onns — biars onns; tala fin — tal fin; dus cient — dus cients; gareva — greva; de in — ded in; cura che — curche*). Ausnahmslos ist ferner verzeichnet die Ersetzung eines Wortes durch ein Synonym (*en — enten; vomi — momi* etc.).

Alle Auslassungen und alle Hinzufügungen (mit Ausnahme der wenigen Fälle, in welchen der Schreiber aus Unachtsamkeit etwas doppelt schreibt) sind notirt. Endlich sind alle Fälle, in welchen die Wortstellung verändert ist, angegeben (mit Ausnahme einiger weniger, wo einfach die Reihenfolge syndetisch oder asyndetisch aneinandergereihter Wörter alterirt ist), denn gerade sie illustriren trefflich das Ueberhandnehmen deutschen Einflusses in der rätischen Syntax. (*en se rimnai a Muster — en a Muster se rimnai.*)

Die sehr mangelhafte und schwankende Interpunktion der Manuscripte ist in der *varia lectio* nicht berücksichtigt.

Für die Benutzung derselben ist Folgendes zu bemerken:

1. Wenn mehrere Handschriftensigel hinter einer Lesart stehen, so gilt nur das erste für die Graphie dieser Lesart.

2. Was hinter einem Handschriftensigel in Klammern folgt, bezeichnet dasjenige Wort oder diejenigen Wörter, in welchen diese Handschrift von der vorangehenden Lesart abweicht: *enten la Claustra* A B (*en*) C D (*questa*) E will heissen A C E haben: *enten la Claustra*; B hat: *en la Claustra*; D hat: *enten questa Claustra*.

3. Wo der geringste Zweifel über die Zugehörigkeit einer Lesart herrschen könnte, ist das Stichwort vor einer eckigen Klammer angegeben: *era*] *cheu* A will heissen A hat *cheu* statt *era*.

Der Text ist eine genaue Wiedergabe des jeweilen bezeichneten Originals. Augenscheinliche Schreibfehler desselben sind entweder in Fussnoten oder dann im Text selbst so gebessert, dass die zu tilgenden Buchstaben in ( ), und die hinzuzufügenden in [ ] gesetzt sind. Die Graphie des Originals ist scrupulös bewahrt, auch in der bizarren Verwendung von Minuskeln und Majuskeln, der oft willkührlichen Vertheilung von ſ und s, und in der vielfach inkonsequenten Worttrennung.

Wo nichts angegeben ist, ist die Interpunktion der Vorlage bewahrt. In den Mss. und älteren Drucken ist dieselbe bisweilen so mangelhaft und regellos, dass der Herausgeber es vorgezogen hat moderne Interpunktion einzuführen; es sind dies die Texte:

Priedi ſin la bara Dilg Singorr land Richtter Caſpar Schmidt da grieneck. Ün Rieug Sin on nirf dilg 1656. Fuorma du Menar il dreig ſouenter il [criminal] dreig. Fuorma du Menar il dreig ſouenter il ziuil dreig. Ünna Cansun ner Dispita tenter laua ad ilg Fieuc. Il Chiett

14 *

guvan d'ilgs Grischunfs. Inna canzun a quella da breill. Una canzun(s) chel Praedicant da Jlantz à fatta, cur chel à survanjeu üna bella spusa. La canzun cur jlg jilg da Sörz-Fortt ei jeu a guara. Inna Canzun Da Durmantar ün char uffont. Ünna Canzun davart la cumpartonza, ubadienscha, humaltad, Caretzia a Tema. Urazium da rugar par ina beiada fin. Inna Canzun Davart ilg Spiert A la Carn. [DA] Vartt ilg Rich hum. Cuorta Memoria.

Es folgt hier noch die Liste der für diese erste Lieferung des Werkes benutzten Handschriften. Es sind sämmtlich Papiercodices, nicht älter als die zweite Hälfte des siebzehnten Jahrhunderts. Für eine minutiöse Beschreibung derselben schien mir hier nicht der Ort zu sein. Es ist nur angegeben, was für eine allfällige spätere Identificirung unerlässlich ist (Format, Zahl der foll. resp. der pagg., Besitzer) und was für die philologische und historische Beurtheilung der abgedruckten Stücke und Varianten nützlich erscheint (Zeit und eventuell Ort der Niederschrift, Herkunft des Ms. etc.). Es schien in der Aufgabe des vorliegenden Werkes zu liegen, einige kulturoder literarhistorisch interessante Notizen die sich, z. B. auf den Umschlägen, Vorsatzblättern etc. dieser Mss. finden, mitzutheilen.

Den Bibliothekaren der Kantonsbibliothek zu Chur und der Klosterbibliothek zu Disentis sowie den übrigen Besitzern rätischer Handschriften, welche mit so grosser Liberalität die Benutzung der Manuskripte ihrer Sammlungen gestattet haben, und Herrn Dr. Cinquini in Mailand, der den Abdruck der Katechismen pag. 9 ff. und 22 ff. mit den Originalausgaben zu vergleichen die Güte hatte, sei hier der beste Dank ausgesprochen.

Ms. A.

Papierhandschrift, klein 8°, 115 foll. Die vier folgenden ursprünglich getrennten Liederhefte sind in einem modernen Kartonband vereinigt:

1) f. 1 — 10. Fragment einer Sammlung geistlicher Lieder. Anfang des XIX. Jahrh.

2) f. 11 — 38. Fragment einer Sammlung geistllicher und weltlicher Lieder, aufgezeichnet v. Jakob Saluz, Lehrer in Kastris 1672—1673. (f. 18ᵃ und 36ᵇ).
    Daraus abgedruckt: *Ün riug* p. 79 f.; *Dispita tenter laua ad ilg Fieuc.* p. 154 ff.

3) f. 39 — 52. Deutsche Gebete (f. 39 — 48) und das Lied von *ilg reg d'Engelland Wilhelm il tierz* (f. 49—52), ein Fragment; Anfang des XVIII. Jahrh.

4) f. 53—115. Sammlung romanischer und einiger deutscher meist geist-

licher Lieder, geschrieben von Johann Cantieni in Maton, Schams 1713—15.

Im Besitze des Herausgebers; in Zillis erworben.

Die in *Zeitschr. für roman. Phil.* VI 65—93 abgedruckten Gedichte gehören den Fragmenten 2 und 4 dieses Sammelbandes an (mit Ausnahme von nr. IV und V, welche aus einem andern Ms. stammen)

Ms. B.

Papierhandschrift, klein 8°, 4 foll. Geschrieben zu Anfang des XVIII. Jahrh. von Johannes de Munt. Im Familienarchive der de Mont in Villa (Lugnetz). Enthält nur die pag. 73 f. abgedruckte *Canzun.*

Ms. Ca.

Papierhandschrift, gross 8°, ursprünglich getrennte Hefte aus dem XVII., XVIII. und XIX. Jahrhundert in einem modernen Kartonband vereinigend mit dem den heutigen Besitzer anzeigenden Titel: III. Manuscript, gesammelt von Hartm. à Caviezel, Kreispräsidt. 1886. Enthält o b e r l ä n- d i s c h e Lieder und Gebete, l a d i n i s c h e Lieder, Katechismen, ein Drama (*Abrahams Opfer*, in noch unbenutzter Version), eine *Informatiun per dunauns da part, davart la conceptiun et naschentscha dals infaunts. Eir cô la duonna purtaunta daia gnir guuerneda aunz, in et zieva la part. Partida in duos ports et retratta our d'ün cudasch fatt tres doctorem Eucharium Röefslen, meidi in Francfurt, Anno 1561,* weiter ein Fragment des Veltlinermords (inc : *la dainta et els mauns cura chia ells nun havesan quels da væglia bain bott dos et spüertt ünqualchüuas . . .* expl.: *per lg quart chi saiva la pacientzchia la quella chi s apalainta er s'amuossa in la persecutiun in lodt glüergia)* ein Familienregister des Batromieu Clôô von 1625 bis 1707.

Daraus abgedruckt: 1) das dritte Heft, bestehend aus 4 Blättern 12°, von denen f. 2 und 3ᵃ das pag. 187 f. gegebene Liebeslied des Prædicant da Ilantz enthalten, während f. 1ᵇ und f. 4 allerlei Gekritzel aufweisen und auf f. 1ᵇ zu lesen steht: *a quaist cudas ais da me Batromieu clo da fchancf chi Dieu faia quel chi am banadescha cun fandet et uintüra et moafta da mela lgieut.* Dasselbe ist f. 4ᵃ wiederholt mit den Worten: *Aquaist chudas ais da me Batrmieu Clo da Schanff & chi Lin voula ais ün Ledar & ün moardar & vain agnir üpendi eu sün La plü hota fuorchia Ano 1654 adi 20 d'nuuenbor.*

Benutzt ist das siebente Heft für die Varianten zu pag. 154 ff. Es besteht aus 6 Blättern, die von der gleichen Hand geschrieben sind f. 1ᵇ bis 5ᵇ enthält das Fragment des *Dispita tenter laua ad ilg Fieuc* (Strophe 9—51) und f. 5ᵇ—6ᵇ die ersten 13 Strophen der *Canzun da parmavera.*

Ms. Ce.

Papierhandschrift in 4⁰, aus der zweiten Hälfte des XVII. Jahrh. in Kartondeckel mit Pergamentüberzug

Die ersten 71 f., die nicht numerirt sind, enthalten das *„deutsche Rechenbuch des Johannes vnd Christops Capäder, Gebrüder von Duwin in Lungnez In Gräupint gehörig. Angefangen den 16. November"* mit den Daten 1657 und 1659.

Die folgenden f. 1ᵃ — 37ᵃ enthalten das Kriminalverfahren, f. 37ᵇ—48ᵃ das Zivilverfahren des Hochgerichtes Lugnetz, f. 48ᵇ — 53ᵃ die Schwurformeln der Hochgerichtsbeamten, alles von derselben Hand. f. 53ᵇ leer. f. 54ᵃ — 57ᵃ enthält *„Refoluirung der müntz vnd Anders"* Die folgenden 10 foll. sind leer. Die beiden letzten Blätter und die inuere Seite des Kartondeckels zeigen Rechenexempla und Schreibproben. Im Besitz der Kantonsbibliothek in Chur. (Katalog, *Raetica* p. 62, r⁰. 27.

Daraus abgedruckt: *Fuorma da Menar il dreig fouenter il [criminal] dreig* und *Fuorma da Menar il dreig fouenter il ziuil dreig.* p. 80 ff.

Ms. Cf.

Papierhandschrift in 4⁰ aus der zweiten Hälfte des XVII. Jahrh. Es sind 20 Blätter, welche so mit einem deutschen Drucke (*Christenliche Ordnung & Bräuch der Kilchen Zürich*, 1644) in einem Kartonband (mit Lederüberzug) zusammengebunden sind, dass 2 foll. demselben vorangehen und 18 foll. ihm folgen. Sie enthalten liturgische Formeln und Gebete, die schon auf der innern Seite des Umschlags mit der *Fuorma dad antscheiver ilg Priedi* beginnen.

Auf den Schreiber, wahrscheinlich Pfarrer in Flims, deutet das pag. 109 ff. abgedruckte Gebet hin. Oben auf der innern Seite des Umschlags befinden sich lateinische historische Notizen unter dem Titel: *Loca in quibus prædicatum fuit Evangelium in Valletelina*, und die Angabe der Kommunikantenzahl (zu Flims) auf Ostern 1674. Auf der Innenseite des hintern Deckels steht eine lateinische Bemerkung über die von der reformirten Kirche Rätiens ausgeschriebenen monatlichen Fastentage mit dem Datum 1673.

Gehört der Kantonsbibliothek in Chur (Katalog, *Raetica* p. 54. n⁰. 51).

Daraus abgedruckt: *Urazchiun da Mars gis ner Mezeamna* p. 109 ff.

Ms. Cs.

Vier noch lose zusammenhängende, aus einem Schreibheft stammende Papierblätter, aus der ersten Hälfte d. XIX. Jahrhunderts, die letzten fünf Strophen *des Contrasts zwischen Wasser und Wein* und den *Chiet giuvan dils Grischuns* (Unter den Titel: *Ina canzun da Cantar Ilg Miedi sco:*

Iou sund vilholm d'ilg thel) enthaltend. Aus dem Besitz v. Fräulein Ursula Cavelti in Sagens in den des Herausgebers übergegangen. Benutzt für die *varia lectio* von p. 181 ff.

Ms. Db.

Papierhandschrift des XVIII. Jahrh., 8°, in Karton mit Rück- und Eckleder, 64 foll. welche theilweise sich aus dem Bande gelöst haben. Enthält f. 1ª—59b die *Cuorta Memoria.* Die folgenden 3 foll. enthalten Vertrags- und Briefkopien und eine Rechnung; die zwei letzten foll. sind leer. Auf den Innenseiten des Deckels finden sich einige Notizen wie:

(α) *ils Peschs che nus vein pigliau en lus R̃ischas ilg on 90. ei stau Scaruns circa 48. Litgivas circa 186. enseman 235;*

oder über die

(β) *Masira dilg fein de nadels dilg on 1778;*

oder über

(γ) *De fa canasters ban.*

Aus späterer Zeit stammt die

(δ) *Nota della Lena che nus havein faitg Empristar de far ilg clavau enagiudavos.*

Statthalter Condrau   5.
Ilg Gliezi   7.
ilg Hercli   4.
Ilg Hrestgion gieri   3.
Il Jacob Andriuet   3.
Tucca de Pagar als meisters baz. 19. 1ʳ.

Die Notiz *β* weist mit der Erwähnung der Alp N a d e l s nach Truns als der Heimath der Handschrift; in Truns wurde auch der Fang der Seeforelle (*Scarun*) mit Reussen immer betrieben. Die Eigennamen der Notiz *δ* weisen auf das Lugnetz, wo der Klosterbibliotekar, Herr Pater Basilius Berther, die Handschrift im Sommer 1887 auffand. Im Besitz der Klosterbibliothek zu Disentis. —

Benutzt für die Varianten von der *Cuorta Memoria* p. 202 ff.

Ms. F.

Papierhandschrift, klein 8°, 155 foll. Ursprünglich getrennte, fragmentarische Liederhefte mit einzelnen Daten aus den zwanziger bis in die sechziger Jahre des XVIII. Jahrhunderts sind in einem Holzdeckel vereinigt. Das erste Blatt des zweiten Heftes (f. 14ª) trägt das Datum des 16. Dez. 1728 (cf. f. 52ᵇ). Das dritte Heft (f. 53—81) gibt als Namen des Schreibers *Johan Janet da Matton En schonfs* (f. 72ᵃ) und enthält gegen Ende wiederholt das Datum 1729 (f. 72ᵇ, 80ᵇ), cf. p. 192 n.

Im Besitz des Herausgebers, herrührend von Landamman Caspar Canthieni in Donat (Schams).

Enthält romanische und einige deutsche Kirchen- und Volkslieder.

Das zweite und dritte Heft sind benutzt für die *varia lectio* zu:

1. *Ünna Canzun ner Dispita tenter laua ad ilg Fieuc* p. 154 ff.
2. *La Canzun cur jlg filg da Sörz-Fortt ei jeu a guara* p. 189 ff.

Ms. Fs.

Papierhandschrift in 4⁰; Kartondeckel mit Rückleder, bestehend aus zwei unbeschriebenen Vorsatzblättern, auf welche 41 später foliirte theilweise (meist nur verso) beschriebene Blätter folgen; der Rest von circa 50 foll. ist unbeschrieben. Der Deckel trägt vorne und hinten die Aufschrift: *Schentaments da Cumin da flem* (*dilg Lud. Cumin d. f.*). f. 1ᵃ wird durch den Titel gefüllt:

> *Schentaments, Paigs, A Conditiuns, Ch'ilg Cumin da Flem ha*
> *faig ad andrizau si enten ilg onn 1696. A suenter quei da temps*
> *en temps renovau, moderau, a cunfermau. Ils quals ean enten ün*
> *Urden vangi mefs ansembel a scritts enten quest Cudisch Anno 1766.*

Zu dem von dieser Hand geschriebenen Text f. 1ᵇ — 26ᵇ finden sich spätere Nachträge und Bestätigungserklärungen von verschiedenen Händen aufgesetzt, erst romanisch dann deutsch; die letzte Bemerkung steht f. 41ᵇ und ist von 1834 datiert. Im Besitz des Gemeindearchivs Flims.

Daraus abgedruckt die *Schentaments, Paigs, A Conditiuns* p. 175 ff.; an welcher Stelle leider die Angabe des Originals dieses Ineditums aus Versehen unterblieben ist.

Ms. G.

Papierhandschrift in 12⁰, jetzt noch 90, nach den Spuren zeitgenössischer Folirung einst mehr als 120 foll. umfassend aus dem XVII. Jahrh. (die Data 1680, 1681, 1682, stehen mehrfach auf der Innenseite des hintern Kartondeckels, f. 90ᵇ steht 1704). Ist von einer Hand geschrieben. Befindet sich im Besitz des Herausgebers, und rührt her von Joh. Clopath in Zillis (Schams). Enthält ein deutsches und eine Anzahl romanischer Lieder, zwei romanische Predigten und romanische und deutsche Gebete.

Daraus ist abgedruckt:

1. *Priedi fin la bara Dilg Singorr land Richtter Cafpar Schmidt da grieneck*, p. 65 ff.
2. *La Canzun cur jlg filg da Sörz - Fortt ei jeu a guara*. p. 189 ff.

3) *Unna Canzun davart la cunpartonza, ubadienscha, humalitad, Caretzia a Tema.* p. 193 f.

4) *Uraziun da rugar per ina beiada fin.* p. 195.

Ms. H.

Papierhandschrift in 12⁰ von noch 81 foll. Das r⁰ des ersten Blattes trägt die zeitgenössische Paginirung 79. fol. 55ᵇ hört dieselbe mit der Zahl 194 auf. Aus dem Anfang des XVII. Jahrh. Es finden sich die Daten 1714, 1722 u. s. f. Von mindesten zwei Händen geschrieben. Im Besitz des Herausgebers, herrührend von Herrn Ant. Mani in Pignieu (Schams). Enthält deutsche und romanische Lieder und Gebete, nebst dem italienischen Text des Entwurfs des Bundes mit Venedig von 1706.

Daraus abgedruckt: *Ilg Chiett yuvan d'ilgs Grifchunfs.* p. 180 ff.

Ms. Mo.

Papierhandschrift in 8⁰, in Kartondeckel mit Rückleder, 79 foll. Geschrieben von zwei verschiedenen Händen (f. 1—55ᵃ und f. 55ᵇ bis Schluss) aus dem Ende des XVIII. Jahrh. f. 1—49ᵇ enthält die *Cuorta Memoria,* der Rest bis f. 78ᵇ ein grosses Stück der *Genoveva.* f. 78ᵇ steht von der ersten viel gewandteren Hand verzeichnet *La sollita paga con la qualla ina gada vegnieva pagai ils Officis de Valtrina* und f. 79ᵇ von der nämlichen: *Queſt Cudisch auda tier ami Giachen Ioseph Degonda de Compadials Screts ilg oñ 1797 ils 7. de Favrer finius. atgi drova queſt cudi[s]ch Rogi Diu per mei amen.* Im Besitz von Professor Morf in Bern.

Benutzt für die *varia lectio* der *Cuorta Memoria* p. 202 ff.

Ms. N.

Papierhandschrift in 4⁰, in drei getrennten Heften, zusammen 55 pagg., von einer Hand aus der zweiten Hälfte des XVIII. Jahrh. geschrieben. Im Besitze des Herausgebers. Enthält nur die *Cuorta Memoria.*

Benutzt für die *varia lectio* derselben pag. 202 ff.

Ms. O.

Papierhandschrift in 4⁰, in getrennten Heften und Blättern, 60 pagg. zählend, deren vier erste aber verloren sind, von einer Hand aus der 2. Hälfte des XVIII. Jahrh. geschrieben. Im Besitz des Herausgebers, herrührend aus einem Familienarchiv in Dardin. Enthält nur die *Cuorta Memoria.*

Benutzt für die *varia lectio* derselben pag. 202 ff.

Ms. Sa.

Fragmentarische Papierhandschrift, klein 8°, jetzt noch 45 foll. umfassend von der gleichen Hand, zu Ende des XVII. Jahrh. geschrieben. Im Besitze des Herrn Theophil von Sprecher in Maienfeld.

Daraus abgedruckt:

1) *Inna Canzun scritta a quella da breill.* p. 185 f.
2) *Inna Canzun Davart il Spiert A la Carn.* p. 199 f.
3) *[Da] Vartt ilg Rich hum.* p. 201 f.

Ms. Sb.

Fragmentarische Papierhandschrift, klein 8°, 4 foll., von einer Hand des XVII. Jahrh. geschrieben. Im Besitze des Herrn Theophil von Sprecher in Maienfeld.

Benutzt für die *varia lectio* zu:

Unna Canzun ner Dispita tenter laua ad ilg Fieuc p. 154 ff.

Studien über die sog. Yzopets (Lyoner Yzopet, Yzopet I und Yzopet II).

Von

Bruno Herlet.

Einleitung.

Den sogenannten Yzopets ist ein ganz verschiedenes Schicksal zu
Teil geworden: während nämlich der älteste davon, der sogen. Lyoner
Yzopet, in einer Ausgabe von Meisterhand vorliegt, besitzen wir die
beiden anderen, Yzopet I und Yzopet II, nur in der gänzlich unbrauch-
baren Ausgabe, die Robert im Jahre 1825 davon veranstaltet hat. Ich
enthalte mich hier, die Mängel der Robert'schen Ausgabe, die in die
Augen springen, eines Weiteren hervorzuheben, und weise nur darauf
hin, dass eine sprachliche Untersuchung der von ihm veröffentlichten
Texte so lange unmöglich ist, bis man genaue Abschriften der be-
treffenden Handschriften zur Verfügung haben wird. In anbetracht
dessen ist es für jeden, der sich mit den interessanten Denkmälern be-
schäftigen will, unmöglich, etwas Abschliessendes zu liefern, und jeder-
mann, der diese Umstände in Erwägung zieht, wird den unfertigen
Charakter meiner Arbeit weniger hart beurteilen. — Was ich bis jetzt
habe liefern können, sind nur Studien, die sich mit der übrigen Fabel-
litteratur ebenso sehr beschäftigen, wie mit den Yzopets selbst, wenn
ihnen auch diese letzteren immer als Ausgangspunkt gedient haben. —
In Bezug auf Y I ist es mir indessen auch gelungen, einige Auf-
stellungen, die über die handschriftlichen Verhältnisse dieses Denkmals
einiges Licht verbreiten, zu machen. — Die Einteilung meiner Arbeit
ist eine äusserliche, rein praktische, was sie bei der eigenartigen Natur
des Stoffes sein musste: auf die Betrachtung der Uebersetzungen des
An. Nev. lasse ich die Untersuchungen über Yzopet II und seine Quelle,
den Novus Aesopus Alexander Neckam's, folgen, und schalte dazwischen
das Wenige ein, was ich über den Yzopet - Avionnet zu sagen habe.

Um mich nicht beständig zu wiederholen, musste ich mich dazu
entschliessen, jene Fabeln, welche in mehreren der mir vorliegenden
Texte vorkommen, nur an einer Stelle zu behandeln, und zwar an jener,
wo sie das meiste Interesse boten; was über die Fabel in den anderen
Sammlungen zu sagen war, wurde gleich angefügt, und an seiner Stelle
nur kurz resumiert. Dadurch wurde allerdings jeder Rest von Zu-
sammenhang zerstört, aber dieser kann ja bei Untersuchungen über
eine Reihe von unter sich völlig zusammenhangslosen Fabeln ohnehin
nicht gross sein.

Die Bücher und Schriften, deren ich mich zu Abfassung meiner
Arbeit bedient habe, sind die Folgenden:

Roquefort: Poésies de Marie de France, etc. Paris 1820.

Robert: Fables inédites des XIIe, XIIIe, et XIVe siècles, etc. Paris 1825.

Du Méril: Poésies inédites du moyen âge. Paris 1854.

O. Keller: Untersuchungen über die Geschichte der griechischen
Fabel. Jahrb. für klass. Phil. IV. Supplementb. 4.

Oesterley: Romulus, die Paraphrasen des Phaedrus, etc. Berlin 1870.

Wendelin Foerster: Lyoner Yzopet. Heilbronn 1882.

Hervieux, L.: Les fabulistes latins depuis le siècle d'Auguste jusqu'à
la fin du moyen âge. 2 vol. Paris 1884.

Paris, G.: Journal des Savants 1884|85 (über das ebengenannte Werk
Hervieux').

Mall, E.: Zur Geschichte der mittelalterlichen Fabellitteratur u. insbes.
des Esope der Marie de France. Gröber's Zeitschrift 1885, IX 2 u. 3.

Max Fuchs: Die Fabel von der Krähe, die sich mit fremden Federn
schmückt, betrachtet in ihren verschiedenen Gestaltungen in der
abendländischen Litteratur. Diss. Berlin 1886.

Lewis, G. C.: Babrii fabulae Aesopeae. Oxonii 1846 u. London 1859.

Schneidewin: Babrii fabulae Aesopeae. Lipsiae 1853.

Halm: Fabulae Aesopicae collectae. Lipsiae 1860.

Froehner: Aviani Fabulae XXXXII. Lipsiae 1862.

Ghivizzani: Il Volgarizzamento delle Favole di Galfredo. Bologna 1866.

Lucianus Mueller: Phaedri Fabularum Aesopiarum libri quinque.
Lipsiae 1877.

Abkürzungen, die im Verlauf der Arbeit in Anwendung kommen:

LY = Lyoner Yzopet.

Y I = die von Robert, a. a. O.; so bezeichnete Sammlung.

.Y II = ebenso.

LBG = von Mall gewählte Bezeichnung des sog. Erweiterten Romulus.

Y-A = Yzopet-Avionnet.

Man wird sich verwundern, dass ich zu den Citaten einen so ausgiebigen Gebrauch von Hervieux' Textsammlung gemacht habe. Der Grund dazu ist ein rein praktischer: die Schwierigkeit, mit welcher sich an meinem gegenwärtigen Aufenthaltsort Bücher beschaffen lassen, zumal da auch die königliche Hof- und Staatsbibliothek in München, deren Direktion ich hiemit für die gefällige Ueberlassung einer Anzahl von Büchern aufrichtigen Dank sage, einigemale das Gewünschte nicht enthielt — Die Ausgabe des Phaedrus von L. Müller und die des Babrius von Lewis habe ich erst kennen gelernt, als meine Arbeit fast abgeschlossen war; doch habe ich mich bemüht, nachträglich diese Fehler wieder gut zu machen.

Was die Bezeichnung der Sammlungen betrifft, so folge ich vollständig dem gewöhnlichen Gebrauch, und bediene mich auch, gegen Hervieux, der herkömmlichen Bezeichnungen: „An. Nil." u. „An. Nev.", schliesse mich aber an Prof. Mall an, indem ich den sogenannten „Erweiterten Romulus" mit LBG bezeichne.

I. Teil.

Die altfranzösischen Uebersetzungen des Anonymus Neveleti.

Wie schon am Ende der Einleitung gesagt wurde, sehe ich mich keineswegs veranlasst, ungeachtet der grossen Mühe, die sich Herr Hervieux I 432 ff. gegeben hat, nachzuweisen, dass der Verfasser des Anonymus Neveleti ein gewisser Gualterus Anglicus gewesen sei, von der alten Bezeichnung „Anonymus Neveleti' abzugehen, da, wie Prof. Mall und G. Paris übereinstimmend bemerken, der Beweis für Hervieux' Annahme keineswegs so vollständig erbracht ist, wie er selbst meint, und wohl auch niemals erbracht werden wird (s. Mall, Zur Gesch. etc. S. 172, und G. Paris, Journ. des Sav. 1885, S. 39). Herrn Hervieux zu Gefallen den Namen Walther anzunehmen, sah ich mich um so weniger veranlasst, als sein Werk überhaupt mit wenig Kritik verfasst ist. Seine oberflächliche Art zu arbeiten macht ihn in der That zu einem sehr unzuverlässigen Führer, dessen wir uns wohl, wie schon gesagt, sehr oft, aber immer nur mit Vorsicht zu bedienen haben werden.

Der Anonymus Neveleti hat im Mittelalter zwei französische Bearbeitungen erfahren, die wir jetzt zum Gegenstand unserer Untersuchung machen wollen, indem wir die ältere vorausnehmen.

A. Lyoner Yzopet.

Da LY eine Veröffentlichung, welche den Ansprüchen der modernen Wissenschaft in jeder Beziehung genügt, erfahren hat, und zudem die Verhältnisse bei demselben weit klarer liegen, als bei YI, so habe ich mich im Folgenden darauf beschränkt, nur diejenigen Fabeln davon zu besprechen, welche mir das speziell zu erheischen schienen, indem ich die übrigen bei Besprechung von Y I nach Bedürfnis mitbehandle.

Es sei dabei bemerkt, dass ich für LY, wie Y I, die Einteilung, resp. Reihenfolge, und die lat. Bezeichnungen beibehalte, wie sie die Ausgabe des An. Nev. von W. Foerster bietet. In wiefern die Uebersetzungen in der Anordnung von der des An. Nev. abweichen, hat bei Besprechungen, wie sie hier folgen, keinen Belang, und kann leicht aus der Liste bei Foerster ersehen werden. (Bei Y I findet dies seine eigene Behandlung.)

Unter LY wollen wir nur die Fabeln 4, 7, 8, 12, 14, 21^b, 28, 30, 31, 44 besprechen, und dann das Fazit ziehen.

Fabel IV. De Cane et Oue.

Den Ausgangspunkt für die Entwicklung der Fabel während des Mittelalters bietet nicht Phädrus, sondern der An. Nil. — Denn während bei Phädrus I 17 nur der Wolf allein als Zeuge aufgeführt wird, und versichert, dass das Schaf zehn Brode erhalten habe, statt eines, ferner am Ende für seinen Betrug die verdiente Strafe erhält (Lupus citatus testis non unum modo Deberi dixit, verum adfirmavit decem . . . . Post paucos dies Bidens jacentem in fovea conspexit lupum: Haec, inquit, merces fraudis a superis datur), treten bei An. Nil. V drei Zeugen auf: Lupus, milvus, accipiter; es ist nur von einem Brode die Rede, und das Schaf verkauft seine Wolle. Diese Fassung bleibt im Wesentlichen unverändert in den meisten lat. Fabelbearbeitungen (s. Mall, a. a. O. S. 172), wozu auch der An. Nev. gehört. Wie Mall an der eben citierten Stelle bemerkt, weichen nur ab der Rom. Nil. und die von ihm abhängigen Sammlungen, der Esope der Marie de France[1]) und die von Mall so bezeichnete Sammlung LBG. Rom. Nil. I 4: Judex ille illos interrogavit, numquid testes haberent. Cui canis respondit se duos testes habere, Lupum scilicet et Milvum . . . . . und am Ende: lanam vero suam vendidisse dicitur. Qua vendita, morte periit.

---

1) Es sei gleich hier bemerkt, dass ich mich in Bezug auf die Reihenfolge der Marie de France an Roquefort anlehnen musste, da eine Ausgabe mit der richtigen Einteilung, wie sie Prof. Mall, a. a. O. S. 169 f., gibt, noch nicht existiert.

Marie de Fr. hat ganz entsprechend (mit der einzigen, bei Mall erwähnten, Abweichung, s. Roquef. IV): Li Juges au Kien demanda Se il de ce nus tesmoins a, Il li respunt k'il en ad deus, C'est li Escufles e li Leus; und Se li convint sa leine vendre, Ivers esteit, de froit fu morte.

LBG weichen nur am Schluss ab, wo es, nachdem das Schaf sich seiner Wolle entkleidet hat, heisst: Canis autem, hac satisfactione non contentus, in pellem ipsius agit, et irruens super eam . . . miseram illam miseriorem reddit (Herv. II 501). Auffallend ist, und bildet den Grund, weshalb ich die Fabel hier bespreche, dass LY hier stark von seiner Vorlage abweicht. Es heisst nämlich dort (Foerster, V. 189 ff.): En cel plait est iuges li lous . . . Li chiens auoit bons consoillours. . . . Lo nieble et lo uoutour ensamble; also nur zwei Zeugen, der Wolf ist sonderbarer und wohl ganz selbständiger Weise zum Richter gemacht. — Interessanter noch und entscheidender ist der Schluss: V. 219 f.

> Entrant iuert uant sa chemise
> Et muert de froit contre la bise.

Aus der ersten Abweichung liesse sich kaum ein Schluss ziehen; aber durch die zweite glaube ich den Schluss nothwendig, dass LY hier in irgend einer Beziehung steht zu der vom Rom. Nil. ausgehenden Version der Fabel. LBG halte ich dabei für ausgeschlossen, da der schon citierte Schluss der Fabel, wie er bei diesen vorliegt, nicht die Aenderung in LY hätte hervorrufen können. — Hier muss der Rom. Nil. oder Marie eingewirkt haben, und wenn wir das *morte periit* des ersteren, das *de freit fu morte* der zweiten mit dem *muert de froit*, das LY hat, vergleichen, so neigt sich die Wagschale der letzteren zu. Wir werden später hierauf zurückkommen müssen. — Was die eigenthümliche Aenderung in Betreff der Zeugen angeht, so will es mir scheinen, dass recht eigentlich eine Mischung der Tradition des An. Nev. und der Version des Rom. Nil. (hier gleich der der Marie) vorliegt, indem durch die letztere der Uebersetzer veranlasst wurde, die Dreizahl der Zeugen auf eine so originelle Weise zu reduzieren. — Y I teilt diese Abweichung nicht mit LY, und hat hier nur das Besondere, dass unter den drei Zeugen der Fuchs vorkommt, von dem im Latein keine Rede ist. (Robert II 449):

> Le chien amainne pour sa part
> L'écoufle, le loup et reguart.

Hierin ist Y I völlig selbständig.

VII. De Fure uxorem ducente.

Die Fabel, wegen welcher ich auf die Besprechung von Y I verweise, ist hier wegen eines Umstandes zu bemerken: Während bei

Phrädrus (I 6) und nach ihm bei den älteren Lateinern auf die Frage:

Quidnam futurum est, si crearit liberos? (V 9)

keine Antwort gegeben wird (so im An. Nil., Cod. Weiss., Rom., An. Nev., Neckam, Rom. Nil., etc.), weicht Marie ab, indem sie den Schöpfer antworten lässt (Roquef. VI):

La Destinée dunc respundi:
Veir avez dit, leissuns ensi
Cum il a esté grand tens a
Kar jà par mei n'enforcera.

An Marie schliesst sich an die Sammlung LBG (8): Jupiter ergo, suis vocibus et istis commotus, dixisse fertur Superorum consilio: Si igitur tam nociva fieri possunt Solis connubia, volumus eum sicut ante sine conjuge remanere et liberis. — Dazu stimmt nun auffallender Weise auch LY, wo es heisst (V. 431 ff.): Por eschiuer si grant domaiges Ne uoil ie que cilz mariaiges Per meniere qui soit se face. Viuez tuit segurs per ma grace, nachdem schon einige antwortende Verse vorausgegangen sind. Hier kann LY ebensowohl durch LBG, als durch Marie selbst, beeinflusst sein.

VIII. De Lupo et grue.

Diese Fabel werde ich auch bei Neckam I zu besprechen haben, worauf ich verweise.

Die unnatürliche, übertriebene Kürze des An. Nev. zwingt hier die Uebersetzer zu Erweiterungen, und es wäre sonderbar, wenn nicht der eine oder andere sich dabei von fremden Versionen beeinflussen liesse. In der That können wir eine solche Beeinflussung verzeichnen: Die älteren Lateiner, so Phädrus, An. Nil., Cod. Weiss., Rom., An. Nev., auch Odo de Ceritonia (Herv. II 602) bieten nichts davon, dass die Tiere vom kranken Wolf zusammengerufen worden seien. Dies geschieht erst bei Marie und der von ihr abhängigen Sammlung LBG; ferner, wenn auch weniger deutlich, bei Neckam:

Marie (Roquef. VII): Tutes les bestes assanbla, Et les oiselz a sei manda, Puiz lur fait a tuz demander Se nus l'en seit mediciner. Entr' ax unt lur cunsoile pris E chascuns en dist son avis; Fors la Grue, se dient bien, Ni ad nulz d'iaus ki saiche rien . . . .

LBG (Herv. II S. 504): Lupus ergo, potens in curia Leonis utpote summus praepositus, bestias adesse jussit . . . Quaesivit ergo, si aliqua artem medendi novisset, qua sibi subvenire posset. Et quaedam discreta Vulpecula esse potuit et eloquens Lupo respondit, etc. Man sieht, dass der Verfasser von LBG hier wieder einmal seine Abhängigkeit von Marie mit ziemlichem Erfolg zu verbergen sucht; obwohl dieselbe, so meine ich, auch hier unleugbar ist. Ich habe die Stelle absichtlich so weitläufig citiert, weil sie für das Folgende von Wert ist: Bei LY heisst es nämlich (V. 469 f.) Oiseas et bestes s'asamblarent, Per commun consoil acorderent. Que la grue deust ce faire. Es ist also ganz klar, dass ein Zusammenhang mit LBG ausgeschlossen ist, da doch sicher der Umstand, dass der Fuchs den Vorschlag macht, nicht übersehen worden wäre. Marie und LY dagegen haben sowohl die deutlich ausgesprochene Versammlung als den Umstand gemeinsam, dass nicht ein besonderes Tier, sondern alle zusammen den Vorschlag machen. LY lehnt sich also auch hier an Marie an.

XII. De Mure urbano et rustico.

Die älteren Lateiner, auch Rom. Nil. I 11, beschränken sich darauf, zu konstatieren, dass die Hausmaus auf ihrer Wanderung zur Feldmaus gekommen sei, ohne indes einen Grund für diese Wanderung anzugeben. Marie dagegen thut dies (Roquef. 9): Ci dist d'une Suriz vileine Ki a une vile prucheine. Voleit aler pour deporter, Parmi un bos l'estuet aler. Ihr schliesst sich wieder einmal die Sammlung LBG an (XI): Mus quidam de villa sua, in qua natus et educatus fuit, ad aliam villam transire voluit. (LBG lassen also weg, dass die Hausmaus zu ihrer Unterhaltung gegangen sei). — LY nun bietet diese Begründung auch: (V. 633 — 636) Une rate en citey norrie De seiorner fut enoie. Por recouror son apetit Esbatre se uai un petit; hier ist aber, wie man sieht, die Angabe des Zieles weggelassen, und als Ursache nur noch der Zeitvertreib übrig geblieben. Eine Entlehnung von LBG ist demnach ausgeschlossen, da diese Sammlung ja gerade dieses Motiv weglässt, wie eben erwähnt. Wenn man nicht, was kaum statthaft, einen Zufall annehmen will, so muss man sagen, LY ist auch hier wieder von Marie abhängig, und zwar haben sich LY und LBG in das von Marie Gebotene geteilt. — Y I bietet keine Ursache zu Bemerkungen.

XIV. De Aquila et Testudine.

Diese Fabel ist, wie W. Foerster in der Anmerkung zu Fabel XIV mit Recht sagt, durch ein Missverständnis fast ganz sinnlos geworden, verdient aber doch eine ausführliche Behandlung, da die Version, wie sie LY bietet, sich durch ein einfaches Missverständnis nicht vollkommen erklären lässt, und da die Fabel überhaupt in vieler Beziehung interessant ist.

Dieselbe hat im Laufe der Zeit eine eigentümliche Wandlung erfahren, und scheint schon sehr früh ein Schmerzenskind der Bearbeiter

geworden zu sein. — Die tiefgreifende Aenderung des Sinnes, die wir
dabei konstatieren müssen, lässt sich wohl am besten durch eine Ver-
gleichung der verschiedenen Fassungen der Moral darstellen: Bei Phä-
drus 11 6 lautet dieselbe: Contra potentes nemost munitus satis; Si
vero accessit consiliator malficus, Vis et nequitia quicquid oppugnant,
ruit (V. 1—3). Wesentlich gleichen Sinn hat die Moral im Cod. Weiss.
II 5, und im Rom. I 13, bei welchem sie lautet: Quod qui tutus et
munitus est, malo consiliatore everti potest; auch Rom Nil. I 13 stimmt
dazu. — Vergleichen wir damit die etwas dunkle Moral im An. Nev.:
De se stultus homo subuersus turbine lingue Corruit et fortes ista pro-
cella rapit (Foerster XIV 9 — 10; bei Hervieux lautet sie anders), so
finden wir, dass auf einmal der Adler die Rolle des betrogenen Tölpels
spielen muss, während er sonst doch nur die rohe Kraft im Gegensatz
zur List und Schlauheit repräsentiert. Denn es ist mir nicht gelungen,
aus den eben citierten Versen des An. Nev. einen anderen Sinn heraus-
zubringen, als den folgenden: „Ein Thor, der durch den Wirbelsturm
der Zunge *subuersus est de se,* dem gewissermassen ein Bein gestellt
wird, stürzt zusammen; sogar die Starken reisst dieser Sturm dahin."
Hier ist nur auffällig, dass der Adler *stultus* genannt wird. Wahr-
scheinlich hatte man auch das *ineptum* (V. 3) auf *aquilam* bezogen,
und er war somit als der Dumme sehr geeignet dazu, irgend einem Be-
trug zum Opfer zu fallen. Dass es *ineptam* heissen müsste, stört nicht:
Fälle, dass *aquila* im mittelalterlichen Latein männlich gebraucht ist,
liessen sich mit Leichtigkeit eine Menge anführen. — Der An. Nev.
beschränkt sich also darauf, den Adler als den Geprellten zu bezeich-
nen, ohne dabei genauer anzugeben, in welcher Weise er geprellt
worden sei. Er scheint stillschweigend vorauszusetzen, — im Zusammen-
hang mit der Vorlage der Marie de France?! — dass die Krähe selbst
das Fleisch des heruntergefallenen Tieres gefressen habe. Bei Marie,
Roquef. 13, lesen wir nämlich ganz ausführlich, dass die Krähe selbst
das Fleisch frisst: La Corneille fust en agait, Avant ala, le bec uvri,
Fiert l'Eschaille, un po l'ovri; Le Peissonet dedens menja, etc.; und
dem entsprechend die Moral: Par ceste fable dou Peissun Munstre
l'essanple del Felun Ki par agait è par engin Mescunseille sun bun
veisin; Tel chose li cunseille a faire Dunt cil ne puet à nul chief traire;
E quant il sunt onq mielx ensamble; Par traïsun li tolt è enble L'aveir
que cil a porchacié Par grant traveil è gaaigné[1]).

---

1) Dass die vorliegende Stelle des An. Nev. bei Hervieux II 391 anders lautet,
indem *ineptum* zu *onus* gezogen wird, und im vorletzten Vers statt *stultus: tutus*
steht, so dass der Sinn ist: Ein Mann, der seiner selbst gewiss ist, etc. (hier

Dass zwischen Marie und der (von Foerster gebotenen) Lesart des An. Nev. ein Zusammenhang besteht, halte ich für unabweisbar, da diese Aenderung sonst nicht vorliegt. Sie mag ursprünglich hervorgerufen worden sein dadurch, dass die Krähe sich einen Teil der Beute ausbedingt, s. Phädrus II 6, V. 11: Promissa parte suadet, etc.; und Rom. I 13: Aquilla illi partem promisit; Marie (Roquef. XIII 10) S'ele au peissun le lais partir; LBG XIII: Si mecum dividere velis, sumendi tibi formam monstrabo. — Von da war der Schritt nicht mehr gross zu der Anschauung, dass die Krähe sich allein der ganzen Beute bemächtigt, wie sie bei Marie klar ausgesprochen ist, und in der Lyoner Hs. des An. Nev. wohl auch zu Grunde liegt. Doch davon sogleich.

Bevor ich zu LY zurückkehren kann, muss ich einige Bemerkungen einfügen über das Wort, welches in dieser Fabel vielen Bearbeitern Mühe gemacht zu haben scheint: nämlich über das Wort *testudo*. Der eigentümliche Umstand, dass eine ganze Reihe von Bearbeitern sich gerade bei diesem Worte die gröbsten Irrtümer haben zu Schulden kommen lassen, fordert zur Erklärung auf: Die Ursache der ganzen Verwirrung ist nämlich Romulus, der das *cornea domo*, welches Phädrus (II 6, V. 5) hat, durch *cornua fracta* wiedergibt, wohl schon missverständlich. Dies war die Ursache weiterer Veränderungen und der An. Nev. schreibt (XIV 2): Hanc sua conca tegit; c o r n u a l o n g a latent. Er stellt sich wohl eine Schnecke vor, und steht darin keineswegs allein, denn auch Odo de Ceritonia (Hervieux II 628) hat denselben Irrtum: Testudo duo cornua erigit; set, si cum palea vel spina tangatur, statim cornua retrahuntur et infra testam se includant; und das Gleiche bietet auch der von Odo abhängige Joh. de Schepeya 44. — Dass man sich thatsächlich eine Schnecke vorstellte, beweist am allerdeutlichsten das Bild bei Y I (Rob. II 453)[1]). Dort wird nämlich in der That der Adler

---

natürlich von der *testudo*), kommt kaum sehr in Betracht, da die Hervieux'sche Ausgabe des An. Nev. wenig vertrauenerweckend ist, zumal er nicht einmal angibt, nach welchen Handschriften er sie veranstaltet. Die genannten Aenderungen sehen ganz aus, wie ein später Versuch, den Text des An. Nev. wieder mit Rom. in Einklang zu bringen.

Wäre die Ausgabe Hervieux' nicht so wenig zuverlässig, so läge der Gedanke nahe, dass sie den ursprünglichen Text böte, und dieser erst unter Einfluss der Vorlage der Marie geändert worden sei; was jetzt ausgeschlossen ist.

1) Was Hervieux I 487 sagt: Les miniatures de son livre (des bekannten Buches von Robert) ne sont que la caricature de celles du manuscrit: elles ne donnent une idée exacte ni de la finesse du dessin, ni de la dégradation du coloris généralement monochrome", hat hieher keinen Bezug, da er ja nur von der Genauigkeit der Nachahmung spricht. Wir dürfen also dem Bilde wohl vertrauen.

dargestellt mit einer grossen Schnecke im Schnabel, ganz genau ent-
sprechend dem *limace* von LY (V. 754) und dem *un limas* von Y I
(Rob. II 453). — Um die Unwahrscheinlichkeit, dass der Adler eine
Schnecke raubt, kümmerte sich ein mittelalterlicher Autor nicht viel,
und mit Recht; denn die, dass er eine Schildkröte erbeutet, ist nicht
viel geringer. Unverständlich ist nur, wie man es sich vorstellte, dass
der Adler der Schnecke nicht beikommen konnte. — Etwas klarer ist
dies bei der Vorstellungsweise der Marie, die aber auch nicht recht ge-
wusst hat, was sie mit dem Tier anfangen solle. Sie gebraucht näm-
lich das englische Wort *weoloc*, in der Form *welke, guelque*, und beweist
gerade dadurch, sowie durch den Ersatz: *Escaille, Eschaille, Eschalle*
(Roquef. XIII), dass sie es nicht verstand und daher nicht besser wieder-
geben konnte, als durch „Schaltier". Sie stellt sich, bei der Eng-
länderin leicht erklärlich, eine Muschel vor; denn nur so dürfte das
eigentümliche *peisonet* einigermassen klar werden. — Doch bleibt auch
dann noch dunkel, wie sie sich den, Vorgang denkt: bei ihr wird die
Schale nicht zerschmettert, sondern die Krähe macht eine Oeffnung
hinein, sonderbarer Weise so klein, dass der Adler nicht beikommen
kann: (Roquef. XIII) Le pertuiset si petit fist Ke li Aigles ni avenist.
Vielleicht stellt sie sich vor, dass die Krähe mit der Spitze ihres
Schnabels die herabfallende Muschel auffängt und durchbohrt? — Man
sieht, Verwirrung über Verwirrung.

Bis zum Uebermass hat sich nun diese Konfusion gesteigert beim
LY, und zwar nicht sowohl durch Schuld des Uebersetzers, als durch
die seiner Vorlage, welche ein paar Verse mehr bietet, als die anderen
Handschriften. Diese Verse nun sind rettungslos verderbt, erregen aber
die Vermutung, dass sie es erst durch Abschreiberhand geworden
seien. — Wir finden nämlich in den Varianten bei Foerster, dass L
(die mit LY unmittelbar verbundene Hs. des An. Nev.) nach Vers 8
einschiebt: Ad. I. contra uolucris monita testudo fertur ad austra. Inde
cadens fractus fit cibus arte mala. — Der erste Vers gibt, so wie er
ist, keinen Sinn, da ja die Krähe abräth von dem, was sie sonst räth.
Sollte nicht der Vers ursprünglich eine andere Fassung gehabt haben,
mit dem Sinn, dass die testudo zu Folge der Ermahnungen der Krähe
nach oben getragen wird? Dann gäbe der nächste Vers recht wohl
einen Sinn: „Herabfallend zerbricht sie, und wird durch die böse List
der Krähe zu ihrer (der Krähe) Speise", was also nur eine weitere Aus-
führung des Gedankens, wie er der Version des An. Nev. bei Foerster
zu Grunde liegt, bedeuten, und mit der Darstellung der Marie völlig
übereinstimmen würde. — So, wie der Text bei L. lautet, warnt in-
dessen die Krähe vor zu hohem Fliegen, und der sinnlose Vers hat die

ganze Uebersetzung, in LY, zu Grunde gerichtet. Foerster, dessen Anm. zu Fabel XIV hier zu vergleichen ist, sagt dort: „Im Französischen ist nicht abzusehen, warum das Fleisch dem Raben, aber nicht dem Adler nützen sollte", womit er sich auf folgende Verse bezieht: (757 — 760) Li dit que cel fais li bailloit. Quar por son us riens ne ualoit: „Ce ne est chose couenable Pour toi, a moi est profitauble". Auch hier trifft indessen den Uebersetzer nur wenig Schuld: Der erste Vers entspricht dem Gedanken nach dem *S'ele au peissun le lais partir* der Marie, modifiziert durch das Nachfolgende, was der Bearbeiter durch folgende Abteilung erhielt: Ineptum fers onus; hoc fiet utile, crede, mihi. Er hat also das *ineptum* mit Hervieux zu *onus*, aber auch das *utile* zu *mihi* bezogen. — Soweit kann man also die Lesart von LY noch erklären. Jeglichen Sinn verliert dagegen die Uebersetzung von dem Augenblick an, wo der Bearbeiter die Krähe thatsächlich eine Warnung aussprechen lässt. Dadurch ist auch die Moral ganz sinnlos geworden, da der Verfasser der Fabel den missverstandenen Sinn zu Grunde legt, und nach einigen frei eingeführten Versen so schliesst: (V. 777—778) Maint haut home sont en uitance Venuz por lour outrecuidance, wobei er *turbine lingue* durch *outrecuidance* zu übersetzen scheint.

Die Fabel ist, wie wir gesehen haben, eine wahre Sammlung von Missverständnissen. Interessant ist dabei die Uebereinstimmung zwischen Marie und dem An. Nev. — Ob auch eine Anlehnung von LY an Marie vorliegt, lasse ich dahin gestellt, obwohl einiges dafür spräche. — Wenn wir nun einen Blick auf Y I werfen, so sehen wir, dass er treu dem lateinischen Texte folgt, aber etwas weiter geht, als dieser, indem er die Krähe sich direkt der Beute bemächtigen lässt: Cest viande a il perdue. La corncille s'en est péue. Er fasst also auch den Adler als den Betrogenen — Unklar bleibt nur der drittletzte Vers der eigentlichen Fabel. Autre y vet pourchacier et querre. — Eine direkte Einwirkung der Marie auf Y I brauchen wir hier nicht anzunehmen. Y I hat nur den bei dem An. Nev. etwas dunklen Sinn klar ausgedrückt, und ausgesprochen, was jener nur andeutet.

Gänzlich unverständlich ist mir, wie W. Foerster, Anmerkung zu F. XIV am Ende, sagen kann: „Das Warnen vor zu hohem Fliegen ist nur bei der Variante (s. Robert's Yzopet) verständlich, wo die Krähe das heruntergefallene Fleisch früher verzehrt, bevor der Adler nachkommt." Meiner Ansicht nach ist das Warnen dann erst recht unverständlich, da die Krähe zu ihrem eigenen Nutzen zum hohen Fliegen rathen muss; wie sie bei Y I ja auch thut.

Wie es scheint, hat Herr Prof. Foerster den latein. Text der Fabel anders aufgefasst als ich; und ich wäre begierig, zu erfahren, wie.

XXI[b]. De Ranis a Ioue querentibus regem.

Der zweite Teil dieser Fabel scheint mir überall wesentlich der gleiche, nur dass der An. Nev. einen Umstand weglässt, den wir sonst meist finden: dass die Frösche sich auf den Balken setzen. Man vergleiche: Phädrus I 2: Lignumque supra turba petulans insilit. — Aehnlich der An. Nil. — Cod. Weiss III 7: Ascenderunt supra lignum. — Rom. II 1: ascendunt supra illud, et intelligunt esse nihil, et conculcaverunt pedibus. — Rom. Nil. II 1: ascendentes super illud conculcaverunt pedibus suis. — Marie (Roquef. 26): Sor lui muntèrent à un fès. — LBG XIX . . . . spreverunt illum, et sibi illum subjecerunt, super eum residentes et viliter ipsum conculcantes.

Wie schon erwähnt, bietet der An. Nev. diesen Zug nicht, sondern hat einfach (V. 9—10): Ut nouere trabem per se non posse moueri, Pro duce fecerunt tercia uota Ioui. — LY dagegen, der im Uebrigen in dieser Fabel seiner Vorlage genau folgt, weicht ab: (V. 1148) Vers lui s'an uont, sus lui s'essirent; schliesst sich also der sonst üblichen Lesart an, ohne dass man indessen schon hier entscheiden könnte, von welchem Vertreter derselben er hier beeinflusst ist.

Auffällig ist, dass, während Y I in Uebereinstimmung mit seiner Vorlage diesen oben erwähnten Umstand weglässt, auf dem beigegebenen Bilde die Frösche auf dem Balken sitzend dargestellt werden, worauf wir später noch einmal werden zurückkommen müssen. — Wegen dieser Fabel siehe übrigens auch Y I Nr. XXI.

XXVIII. De Leporibus et Ranis.

Diese Fabel, die bei Y I weitläufiger besprochen werden wird, ist hier nur wegen eines Umstandes zu beachten: LY hat ein paar merkwürdige Verse, von denen man nicht versteht, wie sie in den Text kommen; ich meine die Verse 1399—1402: D'atrui chose alons facant queste, Por ce nous fait paour moleste; Quar qui uuet l'autrui chose ambler, Souant suet de paour trambler. Seit wann wurde denn den Hasen vorgeworfen, dass sie stehlen? — Der Text des An. Nev. bietet nichts davon; wenn wir aber die von Foerster gebotenen Varianten in Betracht ziehen, so finden wir die Ursache: L, die Vorlage von LY, hat nämlich im 10. Vers: Questa fuge causam suggerit, atque timor und daher steht bei LY Queste und paour. — Woher aber die Lesart von L? Sollte nicht auf ital. Boden illa durch questa ersetzt worden, und die übrige Aenderung dem Versuch zuzuschreiben sein, die Stelle wieder in's Reine zu bringen? Jedenfalls ist die Stelle ein Beweis, dass LY wirklich nach L übersetzt ist.

XXX. De Rustico et Angue. (Hausgeist.)

Wegen dieser Fabel verweise ich auf das, was O. Keller in seinem Aufsatz „Ueber die Geschichte der griechischen Fabel", Jahrbuch für klass. Philologie IV. Supplementb. S. 347 f., sagt. Statt auf die Geschichte der Fabel im Allgemeinen einzugehen, zu der ich nichts Neues zu liefern im Stande bin, sei es mir gestattet, das, was Keller an dieser Stelle aus Benfey, „Pantschatantra", citiert, teilweise zu wiederholen. Dort heisst es: „Bei den griechischen Darstellungen muss man sich fragen: warum will der Bauer die Schlange, die seinen Sohn umgebracht hat, sich wieder befreunden? . . . In den lateinischen Darstellungen dagegen fehlt jeder vernünftige Grund, warum er die Schlange tödten will; denn es wird nicht erzählt, dass sie seinen Sohn getödtet hat. . . . ." Hier habe ich nur Folgendes zu bemerken: Im Gegensatz zu den lateinischen Fassungen (An. Nil., Cod. Weiss., Rom., An. Nev.) wo, wie Benfey bemerkt, die Tödtung des Sohnes nicht erwähnt wird, wodurch eines der Hauptmomente der Fabel in Wegfall kommt, tritt dieser Zug wieder bei Marie (und LBG, Nr. 115), bei der die ganze Fabel von Anfang an stark verändert ist, auf, aber, und das ist besonders zu betonen, nicht mehr als Grund, sondern als Folge des von dem Bauern auf die Schlange gemachten Angriffes. Unverkennbar ist dies ein missverstandener Rest der alten Fassung, welche in der griechischen Fabel in ihrer ersten Hälfte erhalten ist, und die Version der Marie muss, das ist unabweisbar, in irgend einem, wenn auch noch so entfernten, Verwandtschaftsverhältnisse zur griechischen Version stehen.

Auffällig ist nun, dass auch LY diesen Zug aufweist, aber wieder in etwas anderer Verwendung als bei Marie: abweichend vom An. Nev., wo die Schlange sonderbarerweise auf die Bitte um Versöhnung eingeht (Sed si te piguit sceleris, scelus omne remitto. Nam gemitus ueniam uulnere cordis emit.), hat LY die Aufforderung, der Bauer solle wiederkommen und sein Liebstes mitbringen: (V. 1473—1476) Demain a moi retorneres, La chose que muez ameres, Sanz armes auuec toi amoinne, Ie uous donrai richesce ploinne. Als sein Liebstes bringt der Bauer natürlich seinen Sohn mit, der vor seinen Augen getötet wird; aber auch er selbst fällt dem gleichen Geschick anheim. — Es scheint nicht, dass LY diese Darstellungsweise mit irgend einer anderen Fabelsammlung gemein hat; dass er aber auch in Bezug auf die Tötung des Sohnes selbständig sei, dafür spricht nichts; vielmehr glaube ich, annehmen zu müssen, dass er sie aus einer der beiden ihm erreichbaren Sammlungen, die dieselbe boten, entlehnt hat, also entweder aus Marie oder LBG. — In LY finden wir ferner auch die Lücke aus-

gefüllt, welche die lateinischen Bearbeitungen für jeden Unbefangenen
bieten, indem nämlich in unserer Uebersetzung ein Grund für den Zorn
des Bauern angegeben wird: (V. 1455—56) Apres en ioant se corrouce
Et son seignour en sa main bloce. Hierin scheint er ganz selbständig
zu sein.

Y l hat keinen dieser Züge mit LY gemein, und stimmt genau
zur lateinischen Vorlage.

XXXL De Ceruo et Oue et Lupo.

Hier ist nur zu bemerken, dass bei LY nicht der Hirsch, der doch
ursprünglich eine der handelnden Personen ist, auftritt, sondern der
Rabe Li corbeaz, was in so fern keine ungeschickte Aenderung ist, als
der Hirsch auch selbst schon gross und stark genug wäre, um dem
Schaf Furcht einzujagen, auch ohne Hilfe des Wolfes. Die Aenderung
stammt indessen nicht vom Uebersetzer, sondern aus seiner Vorlage L,
welche, wie die Varianten bei Foerster zeigen, überall statt *cervus cor-
vus* bietet, ursprünglich wohl ein Lesefehler, der sich allmählich über
die ganze Fabel verbreitet hat.

Lese-, resp. Schreibfehler spielen ja auch sonst bei Umbildung der
Fabeln eine grosse Rolle, wie wir mehreremale zu konstatieren Ge-
legenheit haben werden.

XLIV. De Quadrupedibus et Avibus.

Bietet nur das Auffallende, dass bei LY nicht die Vierfüssler im
Allgemeinen, sondern nur die Pferde auftreten, Li cheuaus (Plural) in
der ganzen Fabel, und zwar wieder in Uebereinstimmung mit L, das
nach der Angabe W. Foerster's die Ueberschrift hat: De equis et
auibus. Doch scheint es, da Foerster nichts weiter angibt, und da auch
das Versmass dagegen spräche, dass im ersten Vers das *Quadrupedes*
nicht geändert wurde. LY hat also die falsche Lesart, welche seine
Vorlage in der Ueberschrift, aber nur in dieser, bietet, überall durch-
geführt.

————

Wenn wir nun das eben Besprochene überblicken, so müssen wir
in Anknüpfung an das zuletzt Gesagte bestätigen, was W. Foerster
auf S. IV seiner Ausgabe sagt: dass die Handschrift aus dem lateini-
schen Original eigens übersetzt sei. — Es wäre ja wohl möglich, dass
die Uebersetzung nach irgend einer andern Hs. des An. Nev. verfasst,
und dann nur rein zufällig mit der sie begleitenden Handschrift L zu-
sammengeschrieben worden wäre. Aber wenn wir das bei Besprechung

der Fabeln XXVIII, XXXI, XLIV und auch XIV, (wo die Sinnlosigkeit der Uebersetzung [s. die Behandlung dieser Fabel] durch den besprochenen auffälligen, und nur bei L zu findenden Vers verursacht ist) Bemerkte in Betracht ziehen, so müssen wir den oben angeführten Satz dahin präzisieren, dass LY unmittelbar aus der ihn begleitenden Version des An. Nev., also aus L, übersetzt ist.

Daraus lässt sich indessen nicht der Schluss ziehen, den Foerster daraus ziehen will, wenn er sagt (S. IV): „Die vorliegende Uebersetzung ist von den andern bis jetzt bekannten altfranzösischen Fabelbearbeitungen unabhängig, wie es schon der Umstand erklärt, dass sie auf Bestellung aus dem lat. Original eigens übersetzt worden ist." Ich glaube vielmehr, dass die andern von mir besprochenen Fabeln den Beweis liefern, dass LY einigemale von einer Fabelsammlung abhängig ist, deren Wichtigkeit sich immer deutlicher zeigt (s. Mall, Zur Geschichte der mittellateinischen Fabellitteratur) und die uns noch öfter beschäftigen wird, nämlich von dem Esope der Marie de France. Ich fasse die Fälle noch einmal zusammen:

1) Fabel IV. — LY: *muert de froit*; Rom. Nil.: *morte periit*; Marie: *de freit fu morte.* — Grössere Wahrscheinlichkeit für Marie. — Dazu die Zweizahl der Zeugen, die indessen hier nichts beweist.

2) Fabel VII. — LY: Antwort der Gottheit auf die Bitte der Frösche, wie bei Marie und LBG.

3) Fabel VIII. — LY: Versammlung der Tiere; diese machen den Vorschlag, dass der Kranich helfen solle, gemeinsam. Beides wie bei Marie. (LBG sind auszuschliessen, weil dort der Fuchs den Vorschlag macht).

4) Fabel XII. — LY entlehnt den Eingang der Fabel aus Marie. — LBG sind wieder auszuschliessen.

5) Fabel XIV. — LY: *Li dit que cel fais li bailloit*, ähnlich wie bei Marie. — Bei Phädrus, Rom., etc. verspricht der Adler der Krähe einen Teil der Beute, aber diese verlangt denselben nicht schon im Voraus. Nur LBG haben das Gleiche.

6) Fabel XXI^b. — LY hat mit Phädrus, An. Nil., Cod. Weiss., Rom., Rom. Nil., Marie, u. LBG gemeinsam den Zug, dass sich die Frösche auf den Balken setzen.

7) Fabel XXX. — LY hat mit Marie und LBG gemeinsam die Tötung des Sohnes, allerdings unter veränderten Umständen.

Wir sehen also, dass in sieben Fällen LY Züge aufweist, welche
nicht als sein Eigenthum aufgefasst werden können, da sie auch in
anderen mittelalterlichen Fabelsammlungen sich finden. — Wenn nun
eine Sammlung vorhanden ist, die alle diese Züge enthält, während
andere Sammlungen nur einen oder den andern derselben aufweisen,
so ist doch wohl der Schluss unabweisbar, dass diese Sammlung auch
die Quelle sei, aus welcher alle diese Züge entnommen sind. Die ein-
zige Sammlung, bei der dies in unserem Falle zutrifft, ist nun eben der
Esope der Marie. — Vier der verzeichneten Fälle könnten auch aus
LBG stammen; doch spricht, abgesehen von dem eben ausgesprochenen
Grunde, schon a priori eine grössere Wahrscheinlichkeit dafür, dass der
Verfasser die etwa ein Jahrhundert ältere Marie, als dass er die Samm-
lung LBG gekannt habe, deren Verfasser ihm fast gleichzeitig gewesen
sein muss. (Prof. Mall gibt auf S. 192 [Zur Gesch. etc.] an, dass der
Verfasser von LBG „wenigstens zwei Jahrhunderte nach der Eroberung
lebte", und LY, dessen Hs. doch wohl das Original selbst ist, ist nach
W. Foerster S. I „spätestens dem Anfang des XIV., eher dem Ende
des XIII. Jahrhunderts" zuzuschreiben. Sie treffen also ungefähr in
dieselbe Zeit). — Ausser LBG kann überhaupt keine Sammlung mehr
ernstlich in Betracht kommen: Der Rom. Nil., der zwei der aufgeführ-
ten Fälle aufweist, ist aus dem schon besprochenen Grunde abzuweisen,
zumal es bei der Unwissenheit, die unser Uebersetzer an den Tag legt,
nicht angemessen erscheint, ihm eine bedeutende Kenntniss der älteren
Fabellitteratur zuzutrauen. Hätte er diese besessen, so hätte er sich
kaum durch seine Vorlage zu Sinnlosigkeiten hinreissen lassen, wie in
der Fabel De Aquila et Testudine, und hätte auch keine Verstösse be-
gangen, wie in der Fabel De Mula et Musca (Nr. XXXVI), wo er das
Quem sustinet axis (V. 7) seiner Vorlage wiedergibt durch *Celui ... cui
li firmamant Sostient et tuit li element* (V. 1783—1784). Er fühlt an
dieser Stelle das Sonderbare der Sache allerdings selbst, und sucht es
zu verbessern, indem er hinzufügt: *ie di lo iou de sa puissance* (V. 1785);
lässt aber den Fehler in seiner ganzen Lächerlichkeit bestehen. Dieser
bietet uns indessen den besten Fingerzeig, in welchen Bahnen sich seine
Gedanken zu bewegen pflegen: er ist geistlichen Standes, und liebt es,
keine Gelegenheit zu moralisieren vorübergehen zu lassen. Dadurch
geht seine Uebersetzung gern etwas in's Breite, wozu noch kommt,
dass er sich, wie auch Foerster S. IV bemerkt, selten wörtlich an seine
Vorlage hält. Seine Kenntnis der alten Sprachen (man vergleiche dazu
die Uebersetzung des *hydrus* in Fab. XXI) und der Fabellitteratur ist
gering. Er scheint überhaupt nur den Esope der Marie gekannt zu
haben, aus dem ihm einige Reminiscenzen in die Feder geflossen sind.

Denn dass es sich bei den besprochenen Uebereinstimmungen um solche, und nicht um bewusste Entlehnung handelt, scheint mir schon der Umstand zu beweisen, dass er blos Einzelnes entlehnt. Weitere Beweise sind Fabel IV, wo die Zweizahl der Zeugen auf eine so eigentümliche, originelle Art gewonnen wird; und Fabel XXX (De rustico et angue), wo eine bewusste Herübernahme diese eigentümliche Gestaltung der Fabel sicher nicht ergeben hätte.

Ich glaube, mein bis jetzt errungenes Resultat am besten so formulieren zu können: LY ist wohl im Ganzen genau und unmittelbar aus der ihn begleitenden Hs. des An. Nev. (L) geschöpft, ist aber von den übrigen altfranzösischen Fabelsammlungen n i c h t völlig unabhängig, sondern weist eine ziemliche Reihe von Reminiscenzen aus dem Esope der Marie de France auf.

Die Annahme, dass ein Zusammenhang irgend welcher Art zwischen LY und Y I bestände, könnte durch Foerster's Anm. S. 153 (unten) erregt werden, der sagt: „Beachte aber, dass Roberts Y (unser Y I) und Marie die Thaysfabel auslassen", (wie dieser Ausfall zu erklären ist, lasse ich hier dahingestellt), ist aber, wie man nach Durchlesung meines Aufsatzes über Y I überzeugt sein wird, entschieden abzulehnen. (Uebrigens gehört ja die Thaisfabel ursprünglich zur Sammlung; s. die Liste bei Hervieux I S. 493 f. und das Folgende.)

Sprachliche Uebereinstimmungen sind nur in so ganz geringem Masse vorhanden, dass sie sich leicht durch die Gemeinsamkeit des Stoffes erklären lassen. — Doch wird dies später noch eingehender besprochen werden.

B. Yzopet I.

Grössere Schwierigkeit, wenn auch vielleicht grösseres Interesse, bietet einer Bearbeitung von unserer Seite die von Robert in seinem bekannten Werke zuerst mit Yzopet I bezeichnete Uebersetzung des Anonymus Neveleti. Sie reizt vor allem zu einer sprachlichen und textkritischen Behandlung. Weshalb ihr diese nicht hat werden können, ist in der Einleitung schon besprochen worden. Was wir hier geben wollen, ist ein Studium des Verhältnisses von Y I zu seiner Vorlage und zur übrigen mittelalterlichen Fabellitteratur.

Bevor indes zu dem letzteren geschritten werden kann, müssen einige Fragen besprochen werden, welche sich jedem von selbst darbieten, der das, was Robert und Hervieux über die verschiedenen Hss. dieser Uebersetzung sagen, mit Aufmerksamkeit durchliest.

Hervieux besonders bietet uns hier, wie sonst oft, eine Fülle wertvollen Materials, ohne sich indessen die Mühe zu geben, dasselbe zu sichten; so dass man oft nicht umhin kann, sich zu fragen, wie es kommt, dass er die fast von selbst sich darbietenden Konsequenzen nicht selbst zieht.

Es sind bis jetzt im Ganzen sechs Handschriften unserer Uebersetzung bekannt, von denen sich vier in Paris (Bibl. nat. ms. 1594, 1595, 19123, 24310), eine in London (Grenville Library XIII), und eine in Brüssel (Bibl. royale 11193) befinden. Für uns reduzieren sich diese sechs Hss. auf vier, indem die Londoner und Brüsseler als mit der Hs. Bibl. nat. 1594 identisch aufgefasst werden müssen. Nach der ausdrücklichen Angabe von Hervieux (I S. 523 und 531) enthalten nämlich diese drei Mss. die gleiche Anzahl Fabeln, in derselben Reihenfolge und mit denselben Zuthaten, sogar denselben Bildern; sie sind sehr wahrscheinlich alle drei von derselben Hand geschrieben, und dürfen demnach wohl als sprachlich und textlich eins betrachtet werden. Hervieux gibt wohl I S. 531—32 an, dass Varianten existieren, beschränkt sich aber auf diese Angabe, ohne irgend ein Citat, was uns berechtigt, zu glauben, dass diese Varianten nicht sehr wichtiger Natur sind, und wohl derart, wie sie einem und demselben Schreiber, wenn er dieselbe Vorlage dreimal gleich gedankenlos abschreibt, in die Feder kommen können. Damit ist selbstverständlich nicht ausgeschlossen, dass manchmal die Hss. von Brüssel oder London eine bessere Lesart bieten können, als ihre Schwester in Paris; aber da wir uns selten oder nie mit nebensächlichen Details zu beschäftigen haben werden, so ist diese Erwägung ohne Einfluss auf das Folgende. (Sehr denkbar wäre auch, dass zwischen den drei Handschriften eine Filiation bestände, in der Art, dass der Kopist, nachdem er seine Vorlage einmal abgeschrieben hatte, sich, der leichteren Anordnung wegen, oder weil ihm das Original nicht länger zu Gebot stand, dann seiner eigenen Kopie als Vorlage bediente). Sei dem, wie es wolle, wir müssen, da wir von den Hss. in London und Brüssel keinerlei Varianten haben, sie vorläufig ignorieren, und annehmen, dass sie mit dem Ms. 1594 völlig gleich seien. Dies hat die praktische Folge, dass wir fortan nur mit vier Hss. zu arbeiten haben werden, die wir, da sie derselben Bibliothek angehören, einfach mit Ms. 1594, Ms. 1595, Ms. 19123, Ms. 24310 bezeichnen wollen.

Ueber das diesen vier Hss. zu Grunde liegende Original, und die Frage, ob eine dieser Hss. selbst das Original ist, sowie die andern sich dabei ergebenden Fragen ist Folgendes zu sagen:

Was die Reihenfolge des Originals betrifft, so gibt uns die vergleichende Tabelle bei Hervieux I 493—495 sicheren Aufschluss darüber: das Original muss die Fabeln in derselben Reihenfolge gehabt haben, wie sie die Mss. 19123 und 24310 noch bieten (vielleicht abgesehen von einer Fabel?). Diese beiden Hss., die unter sich in der Anordnung völlig gleich sind, stimmen, bis auf die Fabel V, mit der der Liste bei Hervieux zu Grunde gelegten Anordnung des An Nev. in so fern überein, als sie nur die Fabeln 19—25 eigentümlich umstellen, und Nr. 34 auslassen. Beide Umstände, diese verschiedene Anordnung und die Auslassung von 34, zeigt auch die Hs. 1595, welche sich nur insofern unterscheidet, als einige Fabeln, wohl aus Versehen, ausgelassen sind. Ms. 1594 endlich zeigt, obwohl sonst sehr eigenartig gestaltet, diese Abweichungen gleichfalls, so dass es wohl als sicher gelten darf, dass auch das Original sie aufgewiesen hat. (Die Fabel 34 ist im Ms. 1594 allerdings vorhanden, aber die Stelle, an der sie steht, — als Nr. 60! — spricht gerade für das oben Gesagte.) Ms. 1594 zeigt indessen nach Fabel 42 noch starke Abweichungen, Umstellungen, Auslassungen und Zuthaten, u. s. w., so dass die Frage gestellt werden muss, ob nicht diese Handschrift die Anordnung des Originals bietet. Wenn man indessen erwägt, dass die drei andern unter sich zusammenstimmenden Handschriften die Autorität des An. Nev. für sich haben, und dass eine späte Reduktion auf den Bestand des An. Nev. ausgeschlossen ist, weil ja gerade diese Handschriften den latein. Text aufgegeben, also jede Fühlung mit dem zu Grunde liegenden Autor verloren haben, so wird man zugeben: Die ursprüngliche Anordnung von Y I muss dieselbe gewesen sein, wie die der Mss. 19123 und 24310. — Eine Schwierigkeit bietet nur die Fabel An. Nev. Nr. V, über die wir noch einiges hinzufügen müssen, was indessen besser erst später geschieht.

Vorher wollen wir sehen, was uns die Tabelle und die übrigen Angaben über die Länge des Originals sagen: Auch hier trennt sich das Ms. 1594 von den übrigen Handschriften, denn es hat vier Fabeln (Nr. 48, 49, 50 und 60), die in den anderen vorhanden sind, nicht, bietet aber dafür nicht weniger als neun, die in jenen sich nicht finden; dazu zähle ich auch Nr. 34 u. 64[1]), von denen die eine nachgetragen, die andere ebenfalls eine erst nachträglich zugegebene Bearbeitung des ersten Teiles der Froschfabel ist. (Es hat demnach gar keine Berechtigung, wie Hervieux I S. 478 thut, die Fabel Nr. 64 nicht besonders zu zählen.) Das Original von Y I hatte also ausser Prolog und Epilog ursprünglich 59 Fabeln besessen. (Auch Ms. 1594 hat für Y I 64 Nummern,

---

1) Natürlich die Nummer der Liste bei Hervieux.

gegen Hervieux!). Gehörte nun aber auch das Anhängsel, der soge-
nannte Avionnet, von Anfang an zur Sammlung? Eine Betrachtung der
Thatsachen lässt diese Frage mit einem entschiedenen Ja! beantworten,
im Gegensatz zu Hervieux, der Band I S. 490 bei Besprechung der
Auslassung des Avionnet im Ms. 1595 sagt: „La raison me paraît en
être toujours la même, à savoir que toutes les additions faites à la tra-
duction du texte de Walther sont l'oeuvre d'un second traducteur in-
connu comme le premier." Er wirft also den Avianus kurzerhand zu-
sammen mit den übrigen Zuthaten, welche die Uebersetzung im Ms. 1594
erfahren hat, ohne zu bedenken, dass die letzteren nur bei Ms. 1594
vorkommen, während der Avian auch in den Mss. 19123 u. 24310 vor-
liegt. Wollte man die Ansicht Hervieux' theilen, dann müsste man
auch konsequenterweise annehmen, auch die andern in Ms. 1595 aus-
gelassenen Fabeln (10, 41 u. 43) haben der Sammlung nicht angehört,
d. h. man müsste einer einzigen Handschrift Recht geben gegenüber
allen anderen, die unter sich übereinstimmen, was um so weniger am
Platze ist, als gerade die Hs. 1595 am flüchtigsten (kursiv, nach Ro-
bert I S. CLXVII) geschrieben ist, und dadurch die Annahme veran-
lasst, jene Fabeln seien in der Eile übersehen, und der Avianus aus
gleichem Grunde weggelassen worden. Wie im Folgenden bewiesen
werden wird, hat der Avianus dasselbe Schicksal in Ms. 1594 erduldet,
wie die dem An. Nev. entnommenen Fabeln, wodurch seine Zugehörig-
keit zur Sammlung bis zur Evidenz bewiesen ist. Wenn Herr Hervieux
trotz alledem an seiner Meinung festhalten wollte, so müsste er sich
dazu bequemen, drei Hände anzunehmen, nämlich den Uebersetzer des
An. Nev., den des Avianus, und endlich den Ueberarbeiter, welcher
dem Ganzen noch da und dort etwas anflickt, eine Annahme, die —
ganz abgesehen davon, dass Hervieux den Verfasser des Avionnet mit
dem Ueberarbeiter identifizieren möchte — mindestens das gegen sich
hätte, dass sie der einzigen Handschrift 1595 zu Liebe aufgestellt wäre.

Die Sammlung enthielt also ursprünglich Prolog + 59 Fabeln +
Epilog + Prolog + 18 Fabeln + Epilog, im Ganzen also 81 Stücke,
eine Zahl, die in der That in zwei Handschriften noch unversehrt vor-
liegt.

Dabei muss die Sammlung von Anfang an, wie sie es im Ms. 1594
noch ist, mit der lateinischen Vorlage verbunden gewesen sein. Das
beweist die Fabel XXXVIII (wenn nicht hier Ms. 1594 allein abweicht,
was unwahrscheinlich ist, da doch wohl Robert, der I S. XC die Fabel
bespricht, dies bemerkt haben müsste), wo ursprünglich *Lupus, vulpes
et simia* die Helden sind, wo aber nach der ausdrücklichen Angabe von
Robert (a. a. O.) die Vorlage von Ms. 1594 lepus statt *lupus* liest,

eine für die franz. Gestaltung der Fabel ungemein wichtige Aenderung, von der später noch eingehender gehandelt werden wird (s. die Besprechung der Fabel XXXVIII!).

Damit ist auch die Frage, ob eine der vorhandenen Handschriften das Original selbst ist, entschieden, und zwar verneint. Das Ms. 1594 kann keinen Anspruch darauf machen, da es erstens einige Fabeln nicht hat, welche die übrigen Hss. in Uebereinstimmung mit dem An. Nev. aufweisen, und da es ferner in den meisten Fällen mehr Verse hat, wie die letzteren, so dass diese gekürzt (und auf den Bestand des An. Nev. reduziert) sein müssten, was dem gewöhnlichen Entwicklungsgang, den die Texte unter den Händen von Abschreibern und Ueberarbeitern durchzumachen haben, zuwiderliefe. — Die anderen Hss., welche zum Theil dem Original in Bezug auf Zahl und Anordnung der Fabeln gleich sind (oder doch fast gleich), können, da sie den lat. Text nicht enthalten, ebenfalls nicht als Original angesehen werden.

Aus dem Umstand indessen, dass Ms. 1594, obwohl es in so vielen Punkten vom Original (ich meine natürlich in dieser ganzen Auseinandersetzung immer das Original der Uebersetzung) abweicht, dennoch die lat. Vorlage enthält, und zwar in einer Form, die sicher zum Teil einfach der Vorlage des Originals gleich ist, erwachsen einige Schwierigkeiten: Die vorher genannte Fabel beweist, dass der lat. Text von Ms. 1594 mit der franz. Uebersetzung zugleich direkt oder indirekt aus dem Original entnommen ist, da es völlig unwahrscheinlich ist, dass erst ein Abschreiber die Uebereinstimmung zwischen dem latein. und franz. Text (wieder) hergestellt hätte, indem er, beide aus verschiedenen Handschriften entnehmend, den einen oder andern je nach Bedürfnis geändert hätte. Dass der franz. Text der nachträglich geänderte wäre, ist ohnehin unglaublich, da ja unter dem Einfluss der neuen lat. Lesart die Fabel eine ganz andere geworden ist; und da sicher nicht anzunehmen ist, dass ein mittelalterlicher Schreiber einem vulgären Text zu Liebe einen lateinischen willkürlich und absichtlich ändert, so ist das vorher Gesagte bewiesen — Man darf sonach mit ziemlicher Sicherheit behaupten, dass der grössere Teil der lat Vorlage, wie sie das Ms. 1594 enthält, aus dem Original stammt (wohl nur mit Ausnahme der diesem fremden Fabeln). Dafür spricht ja auch die ursprüngliche Auslassung der Fabel 34, welche, wie schon erwähnt, im Original der Uebersetzung nicht vorhanden gewesen sein kann. Denn wenn der Schreiber der von uns unter Ms 1594 verstandenen, mit den drei Handschriften in Paris, London und Brüssel identischen, Vorlage dieser Handschriften sich von Anfang an zweier Handschriften bedient hätte, einer lateinischen und einer davon getrennten französischen, so hätte er doch sicher das Fehlen

von Fabel 34 bemerkt, und dieselbe gleich an ihrer Stelle eingetragen.
Er folgte im Gegenteil bis ungefähr Fabel 43 sowohl in Bezug auf den
lat. als den franz. Text der Vorlage, und entfernte sich erst dann von
derselben, vielleicht veranlasst durch irgend eine fremde Sammlung,
oder, was mir weit wahrscheinlicher ist, durch die Langeweile, und die
Begier, selbst thätig einzugreifen. Eine andre Handschrift des An. Nev.
musste er aber unterdessen wohl kennen gelernt haben; denn aus ihr
entnahm er die ursprünglich der Uebersetzung fremden Fabeln XXI*,
XXXIV und die zwei ebenfalls in einigen Handschriften dieses Autors
vorhandenen Stücke: De capone et accipitre und De Lupo et pastore.
Ob die übrigen von ihm zugegebenen Fabeln ihm zugehören, oder ob
und von wem sie entliehen sind, wage ich jetzt noch nicht zu ent-
scheiden; auch die andere sich notwendig ergebende Frage, wie die
Auslassung von Fabel 48, 49, 50 und 60 aufzufassen sei, muss un-
beantwortet bleiben.

Soviel ist indessen jetzt wohl bewiesen, dass der Verfasser der
Grundlage von Ms. 1594 sich durch etwa zwei Drittel der Handschrift
rein abschreibend verhält, und sich bis dahin keiner andern Hs. des
An. Nev. bedient.

Daraus ergibt sich nun eine weitere, nicht uninteressante Konse-
quenz für die Fabel V, — ich muss sie indessen hier mit allem Vor-
behalt geben — die bekanntlich in den drei anderen Hss. gemeinsam
von ihrem alten Platz gerückt worden ist: Die eben gemachte Erwäg-
ung, welche ausschliesst, dass in der Grundlage des Ms. 1594 die
Fabel V einer andern Hs. des An. Nev. zu Liebe wieder an ihren alten
Platz gerückt worden sei, und eben der Umstand, dass die Stellung
dieser Fabel beim An Nev. und in Ms. 1594 die gleiche ist, berechtigen
zu dem Schlusse, dass hier das Ms. 1594 den drei andern Hss. gegen-
über im Recht ist, was so viel heisst, als eine gemeinsame Aenderung
des ursprünglichen Verhältnisses, also einen Zusammenhang zwischen
den letzteren, annehmen. Es wäre interessant, zu wissen, welchen Ent-
scheid die genauere textkritische Behandlung unserer Handschriften über
die Frage geben wird.

Das Verhältnis der Handschriften unter sich ist mit dem Gesagten
allerdings noch keineswegs klar gestellt; die Varianten, die uns bis
jetzt zu Gebote stehen, erlauben uns auch nicht, es jetzt schon weiter
zu beleuchten. Zwar sind die Varianten, die Robert und Hervieux
bieten, gar nicht so wenig zahlreich, dass man nichts daraus schliessen
könnte (Robert bietet für Y I 33 Var. und für den Avionnet 7, wozu
für den ersteren bei Hervieux noch drei kommen), aber da wir nur in
ganz wenigen Fällen drei Hss. vergleichen können, so ist unser Urteil

notwendigerweise immer ein beschränktes, ganz abgesehen davon, dass sowohl Robert als Hervieux bei Auswahl der Varianten gerade keine glückliche Hand gehabt haben[1]). Hervieux bietet uns zweimal die Gelegenheit, drei Hss. vergleichen zu können: Das eine mal (H. I 490) bieten uns die beiden Verse aus dem Epilog von Y I (sie sind auch in Ms. 1594 vorhanden, nur etwas zurückverschoben (Rob. II 502)) nur den Beweis, dass die handschriftlichen Verhältnisse keineswegs einfach sind, und eines genaueren Studiums wohl bedürfen (doch scheint Ms. 1594 etwas näher mit Ms. 1595, als mit 19123 verwandt).

Die andere Stelle (H. I 492) beweist in der That viel mehr, als Hervieux selbst glaubt. Er ist nämlich zum Teil noch in der von Robert I S. CLXVII geäusserten Ansicht befangen, der dort behauptet, die Handschrift 2287 (bei uns Ms. 19123?) sei eine Kopie der Hs. 356 (bei uns Ms. 24310?). Hervieux hat nun wohl diese Ansicht aufgegeben (übrigens scheint Robert das Verhältniss der beiden Hss. umgekehrt aufzufassen, wiè Hervieux; s. Robert I S. CLXVII u. Hervieux I 492), und gibt ausdrücklich an, dass man wohl meinen könne, die eine Handschrift sei die genaue Abschrift der andern, Ms. 24310 von Ms. 19123, dass dem aber nicht so sei: Die jüngere Hs. zeige zahlreiche Neuerungen, und viele veraltete Wörter seien durch neuere ersetzt worden. Das übersieht er dabei, dass die paar Verse, die er citiert, — nebenbei gesagt lassen dieselben die Neuerungen gar nicht hervortreten, wie Hervieux meint, denn *dist* und *dit*, *loup* und *leu*, selbst *aignel* und *aigneau* sind in dieser Zeit sicher nicht so aufzufassen, zumal das leztgenannte im Reim mit *eau* steht, wie Robert zeigt, und somit für *aignel* und *aigneau* den gleichen Lautwert voraussetzen lässt; — wenigstens eine Abweichung haben, welche sicher nicht als Neuerung gefasst werden kann: nämlich *cilz* und *le leu* im Anfang des vierten Verses. Da auch Ms. 1594 hier *le leu* hat, wie man bei Robert I 58 nachsehen kann, so muss man jedenfalls annehmen, dass zwischen diesen beiden Hand-

---

1) Zu allem Ueberfluss passieren beiden Ungenauigkeiten oder Fehler in den Angaben, welche die letzteren zum Teil entwerten So gibt Robert II 34 einige varianten aus einer Hs. Suppl. 766 an, von der er nirgends etwas sagt, und II 102 gibt er vier dem Avian zugehörige Varianten aus der Hs. 7616. 3. welche doch nach seiner eigenen und Hervieux' Angabe (bei letzterem ist sie mit der Bezeichnung 1595 belegt) überhaupt keinen Avian enthält. — Hervieux scheint auf S. 488, Band I, einen Druck- oder Schreibfehler zu haben, da er angibt, der erste Vers der Fabel I laute im Ms. 1594: Un cot en un fumier estoit, und im Ms 1595: Un coq sur . . ., was der Aussage Robert's I 82 widerspricht, und in Anbetracht dessen, dass Hervieux meist von Robert abhängt, als Fehler zu bezeichnen ist.

schriften irgend ein Zusammenhang, eine Verwandtschaft existiert, und
ferner, dass zwischen Ms. 19123 und Ms 24310 gar keine so nahe Ver-
wandtschaft, wie sie Robert und Hervieux wegen der Uebereinstimmung
in Ordnung und Zahl annehmen, besteht. Diese sind ja, beim Licht
betrachtet, in Ms. 1595 ebenso erhalten, und können sehr wohl in jene
beiden Handschriften unversehrt und rein zufällig aus dem Original
übergegangen sein.

In diesen Punkt kann indessen natürlich erst nach genauer Kennt-
nissnahme der Handschriften wirkliches Licht gebracht werden; denn
fest steht das Gesagte nur zum Teil, da das, was früher über Fabel V
ausgeführt wurde, widerstrebt.

Aus den Varianten, welche uns Robert angibt, können wir noch
eine Schlussfolgerung ziehen: Wir finden nämlich, dass gerade eine
jener Handschriften, welche scheinbar dem Original am nächsten stehen,
Ms. 24310, ziemlich häufig mehr Verse enthält, als Ms. 1594, und dass
sich diese Verse regelmässig als Interpolationen darstellen. Ich spreche
von den Varianten, welche Robert an folgenden Stellen angibt:
1) Fabel XVIII, (R. I 131), Var. c; 2) Fabel XXVIII, (R. I 140) Var. a;
3) Fabel XLI, (R. I 319), Var. a; 4) Fabel XLVI, (R. II 38), Var. a,
wo jedesmal der Text in Ms. 356 (24310) eine Zuthat von zwei Versen
aufweist, die alle ohne Ausnahme eingeschoben sind. Es ist stark zu
bezweifeln, dass Robert alle derartigen Fälle verzeichnet habe, da ja
seine Variantenangabe auf Vollständigkeit sicher keinen Anspruch machen
kann. Wie dem indessen auch sein mag, die Fälle beweisen uns, dass
die eine der dem Original scheinbar am nächsten stehenden Hand-
schriften sich in manchen wichtigen Punkten mehr von demselben ent-
fernt, als Hs. 1594, von der man doch *a priori* anzunehmen geneigt
sein möchte, sie habe ihren sonstigen starken Abweichungen ent-
sprechend auch einen unsicheren Text. Die letztere behält also dem
Ms. 24310 gegenüber in nicht seltenen Fällen Recht, und scheint, so-
weit es das geringe Material, das uns bis jetzt zur Verfügung steht,
überblicken lässt, auch gegen die beiden anderen Hss. zuweilen das
Bessere zu bieten, wenn auch im Ganzen Ms. 1595 — von Ms. 19123
wissen wir fast nichts — öfter das Richtige zu haben scheint.

Die Vergleichung mit dem lat. Text, wie er bei Foerster vorliegt,
und besonders mit den bis jetzt bekannten Varianten, scheint zu der
Behauptung zu berechtigen, dass Ms. 1594 keine Zuthaten aufweist,
welche den Text der Fabeln selbst angehen. Denn wir haben unter
den Varianten nur einen einzigen Fall, wo eine andere Handschrift
weniger Verse aufweist, als Ms. 1594. Das ist der Fall bei Fabel LVIII
(R II 483) Var. e, wo aber eine Vergleichung zeigt, dass die zweite

Hs. 7616. 3 (1595) im Unrecht ist, weil ihr der Reim zu *souvenir* fehlt und weil sie den Ausdruck *De ce que le juifs li dist* so rasch nach einander zweimal bringt: eine augenfällige Verderbnis, die wohl auch aus der dieser Handschrift eigenen Flüchtigkeit zu erklären ist.

Das Ms. 1594 hat im Verhältnis zu den anderen Handschriften eine grosse Menge Zuthaten, die aber alle rein äusserlicher Natur sind. Von den zugegebenen Fabeln wurde schon gesprochen. Der Verfasser der Grundlage von Ms. 1594 hat überhaupt im Ganzen das Bestreben gehabt, seine Vorlage genau zu kopieren, scheint aber Gefallen daran gefunden zu haben, da und dort etwas anzuflicken, und zwar sowohl im Lateinischen als im Französischen. Dass er, in Bezug auf die neuen Fabeln, wohl von anderen Manuscripten abhängig ist, habe ich schon gesagt; aber auch in Betreff der am Ende jeder Fabel zugegebenen Verse dürfte er, wenn auch oft, doch nicht immer selbständig sein. Wenigstens ist es mir in einem Falle gelungen, nachzuweisen, dass er einen fremden Autor benützt, was wohl zur Annahme berechtigen dürfte, dass er noch öfter bekannten Schriftstellern folgt. — Der Fall, den ich meine, ist in Fabel X (De rustico et colubro) (R. II 33) zu finden. Es sind nämlich an dieser Stelle 6 Verse zugegeben, welche so lauten: Une souris qui est en escharpe Le bien dedens menjue et charpe. Le feu quant il est au giron Art et destruit tout environ. Le serpent qu'est en sain cachiez Fait au seigneur mout de meschiez. — Ohne behaupten zu wollen, dass dies die Quelle dieser Verse sei, da ja auch beide eine gemeinsame Vorlage benutzt haben können, will ich doch darauf hinweisen, dass bei Odo de Ceritonia (Hervieux II 636) die Schlange selbst sagt: „Nonne iterum nosti quod Serpens in sinu, Mus in pera, ignis in gremio, mercedem pessime hospitibus reddunt". Dem Interpolator auf seinen Pfaden länger nachzugehen, fehlte es mir an Zeit und an Kenntnis der mittelalterlichen Litteratur.

Die Zuthaten des neuen Ueberarbeiters sind in der That so äusserlich angefügt nnd so schlecht mit dem schon bestehenden Text verbunden, dass es nicht schwer ist, sie davon zu scheiden (wenigstens für Y I; für den Avionnet ist das schwieriger, weil uns bis jetzt jede genauere Kenntnis des lateinischen Textes abgeht). Sie sind selten einer eingehenderen Betrachtung wert, denn häufig knüpfen sie beinahe sinnlos an irgend ein Wort des Textes an, ohne aber mit demselben in logischem Zusammenhang zu stehen: Der auffälligste Fall dieser Art ist wohl in der Fabel De Vipera et Lima zu finden, wo die Geschichte von der gestohlenen Feile eben nur diesen Gegenstand mit der eigentlichen Fabel gemein hat. — Es ist leicht festzustellen, was Eigentum des Ueberarbeiters ist, und was nicht. Die Zuthaten erstrecken sich einzig und allein auf die Moral. Vergleiche dazu die folgende Tabelle, bei der ich, da die fremden Fabeln nicht in Betracht kommen, wieder die Einteilung des An. Nev. zu Grunde gelegt habe.

Prolog	8	Fabel XXXI	—	
Fabel I	8	XXXII	10	
II	4	XXXIII	8	
III	8	XXXIV**)	deest	
IV	10	XXXV	8	
V	8	XXXVI	6	
VI	8	XXXVII	18	
VII*)	(6) 8	XXXVIII	8	
VIII	4?	XXXIX	8	
IX	6	XL	26	
X	6	XLI	10	
XI	8	XLII	8	
XII	8	XLIII	56	
XIII	8	XLIV	8	
XIV	8	XLV	4	
XV	8	XLVI	4	
XVI	16	XLVII	24	
XVII	12	XLVIII	deest	
XVIII	8	XLIX	„	in Ms. 1594
XIX	8	L	„	
XX	8	LI	64	
XXI b**)	8	LII	8	
XXII	8	LIII	8	
XXIII	8	LIV	24	
XXIV	8	LV	56	
XXV	12	LVI	12	
XXVI	2?	LVII*)	(4) 10	
XXVII	12	LVIII***)	18	
XXVIII	14	LIX	4	
XXIX	8	LX	deest	
XXX	8	Epilog 84—18 =	66	
		Summa:	734	

Die Fälle, in denen mir die Anzahl der zugegebenen Verse bs jetzt noch nicht sicher schien, wurden mit ? bezeichnet.

*) Es scheinen auch im Anfang der Moral einige Verse zugegeben, die ich in Klammern angegeben habe, ohne indes behaupten zu wollen,

dass diese nicht auch schon dem Original der Uebersetzung angehört haben könnten.

**) XXI ᵃ gehört dem Original der Uebersetzung nicht an. — Ebenso XXXIV.

***) Bei Fabel LVIII (R. I 297) setze ich 18 Verse als Zuthat an: da augenscheinlich der Bruch innerhalb der bei Robert ausgelassenen, weil unleserlichen, sieben Verse stattfindet, die von der andern Hss. gebotenen vier Verse aber genau dem latein. Texte entsprechen, so müssen wohl die letzten drei Verse der Lücke schon zu der Erweiterung gehören[1]).

Auch von den neu hinzugekommenen Fabeln sind einige im Verhältnis zum latein. Text stark erweitert, wie ja überhaupt der Ueberarbeiter weit weniger genau seiner Vorlage folgt, als der eigentliche Uebersetzer. Diese Zuthaten gehören nicht hieher.

Wenn der Avionnet thatsächlich, wie ich früher zu beweisen gesucht habe, von Anfang an unserer Sammlung angehörte, so hat er jedenfalls das Schicksal des vorausgehenden Y I geteilt, d. h. er musste sich Zuthaten gefallen lassen, wie wir sie soeben kennen gelernt haben. Oder umgekehrt: Wenn der Avionnet solche Zuthaten aufweist, wie Y I, so ist damit, in Verbindung mit dem schon früher Vorgebrachten, bis zur Evidenz bewiesen, dass Hervieux' schon besprochene Ansicht, welche den ganzen Avianus als Zuthat auffasst, irrig ist. — Obwohl beim Avionnet solche Angaben schwerer zu machen sind, da der

---

1) Da das Ms. 1594, wie es bei Robert vorliegt, 3337 Verse enthält, so können wir uns schon ein Bild von der ursprünglichen Länge von Y I machen, indem wir die Zuthaten abziehen. Doch ist zu beachten, dss die ausgelassenen vier Fabeln hinzuzuzählen sind. Es sind, wie oben berechnet, abzuziehen:

		Verse;
	734	
ferner für Fabel XLVII :	34	„
„ LVI :	46	„
„ LVII :	34	„
„ LIX .	52	„
„ LX .	42	„
„ LXI :	162	„
„ LXII :	40	„
„ LXIII ::	28	„
„ LXIV .	68	„
also im Ganzen	1240	Verse.

Mithin enthält das Original von Y I, abgesehen vom Avionnet und den in Ms. 1594 ausgelassenen vier Fabeln, 3337 — 1240 = 2097 Verse, und mit diesen letzteren 2097 + 368 = 2465 Verse. (LY = 3590 Verse!)

lat. Text uns nicht bekannt ist, so können wir doch mit vollkommener
Sicherheit die Existenz solcher Zuthaten darthun, wie die folgende Liste
zeigen wird. Dabei ist auch nicht zu vergessen, dass, ebenso wie Y I,
auch Y-A eine ganz fremde Fabel aufweist, die nur im Ms. 1594 vor-
handen ist, nämlich die Fabel XIX. — Soweit ich es bis jetzt fest-
stellen kann, ist das Verhältnis der Zuthaten in Y-A das folgende:
(Die arabischen Ziffern bedeuten die Anzahl der zugegebenen Verse,
soweit diese bis jetzt festgestellt werden konnte; die römischen die
Fabeln in der Anordnung von Y-A.)

Prolog	20 (16)	X	—
I	12	XI	2
II	8	XII*)	8??
III	4	XIII	—
IV	6	XIV	10
V*)	6??	XV	6
VI	—	XVI	2
VII	10	XVII	20
VIII	4	XVIII	38
IX*)	6??	Epilog	80

*) Diese Fabeln scheinen bei Y-A eine ganz andere Moral zu bieten,
als die mir bekannte, so dass ich ihretwegen keine bestimmten An-
gaben wagen kann. — Eine Summierung wird dadurch wertlos.

Trotz den ihr anhaftenden Unsicherheiten beweist uns die Liste
das Dasein der besprochenen Zuthaten, und damit endgiltig die Zu-
gehörigkeit des Avionnet zur Sammlung.

Zweitens müssen wir aus der Thatsache, dass auch der Avionnet
überarbeitet ist, eine Konsequenz ziehen, die Hervieux zwar auch schon
gezogen zu haben scheint, — seine Annahme bedingte sie ja auch —
die er aber nicht bestimmt genug ausspricht: Aus der Thatsache näm-
lich, dass der Epilog des Y-A ursprünglich nur aus sechs Versen be-
stand (s. Hervieux I S. 491 f.), ergibt sich zwingend, dass die in dem-
selben enthaltenen Zeitbestimmungen, die Robert I S. CLXVI und II
S. 523 genauer ausführt, für die Abfassungszeit der Uebersetzung nur
in so fern einen Anhalt bieten können, als sie einen terminus ad quem
abgeben, und dass sie nur für die Zeit des Ueberarbeiters Geltung haben.
Ist nun die Ueberarbeitung wirklich, wie Robert will, um's Jahr 1332
verfasst, so muss wohl die Entstehungszeit der Uebersetzung selbst, in
Anbetracht der ziemlich bedeutenden Anzahl von Zwischengliedern, die
anzunehmen notwendig erscheint, auf das Jahr 1300 ungefähr zurück-
datiert werden.

In wie weit sich Herr Hervieux über die eben besprochenen Ver-
hältnisse klar geworden ist, ist schwer zu sagen, da er besonders das
Wort *copiste* nach Bedürfnis ganz verschieden anwendet, so dass man
nicht recht weiss, ob er darunter den letzten Abschreiber von Ms. 1594
versteht, oder den Ueberärbeiter, den Verfasser der Grundlage dieses
und der mit ihm gleichen Manuscripte. Man vergleiche: (I S. 476) En
tête de la première page le copiste s'est représenté, etc. und S. 483:
Je le reproduis, ici (den Epilog), parce qu' il fournit des renseignements
utiles sur le copiste et sur le temps où il vivait, wo die Sache nur
verständlich wäre, wenn der Schreiber der drei Handschriften auch zu
gleicher Zeit der Ueberarbeiter wäre. Dies ist aber H. Hervieux' An-
sicht keineswegs; denn er sagt auf S. 486 bei Besprechung von Ro-
bert's Zeitbestimmung: Il est certain que, s'il avait regardé de plus
près le manuscrit, il ne l'aurait pas risquée. Il aurait vu que, si le
copiste était un calligraphe distingué, il était en même temps d'une
ignorance qui ne permet pas de supposer un instant qu'il ait été
l'auteur de la traduction française[1]). — Auf S. 489 sagt er
endlich: Ce qui est dans tous les cas certain, c'est que ce n'est pas
le copiste du Ms. 1594 qui a augmenté les morales des fables latines
et qui a ensuite traduit les additions en français. Je m'empresse
d'ajouter qu'il ne faut pas davantage lui attribuer le développement
considérable donné à l'epilogue. Das zuletzt Gesagte ist vollständig
richtig und nicht zu bezweifeln. Nur hätte sich Herr Hervieux irgendwo
die Mühe nehmen sollen, das Verhältnis der Zeitbestimmung Robert's
zur eigentlichen Uebersetzung klar zu stellen: dass der Schreiber von
Ms. 1594 zugleich auch der Ueberarbeiter gewesen sei, hatte ja in An-
betracht der zwei identischen Hss. in Brüssel und London von vorn-
herein wenig Wahrscheinlichkeit für sich.

Ueber das weitere, zeitliche und textliche Verhältnis der verschiede-
nen Handschriften muss ich mich jetzt noch jeder Mutmassung ent-
halten. Erst durch ein genaues Studium derselben wird man im Stande
sein, diese Fragen zu beantworten. Bis jetzt können wir nur das
Folgende wagen: Keine der vorhandenen Handschriften bietet einen
mit dem des Originals vollständig identischen Text. Für die Mss. 1594
und 24310 ist dies selbstredend; bei Ms. 1595 beweist es die aus Fa-
bel XLV besprochene Variante; nur für das Ms. 19123, für das wir

---

1) Nebenbei sei bemerkt, dass Hervieux I S. 485 mit Unrecht sagt, Robert
habe „fait sur le copiste et sur l'ouvrage les conjectures suivantes“. Robert spricht
nicht vom Abschreiber, sondern im besten Glauben vom Verfasser selbst: „le peu
que nous pouvons apprendre sur cet auteur et sur le temps où il vivait“. (R. I
S. CLXVI.)

nur drei Varianten haben, (Robert II 505 und Hervieux I 490 f.) ist dies schwerer nachweisbar, wenn auch höchst wahrscheinlich.

Dass das Ms. 1594 aus keiner der andern Handschriften abzuleiten ist, ist klar, wenn man bedenkt, dass diese die lat. Vorlage nicht enthalten. Doch scheint auch keine Version, die mit einer dieser Handschriften textlich identisch war, diese Grundlage abgegeben zu haben.

Für das Ms. 19123 ist dies wieder am schwersten zu erweisen; doch gestattet die Thatsache, dass in den aus dem Epilog zitierten Versen das Ms. 1594 sich zu Ms. 1595 stellt, und besonders, dass Ms. 1594 mit Ms. 24310 das *Le leu* statt *cilz* der anderen Variante gemeinsam hat, diesen Schluss. — Für Ms. 24310 (= 356) ist die Sache schon abgethan, da dieses ja ziemlich oft mehr Verse (die sich als Zuthaten erweisen) hat, als Ms. 1594. — Es bleibt uns demnach nur noch Ms. 1595 (= 7613. 3) übrig. Doch können wir — ganz abgesehen davon, dass es mehrere Fabeln nicht hat, — unbedingt das Gleiche behaupten. Denn es ist an der Stelle, wo die früher schon besprochene Auslassung vorkommt, evident fehlerhaft (s. Rob. II 483). — Dabei muss allerdings zugegeben werden, dass textlich mit den vorliegenden völlig gleiche Handschriften nur in der Theorie angesetzt werden können, da ja jede Kopie sich mehr oder minder stark von ihrer Vorlage entfernt, und deshalb will ich das oben Gesagte lieber so ausdrücken: Keine der uns erhaltenen Handschriften könnte, auch wenn wir sie mit der latein. Vorlage verbunden dächten, die Vorlage unseres Ms. 1594 gewesen sei.

Bis jetzt steht also fest:

1) Die Anordnung von Y I muss dieselbe gewesen sein, wie sie die beiden Hss. 19123 und 24310 aufweisen; nur scheint Ms. 1594 in Bezug auf die Fabel An. Nev. V Recht zu haben.

2) Der Avionnet gehört von Anfang an zur Sammlung.

3) Diese war schon im Original mit der lateinischen Vorlage eng verbunden.

4) Keine der vorhandenen Handschriften kann also das Original sein.

5) Die lateinische Vorlage, die das Ms. 1594 und die ihm gleichen Handschriften darbieten, ist zum grössten Teil (wohl nur mit Ausnahme der fremden Fabeln) aus der das Original begleitenden Vorlage genommen. — Der Verfasser der Vorlage des Ms. 1594 bedient sich für etwa zwei Drittel der Sammlung keines andern Exemplars des An. Neveleti.

Ferner ist anzunehmen:

6) Die Handschriften 19123 und 24310 gehören gar nicht so eng zusammen, wie Robert und Hervieux annehmen.

7) Das Ms. 1594 weist keine den Text der Fabeln selbst betreffenden Zuthaten auf; ist also textlich vertrauenerweckender, als Ms. 24310.

8) Die Zuthaten in Ms. 1594 betragen etwa ein Drittel des Ganzen.

9) Die Robert'sche Zeitbestimmung hat blos ihre Richtigkeit für die Ueberarbeitung, welche das Ms. 1594 aufweist; die Sammlung selbst muss früher verfasst sein (etwa um 1300).

10) Keine der uns erhaltenen Handschriften könnte, auch wenn sie mit der lat. Vorlage verbunden gedacht würde, die Quelle unseres Ms. 1594 sein.

Wenn ich jetzt zum Studium der französischen Fassung von Y I selbst übergehe, muss ich natürlich voraussetzen, dass der Text von Y I mit dem von Ms. 1594, abgesehen natürlich von den schon mehrfach besprochenen Zuthaten, gleich gewesen sei (dasselbe gilt natürlich auch, bei der Durchnahme der in Ms. 1594 ausgelassenen Fabeln, von Ms. 1595, aus dem Robert dieselben abgedruckt hat), was ich um so leichter darf, als ich selten oder nie auf nebensächliche Einzelheiten einzugehen haben werde.

Das Ms. 1594 bietet vier Fabeln nicht, die im Original von Y I vorhanden waren, und bei Robert, wie schon gesagt, aus Ms. 1595 nachgetragen sind. Was den Ueberarbeiter von Ms. 1594 zu dieser Auslassung veranlasst haben mag, ist mir ein Räthsel, da eine Unvorsichtigkeit bei dem, der das Fehlen der Fabel XXI^a und XXXIV bemerkte, ausgeschlossen erscheint. Für irgend welchen Zusammenhang mit LY spricht nichts; dagegen wäre wohl möglich, was Foerster, S. 153, für LY vermutet, dass der Ueberarbeiter aus Prüderie die Fabeln getilgt habe, wobei vielleicht die Fabel De patre et filio aus Uebereifer das Schicksal der andern teilte. — Endlich sei noch eine Eigenheit erwähnt, die Y I von LY und dem An. Nev. unterscheidet, die aber den Charakter der Fabeln selbst meist völlig unberührt lässt; ich meine die häufige Benützung von Namen aus der Tiersage, bei dem verhältnismässig jungen Texte leicht erklärlich. Ich citiere einige Beispiele:

Fabel VIII. *Madame Hauteve la grue.*

    „   XV. *Thiercelin*; ebenso Fabel XXXV *Tiercelins.*

    „   XV. *Dame Hersan.*

Fabel XVII und Fabel LVII. *Messires Bernart l'archeprestre.*

„ XXXI. *Brichemers le cerfs; Blance la brebis.*

„ XLVI. *Ysangrin le connestable.*

„ LIV. *Ysangrins; Rouveaux.*

Ferner die Bezeichnung des Fuchses durch *renart, renard* (passim),
meist ohne Artikel, also noch als Eigenname. Doch ist das Wort schon
soweit zum Gattungsnamen geworden, dass ein Deminutiv zur Bezeich-
nung des jungen Fuchses davon gebildet wird: *renardiaus* in der Fabel
De vulpe et aquila (XIII). Da diese Namen, wie gesagt, ohne Einfluss
auf die Textgestaltung sind, werde ich sie bei Besprechung der be-
treffenden Fabeln nicht mehr erwähnen. — Nach dem, was eben über
diesen Gebrauch von Namen aus der Tiersage gesagt wurde, ist es
kaum wahrscheinlich, dass in der Fabel De Graculo et Pavone Y I sich
wirklich an Renart le Contrefait anschliesst. Der Name *Thiercelin*
kommt ja auch in Fabel XV vor. (Zu Max Fuchs, Die Fabel von der
Krähe etc., S. 17.) Vergl. auch die bei Besprechung der Fabel ge-
machte Bemerkung. — Auch die oft erwähnten Zuthaten von Ms. 1594
bleiben in der nachfolgenden Besprechung ohne jede Berücksichtigung.

Was die Anordnung betrifft, so habe ich es aus rein praktischen
Gründen am besten gefunden, mich genau an die Reihenfolge des An.
Nev. zu halten, und die verschiedenen Fälle später zu klassifizieren.
(Die Ueberschriften sind die Foerster's.)

Der Prolog ist im Ganzen genau übersetzt und bietet wenig An-
lass zu Bemerkungen. Die lat. Verse 7 und 8 sind vorgestellt worden.
Ihnen entsprechen im Französischen die Verse: A ce qu'oiseuse ne
peresse Mon sen n'endorme ne ne blesse . . . Diese sind mit dem
Darauffolgenden recht geschickt verbunden, und die abrupte Art des
Originals ist hier entschieden verbessert.

I. De Gallo et Jaspide.

Y I entfernt sich mit LY zusammen vom lat. Text: der Vers des
ersteren *Con cil qui point ne la prise* entspricht genau dem V 34
von LY *Et dit con cil cui point n'agree.* Gar kein fremder Text bietet
etwas Aehnliches; auch das *cum doleret* des Cod. Weiss. V 7 und das
moerens suspiravit der Fab. rhythm. I 1 können nicht als Ursache an-
gesehen werden.

II. De Lupo et Agno.

Hier haben wir einen Fall, wo die Aenderung, die Y I aufweist,
entschieden eine Verbesserung bedeutet, obwohl sie eigentlich nur eine
Auslassung ist: Bei Phädrus I 1 läuft die Fabel in die Spitze aus, dass
der Wolf dem Schaf vorwirft, es habe ihn vor sechs Monaten geschmäht,

und auf den Einwurf, es habe damals noch gar nicht gelebt, mit Verbrecherlogik und Schlagfertigkeit antwortet: Dann sei es sein Vater gewesen[1]). — Der An. Nil. zeigt die gleiche Eigentümlichkeit. — Der Cod. Weiss., sowie der eigentliche Romulus, verschieben dagegen die Zeitbestimmung, sowie die Reihenfolge der Reden, und verderben das Ganze. (Rom. I 2: Ergo pater tuus fuit ante sex menses et ita fecit mihi. Numquid ego natus fui?) Denn wenn der Wolf sagt, der Vater des Lammes habe ihn vor sechs Monaten geschmäht, so hat die Antwort des letzteren, es habe damals noch gar nicht gelebt, gar keinen Sinn mehr. Die übrigen Prosabearbeitungen, so besonders der Romulus Nilanti, zeigen das Gleiche. Dem entsprechend bietet nun der An. Nev. V. 11—14: „Fecit idem tuus ante pater sex mensibus actis. Cum bene patrisses, crimine patris obi. Agnus ad hec: Tanto non uixi tempore. Predo Sic tonat: An loqueris, furcifer? huncque uorat.“ Diesen 13. und 14. Vers hat der Uebersetzer von Y I unterdrückt und dadurch die Fabel von dem lästigen Rest der unverstandenen alten Fassung befreit und somit verbessert. Die Aenderung, resp. Auslassung braucht nicht als eine absichtliche aufgefasst zu werden, obwohl dies bei dem Verfasser von Y I keineswegs ausgeschlossen erscheint. Vielleicht wusste er nicht, was mit den lästigen Versen anzufangen sei, und liess sie deshalb aus. — LY hält sich an die Ueberlieferung und sucht die Sache dadurch in Ordnung zu bringen, dass er einschiebt: (V. 97 u. 99) Quar a moi n'auoit non de pere . . . Cilz qui uos fist si grant iniure. Es gelingt ihm jedoch, wie man sieht, nicht.

Auch Marie de France bietet die besprochene Sinnlosigkeit.

Odo de Ceritonia lässt jede Erwähnung des Vaters weg, indem dem Lamm vorgeworfen wird, eine Schmährede ausgestossen zu haben zu einer Zeit, wo es noch gar nicht geboren war. Hier ist also thatsächlich nur das Ende der Fabel, wie sie bei Phädrus vorliegt, weg-

---

1) Phädrus selbst hat hier, mit der griechischen Fabel verglichen, eine äusserst glückliche Aenderung vorgenommen; s. Halm a. a O. 274[b] (274[a] kommt weniger in Betracht). Dort heisst es nämlich nur, nachdem der Wolf mit seiner ersten Beschuldigung zurückgewiesen ist: „ἀλλὰ πέρυσι τὸν πατέρα μου ἐλοιδόρησας“. Darauf die bekannte Antwort: (. . . . μηδέπω τότε γεννηθῆναι), worauf der Wolf erwidert „deshalb werde ich dich doch fressen“. Ist Phädrus vielleicht durch das „πατέρα μου“ zu der Aenderung veranlasst worden? oder zeigt er eine ursprünglichere Version? — Bei Babrius 89 ist von dem Vater des Wolfs überhaupt keine Rede, sondern es heisst einfach: „σὺ δ'ἐμὲ τί πέρυσι μικρός ὢν ἐβλασφήμεις“; und als das Lamm antwortet, es sei noch gar nicht so alt, geht der Wolf zu der andern Beschuldigung über, das Lamm fresse auf seinem Felde; die Schlussantwort ist die gleiche.

gelassen, während das Vorhandene derselben vollständig entspricht. — Die französische Uebersetzung des Novus Aesopus, Y II, stimmt genau zu ihrer Vorlage, und teilt mit ihr sogar die, allerdings sehr unwesentliche, Eigenheit, dass von neun, statt sechs Monaten die Rede ist.

III. De Rana et Mure.

Nichts zu bemerken, als dass die Abteilung bei Robert nicht die richtige ist, gleichviel ob der Fehler von ihm herrührt, oder schon in der Hs. zu finden ist: Die Moral geht schon vier Verse früher an, als er angibt. — Siehe übrigens auch Neckam VI.

IV. De Cane et Oue.

S. LY IV und Neckam XV. — In Y I kommt unter den drei Zeugen der Fuchs vor.

V. De Cane carnem ferente.

Diese Ueberschrift gilt eigentlich für eine ganze Anzahl von Fabelbearbeitungen nicht, da in vielen nicht *carnem,* sondern *caseum* gesetzt werden müsste. Durch letzteres unterscheidet sich Marie de France und die von ihr abhängige Sammlung LBG von den übrigen (vgl. dazu Mall, a. a. O. S. 174). — Phädrus und die auf ihn folgenden Lateiner[1]), auch der Rom. Nil., haben *carnem.* (So Phädrus I 4: Canis, per flumen carnem dum ferret natans). — Marie hat ausserdem die Eigenheit, dass sie den Hund als über eine Brücke gehend darstellt: Passeit un Chiens desus un punt; Un formage en sa geule tint (Roquef. V), eine Abweichung, die die italienische Uebersetzung des Riccardiano mit ihr teilt: *Andava sopra un ponte.* Einige Lateiner, so der Rom. Nil., geben nicht genau an, ob der Hund schwimmend den Fluss passierte oder nicht. Rom. Nil. V: *flumen transiens.* Ein Zwischending zeigt auch die Prosabearbeitung des An. Nev. V (H. II 428), wo es heisst: Cum iret Canis super ripam aquae, vidit umbram ossis[2]). — Sonst scheint, soweit ich es überblicken kann, keine Bearbeitung mehr etwas Besonderes zu bieten.

Neckam kürzt, wie der An. Nev., aber ohne Zusammenhang mit diesem, die Fabel stark, lässt sie aber sonst unverändert. Seine Uebersetzung, Y II, folgt ihm und berührt sich einmal mit Phädrus, indem sie schreibt: ... Son ombre resambloit Un chien de sa façon ...; wie Phädrus I 4: Aliamque praedam ab altero ferri putans, Eripere

---

1) Wie es scheint, mit der einzigen Ausnahme der Sammlung LBG.

2) Babrius 79 hat κρέας und παρήει; die Fabel Aesop. (bei Halm) 233 bieten κρέας und διέβαινε.

voluit . . . . . Es wird gewissermassen die Habgier zum Versuch des Raubes; doch ist dies auch sonst vorauszusetzen und unwichtig. Y I ist nun die einzige Bearbeitung (abgesehen vom Riccardiano), welche in dieser Beziehung nicht entschieden auf die eine oder andere Seite tritt. Sie bietet nämlich *char* und *fromage*, in den Versen:

> Un chien passoit un yave a nou,
> En sa gueule un fromage mou:
> Autres dient que ce yere chars.

Doch entscheidet sich der Verfasser für *fromage*, denn im Vers 7 sagt er: (Convoitise) Li dit que c'est autre fromage. (Auch das dazu gehörige Bild zeigt eher einen runden Käse, als ein Stück Fleisch) — Y I ist hier augenscheinlich von Marie oder LBG beeinflusst, und zwar kann bei unserer verhältnismässig jungen Handschrift ebensowohl LBG als Marie selbst eingewirkt haben, was ich bei LY für ausgeschlossen halte. Vielleicht bringt der Verlauf unserer Untersuchung noch Aufklärung darüber.

VI. De Oue et Capra et Juuenca et Leone.

bietet nichts Besonderes. — S. Neckam IX.

VII. De Fure uxorem ducente.

Während bei Babrius 24 nur das Hochzeitsfest des Helios begangen wird, wobei auch die Frösche sich beteiligen (Γάμοι μὲν ἦσαν Ἡλίου θέρους ὥρῃ, τὰ ζῷα δ'ἱλαροὺς ἦγε τῷ θεῷ κώμους. καὶ βάτραχοι δὲ λιμναίους χοροὺς ἦγον.), wo aber von einem Diebe gar keine Rede ist[1]), erhält die Fabel das Gepräge, das sie im Mittelalter grösstenteils zeigt, durch Phädrus, der I 6 den Dieb einführt, und die Froschfabel in der Weise mit der Hochzeitsfeier des Diebes verbindet, dass er sie dem Aesopus in den Mund legt, um die frohlockenden Nachbarn von ihrer Thorheit zu überzeugen: (V. 1—2) Vicini furis celebres vidit nuptias Aesopus et continuo narrare incipit . . . . — Es ist auffallend, dass Marie (Roquef. 6), wie die griechische Fabel, die Vorfabel unterdrückt, worin ihr LBG folgen, während doch die übrigen Lateiner, so auch Rom. Nil. I 8 dieselbe aufweisen.

Der einzige Zug, durch den, wie es scheint, die gesammte mittelalterliche Tradition (auch Marie) sich von Phädrus unterscheidet, ist die Ersetzung der Frösche durch andere Wesen, eine Aenderung, durch die die Fabel grossen Schaden erlitten hat. Denn während es völlig

---

1) Aehnlich auch in den Fab. Aesop. von Halm, Nr. 77, wo indessen nur die Frösche das Fest feiern.

vernünftig ist, wie Phädrus thut (. . . . Quaedam dum stagni incola:
Nunc, inquit, omnes unus exurit lacus Cogitque miseras arida sede emori.
Quidnam futurum est, si crearit liberos?), die Frösche sich vor der
Sonnenhitze fürchten zu lassen, sieht man nicht mehr ein, warum denn
die Menschen, oder gar alle Creaturen im Allgemeinen eine so mass-
lose Furcht empfinden sollten, während ihnen doch grösstenteils die
Sonne mehr lebenspendend und wärmend, als verderblich scheinen
muss. Doch zeigt schon der An. Nil. 10 natio, und dies zeigt sich auch
bei den übrigen Lateinern: Cod. Weiss., Rom., Neckam (*populus*), Rom.
Mon., den Codd. von Wien und Berlin, etc., d. h. bei allen, welche
direkt auf Rom. beruhen. Nur der Rom. Nil. I 8 bietet *omnis visibilis
creaturas* und die von ihm abhängige Marie hat *criatures* (während die
doch ebenfalls von Rom. Nil. abhängigen Fab. rhythm. *machina coelestis*
haben (I 8)). — Der An. Nev. hat, mit gleichem Sinne, wie dort *natio*
gebraucht wird, *terra*: . . . Jouis aurem terra querelis Perculit. . . Die
beiden franz. Versionen, die wir zu besprechen haben, schliessen sich
genau an ihre resp. Vorlagen an: Y I *la terre*; Y II *la gent*. Sie haben
hier überhaupt nur e i n e Eigentümlichkeit, diese aber gemeinsam: Der
Erzähler macht selbst die Anwendung auf den Dieb, was im Original
nicht der Fall ist:

Y I (R. II 28) Ainsi dit le preudomme sage: Ne devés de ce ma-
riage Faire tel joie ne telle faiste . . . etc.

Y II (R. II 30) Il n'a cy qu'un larron Et tant le redouton Que ne
savons que faire . . . . etc.

Wird man deswegen auf irgend einen Zusammenhang zwischen
diesen beiden Uebersetzungen schliessen müssen?

LY ist schon besprochen. Er verhält sich, abgesehen von der
schon erwähnten Abweichung, nur stark erweiternd.

VIII. De Lupo et Grue.

S. Neckam I. — Y I erweitert nur etwas, ohne sich irgend welche
wichtigere Aenderungen zu Schulden kommen zu lassen.

IX. De duabus Canibus.

Während es bei Phädrus I 19 heisst: „Si mihi et turbae meae
Par, inquit, esse potueris, cedam loco", ein Kampf also nicht stattfindet
(zu dieser Fassung stimmen Cod. Weiss., Rom., Neckam, Marie, (LBG),
Rom. Nil., Fab. rhythm., endlich auch die Sammlungen von Wien und
Berlin), lässt es der An. Nev. zweifelhaft, ob nicht doch wirklich ein
Kampf stattfindet, und gibt durch seine sonderbare Ausdrucksweise Ur-
sache zu einer andern Auffassung in LY. — Es heisst nämlich An.

Nev. IX 7—10: Plus prece posse minas putat. hec plus bella duobus.
Nescit posse minas plus prece, bella minis. Cum dolor hanc armet, plus
matrem filius armat; Cedit sola gregi . . . . Der Vers 9 lässt es
jedenfalls unentschieden, ob es zum Kampf kommt, oder nicht, und LY
fasst die Stelle nun so auf, als wenn ein Kampf wirklich stattfände:
(V. 544—546)

> Tant fort cort sus a ceste chine
> Qu'ele li fait uuidier la place,
> Tout fuer de son porpris la chace.

Interessant ist dabei noch, wie das „matrem filius armat“, das doch
jedenfalls als eine direkte Unterstützung der Mutter durch ihre Jungen
aufgefasst werden muss, hier übersetzt, oder ersetzt wird: (V. 543)
„Quar l'autre qu'est por ses cheas grigne,“ also die Besorgnis wegen
ihrer Jungen treibt sie an (s. auch die Anmerkung Foerster's zu diesem
Vers). — Bei Y I kommt es, der Vorlage entsprechend, zu keinem
Kampf; genau wie dort weicht die Besitzerin, weil sie allein ist (Et
qu'elle est seule), es wird also das filius armat richtig verstanden [1]). —
Wie die Dinge liegen, bildet Y II, die Uebersetzung von Neckam's
Nov. Aesopus, hier geradezu einen Gegensatz zu LY, indem beide
ganz entgegengesetzte Auffassungen vertreten. Es sei mir, um Wieder-
holungen zu vermeiden, gestattet, dies schon hier zu besprechen:
Während bei LY sich ein Kampf entspinnt, ändert der Uebersetzer die
Fabel Nov. Aesop. XXVIII, die doch keine Besonderheiten bietet, und
in allen Stücken der Vorlage (Rom.) entspricht, in eigentümlicher Weise,
gänzlich unabhängig von jeder andern Fabelbearbeitung. Er stellt näm-
lich die Sache so dar, dass die eine Hündin der fremden ihr Lager
nicht zum zweitenmal überlässt, und dass diese abziehen muss, mit der
bedauernden Bemerkung, dass ihre Jungen noch nicht gross genug
seien, um ihr zu helfen: (R. I 118) „Certes, se fussent grans, Dit l'autre,
mes enfans, Por toy ne m'en partisse; Mais or, m'en partirai, Et si te
mercirai Encor ceste franchise.“ Jedenfalls eine ziemlich interessante
Abweichung, nach der aber die Moral, so wie sie ist, keinen rechten
Sinn mehr hat. „Gardez vous de prester Et du vostre livrer A gent
de male foy: Car jà gré n'en sauront, Et rendre ne l'voudront Pieça
qu'esprouvé soy.“

X. De Rustico et Colubro.

In der von Halm als Nr. 97 mitgeteilten griechischen Fabel und
bei Phädrus wird die Schlange nur erstarrt gefunden und in den „sinus“

---

1) Ebenso in der it. Uebersetzung des Ricc.: Allora quella dentro con li suoi
cagniuoli cominciò a rispondere con minacciare, e non rendè la casa, anzi con-
venne che colei se n'andasse scornata.

gesteckt (Halm, Fab. Aes. 97 ὑπὸ κόλπον ἔϑετο und 97ᵇ εἰς τὸν ἑαυτοῦ κόλπον), wo sie erwacht und sticht. — Im An. Nil. XI ist dagegen schon geändert in der Weise, dass die Schlange den ganzen Winter hindurch gepflegt wird und das Haus mit ihrem Gift besudelt (... tota hieme fovit ... veneno multa foedare ....) dann wird sie fortgejagt (Injuriosus pellitur). Von der alten Fabel ist also wenig mehr übrig geblieben. — Die Umbildung schreitet nun weiter fort. Der Cod. Weiss. hat schon, wie Rom. I 10, *pelli noluit*, und diese bilden so den Uebergang zu der späteren Fassung des An. Nev., der das *pelli noluit* schon zu den beiden folgenden Versen ausbildet: (X 7 u. 8) „Non exit coluber, nec uult exire, sed heret Amplectensque uirum sibila dira mouet." — Die französ. Fassungen: LY und Y I folgen der Vorlage genau, nur geht Y I noch einen Schritt weiter, als der An. Nev., indem er, mit der Prosabearbeitung des An. Nev. (An. Nev. Prosa) gemeinsam, schreibt, die Schlange habe den Mann getötet, was dort doch, wörtlich genommen, nicht gesagt ist: (R. II 34) Vers lui se trait et si le mort, Tant que son hoste a laissé mort; vergl. An. Nev. Prosa IX: Innectens se ei, ipsum suo veneno cecidit.

Odo de Ceritonia und der von ihm abhängige Joh. de Schepeya gehen ihre eigenen Wege, indem sie wieder auf die älteste Fassung zurückgreifen: (Herv. II 636) ponens in sinum suum calefacit eum. Serpens calefactus Hominem fortiter pungebat." Es ist sehr unwahrscheinlich, dass hier eine direkte Bekanntschaft mit Phädrus vorliegt, aber wie ist der Fall sonst zu erklären? — Hier möchte ich nur noch bemerken, dass auch in der ital. Version des Ricc. ein solches Zurückgreifen stattfindet, indem es dort auch heisst, dass die Schlange *in seno* gesteckt worden sei, die Besudlung des Hauses aber — naturgemäss — ebenfalls fehlt. — Die Uebereinstimmung zwischen Odo und dem Ueberarbeiter von Y I in den dieser Fabel zugegebenen Versen wurde schon besprochen.

XI. De Asino et Apro.

Die Fabel, die erst im Cod. Weiss. und Rom. die Gestalt annimmt, unter der sie uns begegnet[1]) ohne dass ich hier auf ihre frühere Gestaltung einzugehen brauche, ist bei LY und Y I wesentlich dem An. Nev. entsprechend abgefasst, nur ist bei dem Letzteren die direkte Rede des Ebers weggelassen. Marie (R. 76) steht hier abseits, indem der Eber und Esel bei ihr zusammen rennen, u. s. w.

---

1) Uebrigens macht schon der An. Nil. einen Versuch, die Rohheit der Fabel, wie sie bei Phädrus vorliegt, zu schwächen.

XII. De Mure urbano et rustico.

Für Y I nichts zu bemerken. — LY schon besprochen.

XIII. De Vulpe et Aquila.

Hier hat Y I nur *un des renardiaus*, was nicht richtig ist, da der An. Nev. wohl hat *pro rapta prole*, aber drei Verse später: *redimit natos*. Vgl. auch Rom. II, 8: *Vulpinos catulos*, und Phädrus I 28: *Incolumes natos reddidit.*. — LY hat richtig den Plural, dagegen Marie: l'un emporta (LBG schliessen sich wieder an). — Neckam hat wieder genau: *Vulpis catulos*. Er schliesst sich hier im Ganzen genau an Rom. an, doch drückt er das *supplex* des letzteren nicht aus, ähnlich wie Y 1 das *vulpem placat* des An. Nev. weglässt. Eigentümlicher Weise ist in Y II das *supplex* wieder ausgedrückt, ohne dass man indessen eine direkte Anlehnung an Rom. anzunehmen braucht, da hier die Bitte direkt gegeben, das *supplex* also nur dem Sinne nach vorhanden ist: (s. Rob. II 539) „Trestous les te rendrai, Dist l'aigle, par ma fay, Si m'oste de peril." — Den Umstand, dass der Fuchs den Feuerbrand *ab ara* holt, den doch schon die griechische Fabel bei Halm, Fab. Aesop. 5 (καταπτὰς ἀπ' τοῦ βωμοῦ σπλάγχνον ἔμπυρον ἀπήνεγκεν), ferner Phädrus, An. Nil., Cod. Weiss., Rom., und die Sammlungen von Wien und Berlin aufweisen, lässt sowohl Neckam als der An. Nev. aus, und für den ersteren ist dies ein Fall für viele, wo Rom. dem Phädrus näher steht, als er. Wir werden vielleicht, im Hinblick auf Hervieux I 708, darauf zurückzukommen haben. Die übrigen Bearbeitungen, soweit mir bekannt, zeigen ebenfalls das *ab ara* nicht. Nur die von Du Méril, S. 194, Anm. 6 aus Omnibonus mitgeteilte Fabel hat es, genau in der Verwendung, wie die schon citierte griechische.

XIV. De Aquila et Testudine.

S. LY. — Y I geht nur etwas weiter, als der An. Nev. Eine Einwirkung der Marie de France brauchen wir hier kaum anzunehmen.

XV. De Vulpe et Coruo.

Die Fabel ist seit Babrius wesentlich dieselbe geblieben. Einige Veränderungen seien hier bemerkt: Bei Phädrus I 13 schliesst die Fabel: Tum demum ingemuit corvi deceptus stupor und dieser Schluss bleibt bei den meisten Bearbeitungen: An. Nil. Tunc demum Corvus ingemuit, quia dolo esset deceptus, ut ignarus; Rom. I 14 (und fast wörtlich so Cod. Weiss.): Tunc coruus ingemuit, et stupore detentus deceptum se poenituit; An. Nev. XV 8: Asperat in medio dampna dolore pudor; diesem schliessen sich Y 1 und LY an. — Hier wird also gewisser-

massen, bevor der Vorhang fällt, der Blick noch einmal auf den über-
tölpelten Raben gelenkt, und diese Texte bilden darin einen eigentüm-
lichen Gegensatz zu den griechischen Fassungen, und der Neckam's, zu
denen sich auch noch Marie gesellt. Im Griechischen nämlich fesselt
der spitzbübische Fuchs bis zum letzten Augenblick unser Interesse,
indem er, nicht zufrieden damit, seine Beute erhascht zu haben, den
Betrogenen auch noch verhöhnt. Man vergleiche Babrius 77, V. 12:
„ἔχεις, κόραξ, ἅπαντα, νοῦς δέ σοι λείπει“, und Halm, Fab. Aesop. 204:
„ὦ κόραξ, ἔχεις τὰ πάντα, νοῦν μόνον κτῆσαι.“ Diesen ziemlich entsprechend
bietet nun auch Neckam (V. 14) Vulpis Inquit: „Prodesset plus tacuisse
tibi.“ Die Rede hat wenig oder nichts mit den eben citierten griechi-
schen gemein; doch ist es auffällig, dass auch hier der Fuchs noch
einmal spricht. Sollte Neckam in irgend einer Beziehung stehen zur
griechischen Version? — Marie de France lässt den Fuchs nicht noch
einmal sprechen, zieht aber, wie die besprochenen Texte, unser Interesse
noch einmal auf ihn, indem sie sagt: „Puis n'ot il cure de sun chant“,
gewissermassen ein Zwischenglied żwischen beiden Darstellungsarten.
Auffallend ist nun, dass der Ausdruck *Puis n'ot il cure de sun chant*
in keiner der mir bekannten Sammlungen etwas dem Sinne nach Ent-
sprechendes hat, als bei Y I: (R. I 9) „Qui lors sun chant bien pou
prisa.“ Es wäre doch mehr als auffällig, wenn diese Uebereinstimmung
als ein Spiel des Zufalls und nicht als Beweis einer direkten Einwirkung
der Marie auf Y I aufzufassen wäre. Doch wir kommen darauf zu-
rück. — Y II stimmt genau zu seiner Vorlage.

XVI. De Leone et Apro et Tauro et Asello.

Die Fabel als solche bietet für uns keinen Anlass zu Bemerkungen. —
Nur die Moral verlangt, dass wir einige Augenblicke dabei verweilen.
Phädrus I 21 leitet seine Fabel mit den Worten ein: Quicumque
amisit dignitatem pristinam, Ignavis etiam iocus est in casu gravi, was
vollständig den eigentlichen Sinn wiedergibt. Der An. Nil. XVII dagegen
schreibt schon „Mansuetos esse in dignitate“ und richtet so einen Vor-
wurf gegen den Löwen, während derselbe doch den Esel treffen sollte.
Dies bleibt von da an der Sinn der Moral: Cod. Weiss. II 8 bietet
ein Zwischending: Quicumque amisit dignitatem, deponat audatiam
pristinam et sciat a quolibet injuriam pati; Rom. I 15: Monet hec
fabula multos mansuetos esse in dignitate. (Aehnlich Vinc. Bellov.) —
An. Nev. XVI 11: Hunc timeat casum, qui se non fulsit amico, Nec
dare uult felix, quam miser optat opem. Aehnlich haben auch Rom.
Nil. und die Fab. rhythm. — Joh. de Schep. hat den richtigen Sinn
getroffen, indem er aus Boëtius citiert: Quem felicitas amicum facit,

infortunium facit inimicum. Auch Marie de France (und im Anschluss an sie LBG, letztere Sammlung weniger deutlich) hat den richtigen Sinn: (Roquef. XV) Par meismes ceste resun Prenuns essanple dou Liun; Quicunques chiet en nunpoeir S'il pert se force et sun aveir. Mult le tiennent a grant vilté Neis li plusur qui l'unt amé. — Die frz. Uebersetzungen des An. Nev.: Y I und LY geben beide die unvernünftige Moral ihrer Vorlage wieder. Die einzige mir bekannte Uebersetzung, welche den Widersinn bemerkt und getilgt hat, ist die italienische des Riccardiano, wo es heisst: Noi dobiamo intendere per lo Lione l'uomo che è suto possente, e è caduto di sua potenzia, che recieve diservigio da colui da cui egli a già servito. E per l'Asino, Toro e Porco le persone che nocciono quando possono.

XVII. De Asino et Catulo et Domino.

S. Neckam V. — LY nichts Besonderes. — In Y I springt der Esel auf den Tisch seines Herrn.

XVIII. De Leone et Mure.

S. Neckam XXXXI. — Nichts Besonderes.

XIX. De Miluo egrotante.

Nichts zu bemerken.

XX. De Hyrundine aues monente.

Bei Phädrus ist die Fabel nicht vorhanden; dagegen finden wir sie in der Sammlung der Fab. Aesop. von Halm als Nr. 417, und zwar entspricht sie dort der unsrigen recht genau, wenn auch das Stichwort Oesterley's auf sie keine Anwendung hat, da es sich nicht um Hanfsamen, sondern um die Mistel, *ἰξός*, dreht, welche durch den aus ihr gewonnenen Leim den Vögeln gefährlich wird. Die Schwalbe ermahnt die Vögel einmal, wird verlacht, und begibt sich dann in den Schutz des Menschen. — Der An. Nil., die älteste uns erreichbare Sammlung, die die Fabel enthält, hat dagegen schon die zweimalige Ermahnung (Ut fructicavit, iterum ait Hirundo), welche sich ebenfalls bei Rom., Neckam, An. Nev. (sowie dessen Prosabearbeitung) und in den Sammlungen von Wien und Berlin zeigt. — Marie de France dagegen, ferner LBG, und die Fab. rhythm. haben nur eine Ermahnung, alle ohne Zweifel im Zusammenhang mit ihrer gemeinsamen Grundlage, dem Rom. Nil. — Es ist nun auffallend, dass, während der An. Nev. (wie alle Sammlungen, die zu derselben Familie gehören), zwei Ermahnungen hat, Y I, seine sonst treue Wiedergabe, nur eine aufweist. Sollte es

nicht erlaubt sein, auch hier wieder, ich will nicht sagen, einen Ein-
fluss der Marie de Fr., doch wenigstens einen solchen der Tradition,
zu der Marie gehört, anzunchmen? Ob Marie selbst eingewirkt hat, da-
von wollen wir später reden. — Y I hat übrigens noch eine Eigenheit,
die mir bis jetzt noch nicht gelungen ist, irgendwo wiederzufinden,
nämlich die, dass die Lerche der Schwalbe auf ihre erste, hier ein-
zige, Mahnung eine Antwort gibt: (R. 1 43) Dame aronde, dist l'aloe,
Il n'est pas sage qui loe A faire dommage au preudhomme, etc. —
Vielleicht gelingt es noch, auch hier einen fremden Einfluss aufzudecken,
allein es ist auch wohl möglich, dass der Uebersetzer, der die direkte
Rede anwenden wollte, es vorzog, diese einer bestimmten Person in
den Mund zu legen. Sollte nicht auch vielleicht in dem *Il n'est pas
sage qui loe à faire dommage au preudhomme* und dem Folgenden ein
Abkömmling des Gedankens zu suchen sein, der bei Marie und den
verwandten Texten die Vögel drohen lässt, dem Bauern Anzeige zu er-
statten, d. h. des Gedankens, dass es unrecht wäre, demselben zu
schaden? (s. Marie, Roquef. XVIII: Au seméour i vunt retraire Le
cunseil que lur ot duné). Obwohl ich nicht wage, dies fest zu behaup-
ten, so halte ich es doch keineswegs für unmöglich.

Die Einführung der direkten Rede, und zwar als Antwort auf die
zweite Mahnung, ist auch das Einzige, wodurch sich Y II vom Novus
Aesopus unterscheidet. Neckam selbst stellt sich, wie schon angedeutet,
streng zu Romulus, und zwar gerade hier merkwürdig genau. Doch
ist er selbständig, und unterscheidet sich dadurch, soviel ich sehe, von
allen Andern, auch vom An. Nev. — wie ja überhaupt jede Beein-
flussung Neckam's von seiten des Letzteren gar nicht entschieden genug
abgewiesen werden kann (s. weiter unten) — in der Einführung des
Namens *Progne* (die griechische Fabel hat χελιδών), ohne dass dies in-
dessen von irgend welchem Einfluss auf die Gestaltung der Fabel
selbst wäre.

XXI. De Ranis a Joue petentibus regem.

a. Die Fabel zerfällt in zwei Teile (vergl. dazu auch Foerster
S. XIV), und es sei mir erlaubt, obwohl der erste Teil der Sammlung
Y I gar nicht ursprünglich angehört, doch einige Worte darüber zu
sagen:

Die griechische Fabel (bei Halm, Fab. Aesop. 76) hat die Vorfabel
noch nicht, dagegen tritt diese schon bei Phädrus I 2 auf, ganz wesent-
lich so, wie sie uns später zu begegnen pflegt. Der An. Nil. hat sie
wieder nicht, wohl aber Cod. Weiss., Rom. Nil., An. Nev. (dessen Prosa-
bearbeitung sie wieder unterdrückt). — Odo de Ceritonia bietet sie

nicht, wie er ja die Fabel überhaupt ungemein kurz gibt. — Weggelassen ist sie auch in den Fab. rhythm.[1]), ferner, was für uns wichtig ist, bei Marie und LBG. — Dabei sei auch bemerkt (s. Foerster a. a. O.), dass die beiden Stücke, wo sie vorhanden sind, meistens als zwei verschiedene Fabeln gezählt werden, obwohl sie notwendig zusammengehören: so in der Lyoner Hs. des An. Nev., so im Rom. Nil., wo die Vorfabel in den Prolog des zweiten Buches verlegt wird, während die Froschfabel selbst die erste dieses Buches ist. — Aus dieser Verkennung der Zusammengehörigkeit beider Stücke mag es auch zu erklären sein, dass so viele Bearbeitungen, obwohl sie zweifelsohne derselben Tradition angehören, die Vorfabel auslassen. So lässt es sich vielleicht erklären, dass in Y I diese Einleitung fehlt. Denn, wie schon gesagt, beweist der Umstand, dass Ms. 1594 die Fabel hat, keineswegs etwas für Y I, sondern gerade die Stellung, die die Fabel dort einnimmt, zeigt, dass sie der Sammlung fremd ist: sie tritt nämlich als Nr. 59[2]) auf, also hinter den Fabeln, welche dem Original von Y I angehören. — Anzunehmen, dass auch hier wieder eine Einwirkung von Marie oder LBG vorläge, halte ich für zu kühn, und glaube auch, dass wir dieser Annahme nicht bedürfen.

b. LY, der übrigens hier, wie schon erwähnt, in einem wichtigen Punkte abweicht, hat mit beiden Teilen der Fabel wenig Glück gehabt: In beiden Teilen macht er grobe Fehler, im ersten das *Togus* (s. Foerster, Anm. zu V. 1088), im zweiten die mehr als komische Umschreibung des *hydrus* (s. auch Foerster, S. IV): „La cyoigne por roi lour baille. Hydre li liures cy l'apelle, C'est aigue en grizoiche nouele. Hydre est por ce li nons de maitre, Que sus les aigues se suet paistre, Ou por ce que la seignorie Sus les raignes li est baillie .... etc." (V. 1154—60) und „Cy endroit est hydre cyoigne" (V. 1166). Sonst bietet er keinen Anlass zu Bemerkungen. — Bei Y I wird *hydrus* richtig durch *serpent* übersetzt, und ist auch sonst Alles in Ordnung. Interessant sind die vier ersten Verse der Moral (d. h. die ganze erste Moral), die für ebenso viele lat. Verse (2 Disticha) stehen, wie ja der erste Uebersetzer sich auch sonst einer löblichen Kürze befleissigt.

---

1) Es ist auch auffällig, dass die Fab. rhythm. und Marie, die doch beide auf Rom. Nil. beruhen, hier gemeinsam abweichen.

2) Der Ueberarbeiter merkte also die Lücke und suchte sie nachträglich auszufüllen, was ihm schlecht genug gelungen ist. Denn Fabel 59 verräth eine ungeschicktere Hand, als die des Uebersetzers von Y I war, und zeichnet sich besonders durch gelehrte Reminiscenzen unvorteilhaft aus.

XXII.　De Accipitre et Columbis.

Diese Fabel läuft wesentlich auf dasselbe hinaus, wie die voraus-
gehende: Frösche und Tauben suchen — die einen ohne, die andere
mit Ursache — einen Schutzherrn, aber beide müssen sich am Ende
sagen: „Es wäre besser, wir wären zufrieden gewesen, und hätten
keinen Herrn!" LY verdirbt diesen Sinn einigermassen, indem er ein-
setzt: „A nieble guerroient. L'oitour Renoient come traitour" (V. 1229/30),
so dass also die Tauben sich von ihrem selbst auferlegten Uebel wieder
befreit hätten. — Ich lasse die Wandlungen, welche die Fabel früher
durchgemacht hat, hier beiseite. — Diese Eigenheit findet sich in keiner
der mir bekannten Sammlungen wieder, und scheint also der Samm-
lung LY eigentümlich. — Beim An. Nev. und, im Anschluss an ihn, in
LY und Y I sprechen die Tauben insgesammt, während sonst, so schon
bei Phädrus, nur eine von ihnen spricht. Sonst ist nichts zu bemerken.

Neckam XXV hat auch, wie Romulus Una (dolum noscens) ... in-
quit, und schliesst sich hier überhaupt genau an Rom. an. Y II be-
müht sich ebenfalls, genau zu sein, versteht aber das nisus falsch und
übersetzt es durch oiseliere, oiseleur, was doch wohl nichts bedeuten
kann, als „Vogelsteller".

XXIII.　De Fure et Cane.

Bietet weiter keinen Anlass zu Bemerkungen, als dass Y I den
Dieb direkt redend einführt.

XXIV.　De Lupo et Sue.

Nichts zu bemerken.

XXV.　De Terra parturiente murem.

Hier nichts zu bemerken. — S. Neckam XXXV.

XXVI.　De Agno et Lupo.

Nichts zu bemerken.

XXVII.　De Cane uetulo.

Der Hund lässt sich bei Phädrus V 10: hispidi suis aurem ent-
wischen; bei An. Nil., Cod. Weiss., Rom., LBG, ferner den Sammlungen
von Wien und Berlin einen Hasen. Eine Ausnahme machen nur An.
Nev. Prosa und Y I, die beide die entwischende Beute nicht bezeich-
nen (jedenfalls ohne Zusammenhang). — Die übrigen Sammlungen
haben die Fabel nicht. — In Y I ist zu beachten, dass die Moral erst
vier Verse später angeht, als Robert II 464 angibt.

XXVIII. De Leporibus et Ranis.

Die Fabel hat eine ziemlich starke Veränderung erlitten, und ist einer ausführlicheren Behandlung wohl wert. — Da die Fabel bei Phädrus nicht vorhanden ist, lege ich die griechische Fabel des Babrius Nr. 25 zu Grunde: Die Hasen wollen ohne andere Veranlassung, als ihren Ueberdruss am Leben demselben ein Ende machen und sich in einen Sumpf hinabstürzen. (V. 1—4: Γνώμη λαγωοὺς εἶχε μηκέτι ζώειν, πάντας δὲ λίμνης εἰς μέλαν πεσεῖν ὕδωρ, ὁϑούνεκ᾽ εἰσὶν ἀδρανέστατοι ζώων, ψυχάς τ᾽ ἄτολμοι, μοῦνον εἰδότες φεύγειν)[1]). Im Uebrigen ist der Verlauf der bekannte.

Ich trage kein Bedenken, eine ähnliche Fassung vorauszusetzen bei Phädrus, nur scheint dort noch ein eigentlicher Anstoss, sei es der Lärm der Jäger und Hunde, oder sonst etwas, hinzugekommen zu sein, da dieser fast allen Bearbeitungen gemeinsam ist. (Subito strepitu setzt auch Luc. Müller voraus, s. seine Herstellung in der grossen Phädrusausgabe S. 89, mit der ich erst, nachdem das Vorausgehende geschrieben war, bekannt wurde.) Unklar ist dagegen, ob man auch anzunehmen hat, dass eine Versammlung der Hasen stattgefunden habe, oder nicht. Diese findet sich nämlich beim Rom. Nil. gemeinsam mit der einen griechischen Fassung bei Halm, während Cod. Weiss., Rom., die Sammlungen von Wien und Berlin, Vinc. Bellov., An. Nev. sie nicht aufweisen. — Man vergleiche: Rom. Nil. II 7: Ferunt fabulae jam dudum timidos (tumidos), Lepores sinodum fecisse, in quo firmum pactum inter se pacti sunt, ut, primo pavore superveniente, omnes ad rupes marinas fugerent, etc. Itaque, primo pavore superveniente, omnes Lepores fugientes ad ripam cujusdam fluminis, ubi ranae multae erant, pervenerunt, etc.; und dazu Rom. II 9: Cum strepitus magnus ad Lepores veniret subitus, consilium semel fecerunt, ut se praecipitarent propter assiduos metus. Es wäre nicht undenkbar, dass der Rom. Nil. hier die ursprüngliche Fassung besser erhalten hätte, als alle übrigen Lateiner, in Anbetracht dessen, dass er mit der einen griechischen Fassung in einem Zug übereinstimmt und besonders, dass die Fassung des Rom. und der andern übrig bleibt, wenn man von der des Rom. Nil. den ganzen ersten Teil wegstreicht. Der *strepitus magnus* ist dann eben der *primus pavor superveniens*. — Die Fassung des Rom. Nil. finden wir wieder bei den von ihm abhängigen Sammlungen LBG und Fab. rhythm., aber nicht bei Marie, die diesmal nicht die Vorlage von

---

1) Ganz ähnlich verhalten sich auch die beiden Fabeln bei Halm, Fab. Aes. 237 und 237b, nur dass die eine den Beschluss der Hasen in einer Versammlung fassen lässt.

LBG abgegeben hat, sondern einen ganz anderen Weg einschlägt. —
Sie bietet nämlich einen Zug, der mir sonst nirgends begegnet ist: Die
Hasen denken nicht daran, sich das Leben zu nehmen, sondern wollen
nur auswandern (Roquef. 30):

> . . . si esgarderent
> Qu'en autre teire s'en ireient,
> Fors de la grêve ou ils esteient, etc.

Allein steht auch der Rom. Monac., der merkwürdigerweise wieder
den Gedanken des Babrius gibt: (Rom. Mon. XXIX) „Lepores statuerunt
consilium vel placitum: . . . Eamus ergo et interficiamus nos“; ohne
dass dabei von einer momentanen Veranlassung die Rede wäre. In-
teressant ist dabei, wie der Rom. Monac. den *strepitus magnus* ver-
wendet: Quo dicto placuit omnibus, et cum strepitu et saltibus ac
cum impetu magno ierunt ad flumen, ut se necarent“, etc. Damit
kommen wir zu einem neuen Punkte: das *strepitus magnus*, welches
Rom. und die ihm zugehörigen Texte aufweisen, war undeutlich, und
ebenso auch das *Silua sonat* des An. Nev. (Es scheint auch in der
ältesten Grundlage, sei diese Phädrus oder eine andere Sammlung,
dieser Zug nicht deutlich gewesen zu sein, da ja auch der Rom. Nil.
nur das unbestimmte *primus pavor* aufweist; man vergl. die Herstellung
von L. Müller auf S. 89). Man konnte beidemale dem Lärm eine be-
liebige Ursache geben, ja man konnte sogar die Hasen selbst die Ur-
sache sein lassen, wie es der Rom. Mon. ja thatsächlich thut. Dies
gab die Veranlassung zu Verschiedenheiten: LBG, obwohl an Rom. Nil.
angelehnt, geben statt des allgemeinen *primo pavore superveniente* an,
dass die Hasen von Jägern aufgeschreckt worden seien. Neckam, der
sich hier wieder streng an Rom. anschliesst, schreibt abweichend von
diesem: „Turbati fremitu venatorumque canumque“ etc. (es kann sein,
dass LBG von ihm diesen Zug entlehnt haben) und ebenso hat Joh. de
Schep. XLIII: Lepores, cum audirent strepitum venatorum, et canum
post se, valde timuerunt, et consilium inierunt, ut se praecipitarent, etc.
(Ob im Zusammenhang mit Neckam, wage ich jetzt nicht zu entscheiden).

Diese Unsicherheit des Ausdrucks *Silva sonat* bewirkt auch eine
kleine Differenz in unseren Uebersetzungen: LY übersetzt sehr genau
und sehr bequem: (V. 1383) „Li bois comance fort a bruire“; Y I da-
gegen fasst das Geräusch als das des vom Winde bewegten Waldes:
„Li bois par grand vent fremissoient“, insofern keine ungeschickte Auf-
fassung, als ja die Furcht der Hasen dann noch um so lächerlicher er-
scheint.

Die Version, wie sie der An. Nev. zeigt, bezeichnet übrigens in so
fern eine noch weitere Veränderung, als sie im Gegensatz zu allen

anderen Fassungen (Marie allein ausgenommen, wovon wir sogleich reden werden) den Sumpf den Hasen nur zufällig in den Weg kommen lässt: (V. 1) „Silua sonat, fugiunt lepores, palus obuiat, herent," etc. Der Entschluss sich hineinzustürzen ist hier also nur hervorgerufen von der Furcht vor der folgenden, resp. als folgend gedachten Gefahr, ist also etwas sekundäres, während er sonst primär ist, und mehr aus dem Schamgefühl und der Unzufriedenheit mit der eigenen Aengstlichkeit entspringt. Bei Marie kommt der Sumpf auch nur zufällig den Hasen in den Weg, aber bei ihr wollen ja die Hasen auch nur auswandern und es besteht keinen Augenblick die Absicht bei ihnen, sich zu ertränken. Der Sumpf ist also bei Marie nur Hindernis, bei Rom. und den zugehörigen Texten aufgesuchtes Mittel zum Selbstmord, beim An. Nev. erst das eine, dann das andere. LY und Y I folgen in dieser Beziehung ihrer Vorlage, und auch Y II schliesst sich genau an Neckam an.

Y I hat indessen einen Zug, der ihm eigentümlich zu sein scheint, da ich ihn sonst nirgends gefunden habe, — allerdings ist er nicht sehr wichtig — nämlich das Maul der Hasen erweitert sich vor lauter Lachen über Gebühr und bleibt so seit jener Zeit: Si en rient si durement, Ce dist la fable vrayement, Que du ris leur fendy la bouche, Si que aus oreilles leur touche (Rob. I 141), was mir so recht den Stempel einer späten Zuthat an der Stirne zu tragen scheint.

XXIX. De Lupo et Haedo.

Nichts Besonderes. — S. Neckam XLII.

XXX. De Rustico et Angue.

Ebenso. — Siehe die Besprechung bei LY.

XXXI. De Ceruo et Oue et Lupo.

Die Fabel bietet bei Y I gar keinen Anlass zu Bemerkungen; das, was über LY zu sagen war, ist dort gesagt worden.

XXXII. De Caluo et Musca.

Auch hier scheint ein Schreib- oder Lesefehler die Veranlassung zu einer, wenn auch nur wenig, veränderten Fassung gewesen zu sein, Der An. Nev. Vers 2 hat am Ende *illa ridet* (sie lacht), was genau zu der ganzen Tradition stimmt: Phädrus (V 3) *inridens*, An. Nil., Cod. Weiss. und Rom., sowie auch Rom. Mon. *ridens.* Das also ohne Zweifel richtige *ridet* scheint aber von vielen Handschriften missverstanden zu sein: wie die Varianten bei Foerster ausweisen, lesen vier Handschriften *redit* (sie kehrt wieder). Derselbe Irrtum scheint auch den Uebersetzern von LY und Y I passiert zu sein, obwohl wenigstens bei dem

ersten sicher *ridet* im Text gestanden hatte: LY (1570) Cele s'en fuit,
puis torne crriere; — Y I (R. II 468): Puis se rassiet et puis s'en
saut (es muss die von Robert aus Ms. 1595 angegebene Var. in Betracht
gezogen werden). Auch der Riccardiano hat *tornava*. — Neckam, der
wieder dem Rom. genau folgt, unterscheidet sich nur dadurch, dass die
Fliege thatsächlich getroffen wird: (XIX V. 7 — 8) Dixit et instantem
violento percutit ictu; Attrita sanie sordida Musca fuit. (Nebenbei be-
merkt, ist eine direkte Anlehnung an Phädrus dabei ausgeschlossen). —
Ihm folgt hierin und in allen Stücken genau Y II.

XXXIII. De Vulpe et Ciconia.

Die Fabel hat überall wesentlich den gleichen Charakter. Nur
haben alle Versionen, mit Ausnahme von Y I, den Zug, dass dem
Storche irgend eine nicht genauer bestimmte, flüssige Speise vorgesetzt
worden sei; Halm, Fab. Aes. 34: ἴτνος τι λιπαρὸν; Phädrus: *sorbitio-
nem*, etc. Y I dagegen gibt an, dass die Speise Honig gewesen sei,
worin er selbständig zu sein scheint. S. R. I 76: Renart sur la table
espandi Plain pot de miel . . .

XXXIV. De Lupo et Capite.

Wie schon zur Genüge dargethan ist, gehört diese Fabel nicht ur-
sprünglich der Sammlung Y I an. Abgesehen von den früher schon
vorgebrachten Gründen beweist dies eine Vergleichung der Fabel mit
den andern, echten Stücken: sie ist weit nachlässiger übersetzt, und
besonders ist die lat. Moral fast nicht wieder zu erkennen, was doch
in allen echten Stücken sehr leicht ist. — Dieser Umstand, sowie der
andere, dass die Fabel überall wesentlich die gleiche ist, veranlasst
mich, nicht näher darauf einzugehen.

XXXV. De Graculo et Pauone.

Wegen dieser Fabel verweise ich, sowohl was Y I, als auch was
Y II betrifft, — in Bezug auf LY ist hier ja ohnedies nichts zu be-
merken — auf die verdienstvolle Arbeit von Max Fuchs (Die Fabel von
der Krähe, etc. Berliner Dissert. 1886), wo unsere Texte auf S. 16 f.,
S. 25 f., und S. 29 f. besprochen werden.

Hier sei nur noch bemerkt: Rom., der Cod. Weiss., ferner der
An. Nev., Vinc. Bellov. und Rom. Mon. geben an, die Krähe habe sich

Anmerkung. Zu Max Fuchs, a. a. O. S 17, sei auch noch bemerkt, dass
der Rabe an die Stelle der Krähe auch bei Marie, und in der ital. Uebersetzung
des Riccardiano getreten ist. — Y I kann sich in dieser Fabel weder an Joh. de
Schepeya, noch an Renart le Contrefait selbst anlehnen, da beide jünger sind,
schöpft also hier wohl aus gleicher Quelle wie sie (aus Odo selbst?).

geschämt, zum eigenen Geschlecht zurückzukehren, und weichen dadurch von Phädrus ab, wo es ja heisst (I 3): „Male mulcatus graculus Redire maerens coepit ad proprium genus; A quo repulsus tristem sustinuit notam", wozu fast wörtlich der An Nil. stimmt. Diesen beiden Letztgenannten nun schliessen sich auffälligerweise Neckam, Marie und LBG an. Man vergl. Neckam XII: Ad genus ergo suum dum flens miser ille rediret, Omnis turba sui reppulit hunc generis; und Matie (Roquef. 58): Dunt s'en volt as Corbiaus aler E Corbel revolt resambler, Mes il l'unt tuit desconeu, Si l'unt sakié e debatu. — Ein Zusammenhang mit dem An. Nil. ist unabweisbar, aber auch zwischen Neckam und Marie liegt es sehr nahe, einen solchen zu vermuten, und wir werden, da die Frage sehr interessant ist, später wieder darauf zurückkommen. — Die Uebersetzungen, LY, Y I und Y II, stellen sich in dieser Beziehung zu ihren entsprechenden Vorlagen, nur die des Riccardiano schliesst sich dem An. Nil., resp. Neckam und Marie an: E lo Corbo così ispogliato e pizzicato fuggì fra gli altri corbi, della cui schiatta egli era.

XXXVI. De Mula et Musca.

Die Fabel hat mit der Neckam's, Nr. 36, nichts zu thun, und ist jedenfalls streng davon zu scheiden. Hier ist übrigens, ausser dem schon früher erwähnten Missverständnisse bei LY, nichts zu erwähnen, da LY und Y I der Vorlage genau folgen.

XXXVII. De Musca et Formica.

Die Fabel hat mit der bei Neckam vorliegenden: De Formica et cicada nichts gemein, wie schon der An. Nil. und Rom. beweisen, wo beide Fabeln vorliegen (An. Nil. 27 und 56; Rom. II 18 und IV 19). Bei Phädrus ist nur die erste vorhanden, und umgekehrt entsprechen von den Fab. Aesop. (bei Halm) Nr. 295 und 401 beide der zweiten. — Was unsere Fabel anbelangt, so ist sie von Phädrus an sich überall ziemlich gleich geblieben, auch in LY und Y I; nur bei Marie de France und LBG treten als streitende Personen nicht mehr die Ameise und Fliege, sondern eine Biene und Fliege auf, wodurch der Charakter der Fabel indessen nur wenig affiziert wird. — LY zeigt hier vielfache Erweiterungen.

XXXVIII. De Lupo et Vulpe.

Seit Phädrus I 10 hat die Fabel in allen Sammlungen, wo sie vorkommt, (An. Nil., Rom., und auch bei Marie, die nur darin abweicht, dass sie den Löwen zum Richter macht, ferner bei der dazu gehörigen Sammlung LBG, und in der einen IIs. von Wien) wesentlich denselben

Charakter behalten: Die Fabel läuft ursprünglich auf einen Witz hinaus, s. Phädrus: „Tu non videris perdidisse quod petis; Te credo subripuisse quod pulchre negas," der auch von der Mehrzahl der Bearbeiter richtig verstanden und wiedergegeben wurde. Bei Marie und LBG ist er allerdings etwas getrübt, weil es dort den Anschein hat, als wenn eine Partei vor der andern den Vorzug erhielte, aber er ist doch wenigstens noch erkennbar: (Roquef. 89) Tut ait li Lox ainsi mespris Sa mençugne est mix convenauble E plus ressanle chose estauble, Que du Horpil la véritez, Nus d'ax n'en doit estre blasmez. — Der einzige, der den Witz gar nicht verstanden zu haben scheint, ist der An. Nev., der den Affen folgendermassen entscheiden lässt: (V. 5—8) .... „Poscis, quod poscere fraus est, Visque fidem de re, quam negat ipsa fides. Tu bene furta negas, te uite purior usus Liberat." .... Es ist in der That nicht einzusehen, wie der Fuchs zu einem solchen Lobe kommt, und man könnte, wenn nicht die ganze Tradition dagegen spräche, wirklich in Versuchung kommen, wie Robert I S. XC thut, die Lesung, welche die meisten Ausgaben des An. Nev. zeigen, als falsch anzusehen, und dafür die des Ms. 1594 einzusetzen, welche nach Robert's bestimmter Aussage lautet „Respondere lepus de furti labe tenetur. Vulpes eum vocat: haec petit, ille negat". In der That passt die Aenderung hier auffällig gut, und bedeutet an unserer Stelle eine entschiedene Besserung; trotzdem müssen wir behaupten, dass ursprünglich nichts weiter als ein Schreib- oder Lesefehler vorlag, indem vielleicht ein leichtsinniger Abschreiber statt *lupo : lepo* schrieb, und ein anderer dann, diesen Fehler benutzend, die ganze Stelle auf diese originelle Art in Ordnung gebracht hat. Dass, wenn auch erst in zweiter Linie, eine absichtliche Aenderung vorliegt, halte ich für ausgemacht. — Dass Schreib- oder Lesefehler zu sehr wichtigen Aenderungen Anlass gewesen sind, ist in der Fabellitteratur keine Seltenheit und uns auch schon wiederholt vorgekommen.

Y I nun arbeitet diese Neuerung weiter aus. Dem ohnehin mit der Tiersage in Berührung stehenden (resp. wenigstens mit derselben bekannten, was die aus jener entnommenen Namen beweisen) Uebersetzer lag es nahe, nachdem einmal Fuchs und Hase die Helden waren, jenen seiner sonstigen Raubritternatur entsprechende Vorschläge machen zu lassen. Er fordert den Hasen zum Zweikampf heraus, was dieser mit der weitläufig gegebenen Erklärung zurückweist, für eine solche Kleinigkeit sei kein Zweikampf statthaft. Wegen des vorgebrachten Grundes bemerke ich, dass er sehr wohl zu dem stimmt, was M. Pfeffer in dem Aufsatz: Die Formalitäten des gottesgerichtlichen Zweikampfs in der altfranz. Epik. Gröber's Zeitschrift für rom. Philol. IX 1, S. 19,

Anm. 1 sagt. Doch kann ich mich hier natürlich nicht darauf ein-
lassen. — Der Fall ist interessant, da man sieht, dass in der Fabel-
litteratur jede an sich noch so unbedeutende Veränderung eine ganze
Reihe anderer nach sich ziehen kann, und da besonders damit bis zur
Evidenz bewiesen wird, dass Y I thatsächlich nach der in Ms. 1594
vorliegenden lateinischen Version übersetzt ist, resp. dass der lat. und
franz. Text von Ms. 1594 beide aus dem Original stammen, was früher
schon dargethan wurde. — Es bedarf keiner Erwähnung, dass die letzte
in der franz. Uebersetzung, Y I, vorgenommene Aenderung vollständig
selbständig ist, und nichts als weitere Entwicklung aus der, welche im
lat. Text stattgefunden hatte.

XXXIX. De Rustico et Mustela.

Bietet keinen Anlass zu Bemerkungen.

XL. De Rana et Boue.

Die Fabel stellt sich, wenn auch nur der Moral nach, zu Marie
(Roquef. 65), wo indessen ein Adler und Käfer mit einander wetteifern,
so dass nicht mehr viel Aehnlichkeit mit unserer Fabel zu finden ist.
(Diese Fabel Marie's hat indessen nichts zu thun mit Halm, Fab. Aesop. 7,
wo auch Adler und Käfer die Träger der Handlung sind, aber mit einer
ganz verschiedenen Entwicklung.) Direkt stammt die Fabel wohl ab
von Babrius 28 und der bei Halm, Fab. Aesop., als Nr. 84 mitgeteilten
Fabel, wo indessen die Veranlassung für die Selbstüberhebung des
φϱῦνος eine andere ist, als die uns bekannte, und das Ende ebenfalls
ein anderes, da die Kröte nicht wirklich platzt. — Völlig dem Sinne
nach gleich mit der beim An. Nev. vorliegenden Fabel ist die bei Phae-
drus I 24, der auch An. Nil. 33, Rom. II 21, Odo de Ceritonia (Herv. II
S. 640) u. s. w. genau entsprechen.

Unsere Uebersetzungen lassen sich beide, besonders aber LY, hier
ein unverzeihliches Missverständnis zu schulden kommen: Sie fassen
nämlich die Sache so auf, als habe der Frosch mit den Ochsen einen
Kampf aufnehmen wollen. Vergl. LY V. 2091 — 94 . . . . Quar lesse
ester, Tu ne puez a lui contrester. Ne te prandre a buef, belle mere,
Il t'ocirrai de mort amere; und V. 2101—2: S'es cornes contre toi se
prant, Petite es, tost te puet creuer. — Dazu Y I: Quar au buef n'aves
vous povoir (R. I 14). — Zu diesem Missverständnis hatte der An. Nev.
Anlass gegeben durch den Vers 4: Vincere non poteris, uicta crepare
potes.

XLI. De Pastore et Leone.

Beim An. Nil., der ältesten Sammlung, in der ich die Fabel gefunden
habe, trägt dieselbe schon ganz wesentlich denselben Charakter, wie

18 *

bei Rom. und An. Nev., nur wird gesagt, der Hirt sei *falso crimine*
beschuldigt worden. Neckam stimmt auch wesentlich zu Rom., aber er
und der An Nev. lassen weg, dass der Löwe *oculos et vultum cum
rugitu ingenti tunc ad populum levavit.* — Den mittelalterlichen Ueber-
setzern bot von der ganzen Fabel nur der Vorgang auf der Arena
Schwierigkeiten, und sie suchten sich auf verschiedene Weise damit
abzufinden. Auch scheint ihnen nicht klar geworden zu sein, in welchem
Verhältnis das Volk zu der Handlung steht. So gibt im Riccardiano
der *Signore di Roma* den Löwen und Hirten frei. (Allerdings hat auch
der An. Nil. *rex*, im Gegensatz zu Rom. und Cod. Weiss.). Der An. Nev.
hat *Roma*, was vielleicht in der Weise aufgefasst wurde, wie Shakespeare
die Namen *France, Albany* aufzufassen pflegt — Y I scheint dem lat.
Text noch verhältnismässig am nächsten zu stehen: die *arena* wird wohl
nicht genannt, aber der Uebersetzer, denkt sich doch wenigstens den
Vorgang richtig, wie sich aus den Worten ergibt: „Et li peuple qui
cils regarde S'en esbait moult durement" (R. II 472). — LY dagegen
weiss mit der *arena* schon gar nichts mehr anzufangen: er scheint sich
darunter eine Art Zwinger vorzustellen, wie die waren, in denen man
Bären u. s. w. hielt, denn er übersetzt *caiue*, und redet von einem
Wärter, der die Römer benachrichtigt habe. LY V. 2156: En une
caiue lo posarent, etc.; — V. 2179 ff.: L'andemain por doner pasture
Vient es lions cil qui les garde, De ceste nouele auenture S'esbaist
moult, quant le regarde. Esbaie fust la citey, Quant oient ceste ueri-
tey. — Y II findet sich wieder anders mit der Sache ab: er überträgt
das Ganze auf mittelalterliche Zustände; der Hirt wird vom Profoss
an den Pfahl gebunden, und soll soeben getötet werden, da befreit ihn
der Löwe. Der Profoss und die übrigen Leute fliehen, kehren aber
alsbald wieder zurück, und glauben, den Hirten zerrissen zu finden. Zu
ihrer Verwunderung ist er unversehrt und wird begnadigt, resp. nie-
mand wagt Hand an ihn zu legen. — Wie man sieht, sind alle diese
Abweichungen völlig originell und auch unter sich unabhängig.

XLII.   De Leone et Equo.

Die Fabel ist seit dem Cod. Weiss. und Rom., wo sie zuerst auf-
tritt, ziemlich unverändert die gleiche geblieben. Doch sind einzelne
Abweichungen zn bemerken, welche hauptsächlich die Uebersetzungen
betreffen — An. Nev. entspricht genau dem Romulus. Neckam da-
gegen lässt, nachdem das Pferd den Löwen niedergeworfen, jenes noch
ein paar Worte sprechen. — Von den Lateinern weicht ferner noch ab
die Sammlung LBG, indem das Pferd sich krank stellt, und so erst
den Löwen zu der Frage, was ihm denn fehle, veranlasst. — LY stimmt

genau zu seiner Vorlage; Y I dagegen bietet eigentümlicherweise, dass das Pferd wirklich krank gewesen sei, wodurch die Fabel wesentlich abgeschwächt wird: (R. I 319) Un chevaux malade paissoit En un pré ou ung lion passoit, etc. — Y II hat seinerseits die von Neckam (mit dem er die genannte Rede des Pferdes gemeinsam hat) und der ganzen Tradition abweichende Eigentümlichkeit, dass die Rede des wieder zu sich kommenden Löwen weggelassen ist, und dass die Aufforderung hinzukommt, das Pferd solle sich legen, sowie die Antwort darauf: (R. I 322) Frere, dit le lion, Couche toi: si verron Le mal apertement. Je ne me puis coucher, Respont le destrier, Si en sui moult dolent — Sonst ist nichts zu bemerken.

XLIII. De Equo et Asino.

Bei LY und Y I nichts Besonderes. — S. Neckam XXXII.

XLIV. De Quadrupedibus et Auibus.

Beim An. Nil., wo die Fabel schon den uns vorliegenden Verlauf nimmt, wird die Fledermaus von beiden Geschlechtern ausgestossen: (An. Nil. 38) In pacem cum redissent pristinam, utroque generi fraus decepta apparuit. — Die späteren Fassungen weichen zum Teil ab: Bei Rom. III 4, dem An. Nev. und der zugehörigen Tradition, schliessen nur die Vögel den Verräter aus: (Rom. III 4) Vespertilio vero sententia avium dampnatur, etc. (der An. Nev. lässt allerdings der Sache halb erraten). — Der Rom. Nil. und von ihm abhängig Marie, LBG, und die Fab. rhythm. lassen die Fledermaus zweimal zur andern Partei übergehen. Doch wird sie im Rom. Nil. (in den Fab. rhythm. weniger deutlich) nur von den Vögeln, bei Marie und LBG dagegen von beiden Parteien ausgestossen. Auffallend ist, dass Neckam sich in dieser letzteren Beziehung zum An. Nil., Marie und LBG stellt. Ueberhaupt folgt Neckam in dieser Fabel dem Rom. viel weniger genau, als sonst: Es wird der Kampf nicht beschrieben; das Eingreifen des Adlers ist ganz ausgelassen; dagegen ist erklärt, wie es die Fledermaus wagen konnte, sich bald der einen, bald der anderen Partei anzuschliessen (Fabel 2): „Auribus et mammis se quadrupedem simulabat; Credi par alis alitibus poterat." Er scheint hierin völlig selbständig zu sein, denn keine andere Sammlung bietet etwas Entsprechendes. — Y II (Rob. I 112) stimmt, wie gewöhnlich, zu seiner Vorlage; nur ist dabei zu bemerken, dass chat-hua keine adäquate Uebersetzung von vespertilio sein kann, und dass es sich nach der Meinung des Uebersetzers in der That um einen Vogel handelt: car oisel estoit . . . . . . Ferner muss bemerkt werden, dass die Moral zu einem guten Teil sekundär, wohl das

Werk eines Abschreibers ist, da es unwahrscheinlich ist, dass der Ver-
fasser sich in derselben Fabel wörtlich wiederholt. Man vergl. die
Verse, welche der eigentlichen Fabel angehören: „Sa fausseté si fu
sceue, Et des deux parts apperceue. Chascun le hait“ mit den aus der
Moral entnommenen Versen: „Quant sa fausseté est sceue Et des deux
parts apperceue, Chascuns le het.“ — . . . Y I schliesst sich ebenfalls
seiner Vorlage genau an, und fügt nur den Zug bei, den ich sonst
nirgends gefunden habe, dass die Fledermaus zur Strafe geschlagen
und von den Schlägen kahl und schwarz geworden sei: (R. I 111) Et
tant fusterent et tant batirent Pour ce que d'eulx s'en fu alé, Que de-
meura noire et pelée. . . . — Die eigentümlichste Abweichung bietet
LY, veranlasst von seiner unmittelbaren Vorlage, der Lyoner Hs. des
An. Nev. Diese Abweichung ist schon besprochen.

XLV. De Filomena et Accipitre.

Nichts Bemerkenswertes.

XLVI. De Lupo et Vulpe.

Bei dieser Fabel ist allein zu bemerken, dass Y I nach der ersten
Rede des Wolfs eine Bitte des Fuchses einschaltet. (R. I 268) Non
fais, dit regnart, par ma foi, Ne demand' mais que je truisse De quoy
desjeuner puisse, etc. — Die italienische Uebersetzung des Riccardiano,
führt hier den Grundgedanken in der Weise aus, dass der Fuchs von
demselben Hirten getötet wird, wie der Wolf, und zwar in direkter
Folge seines Verrats: Pensò il pastore: Io posso così pigliare la Volpe
come il Lupo. E fecie il laccio e prese la Volpe e uccisela.

XLVII. De Ceruo, tibiis et cornibus.

Die Fabel, die bei allen mir bekannten Lateinern wesentlich die
gleiche ist, bietet auch in den franz. Fassungen nur wenig Besonderes:
Marie (Roquef. 32) legt die Moral dem Hirsche selbst in den Mund. —
Y I lässt den Hirsch nicht an der Quelle von den Jägern und Hunden
angegriffen werden, sondern diese fallen ihn erst an, als er wieder in
den Wald zurückgekehrt ist: (R. II 19) Au bois arriere s'en retourne,
Où il aura autres nouvelles, Qui jà ne lui seront mie belles: Quar au
bois avoit des veneurs; eine Eigentümlichkeit, die sonst nicht zu fin-
den ist.

Y II (Robert II 21) folgt Neckam, legt aber die Rede des sterben-
den Hirsches nicht diesem selbst in den Mund, sondern gibt den Inhalt
derselben vom Standpunkt des Erzählers.

XLVIII. De Viro et Uxore.

Die Fabel, welche bei Robert aus Ms. 1595 abgedruckt ist, da sie, ebenso wie die beiden folgenden, im Ms. 1594 nicht vorhanden ist, ist in fast allen Fassungen wesentlich die gleiche. Wegen der Veränderungen, die sie durchgemacht hat, sei Folgendes bemerkt:

Bei Phädrus (Perotti) App. XIII handelt es sich um mehrere Diebe, und es wird sogar die Art ihres Verbrechens bezeichnet: *fanum qui conpilarant Iovis* (V. 6); in den andern, späteren Fassungen nur um einen, ja bei einigen wird er nicht einmal als Dieb bezeichnet, so bei Rom. III 9: „Contigit interea, ut aliquis peccasset," u. beim An. Nev. „Ecce reum dampnat iudex, crux horrida punit" (V. 7). — Bei den meisten teilt der Ritter entweder der Wittwe blos seine Not mit, zugleich mit seiner Furcht vor Strafe, so bei Phaedrus: „Ne subeat ille poenas negligentiae" [1]; An. Nev. Prosa, und Fab. rhythm.; oder er wirft sich ihr in seiner Angst zu Füssen, und bittet sie um Hilfe (so Rom. III 9: „confugiensque ad pedes Mulieris volutare se coepit," und Rom. Nil.), lässt aber in beiden Fällen die Folgen, welche die Entdeckung und die Furcht vor derselben nach sich ziehen muss, unbestimmt: nur bei An. Nev. thut er dies nicht: „Rex michi seruandum dederat, me regius ensis Terret, et extorrem me iubet esse timor," und Y I (Rob. II 431) arbeitet dies in der Weise aus, dass nicht nur der Ritter der Wittwe auseinandersetzt, was ihm bevorsteht (Jamais n'en sera delivré, Que ly roys ne le face pendre Si ne s'enfuit sans plus attendre), sondern, dass ihm ausdrücklich mit der gleichen Strafe gedroht wird, wenn der Gehängte entwendet würde: Que se il le larront perdoit, Il seroit pendus la endroit. — Im Uebrigen hat Y I ziemlich genau den Text wiedergegeben. Frei ist der Anfang: Ça se traie cils qui a femme Si chier com a son corps et s'ame, Et si orra une matire Qui aus maris est bonne a dire; frei ist ferner auch, und sonst nirgends zu finden, dass die Wittwe ihren verstorbenen Gemahl nur scheinbar geliebt habe: Qui, par samblant, mout s'entramoient (LY, bei dem nur der Anfang der Fabel erhalten ist, hat auch nichts davon, sondern schreibt: (V. 2588) Cele l'amoit d'amour entiere): und endlich auch der Schluss der eigentlichen Fabel: (Si la prist puis par mariage.) Si ne scé-je s'il fit que sage. Autant puet-il de soy attendre Con du premier qu'elle fist pendre. — In allen Fassungen überliefert die Frau ihren toten Gemahl dem Ritter: beim An. Nev. bindet sie ihn sogar selbst an den Strick (restem subligat ipsa uiro), und der An. Nev. Prosa erhöht das Widrige noch mehr, indem die Wittwe dem Toten, um ihn dem Dieb ähnlicher zu machen,

---

1) Nachträglich sehe ich, dass bei L. Müller dieser Vers anders verwendet ist.

mit einem Stein die Vorderzähne einschlägt (. . . . cum diceret Miles,
quod beno perciperetur, quia latro amiserat dentes anteriores. Mulier,
accepto lapide, confregit dentes mariti sui . . . .) — Ganz abseits steht
Marie, welche, getrennt von der ganzen Tradition, den Ritter nicht den
Wärter, sondern einen Verwandten des Diebs sein, nnd ihn selbst den
Leichnam entwenden lässt. Vorher wird bei ihr ein ausdrückliches Ver-
bot mit Strafandrohung erlassen gegen jeden, der es wagen würde, die
Leiche zu entwenden: (Roquefort XXXIII) Pres d'iluec aveit un Lairun
Qui ert penduz par mesprisun; Par la cuntrée fud criéi Qui le Larron
aureit ostéi, Sun jugemens mesmes aureit. Uns Chevaliers le despendi
Ses parens ert, si l'enfoï. — Man könnte sich versucht fühlen, aus der
Thatsache der vorgängigen Androhung, welche Marie und Y I aufweisen,
auf eine Einwirkung jener auf diesen zu schliessen; doch wage ich es,
in anbetracht des verschiedenen Inhalts dieser Drohungen, nicht, dies
zu thun. — Dagegen ist es wohl nicht anders möglich, als dass zwischen
Marie und dem An. Nev. eine Berührung besteht, wenn beide allein von
der ganzen Tradition den Zug habeñ, dass der Ritter ausser Landes
flüchten will; vergl. An. Nev.: *extorrem me jubet esse timor* und Marie:
Se ne li seit cunseill duner Fors dou païs l'estuet aler. — LBG folgen
hier nicht der Marie, sondern der gewöhnlichen Tradition.

XLIX.　De Iuuene et Thayde.

Der An. Nev. scheint den Grundgedanken der Fabel, die Spitze,
auf welche dieselbe hinausläuft, falsch, oder anders verstanden zu haben,
als derselbe gewöhnlich aufgefasst wurde. Man vergleiche Phädrus,
App. XXVII „Libenter, inquit, mea lux, hanc vocem audio, Non quod
fidelis, sed quod iocundast mihi“, wozu Cod. Weiss., Rom., Nil., LBG
und auch, wenn auch weniger genau, die Fab. rhythm. stimmen, mit
An. Nev. V. 11 ff. "Sed falli timeo, quia me. tua lingua fefellit, Pre-
teriti racio scire futura facit. Vitat auis taxum, quam gustu teste pro-
bauit. Fallere uult hodie, si qua fefellit heri“. Während bei Phädrus
und den andern der Jüngling nur zeigt, dass er die List durchschaut,
weist er beim An. Nev. die Buhlerin ab. Y I bietet ganz entsprechend
und genau (Rob. II 490): Je me doubt, dit-il, toute voie, Qu'ançores
decéuz ne soye: Autre foys m'avez decéu A paroles, bien l'ay scéu. . . .
　　　Ferner ist zu bemerken, dass der Verfasser von Y I aus Ratlosig-
keit das Wort *Thaïs* wieder als das fasst, was es ursprünglich war,
nämlich als Eigennamen; „Une femme yere en un païs Qui estoit nom-
mée Thaïs.“

L.　De Patre et Filio.

Die Fabel hat überall genau den gleichen Charakter. — Bei Y I
ist zugegeben die Darstellung, wie der Vater die Anwendung macht:

(R. II 493) Au preudomme de ce souvint Et puis a sa mesnie vint: Devant son fil l'un fiert et chace, L'un ledange, l'autre menace; Si les tourmentoit et menoit Que n'y a nul qui paour n'ait, etc.

LI. De Vipera et Lima.

Die Fabel, welche mit Marie (Roquef. 83ˡ wenig zu thun hat, wird besser bei Neckam XVI behandelt.

LII. De Ouibus et Lupis.

Y I nichts Besonderes. — LY lässt das Heulen der Wölfe weg, und die als Geiseln gegebenen Wölfe greifen selbst an.

LIII. De Viro et Securi.

Nichts Besonderes.

LIV. De Cane et Lupo.

Nichts Besonderes. — S. Neckam XXXIX.

LV. De Ventre et Membris.

Ebenso. — S. Neckam XXXVII.

LVI. De Simia et Vulpe.

Nichts zu bemerken.

LVII. De Institore et Asino.

Die Fabel bietet nichts Besonderes, als dass bei LY (hier als Fabel XVIII) die Sache so aufgefasst wird, als ob der Kaufmann den Esel erst auf dem Markte kaufe und dann zu Hause schlecht behandle.

LVIII. De Ceruo.

Es ist auffällig, dass in Y I das *stertere* der Vorlage durch *espovanter* gegeben wird: (R. l 300; es muss die Var. aus 7616. 3 betrachtet werden) Ly sergent espovanter seulent, Et li debonnaire aidier veulent; zu An. Nev. V. 26· Stertere seruorum, velle juuare pii. Es ist klar, dass die aus Hs. G angeführte Lesart: *sternere* hieher gezogen werden muss, und ich bin begierig zu erfahren, ob eine Verwandtschaft zwischen beiden Handschriften auch sonst zu konstatieren sein wird. Doch kann man dies erst nach Kenntnisnahme von dem Y I begleitenden lateinischen Text entscheiden.

LIX. De Judeo et Pincerna.

Die beiden letzten Fabeln des An. Nev. tragen ihren Namen nicht mit Recht: es sind keine eigentlichen Fabeln, sondern fableau-artige

Erzählungen, welche dem An. Nev. vollständig eigentümlich zu sein scheinen. Eine Einwirkung fremder Sammlungen ist hier ausgeschlossen, da diese Stücke sich nur beim An. Nev. und seinen Bearbeitungen finden. — In Fab. 59 schliesst sich Y I genau an; LY dagegen zeigt einige Eigenheiten: Der Jude ist aus Babylon (V. 3177) Un iuyf, nez en Babiloinne; ferner geben die Rebhühner beim Braten einen Ton von sich: (V. 3245) Les perdriz qui se rostissoient Un son, come en plaignant, facoient.

LX. De Ciue et Equite.

LY lässt abweichend vom Latein den komischen Umstand aus, dass der Bauer sich ebenfalls setzt (s. Foerster, Anm. zu V. 3525), und lässt ferner den Ritter hinrichten, was dem Latein allerdings nicht entspricht, wohl aber dem bei Pfeffer; a. a. O. S. 71, citierten Gebrauch. Dort heisst es nämlich: „Die gewöhnlichste Strafart war die, dass der Schuldige an den Schwanz eines Pferdes gebunden, von diesem eine Zeit lang geschleift, und dann aufgehangen wurde." Dem entspricht genau Vers 3577/8: L'on li ai bien son droit rendu, Quar on l'ai trainnez et pendu." — Y I bietet diese Eigenheit nicht, sondern sagt: Ce ne say-je que fist le roys Du chevalier et du bourgoys." — Auch der Riccardiano hat nichts davon, sondern entspricht genau dem Latein. Es wird nur gesagt: *cosi fu vituperato*, was sich indessen wohl auf das Vorhergehende bezieht.

Ich versuche jetzt, aus dem Gesagten das Fazit in Bezug auf Y I zu ziehen, und habe dabei zuvörderst die Frage zu beantworten: Ist unsere bisherige Annahme richtig, dass zwischen LY und Y I kein Zusammenhang besteht? Dass die Frage mit einem entschiedenen Ja zu beantworten ist, beweisen nicht nur die sehr zahlreichen Fälle, wo nur eine von beiden Uebersetzungen von dem lat. Texte des An. Nev. abweicht, sondern besonders auch die Fälle, wo beide, und zwar in gleicher Richtung, abweichen. Solcher Fälle haben wir vier, die ich zur besseren Vergleichung hier wiederhole:

Fabel I. —   LY Et dit con cil cui point n'agree.
               Y I Com cil qui point ne la prise.

Fabel VII. —   LY u. Y I lassen den Erzähler selbst die Anwendung auf die fröhlichen Nachbarn machen.

Fabel XXXII. — LY u. Y I übersetzen, als wenn *redit* statt *ridet* im Texte gestanden hätte.

Fabel XL. —   LY u. Y I stellen die Sache so hin, als ob der Frosch mit dem Ochsen habe kämpfen wollen.

Man sieht auf den ersten Blick, dass nicht einer von diesen Ueber-einstimmungen der geringste Wert beizulegen ist: Die erste ist nichts als ein zufälliges Zusammentreffen von Worten; in der zweiten haben wir einen Fall, dass beide Uebersetzer gleichzeitig ihrem Hang zur Darstellung in direkter Rede, veranlasst durch die vorausgehende Er-zählung, nachgegeben haben; im dritten Fall passiert dem Uebersetzer von LY, oder vielleicht beiden, ein Lesefehler; sie lesen redit, statt ridet, was ja so vielen Schreibern an dieser Stelle passiert ist, (man bemerke auch, dass Hervieux II 399 ebenfalls redit liest); der vierte Fall verliert vollends dadurch allen Wert, dass der An. Nev. selbst, wie schon erwähnt, durch sein *vincere* und *victa* Veranlassung zu dem Miss-verständnis gegeben hat, und dass dieses bei Y I (Quar au buef n'aves vous povoir) nicht so klar vorliegt, wie bei LY.

Auch sprachliche Uebereinstimmung zeigt sich nur in so geringem Masse, dass die Gemeinsamkeit des Stoffes einen hinreichenden Er-klärungsgrund darbietet; so z. B. bei dem Zusammentreffen der Reim-wörter: LY V. 995 — 998 *conquise : occise, honte : soremonte* und Y I Fabel XVIII, V. 13—16 *occise : acquise, seurmonte : honte.*

Es steht also fest: LY und Y I stehen in gar keinem Zusammen-hang. — (Die gemeinsame Auslassung einiger Fabeln, die vielleicht so aufgefasst werden könnte, beweist gar nichts, wenigstens für Y I selbst, da ja das Original dieser Uebersetzung diese Fabeln enthalten haben muss.)

Fremdem Einfluss ist Y I nur sehr selten ausgesetzt gewesen, und zwar scheint nur, — abgesehen von Fabel XXXV, wozu Fuchs a. a. O. und das von mir Gesagte — die Tradition, die wir am besten als die des Rom. Nil. bezeichnen, eingewirkt zu haben. Es dreht sich, wie sich aus der vorausgängigen Besprechung der einzelnen Fabeln ergibt, haupt-sächlich um die Frage, ob es auch hier wieder Marie de France ist, die modifizierend einwirkt, oder wer sonst. Zur Entscheidung stellen wir hier die wenig zahlreichen Fälln übersichtlich zusammen:

Fabel V. — An. Nev: *carnem*; Marie: *formage*; LBG: *caseum* (Marie und LBG haben den Umstand, dass der Hund über eine Brücke geht); Rom. Nil.: *partem crudae carnis*; Y I: *fromage* (mit der Bemerkung, andern hätten *chars*).

Fabel XIII. — An. Nev.: *rapta prole* und *natos*; Rom. Nil.: *vulpinos catulos*; Marie: *l'un emporta*; LBG *donec unum apprehenderet*; Y I: *un des renardiaus.*

Fabel XIV. — Y I: *La corneille s'en est pène*, was dem Sinne nach zu Marie: *Le Peissonet dedens menja* stimmt, aber

recht wohl auch nur Weiterentwicklung aus dem
An. Nev. sein kann. LBG bieten ebenfalls: Quam
Cornix subtus expectans protinus rapuit, et Aqui-
lam esurientem fraudavit. — Der Rom. Nil. bietet
nichts Aehnliches.

Fabel XV. — Marie: *Puis n'ot il cure de sun chaut.* Y I: *Qui lors
sun chant bien pou prisa.* LBG haben nichts der-
artiges, ebenso wenig der Rom. Nil.

Fabel XX. — Y I hat nur eine Ermahnung, wie Marie, LBG und
der Rom. Nil.

Man sieht, dass die vorhin aufgeworfene Frage keineswegs so leicht
und rasch zu entscheiden ist, als bei LY. — Einer von unseren Fällen,
der dritte, verliert, wie eben erwähnt, jede Beweiskraft.

Der Rom. Nil. selbst kommt nicht in Betracht. Da nun ein Fall,
der vierte, nur aus Marie erklärt werden kann, und nicht aus LBG, so
spricht die grössere Wahrscheinlichkeit dafür, dass hier ebenso wie bei
LY eine Einwirkung von seiten der ersteren vorliegt, zumal da schon
a priori eine Beeinflussung durch die wenig ältere Sammlung LBG
(vergl. Mall a. a. O. S. 293) nicht viel Wahrscheinlichkeit für sich hat.
(Man vergl. auch das früher über das Alter von Y I Gesagte.)

Bei dem einen, oder andern dieser Punkte könnte man vielleicht
versucht sein, ein Spiel des Zufalls anzunehmen, aber beim ersten ist
dies unter jeder Bedingung ausgeschlossen. Hier gibt uns der Ver-
fasser selbst Aufschluss darüber, wie die Entlehnung vor sich gegangen
ist, und beweist zugleich, dass eine solche vorliegt. Er sagt nämlich
im Anfang von Fabel V: Un chien passoit un yave a nou, En sa gueule
un fromage mou, Autres dient que ce yere chars . . . . (R. H 50).
Man sieht, der Uebersetzer ist sich bewusst, dass hier ein Unterschied
besteht zwischen seiner Vorlage und einem andern ihm bekannten Texte
(entweder Marie oder LBG). Er hatte aber, als er seine Fabel schrieb,
keine andere Fabelsammlung vor sich liegen, aus der er diesen Zug
direkt entnahm, da er doch dann sicher nicht die Lesart des eignen
Textes als die fremde bezeichnen würde. Man sieht also, dass es sich
hier nur um eine — wenn auch bewusste — Reminiscenz dreht, und
dass der Dichter mit der fremden Lesart so wohl vertraut ist, dass er
sie in der Eile sogar mit der des eignen Grundtextes vertauscht, und
als die richtige bezeichnet (Autres dient que ce yere chars). — Ich
habe gesagt, es drehe sich um eine bewusste Reminiscenz, damit soll
aber noch keineswegs gesagt sein, dass die Anlehnung an einen fremden
Text auch beabsichtigt sei. Im Gegenteil! Die Stelle beweist uns
sogar, dass es nicht im Sinne des Uebersetzers lag, zu ändern, denn

sonst hätte er, das lässt sich sicher nicht bezweifeln, die Lesart der
Vorlage überhaupt gar nicht erwähnt, sondern einfach durch die fremde
ersetzt. Noch gewisser wird dies, wenn man bedenkt, dass der Ueber-
setzer von Y I im Ganzen und Grossen äusserst genau arbeitet, und
dass die übrigen Aenderungen, die er aufweist, selten einen wichtigen
Punkt betreffen, und fast nie den Verdacht der Absichtlichkeit auf sich
ziehen. In der That sehe ich nur zwei Fälle, wo der Uebersetzer mit
Bewusstsein und Absicht geändert zu haben scheint: in Fabel II, wo
er den lästigen Rest der missverstandenen alten Fassung unterdrückt,
und in Fabel XXXVIII, wo, wie schon mehrfach erwähnt, die eigen-
tümliche Lesart *lepus* statt *lupus* eine starke Veränderung bei Y I nach
sich zieht. Doch erklärt sich der erste von diesen Fällen auch wieder
leicht dadurch, dass der Uebersetzer der Sinnlosigkeit, die er vorfand,
abhelfen wollte, und legt dadurch ein Zeugnis dafür ab, dass er mit
Bedacht und Aufmerksamkeit zu arbeiten pflegt, ein Urteil, das durch
alles, was wir bisher über ihn zu sagen Gelegenheit hatten, nur be-
stätigt wird. — Was von einem der Punkte, an denen wir eine Ent-
lehnung annehmen mussten, gilt, ist natürlich bei den andern noch
mehr giltig; sie sind alle nicht mehr als Reminiscenzen.

Wir können unser Urteil über Y I in folgender Weise zusammen-
fassen: Y I ist im Ganzen eine weit genauere Uebersetzung des An. Nev.,
als LY. Der Bearbeiter hält sich so genau als möglich an seine Vor-
lage, und nur selten fliessen Reminiscenzen an einen fremden Text,
wahrscheinlich Marie, ein; einmal liegt auch eine Einwirkung der Gruppe,
deren wichtigstes Glied Odo ist, vor. Bewusste Aenderungen sind äusserst
selten, ebenso Missverständnisse. — Mit LY hat er den Hang gemein-
sam, direkte Reden einzuführen; doch wird hie und da auch eine direkte
Rede indirekt wiedergegeben. — LY unterscheidet sich zu seinem Nach-
teile von Y I durch eine grössere Weitschweifigkeit und durch ein weit
weniger klares Verständnis, sowie auch durch einen weit geringeren
Grad von Aufmerksamkeit. — Nebenbei sei noch bemerkt, dass die
Erweiterungen im Ms. 1594 meist eine Verschlechterung bedeuten.

II. Teil.

Die mit Y I verbundene Bearbeitung des Avianus.

Die nachfolgende Betrachtung des sog. Avionnet ist eigentlich zu
unbedeutend, um einen besonderen Teil meiner Abhandlung einzu-
nehmen; nur die Unmöglichkeit, sie dem ersten Teil, der Besprechung

der Uebersetzungen des An. Nev., unterzuordnen, hat mich veranlasst,
eine ganz getrennte Abteilung daraus zu machen. — Wünschenswert
wäre ferner auch gewesen, unmittelbar nach dem An. Nev. die Be-
arbeitung besprechen zu können, welche der Novus Aesopus Neckam's
gefunden hat; aber der Umstand, dass der Avionnet mit Y I eng ver-
bunden ist, und besonders, dass wir bei Besprechung der handschrift-
lichen Verhältnisse des letzteren öfter den Avianus mitbehandeln mussten,
zwang uns, diese Verbindung auch hier bestehen zu lassen, und gleich
nach Y I den Avionnet zu besprechen.

Zu einem einigermassen abschliessenden Resultate zu gelangen, ist
hier indessen noch weniger möglich, als bei den anderen Texten, welche
den Gegenstand unserer Untersuchung bilden, da uns jede Kenntnis
der latein. Vorlage abgeht; aber die Vollständigkeit erheischt, dass
wenigstens Alles, was bis jetzt gefunden werden konnte, hier eingeführt
werde.

Oesterley sagt auf S. IX des citierten Werkes, die Fabeln Avian's
seien ziemlich unverändert, aber auch ziemlich einflusslos geblieben,
und wir können ihm hierin beipflichten: Eben durch die geringe Ver-
quickung mit anderen Fabelsammlungen ist es zu erklären, dass diese
Fabeln im Laufe der Zeiten nur so wenigen Veränderungen unterworfen
wurden, während andere oft fast bis zur Unkenntlichkeit entstellt wurden.
In der mir vorliegenden Ausgabe Avian's von Froehner kann man ver-
gleichen, dass — Neckam erweitert zum Teil absichtlich — die zwei
wichtigsten dort abgedruckten Versionen, die Aviani Fabulae und die
Apol. Aviani wesentlich genau zusammen gehören, indem die Apol. nur
den lat. Text des Originals in Prosa umsetzen, mit Beibehaltung einiger
Verse am Schluss, ja sich einigemale darauf beschränken, einfach jenen
Text zu reproduzieren. Unterschiede sind vorhanden, aber sie sind,
wie sich später zeigen wird, meist nicht sehr bedeutend. Was das
Wichtigste ist, und darin stimmt auch Neckam mit ihnen überein, die
Ordnung ist die gleiche, und zwar, soviel ich sehe, nur mit sehr gering-
fügiger Abweichung[1].

Interessant ist nun, dass auch Y-A, der doch nur 18 Fabeln ent-
hält, die aus den 42 des Avian ausgewählt sind, in dieser Auswahl die
Ordnung des Originals genau beibehält, indem nur verschiedene Stücke
ausgelassen, aber keine umgestellt werden. Daraus ist wohl der Schluss
erlaubt, dass die lat. Vorlage des Y-A auch textlich wenig oder gar
nicht von den uns bekannten abweicht. — Ich habe gesagt, der Y-A

---

1) Es sei hier bemerkt, dass der Novus Avianus Poetae Astensis (Du Méril,
a. a. O. S. 271) die Ordnung verändert.

enthalte nur 18 Fabeln und ich muss nun hier daran erinnern, was früher schon gezeigt wurde, dass Y - A in Ms. 1594 derselben Prozedur unterworfen worden ist, wie Y I: Prolog und Epilog sind stark erweitert, die einzelnen Fabeln erhalten Zuthaten, und eine Fabel ist neu zu-gefügt (als Nr. 19). — Was die Zuthaten zu den einzelnen Fabeln be-trifft, so wurde ihr Dasein schon früher bewiesen; wie stark sie aber sind, liess sich nicht mit gleicher Sicherheit, wie bei Y I, feststellen, besonders da Hervieux sich in keiner Weise darüber äussert. — Die Av. Fabulae bieten meist keine Moral, und wo sie vorliegt, ist sie ge-wöhnlich nach Ansicht der Gelehrten als sekundär zu entfernen. In-dessen beweist eben der Umstand, dass eine Moral zugegeben wurde, dass man in späterer Zeit diesen gewohnten Bestandteil der Fabeln nicht entbehren wollte, wie ja auch die Apol. Av. gewöhnlich eine Moral aufweisen. Diese dürfte auch, soviel ich bis jetzt übersehen kann, im Y-A meist ihre Entsprechung haben. Sicher steht dies in einer ziem-lichen Anzahl von Fällen, so in Fab. I (R. I 283), wo die in Ms. 1594 fehlenden, aus Hs. 356 (?) angeführten Verse: Cest compte reprend ceulx et blasme Qui foy cuident trouver en femme", genau der Moral von Ap.-Av. I entsprechen: „Haec sibi dicta putet seque hac sciat arte jo-cari, Femineam quisquis credidit esse fidem" (Froehner p. 67) und zwar halte ich schon deshalb die Verse für echt, weil es ganz der Art des ursprünglichen Uebersetzers entspricht, die zwei Verse der Moral eben-falls durch nur zwei wiederzugeben. — Hieher gehören ferner die Fabeln: 2, 3, 4, 6, 7, 8, 11, 13, 15, 16.

Die Fabeln 10, 17, 18 können nicht hieher gezählt werden, da die ursprüngliche Moral in ihnen einen wesentlichen Bestandteil der Fabel bildet, und einer der handelnden Personen in den Mund gelegt ist. Wegen der vier restierenden Fabeln: 5, 9, 12, 14, wage ich es kaum, etwas Bestimmtes zu behaupten. In dreien (5, 9, 12) ist die mir be-kannte lat. Moral in den franz. Versen überhaupt nicht wieder zu er-kennen, so dass es nahe läge, sie als ganz frei erfunden anzusehen, und den Zuthaten gleich zu stellen.

In Fabel 14 dagegen sind die Worte des Diebes, die sonst die Fabel schliessen, weggelassen, und dafür ist eine ziemlich lange Moral vorhanden, über deren Verhältnis zum Latein ich nichts zu sagen im Stande bin. — Soviel steht indessen nach dem Gesagten fest: Die lat. Vorlage von Y - A stimmt in Bezug auf die Moral nicht vollkommen mit Apol. Av. überein. — Was nun die Zuthaten selbst anbetrifft, wegen deren ich auf die früher mitgeteilte Liste verweise, so scheint es, dass sie im Y - A nicht mit derselben Konsequenz, demselben Eifer zugegeben sind, wie bei Y I. Häufig sind sie sehr kurz, und, was besonders auf-

fällig ist, bei Y I war nur eine einzige Fabel zu finden, welche diese
Zuthaten nicht aufwies, hier dagegen sind unter den 18 Fabeln nicht
weniger als drei gänzlich ohne Berücksichtigung von Seiten des Ueber-
arbeiters geblieben. Es scheint, dass auch er wenig Gefallen an den
avianischen Fabeln gefunden hat, was zu dem früher Gesagten stimmt.

Inwiefern die Thatsache, dass überhaupt Erweiterungen nachweis-
bar sind, für uns von Bedeutung ist, wurde früher schon ausgeführt;
jetzt ist nur noch das Folgende hinzuzufügen:

Nicht der Avionnet, sondern nur die Zuthaten zu demselben stammen
von dem Erweiterer von Y I; resp. der Erweiterer von Y I und der,
welcher Y-A überarbeitet hat, sind ein und dieselbe Person. Dafür
spricht zum Beispiele die Erwähnung des Courtois d'Arras, die zweimal
vorkommt, und zwar beidemale in Erweiterungen von Fabeln (Y I
F. XLIII [R. I 17] und Y-A XIV [R. II 511]). Die sprachliche Unter-
suchung dürfte voraussichtlich noch weitere Anhaltspunkte dafür liefern.

Der Yzopet-Avionnet gehört also unbedingt sicher der Sammlung
von Anfang an; er ist auch seinerseits verlängert worden und zwar von
demselben Ueberarbeiter, der Y I entstellt hat.

Wegen der Behandlung, welche den Fabeln selbst zu teil geworden
ist, sei es mir erlaubt, hier einige Bemerkungen zuzufügen, deren Ziel
es ist, festzustellen, nach welchem lat. Text der Verfasser des Yzopet-
Avionnet arbeitet.

I. De Nutrice et Infante.

Dem Französischen muss eine nicht den Apol. Av., sondern den
Fab. Av. entsprechende Version zu Grunde liegen, da das *Noctivagus
tunc forte circa tecta* perambulans der Apol. Av. nicht übersetzt ist.
Denn der Uebersetzer pflegt im Ganzen sehr genau zu arbeiten, und
es ist von keinem Belang, was wir im Prolog des Y-A lesen (V. 15):
„Ne pren pas toute l'istoire," da ja dieser Vers selbst dem Ueber-
arbeiter angehört. — Allerdings ist der Zug ziemlich unwichtig; auch
Neckam, Nov. Av. I, und Babrius XVI haben ihn nicht.

II. De Cancro et Filio.

Schliesst sich genauer an die Apol. Av. an; denn wenn man die
Verse: Adonc se met la mere en voie; Mais en lui a plus a reprendre
Qu'en celle qu'elle veult aprendre (R. II 343) betrachtet, so sieht man
sofort, dass sie dem Sinne nach zu Apol. Av. III stimmen: Sed cum
a filio requisitus exemplum et formam recte gradiendi temptaret osten-
dere nec valeret, factus est filio in derisum; während Av. Fab. III nur
die Aufforderung, aber nicht die Erfüllung derselben zeigt: „faciam, si

me praecesseris, rectaque monstrantem certior ipse sequar," wie ja auch
Babrius 109 damit schliesst: „μῆτερ ἡ διδάσκαλος, πρώτη ὀρθὴν ἀπελθε,
καὶ βλέπων σε ποιήσω." — Darf man aus der vorgenannten Ueberein-
stimmung einen Schluss ziehen?

III. De Vento et Sole.

Av. Fab. und Apol. Av. zeigen keinen wesentlichen Unterschied —
Ebenso wenig ʼder Yzopet-Avionnet.

IV. De duobus Viatoribus.

Y-A stellt sich hier in zwei wesentlichen Punkten zu den Av. Fab.
und unterscheidet sich von den Apol. Av.: Er hat nämlich mit der erst-
genannten Version gemeinsam, dass ein Bär auftritt, während die Apol.
Av. einen Löwen erscheinen lassen. Ferner lassen die Av. Fab. den
einen Wanderer sich blos tot stellen, die Apol. Av. geben an, dass er
wirklich vor Furcht halb tot gewesen sei, und Y-A stimmt wieder zu
den Av. Fab. — Man vergl. Av. Fab. IX: „Ille trahens nullo iacuit
uestigia gressu, Exanimem fingens, sponte relisus humi" mit Apol. Av. IX.:
„alter uero fugere non ualens pauore deriguit et syncoptizans in terram
cecidit semiuiuus," und dazu Y-A (R. I 358): „En un tas de feuilles
se muce: Des pies ne des mains ne se meut, Ains fait semblant au
mieulx qu'il peut, Qu'il soit mort." Der „tas de feuilles" ist allerdings
frei hinzugefügt.

V. De Calvo Equite.

Av. Fab. X.: „Ad Campum nitidis uenit conspectus in armis Et
facilem frenis flectere coepit equom. Hujus ab aduorso Boreae spiramina
perflant" etc.; dagegen Apol. Av. X: „Miles caluus capillos fronti suo
coaptauerat alienos: quibus uehementis Boreae flatu subreptis," etc.,
also ohne Erwähnung des Turniers. Dazu Y-A (R. II 505): „Un che-
valier . . . . Au tournoiement porta Cheveux mors que il enpruuta:
Mais un chevalier l'embrasa Et le heaume li deslaisa," etc. — Y-A hat
also mit Av. Fab. gemeinsam das Turnier, arbeitet dasselbe aber weiter
aus, indem die falschen Haare nicht vom Winde mitgenommen werden,
sondern dem Kahlkopf der Helm vom Haupte gestossen wird, so dass
die Perrücke mitgeht.

VI. De invento Thesauro.

Die Apol. Av. zeigen im Verhältnis zu den Aviani Fab. eine Weiter-
entwicklung: Die Drohung wird schon stärker ausgeführt: uacua sint
tibi uota tua. — Y-A geht noch weiter, und lässt die Drohung zur

That werden (R. II 102): Se li retolit sans respit, Quanqu'elle li avoit
presté: Si devint povre endebté. Adonc la fortune li dit" etc. Man
sieht, hier redet Fortuna erst nach der Bestrafung, was frei hinzugefügt
ist. Es ist fraglich, ob die lat. Vorlage hier genau so weit ging, und
auf jeden Fall kann man aus dem Vorhandenen nicht schliessen, zu
welcher Version sie sich stellt.

VII. De Simia et Natis.

Y-A stellt sich in dem einzigen Punkte, der Av. Fab. u. Apol. Av.
unterscheidet, zu den ersteren: er hat nämlich die Rede der Aeffin,
welche in den Apol. Av. ausgelassen ist, in Av. Fab. dagegen, ebenso
wie bei Babrius, steht: Babrius 56: Γέλως δ'ἐπ' αὐτῷ τοῖς θεοῖς ἐκινήθη·
ἡ δ' εἶπεν οὕτω: Ζεὺς μὲν οἶδε τὴν νίκην, ἐμοὶ δέ πάντων οὗτός ἐστι καλλίων;
dazu Av. Fab. XIV: Jupiter hoc norit, maneat uictoria sei quem: iudicio
superest omnibus iste meo, und Y-A: (R. I 353) Je vous apporte, par
ma teste, Le plus beau joyau de la feste, S'a dist le singe a son ort
cu: Or vueil que je soye pendu S'il a si biaus fils au monde. — Der
Charakter der Rede ist allerdings nicht mehr derselbe; und die be-
kannte Gewohnheit, Indirektes direkt zu geben, macht einen Schluss
unsicher, so dass das Beispiel wenig Beweiskraft hat.

VIII. De Grue et Pauone.

Die Fabel ist in den Av. Fab., Apol. Av. und auch bei Babrius
wesentlich die gleiche, und Y-A schliesst sich ebenfalls an. Nur ist
hier der letzte Ausfall auf den Gesang des Pfauen frei erfunden.

IX. De Quercu et Harundine.

Y-A stimmt zu der bei den Av. Fab., Apol. Av. und Babrius wesent-
lich gleichen Fabel, und fügt nur die folgenden Verse, allerdings ohne
Antwort, frei zu (R. I 91): Mais de ce s'amerveille en force Par quel
guille, ne par quel force, Il est illecques detenus Entre les roselés
menus, Qui n'ont ne vertu ne puissance, Et de ce a soy meismes tance;
freie Ausführung! Ob wohl auch die lat. Vorlage dies bietet?

X. De Juuencis et Leone.

Y-A gibt mit den Apol. Av. gemeinsam die bei den Av. Fab. nur
mit den Worten: Protenus adgreditur prauis insistere uerbis, etc., an-
gedeutete Ansprache des Löwen (vergl. auch Babrius 44: λόγοις δ' ὑπού-
λοις διαβολαῖς τε συγκρούων ἐχθροὺς ἐποίει, etc.) direkt wieder, was je-
doch zu keinem Schluss berechtigt, da der franz. Uebersetzer, wie schon
oft bemerkt, die direkte Rede liebt.

XI. De Abiete et Dumis.

Die Fabel bietet bei den Av. Fab., Apol. Av., im Novus Avianus Astensis Poetae (Du Méril, Poésis inédites, S. 275; abgesehen davon, dass sie hier umgestellt ist) und im Y-A nichts Besonderes.

XII. De Piscatore et Pisce.

Babrius 6 wesentlich gleich mit der Fabel in den Av. Fab., Apol. Av., Y-A.

XIII. De Cupido et Inuido.

Die Verfasser der Apol. Av. und Y-A scheinen, wohl unabhängig von einander, das Bedürfnis gefühlt zu haben, die Art und Weise, wie Apollo zu den beiden Menschen kommt, zu erklären: Die Apol. Av. machen sie zu Reisegefährten des Gottes (Apollo cupidum et inuidum comites itineris sui habens ....) und Y-A (R. II 509) lässt sie an den Hof, den er hält, kommen: A la cour deux menestriers Avoit et joians et parliers. Diese Lesart könnte, da sie sich von beiden gleichmässig unterscheidet, ebensowohl auf die Av. Fab., als auf die Apol. Av. zurückgehen, oder besser, daraus entwickelt sein. Ich glaube indessen, als sicher annehmen zu dürfen, dass die Av. Fab. zu Grunde liegen, da der Eingang der Fabel zu ihnen stimmt: Av. Fab. XXII: Jupiter ambiguas hominum praediscere mentes Ad terras Phoebum misit ab arce poli. Dazu (die Apol. Av. haben dies gar nicht) Y-A: Jupiter a terre envoya Son fils et si li octroia Qu'au peuple revelas leur comptes.

XIV. De Puero et Eure.

Die lat. Versionen sind völlig identisch; Y-A lässt die Rede des betrogenen Diebes weg.

XV. De Cornice et Urna.

Die Fabel, welche in den Av. Fab. und Apol. Av. nichts wesentlich Verschiedenes aufweist, ist in den Y-A durch ein Missverständnis verdorben worden: Es scheint, dass der Uebersetzer das *urna* seiner Vorlage nicht verstand, da er es durch *rucel* übersetzt, und noch dazu *en un champ* sein lässt, ohne daran zu denken, dass dann wohl das Einwerfen von Steinchen nichts helfen würde. Dann übersetzt er gedankenlos, aber genau, weiter, und gibt das *enisa diu planis ecfundere campis* richtig wieder durch *N'a terre ne la peut verser*, wodurch die ganze Fabel völlig sinnlos wird: derartige Gedankenlosigkeit ist indessen bei unserem Uebersetzer selten.

19 *

XVI. De Simiae Gemellis.

Die beiden lat. Versionen geben den Grund, weshalb die Aeffin das vorgezogene Junge fahren lassen muss, verschieden, wenn auch dem Sinne nach gleich, an: Av. Fab. XXXV: Sed cum lassatis nequeat consistere plantis, etc., und Apol. Av.: sed pedibus posterioribus diu currere non ualens cogitur dilectum derelinquere, etc. Dazu Y-A (R. II 514): Ne puet courre, n'aler le tros: Celui laisse qu'en son bras tient, etc. Dies scheint eher auf die Lesart der Fab. Av., als auf die der Ap. Av. zurückzugehen, da die letztere zu bestimmt lautet, und im Französischen jedenfalls auch präziser wiedergegeben wäre. — Die Fabel bei Babrius (35), welche der unsrigen zu Grunde liegt, gibt blos die Sitte oder Unsitte der Affen an, aber ohne die darauffolgende Geschichte von der Flucht, u. s. w.

XVII. De Vitulo et Boue.

Babrius 37 wesentlich gleich Av. Fab., Apol. Av., Y-A.

XVIII. De Pardo et Vulpe.

Im Französischen liegt ein eigentümliches Missverständnis vor: das *pardus* der beiden lat. Versionen wird durch *ourse* wiedergegeben, dann aber in einer Weise, die lebhaft an die oft erwähnte Uebersetzung des *hydrus* bei LY erinnert, fortgefahren: Autre dient que c'est une beste Qui, de sa pel et de sa teste, Resemble la belle pentere A qui autre ne s'acompere (R. II 202). Sonst schliesst sich übrigens Y-A genau an die lat. Fassung an.

Das Resultat dieser kleinen Untersuchung ist das folgende: Der Y-A (und seine Vorlage) gehören ganz entschieden zu der textlichen Tradition der Av. Fab. und trennen sich von den Apol. Av. (dass die Hs. der Apol. Av. nach der Ueberschrift des Faksimiles bei Robert (Band I nach S. XCIV) ungefähr mit der von Y I gleichzeitig ist, spricht weder für noch gegen unsere Annahme, da es sich hier blos um eine Verwandtschaft in der textlichen Tradition dreht.) Wir haben nämlich sechs Fälle (worunter nur ein unsicherer, in der Fabel XVI), wo er sich zu dem ersteren, gegen zwei, wo er sich zu den letzteren stellt. Diese beiden Fälle (in Fabel X und II) sind jedoch von so geringer Bedeutung, dass wir gewiss annehmen dürfen, das Zusammentreffen von Y-A mit den Apol. Av. sei rein zufällig; denn in der That konnte jeder Uebersetzer oder Abschreiber auf den Gedanken kommen, diese Erweiterungen vorzunehmen.

Die Vorlage muss also einen den Av. Fab. sehr nahe stehenden Text zeigen, allerdings, wie schon früher gesagt, mit Anfügung der Moralitäten, die ja in den meisten Handschriften schon mit denselben verbunden sind, wenn sie auch ursprünglich nicht dazu gehört haben mögen.

Eine fremde Einwirkung konnte nicht konstatiert werden, zumal da sich ja nur äusserst selten eine unsrer Fabeln in fremden Sammlungen findet.

Es scheint, als wenn der Uebersetzer von Y I in Bezug auf Y-A weniger aufmerksam gewesen wäre, als sonst.

III. Teil.

Alexander Neckam's Novus Aesopus und Yzopet II.

Das Werk Alexander Neckam's, der Novus Aesopus, bietet, trotz eifrigen Forschens, nach wie vor eine Summe von Räthseln. Doch glaube ich, über einige noch nicht aufgeklärte Punkte ein, wenn auch nur schwaches, Licht verbreitet zu haben, und, ich muss es gestehen, der Gegenstand dieses letzten Teiles meiner Untersuchung ist weit mehr der Novus Aesopus selbst, als seine Uebersetzung. Wenn man überlegt, dass ohne eine Klarstellung der Fragen, die den Novus Aesopus selbst betreffen, eine Untersuchung der Uebersetzung unmöglich wäre, so wird man mir diese Abweichung von meinem Thema verzeihen. Es ergeben sich hier eine Reihe interessanter Fragen, die zum Teil im Folgenden ihre Beantwortung finden werden: so z. B. über das Verhältnis des Novus Aesopus zum Romulus, und über die Ursache der eigentümlichen Veränderung in der Anordnung, die wir in dem ersteren wahrnehmen, u. s. w. — Die letztgenannte Frage bietet um so mehr Interesse, als Neckam allem Anschein nach in seiner Bearbeitung der Fabeln Avian's dessen Ordnung unverändert gelassen hat.

Der Umstand, dass er den Avian umgedichtet hat, erklärt uns indessen, was Neckam veranlasst haben mag, seinem Novus Aesopus gerade die Ausdehnung von 42 Stücken zu geben: wie man weiss, sind die Fabeln des Avian gerade 42, und es ist wohl nicht zu kühn, wenn ich schliesse, dass die beiden Sammlungen ursprünglich bestimmt waren, Gegenstücke zu sein.

Ob Neckam direkt aus Romulus schöpfte, ist schwer zu sagen, doch werden wir später darauf zurückkommen; wobei auch die Mutmassung, welche Hervieux I S. 708 ausspricht, behandelt werden wird.

Ueber eine andere Annahme Hervieux' sei es mir hier erlaubt ein Wort zu sagen: Er behauptet nämlich, (I S. 707) dass Alex. Neckam sich zum Teil an den An. Nev. angelehnt habe, und führt als Beweis die Fabel De Lupo et Agno an, welche mehrere wörtlich entsprechende Verse aufweist. Im zweiten Bande S. 793 gibt er allerdings an: Quatuor hi priores versus (es sind eben die Besprochenen), qui alioquin in Berol. cod. ms. desunt, e Gualteri fabulis erepti fuerunt, ut verisimile est, non ab Al. Nequam, sed a scriba recentiore; überlässt aber dem Leser, ob er die Anlehnung an An. Nev. damit überhaupt als widerrufen ansehen will, oder nicht. Erst in dem in der Akademie verlesenen Résumé nimmt er seine Behauptung ausdrücklich zurück, wie G. Paris bezeugt. Der letztere sagt nämlich im Journal des Savants 1885, S. 49 Anm.: Dans un résumé de ses recherches lu à l'Académie et imprimé à part, M. H. a expressément reconnu qu'il s'était trompé en prétendant que Neckam avait connu Walther. — Bevor mir diese Zeilen bekannt waren, hatte ich die Frage einer genauen Prüfung unterworfen, und war zu dem Resultate gelangt, dass jeder direkte Zusammenhang zwischen Neckam und dem An. Nev. ganz entschieden abzuweisen ist, da nicht eine einzige wörtliche Uebereinstimmung, abgesehen von dem eben erwähnten, sekundären Plagiat, aufzutreiben ist.

Ob Neckam's Aesopus mit irgend einer andern der mir bekannten Fabelsammlungen in Zusammenhang steht oder nicht, wird die folgende Untersuchung ergeben.

Wie der An. Nev. hat auch Neckam's Novus Aesopus zwei franz. Bearbeitungen gefunden, von denen mir indessen bis jetzt nur die eine zugänglich geworden ist, in der bekannten Ausgabe Robert's. — Die andere ist nach der gemeinsamen Aussage von Du Méril und Hervieux aus einem Manuscript, das sich in Chartres befindet, von Duplessis im Jahre 1834 daselbst herausgegeben worden, unter dem Titel: Fables en vers du XIIIe siècle. Da die Münchener Hof- und Staats-Bibliothek diese Ausgabe nicht besitzt, so konnte ich diese Uebersetzung nicht studieren, und muss mir diese Aufgabe auf ein anderesmal versparen. — Nach Hervieux I S. 714 enthält diese Handschrift mehrere Fabeln nicht, nämlich die Nummern 3, 10, 11, 12, dagegen ist die Fabel 38 vorhanden, und dazu zwei Avian'sche Fabeln, die ursprünglich nichts mit der Sammlung zu thun haben. Es ist interessant, dass von den Fabeln Neckam's, welche nicht aus Rom. entnommen sind (das sind bekanntlich die Nummern 3, 7, 11, 14, 38), nicht weniger als drei (3, 11 u. 38) in den Uebersetzungen fehlen, und zwar Nr. 11 in beiden gemeinsam. Es läge sehr nahe, anzunehmen, dass diese drei Fabeln überhaupt nicht ursprünglich dem Nov. Aes. angehörten, wenn nicht das Fehlen von Nr. 11 in beiden Handschriften dadurch an Beweiskraft verlöre, dass in der von Duplessis veröffentlichten Uebersetzung auch die Fabel 10 und 12 fehlen, dass also augenscheinlich eine Lücke vorliegt. Auch die Sprache- und Vers-Behandlung in diesen Fabeln berechtigt durch nichts zu dem Schlusse, dass sie unächt seien.

Ob die gemeinsame Auslassung von Fabel XI eine textliche Verwandtschaft zwischen beiden Uebersetzungen bedeutet, kann ich mit dem äusserst geringen, mir bis jetzt zu Gebote stehenden Material noch nicht entscheiden; doch ist es wohl möglich, um nicht zu sagen, wahrscheinlich, dass diese Uebereinstimmung nicht mehr beweist, als die oft besprochene zwischen LY und Y I (Ms. 1594).

Was die übrigen nicht aus Rom. entnommenen Fabeln betrifft, so sei noch bemerkt, dass nicht nur Fabel III, sondern auch Fabel XIV ihre Entsprechung bei dem An. Nil. hat, was Hervieux übersehen zu haben scheint.

Die beiden Handschriften von Yzopet II, der Uebersetzung des Novus Aesopus, von denen Robert und Hervieux berichten, bieten hier keinen Anlass zu Bemerkungen, da uns zu wenig darüber bekannt ist.

Es versteht sich von selbst, dass bei der Besprechung der einzelnen Fabeln des Novus Aesopus das früher Gesagte höchstens noch einmal ganz kurz wiederholt werden wird, mit Verweisung auf die betreffenden Fabeln des I. Teiles, und dass Neckam's eignes Verhältnis zu seinen Vorgängern (und Nachfolgern) eine starke Betonung finden muss.

I. De Lupo et Grue.

Die Fabel ist bei Babrius (94), Halm Fab. Aes. 276, und Phädrus I 8 ganz die gleiche, nur dass in der Fabel bei Halm der Wolf die Zähne fletscht ($\tau o \grave{v} \varsigma$ $\grave{o} \delta \acute{o} \nu \tau \alpha \varsigma$ $\vartheta \acute{\eta} \xi \alpha \varsigma$). Die späteren Lateiner haben, abgesehen von dem letzten Zug, wesentlich die gleiche Fabel, mit dem einzigen Unterschied, dass bei einigen, z. B. dem An. Nil., der Wolf dem Kranich noch speziell eine Versicherung gibt oder einen Eid schwört (*jurejurando*), bei anderen nicht, und dass bei dem prosaischen An. Nev. sogar jedes Versprechen von seiten desselben unterbleibt. — Der An. Nev. gibt die Fabel, die er wesentlich unverändert lässt, nach seiner affektierten Manier unnatürlich kurz, und seine Uebersetzer sehen sich natürlich gezwungen, den Hergang etwas ausführlicher zu erzählen. Y I scheint sich indessen in keinem wesentlichen Punkte von seiner Vorlage und der Tradition zu entfernen. — LY zeigt hier, wie schon besprochen wurde, eine Anlehnung an Marie. — Al. Neckam steht in unserer Fabel dem Text des Rom. freier als gewöhnlich gegenüber, ohne sich indessen dem Phädrus mehr zu nähern. Frei erfunden ist z. B. Omnes respondent Gruis ossea labra valere Os, quod inhaerebat faucibus, abstrahere; ferner auch . . . (Grus praemia poscit;) Fallit eam verbis callidus ambiguis. — Auffälligerweise stimmt das Erstere zu Marie (Roquef. VII): Chascuns en dist son avis; Fors la grue, se dient bien, Ni a nulz d'iaus ki saiche rien. Le col a Iunc è le bec groz Si en purreit bien tirer l'oz, eine Uebereinstimmung, auf die wir später noch werden zurückkommen müssen. — Es ist unklar, ob man aus dem *omnes respondent* Neckam's herauslesen darf, dass er sich auch, wie Marie, die Tiere versammelt denkt. — Y II, der übrigens das *verbis ambiguis* nicht übersetzt, zeigt die Versammlung der Tiere, welche sich, wie schon bei LY erwähnt, bei Marie (und vielleicht auch bei Neckam selbst angedeutet) findet; aber der Vorschlag, den Kranich beizuziehen, geht hier nicht von den Tieren im allgemeinen aus, sondern vom Fuchse: Par foy, dit renart, il me semble Que la grue bien le gueriroit, Se entremettre s'en voloit (R. I 196), was auffällig zu LBG (IX) stimmt, wo die Versammlung der Tiere ja auch zu finden ist. Dort heisst es nämlich: Et quaedam discreta Vulpecula . . . . Lupo respondit: Inter nos nec bestiam scimus, nec avem . . . praeter solam Gruem. — Vielleicht gelingt es uns, auch hiezu noch weitere Beispiele zu finden, und jedenfalls werden wir später noch davon zu sprechen haben.

II. De Quadrupedibus et Auibus.

S. An. Nev. XLIV. — Neckam geht mit dem An. Nil., Marie und LBG. — Y II ziemlich genau.

III. De Culice et Tauro.

Die Fabel ist, wie Hervieux richtig angibt, ausser bei Neckam nur noch bei dem An. Nil. (36) zu finden, gehört aber vielleicht zu der Fabel des Babrius, Nr. 112, wo Stier und Maus mit einander streiten, allerdings nicht vor Zuschauern, was den Charakter der Fabel bedeutend verändert. — Neckam's Fabel zeigt keinen wesentlichen Unterschied von der des An. Nil., der sie jedenfalls entstammt. Y II, der den Inhalt genau wiedergibt, hält sich sehr wenig an den Text: er führt besonders die direkten Reden ein, was dem Ganzen grössere Lebhaftigkeit verleiht; ferner lässt er die Fliege sagen: *Tu te dois combattre au cheval*, was nichts Entsprechendes in der Vorlage hat, und fügt den Anfang der Moral frei ein: *Autressi du fort damoisel, Quant il se prent a un hardel: Honneur n'en puet avoir, mais honte.*

IV. De Ouibus et Lupis

Die Fabel des Babrius 93 ist nur dem Sinne, nicht der Handlung nach eine Vorläuferin der unsrigen. — Die zwei Versionen dagegen, welche Halm in seinem Aesop als Nr. 268 abdruckt, entsprechen der mittelalterlichen Fabel schon genauer, enthalten aber den wichtigen Umstand noch nicht, dass die jungen Wölfe ausgeliefert werden, was auch beim An. Nil. 43 (und Cod. Weiss. IV 9) noch nicht geschieht: Lupi legatos mittunt; fictam quaerunt pacem, ut dederent se ipsis custodibus suis. — Die eigentliche Grundlage der Gestaltung der Fabel im Mittelalter ist also Rom. III 13, wo es heisst: . . . pacem petentes jurando, si Canes obsides darent, et Oves catulos eorum ab eis acciperent. . . Ovibus in pace positis, lupini catuli ulurare coeperunt. Ferner lässt Rom. ausser den Hunden auch noch Widder als Beschützer der Schafe auftreten.

Der An. Nev. folgt in allen wesentlichen Punkten dem Rom., gibt aber für das Heulen der jungen Wölfe einen Grund an, (V. 9): *Dum natura iubet natos ulurare lupinos*, was von dem italienischen Uebersetzer weiter ausgearbeitet wird, indem derselbe, nicht zufrieden damit, dass die jungen Wölfe einfach einem Naturtrieb folgen, einen anderen Grund angibt (Riccardiano): „E ordinarono li Lupi: Quando noi aremo li Cani con noi, voi Lupicini urlerete: allora noi diremo que le Pecore abbiano rotta la pacie;" das Heulen geschieht also auf Verabredung, eine sehr naheliegende Aenderung. — LY weicht hier von seiner Vorlage ab, wie er ja die ganze Fabel sehr frei und ausführlich behandelt, und lässt das Heulen und den darauffolgenden Vorwurf des Friedensbruches weg. Bei ihm scheinen die als Geiseln gegebenen Wölfe (er sagt nicht, dass es j u n g e gewesen seien) selbst die Schafe anzugreifen: (V. 2775 f.) Les berbiz donent en ostaiges Chiens et moutons et prirent gaiges Des louez que cil lour baillarent, Auuecque lour les en menarent . . . . Si tost come li fains comande Es lous desirrer lour uiande, En lour grant pances sevelissent Celes que per nature baïssent. — Die einzige Uebersetzung des An. Nev., welche genau zur Vorlage stimmt, ist Y I.

Die zwei noch nicht erwähnten Lateiner, Rom. Nil. und LBG, zeigen hier eine Abweichung, die mir sonst nirgends begegnet ist, und die die zweite Sammlung jedenfalls der ersten entlehnt hat: die Wölfe ermorden gleich nach der Auslieferung die ihnen als Geiseln gegebenen Hunde, und greifen erst dann die Schafe an. Im Uebrigen stimmt aber Rom. Nil. zum Rom. Div.

.Eine eigentümliche Stellung nimmt Neckam ein; man lese: Grex Ovium, pugnando, Lupos superasse refertur, Agmine custodum super-

veniente Canum; also ohne Erwähnung der Widder. Ferner: Perpe-
tuam pacem promittunt, si datur illis Obses turba Canum. Conditio
placuit; also kein Wort davon, dass auch die Wölfe Geiseln gestellt
hätten, womit das Heulen als Veranlassung zum Angriff von selbst
wegbleibt. Man sieht, dass Neckam hier eine ältere Form der Fabel
bietet, als Rom., und dass er entweder auf die griechische Fabel, oder,
was weit wahrscheinlicher ist, auf den An. Nil. zurückgreift, der ihm
ja auch sonst noch manchmal zum Ausgangspunkt gedient zu haben
scheint. — Y II stellt sich in allen wesentlichen Punkten zu seiner Vor-
lage; nur werden die Hunde nicht als Geiseln gegeben, sondern von
den Schafen verraten. (R. I 204) Aufforderung der Wölfe: Les chiens
leur feront avoir Que faire en puissent leur voloir: Car vers euls ont
grant felonie; und später: Les chiens leur ont abandonnés. Puis les
monstrent là où il sont, Qui se dormoient tous en un mont: Erraument
furent devourés. Es ist dies jedenfalls eine Weiterentwicklung aus der
schon erwähnten Eigenheit von Rom. Nil. und LBG. In letzterer Samm-
lung heisst es (XXXI): Lupi, ad sua reversi, statim pacis foedera
ruperunt, et super compeditos et ligatos obsides irruentes, etc. — Joh.
de Schep., für uns ohne Bedeutung, steht ziemlich abseits.

V. De Cane et Asino.

Die Fabel, welche bei Phädrus nichts Entsprechendes hat, geht
zurück auf Babrius 131 (Schneidewin; bei Lewis ist es Nr. 125 des
ersten Bandes), (s. auch Halm, Fab. Aes. 331), wo sie schon in allen
Hauptzügen vorhanden ist. — Der An. Nil. 17, Cod. Weiss. II 10, und
Rom. I 16 bieten nichts Besonderes, als dass der Esel mit sich selbst
redend eingeführt wird, und den Hund *immundissimum* nennt. Dem
entsprechen nun die meisten anderen Sammlungen: Rom. Nil., An. Nev.
(*Me catulo prefert uite nitor;* V. 7), LBG, An. Nev. Prosa, Odo de
Cer.; Joh. de Schep., etc. Die Uebersetzungen des An. Nev. stimmen
ziemlich genau zu diesem, besonders LY. — Y I zeigt das Eigentüm-
liche, dass der Esel auf den Tisch des Herrn springt, und nähert sich
so wieder unwillkürlich der Darstellung des Babrius .... ϑέλων περι-
σκαίρειν; τὴν μὲν τράπεζαν ἔϑλασ᾽ ἐς μέσον βάλλων, ἅπαντα δ᾽ἐνϑὺς ἠλοίησε
τὰ σκεύη.

Marie und Neckam weichen ebenfalls ab: Jene hat den in keiner
älteren Sammlung vorliegenden Umstand, dass der Herr niedergeworfen
wird: (Roquef. XVI) Des piez le fiert, suz lui sailli Si k'a la terre
l'abati. — Neckam weicht in manchen Einzelheiten ab: das Selbst-
gespräch des Esels fehlt und es ist an dessen Stelle nur gesagt: Arte
putans stolidus simili fore gratus; ferner fehlt auch Einiges bei der

Beschreibung, wie er den Herrn begrüsst. Besonders aber fehlt die Erwähnung der Diener: Zwar lässt Robert I 237 den 12. Vers lauten: S e r v u s, utrosque latus, tergaque fuste dotat; aber Du Meril, a. a. O. S. 180, gibt ausdrücklich an: E j u s utrumque latus tergaque fuste dolat, und Hervieux, vol. II, S. 789, hat das Gleiche[1]). — Der Diener ist also nicht erwähnt. — Y II steht hier seiner Vorlage ungemein frei gegenüber: Die Ueberlegung des Esels ist ganz ausführlich gegeben, zwar nicht direkt, wie bei Rom., aber sie findet sich ja auch bei Marie in indirekter Fassung; der Herr wird hier auch zur Erde geworfen, wie bei Marie (Aus dens l'a par l'espaule pris, Et estraint et a terre mis), und dann stürzen nicht blos die Diener, sondern auch Frau und Kinder herbei: Et quant ce virent les amis, Ses sergents, sa femme et ses fils, L'Ane ont batu et tempesté. — Sollte dies etwa auch als eine Anlehnung an Marie anzusehen sein?

VI. De Mure et Rana.

Neckam, der in dieser Fabel viele wörtliche Uebereinstimmung mit Rom. I 3 zeigt, weicht in einem Punkte ab: Die Maus wird wirklich vom Frosche ertränkt, und dieser freut sich darüber: Sese mersit aquis, sicque necavit eum. Insultans misero post haec et laeta coercens etc., was wohl aus dem An. Nil. IV entwickelt ist, wo der Raubvogel auch erst kommt, nachdem die Maus tot ist: Quo mortuo surgens cum fluctuaretur, conspexit praedam Milvus volans, während, soviel ich sehe, alle anderen Darstellungen ihn dem Streit ein Ende machen lassen.

Hierin, wie in der ganzen Darstellung der Fabel, geht Y II mit seiner Vorlage, und weicht nur in dem einen Punkte ab, dass die Maus ihre Verwandten besuchen will. Dieser Zug kommt sonst nicht vor; überhaupt gibt nur noch LY einen Grund für die Wanderung der Maus an (abgesehen von der ganz verschiedenen Darstellung bei Marie und LBG), im V. 134: *Por sa poure cheuance querre.* — Die von Ghivizzani veröffentlichte ital. Uebersetzung (Riccardiano) des An. Nev. bietet eine eigentümliche Auffassung: er übersetzt nämlich das *Hic jacet, ambo jacent* des 14. Verses: E poscia gli lasciò cadere sopra una pietra e morì il Topo e la Ranocchia, indem augenscheinlich das *jacet* allzu wörtlich genommen wurde[2]).

---

1) Hervieux druckt hier nicht etwa Du Mérils Text ab, sondern ist in vieler Beziehung von ihm unabhängig.

2) Aehnlich übersetzt der Ricc. das *Est Lupus, est agnus* der Fabel II durch: Dice ancora il detto savio che, mangiando una volta il Lupo, e ancora uno Agnello mangiava. — *Est = mangiava!*

VII. De Vulture et Aquila.

Die Fabel, für die es auch mir nicht gelungen ist, irgendwo ein
Analogon zu finden, würde Neckam's Eigentum zu sein scheinen, wenn
nicht, wie Du Méril, a. a. O. S. 181, Anm. 4, bemerkt, bestimmter Grund
vorläge, anzunehmen, dass die Fabel älter ist, als Neckam, da er sie
ja selbst nicht recht verstanden hat. — Y II gibt seine Vorlage ziem-
lich genau wieder. Hinzugefügt ist nur der Umstand, dass der Adler
und sein Weibchen erwähnt werden, und dass der Geier sagt: Fuis-je
jadis plus mal mené D'une tempeste de gelée, während es im Latein
doch blos heisst: Longe majorem vidi. — Nicht übersetzt sind die
Verse: Crescentis mirata moras, tristissima nutrix Hunc voluit nido
pellere saepe suo. Obstitit incepto pietas, ignaraque fraudis Naturae
totas imputat illa moras.

VIII. De Leone et Asello.

Die beiden ältesten Versionen der Fabel, Halm, Fab. Aes. 259 und
Phädrus I 11, unterscheiden sich durch zwei wichtige Merkmale, die
indessen später nicht mehr vorzukommen scheinen: Bei jenen sind die
Tiere, wilde Ziegen, in einer Höhle, und der Esel muss sie heraus-
treiben (Γενομένων δὲ αὐτῶν κατά τι σπήλαιον, ἐν ᾧ ἦσαν ἄγριαι αἶγες, ὁ
μὲν λέων πρὸ τοῦ στομίου στὰς ἐξιούσας παρετηρεῖτο, ὁ δὲ εἰσελθὼν ἤλαυνεν
αὐτὰς, καὶ ὠγκᾶτο ἐκφοβεῖν βουλόμενος). Bei Phädrus dagegen bedeckt
der Löwe den Esel mit Strauchwerk und heisst ihn schreien (Contexit
illum frutice et admonuit simul Ut insueta voce terreret feras). —
Rom. Div. nun, und Rom. Nil., LBG (mit der aus der Fabel vom Eber
und Esel entnommenen Anrede), Joh. de Schep., Rom. Mon., (die zwei
dem Odo de Cer. zugeschriebenen Fabeln, Hervieux II, S. 651 und
S. 709, gehören nicht hieher), geben der Fabel eine ganz andere
Wendung, indem der Esel dem Löwen freiwillig zeigen will, was er
kann. — Al. Neckam trennt sich hier von Rom. und es sieht in der
That so aus, als ob er auf Phädrus zurückginge: bei ihm befiehlt
der Löwe dem Esel, zu schreien (Horrendo clamare sono mox jussit
asello), was zu Phädrus, V. 4, stimmt, wo es heisst: admonuit simul
Ut insueta voce terreret feras. Der Umstand, dass der Esel fru-
tice bedeckt worden sei, fehlt indessen, und ferner wird ausgesagt:
Exanimi similis stetit omnis turba ferarum, Nec potuit pugnae vel
meruisse (meminisse) fugae, was der Angabe bei Phädrus widerspricht,
wo es heisst: Quae dum paventes exitus notos petunt, etc. Die An-
lehnung an Phädrus ist also nur scheinbar und beruht auf Zufall. —
Indessen bleibt bei Neckam, wie man sieht, der Witz der Fabel der

gleiche: Auch ich würde mich gefürchtet haben, wenn ich dich nicht gekannt hätte. — Y II folgt in allen Stücken genau seiner Vorlage.

IX. De Oue et Leone et Vacca et Capella.

Bei Babrius 67 und Halm, Fab. Aesop. 258, hat die Fabel nur das Eigentümliche, dass der Löwe drei Teile macht, obwohl er nur einen Genossen hat; sie stimmen übrigens unter sich überein. Die mittelalterliche Tradition beruht indessen wieder auf Phädrus I 5, und hat mit diesem besonders die handelnden Personen gemeinsam: Vacca, Capella, Ovis. Ebenso haben An. Nil , Cod. Weiss., Rom., An. Nev., Rom. Nil. in der Fabel I 7, Neckam, Joh. de Schep. in Fabel IV, Rom. Mon. etc. — Einen eigenen Weg hat der Rom. Nil. eingeschlagen, und Marie sowohl als LBG folgen ihm: er stellt (aber nicht in allen Hss.) vor die Fabel eine andre, ganz ähnlichen Inhalts, in welcher Bubalus et Lupus die Begleiter des Löwen sind, während die zweite genau der uns vorliegenden entspricht. Marie folgt ihm, lässt aber in der zweiten der beiden Fabeln, die nach der Angabe Mall's (a. a. O. S. 170) nur als eine zu zählen sind, die Kuh aus, worin sich LBG, die hier direkt auf den Rom. Nil. zurückgehen, ihr nicht anschliessen. — Interessant ist die Fabel Odo's de Ceringtonia (Hervieux II S. 642), der sich darin an die Tiersage anlehnt. Joh. de Schep. V schliesst sich an ihn an. Hier kann ich indessen nicht darauf eingehen. — Was nun unsere Uebersetzungen betrifft, so folgen sie alle genau ihren Vorlagen: Ueber LY und Y I ist nichts zu bemerken. Der Riccardiano hat, was mir sonst nirgends begegnet ist, den Zug, dass sich die Tiere vom Löwen trennen: Et quando gli altri animali udirono queste parole, cosi scornati partirono dal Lione, e non ebbono niente della loro preda. — Y II folgt dem Novus Aesopus im Ganzen genau. Frei erfunden ist nur, dass der Löwe den andern Tieren befiehlt, ihm zu helfen: (R. I 36) Un lions orgueilleus Cruel et envieus Si volt aler chacier. Un cheval esgarda A qui il comanda Qu'il li venist aidier. La vache et la brebis En a aussi requis Qui volentiers y vont . . . . Ich kann nicht umhin, darauf hinzuweisen, dass hier wieder ein Berührungspunkt mit LBG vorzuliegen scheint, welche Sammlung, unabhängig von Marie und Rom. Nil., hier folgende Fassung aufweist: Alio etiam tempore Leo, in venationem iturus, alios habere voluit socios. Assumpsit ergo Vaccam et Capram et Arietem. Dies findet sich sonst nirgends.

X. De Lupo et Agno.

S. An. Nev. II. — Neckam geht, da Phädrus auszuschliessen ist, auf An. Nil. III zurück.

XI. De Stulto et Mulis.

Die Fabel ist, wie schon bemerkt, weder bei Y II, noch in der von
Duplessis veröffentlichten Uebersetzung vorhanden, dürfte aber doch, da
Sprach- und Vers-Behandlung nichts besonderes zeigen, dem Novus
Aesopus rechtmässig angehören, und, obwohl sie sich nur bei Neckam
findet, auf das griechische Altertum zurückgehen, wie Du Méril (a. a. O.
S. 185, Anm. IV) bemerkt.

XII. De Pauone et Graculo.

S. An. Nev. XXXV. — Neckam lässt, wie Marie und LBG, die
Krähe zum eigenen Geschlecht zurückkehren, und ausgestossen werden. —
Y II ist hier nicht sehr genau, es tritt statt der Krähe der Häher auf,
wozu s. Fuchs, a. a. O. S. 31, aber auch Du Méril, a. a. O. S. 186.

XIII. De Cane et Umbra.

S. An. Nev. V. — Neckam kürzt stark, lässt aber die Fabel wesent-
lich unverändert. — Y II nähert sich zufällig in einer Kleinigkeit der
Fassung des Phädrus.

XIV. De Lepore et Ancipitre et Passere.

Wie schon erwähnt, findet sich die Fabel nicht blos, wie Hervieux
angibt, bei Phädrus, sondern auch im An. Nil. als Nr. 57, was indessen
an dieser Stelle nichts ändert, da der letztere fast genau den Wortlaut
seiner Quelle beibehält. Eine wörtliche Anlehnung von Seiten Neckam's
liegt indessen nicht vor (wenn man nicht das *qui modo* der viertletzten
Zeile so auffassen will). Es wird kaum der Erwähnung bedürfen, dass
die Vertauschung der Rollen im An. Nil. (*Oppressam Aquila et fletus
dantem Lepus objurgabat Passerem*) nur auf einem Schreiberirrtum be-
ruht, da dies mit dem Nachfolgenden nicht stimmen würde: *Ubi perni-
citas tua est et cur sic pedes cessarunt?* — Das Letzte beweist, dass
es sich hier um einen Fehler, letzter, oder doch später, Hand dreht,
und Neckam scheint sich einer Handschrift bedient zu haben, welche
den Irrtum nicht enthielt. Doch wäre bei ihm nicht ausgeschlossen,
dass er den auffälligen Fehler selbst bemerkt und gebessert hätte. —
Y II stimmt zur Vorlage; nur ist die letzte Rede des Hasen weggelassen.

XV. De Cane et Oue.

Diese Fabel ist bei Besprechung von LY weitläufig behandelt
worden und ich kann mich hier auf Neckam und seine Uebersetzung
beschränken: Neckam geht in einer der dort besprochenen Besonder-

heiten mit dem Rom. Nil., er lässt nämlich auch den Richter nach Zeugen
fragen: Judex testes petit (V. 3). Doch darf man diesem Umstand
nicht allzuviel Bedeutung beilegen, da ja die beiden andern erwähnten
Eigenheiten des Rom. Nil. nicht vorhanden sind: es sind nämlich die
bekannten drei Zeugen (Lupus, Milvus, Ancipiter), und es ist keine
Rede davon, dass das Schaf vor Kälte gestorben sei. Die Fabel schliesst:
Pro pretio lanam vendidit illa suam. — Y II kommt hier, jedenfalls
unabsichtlich, auf die im Rom. vorliegende Version zurück, indem er
die Frage des Richters unterdrückt, und dafür den Hund sich erbieten
lässt, Zeugen zu stellen. Auffällig ist, dass der Uebersetzer von Y H
den sonst überall vorliegenden Umstand, dass das Schaf seine Wolle
verkauft, um seine Schuld zu zahlen, auslässt; wohl aus Versehen.
(Man lese: Trop bons tesmoins en oy Dist le chien . . . . Or les fai
dont venir Dist le juge . . .; ferner Il convint qu'el rendist, Vousist ou
ne vousist, Le pain qu'elle n'eut mie. A tous les faus temoins Qui
sont et près et loins Envoit Diex courte vie.) — Y I, der sonst genau
seiner Vorlage folgt, hat die selbständige Eigenheit, dass nicht, wie
sonst überall, wo drei Zeugen genannt werden, der Wolf und zwei
Raubvögel auftreten, sondern nur einer, und dafür der Fuchs, was auch
das zugehörige Bild zeigt. (R. II 449) Le chien amainne pour sa part,
L'ecoufle, le loup et regnart.

XVI. De Serpente et Lima.

Die Fabel ist in den späteren Fassungen noch wesentlich unver-
ändert, im Verhältnis zur Darstellung im Griechischen, bei Halm, Fab.
Aes. 86 (Nr. 146 gehört weniger hieher), obgleich bei diesem die
Schlange an die Feile leckt (περιέλειχε), während sie sonst in der Regel
beisst. — Ob die Fabel, die wir bei Marie (Roquef. 83) finden, zu der
unsrigen gehört, oder nicht, wage ich nicht zu entscheiden. Beide
haben kaum mehr als den Grundgedanken gemeinsam. — Bei einigen
der von Phädrus abhängigen Lateiner lächelt die Feile über das nutz-
lose Unterfangen der Schlange (z. B. bei dem An. Nil., Rom., Rom.
Mon.), andre lassen dies wieder weg, ohne dass man, wie es scheint,
einen Schluss daraus ziehen könnte, so z. B. der An. Nev. und LBG. —
Die Uebersetzungen des An. Nev. stimmen genau zu diesem. (Die eine
davon, Y I, ist nur dadurch interessant, dass der Ueberarbeiter hier
eine Geschichte anfügt, die mit der Fabel selbst nur das Wort „Feile"
gemein hat, was für seine oberflächliche Art kennzeichnend ist.) —
Neckam hält sich in dieser Fabel mehr als sonst Rom. gegenüber
selbständig; frei erfunden ist besonders, dass die Schlange auf das
Lachen der Feile hin fragt, weshalb sie lache: *Risit Lima, rogat*

Serpens cur riserat; und die Angabe, dass sich die Feile von dem Blute der Schlange rötet: *jam rubeo snnguine tincta tuo.* — Neckam scheint hierin völlig selbständig. — Y II schliesst sich ihm ziemlich genau an; doch ist frei zugefügt, dass die Zähne der Schlange zerbröckeln (Les dents sont depeciées Et rompues et brisiées Et il furent sanglant), und das Lachen der Feile ist unterdrückt.

XVII. De Latrone et Vicinis.

S. An. Nev. VII. — Neckam und Y II bieten nichts Besonderes.

XVIII. De Rustico et Progne.

S. An. Nev. XX. — Neckam genau nach Rom.; nur heisst eigentümlicherweise die Schwalbe *Progne.*

XIX. De Musca et Caluo.

S. An. Nev. XXXII. — Die Fliege wird wirklich getroffen.

XX. De Leone et Pastore.

S. An. Nev. XLI. — Wesentlich nach Rom. — Neckam weicht in einem nebensächlichen Punkte mit dem An. Nev. zugleich ab. — Y II ist hier ziemlich frei und selbständig.

XXI. De Lupo et Asino.

Die Fabel bei Babrius 121 gehört nur dem Grundgedanken nach zu der unsrigen; die Personen sind ganz andre, nämlich ὄρνις und αἴλουρος (Vogel und Katze); die Antwort lautet dort auch etwas anders: ἢν ἀπέλθῃς, οὐκ ἀποθνήσκω. — Die Vorlage Neckam's ist jedenfalls Rom. IV 15 (siehe auch Du Méril, a. a. O. S. 192, Anm. 11, der dort eine lat. Fabel gleichen Inhalts aus Dositheus citiert), der ziemlich genau reproduziert wird. Nur scheint insofern eine Wandlung eingetreten zu sein, als die heuchlerische Absicht des Wolfs mehr zurücktritt. Man vergl. Rom. IV 15: Sic homines mali, etiam si prodesse se fingant, et bene loqui simulatorie velint, magis nocere festinant; mit Neckam: Vir sic infidus, fit quislibet officiosus, Cum facit ipse bonum, creditur esse malum, wo doch durch das *creditur* die Meinung erweckt wird, dass die Absicht des Wolfs nicht wirklich schlimm sei. — Y II geht darin noch weiter: der Wolf fühlt wirkliches Mitleid. (Rob. II 533) Il ot moult grant pitié Du las qui traveillé Estoit et endormi. Das Gleiche drückt auch die Moral aus: Se un hom desloial Se repentoit du mal Qu'aroit fait en sa vie, Tout le bien qu'il feroit, Des gens tenus seroit Mal et ypocrisie.

XXII. De Lupo et Bubulco.

Die Fabel ist seit Babrius 50 (wo allerdings der Fuchs statt des Wolfes auftritt) wesentlich die gleiche geblieben, abgesehen davon, dass bei verschiedenen Autoren mehrere Jäger statt des einen auftreten; so bei Neckam im Anfang *venatores,* später Singular. — Stärker weichen, so viel ich sehe, nur Marie und LBG ab, wo der Hirt selbst den Wolf versteckt: Marie (Roquef. 42): Li Paistres dist que si fera, Desouz la faude le muça, und LBG (78): Vade igitur, ait pastor, et absconde te in rubo qui vicinus est. . . . . Man vergleiche dazu Babrius 50, V. 3 und 4: πρὸς ϑεῶν σε σωτήρων, κρύψον με ταύταις, αἷς ἔκοψας, αἰγείροις. — Wie schon angedeutet, schliesst sich Neckam hier ziemlich genau, wenn auch mit etwas grösserer Ausführlichkeit, an Rom. an, und ebenso folgt ihm Y II. Bei diesem letzteren ist nur eigentümlich, dass der Wolf sagt: Car il me het de mort Et si n'est mie a tort: Je l'ai bien desservie (R. II 535), im Gegensatz zu Rom. und anderen, wo er ja sagt: *Cui nihil fecisse juro,* was Neckam allerdings auslässt.

XXIII. De Vulpe et Aquila.

S. An. Nev. XIII. — N. lässt das *supplex* aus, das sich bei Y II indessen dem Sinne nach wieder vorfindet.

XXIV. De Leone et Equo.

S. An. Nev. XLII. — N. lässt das Pferd, als der Löwe gefallen, noch einmal sprechen. — Y II bietet einige selbständige Eigentümlichkeiten.

XXV. De Niso et Columbis.

S. An. Nev. XXII. — N. schliesst sich genauer an Rom. an, als der An. Nev. — Y II übersetzt *nisus* durch *oiselere.*

XXVI. De Equo et Homine.

Die Fabel ist dieselbe, welche Halm in seiner Ausgabe der Fab. Aesopicae aus der Rhetorik des Aristoteles abdruckt, als Nr. 175. Der einzige Unterschied ist, dass im Griechischen der Jäger dem Pferd die Bedingung setzt, sich den Zaum anlegen zu lassen (ὁ δ'ἔφησεν· ἐὰν λάβῃ χαλινὸν, καὶ αὐτὸς ἀναβῇ ἐπ' αὐτὸν ἔχων ἀκόντια), während bei Rom. und Neckam das Pferd selbst dem Jäger die Anweisung gibt, dies zu thun. Man lese Neckam, V. 5 und 6: Et jubet ipse sibi frenum sellamque parari, Et de praedictis quid fierit docuit. — Y II kommt hier wieder der ältesten Fassung etwas näher. (R. I 271) Le venceur l'a pris Qui tantost li a mis Et le frein et la selle: Bien estroit le

20

sangla, Uns esperons chauça Qui curent grant rouelle; es ist also keine
Rede davon, dass das Pferd selbst die Veranlassung zum Auflegen des
Sattels etc. gewesen sei. — Uebrigens schwächt Y II die Fabel un-
gemein stark ab, indem er das Pferd versprechen lässt, es wolle dem
Jäger sein ganzes Leben hindurch dienstbar sein, wodurch sein späteres
Sträuben jede Berechtigung verliert: Et il le serviroit Tous le jours
qu'il vivroit.

XXVII. De Coruo et Vulpe.

S. An. Nev. XV. — N. nähert sich der griechischen Fassung. —
Y II zeigt hier nichts Besonderes.

XXVIII. De Duabus Canibus.

S. An. Nev. IX. — N. nichts Besonderes. — Y II weicht stark ab
und zwar selbständig.

XXIX. De Formica et Cicada.

In Bezug auf das Verhältnis dieser Fabel zu der des An. Nev. XXXVII
ist das Nötige schon bei der Besprechung der letzteren gesagt worden. —
Die Mehrzahl der Bearbeitungen — seit Babrius ist die Fabel ziemlich
unverändert die gleiche — geben an, dass die Ameise ihr Getreide ge-
trocknet habe, so Babrius 137 (nach Schneidewin, bei Lewis steht die
Fabel im I. Band als Nr. 129): σῖτον ἔψυχε, An. Nil. secabat, Rom. siccabat,
und ähnlich Rom. Mon. und Joh. de Schep. Nicht erwähnt wird dieser
Umstand, der, so viel ich sehe, das einzige unterscheidende Merkmal
ist, im Rom. Nil. (wo die Ameise beim Essen sitzend dargestellt wird),
und im Anschluss an diesen von Marie (und LBG), wo jedoch nur steht:
(Roquef. 19) D'un Gressillon dist la menière Qui dusqu'à une fromiére
El tans d'yver esteit alez, Par aventure enz est entrez. — Auffälliger
Weise lässt auch Neckam diesen Umstand weg, und beginnt: Formicam
bruma narratur adisse cicada, Ut sibi frumenti paucula grana donet. —
Y II stimmt genau zu ihm.

XXX. De Grege et Lanista.

Gehört dem Sinne nach zu der Fabel Avian's, XVIII, von dem
Löwen und den drei Stieren. — Du Méril, a. a. O. S. 200, Anm. 2
sagt: „Il est remarquable que toutes les versions antérieures ä Neckam
aient remplacé le boucher par un lion;" dies ist aber unrichtig, denn
Rom. IV 6 (von Du Méril selbst bezeichnet!) hat *lanius* und *lanio*, und
auch der Rom. Nil. hat *lanio*.

Es ist mir nicht gelungen, bei den drei Lateinern, die die Fabel
haben, einen Unterschied ausfindig zu machen, ausser dass Neckam im

Gegensatz zu den beiden andern sich darauf beschränkt, von einer *grex*, einem *de grege* u. s. w. zu sprechen, die Art aber nicht genauer bezeichnet So kommt es denn, dass Y II andre Tiere einsetzt, als wir sonst finden; er spricht von verschiedenen Arten: *toriaux, cerfs, chevriaux, dams, biches* und zuletzt bleibt bei ihm ein *torel* übrig. Dies ist blos dadurch möglich, dass der Uebersetzer das Wort *lanista* nicht recht verstanden hat, denn was der Metzger mit Hirschen u. s. w. zu thun hätte, ist nicht klar. In der That können wir uns leicht überzeugen, dass der Uebersetzer nicht gewusst hat, was er sich unter *lanista* vorstellen solle; denn er schreibt: Il eut en une lande Une beste moult grande Qui avoit nom Laniste. (Robert scheint der Anm. nach auch nicht klug daraus geworden zu sein, denn er sagt: „Laniste, nom donné à un animal imaginaire. On peut le croire tiré du verbe laniare, déchirer.")

. XXXI. De Verace et Fallace.

Da Neckam genau zu Rom. stimmt, und nur in Bezug auf die Reihenfolge der an den zweiten gerichteten Aufforderung und der von diesem angestellten Ueberlegung abweicht, ferner auch Y II nichts Besonderes bietet, so sehe ich keinen Grund, hier näher auf die Fabel einzugehen.

XXXII. De Equo forti et Asello.

Die Fabel, die mit der griechischen bei Halm, Fab. Aesop. 328, wenig zu thun hat, da ja in dieser nur die Gesinnungen des Esels beschrieben werden, von dem so wesentlichen Hochmut des Pferdes aber keine Rede ist, ist, soviel ich sehe, durch alle Fassungen die gleiche geblieben (abgesehen von Plutarch, s. Du Méril, a. a. O. S. 202 Anm. 3). Neckam und der An. Nev. erweitern etwas, folgen aber sonst genau ihrer Vorlage. Ebenso Y I und LY. Auch Y II schliesst sich ziemlich genau an, fügt aber, was ich sonst nirgends angetroffen habe, eine Antwort ein, die der Esel dem hochmütigen Pferde gibt: Sire moult de mercis; Bien sai que j'ai mespris: James ne m'avendra: Quant venir vous verrai, La voie vous lairai; Jà fais ne m'en tendra.

XXXIII. De Ceruo et cornibus.

S. An. Nev. XLVII. — N. und Y II bieten nichts Besonderes.

XXXIV. De Ranis et Leporibus.

S. An. Nev. XXVIII. — N. lässt die Furcht der Hasen durch die Jäger erregt werden. — Y II übersetzt genau.

20 *

XXXV. De Monte praegnante.

Die Fabel ist bei allen Lateinern, mit Ausnahme des Rom. Nil., die nämliche, wenn man nicht als Abweichung auffassen will, dass der An. Nev. *terra* hat, statt *mons*. LY und Y I stimmen genau zum An. Nev. — Neckam weicht auch nur insofern ab, als er die Bewohner der Erde direkt redend einführt. — Viel freier verhält sich seine Uebersetzung, Y II: es wird z. B. die Burg zugegeben, die neben dem Berg erbaut sein soll: (R. I 328) Un chastel grant et bel Fu fondé de nouvel En une grant valée, Lez une grant montaigne Haulte et noire et grifaigne Dont souvent naist fumée (es handelt sich also hier um einen feuerspeienden Berg). Eine weitere Freiheit, die sich der Uebersetzer von Y II erlaubt, die aber der Fabel keineswegs zum Nutzen gereicht, ist, dass eigentlich die ganze Geschichte nur als ein Witz aufgefasst wird, so dass es gar nicht herauskommt, als ob der Berg die Maus wirklich geboren: (R. I 329) Un moquéeur si vit Une souris, si dit: Bien sçai que c'a esté, La montaigne estoit prains; Si a geté grant plains Et puis a enfanté . . . etc.

Der Rom. Nil. hat hier die eigentümliche Abweichung, dass nicht ein Berg, sondern ein Mann gebiert.

XXXVI. De Camelo et Pulice.

Die Fabel ist entschieden von der bei dem An. Nev. sich findenden, De Mula et Musca, zu trennen. — So wie wir sie hier haben, ist sie ein direkter Abkömmling der griechischen Fabel, die wir bei Babrius 84 und in der Sammlung der äsopischen Fabeln von Halm 235 finden, obwohl hier beidemal nicht Kamel und Floh, sondern Κώνωψ καὶ Ταῦρος die Helden sind. Seit dem An. Nil. sind es *Culex et Camelus*, wofür bald (schon im Cod. Weiss.) auch *Pulex* eintritt. (LBG hat musca et camelus, was jedoch auf die Fabel selbst ohne Einfluss bleibt). Die einzige stärkere Aenderung, die mir begegnet ist, findet sich bei Y II, der — man könnte sich versucht fühlen, eine Einwirkung der Fabel De Mula et Musca anzunehmen — folgende Ueberschrift bietet: *Ung Tahon qui s'assist sur ung Mulet*, ohne dass jedoch der Gang der Fabel selbst dadurch affiziert würde.

XXXVII. De Ventre et Membris.

Abgesehen von Neckam hat die Fabel überall die gleiche Fassung, besonders ist der Ausgang überall derselbe. N. allein weicht stärk, und, wie schon die Art der Abweichung ergibt, ganz selbständig ab: Er gibt der Fabel ein anderes Ende, als das gewöhnliche, was kaum zu ihrem Vorteil gereicht: Percepta causa, tandem Iivore remoto Ventris mox solitos Membra dedere cibos; Quo confortato, proprium sensere vigorem, Omnia cum domino laetificata suo. — Ferner lässt er Magen und Glieder direkt reden, und benützt die Gelegenheit, um medizinische Kenntnisse an den Tag zu legen. — Y II folgt ihm genau, kürzt aber die Rede des Magens etwas. — LY und Y I stimmen genau zu dem An. Nev.

·XXXVIII. De Pica et Cauda sua.

Die Fabel ist bei Y II nicht vorhanden, findet sich aber in der Uebersetzung von Chartres, und scheint, obwohl sie in keiner älteren Sammlung zu lesen ist, doch dem Novus Aesopus rechtmässig anzugehören. — Vergl. dazu Du Méril, a. a. O. S. 208, Anm. 3.

XXXIX. De Lupo et Cane.

Die Mehrzahl der Sammlungen haben, — die Fabel hat überall denselben Charakter — dass der Wolf am Hals des Hundes eine haarlose Stelle bemerkt: Babrius 99 (nach Schneidewin und Lewis): „ὁ δέ σοι τράχηλος" εἶπε „πῶς ἐλευκώθη"; — ebenso Phädrus: collum detritum u. s. w. Es weichen nur ab: An. Nil. Collum catenatum; Cod. Weiss. Collum catena perstrictum; Neckam: Sed cur nescio qua tibi sunt astricta cathena Colla...; ferner Marie (Roquef. 34): Cum li Chiens porte sun.... E la chaiene vist trainer, und endlich auch LBG: collatium, und später die Frage: Quid sibi vult, socie, circulus ille in collo tuo? Für Neckam ist dies wieder einer der zahlreichen Berührungspunkte mit dem An. Nil. — Neckam hat übrigens auch noch die Eigentümlichkeit, dass im Anfang der Fabel das unde...es des Rom. wiedergegeben wird durch unde venis. Wichtiger ist, und, wie es scheint, ebenfalls selbständig, dass der Wolf keine Lust äussert, mit dem Hund zu gehen. Y II macht aus der catena ein ledernes Halsband: Tu as entour ton col Qui est et gras et mol, De cuir un grand loyen (R. I 29); stimmt aber sonst wesentlich, mit einiger Abweichung im Anfang, zu seiner Vorlage. — Ebenso LY und Y I.

XL. De Philomena et Pauone.

Nichts zu bemerken.

XLI. De Leone et Mure.

Die Fabel ist bei Neckam noch wesentlich dieselbe, wie bei Babrius 107, und sonst. — Y II verändert sie einigermassen, indem nur von einer Maus die Rede ist, und der Löwe dieselbe mit dem Rachen

fängt. (Le lyon l'engoula.) Auch bietet sie hier, um ihr Leben zu
retten, direkt dem Löwen ihre Dienste an, die aber höhnisch zurück-
gewiesen werden: Va là où tu voudras, Plus mal par moi n'aras, Ce
repont le lyon: Jà ne me serviras, Ne bonté ne feras: Ne te prise un
bouton. — Y I und LY stimmen wesentlich zu dem An. Nev.

XLII. De Capella et Lupo.

Es scheint, dass der An. Nev. und Neckam hier eine Aenderung
vorgenommen haben, da ihnen nicht klar war, warum, wenn die Ziege
foeta war, und *ad partum vellet ire*, wie Rom. und der An. Nil. haben,
sie den Stall verlässt, und sie drücken sich deshalb so aus, als ob
pastum in ihrer Vorlage gestanden hätte. An. Nev.: Capra cibum querens;
Neckam: Forte suum pastum dum vellet adire Capella. — Es ist in-
teressant, dass schon eine Hs. von Rom., nämlich C (der Originaltext
der Weissenburger Hs.), nach Oesterley, a. a. O. S. 57, *pastum* liest —
(s. auch Herv. II S. 148). — Anzunehmen, dass *partum* ursprünglich
ein Schreibfehler für *pastum* gewesen sei, und dass sich dieser sekun-
dären Lesart erst später *foeta* zugesellt habe, wage ich nicht, da sich
dies letztere auch im Cod. Weiss., der doch *pastum* hat, findet, obwohl
diese Annahme sehr nahe läge, da ja die Fabel, wie sie Rom. u. s. w.
bieten, sinnlos ist. — Bei Neckam warnt die Ziege das Junge nur vor
dem Wolf, im Rom., dem An. Nil. und dem Cod. Weiss. vor wilden
Tieren im Allgemeinen: eine kaum nennenswerte Abweichung. Die
direkte Rede des Wolfes ist ebenfalls frei erfunden. — LY, Y I und
Y II entfernen sich in nichts von ihren Vorlagen.

Aus dem im III. Teil Gesagten ergibt sich nun:
Ein Zusammenhang irgend welcher Art zwischen dem An. Nev.
und dem Novus Aesopus liegt nicht vor, abgesehen davon, dass sie
meist gemeinsam auf Rom. beruhen. Wo sie von dem letzteren ab-
weichen, bezeichnen sie ganz verschiedene Zweige der Tradition. —
Gemeinsame Abweichungen von Rom. kommen nur zweimal vor: in
Fabel XX und XLII (nach Neckam). Die erste beruht auf Zufall; sie
ist nichts als die Auslassung eines nebensächlichen Zuges. Die Zweite
dagegen beruht wohl auf einer Variante, die der Cod. Weiss. aufweist.
(Es wäre interessant, zu studieren, ob zwischen den Lesarten Neckam's,
des An. Nev. einerseits, und denen des Cod. Weiss. andrerseits ein
Zussammenhang besteht). — Wörtliche Uebereinstimmung keine.
Wenn ich gesagt habe, Neckam's Novus Aesopus beruhe auf
Rom., so soll damit die Frage nach seinen Quellen noch keineswegs

abgethan sein. Sie ist zwar äusserst interessant, aber auch sehr schwierig. Wenn das Folgende dazu beitragen kann, in dieses dunkle Gebiet etwas Licht zu bringen, so sind meine kühnsten Hoffnungen erfüllt:

Für ganz unrichtig halte ich, was Hervieux, Band I S. 708, annehmen möchte, dass Neckam auf ein Manuskript des Phädrus selbst zurückgegangen sei, das dann natürlich mehr Fabeln enthalten haben müsste, als die uns bekannten Mss. Denn hätte Neckam den Phädrus selbst gekannt, so hätte er sich doch sicher das eine oder andere Mal, wo er von der späteren Tradition abweicht, an ihn angeschlossen, (und hätte wohl auch manchmal den Wortlaut seiner Quelle beibehalten). In der That haben wir aber, wie die vorausgehende Untersuchung zeigt, nur einen einzigen Fall, in Fabel VIII, wo eine solche Anlehnung vorzuliegen scheint, und auch sie ist derart, dass man getrost behaupten kann, sie beruhe auf Zufall. — Wo Neckam sonst noch dem Phädrus folgt, thun dies die anderen Texte auch, und häufig haben wir sogar den Fall, auf den bei den betreffenden Fabeln hingewiesen wurde, dass Rom. sich genauer an Phädrus anschliesst, als Neckam. Solange also Herr Hervieux für seine Vermutung keine weiteren Gründe anzuführen hat, als dass Neckam's Aesopus einige Fabeln aufweist, die sich sonst nicht finden, müssen wir diese Annahme als höchst unwahrscheinlich bei Seite stellen.

Dass Neckam sich meist an Rom. anschliesst, ja demselben oft ungemein genau folgt, steht vollkommen sicher, und es ist kaum nötig, das hierüber Gesagte hier zu wiederholen. (S. auch Hervieux Band I S. 707/78, wo er indessen den so wichtigen Schluss aus zwei sehr unwichtigen Versen ziehen will.)

Doch genügt Rom. allein nicht, um daraus die Eigenart des Textes, wie ihn der Novus Aesopus darbietet, zu erklären. Wir haben vielmehr eine ziemlich grosse Anzahl von Fällen, wo Neckam auf den sog. An. Nil. zurückgegangen sein muss.

Ich stelle diese Fälle noch einmal zusammen:

1) Fabel II: An. Nil. utroque *generi fraus decepta apparuit.* — Neckam: *genus hunc abjecit* utrumque. — Dazu kommen Marie und LBG.

2) Fabel III: Ist nur beim An. Nil. und N. zu finden.

3) Fabel IV: Die Wölfe stellen keine Geiseln, und damit bleibt auch das Heulen weg, bei dem An. Nil. und Neckam.

4) Fabel VI: An. Nil. *Quo mortuo;* N. *sicque necavit eum.* Doch nähert sich Neckam gerade in dieser Fabel stark dem Rom.

5) Fabel X: Hier muss Neckam auf den An. Nil. III zurückgehen,
                   da er die Fabel nur kürzt, nicht aber, wie die andern
                   Fassungen, verändert.
6) Fabel XII: Die Krähe kehrt bei Neckam, (wie bei Marie und
                   LBG) zum eigenen Geschlecht zurück, wird aber
                   ausgestossen, was zu Phädrus und dem An. Nil.
                   stimmt.
7) Fabel XIV [1]): Nur bei Phädrus, dem An. Nil. und Neckam.
8) Fabel XXXIX: An. Nil. *collum catenatum*; Neckam: *astricta cathena
                   colla.* Ebenso Mariė und LBG.

   Dass der An. Nil. in der That von Einfluss war auf die Gestaltung
des Textes bei Neckam, ergibt sich aus einer Betrachtung der hier zu-
sammengestellten Fälle von selbst, ebenso wie jede direkte Einwirkung
von Seiten Phädrus dadurch abgewiesen wird.

   Ich komme zu einem zweiten Punkt von nicht geringerem Interesse:
es ist bei Durchsicht der vorausgehenden Zusammenstellung auffällig,
dass ein Teil der Punkte, die Neckam mit dem An. Nil. gemein hat,
sich auch bei Marie (und LBG) wiederfinden, die sich dadurch ihrer-
seits von ihrer gewöhnlichen (indirekten) Vorlage, dem Rom. Nil. trennt.
Dies sind übrigens nicht die einzigen Berührungspunkte Neckam's mit
Marie. Er hat auch einige Züge, die Marie eigen sind oder die sie
aus dem Rom. Nil. genommen hat, mit ihr gemeinsam. Ich ver-
zeichne:

1) Fabel XV: Neckam: *Judex testes* petit, wie bei Marie und
                   Rom. Nil.
2) Fabel XXIX: Neckam lässt wie Marie den Umstand weg, dass
                   die Ameise ihr Getreide getrocknet habe; stellt sie
                   aber auch nicht (ebenfalls wie Marie) als beim
                   Essen sitzend dar, wie der Rom. Nil. thut.
3) Fabel I: (weniger deutlich!) Bei Neckam und Marie geben die
                   Tiere gemeinsam die Antwort, der Kranich könne
                   helfen; ferner liegt bei beiden, wenn auch bei
                   Neckam weniger sicher, eine Versammlung der
                   Tiere vor.

   Nimmt man diese drei Fälle mit den drei der vorigen Zusammen-
stellung, so ergibt sich, dass zwischen Neckam und Marie eine partielle
Gleichheit der Tradition besteht.

   ———————————

   1) Hervieux hat übersehen, dass diese Fabel auch im An. Nil. vorkommt.
Damit fällt der einzige Beweisgrund, den er für seine eben besprochene Ansicht
vorbringen könnte.

Daraus, in Verbindung mit dem vorher Gesagten, lässt sich nun meiner Ansicht nach das Folgende schliessen:

Eine eigentliche Quelle des Novus Aesopus ist nicht anzugeben, d. h. es gibt keinen Fabeltext, aus dem sich derselbe — ganz abgesehen von der eigentümlichen Anordnung der Stücke — herleiten liesse. Denn Romulus genügt dazu nicht, da der Novus Aesopus nicht nur Stücke enthält, die jener nicht hat, sondern auch in Bezug auf die Gestaltung mehrerer Fabeln unverkennbar auf den sogenannten An. Nil. zurückgeht. Da indessen auch dieser zur Erklärung des Räthsels nicht hinreicht, sondern immer noch einzelne Stücke übrig bleiben, die fremden Ursprungs sind; da ferner ein Teil der Berührungspunkte mit dem An. Nil. auch bei Marie de France sich wiederfinden, endlich, da einzelne Züge da sind, die, ohne im An. Nil. zu stehen, auf einen Zusammenhang mit Marie hinweisen, so scheint der Schluss erlaubt, dass Neckam sich direkt weder auf Rom., noch auf den An. Nil. stützt, sondern auf irgend ein Glied einer ziemlich bedeutenden, uns verloren gegangenen Fabellitteratur, die jene Texte gekannt und benutzt haben mag, und als deren einzigen Vertreter wir den Esope der Marie, als Uebersetzung der englischen Fabelsammlung des Alfred, kennen. Dafür sprechen die genannten Uebereinstimmungen zwischen Neckam's Novus Aesopus und Marie's Esope, dafür der Umstand, dass bei Neckam von der Anordnung des Romulus gar nichts mehr übrig geblieben ist, was ja eine bewusste Anlehnung an denselben von vornherein als unwahrscheinlich erscheinen lässt. (Eine Verschiebung innerhalb der Ueberlieferung des Nov. Aes. ist möglich, doch haben wir dafür keinerlei Anhaltspunkte.) Eine solche vorausgehende, lange Entwicklungskette anzunehmen, veranlasst uns auch endlich der Umstand, dass Neckam die Fabel VII: De Vulture et Aquila, die sich doch bei ihm allein findet, selbst nicht richtig verstanden hat, wie Du Méril scharfsinnig bemerkt, (und dass er einmal, in Fabel XXVII: De Corvo et Vulpe, auf die griechische Fassung der Fabel zurückzugehen scheint, während doch nichts dazu berechtigt, anzunehmen, dass er selbst die griechische Fabellitteratur gekannt habe). — Wenn ich so annehme, dass Neckam nicht direkt auf Rom. zurückgehe, sondern eine mit der Fabelsammlung des Alfred irgendwie verwandte compilatorische Quelle benutzt habe, so muss ich bemerken, dass diese nicht in englischer Sprache abgefasst gewesen sein kann, sondern notwendig lateinisch, da der Wortlaut des Rom. häufig bei Neckam wieder zu finden ist.

Es bleibt übrigens noch eine Möglichkeit: Könnte nicht Neckam, ebense wie der Verfasser von LBG, mit Absicht verschiedeue Autoren compiliert haben? Dass er sich manchmal an die speziell englische

Tradition anlehnt, ist dann auch leicht erklärlich. Welcher von diesen beiden Annahmen endgültig der Vorzug zu geben ist, kann jetzt noch nicht entschieden werden.

Sonst ist über den Novus Aesopus wenig zu sagen: wo er auf Rom. beruht, verhält er sich diesem gegenüber, wie sich mittelalterliche Bearbeitungen ihrem Grundtext gegenüber gewöhnlich zu verhalten pflegen: direkte Reden werden eingeführt nnd aufgelöst, auch da und dort eine ganz neue Rede eingeschoben; hie und da werden auch die handelnden Personen andere. Am stärksten wohl weicht Neckam von Rom. ab, ohne einer andern Sammlung zu folgen, in Fabel XXXVII: De Ventre et membris, hier wohl mit Absicht, um medizinische Kenntnisse an den Tag zu legen.

Was die Uebersetzung des Novus Aesopus, den sogenannten Yzopet II, betrifft, so können wir behaupten, dass derselbe seiner Vorlage weit weniger streng folgt, als Y I.˙ Ganz abgesehen von den gewöhnlichen Bearbeiterzuthaten, die ich zum Teil soeben ·bezeichnet habe, arbeitet er einigemal Züge, die bei Neckam nur schwach angedeutet sind, stark aus, z. B. in Fab. XXI, XXX. Er weicht, ohne dass diese Veranlassung vorhanden gewesen wäre, von seiner Vorlage ab in den Fabeln XX, XXVIII, XXXV, wobei ich natürlich nur die auffälligsten Beispiele verzeichne.

Missverständnisse liegen vor in Fabel II und XXV. — Es ist unklar, ob ein Missverständnis, oder eine Einwirkung einer andren Tradition vorliegt in dem *jai* der Fabel De graculo et pauone. — Einwirkung eines fremden Textes ist nicht oft zu konstatieren. Doch bin ich in drei Fällen, Fab. I, IV, IX, in der Lage, dies thun zu hönnen, und zwar ist der beeinflussende Text in diesen drei Fällen die von Mall vorläufig mit LBG bezeichnete Fabelsammlung. Ich glaube nicht, dass eine Wiederholung dieser Fälle nötig ist, da sie klar genug liegen. Auch glaube ich nicht, dass die Abfassungszeit von Y II dem widersprechen könnte, wenn auch, wie Hervieux I S. 711 behauptet (mit welchem Recht?), Y II älter ist als Y I; denn das *renart* und *vulpecula* der ersten Fabel spricht allzu deutlich. — Weniger klar ist, ob wir in Fabel V wirklich eine Anlehnung an Marie anzunehmen haben. — Für uns ist wichtig, dass auch dieser Text, wenn auch nicht stark, von einer fremden Sammlung beeinflusst ist.

Somit wäre ich am Ende angelangt. Es sei mir nur noch erlaubt, auf einige interessante Punkte hinzuweisen, die mein Thema nicht berühren, aber doch ein künftiges eingehenderes Studium verdienen: Die Fabeln An. Nev. XIV und XLVIII bieten weitere Beispiele zu dem, was Mall, a. a. O. S. 202, über eine Verwandtschaft der Tradition der Marie und des An. Nev. sagt.

In Fabel V und XXXV scheint sich auch der Riccardiano an Marie anzuschliessen.

Ist wegen Fabel XX und XXVII wirklich anzunehmen, dass der Rom. Nil. mit der griechischen Fabellitteratur in Zusammenhang stehe?

Bei einem eingehenden Studium der Handschrift 1594 von Y I sind auch die dort befindlichen Bilder zu beachten, welche manchmal nicht genau zum Text stimmen. Ich beschränke mich für jetzt darauf, auf die Bilder bei Robert I 34, Rob. I 208, und besonders Robert I 182 hinzuweisen.

Zum Schlusskapitel von Adolf Ebert's „Entwicklungsgeschichte der französischen Tragödie".

Von

Ernst Dannheisser.

Wer es heute unternähme, mit Benützung der letzten Ergebnisse der Wissenschaft eine neue Geschichte des französischen Theaters im XVII. Jhd. zu schreiben, müsste den Hauptreiz seiner Arbeit immer noch darin finden, diejenigen Probleme ihrer Lösung entgegenzuführen, welche das Schlusskapitel von Adolf Ebert's Meisterwerk teils direkt, teils indirekt andeutet. Dabei wäre aber vor allem nicht zu vergessen, dass seit 1856, wo Ebert's Werk erschien, die Datierung der wichtigsten Werke der französischen Theatergeschichte, wie sie Parfaict und nach ihm Ebert annahm, eine nicht unerhebliche Verschiebung erfahren musste. Man weiss jetzt ziemlich gewiss, dass Théophile's P y r a m e et T h i s b é nicht vor 1 6 2 1 (Ebert gibt 1617), Racan's B e r g e r i e s gegen 1 6 2 4 (Ebert gibt 1618), Mairet's Sylvie 1 6 2 6 (Ebert gibt 1621), desselben Dichters S i l v a n i r e 1 6 3 0 (nach Ebert 1625) und S o p h o n i s b e 1 6 3 4 (nach Ebert 1629) erschienen sind[1]). Da ich nach Gaspary's Vorgange mich selbst um die Feststellung dieser Daten bemüht habe, wird man mir vielleicht gestatten, für ihre Verwertung seitens der Litteraturgeschichtschreibung einzutreten, bezw. durch folgende kurze Andeutungen dieselbe anzuregen, wobei mir natürlich nichts ferner liegt, als diese Fragen erschöpfend beantworten zu wollen im nämlichen Augenblicke, wo ich sie zur Diskussion zu stellen wage. Ebert hat ein besonderes Gewicht darauf gelegt, zu beweisen, dass nicht H a r d y, sondern R a c a n das „Reich Garnier's" erschüttert habe. Er stellt fest,

---

[1]) Cf. Zeitschr. f. r. Phil. V, 70 und meine Studien zu Jean de Mairet's Leben und Wirken, Ludwigshafen 1888, Kap. II und III.

dass die Auflagen Garnier's i. J. 1619 plötzlich aufhörten, was ihm in kausalem Zusammenhange mit der i. J. 1619 eintretenden Lethargie in der Tragödie zu stehen scheint. Beides aber, das Verschwinden Garnier's und der Tragödie von dem Wege, welchen das französische Drama im Jahre 1619 einschlug, bringt er in Verbindung mit dem Auftreten Racan's, welcher nach Parfaict's Chronologie im J. 1618 die Pastorale zum Range des Modeschauspiels erhob. Diese Gedankenreihe, so klassisch in ihrer Logik sie uns auch erscheinen mag, wird durch die neue Datierung der Stücke Théophile's und Racan's auseinandergerissen. Die Bergeries wurden erst gegen 1624 aufgeführt, Pyrame et Thisbé nicht mehr als 2 Jahre früher oder später. — Näheres wissen wir nicht darüber. Wenn also die Ausgaben Garnier's fünf Jahre vor den Bergeries aufhörten — wer möchte Racan dafür verantwortlich machen? Warum hörten sie aber auch schon vor der ersten Aufführung des Pyrame auf? Gesetzt, letzterer sei vor den Bergeries erschienen, traf er ganz den Geschmack des Publikums, in dessen Geist er geschrieben war? Wir wissen im Gegenteil, dass die Tragödie inhaltlich für das verzärtelte Publikum eine zu kräftige Kost war[1]). Nach Ebert, welcher ja nur die Geschichte der Tragödie schreiben wollte, läge Pyrame auf der natürlichen Entwicklungsbahn des französischen Drama's, während die damalige vornehme Gesellschaft es anders gewollt und als ächtes Kind ihres Geistes dem französischen Drama die Bergeries geboren hätte. Warum aber stand Théophile nicht im Banne dieser Gesellschaft? Das wäre ein neues Problem. Wir sagen also, weder Théophile noch Racan haben Garnier in Vergessenheit gebracht, sondern vor ihnen der Geschmack der Gesellschaft, die Unfähigkeit der Schule Garnier's, diesen ganz zu befriedigen. Was Ebert's Behauptung anlangt, von 1619 ab sei die Pastorale das Modeschauspiel gewesen, so beweist ein Blick auf die Liste der in jener Zeit aufgeführten Stücke, dass bis zum J. 1623 wenigstens das Machtverhältnis zwischen der Pastorale und Tragödie nach Qualität und Quantität vollständig gleich war.

Wichtiger noch ist die Frage, wer Hardy's „Herrschaft über die Bühne"[2]) brach. Im J. 1623 war seine Produktionskraft[3]) bereits gelähmt. Dafür spricht sowohl die in diesem Jahre beginnende Herausgabe seiner Werke im Drucke, als auch der Umstand, dass wir nach 1623 kein neues Stück mehr von ihm verzeichnet finden. War es

---

1) Brief Théophile's an Vallée, Oeuvres de Théophile p. p. Alléaume t. II p. 422.

2) Ebert p. 199 Anm.

3) Aufgeführt wurden bekanntlich seine Stücke noch lange nachher.

Théophile, der ihm die Herrschaft entriss? — wir wissen es nicht.
War es Racan, dessen Bergeries erst gegen 1624 aufgeführt wurden?
Oder war es die eigene Unfruchtbarkeit des Dichters? Lauter Fragen,
welche ebenso viele Probleme bedeuten! Ohne Zweifel bedeutete das
Erlahmen von Hardy's dramatischer Thätigkeit einen herben Verlust
für die französische Bühne. Er liess sie in trostloser Oede zurück[1]).
Hier nun, gerade hier setzen Racan, Mairet und vielleicht auch Théo-
phile ein. Da sich aber kein Zeitpunkt ganz genau bestimmen lässt,
bleibt es fraglich, ob das Auftreten Racan's die Ursache oder die
Wirkung von Hardy's Rücktritt war.

   Hardy beherrschte die Bühne unbestritten bis zum J. 1623.
Ihn ersetzte, wenn er ihn nicht stürzte, Racan. Diesem entriss nach
kurzer Herrschaft Mairet mit seiner Sylvie das Szepter (1626).
Selbstverständlich kam bei diesem Wettkampfe Mairet's und Racan's
Hardy gar nicht mehr in Betracht, welcher, nach Eberts Chronologie,
wenn mir der Ausdruck erlaubt ist, den tertius gaudet dabei gespielt
hätte. Sylvie brachte aber den inneren Zwiespalt in das Lager der
Pastoraldichter, einen Zwiespalt, den Mairet selbst nicht lösen konnte.
Rotrou und Scudéry zerhieben den Knoten (gegen 1629) und schritten
über die Pastorale hinweg, nachdem diese 5 Jahre nur geherrscht,
kein Dezennium, wie Ebert sagt (p. 205). Mairet schwieg 4 Jahre lang,
und als er im J. 1630 mit seiner Pastorale Silvanire hervortrat, da
hatte er der abgestorbenen Dichtungsart den Schmuck der „Einheiten"
angelegt — um ihn ihr ins Grab mitzugeben. In dem nämlichen
Jahre aber, wo Mairet's Silvanire, trotz ihres Misserfolges, durch
Beobachtung der Einheiten vorbildlich angedeutet hatte, welche äussere
Wandlung das ganze französische Drama durchzumachen habe, deutete
Corneille's Pastoralkomödie Mélite an, welche innere Wandlung
das französische Drama durchzumachen habe, um zu nationaler und
psychologischer Wahrheit zu gelangen. So hätten Silvanire und Mélite
zusammen ein harmonisch abgeschlossenes Kunstwerk ausgemacht.
Nach Ebert's Chronologie wäre von der Sophonisbe zu sagen, was
wir von der Silvanire behauptet.

   Nun treten von 1630—34 Corneille und Mairet in eine Art Wett-
streit mit einander. Ihre Wege kreuzen sich, nähern sich und entfernen
sich wieder von einander, eine Frage, welche das eingehendste Detail-
studium wohl verdiente. Corneille hatte es verschmäht, sich dem Publikum

---

1) 1624 und 1625 finden wir, von Racan, Théophile und Mairet abgesehen,
nur ein dramatisches Werk von zweifelhafter Qualität verzeichnet. Gombaud's
Amaranthe rechne ich nicht in diese Jahre.

durch eine Pastorale vorzustellen. Mélite ist mehr Komödie als Pastorale — sie machte die Silvanire auf der Bühne unmöglich[1]). Mairet wendet sich mit seinem Duc d'Ossonne (1632) auch der Komödie zu, und das Stück hat sogar eine unverkennbare Aehnlichkeit mit Mélite. Aber er vermochte den Nebenbuhler nicht mit dessen eigenen Waffen aus dem Felde zu schlagen. Er räumte es ihm und versuchte ihn auf dem Wege zu überholen, den Rotrou und Scudéry bereits mit Erfolg betreten hatten — er kam zur Tragikomödie und dichtete die mit grossem Erfolge .aufgeführte Virginie (1633). Die Schwankungen des französischen Theaters von 1631—34 zwischen Komödie und Tragikomödie finden so auch in ihm ihren Ausdruck. Mairet war ebenso wenig mit sich fertig, als Corneille. Dieser tastete noch nach der richtigen Form, die Mairet gefunden, Mairet verstand den Inhalt seiner Stücke noch nicht so gut zu wählen wie Corneille. Dieser war glücklicher als sein Nebenbuhler, da er in modernes, nicht wie Mairet, in längt entschwundenes Leben griff. Der Einfluss aber, den Mairet's Virginie auf das Schicksal der Bühne Mondory's hatte, ist beglaubigt[2]) und war im J. 1633 mindestens ebenso gross als der Corneille's. Im Jahre 1634 hatten sich Corneille's Ansichten über die dramatische Form etwas geklärt, während ihm die Komödienstoffe ausgegangen zu sein scheinen — im nämlichen Jahre fand Mairet den Stoff zur Sophonisbe und da er die richtige Form des Drama's nicht erst noch zu suchen hatte, wurde Sophonisbe ein Meisterwerk.

Dieses Werk hielt man für eine Eingebung des Regelpropheten Chapelain. Warum? Verfocht Mairet die Einheiten nicht selbst, noch vor Chapelain's Auftreten in dieser Frage? Auch Ebert[3]) nimmt die bekannte Stelle aus den Segraisiana hin, so diffus er sie auch findet. Wenngleich ich auf Widerspruch gefasst bin, stehe ich nicht an, Segrais' Glaubwürdigkeit in diesem Punkte stark anzuzweifeln. Ich kann hier nicht meine Gründe entwickeln, sondern frage nur, warum man Segrais mehr glaubte als dem 5 Jahre nach Erscheinen der Sophonisbe schreibenden Sarrazin[4]), dessen eminent historische Auffassung von der Bedeutung der Silvanire und Sophonisbe der neueren Litteraturgeschicht-

---

1) Avertissement au Besançonnois Mairet, Oeuvres de Corneille p. p. Laveaux t. III p. 70.

2) Tallemant, Historiettes, p. p. Monmerqué t. VII p. 173.

3) p. 212.

4) Nous avons cette obligation à M. Mairet qu'il a été le premier à disposer l'action qu'il a ouvert le chemin aux ouvrages réguliers par sa Silvanire et qu'il a ramené la Majesté de la Tragédie dans sa Sophonisbe. (Discours sur la tragédie, Scudéry's Amour tyrannique vorgedruckt, 1639.)

schreibung entfallen zu sein scheint. Ich leugne nicht, dass das Erscheinen der Sophonisbe mit dem Bekanntwerden der Einheiten zusammenhängt. Auf dem Wege der Regeln ist Mairet zu Sophonisbe gelangt — erstere aber und damit die Form seines Meisterwerks hatte er selbst längst gefunden. Wie kam er zu dem Stoffe? Seit Silvanire beschäftigte sich Mairet mit der italienischen Litteratur. Von Guidobaldi Bonarelli mag er zum Studium Prospero Bonarelli's gekommen sein, dessen dramatische Anschauungen ihm bei Abfassung der Sophonisbe massgebend waren. Ebenso beweisen Mairet's MarcAntoine und Solyman, dass die italienischen Tragiker ihm mehr als eine blosse Unterhaltungslectüre waren. Er kannte auch Trissin, benützte ihn sogar — warum sollte ihn Trissin nicht auch zur Sophonisbe angeregt haben? Oder war es ein blosser Zufall, dass er gerade die Geschichte der Sophonisbe für seine erste Tragödie wählte? Auch wies ihn seine poetische Eigenart zur Tragödie hin. Schon in der Klage Emilie's über den Tod Camille's (Duc d'Ossonne I, 4) und mehr noch an den verschiedensten Stellen der Virginie, enthüllt Mairet ein tragisches Pathos, wie wir es bei keinem zeitgenössischen Dichter wieder finden.

Das Beispiel, das Mairet im J. 1634 mit seiner Sophonisbe gab, wirkte sofort. Im Jahre 1635 hatten sich schon die namhaftesten Dichter in der Tragödie versucht. Für denjenigen Litterarhistoriker, der mit Jahreszahlen rechnete, ist die Sophonisbe bis auf den heutigen Tag eine allerdings nicht immer bemerkte Klippe gewesen. Wenn man 1629 für sie ansetzte, erschien Sophonisbe als der Ausgangspunkt eines Entwicklungsprozesses des französischen Theaters, der erst nach 6 Jahren — 1635 — mit der definitiven Annahme der Tragödie seinen Abschluss fand. Mairet stand demnach auf einsamer Höhe und war schon mit sich fertig, als die andern Dichter erst anfingen, ihren Weg zu suchen. So hatte es Mairet ja selbst in der Epistre comique dargestellt. Wenn wir aber 1634 als Erscheinungsjahr der Sophonisbe annehmen, so erscheint sie nicht als der Ausgangspunkt, sondern als der Endpunkt einer Entwicklung, welche Mairet durch die Silvanire anbahnte und zugleich mit den andern Dichtern, aber nur etwas schneller als diese durchmachte. Mairet hatte in der Sophonisbe den Ton der vornehmen Gesellschaft getroffen, das wird schon von Saint Evremond anerkannt: Die Annahme der Tragödie bedeutete also nicht das Aufgeben der Herrschaft, welche die vornehmen Klassen über das Theater errungen hatten — nur die Form des Dramas wurde gelehrter, Inhalt und Geist blieben nach wie vor durchaus aristokratisch. Der Stoff der Sophonisbe war glücklich gewählt gewesen — das sah

Mairet selbst ein. Wie uns La Pinelière erzählt[1]), plante hierauf der Dichter noch 5 oder 6 andere Tragödien, welche er alle der römischen Geschichte entnehmen wollte. Auch in Bezug auf den Inhalt der Sophonisbe wirkte Mairet bahnbrechend. Ausser Corneille (Médée) entnahmen die bedeutendsten Tragödiendichter ihre Stoffe der römischen Geschichte, und dadurch wurde für die Mannigfaltigkeit der Charakteristik unendlich viel gewonnen. Der Kampf gegen das weltbeherrschende Rom war nach dem ˙Vorgange der Sophonisbe ein beliebtes Tragödienthema des Jahres 1635. Mairet selbst und Benserade behandelten die Geschichte der Kleopatra, deren dramatisches Motiv mit dem der Sophonisbe unverkennbare Aehnlichkeit hat — Die Macht der alles besiegenden Liebe, welche erfolgreich gegen den römischen Koloss ankämpft. Noch ist im J. 1635 der jedes szenischen Effektes bare Klassizismus nicht zum Durchbruche gelangt, noch spielen sich verhältnismässig viele Vorgänge auf der Bühne ab. Aber die Werke der „römischen“ Tragiker des Jahres 1635 hatten einen Mangel enthüllt, ihr Unvermögen, männliche Charaktere zu zeichnen. Nur La Calprenède's Mithridate bildet davon eine rühmliche Ausnahme. Mairet's Sophonisbe, noch mehr aber seine Cleopâtre, leidet an diesem Fehler. Das Jahr 1635 brachte Mairet schon die Demütigung des Misserfolges — seine Cleopâtre musste dem unwürdigen Werke Benserade's das Feld räumen. Von da ab wollte Mairet nichts mehr von der römischen Geschichte wissen und schrieb seinen Solyman, der überhaupt erst sehr spät zur Aufführung kam. Nach dem Solyman hat Mairet das Gebiet der Tragödie nicht wieder betreten, auch schadete ihm sein Auftreten im Cidstreite viel. Seine Rolle war ausgespielt. Vielleicht könnte man noch einmal ermitteln, dass seine Athénais Corncille die Anregung zu Polyeucte gegeben. Sonst bemerken wir von 1636 ab keine Spur mehr von einem Einflusse Mairet's auf die zeitgenössische Litteratur. Ein eigentümliches Widerspiel zu Mairet ist Corneille. Als er im J. 1635 zum ersten Male seine tragischen Schwingen prüfte, wandte er sich einem griechischen Stoffe zu. Der geringe Beifall, welchen seine Médée fand, verwies ihn auf die Tragikomödie, der er seinen Cid verdankt. Nachdem ihn aber die Akademie wieder gewaltsam zur Tragödie zurückgeführt hatte, griff auch er zu römischen Stoffen. Hatte aber die Schule Mairet's ihre Hauptaufgabe darin gefunden, die weiblichen Charaktere zur Geltung kommen zu lassen, so traten nun bei Corneille, wie schon der Titel seiner Stücke beweist, die Männer in den Vordergrund, wodurch seine römischen Tragödien bedeutend an Lokalfarbe gewinnen.

---

1) Le Parnasse ou le Critique des Poètes, Paris 1635.

Man sieht, worin ich von Ebert aus chronologischen Gründen ab-
weiche: 1) Der Schwerpunkt der Entwicklung der französischen Kunst-
bühne fällt gegen die Mitte des dritten Dezenniums. 2) Die Be-
deutung Hardy's als Alleinherrscher über die französische Bühne
endigt erst gegen 1623. 3) Mairet's historische Stellung wird eine in
vieler Beziehung andere. Während er nach der Parfaict'schen Datierung
von 1621 ab in allen Stücken seinen Zeitgenossen um ein halbes De-
zennium vorauseilte, sehen wir ihn nach der neuen Datierung seinen
Zeitgenossen allerdings etwas vorausgehend, aber nur so, wie einer,
der eben den Weg zeigen und die Wandergenossen nicht hinter sich
lassen will. Allerdings erscheint auf diese Weise Mairet nicht mehr
als Wunderkind des Jahrhunderts, wie er sich selbst hinstellt, aber
dafür wird seine Bedeutung im innern Zusammenhange der Theater-
geschichte so klar, dass wir sagen können: „In der Entwicklungs-
geschichte keines einzigen Dichters, Corneille nicht ausgenommen,
spiegelt sich so treu die Geschichte des französischen Dramas wieder."
Die Herrschaft der Tragikomödie bis gegen 1625, die der Pastorale
von 1625—30, das Schwanken zwischen Komödie und Tragikomödie
1630—34, von da ab der Beginn der Herrschaft der klassischen Tra-
gödie — diese Stufen der Entwicklung machte die französische Bühne
durch, zugleich mit Mairet, teilweise sogar an dessen Hand.
Darin liegt die Bedeutung dieses Dichters, die nur im Lichte der neuen
Datierung seiner Stücke richtig gewürdigt werden kann.

Ludwigshafen a./Rh., 1889.

Zur Geographie und Geschichte der Tristan-Sage.

Von

G. Sarrazin.

I. Bretonisches.

Die Frage nach der Entstehung der Tristan-Sage ist in jüngster
Zeit von Neuem in Fluss gekommen. W. Golther's verdienstliche Schrift
fasst zusammen, was an eigentlich keltischen, bretonischen Elementen
bis jetzt sich ergeben hat. Es ist im Ganzen sehr wenig. Ich glaube
indessen, dass die Spuren bretonischer Sage doch noch etwas deutlicher
und zahlreicher sind, als Golther es hinstellt, und beabsichtige in den
folgenden Bemerkungen einige kleine Nachträge zu liefern.

Die Ortsnamen und Ortsbezeichnungen des Tristanromans sind von
Golther noch nicht in ausgiebiger Weise verwertet worden. Mehr
bietet Muret (Romania XVI, 296 ff.) und besonders F. Novati in seinem
gehaltvollen Aufsatz „Un nuovo ed un vecchio frammento del Tristran
di Tommaso" (Studj di filol. Romanza Vol. II, p. 393 ss.). Ich gehe
auf diesen Punkt etwas näher ein, da der Localisirungstrieb, der ja
überhaupt mittelalterlichen Sagen, romanischen wie germanischen, eigen
ist, im Tristanroman, wie sich zeigen wird, sich in überraschender
Weise betätigt, und weil die Localisirung der Sage vielleicht einen
Fingerzeig giebt, der auf ihre eigentliche Heimat hinweist. Allerdings
herrscht schon in den ältesten Versionen eine ziemliche Verwirrung in
den Localangaben, welche bekanntlich durch Verwechselung der Bre-
tagne mit Britannien, der bretonischen Landschaft Cornouailles mit dem
britannischen Cornwall und durch Einfügung in den Sagenkreis von
König Artus veranlasst worden ist. Englische Ortsnamen finden sich
schon in der Berolversion neben französischen, cornische neben bre-
tonischen. Trotzdem lässt sich noch erkennen, dass in der Spielmanns-
version (Berol), welche die altertümlichste ist, der eigentliche Schauplatz
der Sage (von den Abenteuern in Irland abgesehen) die Bretagne ist.

21 *

Besonders tritt im letzten Teil der Sage das bretonische Local-
colorit deutlich hervor. Die Heimat der Isolde Weisshand, der Sitz des Fürsten Havelin
(Eilh.) oder Hoel (frz. Prosaroman) (vgl. *Jovelin*, Gottfr.), wird in den
alten Versionen übereinstimmend bezeichnet: *Karahes*, Eilh. franz
Prosarom. (*Cahares*[1]), Berol 3041), *Karke*, Gottfr. Wie bekannt
und allgemein angenommen, ist dieser Ort das heutige *Carhaix* oder
Kerahes[2]) in der Bretagne, Dép. Finistère, eine alte und, wie aus
Ruinen zu schliessen, früher bedeutende Stadt (Tristan ed. Michel
II, 316, Muret, Romania XVI, 298). Meines Wissens noch nicht be-
merkt, obwohl sehr merkwürdig, ist die Tatsache, dass nahe bei Car-
haix (etwa 20 Kil. südlich davon) ein Fluss entspringt, welcher *Isote*
heisst (auf Spezialkarten des nordwestlichen Frankreich, z B. in Stieler's
Atlas leicht zu finden). Die Namensähnlichkeit kann kaum Zufall sein;
doch wage ich nicht zu entscheiden, welcher Art der Zusammenhang
ist. Der bretonische Fluss Isote kann als Pendant zu der bretonischen
Insel Tristan (Bai von Douarnenez) gelten. Vielleicht haben beide Orts-
namen die Localisirung der Sage erst veranlasst.

Wenn es bei Eilh. V. 5505 heisst, Tristan sei beim Eintritt in des
Fürsten Havelin Land zu einem Priester Michael gekommen, der auf
einem Berge bei einer alten Kapelle gewohnt habe, so liegt dieser Local-
angabe wohl eine missverständliche Deutung des „Mont de St. Michel"
und der „Chapelle de St. Michel" unweit Carhaix[3]) zu Grunde.

---

1) Bei Berol, wo der letzte Teil der Sage bekanntlich fehlt, ist Cahares nur
in anderem Zusammenhang genannt: König Marke schwört „*Par Saint Tresmor
de Cahares*", kennt also den Localheiligen von Carhaix (Muret a. a. O.); vergl.
über den heiligen Trechmor: Lobineau, Histoire de Bretagne I, 10, 74.

2) An die Burgruinen von Kerahes· knüpft sich eine bretonische Localsage,
welche ich nach Daru, Geschichte der Bretagne, übersetzt von Friedr. Wilh. Schubert
S. 37 wiedergebe. Ihr zu Folge wäre das Schloss erbaut worden von einer Prin-
zessin Ahes, „welche durch ihre Ausschweifungen und Grausamkeiten sich be-
rüchtigt gemacht haben soll. Noch wird in der Niederbretagne nahe bei dem
Dorfe Huelgoat" [unweit Carhaix] „eine Schlucht gezeigt, aus dem sich trauriges
Geschrei bisweilen vernehmen lassen soll. Die benachbarten Bauern geben dies
für die Klagetöne der Liebhaber dieser Fürstentochter aus, welche sie als die
Opfer ihrer wüthenden Zügellosigkeit in diesen Abgrund hat stürzen lassen".
Liegt hier etwa eine dunkle Erinnerung an ein ähnliches Ereignis vor, wie
das, welches der Schluss der Tristansage erzählt: Tod eines Helden, durch die
Eifersucht seiner Geliebten veranlasst?

3) Vom „Priester Michael" bis nach Karahes wären (Eilh. 5587) „cleiner mîle
zwû" gewesen. In Wirklichkeit beträgt die Entfernung von der „Chapelle de

Nach dem Schluss der Tristansage (Eilh., Ulr. v. Türheim) zu urteilen, könnte es scheinen, als ob die Stadt Karahes, in welcher Tristan starb, unmittelbar am Meere liegend gedacht wäre, was freilich nirgends geradezu ausgesprochen ist. Dieser Umstand würde nicht zutreffen Carhaix ist noch etwa 8 geogr. Meilen vom Meere entfernt. Indessen deutet die Sage den richtigeren Sachverhalt an, indem sie erzählt, dass Isolde Weisshand das weisse Segel nicht selbst erblickt, sondern sich von einer anderen Person die Ankunft des Schiffes habe melden lassen (Eilh. 9356 ff.). Im Uebrigen wird in Eilhart's Gedicht Karahes immer, der Wirklichkeit entsprechend, als im Innern des Landes liegend dargestellt: VV. 5583 ff, 5716 ff., 5770 ff., 5861 ff., 5888 ff., 6148, 6268, 7190 ff., 7865.

Im frz. Prosaroman ist die Scene von Tristans Tod passender nach der alten Hafenstadt *Penmarc* = Penmarch[1]) verlegt.

Dass Fürst.Havelin (Hoël) von Karahes mit einem Grafen von Nantes in Fehde lebt, entspricht den wirklichen Ortsverhältnissen: Carhaix ist von der Stadt Nantes nur etwa 25 geogr. Meilen entfernt.

Diese Fehde des Fürsten Hoël mit einem Grafen von Nantes ist wahrscheinlich historisch; wenigstens ist auch in bretonischen Heiligenlegenden (z. B. Vita S. Sampsonis, ASS. XXVIII. Julii, Tom. VI, p. 585), andeutungsweise auch bei Gregor von Tours (Historia Francorum IV, 4) davon die Rede. Ein bretonischer Fürst Hoël, der um die Mitte des VI. Jahrhunderts lebte (Daru-Schubert, Geschichte der Bretagne S. 46) wurde diesen Berichten zufolge von einem Grafen von Nantes, seinem Bruder Chanao, des Landes und Lebens beraubt (vgl. Eilh. 8576 ff.). Hoëls Tochter Eleonore[2]) soll mit einem Herrn von Leon vermählt gewesen sein (Daru-Schubert a. a. O.)[3]).

Auch Tristan war der Sage zufolge ein Herr von Leon. Sein und seines Vaters Rivalin Heimatland *Leonois* (franz. Prosaroman), *Loe-*

Saint Michel" bis Carhaix etwa 4 geogr. Meilen (30 Kil.). — Eine andere Chapelle de Saint Michel liegt etwa 16 Kilom. nordöstlich von Carhaix.

1) „Sur un promontoire qu'assiégent les flots, Penmarch . . . . est entouré de ruines qni témoignent de l'ancienne existence d'une cité considérable." Elisée Reclus, Nouv. géogr. univers., II. La France, p. 626.

2) Ist diese *Eleonore* etwa identisch mit jener *Elcinc*, Tochter des bretonischen Fürsten Hoël, Hoelus, und Nichte des Königs Artus, von welcher Gottfried von Monmouth und andere mittelalterliche Sagen berichten, und von deren Grab eine kleine Felseninsel an der Nordküste der Bretagne, unfern St. Malo, den Namen *Tombeleine* haben soll? (Vgl. F. Novati, Studj II, 436 ss.)

3) Woher die Angabe dieser Tatsache stammt, konnte ich leider nicht ermitteln.

nois[1]) (Ber. 2872), oder *Lohnois* (Eilh. 76, 266, 635, 5622; vgl. Gottfr.:
Lohnois) ist ohne Zweifel die Landschaft „Léonais“ oder „Pays de
Léon“ in der nordwestlichen Bretagne (Michel, Tristan II, 206; Muret,
Romania XVI, 298). Dort hatte sich in der Tat am Anfang des VI. Jahr-
hunderts ein Häuptling Namens Riwal (Riwallus, Riwallo) oder Riwalin
niedergelassen (Dom Lobineau, Vies des Saints de Bretagne Vol. I,
p. 299, citirt nach Muret, Rom. XVI, 298) Es wäre also zeitlich
durchaus nicht unmöglich, dass der Sohn jenes Riwalin (= Tristan)
sich mit der Tochter des Fürsten Hoël (= Isolde Weisshand) ver-
mählt hätte. Es entspricht jedenfalls der Wirklichkeit, wenn in der
Thomasversion (Gottfried und Saga) Tristan's Land der Heimat seiner
Gemahlin benachbart erscheint, wenn auch sonst in dieser Fassung die
Localverhältnisse ganz verschoben und undeutlich geworden sind. In
der Spielmannsversion ist die Lage von „Lohnois“ nicht näher bezeich-
net; es heisst nur (Eilh. 266), dass Tristan ‚über das Meer“ von Loh-
nois nach König Marke's Lande fuhr.

Noch nicht bekannt, weil in keiner der Sagenversionen ausdrück-
lich hervorgehoben, ist, dass eine bedeutsame Episode des Romans an
einem bestimmten Ort des „Pays de Léon“ spielt.

Allen Versionen der Sage ist bekanntlich die Episode gemeinsam,
in welcher ein längerer Aufenthalt der Liebenden (Tristan's und der
blonden Isolde) in einem grossen Walde, an einem Flusse (Eilh 4536,
vgl. Saga Cap. LXIV, LXV, Gottfr. 16742) erzählt und geschildert wird.
In dem altfranzösischen Prosaroman kommt noch eine andere Episode
vor, nach welcher sich die Liebenden längere Zeit auf einem Schlosse
„Joyeuse Garde“, welches Lancelot du Lac gehört haben soll (vgl. die
„Garde Douloureuse“ des Lancelotromans), aufhalten. Es liegt von
vornherein nahe anzunehmen, dass diese beiden Episoden, als Wieder-
holungen und Variationen desselben Motivs, aus einer einzigen hervor-
gegangen sind (vgl. Golther S. 62), und dass der Aufenthalt „en la
Forest“ und der „a la Joyeuse Garde“ ursprünglich zusammengehören.
Von einer „Warte“ (= Garde) in jenem Walde, wohin Tristan und
Isolde flüchten, ist auch bei Eilhart[2]) die Rede.

---

1) Den Namen Loenois (z. B. im Fragment de la chronique rimée de Phi-
lippe Mousket, Historiens de la France XXII, 62) führte im Mittelalter eine
andere französische Landschaft, das heutige „Laonnais“ (Isle de France), nach
der Stadt Laon genannt. Vielleicht beruht die Namensform „Loenois“ in der
Berolversion auf Verwechselung mit dieser.

2) Eilh. V. 4684: — — „*vlogin doch vil harte zū der selbin*“ (lies „*seldin*“ =
„*sǣlden*“?) „*warte*“.

Nun finde ich auf einer französischen Generalstabskarte, Blatt Brest, ein „Château Joyeuse Garde ruiné" verzeichnet, dicht bei einem Dorfe „La Forêt", an der Landstrasse, die von Brest nach Landerneau, am Fluss Elorn entlang führt.

In einem alten „Historischen Statistisch-Topographischen Lexikon von Frankreich", Ulm 1797[1]) II, 526 ist Folgendes angegeben: „Foret, la, Pfarrdorf am Flusse Lorne in Bretagne, jetzt im Distr. von Landerneau, Dep. des Finisterre. Es hat mit seinem Filial St. Divy etwa 1300 Seelen. Das hiesige Schloss (le Chateau de la forêt) war vor Zeiten ein fester Plaz; es ist auf die Stelle des alten Schlosses Joyeuse Garde erbaut worden. Die Gegend ist etwas bergig und waldig, doch fruchtbar an Getreide und Wieswachs. Es war ehemals hier ein sehr grosser Wald, wovon das Dorf, das seinen Ursprung einem Kloster zu danken hat, den Namen erhielt. Der Wald Talamon, durch welchen die Strasse von Brest nach Landerneau geht, ist ein Ueberrest davon."

Dass zwischen den als gleichbedeutend anzusehenden Ortsbezeichnungen „la Forest" und „Joyeuse Garde" des Tristanromans einerseits und jenem Dorf „la Forêt" und zugehörigen Schloss „Joyeuse Garde"[2]) andererseits ein Zusammenhang besteht, ist unverkennbar, zumal da „La Forêt" gerade in „Léonnais" liegt, jenem Teil der Bretagne, der als die Heimat Tristan's galt und daher der Sage als der natürliche Zufluchtsort für Tristan und seine Geliebte erscheinen musste.

Man könnte vielleicht annehmen, dass das Schloss seinen Namen erst von dem erdichteten des Tristanromans erhalten hätte; allein dies ist schon darum nicht wahrscheinlich, weil die Schilderung der Oertlichkeit so genau zutrifft, und weil die Heimat Tristans und die Lage des Waldes in den erhaltenen frz. Versionen der Sage schon vollständig vergessen erscheint. Nach der Berolversion liegt der Wald im Lande König Marke's (V. 1606), und, wie es scheint, in der Nähe von Wales (*Gales* VV. 2066, 2096). Anderseits ist die Ortsbezeichnung[3]) „Joyeuse Garde",

---

1) Neuere topographische Werke über Frankreich waren mir auf hiesiger Universitätsbibliothek leider nicht zugänglich. In diesem Falle hat das Alter des Buches den Vorteil, das Alter des Ortsnamens zu bezeugen.

2) Wie aus einer Anmerkung in Michel's Tristan (I, p. CXI) zu ersehen, hat der Chevalier de Freminville in seinem „Memoire sur le château de la Joyeuse-Garde, sur la rivière d'Elorn, près Landerneau" auf diese Uebereinstimmung hingewiesen. Die Abhandlung steht in den Mémoires et Dissertations sur les antiquités . . . publiés par la société royale des antiquaires de France, Tome X. Paris 1824, war mir aber nicht zugänglich.

3) Aehnliche Ortsnamen habe ich in der Bretagne nicht selten gefunden: Belle Garde, Beau Séjour, Bonne Rencontre, Bon Repos, Castel Jaloux, Champ Dolent,

die allerdings in den Bruchstücken des Berolgedichtes nicht vorkommt,
durchaus im Stil dieser Version, vgl. „Gué aventuros", und die Ueberein-
stimmung mit Eilhart giebt eine gewisse Gewähr, dass der Name „Joyeuse
Garde" in der ältesten Version schon enthalten war. Der Waldaufenthalt
der Liebenden wird also schon in der Ursage an jenen Wald in Léon-
nais und das darin liegende Schloss geknüpft gewesen sein. Auch die
nähere Bezeichnung des Waldes als „Forest de Morrois" (Berol 1239,
1612, 1626), „Forêt du Moroys" (Prosaroman) stimmt zu der Annahme
dieser Localisirung: Moroys ist offenbar das afrz. moroys, nfrz. marais
Sumpf, Morast. Unweit des Dorfes „La Forêt" liegt „Le grand Marais",
und auch sonst ist die Gegend aussergewöhnlich sumpfig.

An den Waldaufenthalt der Liebenden, welcher mit der Auslieferung
Isolden's endete, schloss sich in der Ursage gewiss unmittelbar Tristan's
Reise nach Karahes an. Bei Berol und Eilhart liegt die Artusepisode
dazwischen; dass diese aber ein späteres Einschiebsel ist, wird wohl
allgemein angenommen.

Die Thomasversion, welcher die Artusepisode fehlt, steht der ur-
sprünglichen Sagengestalt wohl auch darin näher, dass sie Tristan aus
seinem Heimatland unmittelbar nach „Karke" ziehen lässt. Dies an-
genommen, wird nun auch sofort klar, warum die Berolversion, welche
im Uebrigen die Ortsverhältnisse der Ursage getreuer wiedergiebt,
Tristan über die „Kapelle des Priesters Michael" nach Karahes gelangen
lässt. Die vorher erwähnte „Chapelle de St. Michel" liegt unweit der
Grenze von „Léonnais" etwa 30 Kil. südöstlich von Landerneau, und
der directe Weg von dem Orte La Forêt, beziehungsweise der nahen
Stadt Landerneau nach Carhaix würde in der Tat an derselben vorbei-
führen.

Mont Joie, Beauregard — Vielleicht ist die Bemerkung bei Eilh. (V. 4550): —
„sie hâtin dâ bi vroude vel von der grôzen minne" aus einer Anspielung auf die
„Joyeuse Garde" hervorgegangen. Aehnlich:

    Sir Trist. 2478: *In on erpe-house þai layn,*
              Þer hadde thai joie ynouʒ.

    Sir Trist. 2460: *Ysonde of joie haþ her fille,*
              and Tristrem wiþ outen wene, as þare:
              so bliþe al bidene
              nar þai neuer are.

Kölbing in der Einleitung zur Saga (S CXII) zeigt, dass auch in der norwegi-
schen Version ein entsprechender Gedanke vorkommt. Bemerkenswert ist auch
Gottfr. V. 16883 f.:
          si hœten hof, si hœten rât,
          daran diu vröude alliu stât.

Die Localverhältnisse im letzten Teil der Sage sind also ursprüng-
lich jedenfalls ganz der Wirklichkeit entsprechend dargestellt gewesen.
Der Dichter der Ursage muss in dem westlichen Teil der Bretagne ge-
nau Bescheid gewusst haben. Es finden sich aber auch mehrere Orts-
namen, welche nach der östlichen Bretagne weissen.

Die Burg *Dinan*, auf welcher nach der Berolversion (VV. 1049,
1097) Dinas, der Truchsess des Königs Marke wohnt, ist gewiss nicht
mit Devon, Dyvnaint zu identificiren wie F. Novati (a. a. O. S. 398)
will, sondern mit der uralten bretagnischen Stadt und Burg D i n a n,
welche unfern der Nordküste, südlich von St. Malo liegt. „Seigneurs
de Dinan" hat es noch bis in das spätere Mittelalter gegeben (Daru-
Schubert S. 106). Der Name des Truchsess *Dinas* (Eilh. *Tinas*) scheint
erst aus *Dinan* (mittellat. *Dinannum*) gebildet zu sein. Wenn seine
Veste bei Berol einmal auch *Lidan*, bei Eilhart und Ulrich von Türheim
mehrmals *Litan* genannt wird (Lichtenstein's Eilhart S. CXLIII), so ist
dies wohl nur als entstellte Nebenform von *Dinan* anzusehen. Zutreffend
ist, dass (nach Eilh. 6269, Ulrich v. Türheim V. 1022) Schiffe bis dicht
an Tinas' Burg heranfahren konnten.

Sehr auffällig aber ist es, dass die Burg des Herrn Tinas Eilhart
zufolge regelmässig als Station bei den mehrfachen Reisen von Karabes
nach Tintanjol erscheint (VV. 6271, 7453, 8237); von Carhaix nach Tin-
tagell in Cornwall wäre über Dinan ein grosser Umweg gewesen. Eine
noch grössere geographische Verwirrung scheint es zu verraten, dass
diese Burg dicht bei Tintanjol liegen soll, wie aus mehreren Stellen des
Eilhart'schen Gedichtes und Ulrich von Türheim, auch aus dem Berol-
fragment (V. 1097) hervorgeht. Sollte etwa die Spielmannsversion,
welche doch sonst in der Bretagne so gut Bescheid weiss, diese nam-
hafte Stadt irrtümlich nach Cornwall verlegt haben? Das ist doch sehr
unwahrscheinlich. Vielleicht bietet sich noch eine andere Lösung.

Die Residenz des Königs Marke, *Tintaguel, Tintajol* (Berol), *Tin-
tanjol* (Eilh.), *Tinthanel, Cintagel* (frz. Prosarom.), *Tintajoel, Tintajon*
(Gottfr.) wird gemeinhin mit dem gleichnamigen Orte (Tintagell) an
der Nordwestküste von Cornwall identificirt, und gewiss insofern mit
Recht, als schon die ältesten bekannten Versionen der Sage Marke's
Reich dorthin verlegt haben. Allein wenn die Sage, wie sich mehr und
mehr herausstellt, in der Bretagne ausgebildet worden ist, könnte es
sehr wohl sein, dass König Marke ursprünglich als Fürst von Cor-
nouailles[1]), als Herrscher der Bretagne galt. Wo der historische König

---

1) *Cornouailles* (= *Cornu Galliae*) bezeichnet jetzt nur den westlichen Teil
der Bretagne, im frühen Mittelalter aber wurde der Name in weiterer Ausdehnung

„Marcus" herrschte, der im Anfang des VI. Jahrhunderts lebte, ist aus der Vita S. Sampsonis, die ihn erwähnt, nicht zu ersehen; es kommt auch für die Auffassung der Sage nicht wesentlich in Betracht. Da aber die Verbindung der Sage von König Marke mit dem Sagenkreise von König Artus nur eine lose und unursprüngliche ist, da hingegen zwischen den Fürsten von Leon und König Marke enge Beziehungen bestehen, da jener Wald bei Brest, wohin die Liebenden flüchten, mit zum Reich des Königs Marke gerechnet wird, und in allen alten Versionen nicht allzuweit abliegend von der Residenz König Marke's und jedenfalls nicht durch das Meer davon getrennt gedacht ist (nach Gottfr. zwei Tagereisen entfernt), da endlich Dinan zum Reich König Markes gehören soll — werden wir annehmen dürfen, dass die Ursage in der Tat auch Marke's Reich und Königssitz nach der Bretagne verlegte, und dass die Localisirung in Cornwall erst nachträglich erfolgte.

In der Nähe von Dinan (etwa 30 Kil. südöstlich davon) liegt der Flecken Tinténiac, dessen Name gleichfalls an das Tintajol, Tintanjol, Tinthanel der Sage erinnert.

Dass ursprünglich dieses Tinténiac gemeint war, wird noch durch andere Ortsnamen der Spielmannsversion, welche sich gerade in der Gegend von Tinténiac nachweisen lassen, sehr wahrscheinlich:

1) „Mostier Saint-Sanson" wird in dem Berolgedicht VV. 2938, 2960 erwähnt; es heisst dort, dass König Marke mit der zurückgekehrten Isolde nach dem Münster des Heiligen Samson zieht, um ihre Rückkehr zu feiern. Der heilige Samson ist ein bretonischer Nationalheiliger. Schon Michel hat (Tristan II, 174) darauf aufmerksam gemacht, dass die Gründung der Stadt Dol in der Bretagne (30 Kil. nördl. von Tinténiac) an seinen Namen geknüpft ist. Im Beginn des VI. Jahrhunderts soll er dort ein Kloster (monasterium) gebaut haben (Vita S. Samsonis episcopi, Historiens de France III, 432); jedenfalls war er Bischof in Dol. Die Hauptkirche von Dol hiess noch in neuerer Zeit „Eglise de Saint Sanson". In dieser Kirche liessen sich bretagnische Fürsten im IX. Jahrhundert krönen (Daru - Schubert S. 68). „Le Mostier Saint-Sanson" ist also wohl als gleichbedeutend mit Dol anzusehen.

2) Sant Michelsstein bei Eilhart 7380 ist wahrscheinlich ursprünglich identisch mit dem altberühmten Kloster Mont Saint-Michel, welches in der Nähe von Dol auf einer Felseninsel im Meere, dicht an

---

von der ganzen Bretagne gebraucht so z. B. noch in Chroniken des X. u. XI. Jahrhunderts (Glabri) Rodulphi Histor. Lib. II, Cap. III, Historiens de France X, 157, VIII, 298; vgl Daru - Schubert a. a. O. S 49), und die Stadt Rennes in der östlichen Bretagne galt zu Zeiten als Hauptstadt von „Cornouailles".

der Küste erbaut ist, vgl. Muret, Romania XVI, 299). Ob in der Ur-
sage vielleicht auch die Geschichte von Tristan's Kapellensprung an
dieses Kloster geknüpft war (vgl. Ber. 880 ff.)? Die Kapelle von Mont
Saint-Michel liegt in der Tat auf einem steilen, in das Meer hinaus-
ragenden Felsen; und eine Plattform auf diesem Felsen heisst zwar
nicht le Saut Tristan aber „Saut Gautier".

3) Blanche Lande (sehr häufig Ber.), Blankenlant, Blankenwalt
(Eilh.) muss der Darstellung nach in der Nähe von Marke's Königsburg
Tintanjol liegen (vgl. Novati a. a. O. S. 397). Dieselbe Ortsbezeichnung,
in der Bretagne nicht eben häufig vorkommend, lässt sich gerade in der
Gegend von Tinténiac mehrfach nachweisen. Auf einer Generalstabs-
karte, Blatt Avranches, finde ich südlich von Avranches, nahe bei dem
Flecken Antrain ein „Bois de Blanche Lande, in einer Entfernung
ven etwa 30 Kil. nordöstlich von Tinténiac. Noch näher bei Tinténiac,
etwa 13 Kil. östlich davon, ist auf Blatt Rennes eine „Blanche Noë"
verzeichnet (breton. noë = lande); ferner auf Blatt Dinan wiederum
eine „Blanche Noë" und eine „Noë blanche" etwa 20 Kil. westl.
von Tinténiac, 15 Kil. südlich von Dinan. Nach der Auffassung der
Spielmannsversion scheint die „Blanche Lande" zwischen Dinas' Burg
(Dinan) und „Tintanjol" liegend gedacht zu sein, denn Tristan bestellt
von Dinas' Burg aus Isolde dorthin zu einem Stelldichein (Eilh. 6284);
das würde zu der letzterwähnten „Noë Blanche" stimmen. Wahrschein-
lich wurde früher der Ausdruck in weiterem Sinne für die Haidegegend
um Tinténiac gebraucht.

[4] „La Croix Roge" wird mehrfach bei Berol (VV. 1876, 1924,
2385, 2615), „daz crûce" einmal bei Eilhart (V. 4819) erwähnt (No-
vati a. a. O. S. 397), in einem Zusammenhang, aus welchem hervorgeht,
dass es mitten in der „Blanche Lande" an einer Wegscheide steht.
Die Ortsbezeichnung „Croix Rouge" ist in jenem Teil der Bretagne
nicht ganz selten, so dass es bedenklich erscheinen könnte, irgend ein
bestimmtes „rotes Kreuz" mit dem der Sage zu identificieren. Indessen
scheint mir doch erwähnenswert, dass gerade mitten zwischen den beiden
letzterwähnten „Noë's Blanche's" bei dem Flecken Yvignac auf der
Generalstabskarte, Blatt Dinan, eine „Croix Rouge" verzeichnet ist.
Hier kann Zufall obwalten, jedenfalls aber stimmt die Ortsbezeichnung
zum Localcolorit jener Gegend. Auch wenn das jetzige rote Kreuz erst
aus neuerer Zeit stammt, ist es doch vielleicht an Stelle eines älteren,
ähnlichen errichtet worden.|

5) „Le Mal Pas" soll nach der Berolversion nicht allzuweit von
Marke's Burg und der Blanchelande (un poi deça la Lande Blanche
Ber. 3263) entfernt sein (Ber. 3260, 3653, 3661, 3671, 3750, 3848; vgl.

Novati a. a. O. S. 297). Entsprechende Ortsnamen sind in dortiger Gegend nicht ganz selten. Ich finde „Le Maupas" etwa 28 Kil. südwestlich von Tinténiac, etwa 20 Kil. südlich von „Blanche Noë" (Blatt Rennes).

6) La Planche (les Planches) kommt bei Berol mehrfach als Bezeichnung eines Ortes in unmittelbarer Nähe des „Mal Pas" vor (Berol 3260, 3262, 3876, 3883, 3908). Es scheint ein Uebergang (durch Bretter gebildet?) über einen Sumpf (mare, marois, palu) gemeint zu sein. Die Berolversion verlegt dorthin die bekannte Scene, in der die blonde Isolde sich von dem als Bettler (ladre) verkleideten Tristan durch eine Furt tragen lässt. Seltsamer Weise wird dieser unwegsame Ort zugleich als Marktplatz (*marches* Ber. 3259, 3634) dargestellt. — „Planche" kommt in dortiger Gegend mehrfach als Ortsbezeichnung vor, trotzdem glaube ich hier wieder einen bestimmten gleichnamigen Ort nachweisen zu können, den der Dichter im Sinne gehabt haben muss. 19 Kil. west-süd-westlich von Tinténiac, 9 Kil. nördlich von dem erwähnten „Le Maupas" finde ich auf Blatt Rennes dicht bei einander die Ortsbezeichnungen „La Planche" und „Les Marchés", im Tal eines Baches; nur 3—4 Kil. nördlich davon „Le Pont au Ladre". Dieser Complex von Uebereinstimmungen kann nicht wohl Zufall sein. Dass die Localschilderung der Wirklichkeit noch genauer entspräche ist von der anglo-normannischen Bearbeitung der Sage nicht zu erwarten[1]).

[7) „La Mote" wird in unmittelbaren Zusammenhang mit „La Planche" erwähnt (Ber. 3262, 3579, 3766). Nur 2—3 Kil. südlich von „La Planche" und „Les Marchés" finde ich auch die Ortsbezeichnung „La Motte". Sie kommt indessen auch sonst ziemlich häufig vor.]

8) L'Ermitage Frère Ogrin, die Einsiedelei des Bruder Ugrim (Ber. 1326, 2256, 2448, 2475, 2621) ist in der Berolversion so genau localisirt, dass die Annahme nahe liegt, der Dichter habe an einen bestimmten Ort gedacht (vergl. Novati a. a O. S. 398). Sie soll in der Gegend des Waldes Morrois liegen, andererseits vom Hofe des Königs Marke nicht weit entfernt sein. Tristan gebraucht eine Nacht um von der Einsiedelei zur Königsburg hin und zurück zu reiten. Der Weg führt über die Blanche Lande und an dem erwähnten roten Kreuz vorbei.

---

1) In der Thomasversion ist die Scene in die Nähe von London (Londres; vgl. [Blanche] Lande??), an das Ufer der Themse verlegt; statt über eine „Planche" trägt hier Tristan Isolde über eine Schiffsplanke (Gottfr. „*schifbrucke*"); die Scenerie ist also wahrscheinlich durch ein Missverständnis (oder zwei?) verändert; aber trotz desselben dient die Darstellung der Thomasversion zur Bestätigung der angenommenen Localisirung.

Nun ist es jedenfalls ein merkwürdiges Zusammentreffen, wenn auch vielleicht wieder Zufall, dass gerade auf der Strecke zwischen Tinténiac und La Forêt (Landerneau) (die allerdings in Wirklichkeit erheblich grösser ist, als es nach dem Gedicht erscheint), ein Ort „L'Hermitage" liegt, etwa 20 Kil. südlich von St. Brieuc, dicht bei dem grossen „Forêt de Lorges". Von „L'Hermitage" bis nach „La Forêt" wären allerdings noch etwa 140 Kil., nach Tinténiac etwa 80 Kil. Der letztere Weg würde in der Tat über die „Blanche Noë" und an dem erwähnten „roten Kreuz" vorbeiführen. 160 Kil. in einer Nacht zu Pferde zurückzulegen, wäre allerdings eine aussergewöhnlich starke, aber nicht gerade eine unmögliche Leistung.

9) Saint Lubin wird Ber. 4310 erwähnt, in einem Zusammenhang, aus welchem hervorgeht, dass der Ort nicht sehr weit von Marke's Königsburg gedacht ist (*li rois iroit a Saint Lubin*). So benannte Orte dürften sich nur in Frankreich nachweisen lassen, zwar nicht in der Bretagne, aber in benachbarten Landschaften: 1) der Flecken St. Lubin, Dep. Eure et Loir. Arrond. Dreux (an der Grenze der Normandie); 2) Dorf St. Lubin, Dép. Loir et Cher, Arrond. Blois, ungefähr in derselben Entfernung (etwa 220—230 Kil.) von der angenommenen Gegend. Vielleicht liegt Verwechslung mit St. Aubin vor, welcher Ortsname sich in der Bretagne, und zwar gerade in der Gegend von Tinténiac gar nicht selten findet.

Auf andere in der Berolversion (und den abgeleiteten Fassungen) enthaltene Ortsbezeichnungen gehe ich nicht ein, weil sie wie l'Épine[1]), la Gaudine, le Bois, le Gué (aventuros), le Mont zu unbestimmt und allgemein üblich sind.

Zu erwähnen ist jedoch ein Ortsname den ich nicht identificiren kann: Lantien oder Lancien (in Michel's Ausgabe *l'antien* gedruckt, Ber. 1119, 2325, 2404, 2419). Novati a. a. O. S. 396 nimmt wohl mit Recht an, dass dieser Name die zu Burg „Tintaguel" gehörige Stadt bezeichnete. Lantien klingt ziemlich gut bretonisch; die erste Silbe ist ohne Zweifel das bretonische „*lan*", Haide, mit welchem Worte sehr häufig Ortsnamen der Bretagne zusammengesetzt sind. So finde ich z. B. in der Nähe von Tinténiac: Lantran, Landujean, Lanrigan, Lancieux, Landéan.

Jedenfalls bleiben auch nach Abzug der zweifelhaften, unsicheren, oder vielleicht auf Zufall beruhenden Uebereinstimmungen, noch mehrere sehr charakteristische und auffallende übrig, welche die Annahme dass

---

1) L'Espine Ber. 1491, „Dornbusch" scheint ursprünglich ein Gehölz in der Nähe von „Tintaguel" bezeichnet zu haben. So finde ich auch dicht bei Tinténiac „L'Epine", ebenso wie in der Nähe anderer bretagnischer Städte.

die Ursage das Reich König Marke's nach der Bretagne, seinen Wohn-
sitz nach dem heutigen Tinténiac verlegte, sehr wahrscheinlich machen.
Diese Localisirung ist freilich durch die nachträgliche Verlegung nach
Tintagell in Cornwall etwas undeutlich geworden, und nur noch an
den unverstanden beibehaltenen Ortsbezeichnungen erkennbar.

Tintagell in Cornwall liegt auf einem ·Felsen dicht am Meer, Tin-
téniac in der Bretagne dagegen etwa 40 Kil. vom Meer entfernt. Dem-
entsprechend bestehen in der Darstellung der Berolversion Widersprüche
in Bezug auf die Schilderung der Lage von „Tintaguel", „Tintanjol".
Nach der Stelle Ber. 880 ff. scheint es, als ob die Burg dicht am Meere
läge, ebenso nach Eilh. 1297, 2806?, 8759? Sonst aber ist die Lage so
geschildert, als ob die Burg nur von Wald und Haide umgeben, vom
Meere eine ziemliche Strecke entfernt, und nur zu Fuss oder zu Pferde
erreichbar wäre. Nach Eilh. 263, 271 reitet Tristan vom Hafenplatz
eine Strecke landeinwärts[1]) (*in des koninges Mařkin lant*), bevor er
nach Tintanjol gelangt; eine ähnliche Lage geht aus Eilh. 6360 ff.,
8235 ff. hervor:

Da nun jedenfalls im Allgemeinen das Localcolorit des Berolgedichtes
(und der abgeleiteten Fassungen), abgesehen von der unorganisch ein-
gefügten Artusepisode eine viel genauere Kenntnis der Bretagne, als
von Cornwall voraussetzen lässt, da, wie nachgewiesen, die Sage an
Persönlichkeiten der bretonischen Geschichte anknüpft, da endlich eine
Spur der Sage in einem bretonischen Volksliede nachgewiesen ist, so
scheint die Angabe der ältesten Versionen, welche sich auf bretonische
Quellen beruft, allerdings glaubwürdig, und wir · dürfen mit grosser
Wahrscheinlichkeit schliessen, dass die T r i s t a n s a g e i n d e r B r e -
t a g n e a u s g e b i l d e t w o r d e n i s t.

Zum Schlusse dieses Aufsatzes fühle ich mich verpflichtet Herrn
Professor Otto Krümmel meinen herzlichen Dank auszusprechen für die
freundliche Bereitwilligkeit, mit der er mir die Benutzung der fran-
zösischen Generalstabskarten aus der geographischen Lehrmittelsamm-
lung der Universität Kiel gesattet hat.

---

1) Auch in der Thomasversion stimmt die Lage von Tintajol durchaus nicht
mit der von Tintagell in Cornwall, sondern eher mit der von Tinténiac überein.
Nach der Tristan-Saga, Cap. XX (vergl. Gottfr. 2618 ff.) begegnet der Knabe
Tristan, der am Ufer von König Marke's Land ausgesetzt ist, Pilgern, die vom
Berge des grossen Michael („af fjalli hins mikla Michaels" vgl. Mont St. Michel?)
kommen, und gelangt erst nach längerer Wanderung mit ihnen nach Tintajol.

II. Skandinavisches.

Je mehr sich herausgestellt hat, dass die Sage in der Bretagne localisirt ist, dass Nebenpersonen und -Handlungen derselben der bretonischen Geschichte entstammen, um so auffallender wird die Tatsache, dass die Hauptpersonen, Tristan und die blonde Isolde ausserhalb der bretonischen Sage und Geschichte zu stehen scheinen. Zahlreiche Namen der Herren von Leon und anderer Fürsten und Edlen der Bretagne sind aus früher Zeit überliefert, aber darunter kein Tristan oder ein irgendwie ähnlich klingender Name; mehrere Fürstinnen der Bretagne, von Island, von Cornwall sind bekannt, aber darunter keine Isolde.

Die Vita St. Pauli episcopi Leonensis weiss wohl von König „Marcus", aber nichts von einer Gemahlin desselben; sie nennt den gleichzeitigen Herrn von Leon „Withurus". In die gaelische Sage ist, wie Golther gezeigt hat, die Liebesgeschichte von Tristan und Isolde wahrscheinlich erst aus der französischen Romanen gekommen. Gottfried von Monmouth, Wace's Brut und der Münchener Brut wissen noch nichts davon. Der Name *Estrildis* bei Gottfried, *Essylt* im Brut Tywysogion wird mit *Isolde* verglichen; aber der erstere kann unmöglich damit identisch sein; der zweite ist offenbar nur eine Entstellung des Namens Ysolt, Yselt der frz. Versionen.

Woher stammen nun die Namen, woher die Geschichte der Hauptpersonen, wenn nicht aus der keltischen, bretonischen Sage? Die Antwort liegt sehr nahe.

Da die Tristansage in normannischem Gebiet zuerst auftaucht, ist von vornherein eine gewisse Wahrscheinlichkeit vorhanden, dass normannische d. h. skandinavische, germanische Sagenelemente hinein verwoben worden sind.

Nun zeigt in der Tat der Tristanroman in den Grundzügen der Handlung, wie in manchen Einzelnheiten eine auffallende Aehnlichkeit mit germanischen Sagen und Märchen: Nibelungen, Wolfdietrich, Karlssage, Oervar Odds Saga, Göngu-Rolfs Saga, Sage von Thorstein Boejarmagn, Märchen von den zwei Brüdern (vgl. Zschr. f. vgl. Litteraturgesch. I, 265 ff.; Golther S. 16; Beowulf-Studien S. 56 ff., S. 192; Singer Anz. f. d. A. XIV S. 235). Einzelne Motive deuten, wie ich a. a. O.

---

1) In einer bretagnischen Urkunde vom Jahre 1032, die bei Lobineau, Hist. de Bretagne II, 112 abgedruckt ist, finde ich unter den Zeugennamen: „*Signum Rivallonis. S. Trischan, filii ejus*". Wenn man statt *Trischan* „*Tristhan*" lesen dürfte, wäre dies wohl der älteste Beleg für den Namen des Helden, und zugleich wohl das älteste Zeugnis für die Tristansage.

bemerkte, auf germanische, skandinavische Kulturverhältnisse, Sitten
und Gebräuche: Holmgang, Eisenprobe, Trunk in der Brautnacht,
Schwertscheidung, Späne mit eingeritzten Buchstaben, dreifache Kampf-
spiele (Lichtenstein, Eilhart von Oberge S. CXXVII). Von den Personen-
namen scheinen einige germanischen Ursprungs zu sein (Golther S. 3 ff.);
hinzu kommt noch der offenbar germanische Name *Bruneheut* im Berner
Fragm. des altfrz. Romans (Rom. XV, 559). So ist es denn sehr leicht
möglich, dass in „Tristan“ und „Isolde“ germanische Namen versteckt
sind und dass die Haupthandlung aus germanischer Sage stammt.

Meine a. a. O. gegebene Deutung von Isolde (afrz. *Ysolt, Ysalt,
Yselt, Yseut, Ysout*) aus germ. *Ís-walda*, altnd. **Ísǫld* = „*Eisherrscherin*“
ist von Golther als sehr wahrscheinlich adoptirt; von S. Singer dagegen
(in seiner Anzeige von Golther's Schrift a. a. O.) als nicht unbedenk-
lich erklärt worden. Leider führt der letztgenannte Gelehrte seine Be-
denken nicht näher aus. Ich weiss nicht, was meiner Herleitung im
Wege stehen soll: lautlich stimmt sie genau; die Bildungsweise ent-
spricht durchaus altgermanischem Sprachgebrauch (Golther S. 3 f.; vgl.
noch die altdeutschen Frauennamen *Arnolda, Hermenalda, Ostrevolda*
bei Foerstemann); der Name Isolt selbst ist schon aus einer altdeutschen
Urkunde des VIII. Jahrhunderts belegt (Foerstemann), allerdings wohl
als Mannsname. Aber natürlich konnte neben dem Mannsnamen Isold
ein Frauenname *Isolda* ebensogut liegen, wie *Arnolda, Hermenalda*
neben *Arnolt, Erminolt*. Es ist daher auch nicht nötig den sagenhaften
Namen einer Herzogin von Wien: *Isalde* in der mhd. „Klage“ für
entlehnt aus Eilharts Tristan anzusehen, zumal da die „Klage“ gewiss
schon Ende des XII. Jahrhunderts verfasst worden ist, als Eilharts
Tristan in Süddeutschland wohl noch kaum bekannt war. Ebenso
braucht die *Isold* der Thidreksage, Gemahlin Hertnids, ihren Namen
nicht aus dem frz. Roman entlehnt zu haben.

Bei anglonormannischen Geschlechtern ist der Frauenname *Isolda,
Ysolda* seit dem Ende des XII. Jahrhunderts nachweisbar (Rotuli Curiae
Regis edd. Francis Palgrave, Vol. II Index). Hier kann allerdings schon
Einfluss des Tristanromans vorliegen, obwohl jene Namen doch schon
um die Mitte des XII. Jahrhunderts gegeben sein müssen, und Gott-
fried von Monmouth um 1140 noch nichts von der Tristansage weiss.

Die Versuche den Namen *Tristan* aus keltischem Sprachstoff zu
deuten sind jetzt wohl ziemlich allgemein aufgegeben. Singer holt a. a. O.
wieder die Etymologie, welche den Namen mit frz. *triste, traurig* zu-
sammenbringt, hervor, eine Etymologie, die den Vorzug ehrwürdigen
Alters für sich hat (denn sie stammt wahrscheinlich von dem Trouvère
Thomas), aber darum nicht glaubhafter wird. Sie scheint mir schon

darum nicht annehmbar, weil -an keine volkstümliche afrz. Ableitungs-
endung ist. Auch würde es dem Geschmack afrz. Sagen wenig ent-
sprechen, den Helden als einen „Trauerknaben" zu bezeichnen. Die
Deutung von Tristan aus *trist hum* hat nur den Wert einer Volks-
etymologie. Die Herleitung von „*Tristan*" aus dem altnord. Namen
Thorstein, welche ich in den Beowulfstudien S. 191 gegeben und be-
gründet habe, scheint mir daher immer noch die einzig mögliche. Altnd.
Þorsteinn wird von den Angelsachsen als *Þurstan* wiedergegeben, bei
normannischen Schriftstellern erscheint der Name in den lateinischen
Formen *Turstanus*, *Turstinus*, auch *Turistingus* (Historiens de France
IX, 732 B; in einer Urkunde a. d. 961). Am bekanntesten ist Turstanus,
Erzbischof von York, ein geborener Normanne, † 1141 (Hist. litt. de
la France XI, 722). Sein Name erscheint nach Ducange (VII., Index
autorum) auch in der Form „*Trustanus*". Metathesis des r ist im Afrz.
ganz gewöhnlich (vgl. *brosse*, afrz. *freste*, *écran* afrz. *escrimer*, afrz.
stribord, *troubler*, *trousser*, *treuil*, *brebis*, *broder*, *fromage* u. a.). Der
Vokal *i* statt des zu erwartenden *u* in protonischer Silbe mag durch
volkstümliche Anlehnung an „triste" verursacht sein; doch ist dies nicht
nötig anzunehmen, da nach r und vor s sich leicht ein i-Laut ent-
wickelt: *grief*, afrz. *estrief*, nfrz. *étrier*, (s)*tribord*, *tricoises*, *briser*, *orison*
statt *oroison* u. s. w.; vgl. ital. *mariscalco*, *rigoglio*.

In mehreren skandinavischen Sagen, die inhaltlich dem Tristan-
roman ähnlich sind, heisst der Held *Thorstein* (Beowulf-Studien a. a. O.).
Besonders interessant ist die Erzählung von Thorstein Drómundr in der
Grettissaga, auf die auch Golther (S. 14) aufmerksam macht. Die
Listen, mit welchen dort Spes ihren Gatten Sigurd betrügt, um den
Verkehr mit ihrem Geliebten, Thorstein Drómundr, zu verbergen, ent-
sprechen ziemlich genau denen der blonden Isolde; genau stimmt
namentlich der Kunstgriff, durch den sich Spes über den Reinigungseid
hinwegsetzt. Die gewöhnliche Annahme ist, dass die Sage von Thorstein
Drómundr durch den Tristanroman beeinflusst worden sei, was der Zeit
nach wohl möglich wäre. Allein in der ganzen Grettissage und be-
sonders in dieser Episode zeigt sich sonst keine Spur französischen
Einflusses; die Personennamen sind nicht französisch; die Scene ist
nicht nach Frankreich oder Cornwall sondern nach Konstantinopel ver-
legt, ebenso wie in der verwandten Wolfdietrichsage; es sind ferner
dem Thorstein alliterirende Verse in den Mund gelegt (Grettis Saga
S. 196), die einen altertümlichen Eindruck machen. Ausserdem macht
Golther mit Recht darauf aufmerksam, dass die Erzählung von Thorstein
Drómundr auf einer anderen Version der Tristan-Sage fussen müsste,
als derjenigen, welche durch die Uebersetzung des Bruders Robert

(a. d. 1226) im skandinavischen Norden bekannt geworden war; sie muss auf eine unbekannte altertümlichere Fassung zurückgehen.

Ich glaube daher, dass die Liebesgeschichte von Thorstein und Spes, auf einer altnordischen, durch Wäringer-Anekdoten erweiterten, Sage von Thorstein und Ísǫld beruht, auf derselben, welche beiden altnormannischen Versionen des Tristanromans zu Grunde liegt. Mit dieser Annahme erklären sich die germanischen Namen der Hauptpersonen, die mehrfachen Voraussetzungen germanischer Sitte, skandinavischer Kulturverhältnisse im Tristanroman, die zahlreichen Beziehungen zu germanischen, besonders skandinavischen Sagen.

Was die Anknüpfung der altnormannischen Sage an Personen der bretonischen (und cornischen?) Sage, ihre Localisirung in der Bretagne veranlasste, wird sich wohl kaum ermitteln lassen. Inhaltliche Aehnlichkeit mit einer bretonischen Sage kann der Grund gewesen sein, oder eine Aehnlichkeit in Personen- oder Ortsnamen. War etwa die Heimat der Isold ursprünglich in Island gedacht, wie die der Brunhild, und wurde für Island das ähnlich klingende und den Normannen bekanntere Irland eingesetzt? War etwa der Name der kleinen Insel Tristan, die in der Nähe der Küste von „Léonnais" liegt die Veranlassung, dass man die Heimat des Helden Tristan nach Léonnais verlegte? oder der Name des kleinen Flusses Isote, der in der Nähe von Carhaix entspringt, die Ursache dass der Wohnsitz der weisshändigen Isolde (Gottfried: *Isote*) in Carhaix gesucht wurde? So verlockend solche Vermutungen auch sind, sollen sie doch nur als Vermutungen ausgesprochen werden.

Kiel, April 1889.

Jorge de Montemayor, Segundo Cancionero spiritual, Anuers 1558.

Von

Karl Vollmöller.

In den mir zugänglichen Darstellungen von Montemayors Leben und Werken wird des recht ansehnlichen und interessanten Segundo Cancionero spiritual vom Jahre 1558 keine Erwähnung getan, gewiss aus dem sehr einfachen Grunde, weil deren Verfasser das seltene Buch nicht gekannt haben.

Die Königliche Universitätsbibliothek Würzburg, welche so manche Kostbarkeiten aus alter Zeit besitzt, bewahrt auch dieses Werk und hat es mir auf längere Zeit zur Benützung überlassen, wofür ich hier meinen verbindlichsten Dank ausspreche.

Ich finde das Buch bisher nur erwähnt bei Brunet, Manuel[3] III 1851, im Catálogo de la Biblioteca de Salvá I 137 Nr. 296 und bei Duran Rg. II 687. Letzterer gibt auch den Grund an, weshalb es so selten ist: „Tambien publicó otras poesías místicas, que fuéron prohibidas por la Inquisicion, á las cuales intituló *Segundo Cancionero espiritual de* ... etc. Anvers, *Juan Latio*, 1558, en 8⁰.“ Nach Cat. Salvá I Nr. 295 finden sich nämlich im Indice espurgatorio von 1559 des Erzbischofs von Sevilla und Grossinquisitors D. Fernando de Valdes verboten die *Obras de Montemayor, en lo que toca á devocion y cosas cristianas*. Vgl. Silva, Diccionario bibliographico Portuguez IV 174: „Em geral, *todas as obras de Jorge de Montemayor tocantes á religião, e a cousas de devoção* andaram sempre incluidas nos *Indices expurgatorios* da Inquisição de Hespanha, como se vê ainda do ultimo, impresso em 1790, a pag. 185.“ So erklärt sich also das Verschwinden des Segundo Cancionero spiritual.

Im Cat. Salvá a. a. O. wird nun ein anderer Segundo Cancionero Montemayors erwähnt, der kurz nach dem Segundo Cancionero spiritual

22 *

gedruckt wurde und ihm äusserlich sehr gleicht (augenscheinlich das-
selbe Format, dieselbe Seitenzal, beide kursiv gedruckt). Diese Samm-
lung ist nur aus dem Cat. Salvá bekannt und ich setze zur Vergleichung
der beiden Cancioneros und zur Orientirung über den zweiten hierher
was dort darüber gesagt ist. Leider gibt der Cat. Salvá keine ge-
nauere Inhaltsangabe desselben.

296 Montemayor (Jorge de). Segvndo Cancionero de George de Monte
mayor. Anvers, en casa de Iuan Lacio [*l.* Latio], M. D. LVIII. 12° let. cursiva.
9 hojas prels. (quizá debe haber una blanca despues) y 252 foliadas.

Dice Montemayor en el prólogo de este volúmen: „Un libro mio se imprimió
habrá algunos años (*sin duda* Las obras *que dió á luz Juan Steelsio en 1554*)
con muchos yerros, así de parte mia como de los impresores; y porque la culpa
toda se me ha atribuido á mi, *á este segundo libro* junté las mejores cosas del
primero y las enmendé, y lo mismo se hace *en el segundo de las de devocion*
que ahora se imprimió.“

El tomito contiene efectivamente una buena parte de las composiciones com-
prendidas en *la primera* de las *Obras* de 1554; pero como faltan en él otras
muchas que se encuentran en aquellas, es preciso reunir ambos volúmenes para
tener completa la coleccion de las poesias del escritor lusitano.“

Das ist alles was wir über den Inhalt des Bandes erfahren, ab-
gesehen von der Andeutung Cat. Salvá I Nr. 297.

Nach dem Cat. Salvá I Nr. 295 „en 1558 el autor dividió sus
Obras en dos volúmenes, intitulando el uno *Segundo cancionero de Monte-
mayor* y el otro *Segundo cancionero espiritual*“. Den letzteren hat Salvá
nicht gesehen und vermag deshalb nichts Näheres darüber anzu-
geben.

Ich gebe nun nachstehend eine kurze Übersicht über den Inhalt
dieses Segundo Cancionero spiritual, von dem die bis jetzt allein be-
kannten Exemplare das von Brunet erwähnte Pariser und das Würz-
burger sind. Ersteres habe ich nie gesehen.

[I r⁰ Titelblatt] SEGUNDO CAN-|CIONERO SPIRITVAL DE IOR-|
*ge de Monte Mayor dirigido Al | muy magnifico Señor Iero- | nimo de
Sala- | manca.* [Vignette. Wappen.] EN ANVERS, | En cafa de Iuan
Latio, | M. D. LVIII. | Con Priuilegio.

Schon seit Ende des vorigen oder Anfang dieses Jahrhunderts im
Besitz der Kgl. Universitätsbibliothek Würzburg. Früherer Besitzer
unbekannt. 1 Band 12⁰. Die Blätter 14 cm hoch, 9 cm breit. Alter,
aber nicht zeitgenössischer, einfacher gepresster Ledereinband. Mit
Titelblatt 8 unpag. Bll. a3—a5, und 251 pagin. Bll. A— Ii2. V⁰ des
Titelblattes leer.

[II r⁰.]   El Priuilegio.

COncede fu Mageftad a Iorge de Mõte Mayor criado de la ferenifsima Princefsa de Portugal fu hermana que por tiempo de quatro años nadie pueda vender ni emprimir efte libro fin fu licencia fola pena enel original Priuilegio contenida.

[II v⁰.] Ad Gæorgium è Monte Maiori, vatem Hispanum, Io. Lat. carmen.

    Anf.: Qui tua, q̃ facili fcribis vernacula vena
        Carmina, Gæorgi docte Poëta, legũt.

[III r⁰ = a 3.] Al muy magnifico Señor Ieronimo de Salamanca: Iorge de Monte Mayor. DEfpues de auer (muy magnifico Señor) trabajado muchos dias en efte libro, y comunicado lo que enel ay con muchos teologos, afsi en eftos eftados de Flãdes como en Efpaña, efpecialmente enel colegio de fan Gregorio de Valladolid (que affi en fciencia como en exemplo a fiempre en nueftra Europa florecido) y defpues de auer enmendado algunas obras que del primero a el ayunte (co-[III v⁰]fas que no fe pueden lleuar al cabo, fin grande trabajo de fpiritu) parece me que (poniendo delante primero a Dios aquien la onrra y loor de todas las cofas fe deue) a fido hi es baftante premio para todos eftos trabajos, dirigillo a V. M. cuyo valor, e ingenio, obliga aque todos los que algo entendierẽ, hagan lo mifmo: guardando enefto aquel coftumbre Antiguo que los poetas, e Hiftoriadores, tuuieron en dirigir fus obras aquien les dieffe el valor que ellos (como a cofas fuyas) les deffeauan: y no tan folãmente efte coftumbre fe guardo entre Romanos, Griegos, y Ateniẽfes, mas aun en nueftra Efpaña. [IV r⁰ = a 4.} Antiguamente fe tenia la mifma coftũbre: como pudiera muy bien teftificar el muy magnifico Cauallero Hernan Gonçalez de Salamanca (de quien V. M. y el muy illuftre Cõde de Altẽburch fu primo decienden) que en tiẽpo que el por mandado del Serenifsimo Rey don Alfonfo de Caftilla fue mayor domo y ayo de la Infanta doña Blãca fu hija, florecieron muchos poetas, afsi en Italia como en Efpaña, porque enel mifmo tiẽpo fue el Petrarca y el Dãte en Tofcana poco antes: (y fegun la opinion de algunos) defpues muy pocos dias en Efpaña fue el gran Aufiafmarch, y aun en la corte del fobre dicho [IV v⁰] Rey auia muchos Caualleros y ombres particulares que fe dauan a la compoficion del verfo, los quales (como dixo Iuã de Mena) por falta de quien facaffe fus obras a luz, fe quedaron en las tinieblas del oluido. Y porque efte libro mio tenga quiẽ por fu onra buelua (que fegun los murmuradores q̃ oy en dia ay delas cofas de ingenio) efta es la cofa de que los libros mas necefsidad tienen le doy a V. M. por protector aquien fuplico lo reciba debaxo de fu amparo, pues enello cumplira con lo que deue aquien es, y demas defto recebire yo muy grande merced y fauor.

[V r⁰ = a 5.] Al muy magnifico Señor Ieronymo de Salamanca: Iorge de Monte Mayor,

                Widmungsgedicht.

    Anf.: Podeis (o libro) yr con gran contento
        e yo q̃dar de imbiaros muy hufano.

T.

Tres Reyes de tres reynos ſe ſalieron.   205

V.

Virgen y madre de Dios.   45

Fin de la tabla.

El autor ſe ſomete a la corecion de la ſancta madre ygleſia Romana.

[VIII vº] leer.

1. Bl. 1 rº. Comiença el Cancionero ſpiritual de Iorge de Monte Mayor. Sobre
Miſſus eſt Angelus. Lucæ Capite. I. Inuocacion.

Virgen ſagrada Maria
madre de aquel que en la cruz.

2. Bl. 29 rº.   Cancion agena.

Dios puſo en ombre ſu nombre
y en la cruz puſo ombre y Dios
que para ſaluar al ombre
fueron meneſter los dos.

Gloſa de Iorge de Monte Mayor.

Pinto el ſumo pintor
como quiſo vna figura.

3. Bl. 30 rº. Regimiento de Principes al muy alto y muy poderoſo Señor don
Sebaſtian Rey de Portugal &c.

Alto Rey, muy ſoberano,
de todos los Luſitanos.

4. Bl. 44 vº.   A la cruz.

O cruz arbol ſoberano
donde tal fruto nacio.

5. Bl. 45 vº.   A nueſtra Señora.

Virgen y madre de Dios
que mas bien que mas renombre.

6. Bl. 46 vº.   Copla agena hecha a la ſacratiſsima virgen.
Sin dudar
nunca en gota cupo mar. u. s. w.

Bl. 47 rº   Gloſa de Iorge de Montemayor.
Sin dudar.
Gloſa.
Virgen al buen amador
ſer ſuyo no le conuiene.

51 rº Soliloquio. Anf.: *Que es eſto? Yo en que me fundo,*
en dormir, o eſtar deſpierto?

7. Bl. 54 r°.   Fundamenta ejus in montibus fanctis.

Hizo Dios vna ciudad ·
fobre fancto fundamento.

8. Bl. 61 °.   Enfalada del juego de la primera, aplicada a nueftra Señora.

Bl. 62 r°.   *Del infierno falio vn moro*
que Satanas fe dezia.

9. Bl. 64 r°.   La pafsion de Chrifto. El texto y el autor.

Siendo ya el tiempo llegado
en que Chrifto determina.

10. Bl. 125 r°.   Glofa fobre las coplas de don Iorge Manrrique, por Monte Mayor.

Recuerde el alma dormida
abiue el fefo y defpierte u. s. w.
Glofa.
Defpierte el alma que ofa
eftar contino dormiendo.

Diese Glosa ist nach der Ausgabe der Obras Montemayors, Anvers 1554, wieder gedruckt in einem seltenen Büchlein, welches ich nebst vielen anderen seiner‘ Publikationen, über die demnächst ein Bericht von mir kommt, der Güte des für die ältere spanische Literatur so eifrig und erfolgreich tätigen Herrn Herausgebers verdanke. Es führt den Titel: Glosa de Jorge de Montemayor á las Coplas de Jorge Manrique. Publícala de nuevo el Excmo. Sr. D. Manuel Pérez de Guzmán, Marqués de Xerez de los Caballeros. [Wappen des Herausgebers.] Sevilla, Imp. de E. Rasco, Bustos T.ª I.° 1888. VIII, 45 S. und 1 Bl. längl. 8°. Auflage von 112 Expl. Mein Exemplar ist Nr. 17. Einleitung unterzeichnet von Joaquin Hazañas y La Rúa. Der Abdruck weicht von unserem Text im Seg. Canc. spir., soweit ich verglichen habe, nur in Orthographie und Interpunktion ab.

11. Bl. 157 r°.   Auifo de difcretos.
El autor.
A difcretos a confejo:
y alli donde ay mas cordura.

12. Bl. 180 v°.   Paraphrafi en el Salmo. Super flumina Babylonis.
Introducion.
Spiritu diuino, y fublimado,
que el alma, viftes de admirables dones.

13. Bl. 188 r°.   Exurgens Maria abijt.in montana in ciuitatem Iuda: cum feftinatione & intrauit in domum Zachariæ & falutauit Elizabeth. Luc. cap. 1.
Homelia. I. -
Adonde vays tan fola o Maria?
do el faufto? do la gente? como es efto.

14. Bl. 198 v°.   Cancion.

Pluma quen vanidades te occupaſte,
tiempo que coſas baxas me offreciſte.

15. Bl. 202 r°.   Soneto.

Recoge te mi Seſo diſtraido:
teneos penſamientos deſmandados.

16. —   Soneto.

Leuantaſe mi alma, a ymaginarte:
oluidaſe de ſi mi entendimiento.

17. Bl. 202 v°.   Soneto.

Que hazes hõbre humano? quiě me llama?
quien ſiempre te llamo: ne ſe quien ſea.

18. Bl. 203 r°.   .   Soneto.

Aquel diuino ſpiritu y zeloſo
de te atraer aſi o alma mia.

19. —   Soneto.

Al punto quel Amor diuino enciende
                 [i. O. Druckf.: *enciedde*].
Bl. 203 v°.   *la yeſca de mi alma, con ſu fuego.*

20. Bl. 203 v°.   A vn predicador
mançebo que hizo vn ſermon
de nueſtra Señora muy y [Druckf.] excellente.

Soneto.

Ingenios cuyo ſer y fundamento
de Chriſtiandad, y fe, no ſe deſuia.

21. Bl. 204 r°.   Soneto.

Oy vn Chriſtiano Orpheo con ſu canto
a todo entendimiento a ſus pendido.

22. Bl. 204 v°.   Soneto.

Quien vn combite vio tan excellente?
quien tan alto manjar dio acombidado?

23. Bl. 205 r°.   Soneto.

Tres Reyes de tres reynos ſe ſalieron,
buſcando vn ſolo Rey que era naſcido.

24. —   Soneto.

Si vn coraçon caydo ſe leuanta,
y vn eſpiritu muerto reſuſcita.

25. Bl. 206 r°.   Omelias fobre Miferere mei Deus.

Omelia primera.
Miferere mei Deus fecundum
magnam mifericordiam tuam.
Ten mifericordia de mi Dios fegun
la graude mifericordia tuya.
Mi anima caydo fe leuante,
mi coraçon defuncto refufcite.

26. Bl. 250 r°.   Cancion al fanctifsimo Sacramento.

Que manjar blanco. es aquel
tan diuino, y tan fuaue?

Bl. 251 r°.   Aprobacion defte libro.

Ifti libri pleni pietate & fanctis adhortationibus compofiti Hifpanice per Georgium de Monte Mayore poterunt fecurè prælo committi, nihil enim continent quod catholicæ doctrinæ aduerfetur.

Anno 1557.   Ita eft Almaras
                               Canonicus Antuerpienfis.

Bl. 251 v°.   Fue Impreffo en Anuers en cafa de Iuan Latio, An. 1558.

Die Numerirung rührt von mir her.

Göttingen, Dezember 1890.

Zu Tito Vespasiano Strozza's und Basinio Basini's lateinischen Lobgedichten auf Vittore Pisano.

Von

Dr. Reinhard Jonathan Albrecht.

Julius Friedländer, der in seinem bekannten Werke über die italienischen Schaumünzen des 15. Jahrhunderts auf S. 9—42 eingehend über Vittore Pisano handelt, bringt hierbei 4 von Guarino, Basini, Porcello und Tito Vespasiano Strozza verfasste und von dem verstorbenen Vorsteher der städtischen Bibliothek in Verona, Abbate Cesare Cavattoni, veröffentlichte[1]) Lobgedichte auf den berühmten Maler und Stempelschneider zum Wiederabdruck. Er sagt S. 16: „Das vierte Gedicht endlich ist schon von Gaetini abgedruckt worden[2]), allein wir verdanken Herrn Cavattoni die folgende Umarbeitung, durch welche der Dichter offenbar sein Gedicht verbessern wollte. Tito Vespasiano war 1422 geboren, er hat also das Gedicht wohl nicht lange vor Pisanos Tod (gest. 1451 oder 1455)[3]) machen können." Dass das Verhältnis des handschriftlich überlieferten zum gedruckten Gedichte — denn Gaetini's Text stimmt völlig mit dem der aldinischen Ausgabe[4]) überein — gerade umgekehrt ist, lehrt schon eine Vergleichung beider. Ich setze zu diesem Zwecke an den abweichenden Stellen die Lesart der von Cavattoni benutzten Handschrift (Cod. Estensis VI. B. 31 der Kgl. Bibl. zu Modena) über die des Druckes:

v. 9. {Tum liquidos molli circumdas margine fontes,
{Perspicuos

vv. 11/12. {Umbrosis Nymphas silvis errare videmus:
{   Haec humero casses, altera tela gerit.
{Per nemora et saltus Nymphae venantur apertos,
{   Retiaque et pharetras et sua tela gerunt.

---

1) Das erste in: Due opuscoli del Guarino Veronese, Verona 1860, 8°, die drei anderen in: Tre carmi latini composti a mezzo il secolo XV in lode di Vittore Pisano, Verona 1861, 8°.

2) Nämlich im Museum Mazzuchellianum, T. l, p. 76 sq.

3) Nach Friedländer, a. a. O., S. 20.

4) Strozii poetae pater et filius, Venetiis in aedibus Aldi, 1513, P. II., f. 25 a/b.

v. 14. { Et fera latrantes ora movere canes.

rostra

v. 27. { Illustris nec te tantum pictura decorat,
Nec solum miro pingendi excellis honore,

v. 32. { Et meritas laudes candida fama canit.
Te praesens aetas posteritasque canet.

Es würde vollkommen genügen, das in der Hs. auf v. 8 folgende
Distichon:

Garrula limoso sub gurgite rana coaxat;
Valle sues, ut sol monte, latere facis.

— zumal nachdem man die sinnlose Lesart ut sol, woran Friedländer
seltsamerweise keinen Anstoss genommen zu haben scheint, mit ursos
vertauscht und so den wirksamen Chiasmus wiederhergestellt hat —
mit der trefflich gelungenen Ausführung im Drucke zusammenzuhalten,
um über die Priorität nicht länger in Zweifel zu sein. Sie lautet dort
in vv. 17—20:

Nare lacu ranas, silvis errare leones,
Ima valle truces ire videmus apros.
Se profert antro catulis comitantibus ursa,
Martius ad plenum tendit ovile lupus.

Eine eingehende Vergleichung der bis jetzt bekannt gewordenen
Hss. mit dem aldinischen Drucke, deren Ergebnisse ich demnächst zu
veröffentlichen gedenke, zeigt ausserdem, dass der ferrarische Edelmann
Tito Vespasiano Strozza, der schon als 18jähriger Jüngling mit einer
Reihe lateinischer Liebeselegien an die Öffentlichkeit trat[1]), seine Ge-
dichte unter dem keineswegs zum Inhalte aller passenden Titel Erotica
in Sammlungen von allmählich erweitertem Umfange und teilweise er-
heblich verbesserter Form veröffentlicht hat. Die älteste unter den er-
haltenen Sammlungen, der cod. S. Michaelis 116[2]), enthält vier, der
cod. Estensis VI. B. 31[3]) fünf, der cod. Dresdensis C. 105⁰[4]) neun
Bücher sog. Erotica. Letztere, noch unverwertete Hs., die den Aus-
gangspunkt meiner Untersuchungen bildet, bietet an der oben angeführten
Stelle die richtige Lesart ursos. Die von Aldo Manuzio besorgte Aus-
gabe stellt die jüngste Textesrezension dar, die nach dem eigenen Ge-

1) Aeternos cecinit quos ille imberbis amores, sagt Ercole, der Sohn, von
seinem Vater Tito in P. I, fol. 19ᵃ der aldin. Ausg.

2) Mittarelli, Bibl. codd. mss. monasterii S. Michaelis Venetiarum prope
Murianum, Venetiis 1779, col. 1076 sqq.

3) Carducci, Delle poesie latine di Ludovico Ariosto, Bologna 1875, Appen-
dice V, p. 243—245.

4) Katalog der Hss. der Königl. öff. Bibl. zu Dresden, bearbeitet von Schnorr
v. Carolsfeld, 1. Bd., Leipzig 1882, S. 206..

ständnis des Herausgebers aus Mangel an Zeit sehr oberflächlich aus-
gefallen ist[1]).

Noch bleibt ein Punkt und gerade der wichtigste zu erledigen.
Der Irrtum Friedländers ist nämlich hauptsächlich durch den Schluss
des Gedichtes veranlasst worden, auf den es für seine Zwecke beson-
ders ankam. Er lautet in der Hs.:

> Sis felix, longum Lachesis te servet in aevum,
> Et nostram, si qua est, dilige Calliopen.

im Drucke aber:

> Ast opere insigni nostros effingere vultus
> Quod cupis, haud parva est gratia habenda tibi.
> Si longos aliter mea non exibit in annos,
> At saltem vivet munere fama tuo.

In der That muss diese Umgestaltung matt erscheinen, solange man
kein sicher von Vittore Pisano herrührendes Relief mit Strozzas Bild-
nis kennt. Da Tito Vespasiano Strozza — laut einer eigenen, jener
Dresdener Hs. entnommenen Angabe im J. 1425 geboren ist[2]), so müsste
es einen Jüngling von höchstens 30 Jahren darstellen, nicht wie die
beiden bekannten Reliefs[3]) einen Mann in reiferem Alter. Sollte das
angeblich in der Bibliothek von Ferrara aufbewahrte Exemplar, das
Friedländer leider nicht gesehen hat, doch eine echte Arbeit Pisanos
sein? Auf jeden Fall beruht Friedländers Schluss[4]), die etwa ver-
sprochene Schaumünze sei nicht gemacht worden und darum habe der
Dichter in einer zweiten Bearbeitung das entsprechende Distichon
fortgelassen, auf der falschen Voraussetzung, dass die Fassung des
handschriftlichen Textes eine verbesserte Auflage des gedruckten darstelle.

Die Dresdener Hs., die ganz dieselbe Redaktion des Gedichtes wie
die von Cavattoni benutzte estensische zeigt, nur mit jener besseren
Lesart, giebt zugleich auf die Frage nach der Abfassungszeit eine sichere
Antwort. Während nämlich die gedruckten Gedichte nach ihrem In-
halte unter fünf verschiedene Gattungen verteilt sind, reiht sie die
Gedichte, mit datierten Briefen untermischt, ohne Rücksicht auf
ihren Inhalt in wesentlich chronologischer Ordnung aneinander.

---

1) Non enim diu, ut oportebat, in eam curam me incumbere permiserunt summae
occupationes meae, nec inter imprimendum quidem id muneris adire diligentius
Venetiis potui, sum enim semper occupatissimus, sagt Aldo Manuzio in der an
Lucrezia Borgia, Herzogin von Ferrara, gerichteten Vorrede.

2) Giannandrea Barotti (1701—1772), der in seinen Memorie istoriche di
letterati ferraresi, 2ᵃ ediz., Ferrara 1792, Vol. I, p. 142—164 die einzige kritische
Biographie des Dichters geliefert hat, verlegt dessen Geburt aufs J. 1422, bez. 1423.

3) Friedländer, a. a. O., S. 29.

4) Ebend., S. 30.

Sie stimmt hierin mit den übrigen Hss. überein, nur dass diese weniger umfangreich sind und keine Prosastücke enthalten. Das Lobgedicht auf Pisano steht hierbei fast unmittelbar vor dem Gedichte, das im Drucke (= Erot. II, 11) die Überschrift führt: Querela Uxoris occiso Principe und ein Klagelied der estensischen Prinzessin Isotta über die grauenvolle Ermordung ihres Gemahls, des Herzogs Oddantonio von Urbino († 22. Juli 1444)[1]), bildet. In der That hielt sich der Maler und Medailleur Vittore Pisano gerade damals längere Zeit am Hofe von Ferrara auf und verfertigte mehrere Schaumünzen des Markgrafen Leonello, von denen eine die Jahreszahl 1444 trägt[2]). —

Nicht minder genau lässt sich Basinio Basini's (geb. 1425) Lobgedicht auf Vittore Pisano datieren. Am Schlusse verspricht nämlich der Dichter, seine Muse fortan ganz in den Dienst des Künstlers stellen zu wollen, wenn dieser ihm seine Geliebte modelliere; ja, er sei sogar bereit dazu, die Arbeit an einem Hauptwerke zu unterbrechen:

v. 74: Quid si fecisses nivea mihi Cyrida forma?

Qualia dona tibi, vir venerande, darem?

Quin cuperem positis nostrum Meleagron habenis

Linquere venatus ipse poeta meos.

Te canerem solum; solus tibi carmina soli

Inciperem placida posse ciere lyra.

Das vorletzte Distichon zeigt, dass damals Basini mit der Abfassung des grösseren epischen Gedichtes Meleagris beschäftigt war. Es wurde durch Basini's und Strozza's gemeinsamen Gönner, den Arzt Girolamo Castelli in Ferrara, dem Markgrafen Leonello überreicht und brachte dem Verfasser im J. 1448 eine Berufung an die Hochschule Ferraras ein. Es verdankt seine Entstehung, wie Basini selbst sagt[3]), den Anregungen, die er aus der Homererklärung des erst 1447 nach Ferrara berufenen[4]) Theodoros Gaza empfing. Demnach muss Basini's Lobgedicht 1447/48 verfasst sein, nicht 1444, wie Cavattoni, oder 1445, wie Friedländer glaubte annehmen zu müssen. Übrigens sah sich schon Friedländer nachträglich[5]) genötigt, das Gedicht von frühestens 1447 zu datieren, weil darin v. 29 die Medaille eines Knaben, Namens Bellotus, erwähnt wird, die die Jahreszahl 1447 trägt.

---

1) Nach dem Diario ferrarese bei Muratori, Scriptores rerum Italic., T. XXIV, c. 193.

2) Friedländer, a. a. O., S. 21 und 33.

3) Vgl. Affò, Notizie intorno la vita e le opere di B. B. in Basinii Opera praestantiora, Arimini 1794, T. II, P. 1.

4) Vgl. G. Voigt, Die Wiederbelebung des classischen Alterthums² I, S. 569.

5) a. a. O., S. 211.

Dresden-N.

Die Konsonanten.

I. Die Hauchlaute und F.

Die gutturalen Hauchlaute erfahren eine durchaus verschieden-
artige Behandlung. Elif fällt, ebenso Ain, mit Ausnahme weniger Fälle
in welchen magrebitisches (?) g eintritt. ḥa und ḫa nähern sich fa;
das erstere wird mehrfach mit c oder g wiedergegeben, seltener ḫ,
kaum h.

ا

"Elif, meist Verlängerungszeichen, als Consonant „the spiritus lenis
of the Greeks", wird, wie zu erwarten, überhaupt nicht beachtet. Eguilaz
führt in gegenteiligem Sinn S. XVI *harre* und *farre* an. *Farre* steht nur
einmal in einer Hs. des Juan Ruiz, die beiden anderen bieten *h*; *harre*
erscheint als eine willkürliche Verstärkung des Zurufs, die arabisch, —
harr bei Freytag — ebenso belegt ist wie im Spanischen. Elif mit Hemza
und Damma hätte nach demselben das *bi-* in *bismuto* ergeben, ein ganz
undenkbarer Vorgang: vgl. unter *ṭa.* Die *Habu-* etc. (Eguilaz, Estu-
dio 18) waren von der castilischen Aussprache nicht angenommen; die
durchaus übliche Schreibung auch der ältesten Zeit ist *Abu.*

ع

'Ain „a strong (but to Europeans, as well as Turks and Persians,
unpronounceable) guttural, related in its nature to *ḫa*, with which it
is somtimes confounded. It is described as produced by a smart com-
pression of the windpipe and forcible emission of the breath"; „sirve por a
consonante tan blanda y tan sotil mente que se torna en letra consonante
o semivocal, cuya pronunciacion es un poco mas adentro enla garganta
de donde suena la a vocal. Ayuntase contodas las letras vocales, y ayun-
tada con cual quiera dellas, sotilizalas de tal manera que las hace servir
por letras consonantes" P. d. Alcalá, Vocab. §. 72, cfr. S. 4 der Arte; das
tönende *ḫ* nach Wahrmund, ist in der grossen Mehrzahl der Fälle span.,
portug. und catal. stumm. So anlautend *irake* (mehrfach im 10. und
11. Jh.), *alarbe, *alarde, *alidada, *arac, *elche u. a.; auch bei ge-
lehrter Wiedergabe: *en arávigo aҫat aҫaya* = *'aṣá aṣṣayáh* Lib. Astr.

Folgendcs *a* kann dann durch Verwechslung mit dem Artikel fallen: *tabí 'aẓẓ˄bî* (mlat. auch *attabi*); in pg. *boal* = *'abua* (nach Dozy; fehlt bei Eguil. und ist sehr fragwürdig) mit der einigemal auftretenden ursachloscn Apocope von tonlosem *a*; in **aljamía al'aǰamîya* zur Tilgung des Dreiklangs, wenn nicht durch Umdeutung auf den Artikel. **Laud* = *al'ud* mit Eguilaz als Metathese zu fassen verbietet das pg. *alaud*, das vorgesetzte *a* muss vulgärarab. sein. Bei P. de Alcalá's Transscription zeigt sich seine Auffassung des Ain als Halbvocal in der Regel als Wiederholung des vorausgehenden bzw. des folgenden Vocals: *çá'ara* = *sa'ra*, *mucá'air* = *musa'ir*, *mo'oér* = *mo'êr*, *a'ancabut* = *'ankabût*, *'vubáca* = *'ubáḳa*, *'iiguar* = *'iwâr*. Daneben steht aber auch *bal 'ayguár* = *báliwâr*, *'ayláqua* = *'ilḳa*, *'eídal*, *a'idúl* u. *i'ídal* = *'idl*. Es deutet das, wie seine Beschreibung des Lauts, auf eine dem *a* zunächst stehende Articulation, die hier spanisch vor Damma zum Ausdruck kommt, wie vor kesra in *alahilca*, *alailca al-'ilḳa*, falls die Etymologie richtig ist (cfr. zum Gloss. auch Suppl. II, 162; dem von Eg. bevorzugten *al'ilâḳa* widerspricht der Tonvocal); und in urkundlichem *marahez, marraiz* etc. = *mar'izz*. Valencianisch *aarif* = *'arif*, *aaça* = *'aṣâ* zeigen die in diesem Dialect mehrfach auftretende Spaltung des tonlosen *a*. Inlautend u. a. *altamía aṭṭa'âmîya*, **anoria annâ'ôra*, **almadía al-ma'diya*, *xabi ša'bî*, *machumacete ma'ǧunassitte*, **almazara alma'ṣara*, **mozarabe mosṭa'rib*, **talega ta'liḳa* (Suppl. II, 162), *tarifa ta'rif*.

Das vereinzelt auftretende *h* in *alahilca* und *marahez*, in *alhidada* Libr. Astr. f. *alidada*, *alhancabut* ib. *al'ankabût*, *alhanzara* (Conqu. de Ultram. 292; ib. 101 *alantara* l. *alanzara*) und *alhanzaro* (Cron. gen.) = *al'anṣara*, einmal belegtem *xahari* = *ša'rî* (Suppl. I, 156), *mahona mâ'ôn*, *mohamar* n. *moamar mo'ammar*, pg. urkundlichem *taha* f. *taa*, *ta ṭa'â* characterisirt sich als gelehrte Schreibung oder Hiatuszeichen. Eine sehr auffällige Ausnahme bildet das nur frühmittelalterlich im kirchlichen Gebrauch überlieferte *alfagara alfagiara alfajara alhagara alagara*, nach Dozy = *al'aǧâra*. Schon dass an vier Stellen von etwa sechsen die Schreibung *g* für *j* auftritt ist wunderlich; 2mal *h* neben 3mal *f* würde entschieden auf *ḥa* deuten, vollständiger Abfall, wenn auch nur an einer Stelle, spricht in so früher Zeit wieder mehr für *Ain*. Die Bedeutung des arabischen Wortes passt vortrefflich; aber die vorliegenden Widersprüche erklären sich kaum genügend aus der Incorrectheit der Urkunden. *Algemifao*, nach den Wörterbüchern altsp. u. pg., nach der Endung pg., betrachtet Dozy als *alǧemî'* mit burleskem Anhang, während Eguilaz in dem *f* das Aǰin erkennt. Es ist mehr als kühn aus Alles, Jeder, in dieser Weise einen

Krämer zu machen, als einen Allerleimenschen. Pg. *alferena* von ʿ*alâm* bei
Eg. geht nicht, da *m* geblieben wäre, ebensowenig *alfaba, alhaba* von *bâʿa*
mit gewaltsamer Metathese. *Alferena* kenne ich übrigens nur an der
von Ducange aufgeführten Stelle bei Yepes; die pg. Wörterbücher haben
es aus Sta. Rosa, der uns keinen Beleg giebt. Die angeführte Bemerkung
Wrights über Verwechslung von *ḥ* und *Ain* wird von Spitta S. 24 dahin
präcisirt, dass meist *ḥ* das ʿ ersetze, fast regelmässig bei folgendem
Cons. der nicht Liquida ist: eine Position die hier nicht in Betracht
kommt, da in derselben span. auch *ḥ* fällt. Uebergang zwischen Vocalen
findet in der span. Ueberlieferung keinen weiteren Beleg. Von Dozy
wird Gloss. S. 13 (cfr. Edrisi XXII) magrebitischer Eintritt von Gain
für Ain in 6 Fällen angenommen; 3 weitere bei Eguilaz:

Alnagora f. *naora, anoria* = *annâʿôra* i. e. Urk. von 1118.

Acimboga (murcianisch und bei Enrique de Villena) f. *acimboa,* **zam-
boa* = *zambôʿa.* In beiden Nebenformen kann hiatustilgende
Epenthese vorliegen; vgl. auch bei P. de Alcalá añoria naoʿora
naguáir.

*Almártaga = *al - mirtaʿa.* Das Etymon ist lediglich durch Con-
struction aus *rataʿa, ratá* gewonnen, und letzteres bedeutet eben
doch nur Fussfessel, nicht Halfter.

Algaçafan im Canç. de Baena, *pilloros de a.* aus einer bitteren oder
giftigen Substanz; ʿ*aṣfa* aus ʿ*afṣ* Gallapfel passt begrifflich recht gut,
aber auch erweitertes ʿ*aṣafa* (?) musste den Ton auf der ersten
Silbe wahren und die Epithese von *n,* auch dem Reim zu lieb,
deutet auf ein Oxytonon. Die Conjectur ist also sehr unsicher.
An einer anderen Stelle des Canç. liegt der Kranke „*con dolor
de algafatan*". Dozy bessert *algafacan* Herzklopfen, und es ist
sehr wohl möglich, dass sich gegen diese Krankheit gegebene
Pillen durch unangenehmen Geschmack auszeichneten.

*Algarabia sp. pg. *al-ʿarabiya* lässt sich nicht bestreiten, Einmischung
von *garbî* östlich (daher *algaravio* algarvisch), ist wenig wahr-
scheinlich.

Algarrada, algarada, auch *algadara* Wurfmaschine *al -ʿarrâda.* Ist
sicher, Ableitung von *algara* unthunlich.

Pg. alt *almeitiga* dienstliches Frühstück (Art Tribut) bei Sta. Rosa,
nach Eg. *al - mitaʿa.* Dürfte gut sein.

Andal. *gaché* ist nicht ʿ*ašeḳ,* entspricht dem weiter verbreiteten *gachon*
und gehört wohl mit diesem zu *gacho.*

Garda in der Gaunersprache = *viga* ist sicher nicht ʿ*arida,* sondern
von *gardar* übertragen. Es ist überhaupt nicht angezeigt in
diesem Jargon eigentümliche Arabismen zu suchen.

Die Erscheinung liegt also jedenfalls in zwei Fällen vor, und erstreckt sich auf das ganze Gebiet, in Worten die dem 13. Jh. geläufig sind. Auf Grund des angeführten Materials sie einer bestimmten Zeit zuzuschreiben wäre gewagt. Dass bei früher wie bei später aufgenommenen Worten der Abfall die Regel bildet ist nicht zu verkennen. Mit dem von Spitta S. 24 besprochenen Eintritt von *ḥ* für ' ist sie nicht identisch, da sonst *f* stark vertreten sein müsste. Wohl aber nähert sich Dozys Aufstellung die Angabe, dass Ain von den Aegyptern tiefer und stärker ausgesprochen wird als von den Beduinen. An irrtümliche Transscription ist nicht zu denken.

Jácara, das Eguilaz in der Bed. der Liedart von *ša'ar*, in der abgeleiteten einer possenhaften Unwahrheit von *šuḳar* kommen lassen will, ist, wie er aus dem Port. hätte sehen können, ein ursprünglich brasilisches Wort, ein Indianerlager und identisch mit cast. *chácara*, *chacra*. Derselbe führt S. XVII *místico* als Beleg für auslaut. ain zu *c* an, hat aber hier wie in dem einschlägigen Artikel *mosetṭeḥ* bei Dozy verlesen.

Das Ergebnis der Untersuchung des Wortschatzes wird durch die arabischen Eigennamen des christlichen Nordlands bestätigt und ergänzt. Es steht hier mit Nichtachtung des Fremdlauts *Ababdella* = *Abû'Abdallâ* (Astorga 878), *Ibenabdila* = *Ibn'Abdallâ* (Ast. 925), *Abderahana* = *'Abdarraḥmân* (Ast. 878, 937), *Ali* = *'Alî* (Oviedo 967), *Ibenaumar* = *Ibn'Omar* (Astorga 925, 937 bis), *Aboamar* = *Abu'Amr* (Astorga 937). Dem letztgenannten Namen entspricht *Ibengamar Ibn'Amr* (zweimal, Astorga 925), dem erstangeführten *Habdela* ib. 937, *h* die unbestimmte, *g* die sehr bestimmte Bezeichnung eines Lautwerts.

ح

ḥa „has the sound of ch in the German Rache". Ebenso Bellemare. „sed paulo fortius, ex gutture efferri debet" Dombay, während Spitta vor zu grosser Verstärkung des schnarrenden Geräuschs warnt; tiene el sonido dela h, avn que mas áspero y rezio, sonando fuerte cabo el gallillo, assi como si pusiéssemos vna g ante la ha, diríamos gha" P. d. Alcalá S. 72; „suena rezia y apretadamente, ante del gallillo de la parte de arriba" ib. S. 4. In der maurischen Periode entsprach dem weder span. *x* noch *j*. Dagegen hat, wie aus der Entwicklung des lat. und germ. Lautes hervorgeht, span. *f* im grösseren Teil des Mittelalters ganz oder fast ebenso geklungen, und ihm schliesst sich *ḥ* in der Mehrzahl der Fälle vollständig an, erscheint castilisch heute als *f*, graphisches *h*, oder ist ganz verschwunden, andalusisch als *j*. Aber auch das ursprüngliche *f* bot geeigneten Ersatz, wo ein besserer fehlte, und tritt im Portug. fast durchgehend ein. Naheliegend waren ausserdem k und g, die gleichfalls auftreten, wie P. de Alcalá mit k̇ transscribirt, gha spricht, ersteres bei directer Entleihung regelmässig im Französischen und Italienischen; man vgl. die Behandlung des deutschen h im Ital. und Russischen. Wenn das moderne Fremdwort direkt, nicht, wie gewöhnlich, durch Vermittlung des Französ. übernommen wird, ist die naturgemässe Wiedergabe die durch j: *jedive ḫedîwî*.

In Spanien konnten c und g nur zugelassen werden so lange f noch nicht oder nicht mehr gleichlautete. Es muss der Versuch gemacht werden hier eine genauere Zeitbestimmung zu gewinnen.

Germanisches h ist in mehreren Eigennamen gefallen; in *yelmo* hilms, 1061 im Testament Ramiros von Aragon *gelmo*, nach Form und Alter kaum französisch oder provenzalisch, scheint es unter dem Ton durch y ausgedrückt, während altsp. farpa (de don Tristan), fardido, fonta Gallicismen sind. Die Verschiebung des lateinischen f hatte demnach im 5. und 6. Jh. noch nicht stattgefunden. Dass sie auch im 8. noch nicht eingetreten war erhellt eben aus den alten Lehnworten mit *c* und *g* für *ḫ*; wahrscheinlich auch noch nicht im 9. und 10. und selbst zu Anfang des 11., da hier, wie unten[1]) des Näheren ausgeführt wird, arab. *ḫ* in den leonesischen Urkunden vorwiegend als *h* auftritt, erst später als *f*. Das Namenmaterial, welches den Rückschluss ermöglicht, geht um diese Zeit zu Ende; von Bedeutung ist es, dass *h* als Lautzeichen keinen weiteren Boden gewann und durch *f* verdrängt wurde. Die heutige andalusische Aussprache des geschwundenen oder conservirten castilischen f als j der Schriftsprache ist jedenfalls einmal die allgemeine gewesen. Castilier und Andalusier könnten gleichzeitig den Laut umgestaltet haben, wahrscheinlich aber haben ihn die letzteren so bewahrt wie sie ihn bei der Besiedelung um 1236 mitbrachten. Denn dem langsamen Gang castilischer Sprachentwicklung gegenüber ist es angezeigt den Beginn der Umwandlung so weit zurück als möglich zu zu denken, etwa im 11. Jh. Zu Ende des 14. Jh. deutet sich eine fortschreitende Schwächung der Articulation in langsam vorrückendem Ersatz von f durch h an, so der älteste mir bekannte Fall humalga f. fumadga a. 1335 im Indice de Sahagun; um 1500 hat h etwa die Hälfte des Bodens gewonnen. In der Mitte des 16. Jh. wird die Aspiration noch theoretisch gefordert und hindert die Dichter an der Synaloephe; um 1580 ist Synkrisis allgemein. — Einige untergeordnete Erscheinungen kommen bei den folgenden Buchstaben zur Sprache.

---

1) mit Darlegung einiger Schwächen der hier gegebenen Argumentation.

Uebertritt als c ist in alten Worten in etwa 7 gesicherten Fällen
überliefert.

Sp. alt *alcana*, Bazar, *alḫân*. Das Alter des von späteren europäischen
Reisenden uud Uebersetzern oft genannten Wortes ist durch seine
Verwendung als Name des 1389 zerstörten Judenmarkts in Toledo
gesichert.

Sp. pg. *alcarchofa* pg. *alcachofra alḫarśúf*. Die romanischen For-
men sprechen für die zugleich viel besser belegte Schreibung
mit *ḫ*, nicht *ḥ*.

Sp. *albudeca* n. *albudega, badeha, badea*, pg. *pateca; al-baṭîḫa* scheint
den drei letzten, das allerdings nicht zu belegende Diminutiv
buṭeiḫa den beiden ersten Formen zu Grund zu liegen. *Badea*
setzt *badefa* voraus.

Máscara mashara ist italienischer Abkunft; s. bei Mahn, Etymol.
Unters. 60. und unten bei Sin.

Socarron, zocarron pg. *socarrão = soḫara*. Die alte Form *alçocarra*
ist in den Wörterbüchern irrig *alcocarra* gelesen. Zur Seite steht
hier wie bei *albudeca* die Form mit f, *zafarron, zaharron*.

Espinaca span., *espinafre* pg. pers. *aspanâḫ* bzw. arab. *isfinâḫ*; cfr.
unter *ǵ*.

Califa, alcalifa, in der Conqu. de Ultramar *alquifa*, mlat. *algalifus,
galdifa* im Poema Alf. XI, auch *halifa = ḫalîfa*.

Roque sp. pg. *= roḫ*, im Fuero Juzgo Wagen, später die Schach-
figur; cfr. Dozy Suppl. I, 518.

Almanaque sp. pg. etc. *al-manâḫ*; s. Dozy Suppl. II, 734[b]. Das
Wort ist im Arabischen Spaniens zuerst im 13. Jh. nachgewiesen;
italienisch (s. b. Mahn, Etymol. Unters. s. v.) im 14., in einem
Zusammenhang der auf spanische Provenienz deutet. Aufgestellt
wurde die Etymologie zuerst von Botros al Bistani, nicht, wie
Eguilaz angiebt, von Simonet. Das lat. *manacus* oder *manachus*
Vitruv IX, 8, 6, welches der letztere (nach Scaliger) als Quelle
des arab. Worts betrachtet, las man früher für überliefertes *ma-
naeus* statt des richtigen *menaeus*. Es ist nicht unmöglich, dass
altsp. *almanaca*, nach der Acad. eine Art Armband, gleichen
Ursprung hat; der grundliegende Begriff wäre dann der des
Kreises.

Camocan, camucan = kamḫâ (cfr. Suppl. II, 488 u. bei Devic). Dozy
corrigirt mit Recht Cortes I, 623 (1348) *cannucanes* in *camucanes*.

Alcailus mlat. nach Fg. i. e. Urkunde s: XII *alḫail*.

Pg. *alcouce, alcovez* Südwind, *alcauço alcouso* Süden bei Sta.
Rosa, *alḫauṣê* bei Kazimirski. Doch steht das Etymon ohne jede weitere

Correspondenz im Arabischen, ist daher von Eguilaz mit Recht
nur zweifelnd gegeben.

Alcouce, alcoice pg. Bordell *alḫoṣṣ* Hütte, Schenke. Jedenfalls besser
als von *alcoceifa.*

Almocatí, Mark, von gleichbed. *almoḫḫa,* plur. *almoḫḫât.* Das Wort
gehört der älteren Anatomie an, bedeutet vulgärarabisch (s.
Suppl. II, 569) Zitze, ist also allem Anschein nach nur gelehrt.
Es dürfte dann etwa im 15. Jh. aufgenommen sein, in welchem
sich sp. `f mit ḫ nicht mehr deckte. Vgl. Hyrtl S. 53.

Kazini in einigen Urkunden des 9 — 11. Jh. betrachtet Dozy als
ḫârṣînî Zink oder Zink mit Zinn gemischt, vgl. übrigens *ceni* im
Gl. Mit Hülfe der Form *carzeni* im Testament Ramiros von
Aragon stellt er fest, dass für *kazmi* einer asturischen Urkunde
von 1078 *kazini* (3 mal) zu lesen ist, während für Portugal *m* in
soldos kazimos (893) und *soldos de argento kazimi* gesichert ist.
Richtig ist auch, dass eine Silberlegirung gemeint ist, die zur
Ausmünzung, auch zur Herstellung von Gefässen diente; es wäre
möglich, dass man dazu Zink verwendet und danach den Namen
gegeben hätte. Der Etymologie stehen indessen gewichtige
phonetische Bedenken entgegen. Der zweite Teil des Wortes,
ṣînî chinesisch, ist nur Adjektiv, span. *n* neben pg. *m* ist aber
Auslautserscheinung, deutet mit Bestimmtheit auf ein Substantiv
auf -*n* oder -*m* von welchem das Adjektiv gebildet wurde. *R*
vor *z* hält sich spanisch und portugiesisch, lateinisch wie arabisch;
es giebt keinen Beleg für die hier vorausgesetzte Assimilation.
An Schreibfehler ist nicht zu denken. Die Vermutung, welche
durch die Numismatik nicht weiter gestützt wird, ist also abzu-
lehnen. Naheliegend wäre es in sp. *kazen* pg. *kazim* den be-
kannten Eigennamen zu suchen, so dass der *solidus kazini* nach
einem seiner fürstlichen Träger benannt wäre, daher *argentum
kazini* Silber von einer gewissen Währung. Das Datum 893
schliesst indessen diese Annahme aus[1]). Die Namen der Münz-
meister, welche sich neben denen der Herrscher ziemlich früh

---

1) Im *Indice de los documentos del monasterio de Sahagun* ist zu *argenteno
caçmi* (a. 1105) bemerkt: „*Llamabanse doblas caccmies a las acuñadas primera-
mente por Caçmin, prefecto de la Ceca ó casa de moneda árabe, é hijo de Ab-
derraman III de Córdoba*" neben einer ganz verkehrten Herleitung aus dem He-
bräischen. Das ist ein halbes Jh. zu spät, wenn man nicht versuchen will die
Datierung der von Sta. Rosa citirten Urkunde *Livro dos Testam. de Lorvão*
Nr. 21 zu verdächtigen.

auf den Umschriften finden, kommen kaum in Betracht, als zu unbedeutend.

Xeque sp. pg., *geque, jaque* sp. *śeiḫ*, kann alt sein, obwohl ich mich eines frühen Vorkommens nicht erinnere.

Alchaz, einmal bei Yepes, hält Dozy (so übrigens schon Henschel) für *alḫazz*, Eguilaz für *alḳazz*, die beide passen. Es ist indessen sehr wohl möglich, dass *albaz* (= *al-baz*, Eguilaz) zu lesen ist, das sich nicht nur in der von Dozy citirten Leonesischen Urkunde, sondern auch in Portugal (Sta. Rosa) mit Imala und Adjectivendung als *alvecí, alveicí* findet.

Alquival, alquivar das die Akademie aus einem arag. Document belegt „*de aljuba, alquival, cortina paguen quatro dineros*“, erklärt Dozy als *al-ḫibâ* Zelt, Betthimmel. Ih dem gegebenen Zusammenhang ist es vielleicht für *alquinal* verlesen.

Arrequife, nach Dozy von *îḫf*, ist nicht die Spitze eines schneidenden Instruments; s. über die Herkunft unter b.

*Cazumbre, davon *cazumbrar*, nur spanisch, nach Eg. *ḫazama*, Strick aus Spartogras. Die Bedeutung passt ziemlich gut, die Form schlecht; *-umbre* könnte wohl für *-ume*, sowie *-ame, -ambre* für *-ama* durch collective Auffassung eintreten; warum aber *-umbre* für das stärkere *ambre*?

Nuca, mlat. *nucha*, ist, nach der besonders von Hyrtl und Devic vertretenen, von Dozy Spl. II 649 recipirten Ansicht, arab. *nuḫâ'*. Es ward durch allerdings ungewöhnlich starken Druck der Medicin in die romanischen Sprachen eingeführt, so dass heute seinem Auftreten jeder gelehrte Anstrich fehlt. Nichts spricht für das von Eguilaz vermerkte *muḫḫ*, auch abgesehen vom Anlaut. Die von demselben zu Gunsten von *nucleus* angeführte vulgäre Nebenform *desnuclar* ist eine Erweiterung, wie *almizcle* n. *almizque*, *lacre* f. *laque*, die Vereinfachung span. ital. franz. unzulässig. Die Uebergangsstelle lag in Italien.

Span. *coto*, Geldstrafe bei Eg. ist nicht *ḫaṭiya* sondern *quotum*, pg. *cotó* nicht *ḫiṭṭî* sondern franz. *couteau*.

Cáramo der Gaunersprache Wein, = *ḫamr*. Ich habe schon oben gesagt, dass ich es nicht für richtig halte in dem Jargon spezifische Arabismen zu suchen; er setzt sich aus willkürlich umgedeuteten oder verunstalteten Worten des gewöhnlichen Lebens zusammen, neben direkt erfundenen, beruht nicht auf alter Tradition[1]). Vielleicht *cálamo*; *ḫamr* wäre etwa *cambra*. Uebrigens fehlt bei Hidalgo der Accent.

---

[1] Hidalgo's Vocabulario de Germania, bei Mayans y Siscar, das den Wörter

In jüngerer Zeit wird *k* für *ḥ* populär wieder möglich, nachdem *f* zu *h* geschwächt ist und so lange *x* und *j* auf der Zwischenstufe zwischen *š*, *ž*, und ihrem heutigen Lautwert standen, etwa vom Ende des 14. bis ins 17. Jh. Es gehört hierher das von Cervantes als maurisches Wort gegebene *carcaxes ḥalḥâl* (das *x* wohl durch *carcaj* veranlasster Druckfehler) vielleicht auch die oben angeführten *almocatí* und *xeque*. Späterhin haben directe Anleihen kaum mehr stattgefunden, die gelehrte Wiedergabe ist die franz., ital., auch deutsche durch *c*: **moca moḥâ*, **caftan*, *ḥaftân* oder, da schon 1573 bei Marmol *cafetan*, = *ḳaftân*. Jung scheint mir auch portug. *catana ḥatan*; die ältere Sprache hat dafür *alfange*. *Ruc*, der Märchenvogel *roḥ*, tritt in der spanisch-arabischen Ueberlieferung nicht auf; die Form ist die von Marco Polo gegebene.

G für *ḥ* fällt unter dieselben Gesichtspunkte als *c*; vergl. unter *k* und *ḳ*.

*Galanga sp., port., altsp. *garengal ḥalanǧan Galgant*, ist möglicher Weise schon durch die Griechen vermittelt.

Algafacan im Canç. de Baena, wie mit Dozy für *algafatan* zu lesen ist, *al-ḥafaḳân*, dürfte der jüngeren Periode angehören.

Albudega, galdifa n. *albudeca, califa* s. o.

*Algarroba, catal. *garrofa* (im 13. Jh. belegt), pg. *alfarroba*, italien. *carubia*, frz. *caroube alḥurrôba*.

Taragontía, **dragontéa*, **estragon, taragona* sp., *estragão* pg. = *ṭarḥân* v. δράκων. S. ü. die Mischformen bei Devic.

Gasa, franz. *gaze*, nach Eg. *ḥâṣṣa* Musselin bei Bocthor oder *ḥazza* sericum im Florent. Vocab., glaube ich dem Franz. entnommen.

In **almacen*, pg. *armacem almaḥzen* ist nach den Nebenformen *al-magacen, magacen* entspr. ital. *magazzino*, frz. *magazin*, wohl *g*, nicht *f*, vor *z* gefallen.

Ganinfa ḥanîfa, mit Resonanz des *n*, das Vieyra als maurischen Mantel kennt, scheint einem Reisenden entnommen, da die alte pg. wie sp. Form *falifa* ist.

Gafete von *gafa* ist bei Dozy versehentlich auf *ḥaṭṭêf* zurückgeführt.

Algagias, nur bei Victor als *équipement d'un soldat à cheval, vestito da soldati a cavallo*, mit unsicherer Betonung, betrachtet Engelmann als *algâšiya* Satteldecke, Dozy als *alḥawâiǧ*, Plur.

---

büchern als Quelle dient, bietet nur wenige erkennbare arabische Worte, wie *aduana* Bordell und Haus des Hehlers, ebenso *atarazana*, während das Zollhaus in *tarafana* umgestaltet wird. *Alcandora* Hemd wird zur Kleiderstange des Schneiders, *alcatifa* Decke zu *alcatife* Seide. Eine Ausnahme würde nur *almifor* bilden, wenn es in der Tat *almifarr* ist.

von *alḥája* sp. *alhaja*, welches indessen sein *w* nicht spurlos
verloren haben würde, Eguilaz S. 174 als *alḥásî* vestimentum, in
der irrigen Voraussetzung dass ṣ zu *j* werden könne, S. 545 als
alḥaśia vestis, welches aber nur in der ältesten Sprache belegt ist.
Das span. Wort ist ungenügend definirt, die Pluralform zeigt
dass jedenfalls die franz. Erklärung die genauere ist. Lautlich
entsprechend finde ich nur arab. *garǰîya*, das aber begrifflich zu
fern steht.

Im 15. Jh. sind f und h gleichwertig gebraucht; die eine oder
andere Schreibung bildet in dieser Zeit kein Kennzeichen des Alters,
kann auch weiterhin nicht als solches dienen. F war in anlautendem *fr*
vollständig intact geblieben (inlautend *ábrego africum*), im Anschluss
daran teilweise *fl*; vielleicht auch bei *fy* (cofia) cfr. Gröber, Grund-
riss I, 704. Bis zu einem gewissen Grade nur vor *úe*; ich habe zwar
in dieser Stellung im 15. Jh. nur *huelgo* f. *fuelgo* v. *holgar*, *huente* f.
fuente notirt, aber verschiedene Zeugnisse lassen keinen Zweifel, dass
im 16. Jh. nicht allein das schriftgemässe *huesa*, sondern auch *hue*,
hueron, *huego* etc. volkstümlich waren. Die Herstellung des Lauts in
alteinheimischen Worten wie *fiesta* f. *hiesta*, *fiebre* f. *hiebre* könnte ledig-
lich auf gelehrt-höfischer Affektation beruhen; dass aber die rückläufige
Bewegung auch arab. *ḥ* und *h* ergreift, Worte wie *alfiler*, das im 14.
und 15. Jh. mit span. *h* vorkommt, bezeugt eine ausgedehntere Grund-
lage des Vorgangs. In Anlehnung an das erhaltene *f* war der Ge-
bildete, dem einige Kenntnis der italienischen, französischen, lateinischen,
nicht weniger der portugiesischen Sprache eignete, geneigt eine Aus-
sprache, die er bei neuen Fremdworten wahrte, der etymologisirenden
Schulschreibung anzupassen; vor *ue* wurde die Tendenz dadurch be-
günstigt, dass sich hier der sonst gefallene Hauchlaut erhielt, wie wohl
auch eine Zeit lang vor *ie*. In den breiteren Schichten so weit sie mit
den Arabern in Berührung standen, wie in Andalusien und zum Teil
in Neucastilien und Aragon, trat ein ähnliches Verhalten gegen die
arabischen Worte ein. Der eigentlich castilische Laut war zu schwach
geworden um als Ersatz des arabischen *f* dienen zu können: man ent-
nahm bei Neuentleihungen dieses selbst, unter Rückwirkung auf ältere
Worte die im gegenseitigen Verkehr dienten. Unterstützt wurde die
Tendenz auch durch die Neigung der Canzleien in den zahlreichen
arabischen Benennungen von Beamten, Abgaben, Oertlichkeiten die
ältere Schreibung zu wahren, wie die Urkunden in stereotypen Worten
auch latein. *f* zäher festhalten als die Bücher. Dem Zusammenwirken
dieser Einflüsse etwa seit dem 14. Jh. verdankt das neuspan. *f* sein
Dasein.

Für *ḥ* bietet, abgesehen von den *c* und *g*, das Portug. und Altsp. durchaus *f*; ebenso das Catal., welches der zahlreichen Entlehnungen halber bei gemeinsamen Worten nicht in Rechnung kommt, in dem nur hier vorhandenen *alfavia al - ḥâbia*, das Neuspan. *f* und *h*. Ich stelle im Folgenden das Material, ebenso bei *ḥ* und *h*, nach dem Vorkommen mit *f* allein, *f* und *h*, und *h* oder Abfall zusammen, obgleich diese Unterscheidung mehr eine schematische als systematische ist. Portugiesisches *f* ist dabei gleichwertig mit spanischem eingesetzt, weil das Vorkommen auf dem Nachbargebiet höheres Alter belegt. Eine historische Anordnung ist bei dem Zustand der spanischen Lexicographie nicht möglich.

Nur *f* ist überliefert in **alface*, nach Eg. span. provinciell, pg. *alface, alfaça* Lattich *alḥaṣṣa*. — sp. pg. **alfange ḥanǵar*. — sp. *alfayate* pg. *alfaiate alḥaiyaṭ*. — sp. **alforja*, pg. *alforge alḥorǵ*. — sp. *unifala* (?) *annoḥâla*. — sp. *azarnefe*, pg. *azarnefe arzenefe azzarnîh*. — sp. *azofra*, *azofora aṣṣaḥra*. — *azofra* arag. Rückengurt des Zugpferdes *ṣifâr*, sehr fragwürdig wegen des Accentes, begrifflich erlaubt. — *falifa* sp. pg. *ḥanîfa*. — **falleba*, catal. *lléba ḥallâba*; die catal. Form deutet auf eine sp. *alleba*. — murcian. **farota*, andal. mit Suffixvertauschung *jarocha ḥarôṭa*. — sp. *marfuz* (J. R. 108, 322) *marḥûs*. — pg. *almofate almiḥiyaṭ* (?), *almofrez almoḥrâz, fatexa fattêśa* Suppl. II, 239, *tabefe tabîh, alfarroba* = sp. *algarroba*.

F und *h* finden sich in **alfiler, alfilel*, pg. *alfinete, alhelel* J. R. 697 in 1. Hs., *alhiel* l. *alhilel* im Nebrissensis entspr. valencian. *hilil alhilêl*. — pg. *alfazema* sp. **alhucema al - ḥazêma* u. *alḥuzêma*. — sp. pg. *alfombra*, sp. unüblich *alhombra alḥomra; allmofalla* P. C. 182 (nicht gallicisch) zu diesem Etymon zu stellen ist unstatthaft. — pg. *mofatra* sp. *mohatra moḥâṭara* — sp. *rafez, refez, rahez, rehez* (alle bei J. R.), pg. *refece* etc. *raḥîṣ* — sp. *zaharron* (Siete Part. VII, 6, 4), ält. *zafarron* von *soḥara*; s. o. *socarron*. — Auch *falagar, halagar* ist hierher zu stellen, von *lagotear* zu trennen. Die von mir unter Ablehnung der Cornu'schen Erklärung als *faz* + *lagar* aufgestellte Ableitung von *hlahhan* widerspricht der Behandlung des germ. *h* im Spanischen. Es liegt *ḥallaḳ*, die 2. Form von *ḥalaḳ* zu Grund, die in Spanien nach Pedro de Alcalá *sossacar* bedeutete, = verführen, bei dem Florentiner Vocabulista *conformare*. Das sp. Wort bietet das von Dozy, Suppl. I, 398 vermisste Zwischenglied in der Begriffsentwicklung des arabischen. Da indessen *fallagar* äusserst selten ist, arab. *ll* span. in der Regel gewahrt wird, so ist anzunehmen, dass auch die 1. Form gleichbedeutend mit der 2. gebraucht ward; es wird kaum nötig sein zur Rechtfertigung das Adj. *ḥalaḳ* glatt heranzuziehen. Das theologische *halecar ḥalaḳar*

creare der Moriscos (Münch. Sitzungsber. 1860, 234; Saavedra 127)
kann dem nicht entgegenstehen.

Nur *h* oder Schwund ist belegt in **adehala, adahala addaḥála* —
alboheza al-ḥobéza. — **alacena,* unübl. *alhacena alḥazéna.* — *alhame,*
alhameria (S. XV) *alḥám.* — *alhayte* im Testam. D. Pedros des Graus.
und Juans I *alḥayt* (kaum hierher *heite* mit abweichender Bedeutung,
Berganza II escr. 23 u. Monum. Port. Escr. 54, a. 944). — *alhandaque*
nach Eguil. *alḥandaḳ.* — *alfahar alfar alfaḥḥár.* — **aloque haloque*
ḥalókî. — *badeha *badea = albudega.* — **zahina* u. **saina,* im Canç.
de Baena *çahena* urspr. Mehlbrei, jetzt Durra, *suḥîna.* — **zalea azalea*
saliḥa s. Spl. I, 672 (nicht hierher, obgleich anscheinend arab., *azaleja*
alt Tellertuch).

Nicht hierher zu zählen ist *arreo,* nach Eguil. *arreḥôt,* ein ent-
schiedener Gallicismus (in Nordfrankreich vielleicht noch vor der fränki-
schen Invasion aus dem Germ. aufgenommen); *eral* das für die *era*
brauchbare Jungtier, nicht *arḥa.* Abfall am Ende nimmt Eg. bei andal.
arfa, Sack am Netz = *alfaḥḥ* an, ohne sich durch die Verschiebung
des Tons auf den Artikel stören zu lassen; vergl. auch sp. *azarnefe,*
pg. *tabefe.* Sehr frühzeitigen Schwund setzt Dozy bei *alifara, alifala,*
lifara voraus = *alḥifâra.* Ich muss zwar die von Eg. beigebrachte
Erklärung aus *alfarah* abweisen, da der Einschub des *i* nicht zu recht-
fertigen ist, kann aber ebensowenig zugeben, dass etwa durch Dissimi-
lation *f* = *ḥ* seit dem 12. Jh. in den Urkunden fehle. Ueberdies passt
die Bed. von *alḥifâra* nur halb. Semasiologisch wahrscheinlich ist die
heutige arag. Bedeutung als leichtes Mahl älter als die des Trinkgelds,
Aufgelds, obgleich der Natur der Sache nach nur die letztere bei den
alten Kaufhandlungen vorkommt. *Hatun* nach Eg. türk. *ḥâtûn* darf
kaum als spanisch bezeichnet werden.

Beim Zusammentreffen mit anderen Conson. hält sich der Laut in
Verbindung mit r: s. o. span. *azofra, marfuz,* pg. *almofrez almiḥrâz.*
Almarada kann, wie die Endung zeigt, nicht von dem gleichen Etymon
kommen. In span. *anafe* von *nâfḥ* (Dozy nach Slane im Handex., mit
Bezugnahme auf Dombay = foculus major, u. Roland de Bussy =
réchaud) tritt vielleicht die von Spitta S. 7 beschriebene Vocalisirung mit
Schwächung des Hauchs am Wortende nach Consonant zu Tag, während
in *almofia* alt = *al-moḥfiya* (cfr. Suppl. I, 387) Assimilation vorliegt.
Das Etymon von *balax,* frz. *balais,* mhd. *balax* bei Wolfram, liest Dozy
balaḥś, Eg. *balḥaś;* die erste Lesung entspricht der span. Form, *lḥ* war
durch die Verbindung von anl. *ḥ* mit dem Artikel geläufig und wäre
geblieben. *Almostalaf* Esp. Sagr. 42, 294 ist vielleicht *almostaḥlaf,*
nicht *almostaḥlaf* s. Suppl. I, 398. *Atacena* im Canç. de Baena, be-

grifflich nicht sicher zu bestimmen, könnte mit Eg. zu *attashen* Kessel gestellt werden; vgl. jedoch bei demselben *asfa* (Guadix) = ʿ*asfa*. Da im Portug. auch das schwächere *h* regelmässig mit *f* wiedergegeben ist, kann *h* f. *h* hier höchstens durch Entlehnung aus dem Castilischen vorkommen. So wohl in sp. pg. *aleli*, *alheli* v. *alhîri*, *alhaili*; Eguilaz führt als berberisch ohne Quellenangabe *alili* auf, das ich indessen nicht als Etymon anzusetzen wage, da es aus dem Span. rückübertragen sein kann. Pg. *sueira*, *sueyra* soll einen kostbaren Stein bezeichnen und *suhaira*, Steinchen, sein: jedenfalls unrichtig, wie es überhaupt gewagt ist an einem so ungenügend definirten Wort auf Arabismus zu experimentiren. Das wahrscheinliche lat. Etymon werde ich weiterhin nachweisen. *Alfella*, *alhella* bei Sta. Rosa trennt Eg., ich weiss nicht weshalb, von pg. *algela* (auch *alhela* cfr. *alhaima*), *alahea*, *alahela*, als von *alhela campo* kommend, *campagne*, *désert inhabitale*, *ruine* Suppl. I, 402. Es mag hier bemerkt sein, dass die von Dozy Gloss. 267—268 auf Grund zweier höchst fragwürdiger Belege angenommene arabische Verwechslung von *f* mit *h* und *h* durch das Spanische keineswegs bestätigt wird. Schon dass die Behandlung der so nahe stehenden Laute, wie sich zeigen wird, merkliche Unterschiede aufweist, sichert eine genaue Trennung in der grundliegenden Sprache.

Dozy Gloss. S. 13 nimmt Uebergang als *ch* an in *cherva hirwa* und *choza hoss*, hält das erstere S. 253 für einen unzweideutigen Beleg. *Cherva* (pg. unüblich *querba* — *xerva* soll eine Art Flachs sein — dafür *mamona* und *carrapateiro*, auch *figueiro do inferno*, sp. *higuera infernal*, in seltsamer Berührung mit dem Stechapfel, gelehrt *palmacristi*, *rezno* nur Zecke) ist Italismus oder es liegt der Fall vor, dass allzu genaue gelehrte Schreibung bei weiterer Verbreitung eine falsche Aussprache bestimmt hat; gerade dass Dodonaeus, Cruydt - Boek, *kerua* neben *cherva* stellt zeigt den Sachverhalt. Die zu Gunsten von *hass* gegen *choza pluteum* geltend gemachten Bedenken sind grundlos, der Begriffsübergang vom geflochtenen Schirmdach zur Feldhütte durchaus naheliegend. *Rocho roh*, das die Academie aus der Vorrede zur Celestina entnommen haben wird, hat *ch* = *c*; vgl. S. 357 über *ruc*.

ح

ha „sonum *hh* habet" Dombay. Bellemarc will den starken Hauch ohne Hemmung die Kehle passiren lassen, während Spitta die Kehlkopfränder zusammendrücken und den mittleren Zungenrücken etwas heben lässt, in Uebereinstimmung mit der Beschreibung Wahrmunds. „a very sharp but smooth guttural aspirata, stronger than *h*, but not rough like *h*" Wright. „non tiene mucha necessidad de plática, por que

quasi esse mesmo son tiene enel arauía que enel aljamía o lengua castel-
lana. Ca assi como dezimos enel castellano hazer, assi enel arauia dezimos
hamelt" P. d. Alcalá S. 71. Die Behandlung des Lautes ist naturgemäss
wesentlich gleichlaufend mit der des *ḥ*, von portug. *f* bis zu andalusischem
j in *guajate* (Dozy Gloss. S. 281), *jabeque*, *jarifo* u. a. Doch ist eine Ver-
schiebung in der Richtung des *h* nicht zu verkennen. Bei einer fast
dreifach grösseren Gesammtreihe ist *ḥ* kaum halb so oft durch *c* oder
g wiedergegeben als *ḫ*. Dafür bildet Schreibung mit *h* die Regel in
den unten zusammengestellten arab. Namen der Urkunden des 9.—11.Jh.;
sie findet sich im 11. in *alhot* f. *alfoz*, im 12. in *zahalmedina* Muñoz
Col. 373, ist fast vollständig durchgeführt in Alfonso's X Libros del
Saber de. Astronomia, mit allerdings ausgeprägt gelehrtem Charakter.
Im 14. Jh. geht bei dem Eintreten von *h* für *f* *ḥ* voran; so in Al-
fonso's XI Libro de Montería, bei Lopez de Ayala und Juan Manuel
(allerdings Copie s. XV); bei Juan Ruiz zeigt die Hs. Salamanca, die
sonst *f* wahrt, hier mehrfach *h*, in den anderen beiden wiegt dieses vor,
während lat. und arab. *f* meist bleibt. Im 15. steht *h* fast ausschliessend
im Cançionero de Baena. Dem entsprechend ist die Gesammtzahl der
Fälle in welchen heute *f* arab. *ḥ* entspricht absolut kleiner als die der
ḫ, relativ um das vierfache geringer, und findet sich kein so volks-
tümliches Wort darunter wie *alforjas, alfange, alfiler* mit *f* für *ḫ*. Sehr
bemerkenswert ist, dass sich selbst portugiesisch Spuren der Darstellung
mit *h* finden. Bei Berücksichtigung aller Fehlerquellen ist der Schluss
berechtigt, dass seit dem 9. Jh. *h* als Zeichen eines Lautwertes $=f=$
arab. *ḥ* und *h* vorhanden war, die Schreibung des 14. Jh. an diese
niemals ganz verlorene Tradition anknüpft. Die weitere Folgerung ist
kaum abzuweisen, dass man wenigstens auf einem Teil des Gebietes
den Laut ebenso von den Arabern erlernt hatte wie die Gallier das
fränkische *h*, und diesen von *ḥ* und lat. *f* unterschied.

   C für *ḥ* lässt sich mit vollkommener Sicherheit nur im Auslaut
constatiren. (In Sicilien *careri ḥarrâr, cabbasisa ḥabbʿaziz, machadar
maḥḍar*. Marmol giebt *ḥ* mit *c*, *ḫ* mit *h* wieder, so auch andere Reisende).
   Sp. pg. *almadraque*, catal. *almatrach = almaṭraḥ*. Zum ersten mal
   findet sich diese Form des Wortes ausserhalb Spaniens in prov.
almatrac (s. b. Raynouard); ihr entspricht frz. *materas, matelas*,
dem italien. *materasso* entnommen ist, mhd. *matraz* schon bei
Wolfram. Der span. gewöhnlichen Darstellung entsprechen *al-
mandrá* i. J. 1053 bei Sta. Rosa, valencianisch *matalaf*, und in
einem Document aus Granada v. 1517 (s. b. Eg.) *matahe*, wofür
matrahe zu lesen ist.
Alcana sp. f. *alheña = alḥanna* ist Italianismus des Droguenhandels.

Sp. *mistico* catal. *mestech* = *moseṭṭeḥ.* Das span. Wort wird nur von
Gayangos angeführt, steht nicht im Diccionario Maritimo, und
ist jedenfalls Catalanismus.

Roque andalus. = fort!, nach Eg. *roḥ* Imperat. zu *râḥ* gehen. Ist
der Ausruf echt volkstümlich und nicht etwa von Schachspiel
entnommen?

*Raqueta sp. etc., nach Littré und Devic von *râḥa* flache Hand, durch
mlat. *raḍcha.* Ist gut, das Wort aber in Spanien anscheinend
nicht sehr alt; vgl. unter *g* über pg. *rasqueta.*

Almocafe, **almocafre* Jäthaken, Jäthacke, fehlt pg. Nach Dozy von
almiḥfar ligo, oder vielmehr dem Plural *almaḥâfir.* Es mag
immerhin auf die Möglichkeit verwiesen werden, dass hier die
rückübertragene Arabisirung eines spanischen Worts vorliege,
gafa oder *garfa, garfio,* mit Präfigirung des zur Bildung von
Werkzeugnamen dienenden *mi-* (vgl. Dozy Gloss. s. v. *moharra*)
und *k* für *g* wie *ṭarika* aus *targa.*

Tarquin Schlamm, nach Eg. von *ṭarḥîn,* einem construirten Plur. zu
ṭurḥ. Ich sehe nicht recht warum man gerade in Spanien die
begriffswidrige Mehrzahl gebildet hätte.

Carmel, breitblättrige Art Wegerich, nach Dozy *lisân al-ḥamal.* Solche
Ellipsen kommen vor, aber woher rührt das r?

Carraca nach Eg. von *harrâk ḥarrâka,* demselben Wort aus welchem
Dozy *faluca* leitet. Frz. *carague,* ital. *caracca* etc. sind nicht in
Rechnung gezogen und nicht beachtet, dass diese Worte immer
ein Lastschiff bezeichnen, das arab. eigentlich einen Brander.
Nächst den Bemerkungen Devic's cfr. auch die abweichende Ver-
wendung des Worts im Portug.

Cavial hängt mit *ḥawiâr* nur indirekt zusammen, ist durch das Franz.
vermitteltes slavisches *kawiar.*

Coto sp. i. d. B. Grenzstein ist nicht *ḥadd* sondern *cautum.*

Soquir pg. naschen von *saḥur* Frühstück ist nach Form und Inhalt
unzulässig.

Zarca andal. Pfuhlwasser von *tarḥ stercus* ist wegen t zu z unerlaubt.
Von *zarco* wegen der Farbe?

G findet sich, wie für *ḥ,* bei Cervantes in der Wiedergabe von
ḥarbî als *garbin, baḥrî* als *bagarino* (cfr. u. *baḥarî*). Eguilaz führt weiter
garifo an, nach den Wörterbüchern Homonym zu *jarifo ḥarîf.* Das
arab. Wort findet sich sehr spät in Afrika (s. Suppl. I, 272) als *chaland,*
amant; jarifo scheint allerdings dessen ziemlich junge andalusische
Wiedergabe zu sein, von dem Süden aus weiter verbreitet, wie mehrere
Worte ähnlicher Bedeutung. Wenig günstig für *ḥ* oder *ḥ* ist dass auch

xarifo auftritt. Bei *garifo* ist zu beachten, dass *garîb*, eigentlich „fremd“, von der Bed. seltsam, ausserordentlich aus sehr wohl die bizarr, geschmückt ergeben konnte; der Wandel von *b* zu *f* im Auslaut ist belegt; auch *harîf* kommt in Betracht, da radoteur und Galan in der andalusischen Denkweise nicht weit auseinander liegen. Ueber *gamarza* s. u. *alfarma*.

Nur *f* ist überliefert in *alforre*, unedler Raubvogel bei Juan Manuel, = *alḥorr* das allerdings, s. Suppl. I, 262 über *ṭiralḥorr*, gerade den edlen Vogel meint; *alifafe, alifaf* Art Decke in span. u. pg. Urkunden S XI—XIII *allihâf*; *freno con anfaz* in den Cortes de Valladolid 1258 §. 15 nach Eg. *annoḥâs* Kupfer, gut, doch in *anofaz* zu bessern; *atafime* Ord. de Sev. *attaḥama*. Ausschliesslich portugiesisch sind *alfeire alḥeir, alféloa alḥelâwa* (die Form ist der von Eg. bevorzugten *ḥalûa*, aus Marcel, im Hinblick auf die Belege Suppl. I, 318 voranzustellen), *alfobre alḥofre, atarrafa, tarrafa aṭṭarrâha* (über *atarraya* s. u. *ǵ*), *azáfama* (versch. von *adaçama*) *azzaḥma, falacha ḥalîǵa, locafa* nach Sousa *laḳâḥ* unabhängige Horde: *façame* bei Sta. Rosa, nach Eg. *ḥaṣân*, ist wohl *facané* = *facanea* zu lesen. Andalus. *alfarge alḥaǵar* (das Vorkommen bei Covarrubias und Tamarid zeugt nicht für weitere Verbreitung) hat wohl *f* = *j*. Die *falcas* des Schiffs erklärt Dozy als *ḥalḳ* Umfassungsmauer von *ḥalaḳa* umschliessen, sehr wenig überzeugend; übrigens ist die Mehrzahl der Seemannsworte nicht eigentlich castilisch. Das von demselben zu *ḥalḳa* = sp. *alhelga* gestellte *falca* bei Victor ist identisch mit arag. *falca* = *cuña de madera*, dem ein catalanisches *halca* und sp. pg. *desfalcar* genau entspricht, während pg. *falca* Drehscheibe, *falquear* abvieren, auch mit Keilen stützen, begrifflich weiter geht. Gegen arab. *falaḳa* splittern, *falḳa* Splitter spricht vielleicht die catal. Form; sie wäre der einzige Fall der Entlehnung von arab. *f* als *h* aus dem Castilischen.

F und *h* zeigen:

*Albufera, **albuhera* (Siete Part. V, 5, 30), **albuera albohera* span., *albufeira* pg. *albuhaira*.

*Alfabega, murcian. *alhabega, alabega*, üblicher *albahaca*, pg. *alfávaca*, frz. *fabrègue alhabaḳa*.

Alfageme sp. (so 2 Hss. bei J. R. 1390) pg., *alhageme* (so Calila y Dimna) *alhaǵêm*.

Alfaja, **alhaja alḥâǵa*.

Alfaje Conq. Ultram. 293, *alhaye* Cron. Alf. XI, 227, 239. *alḥâǵǵ*; *alhache* Ordenam. de Gran. *Alhoja* ist kaum dasselbe Wort.

Alfamar (J. R. 1228, 3 Hss.), *alhamar, alamar*; pg. alt *alfámbar alhanbal*. Das pg. gebräuchliche *alambel, lambel*, span. veraltet (nicht alt) *arambel* soll eben daher kommen. *Harambel* als span. bei Eg. S. 420 u. 550 könnte orthogr. *h* bieten; derselbe verzeichnet aber auch (andal.?) *jarambel*, und es ist nicht angezeigt hier Metathese anzunehmen. Das Etymon *šarmíṭ* kommt nicht in Frage, auch nicht *xerampelinus*.

Alfaquin, alhaquin (so Alf. X Libr. Astr. neben *alphaquin*) *alḥakîm*. Pg. *alfaquîm* Seebahn ist vielleicht das gleiche Wort. Span. alt *alhaquin`tegedor* der Wörterbücher leitet Müller von *ḥáïk*, Dozy von dem Plur. *ḥáïkîn*: die Pluralform der Handwerkernamen bezeichnet die Quartiere derselben und die Spanier nannten einen Bewohner des Quartiers so wie dieses selbst. Die letztere Annahme ist sehr bedenklich Bei Eg. fehlt das Wort ganz.

*Alfaxú, alaxú, *alajú, alexur* (Victor), *alfaxor alḥaśû*; ich merke an, dass mir *alfaxor* nur als Getränk = *alfaśûr* bekannt ist, während es bei Victor und Terreros mit *alajú* identificirt wird.

Alfeña (L. M. II, 22), *alheña* (J. R. 422, 2 Hss.), pg. *alfena, alvena alḥinnâ*. *Alvena* ist merkwürdig, da sich pg. *v* für *f* sonst nur in Proparoxytonen, scheinbar vor Vocal, in Wirklichkeit ebenso wie span. durch die Berührung mit folgendem Consonant hervorgerufen findet; *v* für griech. *φ* ist wesentlich verschieden.

Alfareme sp. pg., *alhareme* sp. *alḥarâm*.

*Alfarma, alharma, harma, *alhárgama, alárgama, alárgema, ármaga*; auch *alhámega* wird als provinciell angeführt, wahrscheinlich fehlerhaft. Den ausserspanischen Formen liegt griech. ἁρμαλᾶ zu Grund (nach Dioscorides Fremdwort), *alfarma* aber weisst auf *alḥarmal*. Wie die hybriden Formen sich entwickelt haben ist unklar; *amargaza* Castigos 164 u. 165, üblicher *gamarza* scheint mit ihnen zusammenzuhängen, lässt sich aber nicht gut aus g für ḥ erklären. Portug. ist *harmala* das wissenschaftliche, *harmale* das frz. Wort; catal. *ármala* frz. *harmale*, ital. *armora*, deutsch Harmelraute.

Alhelga, helga, galliz. *alferga, alhelca* Alf. X. Libr. Astr. *alḥilḳa*.

Alfolla, jünger *alholla alḥolla*.

Alfombra, alhombra Rotlauf *al-ḥombra*; üblicher *alfombrilla*.

Alforra pg. *alhorre* sp. Milchgrind der Kinder, *alforra alforre* pg. Getreidebrand *alhorr* „entzündliche Magenkrankheit der Kinder die im Mund eine Art Fäule hervorruft"; s. Suppl. I, 263. Eguilaz nimmt ohne jede Begründung für das pg. Wort die Aussprache *alḥarr* an. Das gleichlautende *alhorre* J. R. 981 in einer dunkelen sprichwörtlichen Wendung ist nicht zu bestimmen, nur in einer

IIs. überliefert; Interpretation als Beule-Entzündung (cfr. franz. *horion?*) klärt die Stelle nicht auf.

Alforrecas pg., *alhurreca* span., *alhurrêk* Salzwasser. Das span. Wort wahrt die Bed. Salzschaum des Meeres, die der Meernessel ist übertragen oder von dem gleichstammigen *hurraika* Nessel aus *harraka* brennen genommen.

Alfoz sp. pg., *alhoz* sp. *alhauz*. Esp. sagr. 16, 450 a. 1027 steht *aloth* ib. 26, 451 a. 1068 dreimal *alhot*, um die gleiche Zeit oft *alfoz* und so schon 972 Yepez I, 31, J. R. 1264 *alfoz* und *alhoz*; cfr. *alhobz* ca. 1120 bei Ducange.

Alforva, *alholva sp., *alforvas*, *alfolvas*, *alforba*, *alforbe*, *alforfa* pg. *alholba*. Die angebliche Nebenform *albolga* beruht wohl auf falscher Interpretation; sie kommt vor = *alborga*.

*Alforza unübl. *alhorza*, *alhozza*, das genau der Bedeutung des castil. Wortes entspricht, s. Suppl. s. v.; cfr. *alcarcil* f. *alcaucil, jaguarzo śakuâs* u. a. Das von Eguilaz vorgeschlagene *alhorza* steht viel zu fern.

Almofaça pg., *almohaza sp. (J. R. 898) *almohassa*. *Almofaz* im Canç. de Baena gehört schwerlich hierher, da dort *h* für *h* zu stehen pflegt, die Begriffsübertragung unbelegt ist.

Almofalla sp. pg. (passim P. C.), *almohalla* sp. (J. R. 1050 *almohalla* und *almofalla*), *almahalla*, *almahala* sp., angebl. auch pg., *almahalla*. -*mo*- für -*ma*- durch Praefixverwechslung.

*Alquifol sp. pg., *alcofor* pg., *alcofol*, *alcohol sp., *alcofoll* catal., frz. *alquifoux* Zu Grunde liegt nicht *alkohl* sondern die dialektische Pluralform *kohôl* des Voc. Flor., bei P. de Alcalá sp. *alcohol*, arab. *cohól*; der eingeschobene Vocal würde nicht den Ton erhalten haben.

Atafona pg., *atahona* (J. R. 674, 912, Danza de la muerte), *tahona sp. *attahôna*.

Bafari pg., *bahari* sp. (Juan Manuel, Lopez de Ayala, Cortes), auch pg., *bahrî*. Dozy Suppl. I, 53 ist geneigt das Wort als den Falken zu nehmen mit dem man den Sumpfvogel jagt; die Auffassung als Wanderfalke, der vom Meer, von Norden (*bahrîyun* nördlich) kommt, ist die entschieden richtige.

Batafalua, *batafaluga*, *matalahuva*, *matalahua*, *matalahuga*, *matafaluga*. *alhabba - alhalûa* entspricht nur in der zweiten Hälfte dem span. Wort; die Transscription *habbat alhulua* bei Eguilaz ist Druckfehler.

Cadaf, *caduf* catal., *cotofre cotrofe* galliz., *cadahe*, *cadae* granadinisch *kadah*.

Fabarraz (Lopez de Ayala), *habarraz* (Alf. XI Libr. Mont.), *abarraz,*
abarrazo, albarraz (Cal. y Dimna), pg. *paparraz ḥabbarrâs.* Hier-
her auch **abalgar ḥabbalgâr; abelmosco ḥabb el mosk.* Cfr. u.
Hababol hamapola. Andrer Herkunft muss *alfaba, alhaba* sein.
Faron, faronia J. R. 615, sonst *haron ḥarôn.* J. R. 850 *non vos*
alhaonedes (nur 1 Hs.) gehört kaum hierher.
Fata, hata ḥattâ. Fasta, hasta (das übrigens erst spät Boden ge-
winnt, ҳ. B. P. C. nur 2770, sonst *fata*) u. pg. *até* sind anderen
Ursprungs. Das alte *ata,* welches sich nach Portugal erstreckt,
in Leon und Asturien besonders häufig erscheint, *dataca* von
damals bis heute in einer hs. Uebersetzung des Maymonides,
atanesaquí mehrfach im F. J., danach *atánes* der Wörterbücher,
würde nicht durch getrennte Schreibungen *a ta, ad ta,* noch durch
enta el cielo im Fuero de Villavicencio, das analogisch sei könnte,
wird aber durch sein ganzes historisches Auftreten von einem
mit *ḥ* anlautenden Etymon abgeschlossen. Es ist *atá* zu betonen.
Fato sp. pg., **hato* sp. (J. R. 945, 985, 1446, Alf. XI L. Mont. II, 303
u. passim.), *ḥaҳҳ,* nicht germanisch
Forro sp. pg. (*aforrar* J. R. 486, 1099), **horro* sp. *ḥorr.*
Fouveiro pg., *hobero, *overo* sp., *aubère* frz. *ḥobêrî.* Die Etymologie
ist sicher, obgleich die Benennung der Farbe des Pferds nach
der des Straussenfleischs nur durch den Padre Guadix bezeugt
ist. Uebertragenes *fauve* wäre nicht mit der Endung ausgestattet
worden.
Rafal, mallork., *rafallum* in catal. Urkunden, *arrafalla, rrafalla* Fuero
de Salam. (s. XII) 211, *rahal* i. e. Doc. Alfonsos X, *rafallo* b.
Gonzalez de Clavijo, Hirtensiedlung, Meierei. Der Accent zeigt
dass nicht direct *raḥl* zu Grunde liegt, sondern entweder der
Plur. *arḥâl,* der dem Collectivbegriff der Herden des Vorwerks
sehr wohl entspricht, aus welchem der der Meierei erwachsen
ist, oder *reḥâla,* welches Dozy für J. R. 1196 *Rehalas de Castilla*
con pastores de Soria (var. *realas, rehallas*) ansetzt und welchem
die *arreala* der Wörterbücher entspricht. Zum gleichen Stamm
gehört *rehali* Cron. Alf. XI, Adjectivbildung zu *reḥḥâla* Nomaden.
Tarefa pg., **tarea* sp. *ṭarîḥa.*
Sáfaro pg., *zahareῑo* sp. Nach Dozy von *ṣaḥrâ,* nach Eguil. jenes
ṣaʿarî silvestris, dieses zu *ṣaḥir* raub, felsig. Das span. u. pg.
Wort sind unzweifelhaft identisch, und nicht wohl von dem durch-
aus volkstümlichen pg. *sáfara, sófora* steinige Wüste, steiniges Erd-
reich, sp. bei Lop. de Ayala, Libro de la Caza 8 *çafara,* als Orts-
name *Zahara* bei Alcaudete, Lib. Mont. II, 336 zu trennen. Es ist

21 *

aber immerhin möglich dass dieses nicht *ṣaḥrá* Wüste, sondern
ṣaḥr Felsen wiedergiebt; cfr. auch *ḥamáma ṣaḥriya* Felsentaube.
Zaforar catal. mallork., *zahora* i. d. Mancha, *zaherar* 1 Hs. J. R. 282 l.
zahorar saḥôr.
Nur *ḥ* zeigen:
Alcohela alkoḥeila. Suppl. II, 447 auf welches Eg. verweist ist nur
   das im Gloss. Gesagte wiederholt.
*Alhadida (chem.) *alḥadîda.*
*Alhamel Packträger *alḥammâl.* Als Vermiether von Saumpferden
   nach Eg. *alḥammêr,* eigentl. Eseltreiber (cfr. *ḥamara* Maultier-
   caravane), als Saumtier *alḥimâr* Esel oder *alḥamûla* Lasttier.
   Das letztere passt lautlich nicht; wie es aber durch Ellipse ent-
   standen ist — *ḥasân ḥamûla* cfr. *ḥammála* Transportschiff
   gleichbed. *markab ḥammâl* — dürfte das auch bei einer anderen
   von *ḥaml* abgeleiteten Verbindung geschehen sein. Für den Ver-
   miether ist diese Art der Entstehung durch das Citat in Dozys
   Gloss. ziemlich gesichert; es ist wenig angezeigt zwei Etyma auf-
   zustellen wo eines genügt.
*Alhandal alḥanẓal.
Alhanía alhaníja.
Alhanin Zeugungsmittel der älteren Medicin von „*alḥanîn afecto
   amoroso* r. *ḥan* desear con ardor“, Eg. Das Etymon ist construirt
   und in jeder Hinsicht fragwürdig.
*Alharaca alḥaraka.
Alhavara in den Ord. de Sev., bei Dozy *alḥuwâra,* während Eg. mit
   Recht die Form *alḥawârî* bevorzugt; die weibliche Endung wegen
   harina. Vgl. auch *ḥawâr, ḥawâra* und *moḥawar* Suppl. I, 334.
*Alhelga, helga, alhelca Alf. X Libr. Astr. als Arabismus, *alḥilḳa.*
Alhema in e. Urk. v. 1320 (Tudela) bei Yanguas, Adiciones 358 ist
   ohne Frage, wie Eg. sagt, identisch mit **alema lema* Wasser-
   gerechtigkeit. Eben so sicher ist das Etymon *almâ* Wasser falsch;
   es hätte *almá,* höchstens *alma* ergeben. Das von Dozy an-
   genommene *alḥimâ* chose défendue ist eine höchst unsichere
   Conjectur.
Alhaxix, alhaxixa (Enr. de Villena), *alhexixa alḥaśîś* bezw. *alḥaśîśa.*
Alhofra (Juan Manuel) *alḥofra.*
Alhorma (Cron. Pero Niño II, 13) vom Feldlager vielleicht specifisch
   des Königs; *alḥorma* findet Dozy mit Recht ungenügend und
   Eguilaz macht das Etymon durch eine recht unglückliche sema-
   siologische Conjectur keineswegs wahrscheinlicher; eher noch
   passt das von dems. angeführte *alḥorom,* Plur. zu *alḥarîm.*

Almallahe (Fuero de Molina) *almalláha*.

Almoharran Alf. X Libr. Astr. *almoharram*.

Almoharrefa Orden. de Gran., *almorrefa, almorefa* Ord. de Sevilla, wohl *almonharif* Trapezoid W. *haraff*, durch Eintritt von Praef. *mo-* f. *mon*.

Almihuar, almehuar, mehuar Alf. X Libr. Astr. *almihwar*.

Arraihan, **arrayan, arrahan* Lib. Mont II 19. Juan Manuel 252, *arrehan* Alf. XI L. M. II 6, 20 u. Bd. II, 321. 398, *arraiáo* pg. *arraihán*. Ebendaher die Adverbialform cordob. *rehani reihání*.

Açafeha Alf. X Lib. Astr. als Arabismus *assafíha*.

**Fomahante fomalhút* mit gelehrter Corruptel des Sternennamens.

*Guahate, *guahete andal. *wáhid*.

Habiz u. *ahbis* in andal. Urkunden *ahbás* pl. v. *habus*.

Hacino hazín, auch in den beiden Stellen des Canç. de Baena, für welche Dozy wunderlicher Weise ein anderes Etymon suchen zu müssen glaubte.

Hafiz, haiz, afice háfiz.

Haguela, aguela granad. Urk , *hawéla*.

Halia J. R. 1010 *hali* oder *hilia* ornatus. Bei dem komischen Zug in den Forderungen der Serrana ist auch *hali'a* wenig getragenes Kleid (Suppl. I, 395) möglich.

Hamaryllo Canç. de Baena, worthaschende Weiterbildung von *harám* oder *haram*.

Hamapola, **amapola, hababol, ababol*, pg. *papola habba baura*. Die Etymologie stammt von Dozy, nicht von Covarrubias. Neben der auf *habba*, Samen umgedeuteten arab. Form stand nach dem Pg. eine dem zu Grunde liegenden *papaver* genau entsprechende.

Hamil Alf. X Libr. Astr. als arab. Wort, = *hámil* S. Suppl. I, 328.

Hara u. *ara* granad. Urk. *hára*.

Hisan (Berganza) l. *hizan* = *hisan*.

*Hoque hakk. Zusammenhang ist kaum in Abrede zu stellen, aber der Vocal fordert *hokk*.

Hurí ist zunächst frz. *houri*, dies pers. *húrí*; s. Dozy, Gloss. s. v., bei Eguilaz vollständig verunstaltet.

*Mahaleb sp., *mahalebe sp. pg. *mahleb*. Die Bezeichnung, welche auch der wissenschaftlichen Botanik geläufig ist, trägt gelehrtes Gepräg; populär ist *cerezo de Mahoma*.

Maharon mahrôm.

Moharra moahar im Wb. der Akademie v. 1884 würde dem Laut genügen, findet sich aber, wie Eg. richtig bemerkt, nicht in den

Lexiken. Aus *harba* kann es nicht entstanden sein, ebensowenig
aus *mihraz almofrez.*
Tahen (Thier das die Mühle treibt bei Engelmann; woher?) *ṭaḥḥên*
celui qui fait moudre?
Auch *h* fehlt der Ueberlieferung in den schon angeführten **abalgar,*
*abelmosco; *axixen ḥaṣṣâṣîn* der Conqu. Ultram., modern mit indirecter
Ueberlieferung *asesino, asasino*; *alifa* in Malaga nach Eg. *ḥalifa*; *al-*
madana nach Eg. *almaṭahana*, nach Dozy *miʿdan.* Im Auslaut nach
Eguilaz bei *tara ṭaraḥ*, während Dozy in Gloss. u. Suppl. *ṭarḥa* schreibt.
Das arab. Wort ist mit der ersten Vocalisation gar nicht, mit der zweiten
nicht in dieser Bedeutung belegt, durch die Verschiebung weniger als
Nichts gewonnen, Zugehörigkeit zu W. *ṭaraḥ* allerdings ziemlich sicher.
Für **nafa* ist mit Rücksicht auf die Belege Suppl. II, 694 die Form
naffâḥ (nicht *nafâḥ*) wohl der von Defrémery bevorzugten *nafḥa* voran-
zustellen. Pg. *nafé d'Arabia* ist das gleiche Wort.

Die Einschiebung des vorausgehenden Vocals zwischen *ḥ* und *l,*
r, m in *azáfama, bahari, sáfara, mahalebe, maharon* ist wenigstens bei *ḥr*
als vulgärarabisch zu betrachten; P. de Alcalá schreibt arabisch *báhar,*
bahari, maharóm. In *almostalaf*, wenn von *almostaḥlaf,* unterbleibt
sie wegen der Häufung des Gleichklangs. *Almiral, *almirante* etc. be-
trachtet Eg. als *amîr arraḥl* unter Berufung auf eine Stelle (Suppl. I 517)
an welcher *arraḥl alándalusa* von den „navires de transporte qui en-
tretenaient la communication entre l'Afrique et l'Espagne" gebraucht
ist. Angenommen dass dies die regelmässige Bezeichnung einer Flotte
von Kauffarern oder Transportschiffen gewesen sei, dass diese regel-
mässig von einem Emir geleitet wurde, beides unerweisbare Voraus-
setzungen, würden die Christen kaum die Bezeichnung des Führers
nicht nur zur See, sondern auch zu Land, gerade von dieser Institution
zu entnehmen Anlass gefunden haben. Das historische Auftreten des
Worts ist der Hypothese durchaus ungünstig; auch die an sich nahe-
liegende Vermutung dass die verschiedenen romanischen Endungen
Varianten eines als Suffix aufgefassten arabischen Compositionsteils
seien findet in ihm keine Stütze: es entspricht durchaus Dozys Auf-
fassung als erweitertes *amîr.* Durch Amari, Storia dei Musulmani di
Sicilia III, 351 u. 352 ist der Nachweis erbracht dass der mlt. *amiratus*
den griech. Genitiv ἀμηραδος von dem aus ἀμηρ = arab. *amir* geformten
ἀμηρας wiedergiebt. Das Wort findet sich bei byzant. Schriftstellern
im 12. Jh., wird um diese Zeit in Italien üblich, kommt aber merk-
würdiger Weise schon bei Einhart vor. *Aral* in einer pg. Urkunde bei
Sta. Rosa, das Eguilaz ebenfalls zu *raḥl* stellt, bezeichnet dort keine
Hirtensiedlung, sondern ein Grundstück mit Wasser und Weingarten,

letzterer als Dependenz eines Vorwerks unmöglich; es ist lat., cfr. Romania XI, 81 über *aro*. Das gleiche arab. Etymon soll in ders. Sprache *araial, arreal*, Lager bei Sta. Rosa, ergeben haben; es ist das eine Erweiterung von *real*, eigentl. königliches Hauptlager. *Almarraes* ist sicher nicht *almiḫláǵ*; der Auslaut konnte am wenigsten in einem nur als Plural gebrauchten Wort abfallen. Beachtenswerth ist der Unterschied in der Aussprache von *ḫr* sp. pg. *fr* in *azofra* und *almofrez* S 16. Es schien indessen nicht erlaubt hieraus auf das Stammwort von *sáfaro* einen Rückschluss zu ziehen, da P. de Alcalá arab. *çáḳara* neben *çáḳra* schreibt, span. *azofora* neben *azofra* steht.

Vor anderen Consonanten als den Liquiden fällt der Laut, nachstehend selbst bei *l* (*r, n, m* fehlen). *Almotacen* etc. *almoḫtasib, almexía almeḫśia, moxí* *moji mojil moḫśí*, *zafa* *safa* andal. *ṣahfa, moçafo* pg. *moṣhaf, almalafa marrafe* in e. Urk bei Eg. *almalḫafa*, vgl. *Guadalajara* neben *Guadalhajara, Guadalfajara* schon J. R. 1344, 45, 51 *wadal ḫiǵâra*. Ueber *tara tarḫa* und *nafa nafḫa* s. o. Ebenso sind die verkürzten Formen der sp. pg. catal. Composita von *ṣâḥib* aufzufassen die älter sind als der sonstige Ausfall des *ḫ*: *zavalmedina* u. *zalmedina ṣâḥib al medina, zavalchen* (*ch* = *k*) *ṣâḥib alaḫkêm, zabacequía ṣâḥib assêḳiya, zabazalá ṣâhibaṣṣalá*. Besondere Schwierigkeiten macht sp. *azotea* pg. *açotea* und mit abweichender Betonung *sótea*. Das Diminutif *soṭeiḥa* scheint Engelmann nur construirt zu haben; es ist durch das Pg., das *soteifa* bieten würde, verneint. Zusammenhang mit *assaṭḥ* ist kaum in Abrede zu stellen. Dozy denkt an arabische Erleichterung durch Vocaleinschiebung. Aber auch so würde pg. *f* vorliegen, und überdies bleibt *a* zu *o*, wie allerdings auch anderwärts, unerklärt. Als Beleg für jenen Vorgang kann sp. *atafea aṭṭafḥ* nicht zugelassen werden; das Wort ist ebenfalls, wenn auch noch so gut, construirt, nach der Analogie von *fḫ* in *anafe* Assimilation zu erwarten, die andere ebenfalls nur vorausgesetzte Form *aṭṭafêḥa* immerhin annehmbarer. Das weitere angezogene arag. *atarréa* = *ataharre aṭṭafar* wäre unter allen Umständen anderartig.

Eine Spur schwächerer Wiedergabe in Portugal würde, abgesehen von *mahalebe*, in *arrayão* vorliegen, das aber für eigentlich pg. *murta* aus Spanien entnommen sein kann. Die *alhetas*, Billen des Schiffs, nach Dozy *alḫiṭân*, sind sp. cat. *aletas* von *ala*; *alheta* Saum Verbrämung ebendaher?? gewiss nicht *alḫiyêta*. Für *alfella* ist die Herleitung Sousas von *alḫilla* erlaubt, nicht aber für *alhella* bei Sta. Rosa, jetzt *alhela algela*: die Annahme der Assimilation von *ḫ* mit dem *l* des Artikels ist hier durch die Formen *alahela, alahea* ausgeschlossen. Doch kann die Möglichkeit eines derartigen Vorgangs nicht unbedingt bestritten werden; er würde lautlich den oben angeführten altspan. *almalafa, Guadalajara* nahe stehen; wenn fast durchaus *al-h alf* ergab, so kann das durch Nebenformen ohne Artikel veranlasst sein. Der Abgrund *Alhafa* bei Santarem, in welchen die Mauren die Verbrecher stürtzten, hiess arab. *hâfa* wie Dozy Suppl. I, 338 nachweisst; die Richtigkeit der Angabe Sousas über das Fortleben der Ortsbezeichnung ist um so unstreitiger als sie in Verbindung mit einer falschen Etymologie auftritt, die Einwirkung einer traditionellen Schreibung hier nicht gut anzunehmen. Anders verhält es sieh mit *alhadet = alhadit* in einer catal. Urkunde D. Jaime's I: es ist die gelehrte Transscription eines maurischen Worts in einem für Mauren bestimmten Privileg. Aehnlich *alhapz = alhabs* in einer anderen Urk. desselben. Valencianisch *haarraz harrât* steht unter spanischem Einfluss.

Andalusische Aussprache als *j* ist ausdrücklich belegt in den schon erwähnten *guahate* u. *jarifo*, bei *ajorre* f. *alhorre* unter Verwechslung des vollständigen mit dem assimilirten Artikel. Ferner in *jabeque* Schlag *habek*, *zajarero* vom gefleckten Schwein *sahrâ, jaique*, bei Marmol als arab. Wort *haique*, *haik* o. *hâyk, malaji* in Malaga Schiffer *mallâh*.

Nicht erwähnt sind im Vorstehenden sp. *alimo atriplex halimus* L., nach Eguilaz (S. 546 zurückgezogen) vielleicht *halema* Pflanzenname bei Freytag, das offenbar Nichts anderes ist als *halma* lithospermum collosum Suppl. I 318; *arcada*, das Wurgen vor dem Brechen, das weder *harkada* (Akademie) noch *harkât* (Eg.) ist, wie pg. *arcar = arquejar* zur Genüge zeigt; *ahilo hila*, ist vielmehr von *ahilarse* abstrahirt das, wie pg. *afilarse*, dünn, spitz werden bedeutet = *adelgazarse*: zur Uebertragung auf den leeren Magen vgl. auch *hila* Dünndarm. *Mohino* von *moho*, nicht *moâhin*. Pg. *treu* wäre nach Eg. eine Art Tuch von *tarâha*; das Wort bezeichnet aber ein rundes oder viereckiges Sturmsegel, sp. *treo*, cat. *treu*: er meint *pano de treu*. Granad. *foel hofêla* mit Wahrung des *h* und Schwund des *f* ist absolut unwahrscheinlich. *J* für *h* kann natürlich nur in andalusischen Worten steben. *Balija*, fr. *valise* mlat. *valisia*, nach Devic etwa *waliha* bei Golius = pers. *walîga*, ist durch die Verbreitung sowohl des span.-roman. als des arab. Worts ausgeschlossen; *j* ist hier entweder späteres *sj* wie in *cartujano*, pop. u. häufig altsp. *igreja* u. a., oder *x* = frz. *s*. *Jauría* Meute kann nicht eine Art Tanz *hauriya* sein; *xau*, Hetzruf, zunächst für Stiere, ist in *xaurado* bedrängt weiter gebildet, und liegt hier wahrscheinlich mit Suffix *-eria* vor. *Jaian* ist frz. *géant*, nicht *haiyân. Josa* ist Dialektwort, wahrscheinlich pg. *chousa* Gärtchen von *clausa*, nicht *hoss*: dass die Akademie es als „heredad sin cerca plantada de vid y árboles frutales" definirt hält mich nicht ab diese Erklärung als ziem-

lich sicher zu betrachten. *Carcajada* berührt sich mit *ḳaḥḳaḥ* o. *ḳaḥḳaḥ*
nur als Schallnachahmung; cfr. *cachinnus.* Ein Versehen ist es wenn
Eguilaz S. XVII *almalaque* u. *almalaxe* als *q* und *x* für *ḥ* anführt; er
erklärt S. 211 die bei Haedo, Topografía de Argel (1612) vorliegenden
Formen als *almalḥafa* sp. *almalafa:* sie sind entweder Druckfehler
oder andere, mir allerdings unerfindliche Worte.

ذ

hê „is our h. It is distinctly aspirated at the end, as well as at
the beginnig, of a syllable". „ist im Ganzen das deutsche h, nur wird
es noch mehr in der Kehle gesprochen und der Mund wird weiter ge-
öffnet" Spitta. „Por esta letra suso dicha (*ḥ*) está enel vocabulista la
h, y aun por otra letra que se llama he" P. d. Alcalá. Er anerkennt
also nur einen geringen Unterschied Die Behandlung ist fast dieselbe
wie bei *ḥ*; nur bietet das Port. in *jaez* gesicherten Schwund und zeigt
sich in *hr* neben der Vocaleinschiebung auch Wegfall des h, portug. wie
spanisch; so bei *cárabe, azar, almirez,* gegen *almofariz, zafareche.* Aehn-
lich sp. *tahalí* neben pg. *talí, rehen* und der naheliegenden Assimilation
in *rejalgar*; nach Cons. *añaza, almenara, adarme, çulame, almodon,*
gegen *azahar.* *C* für *ḥ* steht gesichert nur einmal auslautend in:
Xaque p. pg. **jaque* sp. Schach! *šâh,* mit *jaquemate,* pg. *xamate*
šâhmât. Selbstverständlich ist die span. Interjection *jaque* fort!
das gleiche Wort und nicht *haihêh.* Der Auslaut bleibt in *bufo,*
buho bûh, schwindet in *Abdallâh,* schon 878 (Astorga) *Ibenabdila,*
vgl. *alarido, lelilí,* und *alá* bei Cervantes, ferner in *faḳîh alfaquí.*
P. de Alcalá transscribirt *faquíh* und *alláh,* letzteres ebenso in
Aljamia. Es ist hier massgebend was Spitta S. 61 über das
Verstummen des *h* und Zurückziehen des Accents in mehreren
Zusammensetzungen von *alláh* sagt, bes. auch in '*abdallâh*; die
Erscheinung dürfte sich etwas weiter erstreckt haben als ib. S. 14
ausdrücklich angegeben ist, da durch die sp. Form *foque* Be-
tonung der vorletzten in *faḳîh* belegt wird. Es ist denkbar dass
zugleich unter dem Ton eine Verstärkung des Auslauts stattfand,
in *xaque* zu Tag tritt.

Ausserdem soll *c* oder *g* vorliegen in:
*Escaque sp. pg., Feld im Schachbrett, als von dem Königsnamen
übertragen. Das Wort ist das bekannte mlat. *scaccum,* in Spanien
schon 780 als *sciacatus* gewürfelt Esp. Sagr. 37, 308. (Canç.
Baena I, 209. II, 116 bezeichnet es ein Musikinstrument.)
*Arrequife sp. pg. nach Eguilaz (anders Dozy) *arrehíf,* begrifflich
durchaus unpassend; s. u. *b.*

Catum als pg. bei Eguil., unser *Kattun, haddûn,* ursprünglich arab., aber aus Ostindien importirt und neu.

*Tagarote sp. (Lopez de Ayala) pg., *tagarot* catal. (falco africanus tabracensis Labernia), nach Dozy *tahortî* von Tahort, eine Aufstellung die sich nur auf die Aehnlichkeit der Worte stützt: darf nicht von der Falkenart *tagre* bei Lopez de Ayala getrennt werden, die sicher nicht *ţogar,* „nomen avis" bei Freytag ist. Lautlich genau entspricht *ţagrî* Grenzer, das auch als *tagarino* vorliegt, eine Bezeichnung die der des *baharî* verwandt wäre, als der Falke welcher Strichvogel, nicht Wandervogel ist, an der Grenze nistet, nicht über dem Meer.

Nur *f.* zeigen:

*Zafareche arag., *safaretg* cat. Teich, *chafariz* pg. Wasserkunst, mit derselben Methatese schon 916 in Leon, Esp. sagr. 34, 440 *per xafarices antiquos,* arag. *zafariche* Krugständer, weil dieser das aus den porösen Krügen abfliessende Wasser auffängt, *şahrî̌.* Siete Part. V, 5, 31 steht *xarafiz, xarahiz, xahariz* von der Kelter; die Bedeutung erhellt beim Vergleich der Ueberschrift mit dem Text. *Xaraiz, jaraiz, jaeriz* sollen in gleicher Verwendung noch fortleben. Teich zu Kelter ist eine ganz correcte Begriffsgestaltung; vgl. *lacus* u. sp. *lagar*; auch *estanque* wird von der Kufe gebraucht. *ch* und *x* für *j* sind Auslautserscheinung.

*Aljofar sp. pg., *aljofre* pg. *alǧauhar,* nicht, wie Eg. will, von der der erweiterten Form *ǧauhara.*

* *Trufa* sp. (Celestina), catal. (daher *truhan* fr. *truand?*), pg. alt *em trufão,* nach Eg. *turraha* fabula des Florentiner Voc. oder *torrah mendacium,* nicht überzeugend genug um Trennung von pg. *trufa* Trüffel, *trufa trunfa* Schopf, Haube, Turban zu bestimmen.

F und h bieten:

Alfadia, alhadia in granad. Urkunden, pg. *adia, odia* = *alhadîya.*

Alfinde (Alf. X Libr. Astr.) *alhynde* (Canç. Baena) *alinde indischer Stahl, Stahlspiegel, heute Spiegelfolie, *alhind.* In anderer Bed. im Canç. de Baena *alhynde* Myrrhe, ferner in **tamarindo tamr hindi.*

**Alfolî,* unübl. *alforî, alhorî, alholî* (J. R. 530) = *alhorî.* Das arab. Wort kommt sicher nicht von lat. *horreum.*

Bufo pg., *buho sp. *bûh, bûha* Eulenart. Es ist nicht richtig dass das sp. Wort auch den Sakerfalken bezeichne.

Refem, arrefem pg., *rehen arrehen sp., ist nicht sowohl *rehn* als das von P. de Alcalá gegebene *rahán*; vergl. *rihân* und *rahîna* bei Bothor.

H oder Schwund ist überliefert bei:

Abhal, abhel, gelehrte Transscription von *abhal*[un].

Adarme, sp. pg. *addirhem.*

**Albihar,* **albiar, abiar = albahâr.* Engelmann gab von den beiden in den span. Wörterb. angeführten Bed. Hundscamille und Narcisse nur die erste; Eguilaz polemisirt daraufhin gegen Dozy, hat aber in Wirklichkeit die Berichtigung aus Suppl. I, 121 entlehnt. Das Plagiat ist durch Erweiterungen und Kürzungen bemäntelt, wird aber durch die Wiederholung des falschen *narcissus tagetta* statt *narcissus tacetta* schlagend erwiesen. Ueber den heutigen Sprachgebrauch weiss der granad. Gelehrte natürlich Nichts mitzuteilen.

**Alfaquí, faquí* sp. pg., *foque* sp., *alfakîh.*

Almenara arag. Abflusskanal *almenhar*

*Almirez sp., *almofariz* pg. asp., *almafariz* pg. *almihrês* o. *almihrêz.*

**Almodon almodhôn.*

Añazea, añaza = annazâha, bezw. *annazha.*

Anxahar Cal. e Dimna *alǵahîra* bei Freytag. Ich führe die Erklärung an, obwohl weniger das *x*, welches in dieser Quelle *ǵ* entsprechen könnte, als der (dem pg. so geläufige) Einschub des *n* auf anlautendes *š* weist.

Arrun (andalusisch?) von *arhún,* Plur. zu *rahán (rehen)* bei P. de Alcalá, nicht von *rahn.*

**Azahar azhâr,* oder von der bei Hélot daraus gebildeten Pluralform *azâhîr.*

*Azar sp. pg. etc. *= azzahr* o. *azzahâr.*

Bahar pg., ist ein **ostindisches** Gewicht, ob, wie Eg. will, arab. *buhâr* lasse ich dahingestellt.

Bezahar, **bezaar,* *bezar sp., *bezoar* sp. pg. *besuhar* Enr. de Villena = *bâzâhr* (Eguilaz schreibt *bezahâr*), Contraction von *bâdizâhr*; bzw. von der nordafrik. Weiterbildung *bezôâr* bei Marcel,

Calahorra sp. provinc. (wo?) vergittertes Brothaus; alt (Victor) Befestigung, bei Lop. de Ayala als Befestigungsteil von Córdova identisch mit dem in dieser Verwendung dunkelen *coracha,* auch *alcalahorra, = ḳalahorra.* Als Name der bekannten Stadt vielleicht aus *Calagurris* umgedeutet, aber gewiss nicht überhaupt dem Bask.-Iberischen entlehnt. *G* wäre nicht arab. *ḥ,* eher noch *ḫ.*

Carabé sp. (Juan Manuel) pg., *kahrabê.*

Gili andal. nach Eg. *ǵâhil* töricht.

Jahes Canç. Baena, *jaez sp. pg. *ǵahêz.*

*Rejalgar sp., frz. *réalgar, reḥǵalgâr.*

*Tahali, taheli sp., tali, talim pg. = tahlil.

Tarazar, atarazar, pg. traçar berührt sich mit haras, briser, broyer
in II. Form bei P. de Alcalá machucar, quebrantar, speziell mit
tahrîsa (taharíça) ib. machacadura, das, als *taraza übernommen,
durch tarazon verdrängt werden, und das Verbum erzeugen konnte.
Ich führe die Erklärung auf als der Bezugname der Akademie
auf taracea, ital. tarsia, von raṣá - tarṣiá voranstehend: beide
sind besser als die bei Eguilaz gegebenen daras und taraš. Wahr-
scheinlicher wäre der von Diez E. W. taraire vermutete Zu-
sammenhang mit terere-tarmes, zu dem auch afrz. tarier gehört,
wenn nicht pg. die Entwicklung tarazar *traçar tarçar Schwierig-
keiten machte. An sich kann pg. tarça .sp. taraza Kleidermotte
eben so wohl vom Verbum kommen als umgekehrt. Es mag
noch aus Dozy Suppl. I 144 berberisch terzêsu, tarzast guêpe er-
wähnt sein: Schlupfwespe und Motte sind in ihrer Tätigkeit ver-
wandt, der Vocaleinschub und Angleichung des Accents auf das
span. Suffix unbedenklich.

*Zahorí sp., sahorí, saurí catal. Erdseher, zahara (lies záhora?) von
Eg. aus Andal. belegt Hexe, = zoharí.

Çulame, çurame, çorame sp. (Cortes II, 80, 97, 118; Canç. Baena),
zorame, cerome, çurame pg. b. Sta. Rosa, maurischer Mantel
sulhâm, salhôm: s. Gloss. u. Suppl. I, 679.

*Alarido sp. (P. C. 606) pg., soll nach Eguilaz von harîd, fissus,
laceratus kommen, mit der erstaunlich kühnen Ellipse von şîaḥ
Schrei; nach Dozy von der Wurzel garida schreien. Beides ist
gleich unmöglich. Die ursprüngliche, jetzt natürlich verwischte
Bedeutung ist die des Schlachtrufs, und wie dieser bei den
Arabern im Kampf mit den Ungläubigen lautet wissen wir ja: es
ist das bekannte le ilâh illa allâh. Cervantes giebt ihn mit lelilí
wieder (anderwärts lililé lililí, lililié; hilha hilhahaila hörte die
Akademie, lelí die Cron. gen.); ebensowohl konnte er als lalalí
gehört werden; lilaila Albernheit steht in der Mitte, ist als Be-
nennung des leichten Stoffes Nichts anderes, allerdings unter Ein-
wirkung von fileli, ebenso das in den Wbb. fehlende famil. *lila
von einem albernen Menschen. Ursprünglich ist das a mindestens
eben so stark als e und i; später mögen diese durch das Imala
vorgewogen haben. Bildete das Spanische aus lalalí ein collec-
tives Substántiv so war das Schallsuffix ido von vorne herein
gegeben; das erste l fiel durch die Vorsetzung des Artikels el;
das zweite der bestehenden wurde nach vorwiegender Gepflogen-
heit in r differenzirt; das vorliegende Wort ist das durchaus

regelmässige Ergebnis. Auch als *alali* oder *halali* konnte der Kampfschrei von vorne herein aufgefasst werden; es ist nicht unmöglich dass der bekannte Hetzruf der Treibjagd zu Pferd von den arabischen Reiterscharen übernommen wurde, wie auch Devic vermutet.

*Behen sp. pg., frz. *béhen*, bei Dozy mit der unmöglichen Definition als „nom de plurieures espèces de plantes de différents genres" ist die Behennuss, und die Wurzelrinde des Behenbaums, von verschiedenen, in Arabien, Ostindien, auf Guadalupe etc. heimischen Arten Moringa, früher officinell, *behmen* bei Ibn Albeitar. *Ben* sp. ital. frz., arab. *bân* von der Behennuss (s. bei Devic) ist dasselbe Wort, verschieden von *bân* = *saule d'Orient*. Benennung und Culturpflanze scheinen erst aus dem Osten nach Arabien und Aegypten gekommen zu sein; die Form *behmen* ist vielleicht nicht ganz richtig. Spanien hat das Apothekerwort anscheinend aus Frankreich.

Halda, andal. *harda* grosser Sack war früher *falda*, wie jedes Wörterbuch angiebt; ‘*idal* Sack passt also gar nicht, ebenso wenig als *farda* Bündel. Nur gleichbed. *halda* kann in Frage kommen, findet sich aber nur bei P. de Alcalá, ist mithin nicht notwendig arabisch. Eine Umdeutung aus dem germanisch-romanischen *falda*, *halda* ist immerhin denkbar.

Harija, *hariza* Mehlstaub besser zu *far*-*farina* als zu *harîsa*.

Jaharrar zu welchem er die (andal.?) Formen *sajarrar* und *sahelar* erbringt will Eg. von *sahala* leiten, da, wie er richtig bemerkt, das lautende *h* sich nicht aus Müllers Etymon *ǵaiyâr* erklärt. Aber auch abgesehen davon, dass die Wörterbücher eine überzeugende Annäherung der Bed. des arab. Worts an die des sp. nicht bieten sind *j* und *s* nicht die Gestalt in welcher arab. *s* im Span. auftritt. Nicht ganz unmöglich ist Zusammenhang mit *chafar*, *zafar*.

Ganz unstatthaft ist die Zusammenstellung von *adarba* Goldmine (Oudin, Vict.) mit *addahab* bei Eguilaz. Es liegt hier eine weitere Uebertragung von *darb* enger Weg vor, in Andalusien *adarve* = *ad-darb* Mauergang, die dem Namen der Gallerie im Belagerungswesen und Bergbau genau entspricht.

ف

Fâ „is our f". Das arabische *f* hat den stärksten Anlass zu der partiellen Herstellung des Lauts im Spanischen gegeben; es ist, so weit es selbst inficirt war, fast überall wieder eingesetzt worden. Die Zahl der Worte in welchen die Schwächung in *h* zum schriftlichen Ausdruck kam, ist gering, herrschend wurde sie nur in etwa vier Fällen. Ueber die andalusische Aussprache, die vielleicht gerade hier besonderes Interesse hat, finde ich keine genügenden Indicien. Allerdings nimmt Eg. bei alt *jota*, Ragout, Art Suppe Herkunft von *fotta* an, doch ohne dies Wort als andalusisch bezeichnen zu können.

H tritt auf in:

Alcahaz (fehlt pg.) = *alḳafaṣ*; schon L. de Ayala L. de la Caza.

Alfaqueque sp. (z. B. Fuero de Salam. 258) pg., *alhaqueque* span. = *alfakkâk*.

Alfóstigo, alfócigo, *alfóncigo,* *alhócigo, alózigo* sp., pg. *fístico* = *alfostaḳ*. Das span. Wort kann nur aus dem Arab. erklärt werden, welches mit πιστάκιον-*pistacium* dem Pers. entnommen ist. Cfr. Hehn, Kulturpflanzen⁵ S. 337.

Alhóndiga, alfóndega, alfóndeca, alfóndiga, fondaca, pg. *alfándega,* ital. *fóndaco* etc. *alfondoḳ. Alfundicus* steht in Spanien schon 1101, die Form *fonda* afr. *fonde* erscheint nach den Belegen bei Du-cange und Godefroy als die palästinisch - französische.

Almárfega, almáfega pg., *marga, márfaga, márfega, márraga, al-márrega, márrega, marregon* span. = *almarfaka.* Die *tres marafes guarnecidos de oro* können nicht dasselbe Wort sein, eher etwa = *almalafa.*

Almiharra nach Eg. in Granada eine Art Harke mit welcher die Töpfer das Blei rühren, von *almihfar,* demselben Wort das auch *almocafre* geworden sein soll. Es fragt sich eben ob dies granad. *h* wie *j* lautet, und ob diese Aussprache auch bei den anderen arab. *f* eintritt; die Bedeutungen stehen ziemlich weit aus-einander.

Atafarre, *ataharre, ataharra,* pg. *atafal,* arag. angeblich *atarrea* Schwanzriemen *attafar.* Die Form *ataharre* schon Siete Part. II, 28, 3 (nach einer Hs. aus der 2. Hälfte des XIV. Jh. heraus-gegeben).

Atahorma Lop. de Ayala Libro de la Caza 1., pg. *altaforma* = *atta-forma,* das allerdings nur im Florent. Voc. u. bei P. de Alcalá belegt, darum aber doch als Stammwort zu betrachten ist.

Atarfe, tarahe, *taray, taharal* f. *tarahal aṭṭarfâ.* Die abweichende Behandlung von *almarfaka - marga* ist durch den Accent ver-anlasst.

Zanahoria (J. R. 1246, 1308) *azanoria, acenoria, cenoria, azahanoria,* nur valenc. catal. mit *f safanoria sáfranoria.* Das Wort mag hier aufgeführt sein obwohl sich auch arab. in den beiden nächststehenden Formen *safonáriya* und *sannáriya* ein eigentümliches Schwanken zeigt.

Cafiz, cahiz, im Pg. alt neben *cacifo* die beiden castilianischen Formen. Mit pg. *cahiz*, das sehr wohl dem Cast. entnommen sein könnte, berührt sich in auffälliger Weise das Auftreten der Form in einer Madrider Copie des Liber Jacobi I, 17. Findet sie sich im Original s. XII, dem die Abschrift direkt entnommen ist? Das Etymon *ḳafiz* ist ein unter allen Umständen gesichertes.

Cifra-cero von *ṣifr*. Die von Libri angenommene Zusammengehörigkeit der beiden Worte ist kaum zu bezweifeln; *zero* von Italien ausgegangen, wo es am Ende des 15. Jh. zuerst vorkommt. Es ist eine gelehrte Corruptel, nicht lautliche Umgestaltung von *zephirum*. Vgl. Woepcke im Journ. asiat. 1863, I, 522.

Fanega, hanega sp., *fánega, fanga* pg. von *faníḳa* bzw. *fanḳa*. Bemerkenswert ist die von Eguilaz angemerkte Rückübernahme des Worts durch die granad. Araber im XV. Jh. als *haniga*.

Fulano sp. pg., *hulano* sp. *fulán*.

Hafiz, haiz, afice von *ḥâfiẓ* o. *hafîẓ*.

Zaquizami (s. über die Bed. das Wörterb. von Terreros) = *sakfi samâ*, mit etwas gewaltsamer Erleichterung der unhaltbaren Consonantenverbindung, vielleicht jedoch mit ursprünglich lautendem *u*.

Lilaila andal., *lilaina* catal. von einem Wollzeug wäre nach Dozy *filâli = fileli*, also mit Vorsetzung des Artikels nach Schwund des *f*. Es dürfte eine von dem maurischen Ausruf übenommene Bezeichnung sein für einen vorzugsweise von Moriscos getragenen Stoff: *del cual sehacen mantos para mugeres pobres*. Vgl. S. 374.

Es versteht sich dass in einem rein portugisischen Wort der Ausfall des *f* nicht vorkommen kann; *soeira* in d. B. Kamille (fehlt in den mir zugänglichen Wörterbüchern) darf daher nicht mit *ṣofeira* verglichen werden, das überdies eine andere Pflanze bezeichnet. Nur *f* bieten: sp. mlat. *azeipha, azepha, zepha,* = *aṣṣâifa*; pg. *aceifa, ceifa* Ernte, Mahd, Gemetzel, letztere Uebertragung zunächst von *ceifar*, mähen genommen = *aṣṣeifa*. — *adefina, adafina* = *addafina*. — *adefera addefira*. — **adelfa addiflâ*. — *adiafa* sp., *diafa* pg. *addiáfa*. — *adufa* pg. *adduffa*. — **adufe* sp. pg., auch *adufle* = *adduf*. — *afion* = *ofiún* Opium, sehr früh aus dem Griech. entnommen. — *alafa* = *'ulúfa*, sehr unwahrscheinlich. — *alarife alarif*. — *alcáfar alkafel*. — **alcanfor, canfor* sp. *alcánfor* pg., *cánfora* sp. pg. *alkâfór*. — **alcarchofa* sp., *alcachofa* pg., *carcioffo* ital. *alḥorśúf*; in *artichaut, articiocco* liegt eine Verunstaltung des gleichen Wortes vor, mit allerdings merkwürdigem und nicht romanischem Ersatz von k durch t. — *alcatifa* sp. pg. *alkatifa*. — *alcofa* sp. pg. *alkoffa*; hierher auch span. *cofin*. — *alefriz* = *alfirád*? s u. *d*. — *alfada* mlat. *alfadú*. — *alfaguara* Quellenname in Loja *alfawára*. — *alfahar*, *alfar* mit *alfaherero* von *alfahár*. — *alfaide* provinciell *alfaid*. — *alfaisanes* Art Gemüse nach Castro, von *alfaisára faba* (?). — *alfaneque alfanek* entweder als der Falke mit dem der Wüstenfuchs gejagt wird, oder wegen der ähnlichen Farbe; ebendaher die urkundlichen *alfanique*, *alfanigue*, *alfanegue*, *alfaneke* Decke, ursprünglich aus dem Fell des Thieres. Das Zelt *alfaneque* ist dunkler Herkunft; *afarák* passt lautlich nicht, *haneká* begrifflich: die Stelle in Cron. Alf. XI cap. 253 ist von Eguilaz unrichtig interpretirt. Zu den von Gayangos angeführten Stellen kommt noch Poem. Alf. XI, 1094. — *alfaque* sp. pg. Sandbank, Riff von *alfakk* ist unwahrscheinlich, von *alfalak* und *alkoffa* unmöglich. — *alfaqué alfakih*. — *alfáraz alfaras*; pg. *cavalleiro alfaráz*, sp. *alfaraces* von der leichten maurischen Reiterei ist ebenfalls das Pferd, *alfáris* wird mit regelrechtem Imala *alférez*. — *alfarda farda alfarda*. — *alfarda* im Zimmerhandwerk = *alfarda*. — *alfarda* nach Eg. *adorno mugeril* = *alfard denarius* ist nicht gut; ich kenne das Wort aus Lucas Fernandez S. 32, in einem Zusammenhang — *alfardas orilladas* — der den Gedanken an einen Schmuck aus Münzen ausschliesst, und Canç. Baena I, 78 wo er wenig wahrscheinlich ist. Die Acad. erklärt, im Gedanken an franz. *fard*, als eine Art Schminke, was eben so wenig passt. Besser entspricht die Erklärung von *alfardilla* = *esterilla* Tresse. — *alfarge alfagía alfars*. — *alfarja alfarǵiya*. — *alfazaque* = *abúfassás*?? — *alfetna* mlat., *alfetna*. — *alfaxor* = *alfaŝúr*; *alaxur* gehört vielleicht hieher und nicht zu *alajú*. — *alfeiza*, *alfeizar* sp. (die zweite Form in einer Reihe von Wbb., aber trotzdem vielleicht nur missverständlich für das Verb.) Abschrägung am Fenster- oder Thüreinschnitt, pg. *alfeizar* hölzerner Beschlag oder Handgriff einer Zimmersäge, pg. *alfeça* Werkzeug um das Auge im Hammer etc. zu bohren. *Alfesha spatium* ist nicht zu verwerten, ebensowenig als *alfeḍá spatium vacuitas*; der leere Raum ist ein viel zu abstrakter Begriff. Ebensowenig genügt aber *alháit fenestra* dem spanischen Wort, auch wenn man dieses von dem pg. abtrennt. Für das pg. *alfeizar* verweist Dozy nicht ohne berechtigten Zweifel auf einen berber. Plur. *ifassên*, bei Eg. fehlt das Wort, *alfeça* bei beiden.. — *alfeliche alfêliǵ*. — *alfiñique *alfeñique* sp., pg. *alfenim* und *alfenicado alfênîd*. — *alferráz* arag. Falkenart = *alferrás*? — *alferza* = *ferza*. — *alficoz* n. *alpicoz* = *alfokkôs*. — *alfil, *arfil*, pg. *alfim alfîl*. — *alfil, alfid* („*especie de aguero tomado de estas ó las otras palabras casuales*“ Terreros) *alfál*. — *alfitete* sp., *fatía fatita* pg.,

alfatêt, alfetîte. — *alfitra* (*alfita* bei Ducange ist fehlerhaft) *alfitra.* —
*alforfon alforfôr. — *algafacan* Canç. Baena *alhafakân.* — *algafite*
algâfit. — *algalifa, califa* etc. *halîfa.* — *algorfa, algofra algorfa.* —
alifa malag., *halifa.* — *alifafe allihâf.* — *alifafe annefaha?* — *aljafana*
n. *algebna,* murcian. *aljebena algéfna,* diminut. **aljofaina algôfaina.* —
algerife, *aljarfe algarrâfa. — *aljofifa algaffâfa.* — *almafío annâfí.* —
almalafa almalhafa. — *almofar almagfar.* — *almofía almohfía.* —
almostalafe almostahlaf. — *almoharrefa, almorrefa almohrif.* — *al-*
mojarife almosrif. — **anafe annâfi.* — *anafaya* sp. pg. **añafea* sp.
annafâya. — *añafil annafir.* — **arrecife arrasîf.* — *arrizafa, ruzafa*
arrosâfa. — *asfa* (Guadix) *ʿafsa.* — *atafea?* s. b. *h.* — *atafera*
pg. *addafira* (cfr. u. *d*). — *ataifor attaifôr.* — *azafate assafat.* —
azafeha assafîha. — *azafran azzáfarân.* — *azanefa assanîfa.* — *aza-*
quifa assakîfa. — **azofaifa* beruht auf einer fehlenden arabischen Form
für *zizyphum,* das als *azzofaizaf* und *zúzúfa* belegt ist. — **azófar*
assofar. — *bafetá* pg. *baftah* ist jung. — *cáfila kâfila.* — *cafre kâfir.* —
chifla sp. *chifra* pg., davon **chafarote* sp. *chifarote* pg. *safra.* — *cifaque*
sifâk. — *daifa daifa.* — *fadan* granad. *faddân.* — *fidia, fadia* pg. =
fiddía, fadda Silbermünze, wohl nur als ausgesprochenes Fremdwort. —
falaque falaka. — pg. *falifa, ganinfa hanîfa.* — *falca falka:* vergl.
u. *h.* — *faluca* (*felûka* auch auf dem Euphrat; s. Sachau, Reise 176)
von *folk* wird von Devic und Eguilaz gegen Dozy vertreten; vgl. auch
Suppl. II, 281. Es scheint allerdings dass *folk* dem Vulgärarab. nicht
fehlt, aber als eine romanische Umbildung dieses Worts ist *feluca* nicht
zu betrachten. Die *haloques* der Siete Partidas sind keineswegs mit
Sicherheit als dasselbe Fahrzeug zu bezeichnen; das Wort erinnert an
Holk und ʿολκάς und die Schiffsart ist weiterhin nicht vor dem 16. Jh.
nachzuweisen. Sehr beachtenswert ist dagegen die heute allein übliche
sp. pg. Form **falua*: sie muss aus dem Stammwort, kann nicht aus
faluca erklärt werden, und ich glaube daher auch das von Dozy vor-
geschlagene *harrâka* ablehnen zu müssen. — **faquir fakîr,* modern. —
fardo sp. pg. etc. steht dem von Devic vorgeschlagenen arab. *farda*
ohne Zweifel sehr nahe, und nur der Genuswechsel macht Schwierig-
keit. Pg. *farda* halte ich für das gleiche Wort: die Montur des Soldaten
als Kleiderbündel aufgefasst ist durchaus nicht bedenklich. Von frz. *hardes*
(doch wohl zu *hart,* afr. *hardel*) ist ganz abzusehen. — *farrachador*
von *farg.* — *farruka* granad. *farûka* (*farruco* vom Gallego scheint viel-
mehr das Diminut. des Eigennamens Francisco als *fârûk*). — *fatel,*
nicht gallizisch, kaum *fadle*; s. u. *d.* — *fatexa fattêsa* Suppl. II, 239. —
alfattel Schnürriemen kann *fatila* sein; *fatila* Apolonio 443 (de que
fagamos fatilas los que somos feridos) = Charpie würde paroxyton

eine Sylbe zu viel ergeben, und der einzig erlaubten Correctur durch Einsetzen einer anderen Form des Zeitworts widerstrebt der Sinn. Die kaum abzuweisende Betonung *fátila* fordert *falla*, Fädchen bei Bocthor. — *fazquía* Alex. 105, 1819 *faskíya* Suppl. II, 271 — **fileli filáli* — *fin fenn* — *fodoli fodôli* — **foluz folûs* — *fomahant fom alhût*, gelehrte Entstellung — *fostul foștûl* — *fota fûļa* — **frez*, **freza fert* — *friso* s. u. z. — *fusique* Tabaksgefäss, apfelförmig mit Hals, wird von Eg. mit *fausík* bei Freytag zusammengestellt, capsa pulvere et globo impleta tormentis sclopetisque aptata, nach dieser Definition anscheinend Cartouche, nach der historischen Wahrscheinlichkeit Bombe, urspr. arabisch? — **fustan, fustal* sp., *hustan* Gomez Manrique II, 331, *fustão* pg., *futaine* frz. Die von Defrémery gegebene Erklärung aus *fușțân, fușțâl, fusțân*, türk. *fistán* als von der Stadt *Fusțâț* hat Dozy nicht aufgenommen, weil er nach Suppl. II 269 für das arab. Wort spanische Provenienz annimmt, jedenfalls in Erinnerung an den Wollenstoff *fusta*. Ich versuche keine Entscheidung — **gafeti* sp. cat., *algafite* sp. *algáfit* — **garrafa garrâfa* — *gifa*, **jifa ǵifa* — **girafa*, alt *azorafa ǵorâfa* — **jerife șerîf* — *jofor ǵofôr* — *jorfe*, *jofre ǵorf* — *jucefia yûsofia* — *lefe* gran. *leǧe* — **marfil azmalfîl* — *mequetrefe* sp. pg. *mogațref??* — *moçafo* pg. *moșḥaf* — *moftí* (jung) *moftî* — *monfi monfî* — *nafa nafḥa* — **rafe raff^{un}:* eine gute Etymologie, auch **rafa* scheint hierher zu gehören — *reguifa* sp., *regueifa* pg. *ragîfa* — **sarrafa* granad. *șarrâfa* — *serafin* sp., *xerafim* pg. *șerifî*, ziemlich jung — **sofá* (modern) *șoffa* — **sofi* (modern) *șefewî*, beeinflusst von *sûfî* — **tafilete tâfilet* — **tarifa ta‘rîfa* — *tifon țufân*, nach Eg., vielmehr das chines. *teifun* — *trafi* einmal in einem granad. Docum., nach Eg. *tafrîk* W. *frk*, mit allerdings nicht nachweisbar entsprechender Bedeutung, der aber im Suppl. die der Subtraktion sich nähert. Ist seine Vermutung richtig, so darf *tráffico* etc. ebendahin gestellt werden. — **zafa* andal. *șaḥfa* — **zafari safari* — *zafio* sp., *safio* pg.: Dozy nennt *ǵâfî*, Eg. *șafî* bruto (im Suppl. fein, köstlich!) oder *safî* törigt; warum nicht *safîh*, unverschämt bei Bocthor, vellaco und als Schimpfwort can perro bei P. de Alcalá, gerade in Spanien heimisch? — *zafre* stellt Dozy zu W. *sfr*, wie *azofar*, Eguilaz auch *zafra*, wohl mit Recht, obgleich in den entsprechenden arabischen Formen nicht, wie letzterer es hinstellt, Fetha belegt ist sondern nur Damma. — *zofra sofra*.

fn wird *bn* oder durch Vocaleinschub erleichtert: *algafna* ergiebt castil. neben *aljáfana* (vgl. *aljofaina, ajufaina*) *algebna* und *aljebena*, portug. *chávena* und *chávana;* vgl. orcbce *aurificem* und oben *zaquizamí*. Conqu. Ultram. I, 6 ist *azoraba* f. *azorafa* geschrieben, wohl nur als Fehler zu betrachten; Eguilaz hat Unrecht wenn er *bagasa* von *fâḥișa,* pg. *aba* von *ḥâfa* leiten will. Was das *axarab* ist, welches er S. XIX als weiteren Beleg für *f* zu *b* beibringt, habe ich nicht ermitteln können. Auch pg. *alabão* von *arraf* ist nicht zu halten. Pg. *alfobre* von *alḥofre* durch Dissimilation, da *fr* zu *br* sonst nur in dem viel älteren *ábrego* vorliegt.

Vereinzelt uud durch irgend welche Analogiewirkung veranlasst steht *p* füs *f* in **alpicoz* n. **alficoz.* *Atiple* f. *atifle* bei Eg. S. 307 ist ein Druckfehler. Span. pg. *capacho*, sp. *capazo*, welche Diez zu *cappa* stellt, sind von Defrémery Rev. crit. 1868, 408, welchem Devic folgt, mit pg. *cabaz* und frz. *cabas* identificirt, und auf arab. *kafâṣ* span. *alcahaz* zurückgeführt worden. Der Unterschied zwischen Käfig und Korb ist indessen ein ziemlich merklicher, und die Akademie wählt das wenigstens von Seite des Begriffs nicht so anstössige *ḳafʿa* Körbchen, während Eguilaz, im Glauben Diez zu folgen, sich für das erstaunliche *cava* entscheidet. Nur *cappa* verdient Beachtung, zunächst für *capacho;* die Stellung von *cabaz* ist ganz unsicher.

Merkwürdig sind sp. *gurbion* pg. *gorviāo* Euphorbienharz (marokkanischer Handelsartikel). Gleichbed. steht Alf. XI Lib. Mont. *forvion*, während pg. *alforfiāo* die Pflanze bezeichnet, beide aus arab. *forbiyôn.* Es ist schwer *gurbion* von diesem zu trennen, die einzig zulässige Erklärung wäre freilich die aus gelehrter Verlesung von *Ga* für *Fa*, und es fragt sich ob die Verbreitung des Worts eine solche Annahme zulässt. *Almalaque* kann nicht mit *almalafe* - *almalḥafa* identisch sein, trotz ähnlicher Bedeutung; auch als Suffixverwechslung ist das undenkbar.

P. de Alcalá zeigt in den Lehnworten als die Regel arab. *f* für verschobenes sp. h und für f: hilazo *filach*, hollin *fullîn*, hoce *fauchél*, faxa *faya* (*j* = *ǵ*), fiesta *féxta*, fuerça *força*, lanterna *fanár*; *h* in Hernando *Herrando*; Schwund in Hebrero-*Ibráir*, um so auffälliger als der Diphthong auf ältere Ueberlieferung hinweist, ebenso wie Anlaut und Diphthong in Enero *Yennár*; vgl. Otubre *Ogtubar.* Im Poema de Josć ist das f durchaus gewahrt. Nachträglich soll noch bemerkt sein, dass sp. *h* für lat. *f* wohl etwas älter als bei dem S. 9 angeführten *humalga* sich in *malhetría*, einmal Cortes von Burgos (1317; Cortes I, 294) in der Charte aus Oña zeigt; die von Burgos und Sahagun bieten auch hier *f*. Auch das Becerro, welches sonst *f* hält, nur einmal *alas huelgas*, daneben *hecha* f. *echa*, *han* f. *an* etc. schreibt, hat an einer Reihe von Stellen *behetría*[1]).

---

1) Das Rechtswort ist wohl von **benfeytero* (*bienhechero*, wohltätig, kommt vor), nicht von *benfeytor*, gezogeu.

382   G. Baist

Die arabischen Eigennamen der Leon. Urkunden gehören einem
Gebiete an, das im Ganzen der portug. Lautentwicklung näher steht als
der castilischen. Ueber die heutige Aussprache des f liegt dort nur
ein sehr spärliches Material vor; es lässt sich nicht bestimmen wie tief
im Westen des alten Königreichs die Erhaltung, im Osten — bes.
der Nordosten steht in Frage — die Schwächung reicht; doch über-
wiegt nach den Ortsnamen die erstere. Es hindert das nicht, wenn
hier die Wahrscheinlichkeit ursprünglicher Adoption eines h-Lautes aus
dem Arabischen zu Tage tritt, die gleiche auch für Castilien anzu-
nehmen.

Um eine zweideutige Erscheinung voranzustellen findet sich neben
Avolfeta = *Abû-al-fadâ* (Leon 917) ein Abuleta (Leon 919). Falls das.
wie zu vermuthen, der gleiche Name ist, muss ein Fehler vorliegen[1]).
In dieser Gegend zu dieser Zeit kann eine Erscheinung des 16. Jh.
nicht zugelassen werden; *Walîd* o. *Hâlid* mit vorgesetztem *Al-* o. *Abû-*
stehen nahe. *Hâlid*, das einzige *ḫ*, liegt als Halite (Leon 954), Alfalit,
Haleth, Halita (ib. 916) vor; im selben Document Aleth, entweder mit
Abuleta eine nicht identificirte Form, oder, immerhin befremdlich, mit
Abfall; bei Sampirus 14 dagegen (um 990) Abohalit. Vgl. auch Borg
Abenhaldon, Torre Abenhaldon = Haldûn bei Espinosa, Historia de
Sevilla II, 4. 16. u. Mem. hist. esp. I, 14. *H* ist fast durchgehend *h*: *Habîb*
Havivi, Havivit, Haviviz (Astorga 1027), Havive (ib. 1033, 1058); *Hasan*
Hazen (Leon 967), Hazan (Ast. 1033); *Jaḫjâ* erscheint als Jhaia (Ast. 937),
Aboiahia (Sampirus 22), im Monachus Silenis Abohahia, wobei an y =
h in yelmo (S. 9) erinnert sein mag; *ʿAbd-ar-raḥmân* ist Abderahana
(Ast. 878, 937), Abderrachmam Sampirus 26; *Maḥmûd* ist Mahamut
(Leon 916), Maharnudi (ib. 916 u. 919), Mahmud (ib. 985); vgl. Maho-
mat als Ortsname bei Burgos 1075, die Historia de Mahmeth seudo-
phrophete im Cod. Vigilanus des Escorial (976). Nicht geschrieben ist
der Laut in Abbolacen (Ast. 922) Abolazzene (Leon 962) = *Abûal-*
ḥasan, zu welchen auch das schlecht copirte Abnazan (Leon 981) ge-
hört; vgl. S. 28 über Alhafa. Das schwächere *h* liegt nur in *Hâšim*
vor, Abolhaxa Leon 962 und Alascemi[2]); vgl. S. 29 über jaez.

Ausserhalb Leons liegen von den angeführten Belegen nur zweie,
aus dem Silensis und der Urkunde von Burgos. Das Chronicon Albel-
dense, ohne Frage in Ovieto verfasst, überliefert in dem an der Navar-

1) F urkundlich ausserdem in *Muṭarrif* Mutarrafe (Ast. 878) Mutarrafiz
(Leon 917) villa de Motarraf (ib. 962) Almutarraph Sampirus 17; *Tarîf* Taref
(Ast. 878). Ebenso stets in Chroniken und Ortsnamen.
2) Der urkundliche Beleg fehlt mir; steht bei Isid. Pacensis.

resischen Grenze 976 abgeschlossenen Codex Vigilanus, zeigt genau die gleiche Behandlung der Laute. Es bietet h in Abuhalit 62. 63. 66. 70. 75. 80, Abohalit 73, Habuhalit 70, und in Abulhatar $=$ *Abûal-ḫattàr* 79: h in Abderhamam 61, Abderahaman 79, Abderrahaman 80. 82, Abderrahamam 82; Mahamut 58, Mahomat 37. 62. 63. 66. 67. 73. 80. 82. 83, Hodera $=$ *Hodair*, Hodiffa $=$ *Hoẕaifa*, Alhacam $=$ *Al-ḥakam* 79. 80, Haccam 82. H fällt in Eiscam 80, Escim, Iscem 82 $=$ *Hisâm*, scheint erhalten 82 in`Fehir $=$ *Fihr*, das indessen gelehrt ist.

Gegen jeden Rückschluss auf die Aussprache liesse sich hier geltend machen, dass in dem christlichen Spanien eine gewisse Kenntnis der fremden Sprache, noch mehr der fremden Buchstaben bei den Schriftkundigen vorhanden sein mochte. Das Chron. Alb. reproducirt in dem Stammbaum Mahomets und der Ommajaden, wohl auch in der Aufzählung der Emire und Sultane von Córdova, eine arabische Tradition. Es wäre die ganze Erscheinung auf die Schreibschule zurückzuführen, und ohne Bedeutung für die Frage ob früher oder später die Verschiebung des f stattgefunden hat. Dem gegenüber ist zu bemerken, dass die Namen am Ort der Niederschrift gesprochen wurden, die Vielheit der Ueberliefernden auch einer traditionellen Transscription gegenüber stärkere Schwankungen erzeugen musste. Die Seite nach welcher diese hinfallen mussten ist gegeben. War die Verschiebung des lat. f schon eingetreten so würden wir, wie im 12. u. 13. Jh. Mafomat ungefähr gleich häufig mit Mahomat finden, und auch h für f vorkommen. Ebenso müsste, wenn die Sprache, wie im Portug., den nächstliegenden Laut der lat. Zunge für h und h eingesetzt hatte, f sich öfter finden als in dem einzigen Alfalit, und dem S. 22 angeführten *alfoz*.

In den beiden südspanischen Chroniken des 8. Jh., Isidorus Pacensis und dem Fortsetzer des Biclarensis allerdings kann es, bei der hier unzweifelhaften vollständigen Kenntnis des Arabischen, aus dieser entfliessen, wenn die getrübte handschr. Ueberlieferung auch hier h als Vertreter von h und h erkennen lässt, f fehlt. Unbeachtet darf aber nicht bleiben, dass in Abulcatar, Isid. Pac. 67. 68. 75, c für h steht.

II. Die Gutturalen.

$$\dot{\varepsilon}$$

Gain wird heute allgemein wesentlich anders gesprochen als das span. g. Die Angaben über classische und vulgäre Aussprache vom Nedsch bis Afrïka stimmen hier völlig überein. Wallin schreibt vor (S. 51) ein hartes, tiefer nach der Kehle hin articulirtes g (das aber

nur als Einsatz diene) mit angehängtem langem a auszusprechen, dabei
den Schlund zwischen Kehle und Gaumensegel nicht mehr aufzuthun
als zum Durchlassen der Luft unumgänglich nötig sei; das im Gaumen-
segel schnarrende a liege dem tiefen schnarrenden r (im Franz., Engl.,
auch Norddeutschen vorkommend) sehr nahe, so dass die neuere Tran-
scription mit ŗ nicht unberechtigt sei. Wright vergleicht „the γ of the
modern Greeks, the Northumbrian r and the French r grasseyé"; „roug-
her than the Northumbrian r, and still more so than the French r
grasseyé or the North-German g in sage" Faris Ash-Shidyâq 3. ed.;
„correspond ä notre r grasseyé" Bellemare; „ein schnarrender gutturaler
Laut der mit ebenso schlaff herabhängendem Kehlkopfe articulirt wird
wie ḥ. Man setze ein gutturales k an und dränge dies dann tiefer in
die Kehle zurück, wodurch die Schwingungen der Uvula nicht so stark
und tönend werden: Der Mund wird nur ein wenig dabei geöffnet und
die Zunge bleibt schlaff ausgestreckt liegen" Spitta-Bey. Bei dem
Versuch *barraca* und alt *barga* aus dem Berberischen zu leiten nimmt
Dozy an, dass jene Aussprache zur Darstellung von arab. *g* durch *rg*
veranlasst habe. Es ist das weder in dem besonderen Fall richtig,
noch durch irgend ein weiteres Indicium bestätigt. Der häufige ara-
bische Laut wird im Span. Pg. schlechthin durch g wiedergegeben,
das auch vor e und i beharrt, nur etwa in Verbindung mit *f* und *d* einer
Assimilation unterliegt. Die angeblichen Fälle mit ch, h, r, l, v bei
Eguilaz S. XVII sind irrig. Eine Zusammenstellung der zahlreichen
regelrechten Worte wäre Raumverschwendung.

In unserem Jh. allerdings hörten die franz. Soldaten in Algier
razzia-*gâzîa*, Joinville aber im 13. gazel-*gazâl*[1]). Da das span. an-
lautende r der heutigen arab. Aussprache noch etwas näher steht als
das franz., so liegt hier ein Anzeigen vor, dass diese sich verschoben
hat. Ohne dem Orientalisten vorgreifen zu wollen, glaubte ich von
der Hinzufügung eines diakritischen Zeichens zu dem *g* absehen zu
können, da innerhalb des angewandten Transscriptionssystems eine
Verwechslung ohnehin nicht möglich ist. Identisch waren darum die
Laute nicht: der arab. Ersatz für sp. g ist ḳ o. k in legua *lícua* bei P.
de Alcalá, regelmässig in den Ortsnamen; in Gades-*Kades*-Cadix, Iga-
brum-Cabra vom Span. rückübernommen.

gd zu *ld* liegt vor in *baldaquin, baldaquí, baldogue* etc., bei Berceo
balanquin, das indessen ein gemeinmittelalterliches, nicht ein specifisch

---

1) Ebenso steht g ital. und franz. in gelehrten Worten, die aber nicht in
Rechnung gezogen werden dürfen, und in zagaie, das erst im 14. Jh. aus Spanien
kam.

spanisches Wort, auch, wie Devic mit Recht bemerkt, nicht *bagdâdî*, sondern von *Baldac* (*Balac* Cron Alf. X. 214), der europäischen Gestalt des arab. Stadtnamens, abgeleitet ist.

Ebendahin meint Eguilaz sp. **baldes* alt *baldres*, pg. *baldreu*, Leimleder, Handschuhleder stellen zu dürfen, als von arab. *bagdêz bagdêḏ* im Florentiner Voc., = Bagdad. Es müsste dann wohl die Adjektivform *baldezi* stehen, und überdies sind die Formen mit *r* die offenbar älteren. Die Worte gehören. zu frz. *baudrier* etc. Derselbe will auch *borcegui* auf *bagdâdi* zurückführen. Ich halte allerdings die von Dozy versuchte Erklärung des Worts nicht für annehmbar; er setzt eine unregelmässige Bildung voraus, mit Uebergang von *m* in *b* und *š* in *z*. Der Weg von *Baldac* zu *borcegui* ist indessen noch etwas schwieriger. Es ist eben nicht richtig, wenn man aus der Bemerkung des Covarrubias „*Deste calçado usan los ginetes y particularmente los moros, y los de Marruecos han tenido fama; y assi dize el Romanze viejo:*

> *Hele hele por do viene El moro por la calçada*
> *Borzeguies Marroquies Espuela de oro calçada*"

den Schluss zieht, dass das Wort bei den Mauren und besonders in Marokko üblich gewesen sei. Covarrubias selbst hat eben nur eine keineswegs zwingende Folgerung aus der Romanze gezogen, die nicht einmal die älteste Bedeutung überliefert. Diese ist bei franz. *broissequin* (s. Godefroy) die eines buntfarbigen Tuchs, im 14. Jh. die vorherrschende, wenn auch nur etwa 60 Jahre früher belegt als die des buntfarbigen Leders, von dem es dann auf den Stiefel angewendet ward. Nur der Bedeutung halber glaube ich die beste unter den gegebenen Erklärungen, die von Diez s. v. *borzacchino* aus ndl. *broos*, abweisen zu müssen.

gf ergiebt *f*, wie *hf*, in *almofar almofre* sp., *almafre* pg., = *almagfar*. Eine Angleichung an die Ortsnamen mit *guadal* — zeigt **guadamacil* sp., *guadamecim* pg., = *gaḍâmesî* von der Stadt Gadâmes. Auf den Schiffsnamen *guarapus* dagegen, der sich nur einmal bei Capmany findet, hat carabus bessere Ansprüche als *gorâb*.

Ausserdem kommt nur noch Uebertritt als *c* in Frage. Er ist intervocalisch in drei sehr zweifelhaften Fällen angenommen worden. Ich glaube, dass er vollständig in Abrede gestellt werden darf.

*Bocací, pg. *bocacim*, frz. *boucassin*, ital. *boccaccino* stellt Eg. zu gleichbed. *bogâzî* in dem hs. Wörterbuch der Padre Bern. Gonzalez und *bâgaziya* grober Seidenstoff bei Freytag und Kazimirski. Nach den Angaben Muratoris (s. Ducange s. v. *Boccasinus*) die das Gepräge der Exactheit tragen, bezog man in Rom den Leinenstoff aus dem Orient, im Gegensatz zu dem gleichartigen belgischen Cambray. Das Gepräge des Worts deutet ebenfalls auf

cinen arabischen Ortsnamen, der uns aber durch *logâzî* und *bûga-ziya*, beide nur in später Vulgärzeit belegt und das erstere viel-leicht dem Spanischen entlehnt, keineswegs deutlicher wird. Im span. Mittelalter kenne ich die Bezeichnung nicht, in Frankreich findet sie sich (s. Ducange l. c.) schon im 13. Jh. Wir können also keinenfalls von span. *g* zu *k* sprechen.

Mequetrefe sp. pg. wäre nach der Akademie *mogatref petulante*. Das Wort sieht wie ein Compositum aus, ist auch ein solches und zwar ein portugiesisches, *meco* + *trefo*.

Raquifa, nach Eg. Nebenform zu *regueifa* — *ragîfa* ist, wenn richtig gelesen, nur eine ungenaue Schreibung.

Raseta pg., altfr. *rasquette* wird von Devic unter *raquette* mit *rusg*, Handgelenk bei Razi, in Beziehung gebracht, durch welche er *rachette* beeinflusst glaubt. Ausführlich behandelt Hyrtl S. 8. 198 ff. 201. 205 das anatomische Kunstwort; eine Reihe von Be-legen bei Ducange-Henschel. Nach diesen scheint es, dass racha *râha* bei Constantinus Africanus die erste Verlesung von *rusg* beeinflusst hat; die Verwechslung ist eine fortdauernde, lag in Frankreich (*pâques* — *pasques* etc.) besonders nahe. Racetta, raseta u. s. w. sind gelehrte Fehlformen, rasga statt *rasfa* von der Kniescheibe ist ein Irrtum, nicht, wie Hyrtl glaubt, spanische Aussprache: ungerechnet dass diese hier überhaupt nicht in Betracht kommt. Dass der Name des Ballschlägels hier-her gehört, kann bei der Uebereinstimmung der Form und dem von Littré nachgewiesenen sachlichen Zusammenhang nicht wohl bezweifelt werden. Die etwas pretiöse Benennung der Neuerfin-dung entspricht ihrer Zeit.

Abfall oder Ausfall des *g* wird von Dozy and Eguilaz mehrfach angenommen. Er tritt in romanisch-germanischer Zeit uur in bestimm-ter Position, in der arabischen überhaupt nicht mehr ein, wie schon das allgemeine Beharren des Lauts vor *e* und *i* erwarten lässt. Dozy leitet von *girbâl* neben *garbillo* auch noch *arel* und pg. *alvarral;* bei Eguilaz fehlt das letztere, wird aber dafür aus derselben Quelle noch ein *herpil* (?) gezogen. *Garbillo* zieht man vielleicht besser aus dem Arab. als von cribellum, da es nicht, wie *cribillo*, ein kleines Sieb, sondern ein Sieb von bestimmtem Geflecht bezeichnet; der Rest ist Phantasie. Von *algalâla*, das sp. *algara* Häutchen ergiebt, soll auch *alara* kommen. Es fragt sich, ob die Betonung *alara* der Wörter-bücher richtig ist oder *álara*. In letzterem Fall würde es sich zu gleichbed. *fárfara* andal. *jájara* stellen, mit Schwund von *l* nach *f* wie in Alonso, im anderen ausschliesslich das in Donationen häufig auftretende *alara* von einem kirchlichen Gewandstück in Betracht kommen, also *huevo en alara* etwa Ei im Unterkleid. *Moheda, moeda* geschlossener Hochwald, von *geiḏa* mit unrichtigem Praefix *mo-*, fehlt bei Eguilaz, welcher dafür *mahona* lieber von türk. *maǵûna*, als von dessen Quelle *maʿôn* gewinnt. *Alhazara* für *algazara* findet Eguilaz einmal in einer Hs. des Fernando de Pulgar; ist die Lesung richtig, so spielt *alhanzara* herein. Ebenso dürfte *alhare͘ro* für *algarero*, das Victor unter *alharaquiento* anführt, durch *alarído* hervorgerufen sein. D für *g* vermutete Dozy in *adur* an einer von Sta Rosa citirten Stelle der Vida de D. Juan I por Fernaͤo Lopes, als von einer Form der Wurzel *gdr;* Eguilaz stellt dafür *aḏḏur* ein, das besser passen würde. Fordert der Zusammenhang in der That ein Substantif i. d. B. Verrat, so würde ich an eine der Hss. appelliren; *adur* in dem mitgeteilten Satz kann nicht gut etwas anderes sein als das asp. apg. Adverb. *Derrama* Auflage, *derramar* besteuern ist sicher nicht *garâma*; die Identität mit dem bekannten Zeitwort nicht ganz ausser Zweifel, aber höchst wahrscheinlich. Ausserdem kennt Eguilaz noch eine Darstellung durch *ch* in germ. *chulamo golâm*, das indessen nur eine Erweiterung von *chulo* ist, sowie durch *r* in *raza, racia, ricia*, von welchen ihm das erstere expeditio bellica zu bedeuten scheint, die beiden anderen in den Alpujarras für *destruccion, estrago* gebraucht werden sollen. Die Wörterbücher wissen davon Nichts, und ich glaube es ihm nicht, sehe hier nur eine unklare Spiegelung des aus Algier entlehnten französischen *razzia*, welches gleichlautend auch ins Portug. aufgenommen ist. Dieses allerding ist *gâzia*, mit der zu Eingang des Abschnitts vermerkten modernen Aussprache. Portugiesisch ergab es, gemäss der allein giltigen Regel, *gazia* und *gaziva*. S. Devic. s. v. *razzia*.

ق

kâf „is a strongly articulated gnttural *k*; but throughout Northern Africa it is pronounced as a hard *g*" Wright. „uti *kh* pronunciatur — ab incolis regni marocani in lingua vulgari semper ut *g* profertur" Dombay. „ist ein tief in der Kehle gesprochenes *g* das aus dem ursprünglichen tiefen *k* sich erweicht hat und so schon in frühen Zeiten gebräuchlich gewesen ist" Spitta Bey. Für Algier giebt Bresnier tonloses „*g* comme notre *g* dur" an, während Bellemare als die Regel ein gutturales, stark accentuirtes *q* aufstellt, „un *g* dur" nur für bestimmte Teile, insbes. Oran und das Innere gelten lässt. Nach Wallin (S. 57) articuliren die meisten jetzigen Araber der Halbinsel selbst sowohl, als die Fellahs in Aegypten, Syrien und Irak unveränderlich ein tiefes

emphatisches *y*, eine Aussprache, die von einigen Grammatikern als
ursprünglich angesehen werde. Er selbst stellt die als tiefes *k* voran;
seine ausführliche Darstellung lässt nicht ersehen wo sie tatsächlich
noch beobachtet wird. Die von Spitta und Wallin für einen Teil
Aegyptens und andere Gebiete, bes. Syrien, beobachtete, von den
Reisenden oft erwähnte Reduction in ein scharfes Hamza, ist in Spanien
nicht bemerklich, wie sie denn im Maghreb fehlt, überhaupt erst unter
türkisch-tartarischem Einfluss entstanden scheint. Wiedergabe durch *c*
in jeder Stellung umfasst mehr als fünf Sechstel des Vorkommens; ich
führe nur die *g* einzeln auf. Dass diese jünger seien als die *c* lässt
sich nicht sagen; Worte wie *zaga* gehen in das 13. Jh. und weiter
zurück, *algoton* steht zweimal i. J. 950 Esp. sagr. 34, 455. So ver-
einzelt das letztere Beispiel ist, zeigt es doch mit ziemlicher Sicherheit,
dass schon in den ersten Jahrhunderten der Laut ungefähr die heutige
maghrebitische Aussprache aufwies, die, wie sie Spitta schildert, bei
den Romanen eine doppelte Auffassung zuliess, welche sich denn auch
mehrfach dem gleichen Wort gegenüber findet.

Alhóndiga, fúndago, alfóndiga Conq. Ultram., *alfóndeca* Col. fuer.
  municip. 417, pg. *alfándega,* ital. *fóndaco,* afr. *fondique* (einmal
  fondigue) alfondoḳ.

Albogue sp. pg. *albôḳ* (= bucca).

Azogue Markt, *azoche* Fuero de Madr., pg. *açougue,* alt *açouque assôḳ.*

*Azogue Quecksilber, alt auch Transportschiff für Quecksilber, pg.
  azougue, azzáoḳ. Bei den Alchimisten, wie Dozy bemerkt, *azoch,*
  azoth. Es fragt sich, ob unser Azot, frz. *azote* Stickstoff nicht
  erst aus diesem Wort auf ζώω umgedeutet ist.

*Algodon, alcoton, algoton, pg. *algodá̃o,* ital. *cotone,* frz. *coton,* deutsch
  Kattun *alkoṭon.*

*Alcabala sp., *alcavala* pg., und **gabela* sp., *gabella* pg. kommen aller-
  dings beide von *alḳabála.* Die zweite Form ist indessen der
  älteren Sprache fremd und aus dem Italienischen o. Französischen
  entnommen.

Algrinal f. *alquinal* = *alḳînâ.* Es ist anzumerken, dass die Epen-
  these des *r* in dieser Stellung nur durch gleichfalls zweideutige
  Belege zu stützen ist, wahrscheinlich nur auf falscher Auflösung
  des übergeschriebenen i beruht.

Atarragar sp. *aturracar* pg. = *ṭaraḳa,* o. besser durch *atarraga*
  (Canç. Baena) von *aṭṭarrâḳa.*

- **Acelga* sp. pg. *asselḳa* beta sicula.

Alhelga, helga = *alḥelḳa.*

*Albóndiga sp., *almóndega* pg. *albondoḳa.*

Anáfaga, añafaga n. *anáfaca* sp., *annafaḳa*.
Anáfega pg. *annabiḳa*.
Arigue nach Eguilaz von *áraḳe*. Das span. Wort ist mir nicht bekannt, so dass ich den Wert der Etymologie nicht zu beurteilen vermag.
Azadaga n. *azadeca, azidaque aṣṣadaḳa*.
Almárrega, almárfaḡa etc. *almirfaḳa*.
Jaguarzo, xaguarço, jaguarza šaḳuâṣ Dozy Suppl. I, 776.
*Fanega hanega faniḳa.
Gálibo, davon sp. *galibar* pg. *galivar,* frz. *gabarit,* ital. *garbo,* nach Littré (fehlt bei Devic) von *ḳalib,* wie *calibre.* (Woher *galibar, Conductor de una gabarra,* im Diccion. maritimo?)
*Garduña, vielleicht *ḳarḳadûn.*
Margomar alt = *recamar,* urkundl. auch das Subst. *margom, morgom* = *markôm.*
*Oruga vrúqa uurúqá bei P. d. A., ist das arab., von Dozy Supl. II 119 als Pluralform von ʿ*irḳ* erklärte Wort, nicht lat. *eruca.*
Tagra pg., mlat. in Leon *tagara* Esp. sagr. 36, LXI, a. 1083, auch in Frankreich, s. Ducange s. v., = *tâḳra.*
*Talega sp., *taleiga* pg. *tá aliḳa.*
*Zaga sp. pg., selten *azaga, reazaga* = *sâḳa.* Es ist ganz ungerechtfertigt, wenn Eguilaz für *á la zaga zá aka* = *cola* hereinzieht.
*Zaragatona, *zargatona bazrḳaṭônâ bzw. *zarḳaṭônâ.*
Auch der Doppellaut ergiebt die Media in:
Añagal, meist **añacal, añaquel* = *annaḳḳâl.*
*Añagaza, *ñagaza, sp., *anagaça, negaça* pg. *annaḳḳâza.*
Cegatero von *saḳḳât. Cicatero,* dem Eguilaz das gleiche Etymon giebt, glaube ich in der Gaunersprache von *cica* abgeleitet.
Unter den *bagage* entsprechenden orientalischen Formen (seit dem 12. Jh.) findet sich sowohl *g* als *ḳ.* In Europa ist das Wort allerdings erst erheblich später belegt; trotzdem wohl mit Bestimmtheit als Abkömmling von *baga* in Anspruch zu nehmen, anscheinend von Italien ausgegangen. *Gaban* stellt Littré zu ʿ*abâ,* wogegen jedenfalls die Form spricht, in der das Wort sich 1388 zuerst einfindet, *cabanus* b. Ducange, frz. *caban*: Eguilaz (wie schon früher geschehen ist) zu *ḳubâ,* dessen Verbreitung mir fraglich scheint. An sich ist orientalische Herkunft wohl möglich, *cappa* ganz unsicher. *Gavilla* i. d. B. Volkshaufe bezeichnet Diez mit Recht als übertragen von *gavilla,* Reisbündel, womit *ḳabila* wegfällt; *capulus* allerdings ist äusserst fraglich. *ḳalabbaḳ galápago* betrachtet Simonet als dem Span. entnommen, nicht ohne Grund, wenn auch seine Vermutung keltischer Herkunft in der Luft

hängt. *Galapo* sp. pg., nach der Akad. *ḳâlab* Form, Model, ist begrifflich unzureichend und accentwidrig.

Abfall im Auslaut liegt vor in *fonda, das aber nicht spanisch ist. Das Wort schliesst sich in seinen Verwendungen so vollkommen an *alfondoḳ*, dass von lat. *funda* abgesehen werden muss. Die Form ist palaestinisch-französisch, nach Lautbehandlung und ältestem Auftreten. Schon dass das Wort begrifflich anders entwickelt ist als *alhóndiga* zeigt, dass es in anderem Zusammenhang aufgenommen war. Nach Eguilaz hierher auch *trafi*, einmal bei Granada belegt, = *tafrîḳ*, nicht ganz abzuweisen, obwohl eine entsprechende Bedeutung für das arab. Wort erst construirt werden muss, und *zabra*, *azabra*, *azzauraḳ*, für welches indessen weiterhin *azzawrâ* vorgeschlagen ist; vgl. cat. *zaura* prov. *azaura*. Assimilation tritt ein bei *addaḳsa* zu *adáza, *daza[1]), auch *dasca*, catal. *adacza*, *adaxa*; ʿ*orôḳ sûs* zu sp. *orozuz; das pg. *alcaçuz*, sp. *alcazuz ist der Singular ʿ*irksús* mit Umdeutung auf den Artikel. Eine complicirte Reflexverschiebung zeigt *adutaque* *adduḳâḳ*, auch *aducaque* — Eguilaz S. XVII sieht in dem *t* das erste der beiden Dal! *Tazmía Zehntenanteil am Korn ist Dozy geneigt als *taḳsíma* zu betrachten; das Etymon ist construirt, die Metathese wenig wahrscheinlich. (Ueber die Erklärung als *tasmîa* s. b. s.). Sehr wenig wahrscheinlich ist *atabe von *attaḳbe*.

Da *ḳ* sonst nirgend *g̑u* ergiebt passt zu *tegual* so wenig *ṭeḳal* als *tekâlîf*. Als Beleg für den Uebergang von *ḳ* zu *ch* führt Eg. S. XVII pg. *cheramella* (l. *cheramela*) an, von *ḳalambaḳ* „oder besser" vom malaischen *karambal*. Es würde sich also von vorneherein um eine malaische, nicht um eine hispano-arabische Lauterscheinung handeln. Sie existirt indessen auch als solche nicht; der *carambolier* ist eine Oxalisart, der *chéramelier* eine Euphorbiacee, der Irrtum rührt daher, dass man, wie ich aus dem Dictionn. des Sciences Nat. sehe, über die Zuteilung von *averrhoa acida* nicht im Reinen war. *Arráfache* und

---

1) Bei der vollständigen Unbrauchbarkeit der Wörterbücher mag angemerkt sein, dass sich im Spanischen neben *adaza* als Namen des Durra noch finden *alcandía*, *zahína*, *saina* und *arduran* variedad de la saina deʿBerbería. Das letztere, in welchem eben der Durranamen steckt, wird nur von Eguilaz unter Beigabe einer absurden Etymologie verzeichnet. *Zahína*ʾ ist ursprünglich der Durrabrei, dann auf die Pflanze übertragen. Dass *alcandía* nicht zu candidus gehört, sieht jeder Romanist; eher wäre es erlaubt gewesen, *candi* vom Geschmack des Stengels zu vermuten, zu welchem auch *trigo candial* als Zuckerweizen gehören könnte. Es ist indessen einfach arab. *ḳaṭníya*; vgl. *candado* f. *cadnado*. Eine 4. arab. Benennung, *ḳaṣub*, fehlt.

arráfacha = *arrafaḳa* ist mlat. Schreibung *ch* = *k*, ähnlich auch *al-chatin* = *alḳaṭan* in einem medicinischen Traktat zu betrachten. Pg. *azurracha, zurracha* hält Eguilaz für *azzaurak*, Dozy Gloss. u. Spl. I 598 besser für *azzallâǵ*, wobei er freilich den Uebergang von *ll* zu *rr* für sicherer hält als er ist; es darf auch noch an *zabra, zaura* mit Suffix gedacht werden. Ob der Borax sp. *borraj* ital. *borrace* seinen Endbuchstaben von arab. *bûrak* o. pers. *burah* hat, lasse ich dahin ge-stellt; im Spanischen könnte man ja die moderne, oben für Spanien in Abrede gestellte Aussprache des *ḳ* als Hauchlaut erkennen, aber das Wort dürfte hier erst ziemlich spät aus dem italienischen Verkehr entnommen sein, da Fabrikation und Handel Venedig angehörten. *Çaradion* und *zaradique* in Argote de Molina's Ausgabe des Libro dela Monteria glaubte Dozy in *caradion* corrigiren und als *ḳardâyôn* be-trachten zu dürfen; Gutierrez de la Vega liest *zaradion* und *zaradic* II b 31 und 33. Sind die beiden Worte identisch, so ist die Conjectur falsch, wenn nicht, immerhin unwahrscheinlich. Ganz unerlaubt ist es mit Eguilaz schlechthin *zaradic* = *ḳardâyôn* zu setzen. Dass *alambor* aus *alcabor* umgestaltet sei, ist absurd, und nicht, wie Eguilaz meint, von Dozy angenommen. Als Gewölbe könnte es sehr wohl mit valenc. *alambor*, Art Orange, identisch sein: cfr. media naranja. Bei *axuagas* von *aśśaḳâḳ* (Dozy) weist Eg. nach, dass die Bedeutung nicht passt und übersieht, dass derselbe Einwand gegen sein *aśśuḳâḳ* gilt. *Axuaycas* im Canç. Baena ist offenbar das gleiche Wort. *Zahon, zafon* (*Gua-dazahon* L. Mont. II, 221, Zufluss des Iucar, ebenso Juan Manuel, L. de la Caza 75 für Guardaçahon) ist arabisch, aber gewiss nicht *siḳân*. *Arrocova* und *arrotova*, bei Sta Rosa gleichwertig in einer Urkunde 1111 und deren jüngeren Confirmation, behandelt Eguilaz als correcte Doppelform von *roḳabâ* Plur. zu *raḳib*, während Dozy neben diesem Etymon das gleichwertige *arrotab*, Plur. zu *râtib* anführt und mit allem Recht eine der beiden pg. Formen für corrupt hält, ohne sich zu ent-scheiden. Die zweite ist die richtige. Defrémerys Vermutung, dass für *axobda* im P. C. *axorda* zu lesen sei, wird dadurch hinfällig, dass die Hs., wie Vollmöller richtig angiebt, 658, 60, 94 *arobdas*, 1261 *arob-dando* bietet. *Arobda* aus *arrótoba* ist zuzulassen, obwohl die Meta-these bei dem Mangel eines gleichen Substrats nicht weiter zu belegen ist; nur das wiederholte *r* für *rr* fällt auf.

kāf „equivalent to the English *k*", Wright, „équivaut à notre *k*" Bellemare, „ist ein in der Mitte oder dem hinteren Theile des Gaumens gesprochenes *k*" Spitta-Bey. Doch liegt es nach Wallin im Allgemeinen der Uvula näher als das europäische (?) *k*; Spitta und Wallin heben den hauchenden Nachschlag hervor. Die jener des lat. *c* im Franz. analoge Entwicklung zu *kj* im Persisch-Türkischen, *kš*, *ks*, *tš*, *ts* bei einem Theil der Beduinen ist relativ jung, Nordafrika fremd. Für sein Zusammenfallen mit *ḳ* in Spanien — s. Dozy S. 15 — sprechen die wenigen Belege aus Dombay S. 10 nicht besonders deutlich; es scheint sich in Marokko auf einzelne Fälle zu beschränken, geht vielleicht nicht weiter als in Aegypten, wo es nach Spitta-Bey S. 13 individuell beschränkt ist. Es wird trotz des Zeugnisses von Makkari und obwohl P. de Alcalá fortwährend permutirt wenigstens für die ältere Zeit Verschiedenheit der Aussprache anzunehmen sein, da *k* zu g über die Proportion des Gesammtvorkommens hinaus seltener ist als bei *ḳ*, auch in Aljamia nur *k* für c verwendet wird. Vgl. auch Wallin, Zts. d. d. mg. G. XII, 663: „Nirgends habe ich . . . die Angabe von Lepsius . . . bestätigt gefunden, dass der Buchstabe kâf von dem grössten Theile der arabisch redenden Völker vielmehr wie ga als wie das scharfe ka ausgesprochen werde." Doch bleibt zu beachten, dass die Ortsnamen sowohl *k* als *ḳ* für g aufweisen.

Gumía sp., *gomia agomia* pg., *kumîya* bei Eguilaz nach Marcel. Das Wort erscheint zuerst als ein marokkanisches im 16. Jh., wird von den Reisenden mit *g* und *k* gehört und ist schwerlich vor dieser Zeit aufgenommen worden. Das arab. Wort hat mit *gubia* Nichts zu thun. Dozys Herleitung von *komm* Aermel ist allem Ansehen nach richtig. Er verweist in seinem Handex. auf Zts. 22, 118: syr. *ridnîya* heisst die Pistole, weil sie, an der linken Seite getragen, von dem Hemdärmel bedeckt wird.

Cambux, gambuj entspricht (bei P. de Alcalá) *kambuš* = velo, toca de mujer. Simonet betrachtet dies als arabisirtes caputium, womit Dozy Suppl. II, 491 übereinstimmt. Ein Suffix — *ux* kennt das Span. nicht; für **gambo* der Wörterbücher ist jedenfalls *gambó* zu lesen. Das Wort lässt sich nur aus dem Arab. erklären, obwohl in diesem die urspr. lat. Provenienz durchaus wahrscheinlich ist.

*Almáciga, almástiga (L. Mont. II passim), *almástica* (Alf. XI L. M. II passim), arag. *almazaque* = *almaṣṭakâ*.

*Almártaga (L. M. II, 22), pg. *almártega* = *almartak* f. *almortak*.

*Jábega, pg. *chávega* und alt *enxávega* n. span. *jabeca* = *šabeka*.

*Barragan, pg. *barregana* fr. *bouracan* etc. deutsch Barchent = *barrakân*.

*Tagarnina sp. = *takarnína*.

Miguez als Wiedergabe von arab. *mikuâs* Alf. Libr. Astr. II, 22 cfr. Suppl. II, 498.

Adargama von *darmak* o. *darmaka.*

Guittarra und pg. *algozaria*, die Eguilaz S. XVIII auf k zurück-
führt, hatte er selbst, jenes zu dem bekannten griechisch-europ.
Wort gestellt, dieses zu marokkanischem *algozârî* (= kâf mit drei Punkten)
für *ǵazzârîn*, worüber unter *ǵ* zu sprechen ist. **Azagador* erachte ich
nicht von *assekka* abgeleitet sondern von *zaga*, der enge Weg, auf
welchem das Vieh hinter einander, *á la zaga* gehen muss. Portug. *gabar*
ist franz. *gaber*, nicht *kabara*, *sega* Sech aus *segar* gezogen, nicht *sekka*.

Abfall im Auslaut nimmt die Akademie an bei **zaraza* = *zahri-sak*
Hundegift; wäre dann nicht *zarazá* zu erwarten? Jedenfalls müsste zu-
gleich das Homonym, pg. *sarassa*, *sarasa* gedeutet werden, das natür-
lich nicht mit *sarge* o. *saracinum* zu tun hat.

Von den als Beispiele eines Uebertritts als *ch* von Dozy angeführ-
ten Fällen ist pg. *charabé* f. *carabé kahrabê* von vorne herein als un-
belegt zu streichen, wenn es sich wirklich irgendwo finden sollte ein
Lesefehler. Schwieriger erklärt sich sp. pg. **chirivia* neben gleichbed.
sp. **alcaravea* pg. *alquirivia.* Dass das Wort spät von den Beduinen
mit der oben geschilderten Aussprache entnommen wäre ist sachlich
unmöglich, und für die Annahme gelehrter Vermittlung fehlt die Grund-
lage. Arabisch findet sich neben *alkarawiya* (careum) bei P. de Alcalá
ǵiriwiya, von Dozy als sp. Lehnform betrachtet. Es ist indessen zu
bemerken, dass nur ein Theil der Wörterbücher die beiden Formen als
identisch betrachtet; es wird neuerdings meist derselbe Unterschied
gemacht wie zwischen chervis = siser sisarum L. und carvi = carum
carvi L, so z. B. von Salvá und Moraes. Ich denke dass das richtig
ist und wir zweierlei Worte vor uns haben, die nah verwandte, aber in
der Praxis wohl unterschiedene Pflanzen bezeichnen. In *alchimelech*
bei Eg. (ohne Quellenangabe, fehlt in den pg. Wbb.) = *iklil al melik*
Melilote ist *ch* = *q*, die Form wohl durch *alchemilla* od. *alquemilla*
(arab.?) beeinflusst. *Veraha* in der Danza de la muerte von *berka* ist
eine Conjectur die nicht einmal den Sinn berücksichtigt. „Bendicion"
passt hier ebensowenig als zu Covarrubias Erklärung von Baraha.
*Taba (*altaba* J. R. 898) = *káʿba* bei Dozy wird von Eguilaz durch
das wahrscheinlich richtige *ṭába* ersetzt; vgl. auch die Form *ṭabba* Dozy,
Suppl. II 19, cfr. ib. 65. **Zaferia*, gal. *zaféira* von *kafar* o. *koʿaira*
ist eine überflüssige Kühnheit, erklärt sich recht gut aus *zafio*, gebildet
wie *judería.* Ebenso ist die Zusammenstellung des angebl. portug.
candiz mit pers. *kandûk* o. *kandûr* lautlich unerlaubt, auch im Auslaut.
Eguilaz hat hier das Unglück gehabt das „pers. *candis*, *çeirão de folha
de palmeira que leva 20 alqueires*", welches Moraes als Etymon von
candil giebt, für ein portug. Wort zu halten.

ج

Ǵîm „corresponds to our soft g in gem. In Egypt and som parts
of Arabia (gemeint ist Nedschd, Jemen), however, it is hard like . . . our
g in get.“ Wright. „ut dsch pronunciari solet; sunt aliqui Mauri, prae-
cipue incolae moroccani, qui eam ut sch (gemeint ist ź, französ. j)
efferunt“ Dombay. Causin de Perceval: „les Barbaresques prononcent,
dans certains mots, le *ǵ* comme gu; alors ils l'écrivent souvent avect
trois points“. Bei Bellemare wird von dieser Aussprache Nichts ge-
sagt; ich muss dahin gestellt sein lassen ob sie Algier angehört. Nach
Spitta entspricht es in Aegypten „dem deutschen trocknen g“ das correct
durch Anlegen der Zunge an den vorderen bis mittleren Theil des
Gaumens hervorgebracht werde, fehlerhaft auch härter am hinteren
Theil des Gaumens: gequetscht nur künstlich bei den Gebildeten. Die
ägyptische Aussprache wird aus einleuchtenden Gründen als die ältere,
ursprünglich semitische betrachtet; s. Wallin l. c. XII, 607, Spitta S. 5,
Wahrmund S. 27. In Spanien hat sie vereinzelte Spuren hinterlassen,
ist einigemal nach Cons. gesichert, kann aber nur einem Bruchtheil der
Eroberer geläufig gewesen sein und verschob sich früh auch bei diesen.
Das letztere erhellt aus Tagus — *Taǵa* — Tajo, in Portug. mit Imala
Tejo; ebenso im Namen des Nebenflusses Tagoneus, heute Tajuna;
kaum in Turgalium - Trujillo [1]). Wäre allgemein der Wandel erst im
Lande selbst eingetreten, so hätte sich im Romanischen der Laut in
einer grösseren Anzahl von Fällen gehalten und würde sich nicht schon
im 10. Jh. die ganz unzweideutige, wenn auch unvollkommene Wieder-
gabe durch *x* (in Leon) constatiren lassen. Als Vertreter des vulgär-
lateinischen palatalen g erscheint es in Astigi — *Estiǵa* — Ecija, Car-
thago — *Karṭaǵena* — Cartagena (in Egitania = Idaña bei Coria, Regina =
Villa de Rayna bei Sevilla, Egelesta = Yniesta war jenes schon gefallen);
tritt aber auch für gequeschtes c ein in Pax — *Baǵa* — Beja, vgl. Dezien-
bre *Dujanbir* bei P. de Alcalá, parcella *barǵîla* Dozy Suppl. I 65: wobei
wenigstens für den Stadtnamen Verwechslung mit *š* ausgeschlossen er-
scheint, ein wichtiges Zeugnis zur Aussprache der südspanischen Ro-
manen vorliegt. In weitaus den meisten Fällen tritt *j* bezw. *ge gi* =
ź ein, das nicht mehr, wie es bei demselben lat. und germ. Lautwert
geschah, in folgendes *e* und *i* zerfliesst, nach *n* und *r* beharrt. Eine
beschränkte Verbreitung hat *ch*; dass es die verstärkte Aussprache des
Auslauts wiedergiebt, und nicht *x* = *š* dafür eintritt lässt der von

---

1) Die Schreibung Truxillo ist die ältere, die arabische mir nicht bekannt.

Dombay für Marokko constatirten, anderwärts ohne örtliche Bestimmung als häufig bezeichneten Aussprache *z* gegenüber die gemeinarabische *dsch* als die in Spanien herrschende erkennen. So wird auch in den Transscriptionen der Aljamia sp. *ch* durch *ǵǵ* wiedergegeben. Der Eintritt von *z* für *ǵ* im Arabischen scheint, eben nach dem was Dozy Gloss. 17 dafür anführt, ein äusserst beschränkter; das egyptische *ǵa-razûn* f. *zaraǵûn* ist eine Metathese, marrokkanisch *zonǵolân* f. *ǵolǵolân* ist eine Differenzirung die auf andere Stellung keine Anwendung finden kann. So ist wohl auch *zedwâr*, sp. *cedoaria* als die ältere Form zu bezeichnen, *ǵedwâr* als die jüngere, mit *z* zu *ǵ*.

Eine Ausnahme von der Regel überwiegender Darstellung durch j bildet allein der Auslaut. Ausschliessend *j* bieten hier nur:

Adejije, ein astronomischer Arabismus, = *addeǵâǵ*.

*Alforja pg. *alforge alḥorǵ*.

*Auge sp. pg. *auǵ*, astronomisches, den Gebildeten in eigentl. und übertragener Verwendung geläufiges Wort.

Borge borǵ, nur im Repartim. de Sevilla.

Almarax bei Victor wäre, wenn *almáraǵ*, nur ein orthographischer Fehler für *almaraj*. Dozy hat sich indessen nicht verhehlt wie weit die Begriffe Leiter oder Treppe und Brücke auseinander liegen.

Es zeigt sich *j* und *ch* in:

Alhache (granad. Urkunde) neben *alfaje alhage, alḥâǵǵ*.

Almarcha, *almarjal sp., *almargem* pg. etc. *almarǵ*.

Azache, *aceche (mehrfach Alf. XI Lib. Mont.), auch *aciǵe* = *azzâǵ*.

*Azabache, kaum *azavage*, pg. *azeviche assabaǵ* od. *azzabaǵ*. Eguilaz sucht mit Unrecht für die portug. Form S. 27 ein anderes Etymon zu finden, und vergisst mit Recht S. 315 was er dort gesagt hatte.

*Acebuche sp., *azambujo* pg. *azzábaǵ*.

Nur *ch* ist überliefert in:

*Almatriche aragon., *matriche* granad. = *almaṭríǵ*, dies nach Simonet von matrix (?). Die Form *almatrique* muss unrichtig sein.

*Cennacho ṣennâǵ.

Elche sp. pg. *'ilǵ*.

*Escabeche sp. pg. *sikbâǵ*.

*Moharrache moharraǵ.

*Zafareche, zafariche, daraus pg. *chafariz*, leones. alt. *xafarices*. *ṣahríǵ*. Cfr. auch S. 372.

Es ist leicht ersichtlich, trotz der geringen Zahl der Fälle, dass nach Consonant *ch* oder *j* eintritt (das *u* in *auǵe* zählt als solcher), während nach Vocal *ch* bevorzugt wird. Die Sprache mag ursprünglich geschwankt haben, im Ganzen aber bestand von Anfang eine Tendenz zur Schärfung des fremden Auslauts; dass das franz. Suffix *-aye* keine Anziehungskraft ausgeübt hat erklärt sich aus dessen spätem Eintreten und seiner ausgeprägten Bedeutung. Die regelmässige Vocalzufügung steht im Gegensatz zu der Behandlung des *-š*, das auslautsfähig ist, sowie zu *reloj*, das, erst spät aus dem Franz. übernommen, sich an die *-š* anschloss. In dem einzigen Fall in welchem sie unterbleibt, *ajedrez-aššiṭrený*, wird *ǵ* zu *z*: daneben jedoch auch sp. *axidriche* pg. *axedreche*, mit auffälliger Tilgung des *n*. Unter dem Einfluss dieser Endungen steht vielleicht auch noch **atocha* sp., pg. nur umged. *atochar* etc., *aṭṭauǵa* s. Dozy Suppl. II, 66. Irrig ist von Dozy *mirar de gancho*, als von *gonǵ*, hierher gezogen; es kommt zwar nicht von *uncus*, wie Eguilaz meint, auch nicht, nach der an sich viel bessern Bemerkung Defrémerys Rev. crit. 1868, 411, von frz. *ganchir*, genauer von afrz. *guenche* — sondern ganz einfach von dem Substant. *gancho*. Auch **babucha* soll nicht genannt werden, da es zunächst weder *bábûš* noch *bábûǵ*, sondern frz. *babouche* ist, in dieser Sprache selbst sehr jung. Dagegen glaube ich **leveche*, italien. *libeccio* etc. aus arab. *lebeǵ* erklären zu sollen. Ob dessen Schreibung *lbš* bei Bothor griech. λίψ entspricht (Suppl. II, 510) will ich nicht entscheiden; für die romanischen Sprachen ist direkte Ableitung aus dem griech. Wort unmöglich.

Inlautend steht **machumacete* neben *maginacete* = *maʿǵunassitte*; s. Suppl. II, 99. — *Racha* einmal in einer Urk., nach Eg. = *raǵa*. Abzulehnen ist dagegen **matachin* von dem construirten *motowaǵǵihin: mattaccino* ist eine Figur des italienischen Balletts, von *matto, mattaccio* abgeleitet. Nach Cons. pg. *manchil* = *mingal*; sp. *barhilla*, cat. *barcella* von *barǵêlla* aus *parcella*, dem indessen auch ein nordafr. *baršêla* zur Seite steht.

Im Anlaut lässt sich die Erscheinung mit Bestimmtheit im Portugiesischen constatieren:

Chávena pg. von *ǵafna*.

Charel, chairel, xarel, xairel pg., *girel* castil. *ǵilêl*.

Chúmeas Wangen am Mast, neben *algemas* Handschellen *ǵâmiʿa*, ersteres als Seemanswort örtlich beschränkt.

In Spanien dialektisch:

Chibo provinziell (wo?) Grube für die Oliventreber, *alchub* in Hoch-Aragon Cisterne, gegenüber **algibe aljube* sp. pg. Cisterne, Gefängnis.

In Spanien und Portugal steht neben *zanco, sanco*, für welches Diez mit Unrecht die Erklärung Muratoris ablehnte, auch *chanca*, span.

chancla, das einem arab. *ǧanka* entspricht. Dieses betrachten Dozy Supplem. 1, 225 und Simonet als Hispanismus, und es ist sicher dem griechisch-romanischen Τζαγγαι-Tzangae entnommen. Ob in *chanca* Rückübertragung vorliegt lässt sich bei der Verborgenheit der letzten Quelle des Worts nicht sicher feststellen — *Chorro* sp. pg., *jorro*, auch *xorro* pg. (cfr. Gröber, Grundr. I, 767) ist von *ǧara* fliessen durch eine unausgeglichene begriffliche Differenz getrennt. — *Cholla* sp., *chola* pg. ist .auf keinen Fall *ǧalǧa*; gegen Herkunft von gleichbed. zigeunerisch *chola* darf nicht angeführt werden dass das Wort auch in Gallizien vorkomme wo es keine Zigeuner gebe: der Einwand wäre nur bei einem gallizischen Provinzialismus berechtigt. — *Chucheria* Tand, nach Eg. von *ǧuǧ*, gleichbedeut. bei Kazimirski, würde ich nicht von *chucheria — chuchear, chuchumeco* trennen. — *Chalupa* ist zunächst frz. *chaloupe*, das in einer Zeit auftritt die der arab. Entlehnung (*ǧelba*) durchaus ungünstig ist. — *chupa* cast. f. *aljuba = alǧubba* ist eine nicht sehr alte Widergabe von italien. *giuppa*. — *chalan* ist franz. *chaland*, nicht *ǧallâb*, und mit Scheler von der Schiffsart zu trennen (diese den Romanen durch die Byzantiner gebracht, aber gewiss nicht χέλυδρος, eher mit Defrémery zu arab. *šalandi*). — *choca* pg. von ital. *ciocco* zu trennen sehe ich nicht den mindesten Grund. — *Chita* pg. ist ein bengalisches Wort, unser Zitz, dessen Erklärung als pers. *ǧît* bei Sousa hier nebensächlich.

Da Cervantes *j* nicht mehr als *ź* aussprach, blieb ihm als Repräsentant des arab. Lauts überhaupt nur *ch*. Er schreibt also, ebenso wie spätere, *chauz* = türk. *ǧauš*, *chilibi* = türk. *ǧelebî*. *Gileco* (so Cervantes), **jaleco* neben üblicherem **chaleco = ǧailaka*, türk. *yalek*, frz. *gilet* deutet vielleicht auf Verbreitung des Kleidungsstücks schon im 16. Jh. In diesem wird die ebenfalls junge *ǧallâbîa* mit *chilivia*, *chilaba*, *giribia*, *geribia* wiedergegeben, in Gibraltar angeblich als *chirivia* noch gebräuchlich. Erst durch frz. Vermittlung dem Türk. entnommen ist modern gelehrt **chacal ǧakal* für die älteren *adive*, *lobo cerval*, *anxahar*. Auch *churriana* bei Malaga = *ǧurliana* wurde den Christen .erst zu einer Zeit geläufig in der die letzte Verschiebung des *j* schon begonnen hatte.

G findet sich in:

Galanga span. pg. catal., *garengal*, *galanga* sp. = *ḫalanǧân*, alt überliefert, auch ziemlich früh aus Spanien ins Franz. übergegangen[1]).

---

1) Es liegt nahe hier daran zu erinnern dass ursprüngliches n*ź* cast. *nz* ergiebt; es wäre an sich denkbar dass man die fehlende Verbindung in frühzeitig aufgenommenen Worten umgestaltet, später auszusprechen gelernt hätte. Der Ersatz durch ch lag wohl näher als der durch g (cfr. pg. manchbil); es ist aber

*_Amalgama_, nach Diez μάλαγμα, Devic von ʿ_amal alǵamáʿa_ oder von _almoǵâmʿa_, während Eguilaz _almaǵmʿa_ bevorzugt. Anspruch auf Beachtung haben nur die von Devic gegebenen, besonders die erste. Es fragt sich indessen sehr ob das Wort von Spanien ausgegangen ist.

*_Nesga_ = _nesǵ_, zu _nasaǵ_. P. de Alcalá hat entretexedura _nézg_ und _nech_.

*_Mezquita mesǵid_, mit _zg_ zu _zc_, ist unter allen Fällen der unzweideutigste, in den Chroniken, bei Juan Manuel, in der Gran. Conqu. de Ultram. stets unter derselben Form.

*_Mogangas_ pg. betrachtet Dozy als _gonǵ_ mit unrichtig praefigirtem _mo_- gebildet (cfr. auch _moganniǵ_ Suppl. II, 228). Jenes meint jede Gebärde, dieses nur die verliebte, Bedeutungen die sich nahe genug stehen. Freilich bleibt dabei unerklärt warum das pg. Wort auch eine Kürbisart bezeichnet, und ist vor Allem die auffällige Beziehung zu span. pg. *_mogiganga_, sp. alt auch _bogiganga_, catal. _moxiganga_ übersehen. Es stehen sich nämlich ganz in gleicher Weise die gleichbed. span. *_mogato_ und *_mogigato_ gegenüber. _Mogiganga_ betrachtet Eguilaz als _mogŝî_ disfrazado y _waǵah_ facies, lautlich dreifach unmöglich. _Mogato_ und _mogigato_ werden, ohne Rücksicht auf die Seltsamkeit der Epenthese -_gi_-, zusammen mit _mogate_ Firnis auf _mogaṭṭi_ zurückgeführt (Partic. von _gaṭṭa_ bedecken); nur bemerkt Dozy dass er bei den Arabern Ableitungen von _gaṭṭa_ mit entsprechender Bedeutung nicht gefunden hat. Es ist jedoch klar dass von beiden Worten, wenn sie identisch sind, nur die längere Form die ursprüngliche sein kann. Diese aber ist ein Compositum und entspricht catal. _gata moyxa_, cfr. sp. _hacer la gata_ etc. Ebenso entspricht _mogiganga_ die _gangarilla_ (= _ganguera_ + -_illa_) für welches neben span. _ganga_ auch pg. _gangão_ in Betracht kommt. Was hier _mogi_ — ist lasse ich dahin gestellt: die _cazuela moxí_, zu welcher auch span. _moge_ gehört, ist höchst wahrscheinlich _moḫŝî_, allenfalls _mogí_, _mogíl_, _mogicon_, _moxama_, _moxinete_ Faustschlag, gewiss nicht pg. alt _mogi_ Trauerkleid, das auch zu _mogŝî_ „disfrazado“ nicht stimmt.

---

nicht zu erweisen dass das Span. diesen Laut schon in den ältesten arabischen Zeiten besass. Besser wird man indes bei dem vorliegenden Wort von seiner Eigenschaft als Handelsartikel ausgehen; die Drogue (seit dem 13. Jh. erwähnt), aus China eingeführt, kam wahrscheinlich über Aegypten. Zu bemerken ist dass die doppelt belegte Lesung graugas für granjas Cortes 1315, 13 mit der vorwiegenden Form dem Provenzalischen entstammt.

*Algarada hält Eguil. für ǵarrâda. Es ist aber eine Weiterbildung von algara gâra, ebenso wie algarero und algarear.

Argan „género de plantas, árboles y arbustos, que se crian en Maruecos" von arǵân o. ʿargân, oleastri spinosi genus in Mauritania frequens, bei Freytag. Man wird das Wort vergeblich in den spanischen Wörterbüchern suchen, und es dürfte sich hier auch kaum irgenwo anders als in Eguilaz Glosario finden. Dieser hat, was er anzugeben vergisst, Form, Definition und Etymologie aus Devic geborgt. Die Bezeichnung scheint übrigens selbst der französischen Botanik nicht geläufig zu sein, fast nur bei Reisenden vorzukommen.

Galgana und galbana, kleine Kichererbse, muss allerdings mit arab. ǵalbana zusammenhängen, und wird wohl daher kommen, trotzdem dieses selbst spät und isolirt steht. Ueber die beiden span. Formen machen die Lexica ziemlich widersprechende Angaben.

Garrufo in Granada, Steinchen die beim Sandsieben zurückbleiben, nach Eguilaz ǵoruf, Plur. von ǵorf, Stein. Wenig wahrscheinlich.

*Almogama sp. pg. Verbindungsstelle der Planken am Vorder- und Hinterteil des Schiffs, nach Dozy almaǵâmî Pl. zu maǵma Ort der Verbindung, nach Eguilaz almaǵmáʿa Verbindung. Mit der letztern Erklärung stimmt der Accent nicht überein, beide sind semasiologische Conjecturen. Mit dem almagama bei Dozy S. 17 ist dasselbe Wort gemeint.

Alfagara, alfagiara etc. In den span. Urkunden findet sich hier und da g als unvollkommene Schreibung für j; hier würde indessen bei drei verschiedenen Zeugnissen gegen zwei Stellen mit j o. gi von einer solchen Erklärung abzusehen sein. Es ist sehr möglich dass sich noch ein anderes Wort als alʿaǵára eingemischt hat; s. o. S. 348 u. ʿAin.

Tagara mlt., nach Dozy ṭarǵahâra, wird von Eguilaz richtig auf tâḫra, pg. tagra zurückgeführt.

*Ganguil sp. catal, Art grosser Fischerbarke, ḵanǵa. Aber warum das Suffix? Das Wort scheint ein eigentlich catalanisches.

*Bango sp. pg. ist erst durch das frz. bangue aufgebracht, entspricht nicht eigentlich dem arab. benǵ sondern der indischen Aussprache des Worts: s. Devic und Gloss. 375. Ich bezweifle dass bange bei Nuñez richtig ist.

Ataguía nach Castro bei Eg. = atargea ist ein evidenter Lesefehler für die popul. Form atagia: da r vor j, aber nicht vor g fällt. Die Herleitung von atṭarja ist übrigens bei den Schreibungen mit x nicht gesichert.

Garral J. R. 1149 ist ein Fehler, und nicht = *jarra*; 2 Hss. bieten *greal*, bzw. *grial*. Und so ist auch für das *georaal* bei Sta. Rosa zu lesen. Für *gorra* bei Capmany, nach Eg. gleichfalls *ǵarra*, 1. *gerra*.

Atigara im Fuero de Madrid f. *atijara* Canç. Baen., *atijarero* Alf. X Opusc. leg. = *attiǵâra* ist unvollkommene Schreibung.

Almigar, Bach, = *almaǵarr* nach Eg., steht nur Conqu. Ultram. II, 33 „*un poco de almigar que se hacia en aquel lugar*" entspricht bei Guil. von Tyrus „palus muris contermina", und es ist nicht sicher ob die Deutung, welche Gayangos dem Wort giebt, die richtige ist.

Algabarra nach Eguilaz in Granada als Benennung eines Theils des Klavierhämmerchens, von *ǵabâra* Schiene. Es müsste gezeigt sein auf welchem Weg das arab. Wort zu dieser modern technischen Bedeutung kommen könnte.

Argali, carnero, de *alǵadi* que significa lo mismo nach Eguilaz, ist kein Hammel, sondern das sibirische (persische) Argalischaf.

*Holgar nach demselben von *forǵa*, ohne Rücksicht auf die sichere Herkunft von follicare.

Algarfe figurirt ebenda als Nebenform von *algerife* etc. *alǵarrâfa*. Die Bitte um einen Beleg dürfte nicht all zu unbescheiden sein; die Annahme, dass *ar* für *eri* verlesen sei, drängt sich auf.

*Narguilé ist die genaue Wiedergabe der persischen Form *nârǵil*, nicht der arabischen *nârǵîl*, den Spaniern übrigens erst durch Frankreich bekannt geworden.

Andal. **guindilla* als Spottname des Polizisten kommt ohne Zweifel von guinda, nicht von *ǵundî*.

Guifa für **gifa* = *ǵifa* dürfte ein vereinzelter Lesefehler sein.

Bei *mezquita* neben *nesga* ist der Uebergang von *ǵ* durch *g* zu *c* sehr wol zu erklären, auch wenn man die auf der folgenden Seite ausgesprochene Vermutung verwirft. Die Verbindung konnte nicht unverändert bleiben; *zg* war der nächstliegende Ersatz. Dieses existirt nur in den Formen von *juzgo*, nicht in einer *mezquita* analogen Stellung, auch *sg* nur in der Endung; auch hier wären *sg* und *zg* vielleicht *sc* und *zc* geworden ohne die Gröber Grundriss I, 711 berührte Einwirkung. Es würde falsch sein daraufhin auch in anderer Stellung *c* aus *ǵ* zuzulassen, wie pg. *buraco* von arab. *borǵa* schon durch die anderen Formen des Wortes, *furacar* etc. ausgeschlossen wird, *cofaina* für *aljofaina* allem Anschein nach ein einmaliger Schreibfehler für *iofaina* ist. Pg. *faca* Messer von *farǵa* zu ziehen ist ganz unerlaubt; ich halte es für identisch mit *faca*, Klepper. Eher könnte auslautend die Verstärkung eintreten. Sie liegt vor in *dorónica* sp., *dorónico* pg. $=$ *darûneǵ*, indessen nicht als spanischer Vorgang, sondern aus dem botanischen Latein übernommen. Bei **espinaca* zeigt das portug. *espinafre* dass das Vulgärarab. Spaniens den Auslaut des persischen *aspanâ̱h* gewahrt hatte, der auch dem franz. *épinard* näher steht als *ǵ* in *isfinâǵ*; kaum das *p*, das nach *s* wieder hergestellt sein dürfte wie in *orespe*, aurificem. Die ital. und span. Form ist an spina angelehnt, wie die Nebenbedeutung Fussangel bei catal. *espinach* erkennen lässt, ebenso die franz. *Almandaraque, almandarache, almandarahe*, die zweite Form mir nur durch Eguilaz bekannt und wahrscheinlich mit der ersten identisch, werden von den älteren spanischen Wörterbüchern als Benenungen eines künstlichen Hafens aufgeführt, bei Engelmann-Dozy mit dem ganz unzulässigen *mostarâ̱h*[1]) identificirt, bei Eguilaz viel besser mit *almadraǵa* (vgl. franz. *madrague?*). Das ganze Auftreten des Worts lässt mich indessen kaum zweifeln dass es dem italien. *mandracchio* entlehnt ist und in Spanien niemals recht zu Hause war.

Es ist nicht wahrscheinlich dass sich im Arab. selbst die Umgestaltung des Gain in jeder Stellung gleichzeitig vollzog; gerade ein voraufgehendes *s* kann als ein besonders starkes Hemmnis gelten. Es scheint mir dass hierauf die allgemeine Wiedergabe von *mesǵid* mit *sk*, sp. *mezquita*, pg. *mesquita*, franz. *mosquee*, ital. *mesquita* und *moschea*, deutsch Moschee früher Moskee zurückzuführen ist, ebenso span. *nesga*. Ob ein ähnlicher Einfluss bei *nǵ, lǵ, rǵ* anzunehmen sei ist viel weniger sicher: *galanga* und *amalgama* stehen hier *aljonge, naranja, alfange, gengibre, benjuí, marjal* u. a. gegenüber. Im Anlaut und zwischen Vocalen liegt, abgesehen von den erwähnten *Tajo, Tajuna*, kein unzweideutiger Fall vor. Vor Cons. steht *g* in der Transscription *alhogra* $=$ *hoǵra* Alf. X, L. Ast. II, 261. Die unhaltbare Gruppe findet eine ganz andere Wiedergabe in Madrid, Magerit der ältesten Chroniken, *Mâǵarîd*: ein Erweis für die oben angenommene dental eingesetzte Aussprache.

Z aus *ǵim* ist fast noch fragwürdiger.

Ajedrez, sp. *xadrez* und *axedreche* pg. etc. $=$ *aśśaṭranǵ, citranǵe* bei P. de Alcalá. Der Ausfall des n findet nur in pg. *beijoim* f. *benjoim* ein Gegenstück, ist aber sonst vor j wie vor z durchaus ungewöhnlich. So nahe Vocalzufügung lag ist der consonantische Auslaut festgehalten worden. -*nch* oder -*nj* waren unmöglich, -*nz* differenzirt zugleich gegen das anlautende *x*, findet sich in alt *estonz*. Später wurde die in dieser Stellung seltene Gruppe weiter erleichtert, wie in *alcaç* für *alcanç* des P C.

---

1) *str* konnte durch *zr dr* ergeben, aber der Vocal ist erhalten.

Zurumí andal. Traubenart, nach Eguilaz, von *ǵurûmî*, einer Benennung
des Kernobstes.

Arcelio sp., *arzel* pg. frz., ital. *arzello* und *arzelio* neben **argel* sp.
pg. = *arǵel*. Die z-Form ist allem Anschein nach von Italien
ausgegangen.

*Gamarza, *magarza findet sich arab. als *magârǵa* Suppl. II, 603,
das Dozy indessen als span. Lehnwort betrachtet.

Alfirez, einmal von einer Krankheit, identificirt Eguilaz mit *alfeliche
alfêliǵ*, ohne anderen Grund als die äussere Aehnlichkeit.

Mizo, von einem Teil der Wörterbücher als veraltet oder ungebräuch-
lich bezeichnet, von der Acad. der Gaunerspr. zugeschrieben,
allem Anschein nach mit Recht, leitet Eguil. von *má'ûaǵ* bei
Bocthor. Die Bedeutung stimmt ziemlich gut, aber der Rest
ganz und gar nicht. Es wird sich schwer feststellen lassen
warum die Spitzbuben dem Einhändigen den Kosenamen der
Katze (*mizo = micho* u. *miz*) beigelegt haben; *mozo — mocho*
wage ich nicht darin zu erkennen.

Uzera bei Berceo St. Domingo 709 hält Eg. für *wiǵâr* antrum; es ist
indessen nicht die Höhle, sondern die Thüröffnung gemeint, von
ostium.

*Cerro durch *ǵarra* von *cirrus* zu leiten, statt umgekehrt, ist eine
seltsame Liebhaberei, die durch die Kenntnis der bask. Form
quirrua noch wunderlicher erscheint. *Zarelum* i. e. Urk. bei
Sta. Rosa, nach Eguil. ebenfalls *ǵarra*, ist von Dozy richtig zu
zaraguelles çeroules sirwêla gestellt.

Zatalí ist von Defrémery Rev. crit. 1868, 411 überzeugend auf das
bekannte Satalia (Satali, auch Adalia, Antalia) in Kleinasien
zurückgeführt. Die Conjecturen *ǵedâl* und *ǵeṭâr* sind ganz über-
flüssig.

Alizaba bezeichnet Eguilaz als portug. und leitet es von *alǵubba*. Er
versäumt den Ursprung des Artikels *ali-* nachzuweisen, und sagt
nicht wo er das den Wörterbüchern fremde Wort her hat.

*Zafio, nach Dozy von *ǵâfî*, neben welches aber Eg. das nach Form
und Bedeutung passende *ṣafî* oder *safî* stellt.

*Zalona andal., nach Dozy von *ǵarra*, dessen *rr* aber nicht *l* werden
kann, bei Eguilaz zutreffend von *zanûna* aus P. de Alcalá.

Der einzige sichere Fall unter den angeführten bleibt *ajedrez*. Der
Wandel ist dem Castilischen vollständig fremd, abgesehen von der vor-
arabischen Verschiebung von nz, rz, dient auch nicht zur Differenzirung.
Im Portug. tritt diese ein bei *cirgelim* neben ⌐*gergelim* = sp. *aljonjolí*,
falls das nicht schon arab. ist; Cornu führt Gröber, Grundriss I, 747

zimbro f. *gimbro* juniperus, span. *enebro* und assimilirtes *zazinta* f. *jacintho* an. Aus einem der portugiesischen Dialecte würden sich demnach rechtfertigen lassen. *Zarra* für *jarra*, einmal belegt bei St. Rosa. *Zorro* in *de zorro*, *á zorro*, nach Dozy identisch mit gleichbed. span. veraltet *á jorro*, und von arab. *ǵarra*. Es ist indessen möglich dass das span. Wort mit pg. *jorrão* zu pg. *rojo* gehört, von *á zorras* und *zorreiro* ganz getrennt werden muss. Ich gestehe dass mir auch die angegebene Erklärung von *zimbro*, *azimbro* Bedenken macht.

X tritt in ältesten Urkunden mehrfach für *cho* der j auf, als orthographisches Auskunftsmittel; die Schreibung *xafarices* ist oben erwähnt. Ein Beispiel der Verwischung des lautlichen Unterschieds zwischen *x* und *ch* in den letzten Jahrhunderten bietet *chairel* neben *xairel*, des Zusammenfalls von *x* und *j* in Spanien *Xarragui* f. *Jaragui* bei Covarrubias. Man wird solchen Varianten öfter begegnen. (Eine gelehrt festgehaltene alte Schreibung zeigt **tereniabin* = *terenǵabin* statt *terenjabin*.) Immerhin ist es ein auffälliges Zusammentreffen seltener Umstände wenn arab. *al'iǵal* pg. *reixelo* galic. *ragelo* und im Fuero de Villavicencio *rexelo* entspricht. Die eigentümliche Behandlung des Artikels, wie sie allenfalls in einer Nebenform von beschränkter Verbreitung annehmbar wäre, ist im höchsten Grad bedenklich. Etwa auf *râsa* faon bei Bocthor, *raśâ* pullus dorcadis bei Freytag hinzuweisen hält mich die Abneigung gegen Suffixconstructionen ab. Noch befremdlicher ist *anxahar* f. *alǵahîra* in Calila e Dimna S. 66 u. 67; ich möchte hier irgend ein Versehen des Uebersetzers vermuten, da diese Benennung des Schakals, sonst *adive* od. *lobo cerval*, nur in den beiden Capiteln des einen Buches vorkommt. Ueber *jaraiz* — *xahariz* s. o. S. 16; *ǵarza* und *ǵârûś* sind schon durch das stammhafte *h* ausgeschlossen.

Gleichwertig mit *aljama aljamá'a* steht *alfama* altsp. bei Berceo, Duelo 166, u. Berganza, pg. bei Sta. Rosa, nach H. Michaelis Name einer schmutzigen Vorstadt in Lissabon, in der jüngeren Form *alhama* als veraltet in den meisten span. Wörterbüchern. Die Form ist viel zu gut belegt als dass sie hinwegcorrigirt werden dürfte, das Wort ein volkstümliches, bei dem nicht an einen arabischen Lesefehler gedacht werden kann. *f'* aus *ǵ* ist aber durchaus unmöglich. Es muss ein anderes arabisches Wort zu Grunde liegen, dessen Unfindbarkeit freilich zu verwundern ist.

In der Verbindung mit *n* oder *l* liegt Assimilation nahe. Sie ist indessen im Spanischen überhaupt nicht eingetreten, im Port. scheinbar in *azinhavre*, *azenhavre* = *zinǵafr*, (über die Verschiebung der Be-

deutung v. Devic, Alchimie 49; die Form *azinhame* bei Beuto Pereira
ist Druckfehler, *m* für *ur*) und in gleichbed. *zenhar* = *zinǵár*. *Az-
zinǵafr* selbst ist indessen nur die Wiedergabe von *cinnabaris*, das
nach der Mouillirung des *nn*, also erst im Lauf der spanischen Okku-
pation, entlehnt worden ist. Durch Rückbeeinflussung wird dann dem
portug. Wort der arab. Artikel vorgesetzt, während es gleichzeitig die
Form vou *zinǵar* bestimmt.

Auch zu *y* hat *ǵ* werden und selbst ganz verschwinden sollen.
Atarraya, das Dozy zu *atarrafa* stellte, kommt nach Eguilaz mit einer
anderen Form *attaralla* von *attarráǵa*, dies vielleicht aus *tragula*. Das
letztere, welches pg. *tralha* ist, liegt auch den span. Worten zu Grund,
die nur äusserlich arabisirt sind. Span. *hura*, Furunkel am Kopf, kann
nach der Betonung so wenig *ḥuráǵ* als *ḥurûś* sein, muss aus fur ge-
zogen sein wie furunculus. Span. *guayas*, nach Eg. *waǵa*, ist einfacher
Plural zu *ay*! Das alte sp. cat. Landmass *almarral* kann nicht dasselbe
Wort mit *almarjal* sein, falls nicht etwa *i* für *r* gelesen wurde; das
einzige anklingende arabische *marʿan* Gemeindeweide steht in der Be-
deutung zu weit ab.

III. Die Zischlaute.

Sîn „*sh* in shut". Es ist diese Aussprache die von allen Hand-
büchern angegebene; nur Dombay kennt neben ihr eine andere. „Littera
شِ nonnunquam tribus punctis etiam inferne afficitur, & tunc valorem
seu sonum literae ج assumit, sed fortius, & quasi ut *tsch* effertur, e. g.
tschâlî littus; sed hoc tantummodo in manuscriptis vulgari sermone
exaratis et quidem rarissime occurrit." Durch es wird arabisch meist
romanisches *s* ersetzt, seltner durch ṣad und sin; in Spanien so bei
den römischen Ortsnamen: Hispalis - Iśbilia - Sevilla, Singilio (Idatius)
Xenil, Sucro Xúcar, Setabis Xativa. Die Aljamíatexte lassen nur *ś* zu.

Die regelmässige spanische und portugiesische Wiedergabe ist die
durch *x*, wofür neuspan. *j* eintritt. S tritt dafür ein in den wenigen
Fällen folgender Consonanz, freistehend in einigen portugiesischen Worten,
kaum im Spanischen. *Ch* findet sich

I. bei vorausgehendem r (auch für n und l anzunehmen) in:
Alcarchofa, *alcachofa span., *alcachofra* *alcachofa* port. = *alḥorśûfa*.
*Marchamo span., *marśam*.

*Albérchiga, *albérchigo, eine Form welche zeigt, dass das *s* in *pérsica* arabisch nicht nur mit dem überlieferten *Sîn*, sondern auch durch das meist bevorzugte *šîn* wiedergegeben war.

II. im Anlaut.

Chifla sp., *chifra* pg., *chafarote* sp., *chifarote* pg. = *šafra*. Ein sonst unbekanntes span. *chaira*, das Eg. widerrechtlich von *šufaira* ableitet, ist vielleicht für *chafra* verlesen.

Chia, catal. *xia*, wie angeblich auch aragonesisch, nach Eg. von *šâya* o. (schlecht) von *ši'âr*, oder endlich (S. 50) von einem berberischen *xea*.

Charran, ein mir unbelegbares Wort, nach Eg. *šarrânî* malvado. Es erinnert an das dunkle sp. pg. *charro*.

Chulo = *šaul*, im Supplem. von Dozy zu Gunsten der sehr wahrscheinlichen zigeunerischen Herkunft aufgegeben, von Eguilaz wieder aufgenommen. Auf keinen Fall sciolus. Auch amerikanische Herkunft des ziemlich jungen Wortes ist in Frage zu stellen: nach einer Notiz der Allgem. Ztg. 1879 S. 2114 heissen die Peruaner cholos, Mischlinge, der grösste Schimpf für einen Südamerikaner. Ital. *ciullo* ist identisch, und entscheidet, wenn nicht dem Span. entnommen, für die Zigeunersprache.

Chavó, zigeunerisch, Bursche, von *šabb*, ist durchaus unwahrscheinlich, da das Gitano nicht wohl Arabismen aufnehmen und erhalten konnte.

Chaval, pg. (?) *xaval*, von *šabb* (Eg. S. 274) oder von *šabâb* (ib. 514) unterliegt denselben Bedenken als das vorausgehende.

Chanio in Málaga = *šâni'a*, *chanada* = *šanâ'a* sind denkbar; immerhin auch die Möglichkeit der Ableitung von chano = Sebastiano zu beachten. Vgl. bei *Sîn* über span. *ch*.

Chachara sp. pg., *chaçara* pg., sp. Geschwätz, pg. Stichelei = *šaušara* Lärm. Ist das magrebitische Wort wirklich das ältere, so so hat es sich doch hier an chacho, dort an chaz! angelehnt. Die Acad. denkt an W. *g'rg'r* schwatzen bei Hélot.

Chene, in Malaga, unsauber = *šenî'*.

Chuca, chuque, nach Dozy von *šukka*, das nicht ganz zureichend belegt, aber jedenfalls besser ist als das von Eguilaz bevorzugte *zâka*.

Chute andalusisch als schimpflicher Anruf. Kann nicht *šurtî* sein, da r geblieben wäre, ist mit *chucho!* zu vergleichen, *chutear* = chuchear. Die Ableitung von *yahûdî* ist gleich stark mit derjenigen von balear. *chueta* aus demselben Wort.

Chambra sp., *chambre xambre* pg. ist ohne Frage frz. *robe de chambre*, *šamra* im Florent. Vocab. vielleicht eben daher.

Chal sp., *chale* pg., ist aus dem franz. oder engl. entnommen; cfr. Devic, *Châle.*

Achaque sp. pg., *eyxeco enxeco* pg., sp. auch *axacar*, später, unter Anlehnung an *sacar*, *asacar*, von *šakâ*, ist in Spanien und Portugal immer mit dem Artikel verbunden, in Spanien seit 1137 (Fuero de Calatayud, erstes nachweisbares Auftreten der aus Frankreich entlehnten Lautbezeichnung) mit *ch* geschrieben. So gebräuchlich das Rechtswort gewesen ist, dürfte es, nach der einheitlichen Schreibung zu urtheilen, seine Verbreitung in Castilien dem Ansehen einer bestimmten juristischen Quelle verdanken. Ich glaube dass auch hier der Artikel ausser Rechnung zu stellen ist.

Unter den oben angeführten Fällen ist die ungewöhnlichere Behandlung des Anlauts allerdings nur bei *chifla-chafarote* gesichert, lässt sich aber erklären. Die Seltenheit von lat. *x* in dieser Stellung konnte bei einigen der zuerst entlehnten Worte hier eine Verschiebung veranlassen; während man später den Arabern nachsprechen lernte. Inlautend kommt *ch* für *x* höchstens vor

III. durch Suffixverwechslung.

Patache neben *patax* cast., *patacho pataxo* pg., *patatxo* catal., cfr. Devic u. *patache.* Aviso. Von *baṭâš*, das aber nicht wohl mit mlat. *bastasia* zusammenhängen kann, sondern einfach zu *baṭṭâš*, schnell, gehören dürfte; *buṭša* o. *baṭša* sind durch den Accent ausgeschlossen.

Nicht hierher gehört *aciche*, zu welchem allerdings *azzíǵe* (bei Freytag aus dem Kamus), nach Bedeutung und Verbreitung nicht so unbedingt stimmt wie Eguilaz es darstellt, desselben *secula* ganz wegfallen muss. Aber immerhin ist das erstere wahrscheinlicher als Abkunft von *ḥaššâš.* Auch span. *cachera* pg. *cacheira* kann dem Ton nach nicht *ḳišra* sein. Näher lag pg. *cacha* von einem ostindischen Baumwollenstoff, wahrscheinlich aber kommt das Wort von pg. *cacho.* Zu erwähnen ist die Wiedergabe von *št* durch *ch* in dem Stadtnamen *Monachil* = *monaštîl* (?); *š* nach *r* haben *Marchena Purchena Archidona*, an welche sich *Elche* schliesst. — Das neuere Portugiesisch unterscheidet bekanntlich *ch* und *x* nur mehr orthographisch.

S entsteht in **fustan* o. *fustal* = *fuštân fuštâl*, in *fostul* = *foštûl* mit durchaus correcter Hispanisirung der Consonantenverbindung, ebenso **alosna*, pg. *losna* = *alošna*; vgl. *yšnedrî* J. R. 1483 = *ašnedrî*, was jedoch neben der Lesart *lesnedrî* sehr zweifelhaft ist. Dozy glaubt aber die Darstellung durch *z* oder *s* in einer Reihe von ganz anderartigen Fällen belegt. Er geht dabei von maureskischer Wiedergabe arabischer *Sin*

durch *Schin* aus, die aber nicht den umgekehrten Vorgang beim Ueber-
tritt ins Spanische wahrscheinlich machen wird. Das Suppl. bietet *saǵǵa*
für *šaǵǵa* im Span.-Arabischen, das aber auf Differenzirung beruht;
šipp aus *cepo* bei Pedro de Alcalá, wo indessen *chipp* steht, nicht *xipp*,
also ziemlich sicher für das sonst nicht verwendete *ch c* zu lesen ist.
Besonders gesichert erscheint der Vorgang im Auslaut der Ortsnamen,
Xeréz, Moxiz, Bebalhanes, Arcos (Arkoš), *Velez* (Baleš) und wohl noch
andere. Im Gegensatz dazu bleibt im Königreich Granada *Guadix* und
Tolox, letzteres sicher erst in spätester Zeit den Spaniern bekannt ge-
worden. Das Castilische behält *x* in *almofrex*, **almoradux*, *nancage*
(Eg.), und lässt den Auslaut auch in nicht arabischen Worten zu. Bei
Xeréz und *Moxiz* musste Neigung zur Dissimilation vorhanden sein,
ebenso in *aljoz* n. *aljox*, marbre africain bei Victor, evident arabisch,
bei D. und Eg. nicht angeführt. Es fragt sich ob Bebalhanes oxyton
ist; hatte es, wie nach dem Arabischen angenommen werden darf, den
Accent auf der vorletzten, so war *x* als Auslaut unmöglich, der Wandel
in *s* oder *z* geboten. Für alle Fälle genügt die Erklärung, dass die
Sprache geneigt sein musste die fremden Ortsnamen den zahlreichen
eigenen anzugliedern, die Patronymica oder Plurale sind: *Al-Gesira*
wird *Algeciras*. Im Uebrigen ist a priori anzunehmen, dass ein Schreiber
welcher wusste dass man einheimisches *xastre* als *sastre*, entlehntes
xire als *sire* zu orthographiren habe, diese Kenntniss auch hier und da
in unrichtiger Weise auf arabische Worte angewendet haben wird;
ferner dass gelehrter Irrthum durch die Aehnlichkeit der Buchstaben
hervorgerufen werden konnte. Einmalige Varianten wie *alesor* f. *alexor*
Muñoz 375, *almesia* f. *almexia* Berceo V. S. D. 669, *almezia* Ocampo
Cron. gen. 350, *asarique* f. *axarique* Esp. Sagr. 49, 366, *saquima* n. *ja-
quima* J. R. 367, *alsorqua* f. *ajorca* bei Eg. aus der späten Schrift eines
Convertiten: erklären sich vollständig aus den genannten Fehlerquellen.
Ich glaube dass auch pg. *almosarife, almozarife* f. *almoxarife* bei
Sta. Rosa und *serife* f. *xerife* bei Moraes hierher gehören. Es sind
für beide Formen keine Citate gegeben, aber jedenfalls ist *almoxarife*
nicht nur heute, sondern auch in den Urkunden das Gewöhnliche. Eine
grössere Aufmerksamkeit beanspruchen:

*Secacul sp. = *šaḳâḳul* gehört dem botanischem Latein an, darf als
   pg. franz. ital. und als deutsch etc. angeführt werden. Zuerst
   wohl bei Rauwolff.

Marcasita sp., *marquezita* pg. = *markasitâ*. Die eigentlich spanische
   Form war *marcaxita*; sie wurde durch die franz. oder italien.
   (*marcassite, marcassita*) verdrängt.

*Ceteraque sp. pg. sehr wenig übliche Benennung der *doradilla* =

šeṭrak, dem botan. Latein geläufig, volksthümlich nur in Italien, das die Form bestimmt hat.

*Asesino sp. *assassino* pg. = *hašâśî* ist dem Italienischen entnommen, dem auch franz. *assassin* in der übertragenen Bedeutung ententlehnt ist. Hierher *asyssina* Canç. Baena I, 247. Im eigentlichen Sinn steht *axixen* Conqu. Ultram., = *hašîšî*.

*Aciche ḫaššâš, nach Dozy, von Eguilaz aus anderen Gründen bestritten, würde zweierlei ungewöhnliche Darstellungen des *š* bieten.

Albuce, Schöpfgefäss des Wasserrades, hat Dozy richtig mit magrebitischem *bûš* zusammengestellt, welches indessen, wie Eg. zutreffend bemerkt, selbst aus einem graeco-lateinischen Wort stammt. Es darf dabei nicht ganz *buza* I und II bei Ducange identificirt werden; altfr. *buce* asp. *buzo* etc. scheidet sich von *boucel* (bei Diez irrig = *botticello*), das gleich dem arabischem Wort zu den verschiedenen im Gloss. Med. Graec. unter βοῦτα zusammengestellten Verwandten von βοῦτζον gehört. Ob die Schiffsart und das Gefäss in Beziehung stehen ist zweifelhaft; die span. Form zeigt nur, dass neben arab. bûs o. bûṣ navis im Florent. Gloss., auch *bûs* o. *bûṣ* Eimer existirte.

*Albricias von *al-bišâra* wird durch *alvistra* (nicht *alvistral*) Alex. 1603 *avistra* ib. 2489, entspr. bask *albiristea*, *albistea* widerlegt: es muss ein — *brist* — zu Grunde gelegt werden. Dagegen kann catal. *albixera* das erbrachte arab. Wort sein.

Arrecife in *cardo de arrecife*, *arracife*, *arrezafe* (*arrecafe* fehlerhaft) ist nicht *alḫaršuf*, eine von Devic s. v. *Artichaut* gegen Dozy wieder aufgenommene Erklärung; die von letzterem bevorzugte Deutung aus *raṣif* entspricht vollkommen dem Auftreten des Worts.

*Acicate sp. pg. = *aššaukat*, plur. v. *aššauka*. Beruht auf der Annahme eines „regelmässigen" Wandels von *au* durch *u* zu *i*, der aber starken Bedenken unterliegt.

Asemela aus einer Urkunde s. XII. bei Eguilaz, scheint allerdings in einem Zusammenhang zu stehen der *acémila* unwahrscheinlich macht und einen Stoff oder Gewand verlangt. Es ist erlaubt die Möglichkeit einer Verderbniss aus *sabellina*, *sembellina* zu berühren, ehe man nach *aššimêl*, Plur. v. *šamla* greift.

*Alfescera, *alfescira*, *alfasera*, *alfasir* als Namen einer Pflanze bei Colmeiro sind gelehrte Formen von *alfâširâ*.

Bisa, nach den Wörterbüchern eine bengalische Pflanze, über die ich weiter Nichts ausfindig machen kann, soll *bîš* Eisenhut sein. Zu fragen, welche Beziehungen zwischen den Akonitarten und Bengalen bestehen, erschien natürlich nicht der Mühe wert. Die Antwort lautet doch wohl: keine.

Borcegui = *moŝerḳi* s. o. S. 366.

Asacar, bei Juan. Man. *axacar*, aus *ŝakâ-achaque*, ist von *sacar* beeinflusst, das dem Begriff sehr nahe steht. Ganz anders *enseco* in der Conq. Ultram.; die zum pg. *eyxeco*, *enxeco* hinneigende Form ist gebildet wie *ensayar* von *exagium*.

*Cercera wäre nach Eg. *ŝerǵeb*; es kommt von *cierzo* Nordwind, weil das Kellerfenster nach Norden geht. Vgl. auch *ventana*.

*Cigarral angebl. vorzugsweise toledanisch, von einem aus *arḍ ŝaǵra* gewonnenen *ŝaǵra* ist nicht blos wegen des *ǵ* zu *g* und *ŝ* zu *z* bedenklich. Kaum zu *cigarra*, der am Feldgarten häufigen Heimchen halber.

Alveci, *alveici*, bei St. Rosa aus einer Urkunde von 959, nach Eg. zu *alguexi albexi* = *alwaŝi*, kann aber auch eine Adjectivbildung mit Imala von *albaz* sein.

*Barros Hitzblattern sp. pg. scheint mir nicht *baraŝ*, sondern von der rothen Farbe des Thons genommen, die auch durch *barroso* bezeichnet wird.

*Cimitarra sp. pg., angeblich = pers. *ŝimŝîr*. Der *cimiterre*, *scimitarra* findet sich zuerst gegen Ende des 15. Jh. in Frankreich als türk. Waffe erwähnt, kurz danach bei Ariost in Italien. Die persische Ableitung hat sich nur durch den entfernten Gleichklang empfohlen; wäre *ŝimŝîr* wirklich in dem Wort enthalten so könnte es nur dessen erste Hälfte bilden. Es sind aber, wie die Zeit ihres Auftretens und eine Reihe ausdrücklicher Angaben lehren, Sache und Wort türkisch. Eine spanische Form *semental* im 16. Jahrh. wird weiter unten nachgewiesen.

*Saetia sp. pg. entspricht allerdings ein *ŝattia*, *ŝaitia*, das aber mit Dozy Suppl. I, 786 u. 811 als die Wiedergabe des romanischen Worts zu betrachten ist, ital. *saettia*, frz. *satie*, *ŝ* wie gewöhnlich für *s*; diese von *sagitta* wie mir scheint als speciell für den Bogenkampf ausgerüstete leichte Schiffe; cfr. catal. *sagetia*, sp. *saetia* Schiessscharte. Name und Schiffsart gehören speciell dem Mittelmeer an. — Aehnlich verhält sich arab. *ŝaira* o. *ŝeira* zu pg. *seira* span. *sera*, cfr. Dozy Glos. 357 Anm.

*Salvilla hält Eg. für ein Diminutiv von *ŝerba*; er hätte sp. pg. *salva* pg. *salveta* nicht übersehen sollen. Das arab. Wort bezeichnet nach der genausten Angabe eine irdene Flasche mit langem engem Halse, das romanische eine Unterhose, Untersatz und kommt von *salvar*.

Siha in der Conq. Ultram. ist gelehrt, śi̯ʿa.

Serafin sp. cat. *serafi* ist halbgelehrt (s. die Citate bei Dozy), pg. *xarafi* dem direkten Verkehr entnommen.

*Sorbo sp. *sorvo* pg. ist Verbalsubstantiv zu *sorber* und hat mit den verschiedenen Formen von *śrb* Nichts zu thun. Anders steht es um **sorbete* wenn in der That die Türken, wie Devic angiebt, das sonst überall und seit vielen Jahrhunderten unhörbare punktirte *ha* des Auslauts von *śorba* als *t* sprechen (?). Es ist dann das Wort durch das Ital. vermittelt. Andernfalls ist das einzige *śorbêt* bei Roland de Russy aus dem Franz. entnommen, die Benennung in Spanien oder Italien gebildet. *Sirop* aus demselben arab. Stamm ist dem Franz. entnommen, dort die italo-mittellat. Form., span. *xarope* Siete Part. VII, 7, 4 — *jarope* u. *xarabe* — *jarabe*.

Zambuco pg. führt Eg. auf *śabûk* zurück, das er aus Goeje erbringt. Ist das neue Wort nicht mit *śobbâk* = *śabbâk*, pg. *xabeca* etc. identisch? *Zambuco* wird ausdrücklich als asiatisches Fahrzeug bezeichnet, entstammt also dem Verkehr im indischen Ocean — weshalb es auch in Spanien fehlt — und dürfte mit dem arab. Wort höchstens mittelbar zusammenhängen.

*Zata, **zatara* nach Eg. *śaḫtûra*, kann schon deshalb nicht richtig sein weil -ura wohl als Suffix gefasst, daraufhin aber niemals in -ara umgestaltet werden konnte. Der Umstand, dass eine besondere Construction der Flossart bei den Indiern d. h. Indianern erwähnt wird, könnte auf Amerika deuten; ganz nah aber liegt ital. *zata, záttera.*

*Zubia confluens von *śuʿba* Flussarm. Woher das i?

*Tarazar von *taraśa* widerstreitet der Bedeutung; s. über das richtige Etymon unter *ḍ*.

Josa = *ḫośś*; der oben S. 357 bevorzugten Deutung entspricht das ganze Auftreten des Worts. In dem Novísimo Diccionario läuft die gegebene Erklärung auf eine Baumschule hinaus.

*Fusique Tabaksflasche, Kugel mit Hals stellt Eg. zu *fauśik* „capsa pulvere et globo impleta, tormentis sclopetisque aptata" Freytag, oder *faśâk* Cartouche. Die Form des Geräths ist nicht die der Patrone, sondern der Bombe, Zusammenhang trotzdem sehr möglich. Aber das arabische Wort ist genau eben so dunkel und modern zugleich als das asturisch-gallizische.

Zaga für adail, Foral de Thomar (1162), *azaga* Foral de Soure (1111), *axaga* ib. in der Confirmation v. 1217. Die letztere Form hält Sta. Rosa für einen Fehler; sie gehört einer Zeit in der das Wort nicht mehr gebraucht wird. Für die Bedeutung beruft er sich auf eine Uebersetzung sec. 13, die *adajl* einstellt, und den *zago* als Ceremonienmeister in Venedig. Eguilaz setzt als Etymon *šiâ* des Florent. Voc. ein. Es ist ratsam auf den Wandel von *i* zu *a*, von ʿ*Ain* zu *g* nur mit grosser Vorsicht zu recurriren. *Sáfaro* pg. darf von sp. *zahareño* nicht getrennt werden und ist mit Rücksicht auf die sichere Herkunft von *sáfara* aus *ṣahrâ* zu diesem; nicht zu *šaʿarî* zu stellen.

Das Ergebniss der Einzeluntersuchung erlaubt nicht mehr an dem Wandel von freihstehendem *š* zu *s* festzuhalten.

Auffällig ist **tabique = tašbîk*, Valdes (S. 69) kennt nur *tabique* oder *tasbique*. Doch möchte ich die Möglichkeit einer Einmischung von *ṭabaḳa* nicht in Abrede stellen: die Suppl. II, 25 angeführten Bedeutungen liegen nicht allzu fern. Jedenfalls ziehe ich mit Eg. die Müller'sche Erklärung von **tabuco* aus *ṭabuḳa* derjenigen Dozy's aus *tašbîk* vor: der Begriff fällt in pg. *tabique*, Verschlag, zusammen.

Ein Wort, das sich erst seit dem 16. Jh. belegen lässt, kann recht wohl nur *j* oder *ge*, nicht *x* aufweisen, obwohl auch in diesem Fall die schriftliche Tradition das *x* überwiegend bis in unser Jahrhundert wahrte, so dass für *xe, xi* nur ausnahmsweise *ge, gi* auftritt. Cervantes aber konnte nicht wohl *mâ akôn šî* mit *macange* wiedergeben; er hätte *macanche* geschrieben. Eher mag bei Pedro de Alcalá *alfarge* und *alfarje = alfarš* unbeanstandet bleiben. Dagegen geht es nicht an **jaque* Panzerhemd (in Spanien schon im 14. Jahrh. Cortes II, 178), von gleichbed. arab. *šakk* (Ibn-Kaldûn) herzuleiten, während nirgend *xaque* steht. Du Canges Vermutung über die Herkunft der Benennung von der *jaquerie* entspricht genau ihrem historischen Auftreten; vgl. auch die span. Bedeutung *rufian*. *Algagias* führt Eguilaz S. XVIII als *gi* aus *š* an: ein Versehen, da das Etymon, welches er aus unersichtlichen Gründen dem besseren Dozys vorzieht, *z* zu *gi* böte.

Noch ein wenig weiter geht es, wenn die Lesefehler unwissender Editoren wie *ayabela, ayarquia, yaraba* als Nebenformen von *axabeba, axarquia, xaraba* aufgeführt und als *š* zu *y* eingereiht werden. *Argayo*, nach Marina eine Art Mantel, kann eben so wenig *algašû* als *aššâya* sein, entspricht dem portug. *argao, argau*. *Alharaca* i. d. Bed. Verzierung als Nebenform zu *ajaraca = ašaraka* anzusehen, ist nur unter der Voraussetzung erlaubt, dass das Wort ein specifisch andalusisches sei, *h* nur eine schlechte Orthographie und *j* zu sprechen. Das gleiche gilt für *almohatre = almojatre*, pg. *almoxatre* und *nochatro* aus *annošâdir*; *almocrate*, das ein Wörterbuch dem anderen entnimmt, scheint gelehrter Fehler aus *almochatre*. Ob die gleiche Auffassung bei *al-*

mahita = *almáśiṭa* im Fuero de Palma del Rio zulässig ist hängt von dem Alter des Documents ab; ich möchte hier eher einen Schreibfehler vermuten. Eine weitere Spielart des *ś* wird durch das erwähnte *almocrate* und durch pg. *catur* = arab. *śaḫtür* (aus Kasimirski) belegt; das pg. Wort bezeichnet indessen ein indisches, kein arabisches Kriegsschiff: es ist nur indirecter Zusammenhang möglich. *Cuscuta* = *kuśútâ*, ist gelehrter Fehler für *cussuta* (s. bei Devic), der sich von Italien aus in dem botanischen Latein verbreitet hat. Ueber *escaque* s. o. S. 371. Die groteske Herleitung von *arrapo harrapo farrapo* aus *śarmît* braucht keinen Commentar. *Alfargo*, nach Victor Oelpresse, hält Eguilaz für *alfarś*, so gründlich verschieden die Bedeutung ist; es scheint eine Nebenform von *alfarge alhaǵar* mit *g* für *ǵ*: dass nicht etwa *o* statt *e* verlesen ist zeigt die Aufführung des Worts auch bei Franciosini.

س & ص

Sîn und *Ṣâd* fallen im heutigen Vulgärarabisch fast ganz zusammen, und sind im Spanischen durchaus gleichartig behandelt. Die Sprache unterschied (cfr. Gröber, Grundr. I, 705) früher *s* und *ss* heute *s*, *z* (tönend) und *ç* (tonlos), beide heute gleichwertig *z* oder *ce, ci*. Doch ist die Schreibung häufig eine sehr unsichere; *s* und *z* sind zwar sorgfältig auseinandergehalten, *z* und *ç* aber, ursprünglich dasselbe Schriftzeichen und erst allmählich in der Bedeutung differenzirt, waren im 13./14. Jh. auch als Laute wenigstens auf einem Teil des Gebiets nicht mehr gesondert. Eine feinere Unterscheidung in der Wiedergabe der arabischen Sibilanten nach dieser Richtung hin habe ich bisher nicht finden können; *ç* und *z* dienen im 14. Jh. zur Wiedergabe von *Sîn, Ṣâd* und *Zay*. Wenn für die beiden ersteren mehrfach *s* eintritt, muss im Auge behalten werden, dass neben Portugal und Catalonien, gewisse Teile von Andalusien *s* und *z* nicht genau scheiden. Neben der gewöhnlichen arab. Wiedergabe von span. *s* durch *ś* findet sich auch ziemlich oft *ṣ*, selten *s*.

س

Sin „is the surd *s* in *sit*" Wright, „uti *ss*" Dombay, „répond exactement à notre *s* sifflante" Bellemare, „ein scharfes dentales *s*, das durchaus immer vorne an den Zähnen zu articulieren ist" Spitta, wird *z* in jeder Stellung. Es ist dafür *s* eingetreten in:

- . **Sandia* = *sindîja*, neben welchem *zandia* und *acendría* nur provinciell berechtigt sind, das letztere angebl. granadinisch. Doch stellen einzelne Wörterbücher *zandia* voran.

Socarron neben *zaharron* von *soḥara, saḥrôn*. Ob für *alcocarra* der
Wörterbücher *alçocarra* zu lesen ist lasse ich dahin gestellt, eben
so die Frage nach der Zugehörigkeit von gal. *cigarrós*.

Saina scheint weniger gebräuchlich als *zahina, saḥina*; die Pflanze
(Durra) ist vorzugsweise im Süden gebaut.

Sain wird trotz des gemeinromanischen Declinationswechsels und
trotzdem arab. *saʿn* als *sahan* in die mlat. Medicin übergegangen
ist, nicht zu diesem, sondern zu *sagina* zu stellen sein.

Serir = *serîr*, nach einer granad. Urkunde bei Eguilaz.

Sabania = *sabanîya* bei Eg., nur in granad. Documenten; übrigens
(cfr. Dozy Gloss. 386 u. Suppl. I, 630) ziemlich sicher arabisirte
Form von *sábana sabanilla σάβανον*, nicht von der Stadt Saban. In
den „dos sabanías de oro para las orejas" sehe ich keine Ohrringe
aus Saban, wofür keinerlei arabisches Zeugnis erbracht ist, sondern
die navarresische Sabanilla als Teil des weiblichen Kopfputzes.

Suera in der Conq. Ultram. III, 378 von einer Kostbarkeit erklärt
Eguilaz als *suêr*, armella de hierro, dagegen *sueira, sueyra*, als
ṣuḥaira Steinchen, indem er die Bed. kostbarer Stein aus einem
pg. Wörterbuch nimmt, das sie und das Wort aus Sta. Rosa ent-
lehnt hat. *Sueira* steht in der Vida da Rainha Sta. Izabel von einem
Kleid: *cuberta das mas ricas sueiras, sueyra* in einem Testament
von 1294 von einer *selha das sueiras*. Im Anschluss an diese Stelle
ist höchst wahrscheinlich in der Conqu. Ultram. statt... *picheles
e sueras e siellas e frenos labrados" „siellas de sueras"* zu lesen;
es ist gewiss nicht zufällig, dass auch hier der Zusammenhang
mit dem Sattel vorliegt. Die Uebersetzung als Edelstein ist an
allen drei Stellen unwahrscheinlich, Armband überhaupt nicht
erlaubt. Es zeigt sich hier, dass *sudarium* mit *mappula* die be-
griffliche Entwicklung geteilt hat; s. den *pileum ab extra nigro
panno, ab intus serico cum cordulis et mappulis coelestis coloris*
bei Ducange-Henschel für das Kleid, *cum sellaribus imperiali-
bus, sellis et frenis inauratis, simul et mappulis ingressi sunt civi-
tatem*, ib. für die Sättel, nebst anderen Stellen, aus denen zur
Genüge deutlich wird, wie das *sudarium per quod olim sudor et
narium sordes extergebantur* ein Prunkstück und zuletzt ein kost-
barer Besatz wurde, in Formen vermutlich, die denen des Sudariums
am priesterlichen Ornat ähnlich waren. Im Canç. Baena I, 182
ist *sudario* Kopftuch.

Seca ist die andalusisch-catalanische, *ceca* die castilische Form von *sikka*.

Soda mit dessen romanischen Verwandten ist allerdings bisher nicht
als arabisch bezeichnet worden, gehört indessen ohne Zweifel nicht

zu *solida*, sondern zu dem arab. Namen der Kalipflanze *sûaid, sûeida*; *magreb.*= *Soda.* Doch hat das Span., welches sein *sosa* vorzieht, das Wort erst aus einer der Nachbarsprachen entlehnt: es lässt sich erst seit dem vorigen Jahrh. belegen, während es in Frankreich im 16. auftritt. Die genaue Wiedergabe der Aussprache würde allerdings *sueda* sein, und vielleicht kommt dem vulgären Fem. Plur. *sôda* vom Adj. *iswid* des gleichen Stammes (cfr. Spitta S. 140 und bei Bocthor) dieselbe Bedeutung mit dem *sûêda* zu.

*Soliman betrachtet Eguilaz als *sublimatum*, catal. *solimany* dagegen als arab. *solaimanî*. Es gehen die span. pg. catal. Formen auf die arabischen zurück -*śalimân*, *solaimanî*, türk. *soloman*, diese allerdings ohne Zweifel auf ein romänisches *solimat* oder etwa *solimao, solimá* = *sublimatum* ital. *solimato*. Den genausten Ursprung der orientalischen Form vermag ich nicht zu bestimmen; sie kommt schwerlich aus der Provence, die kein Quecksilber hervorbringt, kaum aus der Baetica, die nach allen Anzeichen das auslautende -ado gewahrt hätte, vielleicht von der krainischen oder nordital. Quecksilberproduction. Gerade das Altvenetianische bietet ja á = ato.

Tasmía cast. leitet derselbe von *tasmía*; die Schreibung ist indessen cast. *tazmía*, catal. *tasmía*. Die arab. Form in der ihr beigelegten Bedeutung ist durch die Autorität eines älteren spanischen Etymologisten etwas schwach gestützt. *Thamia* im Ordenam. de Tafurerías (sicher das gleiche Wort und nicht *domma*) neben der von Eguilaz ohne Beleg aufgeführten Form *thadmia* deuten auf *dm* oder *tm*; Wegfall der Dentalen scheint hier durchaus möglich, neben der regelmässigen Umgestaltung zu zm.

*Sebesten, franz. *sebeste* = *sebestân* ist einer der pharmaceutisch-botanischen, rein gelehrten Namen.

Zu derselben Wortklasse gehört *sen* frz. *séné* = *senâ*, *salep* aus frz. *salep* = *sahlâb* (*ṭaʿleb?*).

Mosoliman = *moslimîn* oder *moslemuna*, mlat. *musulmanus* etc. ist so wenig bekannt, dass Cervantes es in *turco* übersetzt. *Moslemita* ist älter, aber dem geistlichen Latein angehörig, wie die den frommen Schimpfworten Madianita, Ismaelita, Amalechita angeschlossene Form zeigt; volksüblich war es nie, und die angebl. portug. Contraction *mollita* ist nur ein Lesefehler der Monum. Lusit., den die Wörterbücher aus Moraes abschreiben. Defrémery zieht der Ableitung aus *moslim* die von der Adjectivform *moslimy* vor; ich sehe nicht recht was damit gewonnen ist. Auch das einfache *muslime* ist halbgelehrt und sehr ungebräuchlich; doch findet sich in älterer Zeit das volksmässigere *muzlemo*.

Dass *islam* = *islâm* nur eine Transscription ist braucht kaum gesagt zu werden. Gelehrt ist auch *sunni sunnî* in der Conqu. Ultram.; französisch *serrallo serây*, und zwar die ältere Form serrail. *Orosus* bei Eg. für *orozuz* = ʿ*oroḳsûs* ist nicht belegt (gleichbed. *alcacuz* bei dems. als span. pg. aus *alcaçuz* verlesen); *sorra* angeblich für *zorra sorrîa* im P. Alf. XI 1782 heisst in der Hs. *forra*.

Im Auslaut fällt das dem Lat. entstammende *ç* ebenso mit *z* zusammen wie im In- oder Anlaut. Da die Verschmelzung erst sehr spät vollständig wurde, lässt sich nicht annehmen dass Sin, während es in anderer Stellung genau *ç* entspricht, nur auslautend in *s* ausgewichen sei. Es ist also sp. *res pg. *rez* und *res* = *râs* entweder als andalusische Form zu betrachten, dem Viehhandel der Grenze entnommen, wofür allerdings sein ziemlich frühzeitiges Auftreten in Castilien — 3 mal bei J. R. — nicht gerade spricht, oder es ist bei anfänglich vorwiegendem Plural *las reses* das Vieh Assimilation eingetreten. Die eigentlich castilische Form, welche sich zugleich durch das Fehlen des Imale als die ältere erweist, ist *raz*, und das dem Geschlecht zu Lieb erweiterte *raza*. Jene, bei Berganza überliefert, auch altpg. *raz, ras*, wahrt die eigentliche Bedeutung des arabischen Etymons; dieselbe findet sich auch in *rasa : maça : plasa* Canç. de Baena I, 248, dessen Abdruck durch Michel mehrfach *s* für *z*, *ç* bietet, in Folge eines häufigen paläographischen Irrtums, wie schon Müller, Münchener Sitzungsberichte 1860 S. 246 bemerkt hat. Dass *raza*, — seit dem 16. Jh. mit bemerkenswerter Wahrung des tonlosen Lauts italien. *raça*, franz. *race*, deutsch Rasse — nichts anderes ist, hätte schon aus der Verwendung von pg. *res* im selben Sinn ersehen werden können: es ist der abstracte Inhalt des arab. Worts, Anfang, Ursprung = Kopf. Dass *res* nicht vom Schwein gebraucht wird entspricht dem Fehlen des Herdentiers bei den Arabern, erinnert aber auch daran dass das zählende Auge die Uebertragung veranlasst, bei Kühen, Schafen, Ziegen die Köpfe, bei den Schweinen die Rücken sieht. Eine weitere Bedeutung verzeichnet Victor bei *res*: „c'est aussi la brebis qui va la première du troupeau". *Rezmilla del genital miembro* bei demselben „le balanus", bei P. de Alcalá *ras, ras-al-air* caput penis, scheint mir Zusammensetzung mit einem sonst verlorenen span. Wort. Der Analogie von *mejere-mear* würde ein *mingere-miñar* genau entsprechen, *ĭ* zu *i* regelmässig wie in *tinea tiña* etc. Bei *m* Voc. *ñ* besteht sicher auf einem Teil des Sprachgebiets die Neigung zur Differenzirung: es wird pop. *domellar* = *domeñar*, ant. *mullir*, *mullidor* f. *muñir*, *muñidor* angeführt, vgl. *descomulgar* f. *descomungar:* *millar, daraus *milla* = *mentula* ist also recht wohl möglich, die Art der Zusammensetzung sprachgemäss. Es ist diese Erklärung dem in Dozys Handexemplar vermuteten *ḳezmíla* penis entschieden vorzuziehen. Ich nehme an, dass *râs* + *ḳezmíla* gemeint ist, gebe zu dass *zk'zm* zu *zm* werden und Suffixanbildung eintreten konnte, glaube aber nicht dass das *e* in dieser Stellung gefallen wäre. Auf jeden Fall ist *rez* = *râs*, und ein weiterer Beleg für die castilische Erhaltung des *z* auch in diesem Wort.

Für *sc* tritt in der Conjugation der Verba auf *-scere* in den Präsensformen durch Analogiewirkung *zc* gleichlaufend ein, ohne dass sich die Sprache bis heute unbedingt entschieden hätte. Eine so häufig vorkommende Vertauschung kann auf die Lautverbindung überhaupt einwirken. Es ist also möglich, dass die alten *mesquino* f. **mezquino mesḳîn, mesquita* f. **mezquita mesǵid* wirklich castilisch vorkommen, ohne franz. oder pg. Einfluss. Doch habe ich keinen guten Beleg dafür; *almizque*, **almizcle* (valencian. mit interessanter Assimilation *almicel*) wird nur mit *zc* angeführt. Das Pg. lässt nur *sc* gelten, wie im veralteten *-sco* des Verbums: *mesquinho, mesquita, almiscar*. **Máscara mashara* trägt auch lautlich den Stempel seiner, von Mahn aus historischen Gründen richtig angenommenen Abkunft vom italienischen *maschera*. **Escabeche sikbâǵ* untersteht dem Einfluss der vielen mit *esc*-anlautenden; alt *ezquerdear* hielt sich nur durch *izquierdo*, dessen *i-* durch das folgende *y* bestimmt war. An sich notwendig ist **espina isfinâǵ* oder pers. *aspanâḫ*; *zp* kommt span. überhaupt nicht vor, *aurificem* wird *orespe*. **Escarlata* erscheint in Spanien ziemlich früh als Gemeinbesitz mit dem übrigen Abendland; ich halte das dunkle Wort für indirect dem Orient entnommen. Mit *ciclaton · siḳlatûn* κυκλὰς hat es Nichts zu schaffen. *Nesga nesǵ* schliesst sich an die übrigen *sg* mit tönendem *s*. Weil populär für *conozco-conosco* unter der Einwirkung der *digo, valgo* sich *conozgo conosgo* einfindet erscheint auch *azgo* n. *asgo* von *asir* (s. Gröber, Grundriss I, 711)[1]. Umgekehrt ist *yasgo* f. *yazgo* allerdings nicht belegt, aber wahrscheinlich vorhanden, da *sg* im Ganzen stärker zu sein scheint als das sonst nur noch in *juzgo* etc. vorhandene *zg*; vgl. die Fälle l. c. 707, zu welchen alt noch *miesga* (*messica* als die in der Ernte reife Beere?) und *visgo* kommen.

Arrial f. *arriaz arriyâs* ist wohl eine junge Form, eine Verwechslung des scheinbaren Suffixes, die durch die schwache Articulation des Auslauts im Neucastilischen hervorgerufen wurde. Dass pg. *moque* von einer alten Auflage auf die Mauren ein aus dem Plur. *mokôs* zu der Marktsteuer *maks* gewonnener Singular sei widerspricht dem Accent;

---

[1] Ich darf hier wohl anmerken, dass ich bei der Präsensbildung auf *-go* nunmehr Mitwirkung der Verba auf *-ngere* annehme, trotz des frühzeitigen Ausgleichs der Formen.

gleichartige Bildung aus, dem Singular kann ich wegen des Vocals nicht annehmen, glaube aber dass trotzdem das Etymon noch im Auge zu behalten ist.

Es kann nach dem Vorausgehenden Uebergang von freihstehendem *Sin* in *s* als eigentlich castilischer Vorgang nur in Abrede gestellt, als combinirte Erscheinung nur unter äusserst beschränkten Bedingungen zugelassen werden.

Dass sich *ch* als Vertreter einfinde wäre nur als spanische oder portug. Weiterbildung der *ç* denkbar, nicht auf Grund des arabischen Lautes ·selbst. Es ist diese Behandlung von lat. *ce, ci* und *s* ohne die nöthige Einschränkung zugelassen worden (s. Diez Gramm. I³ 367, Carol. Michaelis, Wortschöpfung 232, 233, Cornu in Gröber, Grundriss I, 767). Ein eigenthümlich malerisches Element wird an dem intensiven und beliebig verlängerbaren Klang auch von dem Deutschen empfunden, wo er *tsch* für *tz* eintreten lässt. Das gleiche Gefühl zeigt sich romanisch beim Anlaut im Italien., Portug., besonders stark im Spanischen, das ihn als organische Umgestaltung lateinischer Consonanz nur inlautend kennt[1]). Wir finden ihn hier zunächst bei Ausrufen, Schallverben und Kinderworten. Zu jenen gehören: *chis* = st!, wiederholt als Ruf; cfr. cat. *xix* Lockruf für den Hund; *chito, chiton* alt *chite!* (ebenso pg.) = ital. *zito*; andal. *chute!* ob = pg. *chuta?* franz. *chut!*; *cho! sp.* pg., sp. auch *so!* hü!; *chucho* und *zuzo* = kusch! Pg. *chape* patsch!, *chaz* = sp. *zas!*, *chote!* Scheuchruf. Sp. *choz* in *dar, hacer choz, de choz* stellt sich zu pg. *choz, chó, ichó* Klappfalle; *no decir chus ni mus* = pg. *sem dizer chus nem bus. Charriar*, bei Victor = quäken, steht sp. pg. *chirriar* nahe, dies wieder *chirlar*, pg. ebenso und *chilrar*; nah verwandte Bildung zeigt auch *charlar*, ebenso pg., *ciarlare* ital. *Chuchear* und *cuchichear* zuscheln, zischeln sind unmittelbare Lautnachahmungen[2]), ebenso *chichear* auszischen: *tschsch!* und *ss!* dienen dazu (ital. *schsch!*). *Chiflar* pfeifen *chillar* zischen (cat. *xisclar*) werden, trotzdem beide mit *sibilare* zusammenhängen, als unter sich und von *silbar* verschiedene Schallwerte empfunden. *Chiar* steht pg. und auch span. veraltet = *piar, chofe* = *bofe. Rechinar* knarren kann auf *china,*

1) Französisch nur schwach vertreten: *chuchoter, chiffler,* vielleicht alt *chifonie. Chiche* kann aus lautlichen und semasiologischen Gründen nicht *ciccum* sein. Catal. entspricht *x* in ziemlich ausgedehnter Verwendung.

2) *chauchau „cantar, piar"* bei P. de Alcalá, *chauchal „consulere ad aurem"* im Florent. Wb. erstrecken sich nach Nordafrika. Simonet betrachtet sie indessen als span. Lehnworte. Ich will dem nicht widersprechen, obwohl auch das umgekehrte möglich wäre, möchte aber hervorheben dass, wo bei Lautbildern Entlehnung, nicht parallele Schöpfung vorliegt, doch gleichartige Lautempfindung vorausgesetzt ist, die Sprache nur nimmt was ihr von Natur gehört.

Steinchen beruhen, gewinnt seinen Sinn aber doch erst durch den Laut. Drei Kinderworte sind reduplicirend: *Chacho*, ist aus *muchacho* gekürzt; *chocho* in der pg. Bed. Schmatz ist directe Nachahmung des Tons, ebenso in der span. Zuckerchen, vom lutschen, nahe verwandt mit pg. *chucha* Milch, *chuchar* saugen [1]). An diese Formen lehnt sich sp. pg. *chicha* ital. *ciccia*, catal. *xixina*; *salsitia* heranzuziehen erlaubt der Begriff nicht und es dürfte vielmehr umgekehrt *salchicha* durch *chicha* veranlasst sein; vgl. *chacina*. Hieher gehören die Koseformen *Chano* f. *Sebastiano*, *Chinto* (gall.) *Jacinto*, *Chico* pg. *Francisco*. Ein derartiges Element musste sich noch weiter fruchtbar erweisen. Von *chichear*, nicht von *chicha* sind gebildet *cichon* und *chinchon* Beule, wie von *chirlar chirlo* Schmiss, *chirlada* Stockschlag. Sehr nahe liegt die Anwendung auf die Dummheit: *chirlar* ergiebt noch *chirle*, *chirriar chirrichote*. Nicht weniger auf Posse, Spott, Witz. Wie *zumbar* summen *zumba* Neckerei erzeugt, heisst *chiflar* zugleich verhöhnen, *chasco* Posse ist eigentlich Schallwort, wie *chasquido*, *chasquear* zeigt, ebenso *chiste* Scherz, *no chistar* nicht piepsen mit *chis!* und *no decir chus* zu vergleichen. Eine andere scherzhafte Wendung nimmt *chapuzar*, das nicht zu ital. *soppozzare* gehört (Diez R. G. II, 431) sondern zu *chapa*, welches ursprünglich Lautwort ist, ital. *chiappa* entspricht, nicht franz. *chape*, wie sp. *chapotear*, pg. *chape!*, *cuhir de chapa* und *chapada* deutlich genug zeigen; aus demselben alten Stamm ist *chappurar* gezogen, auch *chapodar* neben pg. *chapotar* unter Anlehnung an *podar*. Nebst ungewöhnlichen Suffixen dienen der Erweiterung der Klangwirkung auch uneigentliche Praefixe und Infixe: neben *chufleta* aus *chufa* steht *cuchufleta*, neben *chuchear cuchuchear cuchichear; chupar* (= span. *chotar* pg. *chuchar*) ergiebt *churrupear*. Das in der literarischen Ueberlieferung naturgemäss nur sehr lückenhafte Material vollständig und allseitig zu beleuchten wird die Sache eines Einheimischen sein, der mit der familiären Sprache durchaus vertraut ist; mancherlei Beziehungen der Einzelglieder werden dann deutlich hervortreten. Den durchgehenden Faden zu zeigen genügt die voranstehende Darstellung. An ihn reiben sich eine Anzahl von Fällen, in welchen *ch* burleske Verstärkung der schwächer lautmalenden *s* und *z* ist; die gleichwertigen *s! = ch!*, *so! = cho!*, sp. *zas* = pg. *chaz* sind schon erwähnt. *Cicada* (árab. *ṣarṣar*) wird *cigarra* und *chigarra* in Erinnerung an ihre Stimme, ihr *chirrido*; *chinfónia* (Victor), das Instrument des Bettlers, ist *symphonia*; *charro* hängt vielleicht mit *zarrio* zusammen, *chafar* mit *zafar*. *Cimicem* er-

---

1) P. de Alcalá hat *chuch* als arab. Aequivalent von *chupar*. Simonet nennt dazu nur die entsprechenden roman. Worte. Aber Wahrmund Hdwb. bietet *ǵúǵú* Brust (u. Schiffsvorderteil).

gab regelrecht asp. cimze, dies einerseits mit Umstellung der ungewöhnlichen Consonantenverbindung und Differenzirung (cfr. cisne) *cisme, daraus die kosende Benennung des Haustierchens chisme pg. Wanze, sp. heute nur mehr übertragen = Klatsch (vgl. etwa „einen Floh ins Ohr setzen"), bei Victor noch mit der urspr. Bed.; andrerseits unmittelbar sp. chinche, reduplicirend wie chicha etc., ohne dass das Ital. eingewirkt hätte, auch übertragen = chinchoso lästige Person, chinchorrero = chismero. Chico von ciccum ist specif. spanisch, daher catal. xic und quitxalla, pg. verschieden als Diminutiv von Francisco und Lockruf für das Schwein.

Wo keine Schallmalerei, burleske oder Koseform vorliegt kann dieser Wandel nicht eintreten. Sp. pg. chicharo ist, ebenso wie chicorea, ein Italianismus, wie schon die Behandlung der Endung zeigt. Choclo kann nicht socculus sein, da cc'l kaum anders behandelt worden wäre als c'l; die eigentlich kastilische Form scheint das von den älteren Wörterbüchern allein gegebene zueco, zoco und zoclo dem Ital zòcco, zòccolo entnommen, daraus, unter Einwirkung von chocar, choclo und choclar, danach auch chanclo von zanco. Chuzo = zuizon (cfr. zoizo) ist auf Einwirkung von hochd. Schwyzer zurückzuführen. Chamarra entspricht bask. chamar, zamarra bask. zamarra; das Wort stammt aus dieser Sprache, obwohl die von Larramendi gegebene Erklärung (s. Diez E. W. H[b]) durchaus unzulässig ist: ch und z permutiren dort vielfach, auch diminutive Absicht. Churro sp. pg., churdo pg. (vgl. çarrudo) von einer Schafart mit geringerer Wolle und dieser selbst, kann nicht sordidus sein, da keine der beiden Sprachen rd zu rr kennt: andernfalls würde ich auf bask. zurda, churdak = zerdak = cerda verweisen. Span. chorizo pg. chourizo scheint zu pg. chorudo, chorume zu gehören, wodurch salsa isicia (= sp. salchicha) ausgeschlossen wäre.

Inlautend ist die Consonanz viel zu häufig als dass sie den gleichen Eindruck wie im Anlaut hervorbrächte. Schallmalend etwa in relinchar (die Erklärung E. W. I Hennir genügt nicht) cfr. hochd. wienheintzen f. wiehern, und in bicho, da pg. bichanar pscht! machen, zischeln der Stimme des jungen Kätzchens, der Schlange entspricht. Was Car. Mich. Wortsch. 232 als ch für z in dieser Stellung anführt beruht, soweit es zusammengehört, auf Suffixvertauschung, Entlehnung, oder der parallelen Entwicklung beider Laute nach n und r.

Einen burlesken Sinn hat unter den hierher gezogenen arabischen Worten nur:

*Chocarrero mit *chocarrear, bei Victor auch chocarron, pg. chocarreiro = socarron von arab. sohara. Es ist jedoch möglich, dass vielmehr pg. choca mit chocalho, chocalheiro zu Grunde liegt; die Weiterbildung ist sprachgemäss, cfr. z. B. bobarron.

Chufa, chufla sp. pg. i. d. B. Posse ist keineswegs *sefla*, wie schon
der Vocal zeigt, und dieses nicht *sibilus*, Suppl. I 659 richtig er-
klärt. Zu Diez E. W. I *Ciúfolo* (1. *ciuffolo*) mag bemerkt sein,
dass das ital. Wort sich mit *ciuffo* Schopf vermischt, *ciúffolo*
i. d. B. eines Auswuchses am Rosenstock sich auffallend dem sp.
pg. *chufa* i. d. B. der Binsenknolle nähert, aus welcher die
horchata de chufas bereitet wird, ohne dass sich indessen ein Zu-
sammenhang constatiren liesse.

Chagren bei Eguilaz (nicht in den Wörterbüchern) = türk. *sâgrî* o.
ṣagrî ist Gallicismus; vgl. Devic, *Chagrin.*

Chafar hält Eg. für *safala*, am Boden liegen, erniedrigt sein — die
angezogene hebräische Form kann natürlich nicht in Betracht
kommen. Die Bedeutung des sp. Worts quetschen, platt drücken,
platt schlagen, catal. *xafar*, steht viel zu fern, und ebenso wenig
genügt etwa arab. *sfr, tancer, brutaliser* etc. Ich vermute darin
einen Naturlaut, der mit catal. *esclafar*, ital. *schiaffo* (undeutsch,
gegen Diez E. W. II ª, wenn auch an Schlappe anklingend) zu
vergleichen, nicht davon abzuleiten ist, in **chaflan* und **chafallar*
weiter ausgebildet erscheint.

Chamariz sp. pg. ist nicht *sâmârîz* (ungenügend definirte kleine
Vogelart). Die pg. Bedeutung Lockvogel, Lockruf = *chama*
sichert die Zugehörigkeit zu *clamare*; für den westlichen Anlaut
im Spanischen cfr. *chamizo* u. a., für die ungewöhnliche Suf-
figirung[1]) *picaraza* v. *picaza, llamarada* v. *llama.* **Chamaron*
und **chamarillon* kommen ebendaher.

Cozcucho, alt (?) f. *alcuzcuz*, arab. *alkuskusû*, beruht auf einer
häufigen Suffixvertauschung. Die Form fehlt bei Dozy und
Eguilaz.

X, heute *j*, für *ç* oder *z* ist dem Castilischen durchaus fremd, tritt
aber (catalanisch und) schon früh leonesisch, neuerdings auch portu-
giesisch für *ch* ein. Nur eines der Worte, bei welchen Dozy und
Eguilaz *x* aus *Sîn* annehmen, fällt in dieses Gebiet und kann, die not-
wendige Voraussetzung für das Zwischenglied, eine burleske Form sein.
Die übrigen sind lautlich unzulässig, zum Theil auch in anderer Hin-
sicht falsch dargestellt.

Xafarron steht in der leonesischen Copie des Alexandre 1798 bei
Erwähnung der *jograres*:

---

1) Es liegt wohl *-ero* zu Grund, das in unbetonter Stellung im isolirten Wort
lautlich verschoben war, und fortwucherte. — Simonet denkt bei dem Wort an
*samaritius von latein. *samara*, Ulmensamen, woraus aber, auch unter Annahme
der Analogiewirkung von *perdiz*, span. nur *sambriz* werden konnte.

Destos aviahy muchos que fazien muchos sones
Otros que menavan (1. *meneavan*) *ximios e xafarrones.*
Dozy identificirt das Wort mit *zaharron*, um so mehr als bei Victor
zaharrones eine Art lärmenden Tanz bezeichne. Der Druck von 1637
hat nur *çaharroñes*, eine allerdings unzulässige Form, die wohl in den
Plural zu ändern sein wird, der als Benennung einer Aufführung der
Gaukler bleiben konnte nachdem die eigentliche Bedeutung des Worts
mit dem Singular bereits verloren war. Es wäre merkwürdig, aber
nicht unmöglich, dass es schon im 13. Jh. im gleichen Sinn gebraucht
würde, während es nicht etwa durch das Bedürfnis des Reims gerecht-
fertigt werden könnte, dass die Gaukler Affen und Gaukler gehandhabt
hätten. Da aber keineswegs sicher ist was die Stelle meint so könnte
auch etwa eine Ableitung von *chafar* vorliegen, oder selbst von arab.
safra = sifra span. *chifla*. Entscheidet die neu aufgetauchte Hs. für
zaharron so würde die Form unter allen Umständen castil. **chafarron*
entsprechen, nicht, wie von Dozy geschieht, der beschränkte Uebergang
von lat. s in span. x angezogen werden dürfen.

Axote f. sp. *azote assaut* im judenspan. Neuen Testament ist die hebr.
Form des Worts mit zugefügtem arab. Artikel (hebr. s meist =
arab. *š*, hebr. *š* = arab. s).

Xalmas pg. Wagenleitern (auch *xelma* wird angeführt) soll arab.
sollam Leiter sein. Es ist der Uebergang von *u* in *a* durchaus
unbelegt und nicht zu begründen, die Ausstossung des *a* nicht
weniger unwahrscheinlich. Da pg. *enxalmo* (sp. *jalma, enjalma*
ital. *salma* etc. von *sagma*) auch die Decke bezeichent die über
das beladene Saumtier gebreitet wird, *enxalmar* das Ausgleichen,
Zudecken, Festschnallen der Last, so ist zu erwägen ob nicht eben
dies Wort auf das *enrejado de esteras* übertragen werden konnte.

*Jarcia leitet Eguilaz von *sarsîa* bei Bocthor, dies von lat. *sarcina*,
obwohl ihm das mlat. *exartia* (ἐξάρτιον), die bekannte Quelle des
Worts, in einer catal. Urkunde begegnet war. Bei Diez nach-
zusehen schien ihm überflüssig.

Caxix, caxis = arab. *ḳasîs* citirt derselbe aus Gonzalez de Clavijo.
Die Historia del gran Tamorlan liegt mir nicht vor, und ich kann
nicht constatiren, ob das Fremdwort etwa aus jüdischem Mund
entnommen wurde. Jedenfalls deutet die Form auf eine nicht
arabische Quelle.

Elixir, das der nämliche in der Einleitung für *x* aus *s* anführt, beruht
auf *ks*, ist eine rein gelehrte Form und wird *eliksir* gesprochen.

*Jaramago (nach Terreros auch *jaramillo*) span., *saramago* pg. wilder
Senf (Erysimon), wilder Meerrettig (armoracia) soll arab. *sarmak*

oder *sarmaǵ* (s. Dozy, Suppl.) entsprechen, das die Melde bezeichne. Ist die letztere Erklärung richtig so können die Worte nicht identisch sein; andernfalls bleibt die Möglichkeit, dass das arabische dem span. entnommen sei.

Harija und *hariza* sind Ableitungen von lat. *far*, nicht *harîsa*.

Jaharrar, die Wand mit Kalk abstreichen, kennt Eg. auch in den mir sonst unerfindlichen Formen *sajarrar* (wohl andalusisch) und *sahelar*, und leitet es von *sahal*, das in der 2. Form complenavit bedeute. Es ist richtig, dass das von Müller gegebene *ǵayar* nicht genügt, aber dem neuen Etymon steht von vorneherein entgegen, dass die Entlehnung von Zeitwörtern recht selten ist und nur bei vollkommener Uebereinstimmung der Bedeutung angenommen werden darf.

Ajaquefa bei Eg. ist *exaquefa* zu schreiben, die Modernisirung unberechtigt, da das Wort nur an einer Stelle zu belegen ist. Die älteren Ausgaben des Diccionario der Akademie bieten allerdings jene Form, die in der neuesten mit Recht ausgemerzt ist: die Erklärung als *cueva o sótano* war, wie nur zu oft geschehen ist, aus dem Zusammenhang schlecht geraten. Eguilaz bekämpft die von Dozy Gloss. *Axaquefa* gegebene Etymologie aus dem Plur. von *śaḳaf* Scherbe, Topf, da dies nicht auf den Maurer und in die Oehlmühle passe, schlägt dafür *assakf* gewölbtes Dach oder *assaḳîfa* Perron vor. Dass er dabei die Bemerkung bei Dozy Suppl. I, 775 übersehen hat ist nicht all zu schwer wiegend: es wird dort eine andere Form jenes Stammes, *aśśaḳâfa*, mit gutem Grund bevorzugt. Er hat aber auch nicht beachtet, dass Dozy keineswegs an eine thönerne Scherbe denkt, sondern an irgend eine technische Uebertragung der ziemlich bedeutungskräftigen Wurzel. Es konnte z. B. die Handpauke ein Gewölbe bezeichnen, wie ital. *tamburo*, oder der Topf einen gemauerten Behälter. Die Identität der Form lässt keinen Zweifel über die Herkunft zu.

Auch eine scheinbare Stütze fehlt Eguilaz Vermutung, dass seinem *morquil* granadin. Zweig der Wasserleitung etwa *maska* Plur. *masaki* zu Grund liegen könne, mit Uebergang von *s* in *r*[1]). Nicht weniger unzulässig würde es sein, wenn man aus Dozy Suppl. II, 592 auf Zusammenhang zwischen dem *gengibre maqui*, italien. *mechino* und arab. *meski* (sp. *almizcle*) schliessen wollte.

---

1) Heisst das Wort nicht etwa *morguil*? Es würde dann von mergere — mergus kommen, *somorgujar* = pg. *mergulhar* entsprechen. Span. *mugron* kann nicht verglichen werden, da die Metathese nicht vorkommt, wohl aber cat. *morgó*.

(Schluss folgt.)

Zu lateinischen Gedichten des Mittelalters.

Von
M. Manitius.

I. Zum Troilus des Albertus Stadensis.

Schon R. Peiper (Jenaer Litteraturztg. 1875 Nr. 501) und der Recensent im
Litt. Centralbl. 1875 Sp. 1249 haben darauf aufmerksam gemacht, wie verbesserungs-
bedürftig die Ausgabe des Troilus von Merzdorf (Leipzig 1875) ist. Der Text
enthält ausserordentlich viel Fehler und die Litteraturnachweise in den Noten sind
teilweise sehr unzureichend. Die Ergänzungen, welche beide in dieser Beziehung
geboten haben, will ich hier unten vervollständigen. Aus entlegeneren Quellen
kann ich nicht viel neues bieten, doch dürfte es interessant sein, dass Albert von
Stade die Poetria des Galfredus in einem Teile seines Gedichtes sehr stark aus-
schreibt. Sonst finden sich besonders viel Nachträge aus Vergil, Horaz und Ovid.
Accessus in Troilum (p. 3 l. 25): Aen. III, 285; p. 4 l. 18: Sedul. Carm.
Pasch. I, 17, l. 19: Aen. I, 1; l. 24: Aen. VIII, 404; l. 37: Ov. Met. IV, 428;
p. 5 l. 6 = Anon. Nevel. prol. 12 (cf. Egberts v. Lüttich fecunda ratis ed. Voigt 924
p. 154 und Amarcii Sermon. III, 322). Prooem. libri I vs. 9: Hor. Ep. II, 3, 316;
vs. 11: Hor. Ep. II, 3, 274. Lib. I, 16 ergo statt erga; I, 43 fluit statt flavit;
52 ‚qui modo coepit' entstammt der nicht seltenen mittelalterlichen Fassung von
Hor. Ep. I, 2, 40 ‚D¡m¡d. facti qui modo coepit habet', die sich neben der hexa-
metrischen Form findet, cf. I, 486; 53 quos statt qui; 63 Hor. Sat. I, 5, 100;
102 oborta statt suborta; 112 repatriare statt repariare; 137 Aen. VII, 798; 141
Ov. Pont. I, 5, 5; 146: Aen. VI, 93; 194: Ov. Pont. I, 2, 76; 215 te statt de;
229 Aen. VI, 465; 230 Hor. Carm. II, 10, 23; 236 (245): Ov. Fast. V, 532; 320
Ov. Am. I, 2, 43; 332 Maximiani eleg. I, 290; 350 dicit statt diicit; 372 Ov.
Amat. I, 486; 416 Lucan. II, 390; 425 f.: Claudian. IV cons. Hon. 290 f.; 455
Juvenal. IX, 124; 514 ist mittelalterliche Umbildung von Ov. Amat. III, 62, wie
sie sich noch im Florileg. Gottingense (Rom. Forsch. III, 286) N. 43, 2 findet,
vgl. Baeda de musica pract. (Migne 90, 934) ‚Omnia praetereunt more fluentis
aquae' und Julianus Toletanus in Nahum (Migne 96, 750) ‚Praetereunt anni more
fluentis aquae'. 515 redit a statt redita; 522 Consilio statt Consilii; 525 Georg.
IV, 184; 532 Ov. Rem. 20; 602 Angilberti Carm. VI, 511 (Poet. lat. aeri Carol. I,
379) ‚Alter in alterius configunt lumina vultus'; 760 f. Ep. ad Coloss. 3, 25; 772
Ov. Amat. II, 731. — Liber II, 49 Staturae statt Facturae? cf. vs. 61; 127 artis
statt artus; 127 f. Sedul. Carm. Pasch. I, 15 f.; 130 Hor. Ep. II, 3, 92; 157 prompta
statt promptu; 211 Aen. III, 39; 219 Otia statt Odia; 286 Ov. Ep. XVIII, 72;
332 Sedul. Carm. Pasch. V, 252; 338 Ov. Fast. III, 424; 480 Juvenal. IX, 124;

494 Aen. I, 224; 514 Aen. II, 330; 536 Aen. XI, 589; 561 Ov. Trist. III, 5, 34; 562 Aen. II, 532; 587 nitere vident statt nidere vide? 593 Aen. II, 511; 610 Aen. VII, 590; 640 Culex 315; 657 Aen. X, 834; 717 Claudian. IV cons. Hon. 297. Aen. II, 427; 737 Georg. IV, 523; 747 Aen. I, 150; 755 Aen. VI, 767; 761 Georg. II, 43; 795 Aen. XII, 223; 837 cf. Dist. Catonis I, 18, 2; 847 Ov. Amat. II, 58. — Capitula libri III 6 occat statt occidit? Lib. III, 19 Uror statt Aror; 59 f. Georg IV, 78; 61 Georg. I, 324; 70 secant statt rigant; 73 Aen. IV, 580; 85 confectus statt confessus? 90 Angilberti Carm. VI, 295; 111 Dist. Catonis II, 10, 2; 117 immanibus; 143 Aen. X, 431; 225 Aen. I, 469; 237 Sedul. C. P. I, 17; 255 Ov. Rem. 406; 329 Aen. II, 553; 352 cf. Ov. Ep. XXI, 174; 406 f. Angilberti Carm. VI, 180.   Aen. III, 619; 411 Stati Theb. VIII, 398 f.; 427 f. Aen. X, 349. XI, 668; 440 Ennod. II, XIX, 3 (Hartel); 448 Angilberti Carm. VI, 295; 470 magnates; 495 discindere; 517 Aen. II, 594; 543 Aen. II, 532. IX, 349, fundit ist am Versschlusse zu ergänzen; 647 Ov. Met. II, 416; 663 cf. Ov. Trist. I, 5, 27; 777 Aen. IX, 166 f.; 803 = Juvenal. VI, 301; 858 Boet. cons. phil. I metr. 1, 22; 875 Aen. II, 427; 877 Anthol. lat. (Riese) 1, I, 1. — Liber IV, 25 Ov. Met. II, 143; 31 huic et diadema levatur? 41 cf. Hor. Carm. II, 13. 35; 70 Hor. Ep, I, 2, 62; 71 Disticha Catonis I, 36, 2; 98 Ov. Rem. 119; 123 f. = Ov. Ep. V, 7 f.; 133 Juvenal. X, 112; 141 = Ov. Met. II, 846; 181 = Hor. Ep. I, 19, 49 (danach funebre statt des hdschr. funere zu schreiben); 242 contractari statt non tractari? 274 Hor. Ep. I, 2, 26; 286 Lucan. I, 3; 368 Ov. Am. I, 7, 50; 522 = Ov. Amat. III, 64; 534 ist der nicht selten citierte Pentameter benutzt ‚Cras poterunt fieri turpia sicut heri' (= Benignus Floriac. excid. Troiae vs. 34)[1]); 545 Juvenal. VII, 197; 571 Aen. XII, 925; 627 = Pers. Sat. III, 87. Die folgende Beschreibung der Penthesilea ist zum grössten Teil wörtlich aus Galfredi de Vinosalvo Poetria 570—604 entnommen, also aus dem Teile des Gedichtes, in welchem Galfredus die Anweisung giebt, wie ein schönes Weib zu beschreiben sei (ed. Leyser hist. poett. et poematt. medii aevi p. 893 f. Es deckt sich Troilus IV, 651 mit Galfr. poet. 570. 653 f.: 571. 655 f.: 572. 657 f.: 573 f. (ausserdem vgl. Matthaei Vindocinensis Carmen ed. Wright and Halliwell reliquiae antiquae II p. 263, vs. 14 f.). 659 f.: 576 f. 661 f.: 574 f. 670: 584 f. 671 f.: 578 f. 673 f.: 580 f. 675 f.: 581 f. 677 f.: 583 f. 679 ff.: 586 f. 683 f.: 589 f. 687 f.: 591 ff. 689 f.: 593 f. 693—696: 595 ff. 702: 598. 705: 599 (ausserdem vgl. zu 704 f.: Maximian. eleg. V, 27). 709 f.: 600 f. 717: 602. 719: 603. 721: 604. Die Vergleichung mit anderen Teilen lehrt, dass sich Albert von Stade sonst nirgends so eng an eine mit sachliche Quelle angeschlossen hat; ausserdem aber ergiebt sich hieraus das hohe Ansehen, in welchem die Poetria des Galfredus auch in Deutschland gestanden hat. Auch in der Aufzählung des äusseren Schmuckes hat Albert die Poetria benutzt, vgl. Troilus 757 mit Poet. 614. 761: 615. 763: 617 f. 767 f.: 615 f. — 779 f. cf. Eugenii Toletani carm. miscell. XXX (Migne patrol. 87). 853 Maximian. eleg. I, 33 (cf. Sedul. Carm. Pasch. V, 1). — Liber V, 1 f. (laudandaque — habet) Ov. Pont. IV, 2, 35 f.; 10 Catonis Disticha I, 27, 2. Die Beschreibung V, 83—96 ist fast ganz

---

1) Die Verse ‚Rumor de veteri facit et (und faciet) ventura timeri | Cras poterunt fieri turpia sicut heri' werden angeführt von Johannes Saresberiensis (opp. ed. Giles) II, 288, in den Carmina Burana (ed. Schmeller 1883) p. 61 N. CLII, 18, von Mathaeus Parisiensis chron. mai. ed. Luard III, 260, in Rolandini Patavini chronicon (Mon. Germ. hist. SS. XIX, 36), der Pentameter allein in den Political Songs ed. Wright p. 32 (contra avaros) vs. 84 und von Thomas Walsingham im Ypodigma Neustriae ed. Riley p. 4. —

aus Ov. Met. XV, 243—257 genommen; vgl. 83: XV, 243. 87: 246 f. 89: 250. 90: 251. 91 f.: 252 f. 93: 254. 94: 255. 95 f.: 255 ff. 135 = Catonis Disticha I, 14, 2; 149 cf. Stati Theb. IV, 191; 227 Georg. III, 94; 235 Aen. XI, 648; 266. 269 f. Boet. cons. phil. I metr. 1, 13 f.; 300 Ov. Amat. I, 654; 314 Juvenal. VI, 642 (Tune duos); 342 Hor. Carm. II, 2, 8; 349 Aen. XI, 210; 355 Aen. XI, 663; 357 Ov. Fast. I, 575; 362 repatriando statt repariando; 373—376: Aen. XI, 721—724; 381 Aen. XI, 745; 389 f. Aen. XII, 383 f.; 395 f. Aen. XII, 278 f.; 399 f. Aen. XI 599 ff.; 402 Aen. XI, 601 f.; 403 Aen. XI, 714; 408 Aen. XI, 652; 409 Aen. XI, 651; 413 f. Aen. XI, 676 f.; 415 Aen. XI, 635. 632; 439 Aen. IX, 349; 440 Aen. XI, 418; 445 = Ov. Trist. III, 5, 33; 471 Hor. Ep. I, 19, 19; 475 Aen. XI, 474 f.; 477 Hor. Ep. II, 3, 224; 485 f. Aen. X, 372 f.; 487 f. Aen. X, 378. 377; 497 Aen. X, 379; 506 Aen. XI, 731; 584 Aen. XI, 804; 683 f. Boet. cons. phil. I, metr. 1, 11 f.; 819 Claudian. rapt. Pros. I, 201; 911 (satiata) = Juvenal. IV, 130; 993 Juvenal. VI, 199. — Liber VI, 19 = Juvenal. VIII, 83; 55 f. Aen. IX, 166 f.; 99 = Hor. Ep. I, 1, 90; 114 = Apolog. Aviani ed. Fröhner (Aviani fabulae) p. 78 Nr. 29, 6; 199 Juvenal. VI, 180; 209 Georg. IV, 83; 238 laboriparas; 246 Aen. II, 143; 291 Aen. I, 10; 501 f. = Maximian. eleg. II, 39 f.; 531 Hor. Ep. II, 3, 137; 538 Angilberti Carm. VI, 359; 573 Aen. VI, 346; 587 Aen. I, 520; 697 Sedul. C. P. I, 17; 703 Aen. II, 431; 801 Hor. Ep. I, 2, 18; 805 Casibus statt cassibus; 821 Lucan. I, 3 (danach victrici zuschreiben); 874 = Maximian. eleg. I, 222; 881 f. = Juvenal X, 111 f.; 889 f. = Hor. Ep. I, 3, 18 f.

Als Anhang gebe ich hier eine Collation des Cod. Dresdensis DC 171ᵃ für die zweite Hälfte des von Merzdorf p. 199 ff. aus Leyser hist. poett. etc. p. 398 ff. abgedruckten Gedichtes 'De excidio Troiae'. Diese zweite Hälfte stammt bekanntlich nicht von Hildebert, sondern ist die Capra aurea des Simon. Die Dresdener Hdschr. ist ein Sammelband, der Teil, welcher das Gedicht enthält (fol. 39ᵇ sq.) stammt aus saec. XIII. Die Hdschr. schreibt stets e für ae und oe, was ich unter den Lesarten nicht aufführe.

Merzd. p. 203 vs. 153 (= Leyser p. 404 vs. 153) danaum data troia. 157 Synonis. 158 expoliata. 159 penolopes. ciclopes. 160 Transtulit ad opes. 161 quoque iudice elie. 162 frigie. iaces. 163 dum. 164 dampna. 165 obrta. 166 nichil. 167 Priamides latere. 169 templa iovisque. 170 edere. lustra fere. 171 Raptu tyndaris. 172 movet (Dardaridis Leyser). 173 Pelicis. 174 trogigene. 175 elene (Helena Leyser) casus fuit urbis amene. 176 compta. 177 dampna. 178 suscitat atque. 179 elene. locaces. 180 taces ylion. 181 exicialis. 182 Femina venalis artibus usa malis. 183 pocius. flammisve. 184 Quam. 186 fehlt. 187 P. u. auget fama pudoris (fama Leyser). 189 monet. 190 Grecos in paridem. (191 Micaenae Leyser). 192 Castraque. refreta. 193 Nestor consilio. 194 friges exicio. Die folgenden Verse sind umgestellt zu 197 f. 195 f.; 195 fidum fuit. 196 Vixit Dardanidum. 197 simul hector defuit. (198 Studebant. praelia Leyser). 199 arsaraci. 200 Vita reso traci dempta dolet ytaci. 201 tracem fraus. 202 Queve. paret tremenda iussa. 203 ydee. nequid. 205 decus potuit infrangere. 207 si non erat. verba col. 210 Et quam comminorat Pergama fl. vorat. (211 Pastibus Leyser). 212 Occubuit. 213 nimis modo tbues. 214 Inclita. 216 ganigenis. 217 Flamme deum. deicit. 218 eques (so auch Leyser) in cedes. 219 abenda. 220 pyrrus. 222 Passos (auch Leyser). 223 Quemlibet a. perimunt. 224 Gens serie. tot milia (alterum i erasum). 227 asaraci. 228 lacent (auch Leyser). 230 sceleres. 231 fleres. parvulos, ul erasum). 233 pereunt. meres. 236 Tot

clades.   237 Utres de clarat ubi fundamenta l. 238 et aptarat.   240 leenarum
non metuenda parum.   241 Tectaque maiorum locus.   242 pecorum.   243 Ob
vitium. quod inescat c. anni.   245 ydei quot.   248 Enea. catemque.   251 Heperie.
spoponderat.   252 regna putas.   253 Ut. 254 Te r. f. perfecta longa ratis. 255 fre-
tis et sedes.   256 asapiente.   257 in pulsibus.   258 sibilla.   259 parent rutuli que.
260 regna tribus populi.   261 Ergo dea nate s. f. tutus acate (Achate Leyser).
263 loca dum tibi debita (dum Leyser).   265 Turis.   270 forcia.   271 Et sibi.
ad astra (sibi Leyser).   272 Et.   273 caput effert (effert Leyser).   275 ex enea.
Zum Schlusse steht der Schreibervers ‚Finito libro fiagat‘ crura magistro.   amen.
(flagrantur?)

II. Zu Egberts von Lüttich Fecunda ratis.

Die Ausgabe der‚ Fecunda ratis‘ von E. Voigt (Halle 1889) hat mit Recht die
allseitige verdiente Anerkennung gefunden, da sie nach jeder Seite hin eine
Musterausgabe genannt werden kann.   Von besonders grossem Werte sind die
beigegebenen Citate, Erklärungen und Erläuterungen, in welchen Voigt ausser-
ordentlich reichhaltiges Material zu Tage gefördert hat. ⸱ Ich kann hierzu fol-
gende Nachträge geben, die für die litterarhistorischen Kenntnisse Egberts von
Interesse sein dürften.

Zu Fec. Ratis I, 148 cf. Troilus (ed. Merzdorf) V, 940; 163 f.: Troilus II,
277 f.; 226: Galfredi Poetria nova 68 und Troilus IV, 625; 249 Juvenal. XIII, 2 f.;
315 Hor. Ep. II, 3, 224; 339: Juvenal. XIV, 207; 358: Hor. Ep. II, 2, 75; 412 =
Orientii commonit. I, 567.   Diesen Vers wies ich schon früher bei Paulus Diac.
homil. 153 und in der Continuatio Cosmae canon. Wissegradensis (M. G. SS. IX,
146) nach, cf. Wiener Sitzungsberichte CXVII, XII S. 7; 437:. Juvenci hist.
evang. III, 522 f.; 620: Hor. Sat. I, 5, 22; 694: Material. IX, 97, 1; 726: Juvenal.
XV, 10: 924: Amarcii Sermon. III, 322; 964: Hor. Carm. II, 2, 24; 1014: Juvenci
hist. ev. III, 499 (rerum possessio fulgens); 1131: cf. Tatuini aenigma de penna 4
compellor sulcare per aequora campos; 1167: cf. Nasonis Ecl. II, 19 nimio sudore
fatiscit; 1202: Hor. Ep. II, 3, 412; 1224: Hor. Carm. III, 12, 3; 1428: Aen. VII,
749; 1431: Aen. VI, 197; 1461: Aen. VI, 346; 1469: Hor. Ep. I, 18, 84; 1582:
Georg. I, 114; 1588: Sedul. I, 237; II, 61 f.: cf. Orientii commonit. I, 561 f.;
460: Juvenci hist. ev. praef. 18; 87: Ov. Met. II, 137; 514: Aviani fab. 1, 16;
550: Carm. adv. Marcionitas III, 130 ‚Psalmographus David magnus rex atque
propheta‘.

Die O-Laute im Provenzalischen.

Von

Dr. Karl Oreans.

Einleitung.

Vorliegende Arbeit verfolgt den Zweck, einen weitern Beitrag zur Geschichte des provenzalischen (besonders des altprov.) Vokalismus zu liefern. Es handelt sich diesmal um die O-Laute, für welche bisher nur Paul Meyers Abhandlung in den Mémoires de la société de linguistique de Paris I, 145 ff. in Betracht kam. Der Verfasser giebt hier ein zwar klares, aber nur kurzes und teilweise auch unvollständiges Bild von der Entwicklung der O-Laute. Das hier entworfene Bild zu erweitern und womöglich zu vervollständigen, sei nun im folgenden versucht. Im übrigen verweise ich noch auf S. 6—8 meiner Arbeit: „Die E-Reime im Altprov." Freib. Dissert. 1888.

Verzeichnis der benützten Werke nebst Abkürzungen.

Aig. et Maur. . . . . . A. Scheler, Aigar et Maurin. Bruxelles 1877.

Anc. poés. rel. . . . . P. Meyer, Anciennes poésies religieuses en langue d'oc. Bibl. de l'École des Chartes. 1860.

Arch. . . . . L. Herrig, Archiv für das Studium der neueren Sprachen und Litteraturen. Braunschweig 1846 ff.

Arn. Dan. . . . . . . Canello, Arnaldo Daniello. Halle 1883.

At de M. . . . . . . W. Bernhardt, Die Werke des Trobadors N'At de Mons. Heilbronn 1887. Altfrz. Bibl. XI.

Ausg u. Abh. . . . . . E. Stengel, Ausgaben und Abhandlungen aus dem Gebiet der romanischen Philologie.

Az. . . . .   G. Azaïs, Dictionnaire des idiomes romans du midi de la France. Montpellier.

B. D. . . . .   Bartsch, Denkmäler der prov. Litteratur. Stuttgart 1856.

Bern. v. Vent. . . . .   Hofmeister, Reime Bernarts v. Ventadorn. Ausg. u. Abh. X.

Bertr. de Born . . . .   A. Stimming, Bertran de Born, Leben und Werke. Halle 1879.

Bibl. de l'Éc. d. Ch. . .   Bibliothèque de l'École des Chartes. Paris 1860 ff.

B. Lb. . . . .   Bartsch, Prov. Lesebuch. Elberfeld 1855.

Brev. . . . .   Azaïs, Ermengaud]o breviari d'amor. Paris et Béziers.

Canz. prov. . . . . .   Cesare de Lollis, Il canzoniere provenzale. Roma 1886.

Chrest. prov. . . . . .   Bartsch, Chrestomathie provençale. 4. Aufl. Elberfeld 1880.

Comput . . . .   Chabaneau, Comput en vers provençaux. Paris 1881.

Crois alb. . . . . . .   P. Meyer, La chanson de la croisade contre les Albigeois. Paris 1875.

Daude de Prad. . . . .   Stickney, Daude de Pradas. Florenz 1879.

Daur. et Bét. . . . .   P. Meyer, Daurel et Béton, chanson de geste provençale. Paris 1880.

Déb. d'Izarn . . . . .   P. Meyer, Le débat d'Izarn et de Sicart de Figueiras. Nogent-Le-Rotrou 1880.

Dern. troub. . . . . .   P. Meyer, Les derniers troubadours de la Provence. Bibl. de l'Éc d. Ch. 1869.

Don. . . . .   E. Stengel, Die beiden ältesten prov. Grammatiken. Marburg. 1878.

Duc. . . . .   Ducange, Glossarium mediae et infimae Latinitatis.

Dz. Et: W.⁴ . . . . .   Diez, Etymologisches Wörterbuch der romanischen Sprachen. 4. Aufl.

Dz. Gr.⁴ . . . . . .   Diez, Grammatik der romanischen Sprachen. 4. Aufl.

Dz. L. u. W. . . . . .   Diez, Leben und Werke der Troubadours.

Flam. . . . .   P. Meyer, Le roman de Flamenca. Paris 1865.

Folq. v. Lunel . . . .   Eichelkraut, Folquet de Lunel. Berlin 1872.

Franz. Stud. . . . . .   Körting und Koschwitz, Franz. Studien. III.

G. Anelier	Gisi, Guilhelm Anelier von Toulouse. Solothurn 1877.
G. Fig.	Levy, Guilhelm Figueira. Berlin 1880.
Giorn. di fil. rom. . . .	Giornale di filologia romanza. III. Roma 1886.
Gir. v. Ross.	Müller, Die Assonanzen im Girart von Rossillon. Franz. Stud. III 5.
Gram. lim.	Chabaneau, Grammaire limousine. Paris 1876.
Grundr	Gröber, Grundriss der romanischen Philologie. Strassburg 1886.
Guerre de Nav.	Francisque-Michel, Histoire de la guerre de Navarré. Paris 1856.
Guilh. IX	A. Keller, Lieder Guillems IX. Tübingen 1848.
Guilh. v. Berg.	A. Keller, Guillelm von Berguedan. Leipzig 1849.
Guilh. v. Cab.	Hüffer, Guillem de Cabestanh. Berlin 1869.
Jahrb.	Ebert, Jahrbuch für romanische und englische Litteratur. I.
Jaufre	Roman de Jaufre. L. R. I 48—173.
Jaufre Ergzg.	Hofmann, Ergänzungen des Jaufre. Sitz.-Ber. der bair. Akad. der Wiss., philos.-philol. Kl. 1868.
Jeux floreaux	Chabaneau, Jeux floreaux. Auszug aus der Histoire générale de Languedoc. Edition Privat. X.
Joyas	Las Joyas del gay saber.
J. Rud.	Stimming, Jaufre Rudel. 2. Aufl. Berlin 1886.
Kalepky	Jahresbericht 1886/87 über die Ober-Realschule in Kiel. Kiel 1887. Abhandlung des ordentlichen Lehrers Dr. F. Kalepky: Bearbeitung eines altprov. Gedichtes über den hl. Geist.
Leys d'am.	Las Leys d'amors.
Lied. B. v. Vent. . . .	Tobler, Ein Lied Bern. v. Vent. Sitz.-Ber. der Berl. Akad. d. Wiss. 1885.
L. R.	Raynouard, Lexique roman.
Mém.	Mémoires de la société de linguistique de Paris. 1.
Mistr.	Mistral, Trésor dou Félibrige. Paris 1879.
M. v. Mont.	Klein, Der Mönch von Montaudon. Ausg. und Abh. VII.

28*

M. G.	Mahn, Gedichte der Troubadours.
M. W.	Mahn, Die Werke der Troubadours.
Pass. du Christ	Edström, La passion du Christ. Göteborg 1877.
Paul. de Mars.	Levy, Paulet de Marseille.
P. Rotg.	Appel, Leben und Lieder Peire Rotgiers. Berlin 1882.
P. Vid.	Bartsch, Peire Vidals Lieder. Berlin 1857.
Poés. inéd.	Chabaneau, Poésies inédites des Troubadours du Périgord. Paris 1885.
Poés. rel.	Levy, Poésis religieuses. Montpellier 1887.
Ponz de Capd.	v. Napolski, Ponz de Capduoill, Leben und Werke des Troubadours. Halle 1879.
Rec.	P. Meyer, Recueil d'anciens textes. Bas Latin - Provençal. Paris 1874.
Ren. et Geof. de Pons .	Chabaneau, Les troubadours Renaud et Geoffroy de Pons. Paris 1881.
Rev.	Revue des langues romanes.
Rime prov. di Ramb. Buv.	Casini, Le rime provenzali di Rambertino Buvalelli. Firenze 1885.
Rom.	Romania.
Rom. Stud.	Böhmer, Romanische Studien I—IV.
S. Agnes	Bartsch, Sancta Agnes. Berlin 1869.
St. André	Fazy, Mystère de Saint - André. Aix 1883.
St. Ant.	Guillaume, St. Anthoni de Viennès. Paris 1884.
Ste. Enimie	Sachs, La vie de Ste. Enimie von Bertran von Marseille. Berlin 1857.
St. Hon.	Sardou, Sant Honorat. Nice 1875.
S. D.	Suchier, Denkmäler prov. Litteratur und Sprache. Halle 1883.
Troub. de Béz	Azaïs, Les troubadours de Béziers. Béziers 1869.
Zorzi	Levy, Der Troubadour Bertolome Zorzi. Halle 1883.
Zsch.	Gröber, Zeitschrift für roman. Philologie I—IX.
2 man. prov.	Deux manuscrits provençaux du XIVe siècle par Dr. Noulet et Chabaneau. - Montpellier 1888.

A. = Adj.

S. = $\begin{cases} \text{Seite} \\ \text{Subst.} \end{cases}$

V. = $\begin{cases} \text{Verbum.} \\ \text{Vers.} \end{cases}$

V.-S. = Verbalsubstant.

1. Abschnitt.

I.

Wie bei den E-Lauten, so haben wir auch bei den O-Lauten im Prov. zwei verschiedene Qualitäten zu unterscheiden, das offene o (ǫ) und das geschlossene o (ọ). Dieser Unterschied wurde schon von den ältesten prov. Grammatiken, dem Donat proenzal und den Leys d'amors gemacht. Dort ist ǫ mit o larc und ọ mit o estreit, hier mit o plenisonan und o sémisonan bezeichnet. Die richtige Deutung dieser Ausdrücke verdanken wir Mila y Fontanals, De los trovadores en Espagna S. 461 und E. Böhmer, Rom. Stud. IV 487.

Auf ersterem basiert dann Paul Meyer in seiner oben erwähnten Abhandlung.

Ausser dem Zeugnisse der prov. Grammatiker sprechen aber noch weitere Argumente für den oben gemachten Unterschied der O-Laute, nämlich

1) die Schreibung;
2) die Weiterentwicklung der betr. Laute im Neuprovenzalischen und
3) das Hauptargument, der Reimgebrauch der altprov. Dichter.

II.

Schon in den ältesten prov. Sprachdenkmälern findet sich gelegentlich die Schreibung u für ǫ. Als Belege mögen folgende dienen:

Chrest. prov. 1,5 murem (morimus)

3,6 und 5,25 ultra (ultra)

5,30 rascundre (reexcondere)

6,8 sun (sunt)

7,31 lugre (lŭcrum)

9,6 mun (mundum Sbst.)

10,24 cumpra (*comperat)

10,27 bucella (bŭccella)

10,42 num (= nōn me)

11,10 sun (sunt)

11,17 cum (quomodo)

11,37 num (nomen)

11,45 munz (mundus)

Chrest. prov. 13,6 culliran (colligere babent)
          14,40 anunciara (annuntiare habet)
          20,3 murira (morire habet)
          20,7 cumtet (computavit)
          21,16 mensungas (*mentitionicas)
          23,26 ubert (opertus)
          24,3 lur (illorum)
          49,9 num (nomen)
          49,20 desubres (desuper)
          71,22 voluntat (voluntatem)

M. v. Mont.

Nr. 1 voluntier (voluntarium)
      sufren (subferentem)

Levy - Guilb. Fig.

Nr. 1 murir, sufrir, turmen (tormentum)
Nr. 5 lur ⎫ illorum
      lurs ⎭

Bertr. de Born.

lur (illorum) — an vielen Stellen.
Nr. 16 fulhat (föliatum)

B. D.

S. 55,16 sufrir
S. 60 cuberta (cooperta)
S. 78 turmens
S. 96, 194, 200 etc. murir
S. 131 sufrir
S. 132 cubrir
S. 174 vulhatz (voliatis)
S. 282 ubriers (operarius)
      lur (illórum) an vielen Stellen.

S. D.

lurs an vielen Stellen.

S. Agnes.

S. 13 ubesir (öbedere)
S. 16 munt (mundum)
S. 17 despullar (despöliare)
S. 23 fun (fuit)
S. 24 vullas (völliatis)
      lur an vielen Stellen.

P. Rotg.

S. 95 culhir (colligere); cubrir (cooperire)

Arn. Dan.

S. 114,24 murir

P. Vid.

S. 74 turmen; an vielen Stellen sufrir

Flam.

sufrir⎫
lur ⎬ an vielen Stellen.

S. 73 uccaiso (occasionem)
S. 76 musel (morsellum)
S. 90 ubrir
S. 175 vuillatz (vŏliatis)
S. 181 remulliet (remolliavit)
S. 209 acullir (accolligere)
S. 220 ucaison (occasionem)

Brev.

I, 12 dubtar (dubitare)

I, 18 ⎫
I, 164 ⎬ culhir (colligere)
I, 322 ⎭

I, 90 turmens
I, 164 durmir (dormire)
I, 254 budel (botellus)
I, 351 mundar (mundare)
II, 247 ubrir
    lur fast durchweg.

Diese Beispiele könnten noch bedeutend vermehrt werden, jedoch bei der ungeheuern Menge derselben mögen die hier erwähnten genügen.

Diese Schreibung nimmt in den späteren Denkmälern bedeutend überhand. Vom 15. Jahrh. an — vereinzelt auch früher — treffen wir ǫ dargestellt durch ou und gesprochen als u, im Gegensatz zu ǫ, das in Schrift und Laut durch einfaches o wiedergegeben ist. Die Schreibung ou für ǫ gab Einigen, so z. B. P. Meyer und Chabaneau, Veranlassung zu meinen, dass ǫ schon im Altprov. — wenigstens vom 13. Jahrh. ab, wenn nicht schon von Anfang an — wie u gesprochen wurde.

Die Reime, sowie die vorherrschende Schreibung der Dichter sprechen indes dagegen. Ziemlich allgemein treffen wir diese Schreibung und diese Reime erst vom 15./16. Jahrh. an Gestützt wird

diese Ansicht noch durch die ganz parallele Entwicklung des Lautes
ou im Nordfranzösischen.

III.

Als weiteres Argument habe ich oben die Weiterentwicklung der
betr. Laute im Neuprovenzalischen erwähnt. Wir können näm-
lich die auffallende Wahrnehmung machen, dass einem ǫ im Altprov.
ein ou im Neuprov. entspricht, während ein ǫ als solches erhalten
bleibt; z. B.:

altprovenzalisch	neuprovenzalisch
corǫna	courouno
flǫr	flour
hǫra	houro
leǫn	leioun
nǫs	nous
vǫs	vous
fǫrma	fourmo
cǫt	cout
glǫriǫs	glourious
honǫr	hounour
nǫt (nōdum)	nout
nǫm (nōmen)	noum
nǫn	noun
pǫm	poum
tǫt	tout
vǫtz	vous
jǫgar	jouga
lǫgar	lougâ
prǫvar	prouva
demǫrar	demoura
vǫlar	voula
ǫliva	oulivo etc.

dagegen

altprovenzalisch	neuprovenzalisch
cǫr (chŏrum)	cor
demǫra	demòro
fǫra	foro
rǫsa	roso
pǫble	pople
cǫrs (corpus)	cors
fǫc	foc, fioc, fio, fue

altprovenzalisch	neuprovenzalisch
rǫda	rôdo
pǫdon	podon
prǫva	provo
nǫu	nǫu, niôu
auriǫl	auríol
filkǫl	filhol
ˋvǫl (vŏlit)	vol
escǫla	eicôlo
fǫrma	formo etc.

Cf. Chab. Gram. lim. S. 32—36.

Ausnahmen von der regelrechten Entwicklung erklären sich
grösstenteils leicht unter dem Einfluss der Satzphonetik, der Analogie
und unter der Einwirkung des Nordfranz. Gewisse Ausnahmen sind
auch nur dialektische Eigentümlichkeiten und nicht gemein-
provenzalisch.

IV.

Fragen wir endlich — und dies bildet das Hauptargument — wie
verhalten sich die altprov. Dichter zu dieser Scheidung der O - Laute?

Prüfen wir ihre Reime genau, so sehen wir, dass auch sie in ihren
Reimbindungen den Unterschied zwischen ǫ und ǫ streng einhielten.
Wo wir trotzdem eine Ausnahme finden, ist es meist nur eine schein-
bare, die sich auf dem Wege der Analogie oder der Satzphonetik oder
sonstwie erklären lässt; in den allerwenigsten Fällen haben wir es
wirklich mit einer Ungenauigkeit im Reime zu thun, die, wie bei den
E-Lauten, einen 4fachen Grund haben kann. Cf. „E-Reime im Altprov."
S. 9 und 10.

Nachdem wir bisher die Thatsache konstatiert haben, dass auch im
Provenzalischen eine Scheidung der O - Laute besteht, wie wir sie in
den meisten andern romanischen Sprachen antreffen, wollen wir im
folgenden Abschnitte zu den Quellen der verschiedenen O-Laute über-
gehen.

2. Abschnitt.

Quellen von provenzalischem o.

A. Quellen von ǫ.

Prov. ǫ geht zurück:

1) auf klass.-lat. ŏ [* oder vlglat. ǭ
2) auf klass.-lat. ŏ] oder vlglat. ǫ

* Anmerk. [bedeutet in freier,] in gedeckter Stellung.

3) auf klass.-lat. ŏ (ŭ)] [Lab· oder vlglat. ọ̆ Lab·

4) auf klass.-lat. ō-j oder vlglat. ọ̆.

Bei Nr. 3 ist es gleichgültig, ob wir einfachen Labial oder eine labiale Konsonantengruppe haben. Wir haben hier vollständigen Parallelismus mit den E-Lauten.

Erläutern wir das eben Gesagte durch Beispiele; jedoch wollen wir, um die Reimlisten nicht in einer die Uebersichtlichkeit · störenden Weise auseinanderzureissen, die 4 Fälle nicht einzeln, sondern zusammen behandeln. Es folgen dabei die Beispiele in alphabetischer Reihenfolge.

-ọbla

Troub. de Béz. S. 16 dobla (Adj.) : cobla (cōpula). — M. W. IV 190, ₃₅₇ coblas : doblas. — Leys d'am. I 200 dobbla : cobbla. — Arch. 50, ₂₈₂ cobla : dobla; carobla (carube) : pobla (Verb.).· — 2 man. prov. 210, ₃₇₁ cobla : dobla. — Flam. 1331 dobla : encobla. 5430 dobla (V.) : dobla (Adj.).

-ọble

2 man. prov. 50, ₁ moble : noble. — Joyas 54, ₁₇ noble : pople. 84, ₁₈ Costantinoble : pople. 109, ₉ poble : moble (Sst.). 156, ₉ noble (nŏbilem) : poble. 161 noble : poble. 259 noble : pople. Cf. italien. nọbile, franz. nọble, port. nọbre.

-ọbra

M. W. I 332 descobra : obra. II 203 obra : cobra (V.) : sobra (V.). 221 obras : sobras (S.); sobra (V.) : cobra (cuperat). IV 104, ₇₇ obra : sobra. — M. G. 950 obra : sobra : colobra : descobra : cobra : obra : obra. 1282 obra : sobra : colobra : descobra : obra. — Arn. Dan. S. 113 obra : sobra : colobra : descobra : Dobra : cobra. Cf. it. copro, span. cuebro, afr. cuevre. — Ste. Enimie 1036 obra : colobra — Leys d'am. I 160 obra : sobra. — Joyas 267, ₅ obras : Dọnas — 2 man. prov. 7, ₁₉₈ obras : sobras. 7, ₂₁₁ sobra : cobra. 16, ₄₅ obras : sobras. 122, ₂₃₉ sobra : obra. 133, ₁₃₂ obras : sobras. — B. D. 244, ₁₃ obra : colobra.

-ọbre

B. D. 78, ₂₁ recobre (S.) : obre. Cf. Arn. Dan. S. 97, ₁₄ im Innern cuebre.

-ọc (-uoc, -uec)·

Arn. Dan. S. 112 gruocs (*groccus) : fuocs : luocs : cuocs (cŏquus): enuocs. — M. W. I 145 brotz (?) [Corr. brocx] : flocx : enocx. II 35

joc : loc : moc : poc.   III   20   Maroc : ploc : loc : poc : moc : toc :
floc (S.).   103 juec : fuec.   178 toc : foc : joc : Enoc : broc (Trank) :
poc : loc : moc : oc (hŏc) : Marroc : oc : loc.   188 locs : ocs : flocs :
jocs : Enocs : focs : rocs : grocs : cocs : Marrocs : brocs (V.) : derocs :
badocs (Maulaffe) : crocs (*croccus). 246 oc : loc : joc : roc.   254 ploc :
moc : roc : poc : badoc : deroc : floc : toc : poc : oc.   IV 207, 97 loc :
toc. — M. G. 56 encoc : deroc : hoc : croc (S.) : loc : badoc : descoc :
toc.   199 groc : loc : toc : broc : foc : oc : poc.   341 locx : flocx : jocx;
loc : foc.   342 locs : hocs : Enocs : grocs : Marrocs : derrocs : badocs
(V.).   563 desloc : joc.   611 joc : loc : poc.   615 fuecs : juecs : luecs :
gruecs : huecs.   640 loc : moc : poc.   790 flocs : enocs [Corr. clueg?] :
locs : focs : tocs : jocs : refocs.   956 ploc : toc : froc (Kutte) : floc :
loc : moc. — P. Vid. S. 83 oc : poc (potui) : moc (*mŏvui). 84 desroc :
(V.) : loc : joc. — At de Mons 29, 1067 loc : moc. — B. Lb. 37, 60
loc : joc.   133, 35 luec : juec.   136, 80 loc : joc.   137, 21 loc : joc.
138, 1 loc : joc. — Arch. 33, 338 enoc : loc : joc : broc : foc : deroc :
moc : floc.   36, 446 joc : loc : moc : enuec : puec. — Brev. 1569 loc :
moc.   8115 reconoc : conoc.   8231 Enoc : luoc. — Flam. 331 poc : toc.
1421 joc : luec.   2639 poc : oc.   2462, 6735 u. 7569 poc : moc.   4478,
5724 u. 7000 poc : hoc. — B. D. 115, 27 loc : oc.   129, 6 loc : moc :
poc.   151, 37 toc : loc.   161, 15 locs : flocs (*floccus). — Pass. du
Christ. V. 17 poc : moc. — Rayn. Choix IV, 85 Maroc : ploc (plovuit) :
loc : poc : moc : toc. — Leys d'am. I 106 estoc : foc.   154 toc : loc.
200 biocz (biochus) : locz.   296 croc : foc.   III 122 toc : foc. — 2 man.
prov. S. 15, 15 foc : joc.   28, 5 lox : fox : estox : jox : badox : grox :
flox : Marox : rox : tox : buzox („buse") : brox (brin de petite branche,
épine) : crox : rox (*roccus). — St. Hon. S. 157 juec : luec.   178 Mar-
roc : alloc (adlocum). — Rev. XX La cour d'amour V. 293 locs : jocs.
425 loc : joc.   XX St. Eust. V. 850 luoc : fuoc.   2418 luoc : fuoc.
2588 luoc : fuoc.   XXVIII Ste. Marie Madeleine V. 28 loc : toc. —
Rom. XIV Le mariage de la vierge et la nativité du Christ V. 483
luec : oc.

Unter diesen Reimen verdienen die versch. Perf. besondere Be-
achtung. Die Angabe des Don. 22, 22 fand ich durch die Reime nicht
bestätigt.

Für croc und roc cf. Zsch. II, 86.

-oca

M. W. III 212 roca (*rocca) : badoca : toca : Antioca. — Arch.
34, 409 roca : descroca : broca : floca. — Ste. Enimie V. 379 rocha :

tocha. — B. D. 226, 12 rocha : tocha. — Jaufre Rayn. I 52 broca : roca. — Rev. XXII St. Eust. 1693 parocho : tocho.

-ǫcon

Flam. 7858 brocon : derocon.

-ǫdi

2 man. prov. S. 26, 2 rodi : podi. — B. D. 76, 21 codi (codex): hodi.

-ǫdon

Flam. 6594 podon : rodon.

-ǫga

Guilh. v. Berg. XVIII sogra (sŏcera) : groga : savoga : loga : sinagoga.

-ǫgra

Flam. 4178 pogra (potueram) : sogra (socera). -- M. G. 328 suegre; suegra.

-ǫi (-uoi, uei)

M. W. I 154 bloy : joy. — M. G. 630 joy : croy : enoi : soi. — B. Lb. 133, 31 huei (hŏdie): enuei (inŏdiet). 133, 42 poi (paucum) : joi. 142, 57 enuei (inodium) : bruei. — Flam. 3653 joi : oi (hoc illud). — Jaufre Rayn. I, 55 enuei : uei (hŏdie). — 2 man. prov. 51, 1 joy : croy. 210, 365 joy : soy (?). — Rev. XX La cour d'amour V. 509 soi : enoi.

-ǫia (-ueia)

Chrest. prov. S. 63 joya : bloja (plŏvia) : ploja (plovia) : poja (podiat). 130 joya : Troja : Savoja : voja (vocitat) : poja (podiat) : ploja. 181 troja : voja. — M. v. Mont. Nr. 9, 9 enoja : ploja : troja : voja. — Bern. v. Vent. bloja : joja : poja : ploja. — Bertr. de Born. Nr. 4 croja : bloja : boja (boja) : enoja : joia : poja : Savoya. 17 joja : Savoja : çroja : bloja : Troja. 37 poja : voja (vocita) : enoja : noja (noceat) : loja (V.) : coja (coqueat). — Arn. Dan. S. 98 croia : Savoia : joia : Troia. — M. W. I 368 joya : Troya : Savoya; pueia : tueia : plueia : vueia (vocitat). II 207 loias : enoias : upropias (Corr. aproias). III 286 joia : croia. — M. G. 279 joya : enuoya (invocitat). 544 poya : ploia. 762 enueia : trueia : lueia (locitat) : trueia : errueia (?) : pueia (podiat). — B. Lb. 35, 23 jueja : enveja. 143, 58 enueja : nueja (S.). — Arch. 33, 441 ploia : poia : voia : loia : boia : enoia. — Leys d'am. III, 172 Savoya : joya. — Jaufre Rain. I 51 trueia : tremueia (trimodium). — Rom. XIV Le mariage de la vierge ... V. 507 enueja : prega. Kalepky S. 10, 30 gloria : apoja : estoja : ploja. Cf. it. bǫja und trǫja (Grundr. S. 521, 43).

-ọira? oder -ọira?

M. G. 1006 vidoira : pacoira : boira : moroira : malventoira : iroira.

-ọis (-uois, -ueis)

M. G. 325 jois : crois. — B. LB. 132, 67 trois : blois. — Arn. Dan.
S. 115 puois (postius) : puois (podium) : duois (*doxit) : engrois : jois :
enois (inodium).

-ọit (-uoit, -ueit), -ọch (-uoch, -uech)

Chrest. prov. S. 205 dueich (doctum) : cueich (coctum). — B. D.
118, 23 enog : nog (noctem). 266 enuech : nuech. — Daude de Prad.
V. 1641 enueg : dueg (doctum). — Flam. 769 enug (inodium) : uig
(octo). 1355 nug (noctem) : enug (inodium). 2686 nuh : dug (doc-
tum). — Brev. 23052 pueh (podium) : anueh. — Jaufre Rayn. I 60
enug (inodium) : nug (noctem). 66 nueitz : pueitz (podium). — 2 man.
prov. S. 11, 26 enuegz : vuegz. 99, 1 nuegz : enuegz : vuegz (vocitus).
116, 61 nuegz : enuegz. — St. Hon. S. 159 nueg (noctem) : pueg (po-
dium). — Rom. Π S. 174 nuech : dich. XIV. Le mariage de la
vierge . . . V. 537 anueh : clueh (paille. Rayn.).

-ọiti (ochi)

Leys d'am. I 32 vuegi (vocito) : puegi (podio).

-ọl

M. W. I 98 rossinhol : dol : abadol : col : vol : fol. 101 sol
(sŏlum) : tremol (V.-S.) : tribol (V.-S.). II 166 filhol : acol : Pinairol :
vol : estol. 190 col : degol. 243 lansol (linteolum) : mercairol : flaujol :
rossinhol. — M. G. 234 folh (follem) : molh (mollem). 605 vol : aujol :
acol : pairol : sol : dol : lensol : mercairol (in den andern Hdschr. mer-
curol : fiaujol : rossignol). 859 rossinhol : dol : vol : fillol : sol : acol.
947 sol : dol : m'adol : vol : col : l'assol : aiol : s'esmol. — Crest. prov.
S 58 sol : dol : vol : tol. 90 fol : col (collum). — Bern. v. Vent. dol :
sol : vol : tol : col (collum) : dol (V.-S.) : asol (absolvit) : revol (re-
volvit). — Bertr. de Born. Nr. 28 carcol : esmol : tresol. — Arn. Dan.
S. 101 sol : dol : destol : tol : fol : vol : mol : afol : tol. — Daude
de Prad. V. 448 cabrol (capreolum) : vol. — Troub. de Béz. S. 39, 13
sol : flautol : cruol (Lampe) : moiol (modiolum) : sol : nuchol : carriol
(carrum + ŏlum). — B. Lb. 127, 45 afol : degol. — Arch. 34, 378 bra-
vairol (?) : sol : mol : virol : vol : col (cŏlit) : acol : fol : ratairol (?) :
moiol : rocairol (?) : sirol (?). — Joyas 132 Capitol (capitulum) : vol

(*volit) : dol : col (cŭlit). — Leys d'am. 270 Auriol : vol. — B. D.
212, 19 mol (mŏlit) : dol. 296, 6 pairol : dol. — S. D. S. 66, 2211 coll:
moll. 155, 1108 Juliol : vol. — Flam. 5286 sol (sŏlet) : morsol. —
Brev. 13157 apostol : pobol. 13753 diabol : habitacol. 26429 apostol :
pobol. — Ste. Enimie V. 602 sol : dol (S.). 988 sol (sòlum) : planiol.
1409 sol : dol. — Rom. II 182 col : vol. 191 sol : Chrisol; col : vol. —
Rec. S. 274 vol : col. — Jaufre Rayn. I 58 arestol : sol. 101 dol :
vol. — Manuscr. Bibl. nat. fr. 13514 „Incipit vita beatissimi Trophini"
V. 949 apostols : decipols — 2 man prov. 19, 92 sol : vol. 53, 59 aujol :
flaujol : filhol : ol (ŏlet) : dol : vol. 124, 301 tol : fol. 126, 373 dol :
vol. — Canz. prov. Nr. 45 revol : dol. — St. Hon. S. 149 foll : coll. —
Zeitschr. S. 62 vol : col : fol : destol : canirol (in-d. and. Hschr. uanirol,
cavirol). 65 servol : Markiol : vol : vol. — Rev. XX La cour d'amour
1655 farestol : vol. XXII St. Eust. 1218 beytiol : col.

-ǫla

M. W. I 59 revirola : degola : s'amola : vola. — M. G. 157 batzola :
escola : dola : l'afola. 752 cola [tola?] : fola : mola : corola : dola :
degola (Hschr. gola) : asola : acola : estola : virola [viola] : percola :
viola : tola. 806 revirola : degola : rossinhola : auriola : amola : vola :
d'aisola : masola : briola : faisola : baiola : siguiola. 1030 fola : vola;
fola : viola; fola : escola; fola : tola; fola : acola; fola : parola : pa-
rola. — Arn. Dan. S. 116 escola : viola : afola : cola : vola : acola :
sola. — Chrest. prov. 265 violas : rozas. — 2 man. prov. 76, 7 vola :
escola : cola : mola. — Ste. Enimie 1002 mola : filhola. — Guilh. v.
Berg. III 39 batzola : escola : dola : afola. — Flam. S. 197 faissolas :
esgolas. V. 4824 acolla : folla. 5874 acolla : corolla (-aulam). — Brev.
S. 176 corola : acolla. V. 7061 Ferrigola : ola (ŏlla). — Leys d'am.
III 244 randola („hirondelle") : fonsdola. — Joyas 7, 7 vola : escola :
cola : mola. — B. D. 59, 27 sola : vola : scola : corola. 169, 35 molas :
escolas. 260, 6 filhola : mola 274, 17 escola : demora. — Poés. rel. 313
afola : gǫla. — Rev. XX La cour d'amour 717 percola : afola. 889 vola :
viola. — Kalepky S. 9, 22 escola : cossola (!) : afola : fora (Adv.).

-ǫlc

S. D. 53, 1779 tolc : volc. 153, 1046 volc : loc. — Flam. 611 volc :
colc. 1327 tolc : volc. 2555 dolc : tolc (*tollui). Cf. Don. 22/23.

-ǫlgra

Flam. 6120 dolgra : volgra.

-ǫlgron

Flam. 447 dolgron : volgron. 6721 tolgron : volgron.

-oĭ (-uoil, -ueil)

M. W. I 138 fuelh : bruelh : jangluelh : truelh : despuelh : acuelh : vuelh : acuelh : baduelh : huelh : suelh : acuelh. 372 erguelh : suelh : vuelh : tuelh.: duelh : huelh : acuelh : capduelh : despuelh : escuelh : fuelh : cuelh : destuelh : Essiduelh. III 131 coill : troill : orgoill : destuoill : soill : desvoil : remoill : Vertfoill. 221 fueilh : garueilh : escueilh : sueilh : despueilh : erguèilh : hueilh : dueilh : capdueilh : destueilh. 244 vuelh : huelh : duelh : despuelh : uelh : suelh : escuelh : juelh (Lolch). IV 2 reiruelh (2. Hschr. merevelh) : vuelh : capduelh : acuelh : destuelh : duelh : suelh : fuelh : escuelh : erguelh : despuelh : recuelh : bruelh : tuelh : vuelh. — M. G. 341 escuelh : Essiduelh : Maruel : Nantuel. 510 sueill : vueill : hueill. 636 vuelh : huelh. 651 tuoill : suoill : orguoill : destuoill : voill : duoill : acuoill. 717 duoill : voill : acuoill : orgoill : escuoill : fuoill : oill : suoill : destuoill : cuoill : tuoill : desacuoill : capduoill : fuoill. 792 cordueilh : ergueil : ba- dueilh. — Bern. v. Vent. oil : duoill : suoill : voill : orgoill : despuoill : fuoili : bruoill (brǒgilum) : escuoill : tuoill. — M. v. Mont. Nr. 1 X Maruoil : escuoill : acuoill : oill 4 b V tuoill : uoill : orguoill. — Arn. Dan. S. 104 acuoills : escuoills : capduoills. — Chrest. prov. S. 15 dolh : despolh : Nantolh. 71 brolh (brogilo) : folh (folium). — At de Mons 77, 919 erguelh : vuelh. 83, 1039 erguelh : cuelh. — Daude de Prad. 686 erguell : vueill. — Ponz. de Capd. VII orguelh : acuelh : duelh : suelh : huelh : escuelh : despuelh XIV 38 jangluoill : despuoill. — Arch. 32, 400 orguoil : moil. 34, 381 voil : soil : destoil : acoil : doil : broil. 408 oill : orgoill. — Guilh. v. Cab. IV janguelh : muelh. — Dern. troub. 673 juell : vuell. — Leys d'am. I 304 cuelh : truelh (tor- culum). — Brev. 19754 uelh : muelh. — Jaufre Rayn. I 58 Vertfueil : ergueil. 60 Vertfueil : ueil. 79 vuel : Carduel. 117 voill : orgoill. 118 erguell : vuell. — 120 voll : Carduoll. — Poés. rel. 307 orgoils : oils. 541 escoills : hoils. 673 oils : dols. 1763 orgoils : dols. — Pass. du Christ. 365 vuel : ciel. — Rev. XX La cour d'amour 231 uel : orguel. 741 vueilh : orguelh. 1145 fuel : novel. 1650 soil : oil. 1681 escuoil : oil. — 2 man. prov. S. 5, 131 duelh : erguelh : huelh : vuelh. 18, 42 or- guelh : acuelh. 30, 5 orguelh : huelh : duelh : tuelh : suelh : vuelh : escuelh : acuelh : fuelh : cuelh : recuelh : acuelh. 90, 18 vuelh : or- guelh : duelh : acuelh. 137, 5 uelh : orguelh. 138, 21 capduelh : suelh. 138, 37 fuelh : recuelh. 139, 53 cuelh : escuelh. 139, 69 duelh : tuelh.

140, ₈₅ dezacuelh : vuelh. — Zschr. I 58 cabrefoil : Tintagoil. — St. Hon. S. 74 escuclh : rcmueyll. 130 Mergueyll : acueyll.

-ola̅ (-uoilla, -ueilla, -ueillo)

M. W. III, 4 voilla : dueilla : fuoilla : tueilla : recueilla : despueilla : acueilla : sueilla : orgoilla : moilla. 138 bruella : erguelha : capduelha : acuelha : despuelha : vuelha : tuelha : duelha : desvuelha : reiruelha : fuelha : tuelha. — Chrest. prov. s'orgoilla : doilla : toilla : acoilla : voilla. — B. D. S. 4 brueilla : fueilla : cabdueilla : tueilla. — Guilh. v. Berg. VIII 13 despoilla : Noilla. — 2 man. prov. S. 30, ₂ tuelha : duelha : bruelha : fuelha : vuelha : acuelha : despuelha : recuelha : fuelha : cuelha. — Arch. 33, ₃₃₈ cantuoilla : orguoilla. 339 pendeguoilla : fuoilla. — Poés. rel. 2254 dolla : tolla. — St. Hon. S. 75 Trueylla : mueylla. — Rev. XX La cour d'amour 215 orguella : despuella. 931 foilla : moilla. XXII St. Eust. 927 vuelho : despuelho.

-ǫli

Joyas 7, ₁₄ soli : doli : voli : acossoli. — 2 man. prov. 76, ₁₄ soli : doli : voli : acossoli.

-ǫlle

Flam. 1131 affolle : tolle.

-ǫllon

Flam. 4012 affollon : tollon. 6798 acollon : afollon.

-ǫlo(n)

M. W. IV 196, ₉₁ volo : colo. — Daude de Prad. 809 volon : molon. — 2 man. prov. 202, ₉₁ volo : colo. — Flam. 224 volo : solo. 4798 solon : volon. 6503 volon : dolon. 6868 solon : colon.

ǫlp

Rom. II 191 colp : tolc.

-ǫlre

B. D. 258, ₂₅ tolre : colre. — Ste. Enimie 1562 colre : tolre. 2 man. prov. 27, ₁₂ molre : tolre : dolre : colre.

-ǫls

· M. W. I 78 rossinhols : auriols : esquirols (sciurus) : cabriols : estols (stolus) : mols (mollis). — M. G. 324 Espainhols : escurols : filhols : estols : dols. 358 rossinhols : auriols : esquirols : cabriols :

estols : mols : sols (v. solvere) : filhols : tols : vols. Bertr. de Born.
Ged. 3 assols (absolvis) : dols : bressols : cols (colligis) : fols : vols :
Murols : tersols : filhols : orzols (urceolus) : pairols (patina) : tribols :
mols : Auriols : sols (soles) : Papiols : Britols : vols : dols. — B. D.
S. 199, 35 vols (volis) : orfanols. — Pass. du Christ. 440 vols : dols. —
Jaufre Rayn. I 161 cols (collum) : mols (mollis). — 2 man. prov. 111, 61
vols : malhols („jeune vigne", „plant de vignes'). —' Poés. rel. 759
dols : oils.

-ǫlt (-out)

M. G. 338 voutz : toutz : soutz.: destoutz. — Leys d'am. I 254
soutz (solidos) : toutz (*tollitum) : voutz (*vólutos). 302 moutz (moli-
tus) : voutz. — Flam. 2326 sout (solitum) : tout (*tollitum). — Jaufre
Rayn. I 69 toltz : soltz. — Ergz. d. Jaufre S. 180, 19 soutz (solutus) :
routz (ruptus). 359, 5 tout (*tollitum) : sout (sŏlutum).

-ǫlta (-outa)

M. G. 338 vouta : touta : souta : destouta.

-ǫlvre

M. G. 320 volvre : absolvre : envolvre.

-ǫp

M. W. I 100 ops : Jops : trops. II 218 trops : yssarops : ops :
clops. IV 133, 120 obs : trops. — M. G. 232 prop : galop : isop :
Jop : yssarop : trop : Jacob. — Poés. inéd. Nr. II 67 prop : atrop. —
Guilh. v. Cab. Ged. III 28 isops : trops : props : ops. — B. D. S. 115, 23
trop : prop. — S. D. S. 279, 209 clops : ops. — Flam. 78 und 1379
prop : trop. 1475 obs : clops. — Arch. 33, 424 ysops : trops : props :
obs. — At de Mons 116, 180 obs : trops. — 2 man. prov. 4, 79 trops :
ishirops : ops : clops. 10, 18 ops : esclops („sabot"). 13, 27 trops :
ops. 18, 40 ops : trops. 109, 13 ops : trops. 134, 170 ops : trops.
204, 185 prop : trop. — Ste. Enimie 1987 clop : trop. — Poés. rel 1688
probs : ops.

-ǫr

Chrest. prov. S. 2, 13 Torquator : cor : demor. — Bern. v. Vent.
tesor : cor : muor (morit) : demor : for (forum) : or (aurum) : defor. —
B. Lb. 26, 79 Antiphanor : demor (S.). 26, 40 Antiphanor : mor (morit).
27, 43 cor : Antiphanor. 138, 63 cor : demor. 148, 73 demor : cor. —
Daude de Prad. 591 cor : demor. — At de Mons 11, 406 mor : for. —
Paul. de Mars. V cor : acor: mor : demor; for (S.) : for (Adv.). —

Guilh. v. Cab. III 11 demor : cor : Sicamor. — Guilh. v. Berg. XVI, 23
or (aurum) : demor. XX 11 ator (?) : cor : defor : sor (sŏror). —
Ste. Enimie V. 62 cor : demor. — M. W. I 131 cor : por. II 225
thesor : cor : demor : cor : mor : cor : or : cor : for : cor. III 102 or
(aurum) : cor. 333 Mor : mor (morit). — M. G. 563 cor: demor. 895 cor :
for : cor : mor : cor : defor (Adv.) : or (Rand) : cor : or (aurum).
941 cor : demor. 1148 cor : muor. — B. D. S. 114, 6 cor : for.
126, 6 demor : cor. 200, 33 for : cor. — S. D. 83, 2765 cor : lauzǫr.
139, 526 cuer : dur. — Flam. 212 cor : defor. 2098 cor : mor. 2416 cor
(chorum) : for. 7796 defor : or. — Brev. d'am. 89 cor : demor.
11807 for (S.) : mor. — 2 man. prov. 39, 5 cor : mor. 87, 22 demor :
for : cor : mor. 91, 34 cor : for : or : mor. 92, 18 cor : for. 122, 251 for :
cor. — Arch. 33, 424 for : endemor (?) : cor : mor. 34, 394 demor :
cor : Sicamor. 35, 105 cor : demor (Hschr. edunor). 50, 264 cor :
defor : or. — Rom. XIV Le mariage de la vierge et la nativité du
Christ. V. 469 cor : demor. — Poés. rel. 841 und 1101 cor : dolçǫr.
2042 cor : peccadǫr.

Zwei von diesen Reimwörtern charakterisieren sich durch den
Übergang von au/o sofort als Fremdwörter; es sind dies thesor und
or = thesaurum und aurum. Beide kommen auch in der erbwört-
lichen Form vor.

-ǫra

B. D. 246, 13 *demora : plǫra. 246, 27 demora : fora. — Ste. Eni-
mie V. 159 demora : defora. — M. W. II 217 devora (devorat) : defora :
thora. — M. G. 328 fora : nora (*nŭram). 563 encora : demora. — Arch.
35, 106 defora (Adv.) : acora. — Flam. 1045 defora : acora. 4582 fora :
demora. — Leys d'am. I 166 acora : demora : fora : transfora. III 180
transfora (V.) : acora. — Joyas 94, 6 defora (Adv.) : devora. 100, 18
fora : tora („toɾé"). — 2 man. prov. 2, 9 devora : defora : tora.
19, 96 defora : decora (= devora = degora?). 50, 14 demora : devora.
128, 441 fora : demora. 137, 276 defora : demora.

*Zwei Wörter bedürfen hier einer kurzen Erklärung, nora und de-
mora. Ersteres sollte regelrechterweise ǫ haben, denn es kommt vom
lat. nŭrum. Wenn wir es trotzdem zu ǫ reimen sehen, so haben wir
wohl darin eine analogische Anlehnung an sogra zu erblicken. Beide
sind verwandte Begriffe und konnten sich daher leicht analogisch be-
einflussen.

*Wenn wir demora = demŏrat wiederholt zu ǫ reimen sehen (cf.
auf die Reime auf -ǫra), so liegt hier eine Übertragung des geschlossenen
o aus den endungsbetonten Formen vor, wo ǫ regelrechterweise zu ǫ über-

ging. Dieselbe Erscheinung haben wir auch im Altfranz. Cf. Göttinger Gelehrte Anzeigen 1872 Bd. I 887 und Dr. E. Mall, Der Computus des Philipp v. Thaun. S. 47, sowie Bartsch „Altfranz. Chrest. 5. Aufl. S. 153, 12.

-ǫrb, -ǫrba

Flam. 5141 orba : issorba (exorbat).

-ǫrda

Flam. 601 acorda : manicorda. 4842 recorda : acorda. — 2 man. prov. 32, 9 acorda : recorda. — B. D. 95, 1 manicorda : corda. — Arn. Dan. S. 104 corda : desacorda : morda : recorda : comorda (-ordeat). — M. W. III 232 acorda : corda. — Poés. rel. 2344 recorda : misericorda.

-orde

2 man. prov. 32, 10 recorde : acorde.

-ǫrdi

2 man. prov. 32, 13 acordi : recordi.

-ǫrdia

Brev. 12357 discordia : misericordia. — Joyas 62, 2 discordia : concordia.

-ǫrdo

2 man. prov. 32, 14 recordo : acordo.

-ǫrdre

M. G. 320 ordre (= ordir) : bordre : cordre (in den andern Hschr. destordre).

-ǫrga

Rom. II 182 gorja : forja (fabrica).

-ǫri

M. G. 109 demori : acori : Grigori : evǫri (eburneum). — Leys d'am. I, 178 ajutori : dezacori. III 386 demori : auditori. — B. D. 242, 11 remestori : adjutori. — Joyas 14, 9 consistori : notori. 39, 6 adjutori : consistori. 53, 18 oratori : consistori. 81, 18 adjutori : notori. 100, 17 raubatori : ajutori. 118, 1 notori : pretori (· ōrium) : purgatori. — Rom. I 412, 30 purgatori : adjutori. — 2 man. prov. 14, 81 consistori : demori. 36, 6 ajutori : mori : ajutori : demori : ajutori : Gregori : aju-

29 *

tori : espurgatori : ajutori : decori : ajutori : consistori. — St. Ant. 3730
adjutori : Anthọni.

-ọria

B. D. 218, 27 memoria : hestoria. — Flam. 689 gloria : istoria. —
Anc. poés. rel. V. 83 gloria : foras. — Joyas 60, 20 gloria : notoria.
61, 1 victoria : memoria (-ŏria). 154 victoria (ŏria) : memoria : gloria
(-ŏria) : istoria (-ŏria). — 170 meritoria (Adj.) : victoria : gloria.

Überblicken wir die beiden letzten Reimreihen, so entdecken wir
eine ganze Anzahl von Fremdwörtern, bei welchen wir eine Suffix-
vertauschung zwischen -ŏrium und -ŏrium, -ŏriam und ŏriam annebmen
müssen; andernfalls hätten wir mehrere unreine Reime. Nur wenige
Wörter mit dem Suffix -orium entwickelten sich im Prov. zu -ọr. Cf.
-ọr-Reime!

-ọris

Flam. S. 111 oris : torrisloris.

-ọron

Flam. S. 213 decoron : aforon.

-ọrs

B. Lb. 29, 22 Elionors : cors. — B. B. 185, 13 mors : cors. 221, 8
cors : defors. — S. D. 80, 2647 fors : rescọs. — Arn. Dan. estors :
cors (corpus) : demors : fors : comors : tresors. — Poés. inéd. I, 9
tesors : cors (corpus). — M. W. I 334 clors (?) : mortz. III 227 Lia-
nors : cors. — Flam. 160 defors : cors. 2088 defors : cors. 4780 de-
fors : sors (soror). 6465 defors : demors. -- Brev. 10785 cofors : cors. —
Pass. du Christ 893 effors : cors. — Jaufre Rayn. I 92, 1 cors : tors
[Cf. it. tọrso]. — Ergzg. des Jaufre S. 358 tors : cors. — 2 man. prov.
11, 46 cors : fors. 109, 1 gardacors : sors (sorores). 134, 186 cors :
mors (morsus). — At de Mons. 15, 560 cors : fors. — Rev. XX La
cour d'amour 917 tesors : cors. — Poés. rel. 2425 cors : peccadọrs.

-ọrsa

Guilh. Fig. Nr. 2, 12 forsa : escorsa : comorsa (V.) : estorsa (Part.). —
S. D. 80, 2647 forsa : grossas. — M. W. III 230 forsa : dorsa. —
M. G. 782 forsa : escorsa : amọrsa : escorsa. — B. Lb. 31, 12 forsa :
dorsa (Adv.). — Flam. 3824 forsa (V.) : forsa (S.). 5530 forsa :
amorsa. — Leys d'am. I 228 escorsa (S.) : escorsa (V.) : s'esforsa :
forsa. — St. Hon. S. 30 forza : orza. 150 forza : orza. 2 man. prov.
26, 5 forsa : s'esforsa : morsa.

-ǫrser

M. W. III 232 estorser : torser. — Flam. 2905 estorser : torser.

-ǫrt

Chrest. prov. S. 20 mort : tort. 32 mort : fort : deport. 84 mort :
tort., 95 deport : port. 98 cofort : mort. — M. v. Mont. Nr. 4 b II
mort : tort : fort. 8 b IV mort : conort : tort : port : fort : dezacort. —
Bern. v. Vent. fort (forte) : fort (fortem) : sort : deport : desconort :
tort : mort (Part.). — Guilh. Fig. Nr, 2 XIII fort : recort (recordo) :
tort : mort. — Bertr. de Born. Nr. 6 conort : Monfort : port : tort :
estort : mort : sort (sortem) : acort (S.) : ort (hŏrtum) : recort (V.) :
comport : mort : tort. 20 ort : Autafort : port (V.) : port (S.). —
Arn. Dan. S. 102 ort : deport. — B. D. 274, 19 mort : tǫst. 276, 7
mort : cǫlp. 277, 29 respǫst : fort. — M. W. III 75 dezacort : port. —
M. G. 261 port : estort. 1031 mort : resort : tort : port : descort :
deport : tort : acort. — S. D. 150, 931 mort : mǫt. — At de Mons.
59, 143 sort : fort. — Flam. 1547 tort : mort. 1799 sort : deport.
4862 acort : recort. 5364 mort : estort. — Joyas 26, 20 ressort : conort.
69, 10 remort : fort. 89, 10 discort : mort. 136, 2 reconfort : deport : fort :
mort. 139 acort : discort. — 2 man. prov. 4, 98 fort : acort : mort : tort
(Hschr. C: fort). 21, 159 sort : cort. 22, 10 tort : mort. 23, 23 fort :
conort. 36, 5 port : conort : recort : port : cofort : ressort : sort :
acort : remort : mort : tort : estort : fort : deport. 52, 41 tort : cort :
bort : sort : gort („gourd“). 58, 65 port : mort. 75, 41 cofort : port :
estort : mort : tort : conort : port : deport. 80, 1 acort : deport : port :
mort : cofort : sort : conort : ressort : tort : fort. 87, 8 tort : acort :
fort : estort. 91, 38 mort : estort : acort : fort : tort : recort. 101, 10
remort : mort : ressort : sort. 109, 21 fort : descort. — St Hon. S. 176
confort : mort. — Crois. alb. 3383 descort : conort. — Rom. XIV 492
mort : tors. — Rom. II 174 ort : deport; mort (Part.) : mort (S.).
175 mort : mort. 176 fort : mort (Part.) 177 mort : fort.

-ǫrta

M. W. III 230 trasporta : porta. — At de Mons. 62, 249 coforta :
porta. — Flam. 1423 morta : porta. 5250 conortas : aportas. — 2 man.
prov. 4, 87 torta : morta : redorta (franz. „hart“). 11, 42 porta : deporta.
31, 1 conorta : deporta. 75, 40 coforta : porta : morta : torta : conorta.
201, 61 porta (V.) : porta (S) -- Jaufre Ergzg. S. 347 sobreporta :
morta. — Rom. II 174 porta : orta (hortum).

-ǫrtan (-ǫrton)

Flam. 1363 confortan : portan. 783 porton : deporton. 7117 porton : deporton. — 2 man. prov. 31, 6 deporto : conorto.

-ǫrte

2 man. prov. 31, 2 deporte : conorte.

-ǫrti

2 man. prov. 31, 5 conorti : deporti.

-ǫrtz

B. D. 133, 2 tortz : esfortz : deportz : rescortz : acortz : conortz. — Arn. Dan. S. 106 tortz : portz. — Poés. inéd. Nr. I 77 sortz : mortz. — M. W. I 377 mortz : desconortz : esfortz : esfortz : estortz : ortz : sonortz : esfortz : sortz : portz : St. Jortz : conortz : fortz : conortz : esfortz : estortz : sortz : tortz : mortz. IV 250 acortz : esfortz : sortz : tortz : portz : mortz : portz : esfortz. — Anc. poés. rel. V. 71 mortz : tortz. 98 mortz : cors. — At de Mons 14, 524 mortz : fortz. 45, 1690 esfortz : fortz. 112, 26 cǫrtz (Corr. v. Bernhardt : tortz) : fortz [Chab. corrig.: cortz : sortz (surgit) cf. S. 163, 26.]. 128 estortz : desconortz; acortz : estortz; fortz : esfortz. — 2 man. prov. 30, 1 deportz : mortz : tortz : fortz : mortz : tortz : desconortz : estortz : acortz : cofortz. 95, 7 tortz : mortz : deportz : fortz. 100, 48 tortz : mortz : desconortz : acortz : deportz : estortz : portz. — Flam. 5138 esfortz : estors. 6401 deportz : estorz. 8067 fortz : sortz.

-ǫs

Flam. 1613 os (ŏs) : gros. — Guilh. v. Berg. XX, 16 gros : dos : gros : Bocados : Alos. — Arch. 34, 409 gros : dos. — 2 man. prov. 33, 7 colos : gros : os : fos : tiros (v. tirossar) : cros : aygaros. — Jaufre Rayn. I 116 dos (dorsum) : gros. — Rev. XX Paraphrase des psaumes de la pénitence V. 147 os (ŏs) : cos (corpus).

-ǫsa

Flam. 4704 rosa : arosa. — Rev. XX La cour d'amour 599 nosa (noceat) : rosa.

ǫssa

Guilh. Fig. Nr. 2, 4 ossa : fossa : grossa : trasdossa (Bürde). — B. D. 256, 31 ossa : fossa. — M. W. II 217 crossa (crucea?? S.) :

grossa : noza (nŏceat). III 118 grossa : ossa : fossa : tradossa. — M. G. 762, 4 grossa : bossa („Buckel") : trasdossa : gossa („Hündin") : rossa („Schindmähre") : grossa. — Leys d'am. I 226 grossa : ossa. — 2 man. prov. 3, 35 crossa(S.) : grossa : noza. — Flam. S. 11 nossas (nuptias) : crossas. — Rom. II, 190 fossa : grossa.

-ǫt

B. D. 295, 16 trot (tölutet) : pot (potet). — Flam. S. 224 albergot : sobrecot. V. 1250 trot : pot. 4100 pot : desnot. 7884 avalot (S.) : pot. — Jaufre Rayn. I 57, II pot : trot. 152 I pot : arlot. — Leys d'am. I 218 trot : clot (S.) III 132 escot : arlot. — S. D. 53, 1795 pot : glǫt. — 2 man. prov. arlot : trot : lot (l'Ot?) : escot : sobrecot. — Rev. XXII St. Eust. 2747 Astarot : trot. — Rom. II 182 Guillot : pot; Guillot : trot. 184 pot : Guillot.

-ǫta

Chrest. prov. 176, 30 rota : nota. — B. D. 95, 4 nota : rota (rottam). — Flam. 597 rota : nota. 1267 cota : bota. 4400 nota (nŏtat) : pilota.

-ǫtz

Chrest. prov. potz (pŏtes) : lotz (langsam). — B. D. 117, 19 potz : lotz. — M. W. III 290 arlotz : galiotz. — 2 man. prov. 127, 387 notz (nocet) : potz (potes).

-ǫton

Flam. S. 236 coton : encloton.

-ǫu

Chrest. prov. 265 nuo : Castelnuo. — Arn. Dan. S. 109 mou : plou (plŏvit) : nou (nŏvum) renou : annou (annum novum) : bou (bŏvem) : ou (ovum). — Flam. 2490 mou : plou. 2783 nou (nŏvem) : mou (mŏvet). 8007 nou (novum) : mou. — M. W. II 221 renou : huou : nou (nŏvum) : buou. — M. G. 207 nou : mou : bou : ou : nou. 630 mou : plou. — Arch. 34, 197 plou : Castelnou : mou : plou. 2 man. prov. 7, 183 renou : huou : nou (novum) : buou. — Jaufre L. R. I 58 I mueu (mŏvet) : greu (gravem). 78 I plou : mou. 149 I bou : ou.

Das Reimwort ou weist auf eine vlglat. Form ǫvum zurück. Bei diesem Wort ist der Übergang von klass. lat. ǫ zu ǫ unter Einfluss des folgenden Labials gemein vulgärlateinisch. Cf. ital. uòvo, altfr. uef etc.

Die Form plǫu weist auf einen lat. Reflex plŏvit, nicht pluit.

-ǫva.

Chrest. prov. 30 nova : plova : prova : mova. — B. LB. 45, 49
nueva : plueva : prueva : mueva. — Flam. 7377 nova : mova.

B. Quellen von ǫ.

Prov. ǫ geht zurück:
1) auf klass.-lat. ō [oder vlglat. ŏ
2) auf klass.-lat. ŭ [oder vlglat. ō
3) auf klass.-lat. ō] oder vlglat. ŏ
4) auf klass.-lat. ŭ] oder vlglat. ŏ
5) auf jedes klass.-lat. o ⌣ und
6) auf klass.-lat. ŏ —^Nas

Im Vulgärlatein fiel Nr. 1 und 2 im Laut ō nach dem bekannten
Ten Brink'schen Gesetze zusammen: „Kurze, betonte Vokale in
freier Stellung werden gelängt"; Nr. 3 und 4 im Laut ŏ nach dem
Gesetze: „Lange, betonte Vokale in gedeckter Stellung werden
gekürzt." Bei der gedeckten Stellung ist es einerlei, ob wir primäre,
d. h. schon klass.-lat., oder sekundäre, d. h. erst romanische Position
haben.

Von diesem Gesichtspunkt aus betrachtet — denn für uns ist zu-
nächst nur das Vulgärlatein massgebend — lässt sich auch sagen:
Provenz. ǫ geht zurück:

1) auf vlglat. ō
2) auf vlglat. ŏ
3) auf vlglat. o], o][⌣ und
4) auf vlglat. ŏ [Nas., ŏ] Nas., und zwar ist es gleichgültig,
ob wir dentalen oder labialen Nasal haben. [Cf. Rumänisch, wo ǫ vor
n und m] zu u (= ǫ) wird. Grundr. S. 444, Nr. 20.]

Für Nr. 5 resp. Nr. 3 vgl. oben 1. Abschnitt II und III, wo sich
Beispiele zur Genüge finden. Cf. ganz dieselbe Behandlung im Rumäni-
schen (Grundr. 445, 46); ferner die Fälle, wo es sich um Analogie-
bildungen nach den endungsbetonten Formen handelt.

Zur Bestätigung der übrigen Punkte lassen wir auch hier die Reime
in alphabetischer Reihenfolge sprechen.

-oa

B. D. 203 proas (prŏbas) : doas (duas).- 264, 10 soa (sua) : proa
(prŏbat). — Flam. 6459 ambedoas : doas. — 2 man. prov. 114, 23
soa : toa.

-ǫb

Cf. Don. S. 53, 22-27!

-ǫca

S. D. 203, 65 toca (*tǒccat) : boca (bucca). — M. W. I 333 toca : boca. — M. G. 279 boca : toca. — B. Lb. 38, 2 boca : toca. — Daude de Prad. boca : toca. — Flam. 314 toca : boca. 1337 bocha : tocha. 4452 boca : toca. — 2 man. prov. 208, 291 boca : toca. — Jaufre Rayn. I 64 I boca : toca. 74 II boca : soca ("souche"). — St. Hon. S. 15 boca : toca. — Rev. XX La cour d'amour V. 305 boca : toca. (Cf. -ǫca!)

-ǫis

B. D. 213, 30 mois (musteus) : conois (cognōscit). — At de Mons 77, 813 moys : conoys. — Arch. 33, 334 mois : conois. — Flam. 2052 conois : angois (angustio). 4352 conois : mois. — Joyas 237, 6 conoys : engoys. 238 Foys : enguoys. — 2 man. prov. 10, 12 conoys : boys. (boxum cf. Storm Rom. V, 169.)

-ǫisa

Flam. 5554 angoissa (angustia) : angoissa (V.). — Joyas 7, 3 engoysha : boysha : moysha. — 2 man. prov. 76, 3 engoysha : boysha : moysha.

ǫit (-ǫch); -ǫita (-ǫcha)

Flam. 3948 cocha (V.-S.) : locha (luctat). — M. W. III 330 cocha : trocha : bocha (bucca) : cocha : locha (luctat): 355 bocha : cocha.

-ǫl

Joyas 109, 6 *Capitol : grifol. — M. W. 101 sol : tremol : tribol. *Im Innern findet sich mehrfach die Schreibung Capitouls.

-ǫla

Guilh. Fig. Ged. 21 gola (gula) : s'estrangola : tremola : cola (cōlat). — Arn. Dan. S. 104 gola : fola (fullat): meola (medulla) : cola : pistola (epistula) : sola (sōla). — M. W. III 358 dola : estola (stōla). — Rom. II 192 gola : cola — 2 man. prov. 27, 20 reviscola : gola : sola : mescola (misculat). — Jaufre Rayn. I 72 1 gola : sola. 73 II tremola (tremulat) : sola. — Poés. rel. 313 afola : gola.

-oī

Leys d'am. I 234 verrolh (veruculum) : gorgolh : grolh („gruyon."
Rayn.).

-oīa

Guilh. v. Berg. VIII 13 golla : granoilla (ranucula).

-ǫlp, -ǫlpa

Flam. 1149 polpa (pulpa) : colpa (culpa). — Poés. rel. 1289 colpa :
polpa.

-ǫls

Chrest prov. S 84 Ajolz : solz (sōlus) — M. G. 320 Marcols :
pols (pulvis) : cols (in den andern Handschr. bertols, bretols) : pols
(pulsus) : sols : Aiols. — Arch. 33, 335 sols (solus) : sadols (satullus).—
Flam. 1659 Raols : sols (solus). 3798 sols (solus) : pols. — Rev. XXII
St. Eust. 2606 pols (pulvis) : jǫrs.

-ǫlt (-out)

B. D. 140, 26 escout (ascultum) : mot (muttum). — M. G. 232
escout (ascultet) : mout (multum) : comout (*cumultum) : vout (vǒlu-
tum) : tout (tolutum) : escout (Abgabe). 341 mout (multum) : vout
(vultum) : escout (ascultet) : estout (stultum). — Arch. 33, 435 estolt :
vout : mout : escout : molt : sesacult (?). 36, 424 escout : mout :
estout : comout : tout (tolutum) : vout (volutum S.). — Poés. rel.
1807—10 mout (multum) : tout. Flam. 2893 mout (multum) : estout
(stultum).

-ǫlta (-outa)

Brev. 30252 moltas (multas) : trastotas.

-ǫlz (-ǫuz)

M. W. I 101 moutz (multus) : estoutz (stultus) : vouz (vultus). —
Brev. 1753 moltz (multos) : motz (mutta).

-ǫm

Chrest. prov. S. 20, 3 hom (homo) : don (dominum). — Bertr. de
Born Nr. 29 pom (S.) : colom (columbum) : com (quomodo). — Arn.
Dan. S.117/18 plom (plumbum) : tom : nom (nomen) : som (somnum) :
com (quomodo). — Daude de Prad. 1323 hom : queacom. — M. W.
III 278 som : nom (nomen) : plom (plumbum) : colom (columbum) :

tom. — M. G. 362 som (summum) : rom (rumpit) : tom : fom (fuimus) :
pom (pomum). — At de Mons 86, 1171 plom (plumbum) : nom. —
B. D. 32, 22 assom : nom. 86, 9 nom : som. 130, 10 nom : som.
213, 2 tom : nom. 260, 8 nom : tom. — S. D. 282, 319 pom : fom
(fuimus). 302, 57 som (sum) : bon (bŏnum). — Flam. 1920 hom
(homo) : nom (nōmen). 3434 som (summum) : nom. 4812 hom : quea-
com. — Joyas 87, 13 Bilhom („Bouillon") : renom. — 2 man. prov.
114, 7 nom ᴠ com. — Manuscr. C 379ᵃ rom (rumpit) : nom (nōmen) :
tom („tombeau"?) : fom (fuimus) : plom : corrom.

-ǫma

Arn. Dan. S. 98 poma : coma (coma) : Roma : Doma : groma.
107 asoma : coma : goma : poma : Roma : soma. — Flam. 1105 doma :
Roma. — St. Hon. S. 21 soma : Roma.

-ǫmba

Bert. de Born Nr. 29 bomba : plomba : comba (cumba, cf. Storm
Rom. V, 169) trastomba : tomba (V.). — Arn. Dan. S. 117/18 tomba
(V.) : tomba (S.) : comba : colomba : retomba. — B. D. 228, 28 comba :
prionda. 229, 27 colomba : monda. — Jaufre Rayn. I 144 I retomba :
comba. — Appel „Prov. Inedita" S. 130 colomba : tomba : retomba ·
comba : bomba : plomba. — Flam. 605 tomba : retomba. Cf. Arch.
33, 441.

-ǫmbre

M. W. I 334 nombre : domdo (?). — 2 man. prov. nombre :
azombre.

-ǫmp

Flam. 2082 corromp : romp. — Daude de Prad. 1565 romp : cor-
romp.

-ǫmpa

Flam. 7387 rompa : corrompa. — Brev. 10321 pompa : trompa
(ahd. trumpâ).

-ǫmpre

Joyas S. 160 corrompre : rompre.

-ǫms

Chrest. prov. S. 97 soms (somnus) : coms (cŏmes). — M. W. I 154
soms (somnus) : coms (cŏmes). IV 166, 137 noms : cognoms. —

2 man. prov. S. 14,₅₇ oms (hŏmoj : coms (cŏmes). 35, ₄ ploms :
noms : soms (Hschr. sorms) : coloms : poms : oms.   115, ₂₉ oms
(hŏmines) : coms (cŏmes). 200, ₃₇ pronoms : noms.
Durch die Reime wird die Angabe des Don. (55, ₁₄ bez. des Wortes
coms (= comes) nicht bestätigt.

-ǫ|n|

Chrest. prov. S 1, ₂₀-₂₇ fello : pejor : quastiazo : sermo : passio :
redemcio : foiso : preiso. 6, ₁₆-₂₂ eschalo : so : auzello : arreuso :
alçor : color : amor. ₃₈ significacio : arreuso : bo : razo : fello : trai-
cios : eschalo : so : baratro : talo : lairo : bo. 23 razon : fellon : fon
(fuit) : don. 24 mon : prion (profundum) : nom : amon. 34 compaigno :
perdo : tro (trŏnum). 51 fon (fontem) : preon : mon (mundum) :
cofon (-undit) : mon 64 jauzion : fon (fundit) : mon : volon : preon :
fon (fontem) : cofon : son (sunt) : pon (pontem) : mon (montem) :
deziron : aon (abundet) : respon : on (unde) : on (ŭbi) : m'escon.
83 bon (bŏnum) : faisou : fenizon : Breton : arson : guascon : fazon :
contenson : guinguon : Eblon : rejon : Carlon : a bandon : compaig-
non : Ganelon : Marselion : son (sŏnum) : chanson : fon (fuit) :
Marcon : felon : baron : Milon : rejon : compaignon. 96 faisso :
mespreizo. 103 bo : razo : somo (submŏnet) : do. 104 sazo :
tracio : so (sŏnet) : perdo : guizerdo : ochaizo : despo (-ŏnit) : chanso.
107 bo : chanso. 108 sospeisso : pro (S.) 109 companho : baro.
142 perdo : o (hŏc). — M. v. Mont. Nr. 1 pro : Montaudo : baco :
canso; 4ᵇ, ₆ bo : do : peigneso. 9 Aon : con (S.) : ton (tŏndet) :
son (suum) : mon. Unächte L. 2 vermeillon : menton : tirautiatron. —
Bern. v. Vent. o (hŏc) : non : eviron : don : ocaison : bon : son (sŏnum) :
don : guizardon : perdon : pron : lairo : leon : ocaison : preison : ra-
son : sazo : compaignon : reso : chanson : faison : tensou : fellon : fon
(fuit) : son (sŭm) : jaon : respon : escon : fon (fóntem) : fron (fron-
tem) : mon (mŏntem) : pon (pontem) : on : coffon : fon (fundit) :
aon : mon : jauzion : preon : deziron : volon : son : (sunt). — Guilh.
Fig. Nr. 2, ₇ perdicion : don : Avinhon; ₁₁ escon : cofon : mon : Rai-
mon. Nr. 5 chanso : somo (submŏnet) : do : bo (bŏnum) : pro-
messio : no (nōn) : sospeisso : pro : so (sŏnet) : razo. II chanso : do.
Bertr. de Born Nr. 21 plevizo : breto : bo : esto (3. Sing. Conjunct.
Praes. !!!) : sablo : perdo : maiso. 23 alcoto : Gasco : gomfano : peiro :
deviro : somo : cambo : Arago : arso : tronço : cislato : paisso. Otho :
Bernardo. 34 ton (tŏndet) : fron (frontem) : pon (pontem) : se-
guon. — Arn. Dan. S. 101 perdon : lairon : son (suum). — Flam. 2635
ǫ (hōc) : pro. 4091 so (ecce hōc) : pro. 4196 o (hōc) : no (nōn).

7157 no : o. — Peire Vid. S. 20 grilho : Salamo : Samso : rezemso : leo : mento : espo. 21 Arago : co (quomodo) : resso : espero. 34 fello : vensezo. — Daude de Prad. V. 152 aizo (ecce hoc) : espo. 943 somo : preso. 1121 o (hōc) : bo. — Déb. d'Izarn III 55 baco : mayzo. 61 cano : boto : Bernardo : eviro (Adv) : so (sunt) : trassio. — Aig. et Maur. II baron : Folcon : Aimon : reion : bandon : lion : repon : sablon : Quarrion : gonfanon : esporon : Franon : buisson : poon : Ponzon : raenzon : manjon. IV 279 reion . . . : 284 teneison : bricon . . . : fricon : . . . : devison : espison : 301 contenchon. XIX 714 pavillon : Nevelon : Sanson : mason : Odon. — Troub. de Béz S. 25, 16 Ramon : pon (pontem) : volon : gron. 38, 14 guinho : foguairo : bodoysso : rando : carriato. 58 Moncanego : bordo : escominio. 79, 30 pon (pontem) : on (ūbi). 135 Plato : abiro : razo. 136 perdo : quo. — Brev. 6 ayso (ecce hoc) : o (ω). 2276 aquo (eccum hoc) : so (ecce hoc). 3612 so : aguilo. 5105 vagabon : mon. 6211 so : tro. 8227 pairo : transgressio. 10795 fron (frontem) : mon. 12263 bo : corrupcio. 20232 so (ecce hoc) : aquo (eccum hoc). 20688 senturio : Cafarnao. 21160 Ero (Herodem) : aquo. 22345 o (hoc) : so (sunt). 24949 fo : o. — Joyas S. 34, 10 son : salhon (saliunt!). 110, 1 herminiso : liso : Pariso. 145, 9 corruptio : estio. 150, 5 perdicio : estio (Sommer) 270 dilecio : oracio. — M. W. I 99 tro : passio : gueriso : felo : razo : Farao : faillizo : peiso : to : perdo : baro : somo : pro : pro. 101 Abdenago : leo : Hero. 129 razon : non : canson : don : rezenson : baron : Gascon : compagnon : preison : retraison. 260 Sino : Ponso : Somo. 381 no : co : bo : tenso : espero : falco : fo : sablo : arso : preizo : maiso : blizo : sazo : mento : trenso : fausso : gonfaino : Bramanso : ganbaiso : peiro : garnizo : doymo : fello : trassio : carbo : so : abando : razo : defensio : Breto : pezo : talo : companho : gloto : aigro : mouto : lairo : Bocelenso : faisso. II 124 mon : aon : son : respon : prion : rescon : deziron : cofon : ton : on : blon : jauzion : aon : don : Ramon : mon. 125 razo : canso : sospeisso : gazardo : pro : resso : lairo : pro : sazo : faisso : regio : viro : Boissazo : bo. 145 Ugo : bo : do : fello : razo : pro : no : fo : faisso : so : Malleo : tenso. 151 pro : Avinho : Cavalho : Boazo : Guordo : Arago : ochaizo : falco. 195 mon : preon : fon : Torou : redon : refon : mon : son : on : mon : ton : mon : aon : mon : Clarmon. 243 so : razo : bo : so : sospeisso : no : baro : pro. III 26 companho : cambo : sablo : mento : razo : faisso : do : guiardo : no : bo : pro : Salamo : ocaizo : fo : sermo : so. 79 sazon : Corteson : Avignon : razon : Robion : guizerdon : message : bon : non : baron : Bernardon : preison. 120 reson : mon : Raymon : bon : cofon : gron : mon (montem). 148 meisso : Torcho : Corteso : Selo :

Alamano : pro. 163 Leo : guiardo : do : razo : bo : Arago : tenezo :
Bramanso : bo : perdo. 165 maizo : razo : perdo : perdecio : bo :
Arago : Breto : basto : garnizo : faisso. 166 felo : resso : boisso :
Monmelio. 167 Arragon : raison : Castelbon: baston : bordon : Bor-
goignon : Aragon; gonfano : bo : Arago : no : so : baro : Moncanego :
mayso : bordo : escominio. 227 Sischanto : fo. 242 chanzo : bo :
basto : campio : perdo : so : fallizo : felo : sospeysso : no. 273 Ca-
vaillon : leon : don : Uisson : Borgoignon : Esparnon : Pisson : son.
315 occaizon : perdon : Usson : canton : non : razon : bon : leon :
pron : preizon : fon : guizardon : Cavaillon : baillon : Bernardon :
tenson. IV 183, 55 suplication : razon. 190, 341 bufon : bon. 197, 265
razon : complicion. 204, 117 maiso : messio. 211, 20 razo : encarnatio.
211, 42 chanso : Calanso. 213, 137 mon : son. 231, 940 declarazio :
razo. — M. G. 128 desiron : preon : laurion. 199 don (de unde) :
sazion : frescon : verdon : chanton : fetòn : revolon. 227, 5 gozo :
maio. 228, 12 ocaison : felon : preison : volon. 306, 6 mon : cofon.
341 mayzo : baro. 400 bon : prison. 724 brico : lieurazo. 1018 par-
tizo : foguairo : bodoysso. 1023 capairo : miro. 1033 Garnelon : Mar-
selion : Marcon : Frizon. 1053 rebron : aurion. 1245 seiro (?) : le-
brairo : esquino. — Arch. 34, 415 barasclo : gasto. — Rom. II 178
fellon : presson. XIV Débat de la sorcière et de son confesseur 57
irisson : cartilho. — B. D. S. 9, 1 boto : faisso. 54 affection : paris-
sion. 80, 25 cofon : amon. 87, 15 Gormon : pon (pontem). 105, 29
bo : esto (3. Sg. Cjct. Praes.!!!). 222 fon (fontem) : mon (mundum).
261 aquo : bo. 268 aquo : bo. — Brev. 61 dubitacio : declaracio.
111 divisio : estatio. 187 illuminatio : cognitio. 3720 regio : moto
(multonem). 4227 aurion : mon. — Pass. du Christ V. 660 mon : cros
(crucem). — Leys d'am. boto : broto. — 2 man. prov. 9, 261 prion :
mon : amon (admontem) : coffon. 9, 280 bo : falhizo : perdo : pro.
16, 51 messio : devocio. 17, 17 mon : Ramon. 20, 130 dilacio : mecio.
21, 169 capayro : razo. 40, 17 razo : pro : tenso : ocayzo. 90, 21 pro :
felo : no : gazerdo. 101, 2 cordo do : balo lo. 115, 45 respon : segon.
49 razo : sermo. 118, 115 prion : fron (frontem). 129, 6 mon : amon
(ad montem). 203, 133 lo (illum) : do. 204, 175 mon : son. 206, 241
o : empero. 207, 275 bo : no. 208, 299 do : so. 209, 351 bo : so
(sunt). 210, 363 so (sunt) : so (sŏnum). — At de Mons S. 8, 282 razo :
compo. 12, 416 orazo : bando. 21, 762 pozessio (ϑέσις) : razo. 24, 907
mon : amon. 50, 1375 majo : razo. 120, 342 mayo : emagenassio
(? Hdschr. emergenassio!). — Daur. et Bét. 1 canso : razo : Guio :
Beto : pasio : peyro : baro : do : valor : Aspremont : 1azo : hom :
mentizo : contradicsio : baro : mayso : nos : enfanto : do : maio : bando :

gaserdo : bando : bo : farom. — St. Hon. S. 5 Aragon : gloton : Me‑
lion. 14 donjons : guarzons. 19 tron : provesion. 36 vision : rason;
Avignon : Aragon; oration : environ. 69 prosession : protection. 76 ra‑
son : destruction. 78 election : baron. 82 aministration : mayson.
92 environ : Matafellon. 95 molon : devotion. 101 abitation : religion.
106 Sanson : Lyion; Avignon : passion : peyron. 115 tracion : Gayne‑
lon. 123 dragons : vallons. 145 sason : peyson. 146 rason : Tholon.
154 Verdon : Orgon. 163 son : damon. 179 resemson : mayson.
181 bondon : bon. 184 fon : Chalon. 204 menton : bordon; Estaron :
mayzon. — Guerre de Nav. 23 Alfonso : . . 28 Toledo : Rodrigo :
infançon. 1460 Gasto : Gasco : fo : fero (fecērunt). 3165 malecio : co‑
raço : . . . : 3170 defensio : galardo (spanisch, = gazardo) : . . . :
3177 gonio : . . 3180 gorgero : pendo : plaço : . . . 3186 alcoto :
auzelo : . . . 3196 payro : enviro : . . . 3199 braço : . . . 3205 ef‑
fanço : . . . 3211 garço : redenso : . . . 3218 passio : encussacio :
aguyllo : . . : Farao. 3727 bando : . . . 3761 caçavo (captiabat).
5035 Garayno : . . 5038 auzelo : . . . 5053 carto : 5060 donzelo : . . .
5073 establizon. — Jaufre Rayn. I 53 ı son : molon. 56 ı Dovon : son.
63 ı Rogimon : on. 66 ı Dozon : don. ıı gonellon : faizon. 78 ı ca‑
brion : cairon. 115 ıı Faraon : peison. 153 ıı molon : Fellon. 156 ıı
fon (fontem) : lon (longe). — Ergzg. S. 188, 14 moinon : raizon. —
Manuscr. Bibl. nat. fr. f. 13514 Incipit vita beatissimi Trophimi V. 23
Layon : Mascon. 72 sagrason : bon. 135 dragon : Tarascon. 816 non
(nomen) : forchons. 977 translacion : barons. — Rev. XXI St. Eust.
V. 45 colón (colunt) : mantenón. 255 limum : rasum. XXII 948 gipon :
gletom („glouton"). 1445 bilbun : carteyrun. 2813 strilho : coutilhon.

Anm. Wenn wir für das Wörtchen hoc zwei Reflexe antreffen, ǫc
und ǫ, so kommt dies daher, dass uns dasselbe schon im Lateinischen
mit Doppelquantität überliefert ist (hōc). Cf. Georges, latein.‑deutsch.
Wörterbuch. Das eine (ǫc) stellt die hochtonige, das andere (ǫ),
die nebentonige resp. unbetonte Form dar.

-ǫna

Chrest. prov. 284 bona : mensona. — M. v. Mont. 8 a ı sona : dona :
tensona : razona : trona : nona. Unächte Lieder 5 occaisona : dona :
bona : felona. — Bern. v. Vent. bretona : bona : corona : repona :
Narbona : dona : abandona : arrazona : assasona : desasona : guizar‑
dona : ochaisona : perdona : preisona : rasona : tensona : sona (sŏnat) :
jeona. — Guilh. Fig. 2, 19 tensona : corona : perdona : razona. —
Bertr. de Born 37 sona : ochaisona : dona : persona. — S. D. 1, 13
colonas (columnas) : bonas. — P. Vid. S. 36 assazona : faissona : corona :

Narbona : revirona : rebona. — Brev. 3662 revirona : corona. —
Flam 1103 dona (dŏminam) : corona. — Guilh. de Berg. XI con-
fona : Barzalona : Narbona : rebona. — M. W. I 362 dona : persona :
fellona : sona : Tortona : tona. II 193 somona : anona : persona :
dona : dezapona : Narbona : bona : Bayona : fellona. 226 Narbona :
persona : anona : dona : bona : dona : Bayona : fayssona : somona :
companhona : esperona : tensona : corona : fellona : empoizona : abo-
tona : despona : bretona : bricona : Antona : somona : dona. III 99
corona : razona : bona : Verona. III 341 persona : dona : sona : s'aban-
dona : corona : Cremona. — M. G. 8 Bayona : sona : Carcassona :
Narbona : Bayona : gona : gordona. 543 razona : persona : preyona :
ochaisona : corona : s'abandona : fayssona : perdona : dessazona : bona :
razona : bona : corona. 760 meyssona : sona. 847 meissona : ochai-
zona : brotona — Rom. II 178 empoisona : anona. — 2 man. prov.
27, 25 dona : Garona (Garumna). 94, 6 persona : bona : corona.
121, 215 sona : persona. 199, 13 persona : dona. 205, 201 persona :
sona. 210, 359 consona : dona. 210, 367 sona : dona. — At. de Mons
87, 1201 corona : adona. — Poés. rel. 1839 donna (dŏmina) : colona
(columna). 1848 corona : dona. 2250 bona : corona. 2338 corona :
virona. 2555 dona : persona. 2564 tençona : gierdona. 2573 corona :
s'abandona. 2591 chauxona : saçona. 2609 dona : ensermona. 2613 vi-
rona : tona. — St. Hon. 5 Eschalona : bona : corona. 15/16 trona :
pressona : dona. 133 Gorgona : persona. 155 Saona : bona. 169 an-
nona : Narbona. 180 Saona : Gorgona. — Manuscr. Bibl. n. fr. f. 13514
Incipit vita beatissimi Trophimi V. 152 Narbona : Tolosa. — Kalepky
S. 9, 21 bona : dona : corona : persona.

-oñ (-uñ, -ueñ)

Bertr. de Born. Nr. I avergonh : sonh : lonh : onh : ponh. — B.
D. 45, 11 suenh : luenh. — Daude de Prad. V. 381 oyn (ungit) : poyn. —
Brev. 23692 luenh (longe) : suenh. — Flam. 2713 poinh : poinh.
4514 soin : join. 4606 poin : loin. 6749 soin : lòin. 7145 luein :
desluin. — M. W. I 79 lonh : sonh : ponh : m'esconh : besonh : jonh :
sonh. 370 jonh : lonh : ponh : desjonh. III 28 vergoing : soing :
Groing : loing : oing : Cadoing : poing. 314 soing : doing (?) : poing :
somoing : caloing : Groing : vergoing : poing : loing. — At. de Mons.
108, 167 ponh : sonh. — 2 man. prov. 40, 5 onh : ponh : sonh : lonh.
46, 14 lonh : sonh 115, 53 lonh : sonh. 200, 31 conjonh : ponh. —
Rev. XX La cour d'amour V. 593 soin : poin. 1443 loin : soin. —
Rom. II 184 punch : lung.

-ǫ̃a

Chrest. prov. 31 conja (cōgnitam) : deslonja : monja (*mōniam =
mōnacam) : ponja (pungiat). — M. v. Mont. Nr. 7 III Colonha (Colonia) :
bezonha (*bisunnia) : vergonha (verecundia) : ronha (Aussatz). —
Bertr. de Born Nr. 39 vergonha : Catalonha : besonha : jonha : sonha :
Dordonha : lonha : Bergonha : somonha : Gasconha : s'enbronha : re-
sonha. — B. D. 169, 16 belonha : Escaronha. — Arn. Dan. S. 98
apoigna : moigna : ploigna : Messoigna : caloigna (calumnia). 116 loigna :
m'acoigna : somoigna : apoigna : coigna : messoigna. — At de Mons
S. 87, 1206 vergonha : lonha. — Flam. 1571 Bergoina : poina. 3549 ver-
goina : quemoina. 6838 poina : vergoina. 7455 Bergoina : poina. —
M. W. II 4 deslonja : messonja : lonja : vergonja : non ja : calonja :
esponja (sponga) : ponja. III 342 loingna : Coloingna : poingna : Bor-
goingna : vergoingna. 351 conja : lonja : Colonha : ponha. — Anc.
poés. rel. V. 209 vergona : besona. — B. Lb. S. 110, 59 luenha : venha.
(Cf. Bartsch, Jahrb. VII 203.) 132, 63 lonja : conja. 139, 40 Escaruenha :
Gascuenha. — Joyas 258 almoyna (eleomosyna) : broyna (*brunnia). —
2 man. prov. 50, 6 bezonha : delonha. 118, 143 messonja : vergonha. —
Manuscr. Bibl. nat. f. fr. 13514 Incipit vita beatissimi Trophimi V. 283
Borgonha : Espanha. — Rev. XX La cour d'amour V. 235 lonja : men-
sonja. 911 longa : mensonga. 1713 monja : mensonja. — St. Hon.
S. 37 Sancsueyna : Gascueyna. 45 Sagsueyna : Guascueyna.

-ǫnc

Arn. Dan. S. 109 adonc : tronc (truncum) : embronc : lonc : somonc
(submones) : jonc (juncum). — M. W. I 334, 89 adoncx : joncx. —
M. G. 49 enbroncs : doncs : loncs : joncs : troncs : estoncs. 341 em-
broncs : estoncs. 1107 enbroncs : loncs : doncs : estoncs : troncs. —
B. D. 240, 25 tronc : adonc. — B. Lb. 132, 70 lonc : enbronc. —
Flam. 836 lonc : jonc. 2549 adonc : tronc. 6193 donc : jonc. 6948 adonc :
donc. — 2 man. prov. 206, 247 adonc : lonc. 207, 257 loncs : adoncs
(Hschr. loire : adoire). — S. D. 14, 471 doncs (deunquam) : mon.

-ǫnda

Chrest. prov. 63 aonda (abundat) : onda (unda) : esconda : esponda
(sponda) : blonda : ironda : prionda (profunda) : jauzionda : fonda. —
Bern. v. Vent. esconda : esponda : blonda : esconda : responda : jau-
zionda : onda : preonda : ironda : aonda : cofonda : fonda. — B.
D. 61, 11 segonda : preonda : onda. — 229, 9 prionda : fonda.
229, 27 monda : colomba. — M. W. I 370 esponda : fronda : redonda

(rotunda) : monta : porponta : s'afronta. IV 216, ₂₆₄ segonda : gronda. —
M. G. 1053 gronda : fonda : redonda : rebronda. 1245 revironda :
preonda : maribonda. — Flam. 6100 jausionda : aonda. — Jaufre
Rayn. I S. 52 I ironda : redonda. — St. Hon. S. 20 aonda : Rosa-
monda. — Kalepky S. 11, ₃₅ onda : monda : aonda : dezironda.

-ǫnᵈre

P. Vid. S. 66 ondre (honoret) : dezondre : despondre (-ōnere) :
somondre : tondre. — B. Lb. 132, ₄₇ pondre (-ungere) : jondre (-ungere).
M. W. III 346 fondre : pondre (-ōnere) : apondre. — Appel Prov.
Inedita S. 169 alhondre (Adv.) : escondre : cofondre : respondre : fondre :
apondre : yrondre (hirundinem). — Flam. 3567 respondre : tondre.
4242 respondre : rescondre. 6529 respondre : fondre. — 2 man.
prov. 50, ₅ rescondre : respondre : fondre : rebondre (-ōnere). 99, ₄₂ ton-
dre : rebondre. 119, ₁₅₅ respondre : dezondre. — Jaufre Rayn. I 148 I
confondre : respondre.

-ǫnga

S. D. S. 25, ₃₅₁ esponga (sponga) : longa. — Flam. 5458 longa :
alonga. S. 83 donquas : onquas (unquam).

-ǫnge

Poés. inéd. II 4 conge (commeatum) : 43 calonge : 56 Sanhtonge. —
2 man. prov. S. 21, ₁₄₇ canonges : monges. Cf. neuprov. mounjo,
mourgo, canounge, canourge!

-ǫncle

Arn. Dan. S. 119 oncle (avunculum) : oncle. ·

-ǫngla

Arn. Dan. S. 119 ongla (ungula) : enongla (V).

-ǫni

Flam. 5272 malanconi : testimoni (-onium). — M. W. I 332 malen-
coni : demoni (daemonium).

-ǫno|n]

Flam. 7688 sonon : donon. — 2 man. prov. 14, ₆₃ dono : sono.

-ǫño[n]

Flam. 7960 poino : joino.

-ọns (-ọnz)

S. D. 209, 301 carbons : capons. — Flam. 32 monz (mundus S.) :
monz (Adj.). 1962 fons (fundum) : desirons. 4372 dons (dŏminam) :
dons (dŏminus). 5066 pons (pontes):donz (dŏminam). 6155 dons
(domina):donz. 7462 donz (dŏminus) : sonz (somnus). — Manuscr.
Bibl. nat. f. fr. 13514 Incipit vita beatissimi Trophimi 721 Borgonhons :
barons. — 2 man. prov. 13, 17 fons (fons) : prions. — Jaufre Rayn. I
122 1 mons : 'fadions. — St. Hon. S. 42 Leons : barons. 56 dragons :
glotons. 60 barons : Odons. 74 orations : patrons. 95 ginoyllons :
barons. 123 dragons : vallons. 124 congregacions : desoisions. 125 pre-
somtions : Salamons. 137 bayllons : glotons. 180 siolons : deysasons.
193 penons : gonfanons. 207 barons : gignollons.

-ọñs

B. D. 111, 57 ponhs : perponhs.

-ọnt

St. Hon. 185 Aygremont : font.

-ọnta

M. W. III 122 onta (Hschr. anta!) : aconta : s'afronta : monta. —
At de Mons S. 80, 937 onta : monta. — Flam. 1872 onta (goth. haunita) :
monta. — Guilh. Fig. 2, 18 monta (V.) : afronta : onta : aconta.

-oñt, -oñta

Daude de Prad. V. 522 oncha (uncta) : poncha (puncta). — Flam: 1791
acointa : cointa.

-ọnte (-ọmte)

M. G. 324 comte (cŏmitem) : comte (computum) : comte (com-
putem). — Flam. 142 comte (comitem): comte (computum). 609 comtes
(computus) : comtes (cŏmites).

Eine eigentümliche Stellung nehmen im Neuprovenzalischen ver-
schiedene Wörter ein, die auf latein. ŏ [Nas. od. ŏ] Nas. zurückgehen.
Während wir im Altprov. stets ọ bei denselben finden (cf. Reime und
Don. S. 55!), haben wir im Neuprov. ọ z. B.:

bon = bonum
ome = hominem; som = somnum

$$longo = longa; \quad comte, conte = \begin{cases} comitem \\ computem \\ computum \end{cases}$$

30*

contro = contra
font = fontem; front = frontem
pont = pontem;
dagegen mount = montem, wahrscheinlich wegen seines häufigen
procl. Gebrauches.
Ja, im Dialekt von Marseille begegnen wir sogar diphthongierten Formen,
wie buen, souem, cuentro, fuent, fruent, pouent. Cf. auch Reime
auf -ōn und -oña! Woher diese abweichende Entwicklung? Vielleicht
liegt in diesen Wörtern französischer, teilweise auch spanischer Ein-
fluss vor. Cf. span. fuente, fruente, puente etc.!
Anm. Die Angabe des Don. (S. 55) für die Qualität des o bei
coms (= cŏmes) und dons (= dŏminus) fand ich durch die Reime
nicht bestätigt; vielmehr treffen wir hier nur ọ.

-ọpa

2 man. prov. S. 28, 30 sopa (S.) : estopa : popa : copa : cropa
(„croupe").

-ọpte

Daude de Prad. V. 320 dubte : subte. — Flam. 5322 dopte : de-
sopte. 6403 sopte : dopte.

-ọr

Chrest. prov. 2, 7 valor : emperador : onor : senor : genzor : doc-
tor. 2, 19-32 creator : senor : onor : sermo : razo etc. 18, 13 socor :
plor. 34 IV socor : onor : plusor. 63 III amor : doussor : flor : amor :
honor : ricor : amor : cor : alhor (aliōrsum) : amor : amador : dolor :
amor : ador (adŏro) : color. 64 amor : plor : sabor : cor : gensor :
dolor. 108 amador : labor. 109 folor : alhor : servidor : lauzor. —
M. v. Mont. Nr. 5 VIII jutjador : clamor : *fazedor : amor. Nr. 11 II paor :
tor (turrem). — Bern. v. Vent. amador : servidor : autor : meillor :
senior : major : menor : pejor : loignor : folor : ricor : socor : ador
(-ōro) : plor : aillor : lor : cor (curre) : acor : cor (currit) : soror : cor
(curro). — Guilh. Fig. Nr. 1, 1 major : emperador : lor : senhor : dolor :
paor : temor : peccador : criator : richor : honor : tristor : envazidor :
combatedor : feridor. Nr. 2, 19 labor : emperador : error. Nr. 4 plusor :
labor. Nr. 6, 6 vigor : resplandor. Nr. IV, 3 trachor : lugor. — Bertr.
de Born Nr. 10 ador : entendedor : cor (currit). Nr. 11 envazidor :
vavassor : parlador : sofridor : doblador : ensenhador; Nr. 28 esmole-
dor : prior : fredor : gabador : pascor : ancessor : fenhedor : tornejador.
Nr. 37 conoissedor : chastiador : galiador : desonor : cassador : buza-
tador : austor : envazidor : vigor : pascor : tornejador : paor : recor :

senhor. Nr. II baudor : corredor : temor : estor (ahd. sturm). —
B. D. S. 5, 22 respondedor : jonhedor. 6, 7 blasmor : lauzor. 13, 14 pre-
zentador : senhor. 33, 1 actor : melhor. 39, 32 legor : honor. 54, 10
flor : emperador. 185, 19 olor : calor. 203, 3 deutor (debitorem) : amor.
220, 32 dolsor : dissonor. 244, 33 jor (diurnum) : honor. 245, 22 sal-
vador : socor. 254, 33 lauzor : alsor. 255, 32 seror : alsor. — S.
D. 216, 64 parentor : dolor : vigor : dousor : cor. 277, 171 pastor :
senhor. 281; 303 porgador (-ōrium) : secor. — P. Vid. S. 34 ancessor :
vensedor. — Poés. inéd. Append. III 13 esmendedor : ancessor : es-
moledor : tornejador. — Ponz de Capd. Unächte Lieder IX 137 Blancha-
flor : galiador. — Troub. de Béz. S. 107 clardor : albor. — Flam. S. 241
cornador : feridor. — Brev. 19 albor : Amor. 11 amor : aymador.
369 befachor : acor. 723 umor : laor (labōrem). 1077 creator : error.
3738 frejor : calor. 6132 lor : calor. 8187 suor : folor. 10097 pudor :
dolor. 10581 .creator : onor. 10905 ador : redemptor. 13145 rancor :
peccador. 13355 clamor : creator. 17300 senhor : favor. 17456 cre-
zedor : paor. 18484 jogador : bevedor. 18552 onor : belazor. — Jaufre
Rayn. I S. 71 ii por : muzador. 140, 1 Melior : senhor. — Manuscr.
Bibl. nat. f. fr. 13514 Incipit vita beatissimi Trophimi V. 139 orador
(oratorium) : senhor. 375 senhour : amor. 581 senhor : recoredor. —
Joyas S. 105, 2 savor : pastor. 172 pudor : dolor. — At de Mons
S. 10, 356 fachor : comensador. 17, 632 prophetizador : amor. 46, 1724
fazedor : crezedor. 46, 1732 comensador : entendedor. 86, 1167 valor :
cobertor. 86, 1185 lauzador : honor. 92, 1406 amaror : sabor. 106, 118
lauzor : despendedor. 108, 161 senhor : cocelhador. 111, 289 mal-
fachor : entendedor. 114, 100 pastor : raubador (Adj.). 116, 198 trachor :
alhor. — 2 man. prov. S. 16 menor : senhor. 18, 58 pastor : labor.
46, 6 valor : trahidor. 57, 47 color : lugor. 61, 2 chauzidor : folor :
sabor : jutjador : folor : amor : valor : calor : temor : tor : dolor :
senhor : clamor : dezonor : Salvador : doctor : lauzor : melhor : trachor :
pejor : næutor : rancor : gardador : paor : labor : error : onor : flor.
84, 1 amor : parentor : dezonor : rancor : error : lauzor : folor : ricor :
pejor : tristor : gastador : baudor : senhor : valor : pastor : melhor :
menor : laurador : labor : cridador. 88, 5 tristor : amor : valor : onor :
labor : gensor : pejor : valedor : rancor : dolsor : melhor : temor.
91, 2 Amor : temor : onor : valor : baudor. 95, 5 valor : lauzor : mel-
hor : onor. 101, 58 paor : lor : dolor : amor : flor : valor. 107, 1 .... or :
dezonor : senhor : lor : paor : folor : parentor : amor : baudor : vale-
dor. 110, 37 pudor : odor. 125, 343 tutor : lor. 136, 266 Salvador :
dossor. 211, 419 actor : error. — B. Lb. 32, 81 bestor : por. 145, 32
amor : sabedor. 180, 46 color : cǫr. — Leys d'am. I 216 corr : morr

(Gesicht) : torr (turrem). III 188 calor: freior. 308 amor : amaror. — Anc. poćs. rel. V. 221 amor : concor(?) (Hschr. conorts!). — M. W. I 54 raubador : jurador : traidor : encantador. 96 doussor : verdor : amador : lor : dompnejador : senhor : enguanador : salvador : guardador : lonjor. 145 seignor : meillor : autor : iror. 186 dolor : flor : labor : cantador : or (?). II 56 aillor : dousor : valor : mirador : color : sabor : amor : honor : ricor : senhor : aillor. 91 amor : onor : sabor : color : trichador : preyador : lor : error : fenhedor. 102 paor : azor : valor : amor : melhor : temor : brezador : folor : auctor : error. 127 amor : honor : valor : ricor : folor : doussor : cauzidor : melhor : menor : error : servidor : albor : valor : tor : honor : valor. 166 mordedor : lor : doctor: prestador : tutor : tuador : combatedor : defendedor. 170 dolor : senhor : valor : dezonor : Tabor : paor : sofridor : combatedor : emperador : lor : ansessor : onor. 180 pastor : aucizedor : sanctor : emperador : comtor : lor : maior : valor : follor : refector (-ōrium): onor : aussor : paor : Almassor : prior. 186 baratador : senhor : valor : cla-' mor : rancor : maior : raubador : dezonor : sanctor : melhor : tolledor : enguanador. 192 amor : honor : sanctor : enguanador : honor : entendedor : maior : trafeguador : trachor : lor : bevedor : austor : donador : amassador : lauzor : error : traytor : lauzor : doussor : dolor. 209 amor : calor : maior : trachor : gensor : azor : vensedor : flor : preyador : valor. III 33 plusor : trobador : amor : folor : cantador : entendedor : meillor : valedor : dolor: greignor : amador: plor : aillor : jogador : lauzor : honor. 233 bestor : por. 251 trobador : amor : respondedor : razonador : valor : senhor : error : folor : color : sona-dor : lauzor : plusor. 302 error : trobador : error : amador : amor : folhor : orador (-ōrium) : alhor : seror : auctor. 357 color : penhidor. 364 comprador : seingnor : honor : jogador : aillor. 371 menor : labor : feignedor. IV 21 amor : senhor : sabor : mellor : clamor : servidor : trahidor : amador : doussor : demor : follor : valor : lauzor : amor : senhor. 34 umor : conoissedor : honor : sabor : maior : honor : valodor : valor : sabor : temor : amor : onor : sabor : ricor. 79 avenidor : plor : sabor : folhor : dezonor : lauzor : amor : senhor : lor : rector : lugor : peccador : redemptor : amor. 114, 356 senhor : avenidor (Adj.). 114, 367 senhor : servidor. 116, 450 dossor : servidor. 122, 219 valor : acor. 125, 66 cosselhador : sabor. 151, 116 reprendedor : amor. 172, 410 cambiador : obrador. 185, 138 trobador : tumbador. 185, 155 tragitador : contrafazedor. 190, 367 trobador : doctor. 192, 75 maldizedor : trobador. 194, 149 bendizedor : senhor. 196, 232 cantator : temor. 208, 137 crezedor : amor. 245, 51 razonador : langor. — M. G. 204 lauzor : contracor : castiador. 238 tenebror : folhor : flairor :

feror : aussor : sabor : dezenador : creator : sovenidor : melhor : plu-
zor : amaror. 341 por : folor. 579 dolor : freior. 646 martror : ricor :
arbergador : doptor. 682 guizardonador : servidor. 720 lavador : fol-
pidor (in den andern Handschr. a pudor) : paganor. 762 forsor : liquor :
terrador (-ōrium) : guazanhador : plorador : tanhedor : plor : votor :
laidor : tortor. 796 encusador : castiador : groisor : passador. 808, 4
or (?) [2. Hschr. tor] : error : dompnejador. 981, 5 paor : almansor.
1057 eror : ductor. 1071 trichador : bolhidor. 1122 amor : cǫr : amor :
blancor. 1163 superior : curador : tuor. — Arch. 32, 408 monsognor :
paor. 413 musador : honor. 416 deptor : baratador : plusor. 417 meil-
lor : sordejor. 34, 381 tripador : sabor. 407 albergador : lauzor.
408 largor : refreitor. 425 amor : feignedor : prejador : entendedor :
onor : major : clamor : entendedor : amor : cobertor. 35, 435 resplen-
dor : astor : lausenjador. 458 pascor : baudor : corredor : lor.
36, 388 ductor : monsejnor. 49, 59 corredor : lor. 75 ador : mirador.
50, 263 valor : lusor; trobador : cǫr. 276 mor (mórit) : plor. —
Rom. II, 176 major : dolor; pavor : major. 177 senhor : onor. —
St. André 60 honnour : amour. — St. Hon. S. 5 clayror : payanor.
16 corredor : dolor. 21 dolor : acomptor. 22 baudor : follor. 23 au-
zor : baudor. 26 honor : payanor. 76 cridor : entor (Adv.).
78 entor (Adv.) : seynor. 97 aministrador : cridor. 126 honor : sanc-
tor. 162 Creator : terzor. 174 cambiador : meyllor. 178 deutor :
dolor; arrendador : laor. 184 Creator : confessor; malfachor : color. —
St. Ant. V. 364 entour (Adv.) : creator. 402 treytor : melhour. 464 do-
sour : clamour. — Crois. alb. V. 341 seror : jor : cǫr : milhor : gen-
sor : seror : auctor : refrechor : amor : senhor : temor : companhor :
valvassor : tor : desonor : dolor : error : laor : Elionor : belazor etc.
1426 cǫr : freidor etc. — Zorzi Ged. 12 entendedor : prometedor :
reprendedor. — Rev. XXI St. Eust. V. 30 abusour : deshonour. 85 col-
lour : seynour. XXII 377 valour : honor. 648 emperour : gouvernour.
XXVII Ste. Marie Madeleine V. 35 prestador : major. 60 aubor :
clairor. 79 feror : tristor. 86 tremor : creator. 91 angilor : feror. —
Guerre de Nav. V. 421 alegror : auriflor : . . . 445 puinnidor. 686 go-
vernador : clamor : . . . . : 694 bestor. 1423 agror : 1425 oior :
humor : . . . : 1430 refortador : rumor : . . . . : 1451 ancǫr („en-
core“) : . 1453 trompador. 2153 celador : . . . 2155 darredor. 2935 faze-
dor : . . . . : 2939 lugor : tenor. 3506 valedor : defendedor : . . . :
3519 volador (Adj.) : colcador (Adj.) : cofessor : temblor : . 3524 re-
ferrador.

    *Unter der grossen Zahl der Reime auf ǫr verdienen in erster
Linie die vielen Subst. Beachtung, welche teils schon lat. Bildungen,

teils auch crst prov. resp. roman. Neubildungen sind; sodann die er-
haltenen organischen Komparative auf -ǫr = lat. -ōrem:

senhor & prior mit Subst.-Bedeutung, alsor, belazor, forsor, genzor,
greignor, laidor, loignor, major, meillor, menor, pejor, pluisor, sordejor &
superior mit Adj.-Bedeutung.

Ferner sind zu beachten die erstarrten Genitive auf -ǫr = ōrum:
angelor, companhor, martror, milsoldor, payanor, santor, vavassor.

Endlich die Adj. und Subst. auf -ǫr = -ōrium, bei welchen wir
entweder eine Suffixvertauschung annehmen müssen, oder fremd-
wortliche Entwicklung.

Adj. der Art sind:
fazedor, montador, frezador, valador, volvedor, amblador, cumjador,
avenidor, colcador etc. Cf. Dz. Gr.⁴ II 324 und Levy in Lit. Bl. für
germ. und rom. Phil. Juli 1886.

Substant.:
orador, refeitor, porgador etc.

Cf. Reime auf -ǫrs!

-ǫra

Bern. v. Vent. hora (hora) : fora (fuerat) : alugora : assenhora :
desadolora : dezacolora : enamora. — B. D. 44, 2 laora : cora.
145, 16 ora : adzora. 242, 23 plora : ora (V.). 246, 13 demora :
plora. — S. D. 50, 1681 hora : demora. — Daude de Prad. V. 538
ora (S.) : hora (Adv.). — Poés. inéd. Nr. I 127 secora (succurrat) :
ora. — B. Lb. 137, 69 penhoras : oras. — Ste. Enimie V. 1111 de-
mora : plora. 1125 demora : fora. 1384 horas : coras (wann?). —
Flam. 226 aora : ora. 860 demora : adora. 2234 oras : oboras (Adv.).
3364 enamora : mora (mōra). 4034 fora : plora. 4940 ora : demora.
5136 aora (Adv.) : laora. — Brev. 16542 cora : habora. — M. W. II 14
demora : hora : onora : fora. III 72 hora : honora : fora : ahora.
IV, LXXXII 107 penhoras : aboras. — M. G. 223 aora : mora : fora :
laora. 267 demora : aora : onora. 279 ora : mora. 331 mora :
plora : labora : langora : m'asenhora : fora : cora (Adv.). 877 abora :
enamora : acora : cora (Adv.) : hora : fora : mora. — Rom. XIV, VII
Débat de la sorcière et de son confesseur V. 29 hora : abora (Adv.). —
Rev. XX Paraphrase des psaumes de la pénitence V. 2 demora :
acora. — La cour d'amour V. 458 ora : mora. — Arch. 33, 466 de-
mora : hora : fora : hora : adora : abora : plora : ancora (S.) : ora
(Adv.) : ora (Subst.). 34, 438 ora : demora : qora : asabora : mora :
honora : colora : plora : abora : enamora. 36, 437 demora : adora
(Adv.) : onora. — Kalepky S. 9, 15 demora : plora : ora : cora.

-orba

Guilh. v. Berg. Ged. VIII, 25 torba : corba : en corba : Jorba.

-orbe

2 man. prov. 26, 12 torbe (V.) : corbe (V.).

-orc

B. D. 96, 10 orc : borc. — Flam. 405 antreforcs : borcs. — M.
G. 1067 orc : dorc („dourc") : gorc (gurgitem) : borc (burg) : sorc
(surgit) : emborc : entreforc (intrafurco). — St. Hon. S. 179 borc :
Gualborc.

-orca, (-orga)

M. G. 1067 orgua (Conjct.) : dorca : engorga : borga : sorga :
enborca : entreforca : lorga (Hschr. logra!).

-ori

Chrest. prov. 31 evori (eburneum) : azori (adoro) : ajutori (-orium) :
Gregori.

-orm, -orma

Daude de Prad. V. 885 conforma : forma (S.). *

-orn

Chrest. prov. S. 60 Ventadorn : torn : morn : sojorn : cadorn : jorn : forn
(furnum) : dorn (durnum). — 80 Ventadorn : dorn : alborn (alburnum) :
forn. — B. D. 153, 38 jorn : torn. — Brev. 3684 torns : jorns. 33663 jorn :
Ventadorn. — Daude de Prad. 1207 alborn : torn. — Guilh. v.
Berg. XX 24 jorn : forn : entorn : alborn. — B. Lb. 101, 25 jorns :
adorns. — At de Mons 117, 222 entorn : torn. — Bern. v. Vent.
torn : Ventedorn : cadorn : morn : sojorn : forn : jorn : dorn. —
Flam. 2124 jorns : sojorns. 2709 torn : sojorn. 5686 recontorn : jorn.
6521 torn : sojorn. — 2 man. prov. S. 19, 80 jorn : sojorn. 109, 9 jorn :
sojorn. 134, 180 jorn : entorn. — St. Hon. 77 torn (Adv.) : sorn. —
Rev. XX La cour d'amour V. 1226 jorn : morn.

-orna

B. D. 208, 16 corna (V.) : almoyna (eleemosyna). — Arn. Dan.
S. 101 sojorna : morna : torna : adorna. — Brev. 9711 corna (V) : al-

morna (elcemosyna). — Daude de Prad. V. 11 soyorna : torna. — M.
W. II 207 sojornas : tornas : enfornas. — M. G. 8, 4 sojorna : morna :
biorna : adorna. — 2 man. prov. 27, 4 almorna (eleemosyna) : corna.
208, 289 retorna : orna. — Flam. 2178 entorna : ajorna. 5178 sojorna :
entorna. 6134 sojorna : retorna.

-ǫro[n]

Flam. 7309 foron : onoron.

-ǫrre

Flam. 1255 corre (cŭrrere) : torre (turrem). 2697 socorre : torre. —
Jaufre Rayn. I 68 1 acorre : porre (weg); Ergzg. S. 352 acorre : morre
(Schnautze).

-ǫrs

Chrest. prov. 51 flors : verdors : dolors : plors : colors : pecca-
dors. 79 trobadors : colors : alhors : pastors. 85 flors : chantadors :
amors : paors : amors : dolors : verdors : meillors : honors : dolors :
socors : seignors : plors : cors (cursus) : sabors. — Bertr. de Born
Nr. 38 gerrejadors : enginbadors : cors : tors : bastidors : bestors :
manjadors : donadors. — B. D. 18, 11 auctors : blasmors. 21, 12 amors :
cors. 30, 26 menors : honors. 50, 14 lusors : valors. — S. D. 162, 178
ardors : dolors. — J. Rud. III, 43 cors : cǫrs. — At de Mons S. 5, 158
ancessors : actors. 18, 652 cors : aussors. 25, 930 calors : clarors.
89, 1274 conqueridors : valors. 109, 215 falhidors : deshonors. — Flam.
S. 59 amors : cǫrs. — Brev. 4251 vapors : calors. 5723 odors : va-
pors. — Rec. Nr. 9, 6 dompnejadors : consiros : cobeitos : pros : ab-
duros : talantos : amoros (od. volontos) [Hschr. abduros] : tros
(Stück). — Ponz de Capd. Ged. II, 24 jangladors : tambors. XII val-
ledors : 36 miradors. Unächte Lieder VI, 26 devinadors : 46 fol-
fors. — Troub. de Béz. S. 111 pejors : cors. — Jaufre Rayn. I, 145 1
flors : flairors. — Joyas S. 81, 17 secors : recors. 259 laboradors :
senhors. M. W. I 166 honors : melhors : sors : secors : alhors :
amors : plors : valors : senhors : nozedors. 162 conoissèdors : de-
zonors : sors (Part.) : plusors etc. 228 honors : lauzors : comensadors :
refreitors (-ōrium) : priors : jostadors : colors : austors : amors : pastors :
cors : secors. 243 ponhedors : vendedors. III, 38 amadors : sors :
dolors : ors : amors : socors : plors : valors : cors : cassadors. 225 austors :
prendedors : voladors (-ōrius Adj.) : montadors (-ōrius Adj.) : volvedors
(-orius Adj.) : frezadors (-orius Adj.) : venadors : odors : cantadors :

violadors : ambladors (-orius) : portadors : corredors : envaidors : gen-
sors. 311 amors : amadors : honors : sufridors : paors : colors :
flors : sabors : tors : amadors : noiridors : valors : galiadors : aillors.
IV 5, 70 ricors : cors. 44 regidors : amors. 144 ancessors : paors.
174, 509 laboradors : fotiadors : podadors. 186, 171 remendators : tro-
badors. 254 trobadors : melhors : alhors : folors : laoradors : fossors. —
M. G. 66 castiadors : gardadors. 223 amors : destọrs; amadors : Tors
(Tours). 764 ponhedors : vendedors : cassadors : enguanadors : humors.
982 fachors : clamors. 1019 flors : cors. — B. Lb. 180, 42 cassadors :
trebahodors. — Arch. 32, 410 amors : deshonors : ors (ursum) : sors
(Perf.). 33, 326 honors : amadors. 424 tors : ardors : amors : colors.
34, 179 decors : aillors. 35, 418 clamors : Elionors. 36, 387 bailadors :
traidors : deshonors : fọrs. 49, 75 clamors : Elionors. 50, 272 amors :
amarors. — 2 man. prov. S. 16, 59 pejors : valors. 20, 124 Predicators :
Menors. 22, 1 tors (turres) : Amors. 22, 4 recors : cors. 23, 17 an-
sessors : temors. 59, 26 Amors : valors. 59, 91 socors : temors.
63, 4 onors : amors : alhors : menors : curadors : ansessors : melbors :
trobadors : calors : imors (humor) : trobadors : sabors. 82, 4 socors :
flors : coffessadors : pecadors : melbors : senhors : ansessors : vale-
dors : valors : amors : guerrejadors : trichadors. 111, 78 socors : cors.
135, 206 confessors : socors. 136, 244 fazedors : melhors. 202, 97 ama-
dors : lors. 205, 225 trobadors : milhors. 212, 448 pastors : lauradors.
212, 451 obradors : labors. — Rom. II 179 senhors : nos; senhors :
amor. — St. Hon. S. 16 Helenbors : dolors. 18 Helenbors : flors.
44 conbatedors : socors. 51 enbayssadors : bors (Lungen). 77 sey-
nors : granors (sehr gross). 137 Gualbors : calors. 144 pescadors :
meyllors. 148 St. Victors : socors. 180 jensors : deutors. 192 estors :
soudors. — St. André 123 cors : dotors : secors.

-ọrsa

2 man. prov. S. 98, 28 borsa : corsa : encorsa.

-ọrt

Flam. S. 104 cort (cohortem) : cort (curtum). — Jaufre Rayn. I
S. 49 cort (curtum) : cort (S.). — M. W. IV 229, 795 cort : sort. —
M. G. 1007 cort : mort (mortuum). — B. Lb. 137, 47 cort (S.) : sort
(Adj.). — Flam. 918 biort : cort. — Arch. 33, 435 cort (S.) : lort : sort
(surdum) : beort (mhd. buhurt) : cort (Adj.) : bort (burdum). — Rev. XX
La cour d'amour V. 279 cort (S.) : beort. XXII St. Eust. V. 767 jort
(diurnum) : fort (furnum).

-ortz

Arn. Dan. S. 115 sortz (sŭrrexit) : sortz (surdus) : cortz (S.) : cortz
(Adj.) : bortz : bortz. — Flam. 479 cortz : sortz (Adj.). — At de
Mons 59, 153 cortz (*cōrtem) : cortz (curtum). — St. Hon. S. 71 corts :
jortz.

-os

Chrest. prov. S. 2 pro : Mallios : nuallos : blos : nos : fos. 18 nos :
glorios. 34 pros : vos : jos (deōrsum). 56 geignos : volontos. 83 dos
(duos) : fos : gilos : vos : bos (bŏnus) : aissos : pros. 90 bos : repos
(S.). 92 pros : vos. 96 bos : respos. 105 baros : bos : somos (S.) :
maisos (mansiones) : ressos (resŏnum) : vos. 106 fos (fŭissem) : bastos :
tos (S. tonsus) : dos (S.) : sospeissos : vos : enojos : chansos : sospeis-
sos : vos. — Bern. v. Vent. vos : bos : enveios : enios : amoros :
glorios : envejos : angoissos : jojos : erbos : deleitos : doptos : genol-
hos : respos : fos : dos (duos). — M. v. Mont. Nr. 2 dos (duos) : baros :
gignos : rescos (resconditus) : tenzos : pros : chanzos : vos : leizos
(lectiones) : coichos : Olairos : dos (S.). 4 b nos : bos : faichos. 6 er-
guillos : dos : jos : bos. — B. de Born Nr. 5 sazos : pros : baros :
vergonhos : blezos (Schild) : gonfanos : basclos (Taugenichts) : moutos
(multones) : leos : orgolhos. 7 maizos : pros : sofraitos : dos (S.) :
bacos (ahd. bacho) : companhos. 8 baros : boissos : fos : nos : pros :
messios : escalos : jos : dos (duos) : bos : lezeros : partizos : malmeiros :
rescos : bordos. 9 garnizos : perdos : apensos. 12 estros (extrorsum) :
amdos (ambiduos) : cobeitos. 18 rozilhos : coratjos : Bretos : blos :
dormilhos : cochos : Ugos. 24 campios : bos : moutos : milhargos :
tos (Adj.) : nualhos : soiros (Milbe) : polmos : somelhos : basclos :
garços : ronhos : paos. 40 poderos : boissos : esmerilhos : falcos :
auzelhos : iros : espos : vergonhos : janglos : flors (!) : brandos. 41 do-
loros : tenebros : enojos. 42 coratjos : temeros. 45 grenos : mesios :
talos. — Guilh. Fig. glorios : nos : jors (!). — B. D. 53, 26 do-
lors (!) : coratjos. 54, 1 trastos : valedors (!). 57, 14 cabalos : glorios.
74, 6 meravilhos : misericordios. 102, 2 ros (russum) : nos. —
S. D. 16, 543 estros (extrorsum) : cros (crucem). — 80, 2643 rescos :
fors (!) 320, 1 Ardisos : espos. — P. Vid. S. 63/64 rescos : jos
(deorsum). — S. 133 respos : gilos. 5462 espos : respos. 6874 tos
(tussit) : fos. — Brev. 4032 ajos : pluios. 12519 pairos : engoyssos.
13181 misericordios : furios. 26607 frachuros : runbos. — Rom. I, III
Prière à la vierge. peccadors (!) : amoros. — Rec. Nr. 9, 6 dompneja-
dors (!) : consiros : cobeitos : pros : abduros : talantos : volontos :

tros. — Ste. Énimie V. 1171 cros (crucem) : ros. — Guilh. v. Berg. V, 39 poderos : ros; tingnos : matagilos. — Poés. inéd. I, 149 vos : Eros (Hero). II 82 Bonafos : amoros. — Appendice 5 janglos : bos : blos : baros : vergoinhos : Ganeilhos : garnisos : cochos : reculos. — Ponz de Capd. II 14 cossiros : enveyos : rescos : gelos : joyos. XIII, 1 volontos : precios : vergoignos : pitos : lesos. XV 33 aventuros : cabalos. XX, 14 poderos : genolhos : rescos. XXII desamoros : clamos : oblidos : adiros XXIII, 28 contrarios : cobeitos. — Troub. de Béz. S. 98, 22 rainos : pros. — Déb. d'Izarn V 154 escalos : perunxios : cofessios : confermatios : cavalairos : neclechos : dignatios : devocios : benedictios : encarnatios : resurrectios : catholios. — Aig. et Maur. XXI, 765 aïros : trabilhos : contralios : tros (turso) : somos : cabaillos : miravillos : orguillos : poderos : coboitos : volenteros : blos : perillos : encombros : escos (excussus) : dios : nouillos : tos : coitos : pesanços. — Manuscr. Bibl .nat. f. fr. 13514 Incipit vita beatissimi Trophimi V. 325 piatos : volontos. 400 piatos : religios. 564 glorios : besonhos. 729 Borgonhos : autos. — M. W. I, 6 capos : bos : volentos : coguastros : enginhos : nos : ros : enuios : grignos : bos. 83 blos : iros : amoros : anctos : dos : joios. 101, 7 vos : respos : centurios. 156 respos : pros : razos : perdos : amoros : blos : poderos : fos : bos : vos : honoros : bos : pros : ergulhos. 211 gazardos : bos : sofraitos : confessios : pros : razos : blos : dos : coratjos : messios : meissos : baros : lezeros : ressos : orgullos : jos. 370 carros : dos (S.) : ọs : nos (Hschr. notz) II 30 vos : pros : respos : razos : conos (cognosco) : coitos : jos : voluntos : poizos : angoïssos : tenzos : ochaios. 44 baros : cros : sazos : tragos : Amfos. 52 faissos : glorios : blos : nos : bos : razos : jos : pairos : pros : poderos : vertuos : meravelhos : razos : orazos : cros : duptos : precios : fos : limos : piatados : entencios : sermos : aondos : volentos : perdos : vos. 97 gelos : pros : respos : amdos : faissos : enveios : cobeitos : desaventuros : vos : rescos : bos : enoios : vergoignos : espos : dos : ochaizos : chansos : ressos : nos : razos : poderos : cabalos : joios : sazos : tensos : razos. 120 pros : bos : cabalos : razos : nos : dos : negligos : aziros : amoros : fos : faissos : chansos : bos : baros. 171 Anfos : pros : Araguos : pros : Salados : dos : chansos : ambedos. 197 bos : orgulhos : renos : poderos : chansos : tensos : dos : respos : dos : sazos : enoios : razos. 227 ressos : dos : ricos : sofrachos : contrarios : dos : fos : bos : espos : gilos. 239 Avinhos : Cavaillos : Dromos : cabaillos : esperos : pros. 242 envcios : cussos : maizos : sermos : paoros : felos : perdos : cobeitos : sofrachos : dos. 243 tracios : Guaynelos : ambedos : dos : tracios. 249 coratjos : bos : blos : nualhos : dos : pros : rescos : bastos. III 26 blos : cossiros : coitos : amoros :

vos : joios : Malafos : espos : ginhos : pros : tos : fos : dejos : bos ·
dos : cnvejos. 42 vos : nos : fos : clamos : poderos : joyos : aziros
paratjos : pros : dos : bos : perdos : gelos : lebros : envejos : aziros
vos. 52 sazos : bos : cobeitos : pros : cabalos : fos : bos : faissos ·
Trencaleos : Randos : respos : Monleos : vos : Neblos : chansos : nos ·
amoros : joyos : razos : vos. 122 razos : vos : perdos : glorios : nos
rabios. 137 sazos : cossiros : possessios : cussos : glotos : maizos
razos : ochaizos : bailos : tronchos. 142 cabalos : amdos : bos : pros
Pinos : faissos : amoros : joyos : glorios : envejos : vos : joyos.
149 razos : pros : fos : cabalos : rancuros : possessios : envejos : los
bailos : coratjos : papallos. 155 espos : vos : razos : trassios : cos-
siros : pros : gibos : doloiros : ressos : messios.· 156 blos : grassios
janglos : pros : razos : questios : joios : pros : vos : glorios : Salamos.
209 sazos : pros : respos : messios : cossiros : Salamos : tenebros
rescos : bos : ochaisos. 244 arrazos : giros 253 Bregonhos : Bretos
messios : confessios : religios : bricos : bos. 267 ros : bordos. 268 gar-
nizos : penos : amoros : respos : sazos : arsos : vos : pros. 290 gonios
lairos. 369 rognos : aventuros. 376 ressos : vos : vergonhos : nos
penos : cambos : nos : razos. IV 19 deios : blos : vergonhos : bos ·
cabalos : sazos : saboros : gazardos·: sospeissos : ioyos : fos : Anfos ·
leos : joyos : sofrachos : amdos. 32 vergonhos : envios : sofrachos ·
envejos : ergulhos : dos : dos : somos (Part.). 47 voluntos : razos
joyos : rancuros : saboros : bos : ginhos : clamos : Anfos : gazardos.
120, 108 doptos : laguios. 123, 245 paratjos : gracios. 134, 165 mel-
hors (!) : securos. 153, 224 perezos : laguios. 153, 228 perilhos : dor-
milhos. 159, 79 ressos : bos. 162, 207 sazos : alhors (!). 170, 334 parat-
jos : amoros. 181. 832 bos : autoros. 187, 219 bos : bufos. 191, 24
deceptios : tracios. 198, 336 ricos : coratjos. 232, 12 curos : espozisio.
233 Livernos : vos : . . . . : estros·: amoros. 246 doptos : amoros :
dos : pros : razos : meravilhos : vos : abdos : ginhos : gilos : chansos :
nos : picos : jos : rovilhos : cavilhos : nelechos : grifos. 254 nelechos :
vos : nos : dejos : dos : amoros : meyssos : enuios : temeros : bos : con-
trarios : somos : enuios : vos : fos : joyos : apdos : bos. — M. G. 64
ochaios : oblidos. 96 lessos : Puiolos. 158 tingnos (räudig) : matagilos :
glorios : humelios. 227, 9 garaignos : tos (tussis). 228, 7 angossos :
cognos (cognosco!). 306, 9 pros : tos. 334, 6 talantos : abduros.
340 aiglos : boissos : adziros : dezamoros. 341 baros : Perdigos :
517 pabalhos : cambos : gonios : saudos : penos : pilos (?) : coratjos :
milsoldors (!). 589 arzos : coillos (?). 618 blos : pros. 642 nuaios :
blos : dos : pros. 672 nuailos : ocaisos (Hschr. caisos) : rasos : airos :
dos : sos (?) : pensios. 739 vos : venjazos (Hschr. penizos!). 764 los

(illos) : dessuptos. 955 erbos : coaros. — Dern. troub. S. 654 plentos :
coros : sermos : prezicados(-ōres!). — B. Lb. 115, ₃₄ bos : respos.
134, ₅₄ tos (Adj.) : amors (!). 136, ₄₇ guinhos : bos. — At de Mons
S. 1, ₂₇ vertudos : nos. 39, ₁₄₅₆ contrarios : malauros. 77, ₈₀₇ sazos :
guiscos. 106, ₁₀₁ sazos : endenhos. 115, ₁₂₈ plejos : ergulhos. —
2 man. prov. S. 6, ₁₇₀ nos : sofrachos : mecios : ergolhos. 11, ₅₉ costel-
lacios : tros (S.). 16, 37 ginolhos : talos. 17, ₁ relegios : devocios.
33, ₆ fayssos : razos : cabalos. 33, ₁₁ pros : fos : gracios : chansos.
41, ₃₃ fayssos : oracios : ressos : sofrachos. 41, ₅₃ bos : tensos : coy-
tos : abondos : razos : glorios. 46, ₁ frayturos : razos : falhizos : fos :
pros : poderos : talentos : nualhos : bos : talentos : vergonjos : gracios.
60, ₁₂₃ tros : jos. 65, ₈ razos : vos : nos : sofraytos : perilhos.
66, ₄₂ botos : deleytos : blos : joyos : nos : despos 78, ₂₅ baros :
motos : questios : ros : dos : nos : ros : pros. 84, ₅ pros : bos : ricos :
frayturos : joyos : razos : guiscos : vergonjos : volontos : cumpanhos :
curos : orgolhos : lebros : tenebros : fos : sazos : coratjos : blos : capos :
peyshos : vos : cobeytos : otratjos : perilhos. 87, ₁₈ vos : amoros :
joyos : dejos. 91, ₄ temeros : talentos. 96, ₃₈ sazos : mecios : fal-
hizos : autoros. 102, ₃₀ enojos jos : gravos vos. 102, ₃₃ renos nos :
chansos sos. 107, ₅ Gascos : leos : nualhos : dejos : baros : poderos :
pros : bos : volpilhos : nos. 110, ₄₉ curos : garsos. 117, ₉₇ glorios :
jos. 120, ₂₀₅ questios : vicios. 121, ₂₀₉ bos : enojos. 124, ₃₂₅ miseri-
cordios : piatados. 130, ₅₂ espos : jos. 132, ₁₀₄ jos : cumpanhos.
135, ₂₂₈ misericordios : devocios. 136, ₂₅₂ falhizos : bos. 138, ₁₅ razos :
fos. 138, ₃₁ orgolhos : joyos. 138, ₄₇ dos (S.) : gazerdos. 139 ₆₃ er-
golhos : temoros. 139, ₇₉ baros : bezonhos. 140, ₉₅ bos : felos.
140, ₁₀₃ nos : poderos. 204, ₁₆₉ dos (dones) : los. — Daur. et Bét.
Début d'une nouvelle inconnue V. 6 nos : proos. — Leys d'am. III 160
baudos : joyos. — Joyas 50, ₁ temoros : valoros. 65, ₁₄ tenebros :
rigoros. 93, ₈ pastos (-ōres!!) : fructuos. — Jaufre Rayn. I 54 ₁ escal-
sisos : dongelos. 84 ₁ vergoinos : terros. 101 ₁ toaillos : capos. 106 ₁₁ or-
goillos : besoinos. 115 ₁ abausos : cros (crucem!). — Jaufre Ergzg.
S. 183, ₃₁ vermenos : bos. — Arch. 32, ₄₁₀ respos : Perdigos. ₄₁₅, ₆ glo-
tos : saboros. 34, ₁₉₄ bros (= brotz! Trank) : dos : nios (?) : cros.
₄₁₂ pedollos (?) : tracios : fos : timos : balcos (?) : gignos. ₄₂₅ es-
calos : jos. 35, ₄₄₈ joios : pesanços (Hschr. pensaios). 49, ₆₉ somos
(Part.) : rios. 50, ₂₆₃ cobetos : volontos. ₂₆₆ carpios : oillos (onjos?).
₂₇₃ avaros : caballos. ₂₇₈ Glotos : vos. 51, ₁₃₃/₃₄ vos : pros : or-
goillos : aventuros : blos : iros : fos : nos : golos : joios : dos : enoios :
ploros : religios : fos : vos. — Rom. XIV, ᵥₘ Vie de Ste. Marguerite 21
enginhos : honors (!). — Paul. de Mars. IX Livernos : vos. — Rev. XX La

cour d'amour V. 930 nos : secos (subcussus). XXII, 361 nous : vous. XXVIII, 164 piatoos : poderoos. 175 doloyros : amaros. — St. Hon. S. 64 desiros : vos. 99 consiros : responsios; erguyllos : verinos. 106 St. Aygos : St. Eudos. 107 Anfos : glorios. 110 plendos : sofrachos. 116 doloyros : vergognos. — Guerre de Nav. 458 estros : escalos : . . : 464 guiscos : artos („habile") : ontos : dejos : . . : 483 aviros : rabios : 485 garnizos. 1028 erbos : . . . . . : 1043 perillos. 1565 cabalos : e r b o r s (!) : bos : . . . . : 1573 peos : . . : 1578 bocos : 1581 fo : T o r s (!)... 2638 p r i o r s (!) : . . .: 2645 enartos : . . .: 2664 ploros : . . . : 2672 rayllos. 4038 gofos (gunfus) : . . . : 4042 cabyros („chevrons") : soperbios : . . .: 4052 temeros : . : 4054 lugoros : . . . 4062 donzellos. — Crois. alb. 3847 contrarios : avairos. 7296 milhurazos : . : 7298 corrossos. St. Ant. V. 62 rasos : vous. 99 s e g n o r s (!) : nous : honor. 1826 vous : nous.

Anm. Die Angabe des Don. 23, 2 „In os l a r g apos (= apposuit), despos (= deposuit)" fand ich durch die Reime n i c h t bestätigt; letztere zeigen vielmehr ǫ. Cf. Reime auf -ǫst, -ǫsta!

-ǫsa

Chrest. prov. 112 amoroza : joyoza : aurilloza : savoroza. — M. v. Mont. Nr. 9, 2 envejosa : orgoillosa : sposa : Tolosa. — Guilh. Fig. Nr. 2, 1 0 angoissosa : Tolosa : rabiosa : dolorosa. — Bertr. de Born 37 orgolhosa : tosa : Tolosa : Saragosa : envejosa : amorosa. — B. D. 49, 1 5 preziosa : gracioza. 76, 2 5 glozas (glōssas) : almozas : (eleemosynas). — Brev. 355 irosa : orgolhosa. 915 vertuoza : fructuoza. 1305 vertuoza : meravilhoza. 2310 folhoza : perilhoza. 7042 morbosa : perilhosa. 10509 preciosa : glorioza. 12103 estudioza : ossioza. — Guilh. v. Berg. III 20 moza : Serragoza. 26/28 escogoza : gosa (Hündin). IV 29 toza : esposa. VIII 20 tosa : c r o s a (crucem) : boza („bouse", ordure") : esterosa. — Joyas S. 19, 6 jhoyoza : andosa (= aondosa). 45, 3 graciosa : saludoza. 73, 7 valeroza : precioza. 75, 1 7 doptoza : riguoroza. 87, 1 3 espaventosa : Tholosa. 122, 8 gracioza : Tholosa : luminosa. 123, 1 glorioza : furioza. 125, 1 4 rauquilhoza : Tholoza. 148, 3 Tholoza : ploroza. 160, 1 3 hotratjosa : poderosa. 221, 9 Tholoza : rǫsa. 229, 9 gaujosa : Tholoza. — M. W. II 186 espoza : Toloza : coitoza : toza : noza (nōdat). III 120 sospechosa : Tolosa : vergonhosa : duptoza. IV 84 toza : cochȯza. — M. G. 153, 2 amorosa : cubitosa. 157, 3 Serragoza : moza : escogoza : goza. — Leys d'am. III 132 Tholoza : fangoza (Adj.). — B. Lb. 147, 5 5 gracioza : Mascaroza. 180, 2 0 penoza : gaujosa. 38 agloriosa : numeroza. — 2 man.

prov. 28, ₃₆ croza : r ǫ z a. 30, ₆ cabaloza : amoroza : gracioza : espoza : orgolhoza : guiscoza : poderoza : temeroza : envejoza : precioza : giloza. 98, ₁₄ toza : joyoza : vergonjoza. — St. Hon. S. 45 Joyosa : malaurosa. 92 esposa : malaurosa. 154 sofrachosa : doloyrosa. 206 boscosa : joyoza. — Rev. XX La cour d'amour V. 1351 joiousa : angoisosa. 1539 envejosa : vergoinosa. — Crois. alb. V. 1777 ch ǫ u z a (causa) : meravilhosa : Tholosa : c ǫ z a (causa) : cl ǫ u z a (clausa) : poderoza : r ǫ z a : osa : gloza. `

-ǫsc, -ǫsca

M. W. I 51 conosca : losca : tosca (?) : mosca. — M. G. 341 conosca : losca. — Flam. 5140 conosca : losca (lusca). — 2 man. prov. 27, ₁₈ losca : mosca : reconosca : conosca. — Arch. 33, ₃₃₆ conosca : losca : endosca (?) : mosca.

-ǫssan, -ǫsson

Flam. 1192 fossan : tossan (tussiunt). 7171 tosson : fosson.

-ǫst

S. D. 164 tost (Adv.) : ost (bostem). — Daude de Prad. V. 484 tost : rescost. — Flam. 124 tost : ost. 2941 respost (Part.) : espost (Part.). 4784 rescost : respost. 7752 post (postem) : tost. — M. W. I 198 aost : brost (kahl) : cost : s'ajost : ost : sost. 368 ost : tost : rescost. IV 168, ₂₀₈ prebost : tost. — Leys d'amors I 228 tost : ost. — 2 man. prov. 52, ₃₂ rescost : cost : enpost : prebost (praepōsitus) : ost. 119, ₁₅₃ tost : recost. — Joyas 110, ₉ resquost (recostus „cachette") : tost : dispost (Part.) : rebost (Part.). — Jaufre Rayn. I 104 ₁₁ ost : tost. 147 ₁ tost : ost. 149 ₁ enpost : tost. 159 ₁₁ cost (V.-S.) : ost. — Rev. XXII St. Eust. V. 1297 ost : t ǫ r t. — Crois. alb. V. 596—604 cost (constet) : aost (agustum) : ost (hostem) : tost : cost : rost (Part.) : escost (exconditus) : prebost : respost.

Für respost und rescost cf. Mussafia Zschr. III, 269.

-ǫsta

Chrest. prov. 129, ₁₈ costa : ajosta. 205/6 osta (hospita) : somosta : costa : posta (S.). — S. D. S. 278 pantacosta : ajosta (adjuxtat). — Flam. 184 Pentecosta : s'ajosta. 2585 costa (constat) : Pantecosta. — Brev. 33054 aposta (S.) : costa (costa). — Ste. Enimie V. 618 costa : emposta. — Comput 74 Panthecosta : costa. 90 Pantecosta : ajosta. — M. W. I 368 ajosta : semosta (S.) : costa : josta. II 206 rostas (Part) : sostas (Aufschub) : ajostas. — M. G. 752 osta (S.) : costa (V.). —

Jaufre Rayn. I, 49 ı Pentecosta : ajosta. 78 ı ajosta : fosta. 125 ıı costa : dejosta. — St. Hon. S. 159 somosta (S.) : Pandecosta. 174 somosta : costa (V.). — Kalepky S. 7, 2 acosta : Pentecosta : posta : josta.

-ǫste

Flam. 2022 oste (hospitem) : coste (constet). — B. LB. 137, 14 ostes : vostres. — 2 man. prov. 27, 22 coste : oste : oste.

-ǫstra

B. D. 78, 17 mostra (monstrum) : vostra. 130, 1 vostra : mostra (V.). — Flam. 1093 mostra : nostra. 1968 mostra : vostra. — Joyas S. 30 demostra : nostra.

-ǫstre

Chrest. prov. 31 enclostre : vostre : nostre : Daurostre. — Flam. 2827 vostre : mostre (monstro). 4570 vostre : mostre. 5196 nostre : vostre. — 2 man. prov. 51, 42 nostre : mostre. 124, 315 nostre : vostre. 199, 7 demostre : nostre.

-ǫt

B. D. 115, 15 mot (multum) : mot (muttum). 120 tot (tōttum) : mot (muttum). 173 tot : mot (muttum). 294 mot (muttum) : vos. — Flam. 2547 mot (muttum) : tot. 3175 tot : mot (muttum). 4258 tot : mot (muttum). 5618 tot : mot (muttum). — Brev. 1701 tot : comot. 18580 dot (dotem) : arlǫt. — Daude de Prad. 928 lot (luttum) : sot („sout" Azaís). — Pass. du Christ V. 454 mot (muttum) : nebot (nepōtem). — At de Mons S. 78, 877 tot : glot. — Leys d'am. I 226 bot (nepotem) : glot. — 2 man. prov. 17, 5 Guiralot : devot. 204, 171 tot : mot. — M. W. III 370 cot (cōtem) : mot (muttum). IV, 192, 38 tot : cot. — Jaufre Rayn. I, 76, ıı mot : socot. — Arch. 50, 280 pot (pōtet) : nebod. — Rom. XIV Le mariage de la vierge et la nativité du Christ. V. 371 mot (muttum) : tost (Adv.). 459 sot : tot. — Rev. XXII St. Eust. V. 2096 tot : corrot (corruptum). — Crois. alb. V. 57—71 pǫt (potet) : ǫt (habuit) : apelǫt (-abat) : estǫt (stabat) : puiǫt (-abat) : sǫt (sapuit) : amenǫt (-abat) : mot (muttum) : amǫt (-abat) : alǫt (-abat) : predicǫt (-abat) : preyǫt (-abat) : sǫt (Narr) : ǫt (habuit) : tot (*tottum).

-ǫta

Chrest. prov. S. 385 devota : lota. — Flam. 210 tota : rota. 5674 gota (gutta) : tota. — Brev. 12659 cavarotas : crotas (Gruft). —

Pass. du Christ V. 690 trestota : rota (rupta). — Joyas S. 19 devota: riota : lota (lutta). — Leys d'am. I 122 devota : lota. — 2 man. prov. 18, 32 nota (S.) : devota. 51, 2 riota : nota. — Poés. rel. 2883 trestotas : dotas. — M. W. H 190 bota (V.) : rota. — M. G. 223 brota (V.) : degota (deguttat) : rota (rupta) : sabota (V.). — St. Hon. S. 45 rotta : bota.

-ǫtz

Chrest. prov. 82 votz (vōces) : potz (puteos) : totz (tottos) : motz (muttum). 128 rotz (ruptus) : motz (muttum). — B. D. 125 totz : botz (nepotem). — S. D. 295, 129 totz : mortz. — Arn. Dan. S. 115 motz (muttum) : totz : rotz (rŭdis) : dotz (ductus) : glotz (glŭttus) : votz (vōcem): motz (muttum). — Flam. 1511 totz : goz (guccus). 6026 sanglotz: motz (muttum). 7985 votz (vōcem) : sotz (sōlidos). — Brev. 11795 potz (puteus) : notz (nŭcem). — Daude de Prad. V. 108 totz : motz (muttum). 563 totz : glotz (gluttus). 1004 totz : nebotz. — Guilh. v. Berg. XVII desotz : glotz : nebotz : crotz (crŭcem) : botz : potz. — Pass. du Christ V. 422 trestoz : crotz. — At de Mons 93, 1434 totz : glotz. — Anc. poés. rel. V. 230 crotz : votz. — B. Lb. 134, 65 totz : motz (muttum). — Leys d'am. I 280 dotz : totz. — 2 man. prov. 15, 7 camelotz (camelotum) : minhotz („coussin?, housse?"). 20, 106 crotz : totz. 110, 25 glotz : totz. 111, 65 pot : devotz. 115, 25 motz (muttum) : totz. 131, 78 crotz : motz. 203, 129 votz : totz. 207, 261 totz : motz. Arch. 33, 334 votz : clotz. — Jaufre Rayn. I 50 II motz (muttum) : votz. 57 II motz (muttum) : sanglotz. — M. W. I 375 totz : crotz : desotz : crotz : motz : crotz : corrotz (corruptus) : crotz : notz (nōdus) : crotz : rotz (ruptus) : crotz : motz (muttum) : crotz. IV 12 motz (muttum) : sotz (subtus) : rotz (ruptus): brotz (Sprössling) : glotz : rotz : totz : notz : potz. 105, 102 totz : dotz (Quelle). 167, 164 totz : dessotz. 179, 730 totz : notz (nucem). 248, 17 notz : notz (nucem) : rotz (ruptus) : glotz : escotz (?) : desotz : potz : botz (Euter) : motz (muttum) : dotz (Hschr. detz!). — M. G. 232 motz (muttum) : desotz : notz (nuces) : crotz (crŭcem) : sanglotz : totz : votz. 790 brotz : motz (muttum) : crotz : glotz : totz : glotz. — St. Hon. S. 58 poutz (puteus) : adoutz („source"). 74 doutz : poutz. 114 voutz : crotz (crŭcem). 133 potz : crotz. 134 voutz (vōcem) : crotz (crucem).

Anm. Auf Grund der vorliegenden Reime, sowie jener auf -ǫt ist G. Paris' Bemerkung, Roman. X, 58, wonach mot auch fürs Prov. ǫ haben soll, zu berichtigen; auch im Nordfranz. kommt mot mit ǫ vor. Cf. Roman de Troie ed. Joly 1870 mot : tot mehrmals.

moz : toz 141, 279 und Computus v. Dr. E. Mall S. 51 mot : tut 1981.

-ọut, cf. -ọlt!

-ọutz.

M. W. I 101 moutz (multus) : estoutz (stultus) : vouz (vultus).

-ọtza

Flam. 4394 adousa (addulciat) : douza (dulcia).

-ui

Chrest. prov. 55 amdui : refui (refugium). 56 cui (cogito) : fui
(fugit). 87 destrui : autrui : fui : sui : brui : cụi : sui : estui (V.). —
Bern. v. Vent. estui : estrui : desdui : esduy : fui (fūgit): brui (brūgit) :
cui : amdui : dui : autrui : celui. — B. D. 40, 23 autrui : sui (sum). —
Brev. 137 sui (sum) : lui (Pron.). 667 fui (fūgit) : lui. 13343 autrui :
cui. 22075 sui (sum) : lui. — Pass. du Christ V..391 lui : dui (duo).
420 autrui : fui (fūgit). 738 lui : andui. — 2 man. prov. S. 124, 297
autruy : luy. — M. W. I 4 cui : celui : autrui : estui (S.). 205 s'estui
(V.) : clui (*clūdit). II 42 cui : celui : defui (-ūgit) : adui (-ūcit) :
autrui : dui (2) : destrui : condui : brui : desdui : dui : esdui : lui :
astrui : enui : lui : fui : relui. III 105 condui (-ūcit): selui. — Zsch. I 58
uis (ostium) : pertuis. — B. Lb. 148, 35 huis : pertuis. — Arch. 33, 299
sui (sum) : autrui : brui (S.) : desdui : enui : dui (2).   34, 406 cui :
lui : condui : selui.   35, 456 ennui : dui (2).

-uja

Flam. 7681 cuja (cogitat) : estuja. — Arch. 33, 336 belluia (belluga) :
suia : festuia : fuia (fūgiat).

Eine scheinbare Ausnahme von unsern oben aufgestellten Ge-
setzen machen die Wörter, denen ein latein. ŭ[zu Grund liegt; denn
es giebt ein gemeinvglat. Gesetz, wonach ein betonter Vokal mit
einem unmittelbar folgenden unbetonten — mit Ausnahme von
a — zu einem Diphthong verschmilzt. Wir haben also in all diesen
Fällen schon vlglat. einen Diphthongen und nicht einen einfachen
Vokal in freier Sfellung: z. B. dui, andui, fui, cui, lui etc. Sui = sum
ist analogische Umformung nach ai = habeo.

Dem Verbum cujar scheint ein lat. Reflex *cūgitare zu entsprechen;
andernfalls haben wir keine Erklärung für das ü in diesem Zeitwort.

Eine weitere scheinbare Ausnahme bilden Fälle, wo wir im Lat.
ein ŭ od. ō haben, dem in der folgenden Silbe ein Hiatus- oder konso-

nantisches i (i) folgt. Dieses i kann primär d. h. schon im Lat. vorhanden, oder auch sekundär d. h. erst im Prov. entstanden sein innerhalb eines bestimmten Satzzusammenhanges, nämlich vor folgendem vok. Anlaut. In beiden Fällen wirkt das i aufs vorausgehende, höher betonte ŭ (oder ŏ) umlautskräftig; letzteres wird zu ü; z. B.:

refŭgium — refui
agŭrium — aŭr
ostium — uis
tŏtti ^{Voc} — tut

Indes bedarf dieses Gesetz fürs Prov. noch einer näbern, eingehenderen Untersuchung, die hier nicht geführt werden kann.

-ür

Jaufre Rayn. I 135 ii segur : aur (agurium). — Arch. 33, 340 madur (maturum) : escur (obscurum) : tafur (?) : pejur : agur (agŭrium). — Brev. 11773 lur (illorum) : dur (durum). 11851 lurs (illorum) : durs.

Anm. Für lür (= illorum) haben wir wohl in diesen beiden Fällen analogische Anlehnung von lor an lui.

-üra

Folq. v. Lunel IV, 48 melhura : segura. — Joyas S. 208, 1 pura : millura. — M. W. I, 53 meillura : pura : abura : pejura : aventura : penchura : sura : cobertura : mezura : cura : mura : clauzura : segura : dura : pura : frachura : escriptura : peintura. — 2 man. prov. 3, 51 drechura : pejura. 99, 6 mezura : cura : creatura : dreytura : assegura : figura : pura : dura : natura : jura : ventura : rancura : s'atura : melhura. — Joyas 208 pura : millura. — Jaufre Rayn. I, 89 ii pejura : meillura. 133 i pejura : natura. — St. Hon. 164 dura : rancura.

Einer kurzen Erläuterung bedürfen hier die beiden Verba melhorar und pejorar. Dieselben reimen in ihren stammbetonten Formen stets zu ü. Schon bei Uc Faidit finden wir dieselben unter den Reimen auf -üra.

Dieses ü kann lautlich unmöglich der Reflex von latein. ŏ[sein. Wir haben somit die Formen auf analogischem Wege zu erklären, wie dies schon Tobler (Sitz.-Ber. d. Berl. Akad. 1885) richtig gethan hat. Wir haben auszugehen von Verben wie

pasturar vom Subst. pastura
pinturar   „   „   pintura
rancurar   „   „   rancura etc.

Zu all diesen Verben existierte neben den Subst. auf -üra noch
ein solches auf -ọr, wie pastor, pintor, rancor etc. Mit Anlehnung an
obige Verba bildete man melhọra und pejọra analogisch zu melhura
und pejura um. Danach ist Hofmeisters Erklärung zu berichtigen,
wonach der vorausgehende Palatallaut diesen Einfluss gehabt
haben soll.

Gelegentlich dringt der Laut ü analogisch auch in die endungs-
betonten Formen ein.

-ut

M. W. IV S. 215, ₂₃₀ entendutz : crezuts.   233, ₂₀ requerregut :
avut. 229, ₈₃₆ entendut : vengut. — Chrest. prov. 20 fruit : perdut.
84 cut (cogito) : perdut. 75 cutz (S.) : adutz (addūctus) : rendutz. —
B. Lb. 115, ₄₇ trestut : brut (Lärm). 123, ₂₉ tut : perdut. 135, ₇₅ escut :
tut. 135, ₇₇ saubut : tut.

Scheinbar einem latein. ū entspricht prov. ọ in Fällen wie copa
(cūpa), glot (glūto), lord (lūridum), oire (ūter), orina (ūrina) etc. Wir
haben hier überall lat. ŭ zu Grunde zu legen, also cŭppa, glŭtto, lŭri-
dum, ŭter, ŭrina etc.

3. Abschnitt.
Diphthongierung.
I.

In den ältesten prov. Sprachdenkmälern finden wir noch überall
nichtdiphthongierte Formen. Es muss dies umsomehr auffallen, als
wir bereits vom 11. Jahrhundert an allmählich die Diphthongierung
immer weiter um sich greifen sehen, mit Ausnahme ganz weniger
Dialekte, die sich bis auf den heutigen Tag in diesem Punkte rein er-
halten haben. Es erhebt sich daher vor allem die Frage, trat die Diph-
thongierung im Prov. erst im Laufe der sprachhistorischen Zeit
ein, oder schon in einer vorhistorischen?

Für ersteres würde der oben genannte Umstand sprechen, für
letzteres die Analogie der übrigen romanischen Sprachen, vor allem
des Italienischen, Spanischen und Nordfranzösischen. Hauptsächlich
auf Grund des letztern Umstandes neigte sich G. Paris der Ansicht
zu, dass wir auch für das Prov. — wenigstens für eine Anzahl von
Dialekten — annehmen müssen, dass sie schon in allerältester, für uns
litterarisch nicht konstatierbaren Zeit, die Diphthongierung be-
sassen, dass aber schon sehr früh, wie dies auch in einigen nordfranz.
Dialekten erwiesen ist, die diphthongierten Formen auf ihren be-

tonten Bestandteil reduciert wurden. Diese Ansicht hat sehr viel Bestechendes für sich, muss aber trotzdem nur als Hypothese gelten, da die altprov. Dialektologie noch in ihren ersten Anfängen begriffen ist infolge der Thatsache, dass wir bis jetzt für das Prov. — wenigstens für die älteste Zeit — soviel als gar keine örtlich und zeitlich genau lokalisierbaren Urkunden besitzen.

Ein Dialekt, der fast überall schon sehr früh die Diphthongierung zeigt, ist der von Marseille. So z. B. haben wir hier Formen wie cuer (= cŏr), demuera (= demŏrat), fuera, buen (bŏnum), suena etc. Diese Diphthongierung kommt sogar noch heute vor und selbst bei ǫ] z. B. cuentro etc. Es hat der Dialekt von Marseille diese Erscheinung mit dem Spanischen gemein.

Eine eigene Stellung nehmen die Wörter ein fócum, jŏcum, lócum, bei denen sich in einigen Dialekten das ǫ erhält, in andern diphthongiert und zwar bald zu uo, bald zu ue

Languedoc			Provence
juoc		loc	luec
luoc	neben	joc	juec
fuoc		foc	fuec

II.
Quellen der Diphthongierung.

Unter diesen kommen hier nur 2 in Betracht:

1) ǫ́ + pal. Kons. oder Kons.-Gruppe und

2) ǫ́ + u.

a) ǫ́ + (c + Kons.) oder ǫ́ + (Kons. + i).

noctem	noit	nuoit (nuoch)	nueit (nuech)
coctum	coit	cuoit (cuoch)	cueit (cuech)
octo	oit	uoit (uoch)	ueit (uech)
modium	moi	moig	mog
	muog	muoig	mueg
podium	poi	poig	pog
	puog	puoig	pueg etc.

b) ǫ́ + u.

novum	nou	gewöhnlich	nuou
ovum	ou	..	uou
bovem	bou		buou
movet	mou		muou
*plovit	plou		pluou

Wenn sich bei Verben auch die erstere Form ziemlich häufig findet,
so beruht dies auf analogischem Ausgleich.

Rückblick.

Fassen wir den Hauptinhalt nochmals kurz zusammen, so haben
wir folgendes Resultat:

Auch im Prov. haben wir einen doppelten O-Laut zu unterscheiden,
ein ǫ und ein ọ

    ǫ geht zurück:

        1) auf latein. ŏ [oder vlglat. ǭ

        2) „   „   ŏ]   „   „   ǫ̆

        3) „   „   ó (ŭ) [Lab.   „   „   ŏ Lab.

        4) „   „   ó [⊥   „   „   ǫ ⊥

        5) „   „   au (Fremdwörter).

    ọ geht zurück:

        1) auf latein. ŏ [

        2) „   „   ŭ [} oder vlglat. ọ́

        3) „   „   ó]

        4) „   „   ŭ]   } „   „   ọ̆

        5) „   „   o ⊥   „   „   o] [⊥

        6) „   „   ó] [Nas.   „   „   ŏ] [Nas.

Ausnahmen von dieser Regel sind grösstenteils nur scheinbare.

Hymnologische Beiträge.

Gesammelt von

J. Werner.

Die von Wackernagel in der Vorrede zu seinem Werke „das deutsche Kirchenlied" aufgestellte Forderung, dass die Kirchen- und Klosterbibliotheken aller Länder zu durchsuchen seien, um in der Hymnologie zu sicheren Ergebnissen zu gelangen, ist in unserer Zeit teilweise zur Tatsache geworden. Seitdem Mone seine aus mehr als 50 Bibliotheken gesammelten Hymnen veröffentlichte, sind eine Anzahl von Bibliotheken systematisch durchforscht worden, und der Gewinn dieser Arbeit — eine bedeutende Menge bisher unbekannter kirchlicher Dichtungen — giebt Kunde von der reichen dichterischen Tätigkeit des Mittelalters.

Die schweizerischen Bibliotheken sind verhältnissmässig früh ausgenutzt worden: schon Daniel und Mone schöpften reichlich daraus und Morel hat eingehend die Handschriften von Einsideln, St. Gallen, Engelberg und Rheinau studirt. Daher können in diesen Bibliotheken nicht so bedeutende Funde gemacht werden, wie solche besonders Dreves auf seinen Entdeckungsreisen zu Teil geworden sind. Es ist eine spärliche Nachlese übrig geblieben, die nur einzelne neue Stücke ergab, und zwar hauptsächlich aus den bisher weniger beachteten Bibliotheken der beiden seit bald 50 Jahren aufgehobenen aargauischen Klöster Muri und Wettingen.

Die Einzelforschung hat bis jetzt in Bezug auf die Verarbeitung des hymnologischen Materials noch wenig Nennenswertes hervorgebracht; so sind wir z. B. in Betreff des Wesens und des Baues der notkerischen Sequenzen noch nicht weit über die Darstellung hinausgekommen, welche Wolf (über die Lais, Sequenzen und Leiche) auf Grundlage der Forschungen von A. J. Schmid gegeben hat. Solche Untersuchungen sind deshalb schwierig, weil die Hülfsmittel wohl zahlreich, aber eben darum um so schwerer erreichbar sind. Und solange das Material noch in den Bibliotheken zerstreut ist, kann eine erschöpfende Dar-

stellung dieses wichtigen Zweiges der mittelalteriichen Poesie nicht
möglich sein. Sowohl rücksichtlich der Hymnen als auch der Sequenzen
harren eine nicht unbeträchtliche Zahl von Fragen der Lösung. Be-
sonders ist die Zeitbestimmung von einzelnen hymnologischen Neuerungen
schwer zu geben, um so mehr als gerade die italienischen Bibliotheken,
aus denen doch wohl in erster Linie Aufschluss zu holen wäre, in dieser
Richtung fast gar nicht durchforscht sind.

Sogar die Textgestaltung der meisten dieser Dichtungen liegt noch
im Argen; nicht bloss fehlt es an genügenden Nachweisungen über die
Veränderungen, denen besonders die Hymnen in einzelnen Brevieren
(z. B. der Cistercienser) ausgesetzt waren, sondern noch nicht einmal
die Form der gebräuchlichsten Hymnen ist auf Grundlage sorgfältiger
Vergleichung der ältesten Zeugnisse für dieselben festgestellt. Die Ver-
breitung ganzer Sammlungen von Hymnen oder Sequenzen, sowie die
Wanderungen und Wandlungen derselben, sind noch zu wenig erforscht;
die Anordnung der einzelnen Hymnare ist noch fast unbekannt.

Es können nun allerdings diese vielen und verschiedenartigen Fragen
nur mit vereinten Kräften gelöst werden, indem jeder einzelne, soviel
an ihm ist, aus seinem Kreise beibringt, was ihm erreichbar ist. In
diesem Sinne sind auch die folgenden Beiträge aufzunehmen.

Was an hymnologischem Material in Zürich (Stadtbibliothek und
Kantonalbibliothek) und Aarau (Kantonsbibliothek) vorhanden ist, wurde
durchsucht und das Bemerkenswerte zusammengetragen. Eine nähere
Beschreibung der Hss. ist überflüssig, da nur einzelne Stücke aus den-
selben ausgehoben worden sind, und jene bei einer andern Gelegenheit
gegeben werden kann.

Bei weitem nicht alle Stücke, die hier geboten werden, waren
bisher unbekannt; aber entweder war der bisherige Text ungenügend
oder die Anordnung im einzelnen unrichtig, so dass ein erneuter Ab-
druck auf Grund neuer Quellen wohl gerechtfertigt scheint.

A. Hymnen.

I. In dedicatione.

I.	II.
Hoc honoris tui templum	5 Te precamur hic adesse,
cum decoris gloria	conditor sanctissime
tibi, Christe, praeparatum	atque consecrator, ipse
de supernis uisita!	hic adesto iugiter.

III.

Haec est tibi consecrata
10 micans aula, similis
Jerusalem, quae est nostrum
celsa mater omnium.

IV.

Cuius multae mansiones
insunt amplis moenibus
15 namque suis quisque sedem
sumit * * * * *

V.

Mater ibi tua, Jesu!
turmas ducens uirginum
locum tenet intra lactae
20 muros urbis optimum.

VI.

Illic et apostolorum
sacer adest numerus,
urbis celsae qui credenti
portas plebi reserant.

VII.

25 Carmen Christo triumphale
chorus cantat martyrum,
quanto plura passus istic,
illic tanto laetior.

VIII.

Rectos corde cunctos unum
30 replet ibi gaudium,
qui distincta pro distinctis
sumunt dona meritis.

IX.

Exultantes manifestam
dei cernunt * * *
35 dant aequalem coaeternae
trinitati gloriam.

X.

Gloriosa deo patri
dilectoque filio
laus et honor et potestas
40 atque sancto spiritu.   Amen.

Chorbuch in Zürich (C 63/690) saec. XIII fol. 174ᵛ. 5 Te deprecamur Hs. —
25 Christus Hs. — 34 fehlt vielleicht regiam.

II. De conceptione b. v. Mariae. ad laudes.

I.

Alma dei porta
Dauid de germine orta
hodie concepta,
audi nostra uota:
5 pro nobis ora,
uirgo Maria!

II.

Nos te ueneramur
et cuncti precamur,
ut tuis precibus
10 Christo iungamur,
a quo ab hostibus
protegamur.

III.

Uires reprime hostis
antiqui serpentis,

15 ne inducat fraudes
mille per artes
et nos a regia
trahat patria.

IV.

Te precamur, domina!
20 ut nostra tempora
fiant pacata
prece tua,
ut tibi cantica
soluamus laeta.

V.

25 Ut tua conceptio
ueniam populo
det, qui te uotis
colit in mundo
gaudens de festo
hodierno.

VI.

O mundi domina
piaque maris stella!
cum tuo filio
pio ab alto
35 semper exaudi nos
sancta theotocos.

VII.

Laus sit deo patri,
ac nato compari
sanctoque flamini,
40 laudemus cuncti
quem ore et corde
tempore saecli. Amen.

Brevier aus Rheinau in Zürich (Num. CLV) saec. XV, p. 748: Laudes. —
Morel (n. 121) benutzte ein gedrucktes Konstanzer brevier. — 36 theocos Hs. —
38 ac nato cum patri Hs.

III. De s. Johanne euangelista.

I.

Gaude caelestis curia,
tanta lucerna inclita
et tu mater ecclesia,
Johannis promens gloriam.

IV.

Recubuit in pectore,
caelesti hausto nectare
15 amplectitur diuinitus
ut Christi amantissimus.

II.

5 Qui spernens mundi gaudia
sequens Christi uestigia
euangelista maximus
existens et apostolus.

V.

Virgo electus domini
a Christo datur uirgini,
ut alter esset filius
20 post ipsum dilectissimus.

III.

Florebat in uirtutibus,
10 ut lucifer clarissimus,
quem diligens prae omnibus
aeterni patris filius

VII.

Gloria tibi.

Brevier aus Rheinau in Zürich (Num. CXXXIII) saec. XIV p. 577 ohne Über-
schrift nach dem bekannten Hymnus auf den Evangelisten Johannes. (Mone 704):
Solemnis dies aduenit. In der gleichen Hs. finden sich ohne Überschrift zwei
weitere Hymnen auf eben denselben, welche Morel (n. 265. 264) aus dem gedruck-
ten Konstanzer brevier schöpfte.

IV. De s. Andrea.

I.

Eia fraterculi,
fide deuoti,
apostoli Christi
festa canamus
5 non sono tantum oris,
sed chorda cordis.

II.

Imple, Christe, nobiscum,
quicquid est uacuum,
operibus sanctis,
10 laudibus tantis,
ut simus digni talem
psallere patrem.

III.

Dignus consistit,
quem deus dilexit
15 reuocans piscantem
fecit doctorem,
nos rete fidei
iubens piscari.

IV.

Crucis supplicium
20 quem scimus perpessum,
dum crucis mysterium
pandit uerendum,
in qua deus nostra
tulit peccata.

V.

25 Odor suauissimus
est deo factus,
dum figitur cruci

nolens dimitti,
martyr dignissimus
30 scandit ad caelos.

VI.

Nostris nunc precibus
omnes rogemus,
ut nos ad patriam
Christus aeternam
35 per eius merita
ducat post uitam.

VII.

Laus sit digna deo
patri et nato
pneumatique cum sancto
40 uni et trino
semper per omnia
saeculi saecula. Amen.

Brevier aus Rheinau in Zürich (Num. CLV) saec. XV. p. 743: Andrea. — Mone (n. 692) schöpfte aus einer hier wie in andern Liedern (nr. 1068. 1147) unzuverlässigen Hs.

V. De s. Antonio.

1.

Plaudat chorus caelestium,
resultet orbs terrestrium,
dum refert solis orbita
Antonii solemnia.

2.

5 Qui annis puerilibus
Orbitatus parentibus
elegit sequi dominum,
a quo accepit centuplum.

3.

Extimplo uox insonuit
10 in qua Christus apparuit,
dicens per mundi gloriam,
te nominare faciam.

4.

O uenerande polifex,
pius nec tardus opifex
15 cunctis, qui corde credulo
te poscunt in periculo,

5.

5 Confer uitae remedia,
aufer carnis incendia,
ut post eius excidia
20 tecum simus in gloria.

6.

Praesta pater piissime,
Jesu cum sacro flamine,
ut Antonii precibus
iungamur tuis civibus.

Brevier von Wettingen (Mscr. Wett. 8) in Aarau. — Papier, saec. XV. fol. 81ᵛ: De sc̄o Anthonio. — 24 tuis in celestibus. Hs.

VI. De s. Benedicto.

Festa praesentis celebret diei
mente deuota populus fidelis,
quam sacris ornat meritis beatus
uir Benedictus.

5 Uixit in mundo reprobando mundum
celsior mundo, superae gerendo
feruido uitae meditationem
pectore iugem.

Signa uirtutis operum potentum
10 densitas pandunt, quis in eius aula
cordis arcana residens regebat
abdita sacra.

Asperos fortis superat labores,
iusta sectatur, tumidos honores
15 spernit et prauos premit appetitus;
cuncta scienter.

Daemones pellit, retegitque corda,
res et absentes uidet et futuras,
membra languentum redeunt saluti,
20 mortua uitae.

Panditur mundus simul omnis illi,
uisque naturae uiolenta cedit;
spiritus iustos hominum petentes
sidera cernit.

25 Praebet in somnis documenta mire,
uincla tortoris uacuat uidendo,
fallitur fallax uetus anguis, illum
fallere temptans.

Fractus humani generis uidendo
30 hostis immanis gemit, et dolendo
inuide frendens queritur coactus
de Benedicto.

Poscimus, uictor benedicte felix,
ut triumphanti tibi qui fideli
35 mente congaudent, miseris beatus
compatiaris.

Laus deo, uirtus, decus et potestas
simplici semper pariterque trino,
cuncta qui portat, superat, gubernat
40 claudit et implet. Amen.

Brevier aus Rheinau in Zürich (Num. CX) saec. XIV—XV. fol. 10ʳ. — Morel
Nr. 362. 363, der dieselbe Hs. benutzte, hat Verschiedenes geändert.

VII. De s. Guillermo. Ad uesperas.

I.
Jesu corona celsior
cultum dans sponsae regium,
cui ueritas sublimior
iam reddit uitae praemium.

II.
5 Da supplicanti coetui
huius obtentu gratiam,
ut tui data fletui
culpa reportet copiam.

III.
Anni recurso tempore
10 dies solemnis claruit,
quo Guillermus de corpore
migrans superna meruit.

IV.
Hic uana terrae gaudia
spernens se summis implicat,
15 iure sibi caelestia
fide uotisque uendicat.

V.
Te, Christe, rex piissime!
iugis hic pulsans precibus
hostes expugnat animae
20 fraudis elisis artibus.

VI.
Uirtutum actu et fide
praesul ornatu praeditus
mentis degustat auide
haustu saporem spiritus.

VII.

25 Plus currit in certamine
longo confligens praelio,
quam martyr fuso sanguine
cum ictu gaudens praemio.

VIII.

Proinde te piissime
30 precamur huius meritis:

nos a peccatis exime
uitae deducens semitis.

IX.

Gloria tibi domine,
gloria unigenito
35 una cum sancto flamine
cultu reddatur debito. Amen.

Brevier aus Wettingen in Aarau (Mscr. Wett. 7) saec. XIV, im Reimofficium
dieses Heiligen. Dreves (Anal. h. IV Nr. 493) schöpfte den auf das bekannte:
Jesu corona celsior (Dan. I p. 110) gedichteten Hymnus aus einem Antiphonar
des XVII. Jahrh. — 19 expugnant Hs.

VIII. De s. Guillermo. Ad completorium.

I.

Enixa est puerpera
supernum regem gloriae,
qui praemiorum munera
Guillermo dedit hodie.

II.

5 Foeno iacens humanitus
uana quaeque sunt mutui,
spreuit Guillermus penitus
carnem subdens spiritui.

III.

Gaudet chorus caelestium,
10 nam de sede Bituricae

transfertur hic in gaudium
stella magorum indice.

IV.

Memento, praesul inclite,
qui noster pastor diceris,
15 quod spreto mundi tramite
monachi formam sumpseris.

V.

Gloria tibi, domine,
Guillermi data laudibus
praesenti detur agmine
20 cordis uotis et uocibus. Amen.

Ebenda. — Das Stammlied ist der bekannte Hymnus des Sedulius.

IX. De s. Guillermo. Ad tertiam.

I.

A solis ortus cardine
caelestis aula resonet,
nouo cantusque carmine
Guillermo laudes intonet.

II.

5 Beatus iste meritis
uictor redit ad brauium

mundi uictis illicitis
regni sumpturus praemium.

III.

Castae mentis ab intimo
10 curam gerens de ouibus
uota reddit altissimo
iunctus eius amplexibus.

IV.

Domus pudici pectoris
sancto repleta flamine
15 fundo figitur marmoris
ne laedatur a turbine.

Ebenda. — Dasselbe Stammlied.

V.

Gloria tibi, domine,
primatis huius merito
laudis detur cum carmine
20 mentis affectu debito. Amen.

X. De s. Mauro Abbate.

1.

Aeterna, Maure, gaudia
Christi coruscans gratia
uotis amasti quaerere
fameque, siti, frigore.

2.

5 Sacri minister dogmatis
a patre Gallis mitteris,
deuota quorum pectora
uerbi cibasti gratia.

3.

Effloruisti plurimis
10 circumdatus miraculis,
semper studens excrescere
in sanctitatis culmine.

4.

Sermone discis angeli
dei secreta maximi
15 eius repletus lumine
et robòratus sanguine.

5.

Clarior omni sidere
iam gaudes agni munere
in arce pollens aetheris
20 uitae perennis praemiis.

6.

Sit sempiterna gloria
patri deo cum filio,
una cum sancto spiritu
in saeculorum saecula. Amen.

Brevier von Muri in Aarau (Mscr. Muriens 9 fol.) s. XV. f. 251ᵛ, col. II: De
sancto Mauro abbatis. — 10 circumdatiss Hs. — 16 samine Hs. — 20 premii Hs.

XI. Ad nocturnos hymnus.

1.

Norma iubarque fidei,
Maure, clarescis inclite,
defunctis uitae redditor
et caeco lucis praestitor.

5.

5 Tuique patris oblitus,
et fratrum longe praescius,
munisti uerbi flosculis
magnum iter ad superos.

3.

Magistri factus collega,
10 decus formaque monachi,

uirtutum septum gemmulis
sulcasti callem subditis.

4.

Errantes oues excipe,
pastor pie sanctissime,
15 ad regnum celsitudinis
sacris attolle brachiis.

5.

Christe, precamur fragiles,
ut nostra soluas crimina,
qui es cum patre filius
semper cum sancto spiritu. Amen.

Dieselbe Hs. s. XV. f. 252ʳ col. I. Ad no. ymnus.

XII. Ad laudes hymnus.

1.

Luce refulgens aurea
dies claret sanctissima,
qua Maurus sacratissimus
caelum conscendit monachus.

2.

5 Hic sacri tirocinii,
sanctitatis egregiae
et uirtutum insignia
diuina sumpsit gratia.

3.

Jussu patris sanctissimi
10 instar .petr̨ apostoli
undosi limpham gurgitis
planta calcàuit stabili. ·

4.

Eodem Christo praeuius
Galliam missus petiit,
15 quam monachorum gregibus
pollere fecit affatim.

5.

Cuius, oramus, precibus
annue, deus, miseris,
ut suspiremus seduli,
20 quo gaudet tecum perpetim.

6.

Sit uirtus honor gloria
potestas et oratio
trinitati deificae
per infinitia saecula. Amen.

Dieselbe Hs. s. XV. fol. 252ʳ col. II. Ad laudes ymus. — 3 sc̄tissimus Hs.
5 Hii Hs. — 21 et gloria Hs.

XIII. In natale s. Nicolai.

I.

Festa condignis celebremus hymnis
praesulis magni merito colendi,
qui deo dignis meruit probari
uoce superna.

II.

5 Pontifex factus Nicolaus armis
clarus in dictis * * * que factis
dominosa * * * * * * *
corpore casto.

Bruchstück aus einem Chorbuch in Zürich (C 63/690) saec. XIII.

XIV. De s. Uincentio.

1.

Alma lux mentium
spes credentium
tutela martyrum,
ductor bonorum,
5 hymnizando sumus
quas pangimus odas.

2.

Inclita martyris
inuictissimi,
tui Uincentii
10 festa triumphi
en colimus pio
laeti conmercio.

3.

Mira constantia
uicit omnia,
15 perseuerantia
spreuit tormenta
poenis nam in tantis
crux est trucidantis.

4.

Huic sunt ridicula
20 mortis spicula,
ignis craticula,
ferri lamina
igne micantia
crebro applicata.

5.

25 Tandem cmeritum
reddit spiritum,
aurum ut septuplum
igne probatum,
ad ueram patriam
30 paradisiacam.

6.

Eius ob meritis
tuis famulis,
qui suis propriis

egent in bonis,
35 Jesu, uitae dator,
sis propitiator.

7.

Sit laus ingenito,
unigenito,
patrique, filio,
40 pneumati sancto
aequali gloria
per saecula cuncta.
                              Amen.

Brevier aus Wettingen (Mscr. Wett. 8) Papier, saec. XV. fol. 82ʳ: De sc̄o Vincencio.

XV. De s. Afra. Ad laudes.

I.

Christe, salus credentium
unica spes maerentium;
peccandi paenitentiam
da paenitenti ueniam.

II.

5 Sancta nobis hoc optime
Afra, quae scis optime,
quis possit hunc inuenire,
qui per se cupit perire.

III.

Per te memento perisse,
10 in ulnis Christi redisse,
quibus imponas precibus
nos te supplices petimus.

IV.

Praesta pater.

Brevier aus Muri (secundum nouam reformationem consuetudinum sacri monasterii Murensis) in Aarau. (Mscr. Mur. 10 fol.), saec. XV. fol. 106ʳ. — 6 ist wohl verdorben.

XVI. De s. Agnete.

1.

Inter choros iam uirginum
Agnes floret ut lilium
ante regem dominum
uirginis matris filium.

2.

5 Stirpe moribus nobilis
. deum gerens praecordiis,
dum ab scholis graditur,
prole iudicis amatur.

3.

Illi dum nollet cedere,
10 patris astans praesentiae
ad lupanar trahitur
induuiis ac priuatur.

4.

Adest praefecti filius
quem praefocat diabolus,
15 dolet pater mortuo
sed gaudet resuscitato.

5.

Dehinc flammis circumdatur,
inlaesa ferro necatur,
en spiritus eius (?)
20 in requie collocatur.

6.

Christus, nostris criminibus
eius indulge precibus,
qui cum deo patre
et sacro regnas pneumate.   Amen.

Brevier aus Rheinau in Zürich (Num. CXXXIII), saec. XV. p. 584. Morel
(Nr. 335) benutzte die Einsidlerhs 84, saec. XV. p. 675, die aber fehlerhaft ist. —
8 amator Hs. — 15 mortuos Hs. (s von jüngerer Hand). — 19 es fehlt ein Ver-
bum. —

XVII. De s. Agnete.

1.

Inclita Agnes
intrauit aureolam
rosas calcans, lilia
collegit quam plurima.

2.

5 Sertum ut Christo
plecteretur domino
c. . ctos amigdala
subiunxit et florida.

3.

Sponsus pro serto
10 tradidit monilia,

ornamenta aurea
anulum cum corona.

4.

Jubila sancta
Roma cum ecclesia,
15 Agnes tua filia
iam fulget in gloria.

5.

Laus atque honor
patri sit et filio,
qui choro uirgineo
20 praeest cum igne sancto.

Brevier aus Wettingen (Mscr. Wett. 8), Papier, saec. XV. fol. 81ᵛ. — 7 Die
zwei ersten Silben dieses Wortes unentzifferbar.

XVIII. Sanctae Caeciliae uirginis.

I.

Jesu Christe,
patris unigenite,
natus ipse uirginis,
amator castitatis.

II.

5 Te inspirante
mentes tibi deuotae
annos, sexum superant
uiriliter decertant.

III.

Inter stupenda
10 quae facis miracula,

magnum dat spectaculum
triumphus feminarum.

IV.

Quae splendida
castitatis lilia,
15 ut sic magis luceant
fuso sanguine purpurant.

V.

Inter quas sancta
hodie Caecilia
ut rosa in Jericho
20 floret coram domino.

<table>
<tr><td>VI.</td><td>VII.</td></tr>
</table>

VI.	VII.
Haec quidem suum	5 Laus, gloria,
sponsum Valerianum,	honor et uictoria,
una cum Tiburcio	patri sit et filio
fidei iunxit gremio.	spirituique sancto. Amen.

Brevier aus Rheinau in Zürich (Num. CXXXIII), saec. XV. p. 655. — 7 sexu Hs. — 8 uiriliterque Hs.

Ebenda findet sich das ähnliche Lied auf die h. Ursala und ihre Gespielinnen. (Dreves Anal. IV Nr. 471.)

————

B. Sequenzen.

I. Natale domine.

I.

a. Quem aethera et terra atque mare
 non praeualent totum capere
b... sine praesepe infans implet
 caelos regens ubera sugens.

II.

5 a. Factor iustis factus hodie est de matre,
  b. Creans diem hodie creatus in die.

III.

Nascitur mundo oriens, Gabriel
 quem uocauit Emmanuel
 hodie sanctus deus.

Von einer Hand des XII.—XIII. Jahrh. in ein Missale aus Rheinau eingetragen (Num. CXXXII, saec. XI). Die am Rande stehenden Neumen geben obigen Parallelismus der Versikel.

————

II. De sancta cruce de utroque festo.

I.	II.
O crux aue! frutex gratus	Per te mundo uita redit,
caeli rore fecundatus	ignis, grando, daemon cedit,
rubens agni sanguine.	uincla morbi fugiunt.
Aue lignum triumphale,	10 Sacramentis das uirtutem,
5 inter ligna nullum tale	robur, pacem et salutem
fronde, flore, germine.	te qui colunt sentiunt.

II.

Salue lignum mundo suave,
semper uale, semper aue,
15 tot florens uirtutibus,
Sed nos, crucis consecrator,
signa thau, uitae dator,
dans uexillum frontibus.

IV.

Juxta crucem conpassuri
20 cum Maria da maturi
stemus in angaria
Et post huius uitae cursum,
cum Maria laeti sursum
perfruamur gloria.

Sequentiar von Muri in Aarau (Cod. Mur. 6 q.), saec. XV. — 5. 6. Aus
Adam von S. Victor Sequenz Laudes crucis attollamus. — 24 gloria fehlt.

III. De s. Michaele.

I.

a. Summi regis archangele Michael!
b. Intende, quaesumus, nostris noci-
bus;

II.

a. Te namque profitemur esse
supernorum ciuium principem.
5 b. Tu deum obsecra pro nobis,
ut mittat auxilium miseris.
c. Te deum generi humano
orante diriguntur angeli.

III.

a. Ne laedere inimici, quantum cupi-
10 unt, uersuti fessos um-
quam mortales praenaleant.
b. Idem tenes perpetui principatum
paradisi semper te
sancti honorant angeli.

IV.

15 a. In templo tu dei turibulum aureum
uisus es habuisse manibus.
b. Inde scandes uapor aromate plu-
rimo ·
peruenit ante conspectum dei.

V.

a. Tu crudelem cum draconem
20 forti manu straueras, faucibus
illius
animas eruisti plurimas.
b. Hinc maximum augebatur
in caelo silentium, milia milium
dicebant: salus regi domino.

VI.

25 a. Audi nos Michael, angele summe!
huc parum descende de poli
sede,
nobis ferendo opem domini
leuamen atque indulgentiae.
b. Tu nostros, Gabriel, hostes pro-
sterne!
30 tu, Raphael, aegris affer me-
delam!
morbos absterge, noxas minue!
nosque fac interesse gaudiis
beatorum.

Hs. zu Einsiedeln Nr. 121, s. XI. p. 583 mit Neumen; vgl. Mone Nr. 317,
Kehrein 172 a und b.
Abteilung der Hs. wie oben, mit Ausnahme: 1 arch. | Mich. — 14 sanc | ti. —
17 aromate | pl. peru. | ante. — 20 fauc. | ill. an.

IV. De beata uirgine.

I.

a. Post partum, in partu et ante
   mater uiri nescia,
b. Electa dilecta dilecto,
   aue plena gratia.

II.

5 a. Aue decus orbis terrae,
   qui salutem mundi ferre
   mundi factor contulit.

b. Uirga florens, sed non arens,
   Uirgo prolem uera parens
10   quando mire protulit.

III.

a. Flos conuallis es, Maria,
   flos in spinis sine spina,
   terra careus uomere;

b. Tu flos caste candidatus,
15   flos et fructus detenatus
   crucis rubens sanguine.

IV.

a. Flos spineto cruentatus,
   quando spinis coronatus
   mundum lauit crimine.

20 b. Ubi uirgo uirginali,
   casta casto, par aequali
   donaris custode. (?)

V.

a. Stabat, inquit, iuxta crucem
   mater Jesu dolens, trucem
25   mortem pati uitae ducem;
   stabat et discipulus.

b. Stabat ille qui electus
   uerae uitis palmes rectus,
   quique magis est dilectus
30   ac familiarius.

VI.

a. „Mater", inquit „ecce natus,
   natus tibi pro me datus,
   tui custos caelibatus,
   cole caelebs caelibem."

35 b. Mox ad illum: „Ecce tua,
   tua mater, hanc procura,
   uenerare fide pura
   seruans uirgo uirginem."

VII.

a. Sancta uirgo, felix mater,
40   sancte fili, nobis pater,
   uestrae partem nos tutelae,
   uestrae sortem clientelae
   uelitis efficere.

b.   Uitae porta,
45   nos conforta,
      stella maris,
      nos amaris
      mundi curis
      heu quam duris,
50   umbra mortis
      nouae sortis
      uirgo clemens exime.

VIII.

a. Nemo frustra te precatur,
   qui pro suis anxiatur
55   meritis Maria.

b. Tu peccato clausus hortus,
   sed peccanti patens portus,
   lapsis dux et uia.

IX.

a. Uirgo mater, nati nata,
60   nobis assis exorata,
   ut, qui per nos nii habemus,
   unum iuste postulemus:
   sempiterna gaudia.

b. Licet ualde peccatores,
65   tui tamen laudatores;
   liberati cruciatu
   per te sumus de reatu,
   saltem digni uenia.

X.

a. Non-nobis, domina, non nobis, sed
70   nomini tuo da gloriam, ut, in nobis
   tua dona munerentur,

tuque de nobis quod Sanir
et Hermon coroneris.

b. Electa ut sol sole clarior

75 et unice dilecta, da nobis scire te

scire nos, scire delectum
ex dilecto, amborumque
sacram dilectionem.

Amen.

Sammelhs. in Zürich (C 58/275), saec. XII exeunt. fol. 149ᵣ col. I ohne Über-
schrift, ohne Abteilung der Zeilen; die Stollen sind meist durch grosse Anfangs-
buchstaben kenntlich gemacht. — 22 vielleicht dominaris mit pass. Bedeutung. —
34 cela celeps Hs. — 56 ortus Hs. — 58 lapsus Hs.

V. De beata uirgine Maria.

I.
a. Ad haec festa sabatina
   pangat nunc ecclesia

b. Sono duplo uoce triua
   Mariae praeconia.

II.
5 a. Haec est salus haec est uita
    peccatorum omnium;

b. Haec turris bene munita
   pauperum refugium.

III.
a. Mater dei mater nostra
10   mater et angelica,

b. Quae cassauit, quae curauit
   uenena diabolica.

IV.
a. Hostes terret turris illa
   fugans multa milia;

15 b. Domini haec est ancilla
    filii et filia.

V.
a. Haec est mirtus, cuius uirtus
   penetrauit sidera

b. Nardus sapit, et hanc carpit
20   rex, qui regit aethera.

VI.
a. Cui placet, ut nunc placet.
   transgressoris crimina.

b. Quam exaudit et applaudit
   per eius peccamina.

VII.
25 a. O quam cara et quam clara
    haec est mater filio,

b. Quem arridet, quando uidet,
   rosa iuncta lilio.

VIII.
a. O quam plena et amoena
   est haec laude caelica,

b. Quam decorat, quam honorat
   phalanx archangelica.

IX.
a. Cupit natus, ut sit datus
   dies ille uirgiui,

35 b. Ut succedat et praecedat
    solemnitas filii.

X.
a. Stat cum eo, ' ut sit reo
   impetratrix gratiae,

b. Quam nil fessat; nam non cessat
40   coram eius facie.

XI.
a. Ergo pia o Maria!
   laudes nostras suscipe;

b. Nos a poenis et uenenis
   serpentinis eripe!

XII.   b. Immortali   aeternali
a. Nos tuere   nos gaudere   nos commendans regi saecula
   fac, o dulcis domina!   per omnia.

Missale von Muri in Aarau (K. 4) vom Jahre 1532 mit der Melodie in Choral-
noten: Alia sequentia.

VI. Conceptionis beatae Mariae uirginis.

I.
Mater regis summi dei filia hodie Maria mire concepta.

II.
a. Aue porta clausa ex stirpe Dauid et radice Jesse egressa, contra natura-
   lem decursum parta.
b. Tu uellus Gedeonis, Sampsonis robur, decus Absalonis praecellis in modum
   totum quod capit orbis.

III.
a. Haec nubes lenis, super quam scandens dominus Aegyptum est ingressus,
   ut commouerentur idola a facie eius.
b. Eua oboediuit serpenti, cuius caput contriuit uirga haec Aaron arida, quae
   florem genuit teste propheta.

IV.
a. Ut uirgula fumi per desertum ascendit ex mirrhae et thuris aromatibus ac
   uniuersi pulueris pigmentarii.
b. Stella maris, hortus conclusus, quam dominus ab aeterno possedit et ex
   antiquis, antequam terra fieret, ordinauit.

V.
a. Historia probat Anglicana, quod festum istud conceptionis miraculosae est
   iussum celebrari sexto Idus mensis Decembris, ut, qui praecepit hono-
   rare parentes, suam pro toto honoraret matrem.
b. Virtutum cuius odor aromata super omnia uirgo Maria in et ante et post
   partum inuiolata permansisti, sic, ut te figuraret typo, rubus quon-
   dam apparens Moysi permanserat incombustus.

VI.
a. Malum dominus per te conuertit in Israel atque omne auferens stannum ex-
   coxit ad purum scoriam omnem et primae parentis compurgauit rubi-
   ginem.
b. Mundus quae uere totus ingratus fuit tua conceptione sancta, quae omni
   caret originalis maculae ruga, quod determinat synodus Basileae
   sacra.

VII.

a. Eia! nos, aduocata nostra, exaudi clementer!

b. Labem peccati qui tollat, natum ora feruenter!

VIII.

Lumbosque praecingat amore tuae conceptionis ac suae passionis merito
nobis misereri dignetur miseris.

Missale aus Muri in Aarau (K. 5). Eingetragen mit den Noten im Jahr 1535.
Die Abteilung der einzelnen Versikel unterblieb, da eine solche sich nicht durch-
führen lässt.

VII. De beata uirgine.

I.

a. Salue mater, mater patris,
soror sponsi, sponsa fratris,
regis regum regia.

b. Haec est rubus inflammatus,
5   quem non calcat calciatus
sacra reuerentia.

II.

a. Sicca prius praeter morem
uirga frondens profert florem
nucemque cum nucleo.

10 b. Inconpluta manet tellus,
dum conplutum madet uellus
Gedeonis horreo.

III.

a. Res miranda: uirgo prolem,
palmes uitem, stella solem,
15 homo deum baiolat.

b. Prodit sponsus noua sorte,
nunc intactae claustrum portae
prodiens diffibulat.

IV.

a. Aue plena gratia,
20 cella pigmentaria,
cinamomi calamus,

b. Mundi sanctuarium,
caeli promptuarium,
trinitatis thalamus.

V.

25 a. Tu trium triclinium,
trium domicilium,
trium tabernaculum,

b. Patris consistorium,
filii palatium,
30 spiritus cenaculum.

VI.

a Audi, mater ueniae,
proscriptos miseriae.
matris Euae filios,

b. Per peccatum uenditos,
35 ad gemendum genitos,
poenae tributarios.

VII.

a. Audi, reos, o benigna,
dele thetam, tau signa
felici caractere.

40 b. Hoc sigillo Salomonis
fac monetam Pharaonis
nummos tuae dexterae.

VIII.

a. Maris stella,   de procella,
  * * * * * * * *
45 nos ad portum protrahe.

b. Ex hoc mari   fac leuari,
fac seruari,   fac locari,
nos in sinu Abrahae.

Sammelhs. in Zürich (C 58/275), saec. XII—XIII. fol. 184ʳ ohne Überschrift.

VIII. De s. Bartholomaeo.

I.

Celebri regi gloriae
est attollenda laude
praesens haec diecula.

II.

Et a Christi ueneranda
5   iugiter plebecula
honore in sanctissimi
piique apostoli,

III.

Linguarum peritissimi
cunctarum, Bartholomaei

IV.

10 a. Eius namque miracula
extrema canit India
decenter.

b. Amoris dei facula
accensum timent idola
15   frequenter.

V.

a. Virtus cessauit Astraoth,
dum seruus dei Sabaoth
templo appropinquabat,

b. Ubi latebat idolum,
20   quod illudebat populum,
qui ipsum adorabat.

VI.

a. Huius causa mysterii
alterius daemoenii
uersutiam pauescens recitauit,

25 b. Absentemque apostolum
affirmans dei famulum
ipsius flatum uulgo demonstrauit.

VII.

a. Curando hic lunaticam
plus quam auri sarcinam
30   gentes gliscit lucrari;

b. Regem cum regni populo
credentem Christo domino
hortatur baptisari.

˙ VIII.

a. Atroces spreuit uerberum
35   pressuras et stridentium
horrores.   ˙

b. Excoriatus coluit
deum, pieque sustulit
dolores.

IX.

40 a. Nos ut eius precibus
a peccatorum faecibus
mundemur et affectibus
aeternis simus tuti,

b. Praestet beata trinitas;
45   et ipsa donet unitas
aequalis semper deitas
ne damnemur polluti.

Missale von Rheinau in Zürich (Num. VI) saec. XV. fol. 183ᵇ col. II. Morel
Nr. 271 (Kehrein N. 423) schöpfte aus derselben Hs. — 5 piis iugiter Hs. —
15 dicenter Hs. — 22 misterii Hs. — 29 scheint eine Silbe zu fehlen, vielleicht
per. — 34 achroces Hs. — 40 Morel ergänzt: Nos et ipsius pr. — 43 sumus. Hs.

IX. Marci euanglistae.

I.

Sancti martyris festum
et euangelistae

II.

a. Circumquaque   ueneratur populus
gratulabundus;

5 b. Et prae cunctis   laetabunda Suenia
       canat patronum!

III.

a. Istum in animalibus quatuor
     Ezechiel propheta quondam sacer
     prospexerat praefiguratum;

10 b. Hunc cernens spiritalibus oculis
        praesignatum Johannes leonis in
        effigie mysteriarches.

IV.

a. Hic sancta sequens   Petri uestigia
     Romam peruenit:

15 b; Illic diuina   signa conscripserat
       euangelista.

Va.

Et, inde missus   iussu Petri pio,

VIa.

Alexandriae   uerbo salutari
illustrauit populos.

Vᵃ.

20 Ibique Christus   carceri inclusum

VIᵇ.

Euangelistam   uisitando suum
salutauit dulciter.

VII.

a. Nam fortem triumphatorem,
     suo pro nomine pugnantem,

25 b. Rex caeli suum
        corona militem donauit.

VIII.

a. Cuius sanctissimi   thesaurus corporis

b. Terris Germaniae   aduectus plurimis
   renitet miraculis.

IX.

30 a. O patriae, Marce, decus
        honor atque salus!

b. Cum plebe cuncta tibi
   supplicantes seruulos

X.

Benigne fautor, tuere!

In einem Missale aus Rheinau in Zürich (Num. CXXV), saec. XII p. 201.
Kehrein Nr. 426 nach Morel Nr. 278, welch letzterer Cod. Einsidl. 366 saec. XII.
benutzte. Da dessen Quelle am Ende lückenhaft war, so erkannte Bartsch die
Melodie nicht. Diese Sequenz wurde offenbar nach der Notkerischen Weise „Justus
ut palma maior" gesungen; hier wie Kehrein Nr. 535 hat der erste Stollen 13 Silben.
Ist vielleicht diese die ursprüngliche Sequenz? die andern Texte nach dieser Me-
lodie (Kehrein 342; 351; 648) sind im ersten Stollen kürzer; sie haben Melismen.

Die Anordnung innerhalb der einzelnen Versikel ist geschehen auf Grund der
handschriftlichen Einteilung von Kehrein 342. 351, die in fast allen Punkten über-
einstimmen; doch könnte III anders geordnet werden; V hat die gleiche Weise
wie die erste Zeile von VI. Nach der gleichen Melodie geht die Sequenz auf
den Evangelisten Johannes bei Milchsack Nr. XXVIII p. 15; doch fehlt der ein-
leitende Versikel, und kleinere Abweichungen bezeugen die Ungeschicklichkeit
des Nachahmers.

X. De omnibus sanctis.

I.
Sancta dei mater   uirgo benigna Maria!

II.
a. Tu nos miseros adiuua
   atque Christi gratiam   nobis impetra!

b. Quae nos tua per merita
5   deuitare faciat   cuncta noxia.

III.
a. Beate Michael   tu pro nobis
   maiestatem   superni regis inuoca!

b. Et cuncti caelibes   simul ciues,
   commendate   nos deo prece sedula!

IV.
10 a. O Johannes Christi baptista,
      pro nobis indignis   iugiter ora!

b. Et tu, sancte Petre, dignare
   cuncta disrumpere   nostra uincula!

V.
a. Omnes domini apostoli,
15   soluite delicta nostra!

b. Quia uobis est a domino
   potestas ad hoc concessa.

VI.

a. Nunc sancti martyres, qui uestra
   tradidistis corpora,
20 b. Pro Christi nomine libenter
   multa ad supplicia;

VII.

a. Uos quoque confessores   Christi et sacerdotes,
   uirginumque sanctarum   turma praeclara!
b. Precamini pro nobis,   ne nos seducat hostis
25   neque uana gloria   nec laus humana!

VIII.

a. Omnes sancti dei,
   uerba pro nobis ferte pia!
b. Rogate dominum,
   ut nostra deleat crimina!

IX.

30 a. Et nos euadere faciat
   inimici scandala   et inferni claustra!
b. Nos atque per suam collocet
   pietatem requie   saltem in aliqua!

X.

a. Ut libeat nos dicere:
35   honor, laus et gloria
b. Sancta tibi sit trinitas
   per acterna saecula!

XI.

Amen dicant   simul cuncta!

In einem Missale des XVI. Jahrhunderts (1532—1535) aus Muri in Aarau (Murcns. K 5) mit der Melodie in Choralnoten: Alia.

Die Sequenz ist augenscheinlich nach dem Vorbild der notkerschen Melodie „Eia turma" gebaut: alle Versikel reimen auf a; in andern Sequenzen, die dieser Melodie folgen, ist auch der Binnenreim verwendet, z. B. Kehrein Nr. 701. — Dreves Analecta h. VIII Nr. 104.

———————

XI. Decem milinm militum.

I.

a. Gratulemur hoc die sacro
   canentes Alleluia:
b. Adrianus milia martyruu
   decem crucifixit.

II.

5 a. Terrae motus factus est,
       quorum sunt in transitu
       petrae scissae.

   b. Et sol obscuratus est
       hora sunt et tenebrae
10   sexta factae.

III.

   a. Tunc hi sancti martyres
       Christo, sui memores,
       commendarunt

   b. Exclamantes: domine!
15   nostras preces suscipe
       pro deuotis.

IV.

   a. Sanitatem corporum
       übertatem domuum
       tribuendo

20 b. Medicamen animae
       et caelestis patriae
       consolamen.

V.

   a. Et si sint in praeliis
       non nocens uisibilis
25   aut sit inuisibilis   inimicus.
   b. Diei ieiunium
       nostrae mortis unicum
       claudat anni circulum   paenitentem.

VI.

   a. Uox caeli tonuit,
       dilectis intulit:
       uobis data sunt haec omnia.

   b. Emittunt spiritum,
       da, Christe, caelicum
       nobis assequi consortium.

Missale aus Muri in Aarau (K. 5) vom Jahr 1532 mit der Melodie. Auch
zwei Missalia aus Rheinau bieten denselben Text ohne erhebliche Abweichungen.
Morel Nr. 305 bot einen verdorbenen Text aus einer Engelberger Handschrift des
XIV. Jahrhunderts. Der Text ist nicht nach notkerscher Art „syllabatim" der
Melodie angepasst.

XII. De simplici confessore sequentia.

I.

a. Laetabundo cordis ore
psallat chorus in honore
regis regum incliti

b. Sanctus hic cuius amore
5 fastum mundi suo flore
flocci pendit sterili.

II.

a. Mente pura, uoce uoto
conuersando corde toto
semper in caelestibus.

10 b. Uerbo, uita collaudando
deum, seque conformando
summis caeli ciuibus.

III.

a. Martyr corpus castigando
carnem suam macerando
15 hostem strauit pedibus

b. Uita uiuens Jesu Christi
hunc sccutus, quare sisti
caeli debet sedibus.

IV.

a. Hic talentum sibi datum
20 reportauit duplicatum
non celans sudario.

b. Audit: Euge, serue bone!
data plena ratione
caeli thesaurario.

V.

a. Hic fidelis prudens uerna
aula gaudet in superna
pro mensura tritici

b. Inter coetus prophetarum
melos audit is cordarum
10 organi Dauitici.

VI.

a. Ergo pater et patrone
sis defensor in agone
tuo consolamine

b. Fac ut data ratione
fiat praemium coronae
mortis in examine.

Missale aus Muri in Aarau (K. 5) vom Jahre 1532 mit Noten.

XIII. De s. Findano.

I.

Summa laude diem nunc patris
Pindani celebremus

II.

a Qui sub exemplo
praecipui patriarchae

5 b. Cognationis et patriae
affectu derelicto

III.

a. Peregre ducem subsequens deum
b. Factus est fide   proles Abrahae.

IV.

a Beatitudinis
10   simul heres illius

b. Terrae uiuentium
possidet eulogium.

V.

a. Hic enutritus   aula Pharaonis
a. Opes regni Moyses spernens ca-
ducas.

VI.

15 a. Habuit hunc suae
moribus uerum asseclam uitae.

b. Cum bonis sacculi
praetulit improperium Christi

VII.

a. Et ollas carnium
20   Aegyptiarum uitalis hostiac
solo respuit amore.

b. Ut manna caelicum
deque petra potum suppedi-
taret
uia, fame, siti lassis.

VIII.

25 a. Hinc Christus hunc suae
iam participem mensae

b. Plene perpetuis
admittit deliciis,

IX.

a. Ubi gutta precum
30   nos pauxilla suarum

b. Aestuantes igne
refrigeret animae

X.

Auriculari de summo.

Diese in den meisten Sequentiarien und Missalen aus Rheinau sich findende Sequenz ist gedichtet auf die notkersche Weise „Justus ut palma minor". Welches Daniels Quelle (Kehrein Nr. 563) war, ist ungewiss.

XII. In natale s. Januarii et sociorum.

I.

a. Christum laude celebri   sexus et aetas
inuisibilem omnis canat,

b. Hanc qui dieculam   nobis septenis
fecit testibus celebrandam.

II.

5 a. Quorum primus   electus dei
Januarius est pontifex.

b. Angelico   in uultu semper
deo seruiens emicuit.

III.

a. Hic poenas sustinuit patiens
10   sub principe saeuo Diocletiano
pro Christi nomine plurimas,
ut hostis cruenti fauces
inmunis euaderet rabidas.

b. Libamen cum sperneret idolis
· 15   Christi patris athleta inuictissimus,
offerre carcerali iussit,
afficit insanus iudex
atrociter martyrem domini.

IV.

a. Mox inde ignito   traditus furno
20   ex domini iussis et sanus exiit.

b. His praeses agnitis   perfurens ira
iussit neruos scindere militi dei.

V.

a. Post haec ad fidem dei
   incredulos   conuertit populos
25   Timotheo oculos   reddit et claros.

b. Christus uolens martyri
   certaminis   finem imponere
   decollari permisit   iunctis sociis.

VI.

a. Conregnant nunc incliti martyres
30   in caelis cum Christo
         domino et eius ·   cunctis angelis.

b. O pie Januari! precibus
   nos deo sedulis
   commenda cum piis   tuis sociis.

Sequentiar von Rheinau in Zürich (Num. CXXXII, saec. XI) p. 145 von einer
Hand des XII.—XIII. Jahrhunderts eingetragen. Die auf dem Rande stehenden
Neumen sind die der Melodie „*Dies sanctificatus*". Die Abteilung innerhalb der
einzelnen Versikel ist in der Hs. meist eine andere. — 29 martyris Hs.

XV. De s. Mauritio sequentia.

I.

In Thebaeorum   triumpho
coetus angelorum
gaudet et sanctorum.

II.

a. Horum mens inuicta
5   sacro duce Mauritio
b Caesaris edicta
   spernit plena flagitio.

III.

a. Nam contra Christum iurare
   dum non obtemperant,
10 b. Mortis ad palmam praeclarae
   decimi properant.

IV.

a. Dum non terrentur   mox recensentur
   et numero mox decimus interit.

b. Dux exhortatur   ut mors spernatur
15   cum sociis socios ingerit.

V.

a. Hinc Exuperius
    legionem inclitam   confortat uberius.

b. Monet similiter
    Candidus superstites   constare uiriliter.

VI.

20 a. Jam desiderio   sacrae mortis
    regis imperio   turba fortis
    non paret,   ut paret   ensem sitiens
    uitamque despiciens.

b. Grex ergo sternitur   cum ductore
25   mors ipsa spernitur   pro amore
    caelesti;   scelesti   ruunt milites
    in Christi satellites.

VII.

a. Aganus pingitur   caeli floribus
    cruoribusque tingitur.

30 b. Ministri scelerum   gaudent poculis
    in oculis   tot funerum.

VII.

a. Aduenit uictor   uocans hunc lictor
    sed horret crimina contradictor.

b. Mox ense punctus,   pari spe functus
35   honori martyrum est adiunctus.

IX.

a. Hi sub Diocletiano
    quae sunt sursum quaerunt et sapiunt.

b. Ob hoc sub Maximiano
    caelum uiolenti rapiunt.

X.

49 a. Agmen hoc praenobile   fide non mobile
    candidius astris   iam in castris
    fulget angelicis.

b. Purpurata legio   murice regio
    phalanx triumphalis   fit aequalis
45   ciuibus caelicis.

XI.

a. O quam decoro   choro
    regi dux unitur,
    pro quo gladio punitur

b. Rubrior ostro   nostro
50   semper pro reatu
       pio supplicet precatu.

XII.

Nos uerae uiti,   Mauriti!
       fecunda palmes ope precum   tecum
       inserat   cohors, quam mors
55 .   non superat.

Missale aus Muri in Aarau (K. 5) vom Jahr 1532 mit der Melodie. Morel, Bartsch und Kehrein (659) erkannten dieselbe nicht: es ist eine Nachahmung des berühmten „*Laus tibi, Christe*" von Godeschalk mit kunstvoller Reimbildung, vgl. Nr. XX.

XVI. De s. Stephano.

I.

Festa Stephani protomartyris Christi

II.

a. Sancta per orbem
       ecclesia ueneratur,
b. Eiusque sacris in laudibus
5   hodie gratulatur

III.

a. Ordo, quem sacer apostolicus
b. Christi leuitam censuit fore,

IV.

a. Ut agni sanguinis
       propinator fieret,
10 b. Imponitque manus
       aptat et altaribus.

V.

a. Hic signis coepit   pollescere crebris;
b. Nam uirtute et gratia
       plenus diuina

VI.

15 a. Hic in synagogis
       disputat sancto pneumate fretus,
b. Literis legales
       docuit cunctas Christum sonare.

VII.

a. Caeli per ianuas
28   uidit ad dexteram patris
       Jesum stantem,
       se corroborantem.

b. Quem plebs lapidibus
   prosternit impia
25   pro se flexis Christum
   genibus orantem.

VIII.

a. Exemplo domini
   morientis in cruce
b. Pro lapidantibus
30   intercedis, Stephane!

IX.

a. Jam nostri potius
   miserere precibus,
b. Qui tuis laudibus
   interesse cupimus,

X.

35   Leuita Christi praecelse!

Sequentiar aus Rheinau in Zürich (Num. CXXXII, saec. XI) p. 68: Item alia, mit den üblichen Neumen am Rande. Kehrein Nr. 712 aus Morel Nr. 538, der den gleichen Codex benutzte, ohne die Melodie „Justus ut palma minor" zu erkennen.

___

XVII. De s. Thoma, episcopo Anglorum.

I.

Mundi pompam uicit almus
Christi martyr, unde psalmus
canitur in iubilo.
Uoce uoto concordemus
5 et in actu personemus
laudes dei filio.

II.

In quo fixus testis legis
factus forma sui gregis
patitur supplicium
10 Quod uolebat, diffiniuit
praesul Thomas, quem attriuit
cinis et cilicium.

III.

Terris pauper, caelo diues
caeli regnat inter ciues
15 caelesti conuiuio.
Justis forma disciplinae,
lapsis spes est medicinae,
angulus in biuio.

IV.

Chain Abel interfecit
20 frater fratrem; plus adiecit
hostilis nequitia:
Nam in patrem surgit natus
nec ueretur matris latus.
o! quanta saeuitia!

V.

25 Israhelis sub exemplo
lapis quadrus est in templo
cum mactatur aries.
Legis tenens armaturam,
Dauid dictus per figuram
30   duplex templi paries.

VI.

Passus signat Zachariam,
raptus Enoch uel Heliam
ueritatis azima.
Hostis perit in fornace
35 martyr Thomas stat in pace
pia factus hostia.

VII.

Aquis sanat Heliscus,
nos per istum sanet deus
  sale sapientiae.
40 Ille lepra sanat Syrum;
  iste multos — dictu mirum —
  saluat dono gratiae.

.VIII.

Job dolentis signatiuus
iam per mortem regnatiuus
45 Moysi consocius

Minas spernens Pharaonis
mare transit passionis
  percurrens quantocius.

IX.

Ergo, martyr, huc adtende;
50 placa deum, nos defende
  de mortis angustia,
Ut te duce uiam uitae
ambulantes expedite
  cantemus Alleluia.

Aus einer Sammelhs. der Stadtbibliothek Zürich (vgl. Rom. Forsch. V p. 417)
C 58/275 saec. XII—XIII auf dem letzten Blatt: Sequentia de scō Thoma epō
Anglorum. Die Halbstrophen sind durch grosse Anfangsbuchstaben, die Zeilen
durch Punkte bezeichnet. Darauf folgt in der Hs. die bekannte Sequenz „*Spe
mercedis*" (Kehreiṇ 729).

XVIII. De V̊dalrico confessore et episcopo.

I.

a. Pangat hymnum V̊dalrici
  felix ecclesia mater;

b. Tellus, mare uel aethra   plaudat ouando.

II.

a. Ciues caelorum tripudio
5   gratulant nostrum.

b. Nam V̊dalricum, dum coetui
  proprio sanctum

III.

a. Coniuogunt, laeti gaudia
  celebrant mundi;

10 b. Qui mundum spreuit mundano
  principe tempto,

IV.

a. Hic praesul, supernae semper
  intentus patriae,

b. Lubrica praesentis uitae
15 ·   contempsit gaudia.

V.

a. Te nunc, inclite   praesul V̊dalricẹ
  Christi, precamur,

b. Ut, qui plura mitis   caelestis gratiae
   dona largiris,

VI.
20   Nos et hunc locum tuere.

Missale aus Rheinau in Zürich, Num. LV, saec. XIII. auf dem vorgesetzten
zweiten Blatt.

Die Melodie der Sequenz ist die Metensis minor, zu welcher Notker den auf
Othmar bezüglichen Text verfasste, der in einzelnen Hss. auch auf Ulrich an-
gewendet wird (vgl. Kehrein Nr. 733).

XIX. De s. Vito.

I.
Sancti martyris
Uiti dies celebris.

II.
a. Illuxit exoptata
   deuotione maxima,
5 b. Glorificanda nobis
      canticis spiritalibus.

III.
a. Iste est Uitus   puer ille inclitus
b. Stemmate claro   ortus, sed incredulo.

IV.
a. Qui puer adhuc tener cunctis
10   mundi lenociniis
b. Pro Christo abrenuntiauit
   seque illi obtulit.

V.
a. Hic septem annorum cum esset,
   Christum constanti pectore
15 b. Fatetur pro mundi totius
      redemptione positum.

VI.
a. Quibus pater auditis ingemit
   atque dissuadet;
b. Quod cum uerbis non posset, conatur
20   hoc uerberibus.

VII.
a. Adductus Ualeriano   nequit penitus
   sancto mutari   a proposito.

b. Jubetur caedi flagellis   sed caedentium
   protinus arefiunt bracchia.

VIII.

25 a. Praeses etiam languente manu
    orat opem, quam mox confert omnibus.

b. Patris oculos angelis uisis
    excaecatos natus sanctus reddidit.

IX.

a. Angelo duce   Christo iubente
30   it Trinariam

b. Hinc reuocatus   daemonem regis
    fugat filio.

X.

a. In carceris positum   claustris uisitat
    Christus ipse puerum

35 b. Angelicus pariter   chorus concinit:
    benedictus dominus!

XI.

a. Leo ad deuorandum missus
    corruit supplex ante pedes martyris.

b. Intactus de camino exit,
40   resina quod feruebat, pice, oleo.

XII.

a. Hinc cum Modestio atque Crescentia

XIII.

a. Christo spiritum, tensus ferrea
    in catasta, beatum reddidit.

XII.

b. Ipsum precibus exoremus sedulis

XIII.

46 b. Ut nos domino   cum sociis
    commendet et perennis gloriae

XIV.

Requirat nobis palmam et uitam.

Missale aus Rheinau in Zürich (Nr. XXIV, saec. XV.) fol. 142ᵛ. Kehrein Nr. 741 schöpfte aus Morel Nr. 564, der die Sequenz mit Noten in der St. Gallerhandschrift 546 fand.

Wie die Einteilung in Versikel zeigt, ist die Sequenz auf die beliebte Weise „Occidentana" gedichtet (Bartsch, p. IV). Innerhalb der einzelnen Versikel ist nach Anleitung der Originalsequenz abgeteilt.

V. 17 haben die Hss. ingemuit.

XX. De s. Anna Sequentia.

I.

a. Summi patris gratia
coaeternum per filium
uitae parens remedia.

b. Incarnari constituit
5   hunc de intacta
uirgine Maria.

a. Quae cunctorum per prophetarum
repromissa diu praeconia

b. De sanctorum patriarcharum
10   est exorta genealogia.

III.

a. Nam ipsius incliti genitrix Anna
Jesse stirpis propago regia
iusti uxor Joachim socia.

b. Sanctissimam genuit natam Mariam
15   Gabrielis per uerba nuntia,
o aeterna salutis gaudia!

IV.

a. Magnae sunt sanctae   merita Annae,
Christus de cuius natus est prosapia.

b. Crucis per mortem   qui uincens fortem
20   uitae redemptis reserat atria.

V.

Cui cum patre spirituque sancto
par est et gloria.

Missale Constantiense vom Jahr 1485. Kehrein Nr. 770 giebt nach Morel
Nr. 336 die Sequenz verstümmelt aus dem Cod. S. Gall. 546. Sie scheint nicht
einer notkerschen Melodie zu folgen.

XXI. Caeciliae uirginis et martyris sequentia.

I.

a. Orga.: Uocem laudis exaltemus
diem festum honoremus
uirginis Caeciliae.

b. Chor.: Sponsum eius non inanum
5   beatum Ualerianum
laudent Sion filiae.

II.

a. Orga.: Hic est ille singularis,
sol illustrans stellam maris
lucentem in iubilo.

10 a. Chor.: Cui uirgo desponsatur
et sibi confabulatur
noctis tunc in nubilo.

III.

a. Orga.: Dic, Ualeri! quid audisti
   alloquendo sponsam Christi?

15 Chor.: Hanc audiui sic dicentem:
   zelo multo metuentem
   habeo archangelum.

b. Orga.: Dic, Ualeri! quid audisti
   alloquendo sponsam Christi?

20 Chor.; Est secretum, quod reuelo
   optimi amoris telo:
   caste uulnerata sum.

IV.

a. Orga.: Dic, Ualeri! quid audisti
   alloquendo sponsam Christi?

25 Chor.: Si incaste me contingis,
   dira poena te constringis
   mortis per interitum.

b. Orga.: Dic, Ualeri! quid audisti
   alloquendo sponsam Christi?

30 Chor.: Si te mundas mundo cedens
   et in uerum deum credens,
   mecum cernes angelum.

V.

a. Orga.: Dic, Ualeri! quid fecisti,
   postquam haec intellexisti?

35 Chor.: Ad Urbanum properaui,
   et secretum reuelaui,
   et ibi me renouaui
   sacri fontis flumine.

b. Orga.: Dic, Ualeri! quid nidisti,
40   postquam Jesum induisti?

Chor.: Tunc angelicum decorem
   uidi, sentiens dulcorem
   et rosaticum odorem
   fragrantem in lumine.

VI.

45 a. Orga : Dic, Ualeri, quid sensisti
   amplius de sponsa Christi?

Chor.: Fratrem mihi sociauit,
   et ad palmam inuitauit,
   et utrumque praesentauit
   caelesti collegio.

b. Orga.: Dic, Ualeri! quid sensisti
   amplius de sponsa Christi?

Chor.: Almachium superauit,
   ensis eam iugulauit:
55   sic amantem reamauit
   mortis priuilegio.

VII.

Orga.: O Ualeri! uale care
   ac pro nobis deprecare!

Chor.: Et tu mater huius festi
60   nos amore sponsi uesti!

VIII.

Orga.: Ut in morte   bona sorte
   det nos uti cum beatis
   sertis per te seminatis.

Missale aus Muri in Aarau (K. 5) vom Jahr 1532 mit der Melodie in Noten. Am Rande ist auf die Originalsequenz „Surgit Christus cum trophaeo" hingewiesen; ebenso stehen die Bezeichnungen „Organum", „Chorus" in die Notenlinien eingeschrieben. Das abgekürzte *Dic, Ualeri!* habe ich III b., IV a. b., VI b. ergänzt aus dem Vorhergehenden.

XXII. De s. Kunegunde.

I.

Laetare, mater   ecclesia,
   cum tua sancta filia,
   quae clare fert lilia.

II.

a. Castitate rubens

5   ut solari   flos iubare,

b. Bonitate prudens
     salutari   cum nectare.

III.

a. Dulcis tutela   medela
     languentis agminis.

10 b. Nocte diuina   regina
     florentis germinis.

IV.

a. Immaculata   ut maritata
     signata   et ut uiro uiduata.

b. Sponsus pudicus   sanctus Heinricus
15   tenore   secum miro sciuit more.

V.

a. Laus tibi, Kunegundis!
     Jesu Christi formula   habitu uirginum.

b. Tu sibi factis mundis
     seruiuisti sedula   lumini luminum.

VI.

20 a. Prudenter omnia   possedisti,
     solum felicia   dilexisti;
     mundana   et uana   transitoria
     mens tua respuit.

b. Ergo cum uomeres   transiuisti,
25   ut rosas tangeres,   hos sensisti
     iniusta   adusta   hoc prudentia
     fieri potuit.

VII.

a. Qualis potentia,   qua contraria
     tibi sunt socialia.

30 b. Ignis caliditas   et frigiditas
     ut sana sit uirginitas.

VIII.

a. Diuinis signis   ut frigus ignis
     non urit   permanens cum calore,

b. Tua potestas   potest quod aestas
35   non urit   solque stat cum splendore.

IX.

a. Per exteras   nationes
     multum ueneranda   cultibus

b. Uociferas   optiones
  Christo piis manda   precibus.

X.

40 a. Ut tua festiuitas   nostra sit sanitas,
   corpore et mente   te petente
   Christi det bonitas.

 b. Ob tuam clementiam   Christi fac gratiam
   nos pie saluare   et uocare
45   ad summam patriam.

XI.

a. Laudetur tuus status
 luminis   cum matre
 summi iubilo   inclito.
b. Laus tibi, qui es natus
50 uirginis   cum patre
 et cum sancto   paraclito.

XII.

Laus tibi trinitas aima,
 cum palma   sanctitatis
 da nobis te cernere   gaudere
55 cum beatis.

Missale Constantiense gedruckt in Basel 1485, die Vorrede ist vom Jahre 1481 datirt. — Kehrein Nr. 832 verkannte die Melodie: die Sequenz geht nach der Weise des „Laus tibi, Christe" von Godeschalk auf Maria Magdalena. Wie beliebt diese Melodie war, beweist die grosse Zahl von Nachahmungen (10), die bis jetzt bekannt geworden sind; Bartsch p. 106 kennt deren nur drei: Kehrein 352. 358. 422. 455. 508. 600. 659. 755. 832. 838. Die kunstvollen Reime beweisen, dass die einzelnen Versikel im Innern nicht immer und nicht überall gleich abgeteilt worden sind.

XXIII. De s. Verena sequentia.

I.

a. Dies adest reuoluta,
 quae praefulget instituta
 multiformi gratia.
b. Terge labem plebs polluta!
5 et resoluas ora muta
 in dei praeconia.

II.

a. Paenitentum choro iuncta
 trito corde sta compuncta
 deo psallens hodie.

10 b. Pietatis uoto functa,
 laudans ora nam sic uncta
 fis unguento ueniae.

III.

a. Ecce gaudes,   gaudens plaudes
 tanti re solemnii.
15 b. Pelle fraudes,   pange laudes
 bini uoto studii.

34*

IV.

a. Regi regum uota dato
   cordis atque decantato
   uocis sono musico.
20 b. Deum solum adorato,
   cuius facta praedicato
   sermone rhetorico!

V.

a. Haec est dies insignita,
   quam Verena beat ita,
25   ut aperto aditu
b. Caeli perpes detur uita
   his, quis corda sunt munita
   pietatis habitu.

VI.

a. Uirgo de haec Thebis uecta,
30   in Italiam profecta
   cum duce Mauritio;
b. Ibi prece iugi lecta
   et uigiliis affecta
   uacabat ieiunio.

VII.

35 a. Hinc Solodurum transcendit,
   quaeque sursum sunt intendit,
   quaesiuit et sapuit.
b. Et lucernam, quam accendit
   in candelabro, suspendit
40   exemploque docuit.

VIII.

a. Sacros quidem gessit mores
   fidem plantans ac errores
   extirpans gentilium:
b. Sic uirtutum sparsit flores
45   morbos curans et languores
   infirmorum omnium.

IX.

a. Dum pro Christo carceratur
   hanc Mauritius solatur
   missus caeli culmine.
50 b. Mox tyrannus conquassatur
   febre, de qua liberatur
   ipsius iuuamine.

X.

a. Morte tandem imminente
   mater dei cum candente
55   choro iunxit uirginum,
b. Qua cum hymnis applaudente
   uisitata sic repente
   migrauit ad dominum.

XI.

a. O Uerena!   de catena
60   nos obscoena   culpae plena
   fac deus eripiat!
b. Ne nos poena   sed amoena
   agni cena,   ubi uena
   pacis est, suscipiat.

Missale aus Muri in Aarau (K. 5) vom Jahr 1532 mit der Melodie in Choralnoten.

XXIV. De s. Ursula.

I.

a. Magne deus   mirabilis in sanctis tuis,
   qui infirma mundi eligis
   fortiaque confundis,
b. Tibi soli digna laudum
5   persoluimus praeconia,

II.

a. Tua uirtute turba uirginea
   hoste deuicto fert trophaea.

b. Fouet chorus nunc illas sidereus
premit hunc carcer tartareus.

III.

10 a. Uictoriae haec sunt primordia
de nuptiis fit regum concordia.
b. Nam Ursula, Britorum filia,
stabiliit sua sic sponsalia.

IV.

a. Ut undena lecta milia
15 uirginea secum uadant ad caelestia.
b. Casti ludi dum frequentantur
Germaniae portubus classis sacra appellitur.

V.

a. Cisalpina tandem   litora Rheni premunt
trieres deserunt.
20 Romuleam arcem adeunt.
b. Hinc naues Rheni sunt   et uia mirabili
te, Christe, praeduce
Coloniam usque redeunt.

VI.

a. Quas obuia Christi neci dat gens barbara
25 b. Sed uictrices has sponsus euexit ad aethera.

VII.

a. O quam digna palma uirginum,
fructum ferunt nam centesimum,
nouumque canticum
resultant agni post uestigium.
30 b. O largitor summi praelii,
nostra sola spes solatii!
uirginum gloriae
consortes fieri nos tribue!

VIII.

Facque tua uisione
35 frui nos sine fine.

Missale aus Rheinau in Zürich (Num. XXIV), saec. XV fol. 160 b. (15 uacent —
29 resultent). Schon Morel Nr. 552 hat, geleitet durch den Reim, innerhalb der
Versikel abgeteilt. Die Melodie ist unbekannt.

XXV.

I.

a. De profundis ad te clamantium,
pie deus, exaudi gemitum,
nec mensuram obserues criminum,
ut perferri possit iudicium,
5   pie deus.

b. Jesu bone, conple quod dixeris,
ne sit in te uox cassa nominis:
te praesertim cum ipse dixeris
pro saluandis uenisse miseris,
10   Jesu bone.

c. Consolator dolentis animae,
ac maestorum uere paraclite,
quod promittis et ex hoc nomine
ne differas complere domine
15   pie deus.

d. Fletu Petri sua negatio
est deleta tam breui spatio,
et latronis sera confessio
paradisi potita gaudio,
20   Jesu bone.

II.

a. Sumus quidem peccatores,
sed te tamen non negantes;
peccatores licet sumus,
te confessi semper sumus.

25 b. Confitentes nomen Christi,
ex quo sumus insigniti;
Christianos ex te quoque
gaudeamus nos fuisse.

c. Non nobis, Christe, non nobis,
30 sed nomini tuo dabis
gloriam nostri misertus,
a quo nuncupati sumus.

d. Nomen tuum quod unguentum
sonat in nobis effusum;
35 post infusum plagis nostris
sit fomentum leuitatis.

III.

a. Ad medendum contritis animo
descendisti patris imperio.

b. Poenitentum ecce contritio,
40 infirmorum es medicatio.

c. Sicut liquet non necessarium
sanis esse dixisti medicum.

d. Ubi maior urget anxietas,
maior inest opis necessitas.

IV.

45 a. Quod si nos minus respicis,
audi matrem pro filiis;
possint preces ecclesiae,
quod non merentur singulae.

b. Matris attende merita,
50 patris in te sint uiscera,
sicut ille de prodigo
sermo promittit filio.

c. Ibi fratris susceptio
fratris est indignatio,
55 hic sunt fratres pro fratribus
in hostiis et precibus.

d. Illa mater, tu pater es,
illa sponsa, tu sponsus es:
huius preces si respuis,
60 creatos extra spem deseris.

V.

a. Ue Ue nobis miseris,
sero poenitentibus,
et de negligentiis
tarde iam gementibus.

65 b. Heu heu, domine!
quid creati fuimus,
si sit indulgentiae
clausus nobis aditus.

c. Si nos, pater, abicis,
70 quis est qui suscipiat?
aut si nos persequeris,
quis est qui subueniat?

d. Miseretur filiis
pater post flagitia,
75 nemo tibi similis
in misericordia.

VI.
a. Miserere miserere
  miserere nostri.
b. Summe pater, summi patris
80 spiritus et fili.
c. Aduocatus apud patrem
  noster assis, Christe.

d. Postulator et pro nobis,
  spiritus, assiste.
85 e. Ad hoc ambo missi mundo
  fuistis a patre.
f. Missioni in hoc uestrae
  summam nunc inplete.

Chorbuch in Zürich C 63/690 saec. XIII mit Neumen.

C. Reimofficien.

I. De uisitatione s. Mariae.

Ad uesperas super psalmos an-
tipħona.

A. Collaetentur corda fidelium:
  uirgo mater concepto filio
  scandit montes ut duplex gaudium
  geminetur in matrum gremio;
5 nam dum habet saluator obuium,
  uatem implet sancto tripudio,
  sic utraque mater, per filium
  docta, cantat quod dictat unctio.

Responsorium et Uersus.

R. Uirga Jesse iam floruit
10 repleta sacro flamine;
  sursum ire nos docuit,
  dum montium cacumine
  transacto domum petiit
  Zachariae cum lumine.

15 V. Sol in sola refulgens domina
  prophetarum accendit lumina.

Ad magnificat antiphona.

Magnificat altissimum
  uirgo facta miraculo,
  aroma suauissimum
20 gerens in uentris loculo,
  dum canticum dulcissimum
  pia profert oraculo,
  sermonemque gratissimum
  fideli praestat populo.

Ad matutinum. Inuitatorium.

25 Latentem in uirgine
  Christum adoremus,
  mentisque dulcedine
  matri iubilemus.

In primo nocturno antiphonae.

I.

Ex ore infantium
  matres illustrantur,
30 sicque patri omnium
  laudes cumulantur.

II.

A. Ponit tabernaculum
  dominus in sole,
35 dum aufert piaculum
  uirginis cum prole.

III.

A. Dominus rex gloriae,
  dominus uirtutum
  uatem facit hodie
40 uirginis ad nutum.

Responsoria et Uersus.

I.

R. Mundum uocans ad partum uirginis
  hora cenae plasmator hominis
  uatem mittit de uentre sterilis
  similem angelis.

45 V. Hinc narrat angelus et uirgo cre-
  didit
  quem mittens dominus prophetam
  edidit.

II.

R. Datum signum de Cana sterili
  tam est gratum Mariae uirgini,
  quod ad montes pergit cum humili
50 gressu et utili.

V. Sic festina sterilem uisitat
  uerbo uerbum pandens quod latitat.

III.

R. Uerbum patris postquam concipitur
  in Maria prius ostenditur,
55 praecursori dum uirgo loquitur,
  sic caelum panditur.

V. Uentris aluo uerbum absconditum
  per os matris mundo fit panditum.

In secundo nocturno anti-
  phonae.

I.

A. In labiis uirginis
60 gratia diffusa
  fit in uentre sterilis
  ueritas infusa.

II.

A. Dum impetus flaminis
  uirginem sanctificat,
65 cursu sacri flaminis
  prophetam laetificat.

III.

A. Gloriosa dicimus
  de te porta caeli,
  teque benedicimus
70 cum mente fideli.

Responsoria et uersus.

I.

R. Paupertatis humanae pallio
  decoratum dominum gloriae
  recognoscit dictante filio
  ueterana sterilis hodie.

75 V. Unde mihi quod ad me ueniat
  dei mater ut mihi seruiat.

II.

R. Fulget sponsus ecclesiae
  in thalamo uirgineo
  cantat canticum laetitiae
80 de tanto consanguineo
  Elisabeth cum hodie
  se iungit caeli cuneo.

V. Benedicit cum angelis
  fructum et uitem pariter
85 quibus fit nobis miseris
  solamen integraliter.

III.

R. Granum, quod uitae moriens
  fructum afferre uenerat
  in aluo matris oriens
90 antiquam stupefecerat;
  hinc clamitat exiliens
  beatum, quae crediderat.

V. Plena, inquit, deo et homine
  cuncta cernens in plenitudine.

In tertio nocturno antiphonae.

I.

95 A. Canticum nouum domino
  decantat plena gratia,
  dum data legi termino
  noua prodit mysteria.

II.

A. Gaudet mons Sion hodie
100 in quo deus ostenditur,
  exultent Judae filiae,
  dum uirgo magna loquitur.

III.

A. Qui fecit mirabilia,
  nouum dictauit canticum,
105 quod uirgo laudabilia
  per uerbum facit panditum.

Responsoria et uersus.

I.

R. Felix uirgo, cuius oraculo
  magna dona panduntur saeculo,
  dei plena magno miraculo
110 clauso piaculo.

V. Ex ubertate dogmatum
fontes signat charismatum.

II.

R. Ascendenti ad montem uirgini
et cantanti canticum domini
115 uates plaudunt, quod Christi no-
mini
datum honorem et summo culmini.
V. Per hanc cernunt luctum prae-
teritum,
commutatum in cantum inclitum.

III.

R. O spem miram, quam dedisti
120 decantando humilibus,
dum ancillam te dixisti
et beatam prae omnibus,
praesta, mater! ut nos Christi
perfruamur aspectibus.
125 V. Quae tam magna cecinisti
tibi collata largiter
nos a morte saluans tristi
Christo iunge feliciter.

Ad laudes antiphonae.

I.

A. Dum deus ex uirgine
130 induit decorem
sanctae fetus feminae
suscipit ualorem.

II.

A. In conspectu domini
puer exultabat,
135 ex quo mater uirgini
cantans prophetabat.

III.

A. Fructum uitae protulit
terra uirginalis
populique attulit
140 laudes generalis.

IV.

A. Benedicens benedicta
benedic benedicentes,
nobis cantum cantrix dicta
et fac tecum concinentes.

V.

145 A. Omnis spiritus auscultet
decantantem uirginem,
secum plaudat et exultet
laudans deumhominem.

Ad Benedictus antiphona.

A. Benedictus sit Emmanuel
150 qui uisitauit hominem,
et redemptionem Israel
per uisitantem uirginem,
intimauit praecursori
cum salute humili,
155 unde laudes saluatori
clamantur a sterili.

Ad Magnificat antiphona.

A. O uirago perinclita!
de qua uir summus sumitur;
humilitate praedita
160 dum deus in te clauditur:
montana uelut subdita
petis et lumen oritur,
hinc cana pandit abdita
et infans clausus loquitur;
165 secreta caeli condita
uerusque sol detegitur.

Per octauam Inuitatorium.

Ascendentem dominam
mente sociemus,
et latentem dominum
170 Christum adoremus!

Per octauam antiphona ad
Benedictus.

A. Uisitauit dominus picbem Israelis,
dum per matrem uirginem grauidam
de caclis
genitricem uisitat prophetae fidelis.

Ad Magnificat antiphona per
octauam.

A. Exultauit spiritus
175 sterilis et nati,
dum uerbi diuinitus
Mariae donati

lux intrat radicitus	depromit et caelitus
cor sanctificati	praeco fit laudati.
180 prophetae, qui primitus	
laudes incarnati	

Mone Nr. 426. — Morel Nr. 143 — Dreves, Analecta hymn. V. p. 8 — Aus einem Dominikanerbrevier in Aarau: Mscr. Murens. 5 q. saec. XV fol. 496 sq. Die früheren Blätter stammen aus dem XIII. Jahrh. und tragen die Aufschrift: Gotzhuß Wurmfpach. (D). — Ebenso findet sich dieses Officium in einem Benediktinerbrevier in Aarau: Mscr. Murens. 1. q. saec. XIII—XIV. von einer Hand des XIV. Jahrhunders auf den letzten Blättern (B). Die nichtmonastische Form, in der das Dominikanerbrevier das Officium bietet, ist augenscheinlich die ursprüngliche, die im Benediktinerbrevier erweitert wurde.

B hat als antiphona II—IV ad uesperas super psalmòs:

II.

A. In conspectu domini (133—136)
vgl. Mone. v. 29 sq.

III.

A. Tunc exultauit animus,
cum ipsius sit filius
angelo nuntiante.
ancilla dei credidit
confestim uerbum genuit
Maria supplicante. (Morel 143,
162—167.)

IV.

A. Magna perfecit dominus
in Mariae uisceribus;
deum concipiendo
fit mater plena gratiae
et impetratrix ueniae
omnibus miserando.
(Morel 143, 174—179.)

10 repleto sacre B. — 18 uirgo sancto B. — 19 ar. suau. fehlt D. — 26 dum cantum B. — 22 pro profert B. — 24 prestans B. — 28 nostri D.

B hat in der ersten Nokturn als antiphonae IV—VI.

IV.

A. In labiis uirginis   gratia diffusa
fit in uentre sterilis   ueritas infusa.

V.

A. Dum impetus flaminis   uirginem sanctificat,
cursu sacri fluminis   prophetam laetificat.

VI.

A. Magnus noster dominus   magnam magnificauit,
et coram cunctis regibus   eam mirificauit.

45 Hec D. — 49 cum fehlt D. — 52 uerbo fehlt D. —

Sonderbarer Weise fehlen in B zur vierten Lektion das Resp. und Vers. — In der zweiten Nokturn hat B folgende Antiphonen:

I.

A. Benedixisti domine   terram hanc benedictam
quam de legis opprobrio   eximis maledictam.

II.

A. Gloriosa dicimus . . . . vgl. v. 67—70.

III.

A. Canticum nouum domino   decantat plena iam gratia,
dum dato legi termino   noua prodit mysteria. (Vgl. 95—98.)

IV.

A. Gaudet mons Sion hodie,   vgl. 99—102.

V.

A. Qui fecit mirabilia   nouum dictauit canticum,
quod uirgo laudabilia   per uerba facit panditum. (Vgl. 103—106.)

VI.

A. Deus in se mirabilis   magnus et ineffabilis
in Abrahae hac filia   perfecit mirabilia.

81 Elyzabeth D. — 83 Benedic B. — 85 qui bis B. — 89 corruens D. —
91 Hin D. — Zur achten Lektion bietet B als R. u. V.

IV.

R. Rosa de spinis prodiit
uirga Jesse floruit
Maria uisitauit
uis diffunditur
tota domus perficitur,
gratia cum intrauit.

V. Miranda salutatio
fit plebi gratulatio,
quae fructum expectauit.

Statt der Antiphonen zur Nokturn hat B eine antiphona ad cantica:

A. Hic naturae propinquius,
quod sterili sit filius
quam uirgo fiat praegnans,

sed nihil impossibile
deo nec infactibile
per uerbum suum dictans.

108 seculo fehlt B. — Als zweites R. und V. zur dritten Nocturn bietet B
folgende Zeilen:

R. Dixit uerba prophetica
Elisabeth caelicola
de uirgine Maria:
beata est, quae credidit
in hac fiant, quae didicit
a domino mente pia.

V. Uenit ex te sanctissimus
uocatus dei filius,
sicut praedixit angelus
suae matri in uia.

Dann folgen 113—128 als R. und V. III. und IV. — 113 Ascenditi B. —
127 x̄p̄i B. —

Zu den laudes bieten B und D fünf Antiphonen: statt der zweiten (133—136)
hat B:

Sacra dedit eloquia
Maria, responsoria
Elisabeth laudanti;

clamauit deo canticum
magnificando dominum
de sursum bona danti.

(Vgl. Morel Nr. 143, 156 sq.)

155 unde fehlt D. — Zu den Horae führt B die Anfänge der Antiphonen an: I. Sacra dedit eloquia; III. Fructum uitae; VI. Benedicens; IX. Omnis spiritus. 157 sqq. fehlen B; dagegen hat B: In secundis uesperis super psalmos antiphonae. (Morel N. 143, 48—65, in primo nocturno.)

I.

A. De caelo uelut radius
   descendens sacer spiritus
   Elisabeth intrauit;
   mox benedictam uirginem
   sanctitatis propaginem
   prophetice clamauit.

II.

A. Inter turmas femineas
   et sanctarum excubias
   Maria collaudatur
   propter fructum, qui quaeritur,
   quo iure mundus emitur
   et plene uisitatur.

III.

A. Uocat hanc matrem nomine
   domini primo famine
   Elisabeth superna,   ·
   quod fiunt clausum aliis
   in uelatis mysteriis
   notitia materna.

IV.

A. Non fuit Christus oneri
   nec grauis moles pueri
   uisceribus matris digne,
   sed ignata (?) de pondere
   cum corporali robore
   transiliit benigne.
                (Morel 143, 84—89.)

Ad Magnificat antiphona.

A. Jesu redemptor optime
   ad Mariam nos imprime
   ut mundi aduocatam
   pari forma nos uisitet
   sicut fecit Elisabeth
   per summam pietatem
   mores et actus dirigat
   et ad caelos alliciat
   per gratiam collatam.
                (Morel 143, 207—215.)

R.: Uisitatio tua.

V.: Gaudium annuntiauit.

Priuatis diebus ad Nocturnum.

I.

A. Monstrans culmen dulcedinis
   Maria sui sanguinis
   Elisabeth salutat,
   stantem in domo proximi
   propinqua templo domini
   deuote subministrat.

II.

A. Charisma sancti spiritus
   diffudit se diuinitus
   in puerum, cum sensit

conceptum salutiferum
Mariae sibi obuium
Elisabeth consensit.
                (Morel 143, 19—30.)

III.

A. Ex quo facta est uox salutationis
   tuae in auribus meis, exultauit in
   gaudio infans in utero meo.

Hymnen: ad uesperas: Magnae dies laetitiae (Mone 404) BD. — ad matutinum: Lingua pangat (Mone 411) BD. — ad laudes: Hymnum festiuae gloriae (Mone 408) BD. — In secundis uesperis: O Christi mater caelica (Mone 409) B.

II. In solemnitate s. Edmundi.

Ad uesperas antiphonae.

I.

A. Gaude Sion, ornata tympano,
decor tuus coniunctus Galbano
laudet ilium cordis et organo,
cuius sponsa uenit a Libano.

II.

5 A. Christi iugum Edmundus teneris
adolescens portauit humeris,
uirtutibus se iungens superis
minorat se tamen prae ceteris,

III.

A. A conualle lacrimarum
10   ad caeli fastigium
ponit gradus, gratiarum
implorans auxilium,
huius uitae ne uiarum
declinet in inuium.

IV.

15 A. Iste pastor, dignus memoria,
uirga cuius fugatur bestia,
uita cuius occidit uitia,
finis cuius fuit in gloria.

Responsorium et uersus.

R.: Uallem mundi   tam profundi
20   munda transit orbita
pes Edmundi;   ne confundi
possit uirtus inclita,
nil immundi   cordis mundi
reperitur semita.

V.: Cum oliuae ramo redit
ad archam in uespere,
non inuenit, unde uenit,
quo possit quiescere.

Ad magnificat antiphona.

A. Magnificet anima dominum,
30   quam sigillo signauit luminum,
quam propriam cruore proprio
sibi fecit crucis ludibrio,
quam umentem ornauit gratia,
quae post mortem uiuit in patria.

Ad matutinum. Inuitatorium.

35   Adoremus regem regum
implorantes gratiam,
qui transuexit supra mundum
Edmundum in gloriam.

In primo Nocturno antiphonae.

I.

A. Beatus uir impiis se non sociauit,
40   quemque cum stantibus stare re-
cusauit,
pestis pestilentiae non incathe-
drauit.

II.

A. Quare fremuerunt hostes in ostium,
a quo pendent tot arma fortium,
quod non timet impulsus hostium.

III.

45 A. Cum inuocat, exauditur Edmun-
dus a domino:
eius uoces exaudire non differt
in crastino,
qui fideli deo fidem seruat sine
termino.

IV.

A. Uerba supplicantium
auribus percipias!
50   qui linguas infantium
ad laudandum expias,
ora te laudantium
ad laudes aperias!

V.

A. Domine rex! quam admirabilis
55   cuncta mouens manes immobilis,
in nos labens in te non labilis.

VI.

A. In domino dominorum
confisus est, non honorum
Edmundus in onere;
60   nam honores, hostes morum,
sine mora Sichomorum
succidunt in uespere.

Responsoria et uersus.

I.

R. Primus iaspis lapidum in Edmundi
    fabrica
  fabricae supponitur, ut fides ca-
    tholica
65 per augmentum operis regna tan-
    gat caelica.
V. Designatur fides in iaspide,
   prior omni ponendus lapide.

II.

R. Secundus in fabrica   saphirus
    erigitur
  coloris aerii, per quem spes in-
    nuitur,
70 per quam a terrigenis caelum
    adipiscitur.
V. Edmundi spes eleuatur,
   ad habendum quod speratur.

III.

R. Opus sancti fabricatum consummat
    carbunculus,
  qui est uirtus caritatis, qua sic
    Christi famulus
75 ardens lucet, quod ad lucem omnis
    stupet oculus.
V. In ardore caritatis,
   ut iubar aethereum,
   pluit uerbum ueritatis
   populo uas aureum.

IV.

80 R. In tribus catholicis   uirtus cir-
    culatur,
  quatuor pollicitis   circulus qua-
    dratur,
  ut a septenario numquam mo-
    ueatur.
V. Sic septem uirtutibus
   Edmundus ornatur,
85 sic ornatu spiritus
   septeno firmatur.

In secundo nocturno anti-
phonae.

I.

A. Domine! qui in tuo uiuunt taberna-
    culo,
  eis es in requie, eis in umbraculo,
  tu eos inebrias   uoluptatis poculo.

II.

90 A. Domine! in uirtute tua uir laetatur,
   qui dum adhuc uiueret, in te laeta-
    batur,
   cui múndi laetitia nihil uidebatur.

III.

A. Domini sunt omnia, caelum, terra,
    mare,
  qui cuncta de-nihilo-potuit creare,
95 qui dissona consonis uoluit ligare.

IV.

A. Exaudi nos, domine! protector eorum,
  qui te colunt, praedicant, cor et cor-
    pus quorum
  confitentur opere te deum deorum.

V.

A. Te decet laus honor et gloria,
100 cui iure debentur omnia,
   cuius nutu uiuunt mortalia.

VI.

A. Bonum est fideliter tibi confiteri,
  cui lex est parcere, ius est misereri,
  nescis malum hodie, quod factum
    est heri.

In secundo nocturno respon-
soria.

I.

105 R. Latere non poterat
   uirtutum lucerna,
   quae succensa fuerat
   a luce superna;
   clamant gestus hominis,
110 quod sub ala numinis .
   lateant interna.
V. Ne cum Dyna corrumpantur
   Sichomorum macula,

census omnes castigantur
115 disciplinae ferula.

II.

R. Sub nodis cilicii
corpus expers uitii
damnat uir beatus;
uiget in uigiliis,
120 pinguescit ieiuniis
iugis· cruciatus.

V. Se sui carnificem
ante summum iudicem
offert maceratus.

III.

125 R. Sublimatus in pastorem
urbis Cantuariae
onus gerit, non honorem,
ut cherubin gloriae
plus ignescit saporem
130 gustus sapientiae.

V. Maior factus de minori
minor manet in maiori.

IV.

R. Cor Edmundi purpuratur,
dum cruoris memoratur
135 Christi morientis.
Candet byssus castitatis,
rubet coccus caritatis
Aaron uestimentis.

V. Hyacinthus intexitur tamquam
uerus testis,
140 quod Edmundus ciuis sit patriae
caelestis.

Ad cantica antiphona.

Canticum laetitiae
caeli cum principibus
sic psallamus hodie
coniuncti psallentibus,
145 ut uoces concordiae
concordent caelestibus.

In tertio nocturno. Responsoria
et uersus.

I.

R. Plebis pondus sustinet super
humerali,

iuste iudex iudicat in rationali,
talum tangit poderis opere finali.

150 V. Ornat frontem lamina,
signum puritatis;
sonant tintinnabula
uerbum ueritatis.

II.

R. Exulat ab Anglia
155 praesul pro iustitia,
regnum intrat Galliae,
ubi, plenus gratiae,
mortis soluit debitum,
commendatum spiritum
160 reddit regi gloriae.

V. Reportatur domino
cum lucro talentum,
talento pro quolibet
reportantur centum.

III.

R. Nouem nostrae paupertatis
nec humanae facultatis
referre miracula,
quibus uirtus deitatis
165 testis sancti sanctitatis
illustrauit saecula.

V. Mors et morbus admirantur,
quod sic signa dominantur.

IV.

R. Ad te, locum gratiarum
170 gratae mentis non ignarum,
Jesu bone! lacrimarum
reuertuntur flumina,
quibus tibi supplicamus,
ut uiuentes sic uiuamus,
175 quod post uitam teneamus
tecum caeli culmina.

V. Tu Edmundi precibus
a tuorum mentibus
sua tergas crimina.

Ad laudes antiphona.

180 Ad laudandum caeli regem
cohortemur nostrum gregem,
clament cordis gemitus

te bonorum creatorem,
te donorum largitorem
185   laudet omnis spiritus.

Ad benedictus antiphona.

Benedictus oriens
  dator uerae lucis,
qui pro nobis moriens
  cruciatu crucis
190 caecis lumen attulit
  baculum caducis.
O rex regni gloriae,
qui Edmundum hodie
  ad regnum reducis,
195 fac nos eius precibus
  tam uoti quam uocibus
sic tibi placere,
ut datum pauperibus
regnum in caelestibus
200   possimus habere.

Ad primam antiphona.

Primae lucis orto iam sideri
supplicemus affectu celeri,
ut sic uelit nos die conteri,
ne conterant nos umbrae uesperi.

Ad tertiam antiphona.

205 Tertia nos repleat spiritus in hora,
quo Edmundi claruit aetatis aurora,
qui loqui discipulos in uoce sonora
linguis nouis docuit breui motus
  hora.

Ad sextam antiphona.

Sexto nouus Abraham diei feruore
210 diuino diuinitus succensus amore.
tres uiros detriplicat uno sub honore,
honorem credentium purgat ab er-
  rore.

Ad nonam antiphona.

Nonae sanctus memor horae,
  qua Messias moritur,
215 intrans missam suo more
  .Messiae commoritur;
sacro sacra sumens ore
  sic sumit et sumitur,

quod amborum in amore
220   cor unum efficitur.

Ad uesperas antiphonae.

I.

A. Quanti sanctus sit nominis
    mortui testantur,
  qui utriusque hominis
    morte tenebantur:
225 nam Edmundi meritis
    multi suscitantur.

II.

A. Dum leprosa delepratur
    sub Edmundi pallio,
  audit surdus, mutus fatur
230   praesulis praesidio,
  Christi fides dilatatur,
    laetatur religio.

III.

A. Caeci uident, currunt claudi, ualent
    paralytici,
  daemon cedit, salus redit, surgunt
    epileptici,
235 saluat sanos, aegros sanat summi
    manus medici.

IV.

A. Qui prece, qui merito
    tot auxiliaris,
  caritatis debito
    nobis tuearis,
240 ut nos more solito
    tuos tuearis.

Ad magnificat.

Suum suscepit puerum
  memor misericordiae,
pater post uerba uerberum,
245   sicut ad patres patriae
praedixerat, sic hodie
transfert ad thronum gloriae
suorum patrem pauperum
  quem sicut uenam ueniae
250   rogamus, ut in posterum
simus ei memoriae.

Aus einem Cistercienserbrevier in Aarau: Mscr. Wettingen, Nr. 7, saec. XV. (W). — Mone Nr. 908 sq. Dreves, Analecta h. V. p. 8. Hymnen: A d u e s p e r a s: Jam Christus dator munerum (Dreves, Anal. h. IV. p. 127 Nr. 230). — A d c o m p l e t.: Christe qui lux es mentium (Dreves, Anal. hymn. IV. p. 128 Nr. 232). — A d t e r t i a m: Aeterne rex regnantium (Dreves, Anal. h. IV. p. 128 Nr. 231).

III. In solemnitate s. Guillermi.

Ad uesperas antiphonae.

I.

A. Gaude mater fecunda liberis,
quae, serpentis dum caput conteris,
tuis caelos alumnis aperis,
quos uictores coniungis superis.

II.

5 A. Grates deo reddamus seduli,
qui, sublatis aerumnis saeculi,
quod non nouit cor, auris, oculi
nostro gratis concessit praesuli.

III.

A. Sub aetate Guillermus tenera
10   blandis parcens elegit aspera;
dum uirtuti sic datur opera
legem carnis lex domat altera.

IV.

A. Jam gaudere uolens ad modicum
adolescens elongat publicum,
15   mundum sibi cognoscens uitricum
pompam fugit, euadit lubricum.

Responsorium et uersus.

R. In agendis, loco ducis
instans preci, uerae lucis
implorabat radios;
20   crebro legit in scripturis,
quibus doctus de futuris
casus cauet noxios:
sic praeuentus de supernis
his scrutatur in lucernis
25   motus mentis proprios.

V. Ut uirtutum in affectu
fetus gestet uarios,
uirgas habet in aspectu
gestus patrum praeuios.

Ad magnificat antiphona.

30 A. Magnifice diuinis laudibus
uota reddat exultans anima,
a quo sumpsit esse cum uiribus
reparari cum drachma decima;
quia sponsauit ornans monilibus
35   et a paucis uexit ad plurima,
cum hanc iunxit supernis ciuibus
ueritatis iam cibans azyma.

Ad matutinum. Inuitatorium.

Exurgamus mente iam sobria
nos populus et oues domini,
40   pro collata Guillermo gloria
laudes eius reddamus nomini.

In primo nocturno antiphonae.

I.

A. Christi paret Guillermus legibus
actu foris intus memoria,
legem uitae tenet in moribus,
45   et in lingua lex est clementia.

II.

A. Helisaei tenens consortium
iugum spernit ferre cum impiis,
ne cum illo portet repudium
qui pro iugis se priuat nuptiis.

III.

50 A. Cor dilatat diffusa caritas,
quo plus iustum artat afflictio,
sic Hebraeis surgit fecunditas
quanto maior urget oppressio.

IV.

A. In conspectu diuino dirigit
55   gressus mundam percurrens or-
                  bitam,

uiam rectam consultus eligit
se per artam restringens se-
mitam.

V.

A. Eleuatur ad nutum gratiae
nostra spirans ad austrum aquila,
60 escam mentis contemplans acie
in superna uitali simila.

VI.

A. Ut quiete cum sponso dormiat,
nidum sibi ponit in arduo,
montem petit ut turbam fugiat
65 Christo iunctus amplexu mutuo.

Responsoria et uersus.

I.

R. Primum sonet in laude praesulis
conditoris honor et gloria,
qui diffusis donorum riuulis
patrem nobis dedit in patria,
70 cuius uita quam digna titulis
certa praebent indicia.

V. Signis fulget fide plenus
clarum gerens ortum, genus
ex illustri Gallia.

II.

75 R. Flos erumpens in nouella
planta puri corporis,
ne laedatur a procella
circumuenti pectoris,
munda transit carnis cella
80 scirpi clausus in ficella
foedi fluxus aequoris.

V. Non irrumpit cordis templum,
quod fit casus in exemplum
sub elapsu temporis.

III.

85 R. Ne seducant mundi uana
cor illustris pueri,
sensus regit aetas cana,
fiunt opes oneri,
iam concepta mente sana
90 mox exurgens in montana
subit raptu celeri.

V. Christum sequens pacis uia
nudus fugit cum Helia
sub umbra iuniperi.

IV.

95 R. Igitur cum ambitu
spreta mundi cura
ductus est a spiritu
sub claustri censura,
commutans cum habitu
100 pro summis casura,
per quod iu introitu
non formidat dura.

V. Spe suspenso muueris
releuatur oneris
105 amore pressura.

In secundo nocturno antiphonae.

I.

A. Ingressurus praesul oraculum
mentis uoltum lauat a maculis,
fons emanat iugis per oculum,
labrum supplet factum de spe-
culis.

II.

100 A. Uitam petit, quam dat dilectio
fides et spes his pro uirtutibus,
quaerit pulsans sub hoc triuario,
tribus gaudet amici panibus.

III.

Super aquas cum Noe fabricat
115 archam cordis complens in cu-
bitum,
cum Edmundi contemptum applicat
actionis finalem exitum.

IV.

Recte laudes attollunt strenuum,
quem non flectunt a recto
prospera;
120 iuste gaudet de fructu manuum,
quem commendant in portis
prospera.

V.

A. Hymnum dicat praesens col-
    legium,
  Christum decent ipsum prae-
    conia,
  qui assumpsit ad regni solium
125 patrem replens bonis in gloria.

VI.

A. Huius odor ut cedrus Libani
  uitae bonis mortis ad exteros,
  qui nunc gaudent ad sonum organi
  sed in puncto ruunt ad inferos.

Responsoria et uersus.

I.

130 R. Summo tendens in amore
    per uoti expendium,
    gradus cepit a timore
    sic per septenarium;
    scandens gustus in sapore
135   firmat aedificium.

V. Factus summi nutu regis
    dux Karoliloci gregis
    pastor et praesidium.

II.

R. Pater sanctus dum consultum
140   teneret solitudinis,
    pascens sibi consepultum
    summi gregem numinis,
    ut det palmes fructum multum,
    purgat mentem corpus cultum,
145   iugo reddit ordinis.

V. Ne clamoris det tumultum
    terra deflens hominis.

III.

R. Seruit Jacob pro Rachele
    per uitae septennium,
150 urit aestus, sed querelae
    sopit amor taedium;
    ad amplexus traxit Lyae,
    gemens cedit fraudi piae
    morem uidens patrium.

155 V. Delicati somnum thori
    turbat lippa cum labori,
    sanctum datur otium.

IV.

R. Adhuc latens in deserto
    lucerna sub modio,
160 dare lucem in aperto
    procedit in medio,
    minat oues gressu certo,
    uagam ponit in lacerto
    reportans ab inuio.

165 V. Clamat uigil oculus,
    quod sit praesul sedulus
    in ouili proprio.

In tertio nocturno. Ad cantica
    antiphona.

A. In canticis labiorum
    laudis sibi laxet lorum
170 uox una laetantium;
    Rachel plorans consolatur,
    uox in Rama iam mutatur
    maeroris in gaudium.

Responsoria et uersus.

I.

R. Hic primatu fungitur
175 in sede Biturica,
    nec uirtutum fabrica
    flatu laudis quatitur;
    supra petram figitur
    in uirtute modica.

180 V. Frustra rete iacitur,
    dum pennatis tenditur
    in aspectu pedica.

II.

R. Forma gregis populo
    gestis monstrat oculo
185 leges aequitatis,
    mel perfectis pabulo
    lac ad potum paruulo
    sub lingua primatis;
    Uerbum non adulterat,
190 dum dictis aequiperat
    facta probitatis.

V. Jugum tollit humeris,
    quod imponit ceteris
    doctor ueritatis.

III.

195 R. Sub undenae pondus horae
sudans ab infantia
sero facto de labore
uocatur ad praemia;
Denario gaudet pari
200 stella fulgens singulari
sumpturus duplicia.

V. Noua iusto lux est orta
transit luctus, cum absorpta
mors est in uictoria.

IV.

205 R. Pater precum in hac hora
sub noctis silentio
nostra tibi sit decora
laus, placens deuotio.
Sic concordent mens et ora,
210 quod post mortem sine mora
tu sis nostra portio.

V. Pater sancte! gregem fulci
ducis prece, tuo dulci
nos fouens in gremio.

Ad laudes antiphona.

215 A. Uocem laudis affectus iubilo
deo soluens te grex exhilara,
melos cordis cum uocis sibilo
dat iocundi psalmum cum ci-
thara.

Ad benedictus antiphona.

A. Benedictus   rex inuictus,
220   dux patris ad brauium,
qui conflictus   uicit, ictus
graues ferens hostium,
ut ui mortis   arma fortis
frangens uires sontium,
225 nos in portis   ditet sortis
dans supernae gaudium.

Ad horas antiphonae. Ad pri-
-    mam antiphona.

A. Primo mane iunctus agricolis
exit uitis patris ad opera,

nil commune gerens cum sub-
dolis
230 diem portat et aestus pondera.

Ad tertiam antiphonae.

A. Ter exponit uerberi
reducens itineri
cum mago iumentum,
fami, flagris operi
235 carnis quaerens conteri
lasciue feruientum.

Ad sextam antiphona.

A. Sexta fiunt tenebrae,
dum cor inflammatur,
in qua sancto celebre
240 nomen occultatur,
ne quid cernant palpebrae,
quo mens extollatur.

Ad nonam antiphona.

A. Nouem regis cubitorum
lectulus extenditur;
245 cum coetibus angelorum
nouem praesul iungitur,
quo quiete post laborum
aestus deo fruitur.

Ad uesperas antiphonae.

I.

A. Mane nobiscum uespere,
250 ne nos surrepat scelerum,
dans precum patris munere
rectos progressus operum.

II.

A. Agat cor uigil spiritu,
uices dum pausant corpora;
255 litis sopito strepitu
pacis succedant tempora.

III.

A. Nullo iam fine clauditur
uiuens iusti memoria,
cuius ubique spargitur
260 lucens signorum gloria.

IV.

A. Mors in piscina corruit
  languens sub eius precibus,
  opem, qua cunctis affluit,
  pastor non neget ouibus.

Ad magnificat antiphona.

265 A. Magnificat sponsum in numine
  sponsa, cuius trina potentia

trinitatis splendet imagine,
  trinae dotis iam fulgens gloria,
  pio cuius sponsus precamine
270 nos ascribat ad uitae praemia.

Aus einem Cistercienserbrevier in Aarau: Mscr. Wettingen Nr. 7 s. XV.

Ein anderer Schreiber fügte am Schluss dieses Officium's einen Namen bei:
Frere nicolas liger religieux de barbenn.

Hymnen: Ad uesperas: Jesu corona celsior cultum (Dreves Anal. IV Nr. 493). —
Ad complet.: Enixa est puerpera supernum. — Ad tertiam: A solis ordus car-
dine caelestis.

Zum provenzalischen Fierabras.

Siehe Romanische Forschungen I. 1. 117—130.

Von

Otto Fischer.

Bei einer durch die Leutseligkeit des Herrn Baron v. Löffelholz, des wohlbekannten Vorstandes der Fürstl. Oettingischen Bibliothek zu Maihingen ermöglichten, genauen Collation des prov. Fierabras mit dem Drucke von Bekker und der Collation von Baist ergaben sich infolge der sorgfältigen Arbeit dieses letzteren Vergleichers nur wenige Punkte als nachzutragende.

Zunächst kamen zwei Stellen in Betracht, welche in Bekkers Ausgabe als unleserlich bezeichnet sind und über die in der eben erwähnten Arbeit Nichts mitgeteilt wird. Die eine, Vers 56:

En Simonel . . . . . lha am bela companhia

ergab bei öfterer Betrachtung:

En Simonel de p . lha am bela companhia,

indem sich am Rande der wurmstichigen Stelle Teile des d, e und p auffinden liessen; der zwischen p und l befindliche Buchstabe ist vollkommen verschwunden. Im Hinblicke aber auf die Chanson de geste Simon de Pouille dürfte es nicht allzu gewagt erscheinen, fragliche Stelle zu lesen: En Simonel de Pulha am bela companhia.

Die zweite punktierte Stelle befindet sich Vers 2602:

karle nos a trames que saupsem on . . atz.

Wenn auch die zwei fehlenden Buchstaben unter einem Flecken fast vollständig verschwunden sind, scheint doch, allerdings sehr schwach, ein s als erster durch und ergiebt sich:

karle nos a trames que saupsem on siatz,

während das S. 120 oben erwähnter Arbeit vorgeschlagene estatz nicht Raum genug gefunden hätte.

Eine Berichtigung verlangt der Vers 1912:

So fo San Florian de Roya latinat.

Das Ms. hat nicht latinat sondern laciuat, verschrieben für ciutat (richtig geschr. 1924 ciutatz, hier nom., 1912 cas. obliq.), der genaue Vergleich der Buchstaben c, i, u, a, t liefert den Beweis. Verschreibungen sind übrigens in unserem Ms. nicht sehr selten. So steht 2527 ret für ren, wie 2514 richtig gefunden wird; 2088 steht sernher statt senher, was sehr viele andere Stellen richtig zeigen; 3724 steht cayrayt statt des sonstigen cayrat und 3475 findet sich gar desuplhat statt despulhät, wie Bekker druckt und Baist jedenfalls billigt.

Erwähnung verdient auch 4335:

Tant tro n'aiam las brocas e nostres huelhs tocat. K. Hofmann vermutet: nos bocas (S. 123), Ms. hat

Tant tro naiam las bocas enostres huelhs tocat.

4832 druckt Bekker:

Selos fo lalmiran can Olivier lo lia; Ms. hat:

Felos fo lalmiran can Olivier lo lia.

Berichtigungen von geringerem Werte sind:

4524 E ren li la corona don dieus fo coronatz steht vermutlich durch Druckfehler bei Baist Chi; Ms. hat lhi.

4503 ricamens s'es armatz a guiza de baro hat ms. statt armatz: carnitz. — 4601 druckte Bekker loriflan, Baist gibt lofriflan (S. 120), Ms. aber hat oriflan, denn das verschriebene f ist unterpunktiert, wie auch 4900 trop estes felonessa zwar testes steht, das t aber unterpunktiert und deshalb mit Recht beim Drucke weggeblieben ist.

Baist's zahlreichen Richtigstellungen des Druckes wäre noch nachzutragen:

261 perceubro, Ms. perseubro. 844 celat, Ms. selat. 1027 cels, Ms. sels. 1050 merce, Ms. merse. 1432 coceubutz, Ms. coseubutz. 1523 aucizia, Ms. ausizia. 1851 cilh, Ms. silh. 1991 cetz, Ms. setz. 2491 certs, Ms. sertz. 2961 cenha, Ms. senha. 3298 cel, Ms sel. 3440 cest. Ms. sest. 4078 aceyrat, Ms. aseyrat. 4220 aucizo, Ms. ausizo. 4265 cest, Ms. sest. 442 crits, Ms. critz. 1205 escuts, Ms. escutz. 4014 arestat, Ms. arestatz. 4568 fayts, Ms. faytz. 5037 amistat, Ms. amistatz. 1660 malahurat, Ms. malaurat. 653 senber, Ms. senhen. 1719 senhe, Ms. senhen. 2388 senher, Ms. sernher. 724 sas armas, Ms. arma. 725 cuy, Ms. cui. 1662 ayas, Ms. aias. 934 l'un, ms. lu. 975 per la se, Ms. per la fe. 1094 Oliviern, Ms. Olivier. 1178 li a, ms. li au. 1190 encars, Ms. en cars. 1336 deroqua, Ms. de roca. 1355 abrivat, Ms. abrivatz. 1470 menasatz, Ms. mensatz. 1539 menasat, Ms. mensat. 1510 regismes, Ms. regisimes. 1571 t'auray, Ms. tautray. 1665 belament, Ms. belamens. 1717 aylas, Ms. ay las. 1755 met, Ms. mes. 1889 var, Ms. vars. 1915 flancxs, Ms. flanxs. 1962 sancuat, Ms. saucnat.

2464 saps, Ms. sabs. 2865 fon, Ms. son (könnte gar nicht fon = 3. pers. sing. sein, sondern müsste foron heissen). 3642 ay, Ms. ab. 3705 qu'anegar, Ms. qua negar. 3915 non, ms. no. 4016 namelas, Ms. namela. 4250 i, Ms. hi. 4457 d'Agremonia, Ms. degremonia. 4646 durada, Ms. duranda. 4659 Guirant, Ms. Guiraut. 4757 punhen, Ms. punhent. 5078 Gaynelos, Ms. Gayne los. 3536 francs, Ms. franxs. 1967 gent, Ms. ient. 2036 mot, Ms. mon. 2643 majestat, Ms. magestat.

Zum Schlusse noch ein Hinweis auf die Verse 1025—1036 mit der Schwerterlegende. Dieselben sind offenbar lückenhaft, denn nach 1025 erwarten wir die Namen von drei Schmieden und nach 1027 von acht Schwertern; es werden aber nur sechs Schwerter und zwei Schmiede angeführt. Ferner wird als Verfertiger der Durendal Murificas (Munifican) nur im Fierabras bezeichnet, während in zehn anderen Chansons de geste Galand (Veland) als dieser Meister gilt und das Fehlen dieses berühmten Namens an unserer Stelle ohnehin auffallend ist. Es dürfte naheliegen zu vermuten, dass vor dem Verse 1032, welcher mit Durandart beginnt, Verse ausgefallen sind, welche die zwei von Murificas geschmiedeten Klingen und den Schmied Veland nannten.

Zu Rabelais' Syntax.

Von

Ludwig Fränkel.

Syntaktische Untersuchungen zu Rabelais. Leipziger Dissertation von
Carl Töpel. 1887.
Syntaktische Untersuchungen zu Rabelais. Hallenser Dissertation von
Samuel Sänger. 1888.
Syntaktische Untersuchungen zu Rabelais. Leipziger Dissertation von
Bruno Hörnig. 1888.
Über die Wortstellung bei Rabelais. Jenenser Dissertation von Walther
Orlopp. 1888.

Auf der gediegenen im grossen ganzen unbedingt verlässlichen
Grundlage, die der Altmeister Diez und seine unmittelbaren Schüler
für die geschichtliche Behandlung auch der romanischen Syntax ge-
schaffen haben, ist seit einer Reihe von Jahren rüstig fortgebaut worden.
Wie natürlich, musste man zunächst ein mehr synthetisches Verfahren
einschlagen, um das Material zur Ableitung, Begründung und Belegung
der historischen Sprachgesetze in möglichster Vollständigkeit übersehen
zu können. Insbesondere empfiehlt sich ja ein solcher Weg für die
kritische und vergleichende Betrachtung syntaktischer Erscheinungen,
und so haben sich auch die verschiedenen Forscher, die das interessante
und äusserst lehrreiche Gebiet der Rabelais'schen Syntax vornahmen,
zunächst auf Stoffsammlung verlegt.

Die ersten deutschen Arbeiten, die den eigenartigen und für die
Entwicklungsgeschichte des Mittel- und älteren Neufranzösischen hoch-
bedeutsamen Charakter der Sprache Rabelais' zu bestimmen versuchten,
bewegten sich meist noch im Bannkreise von sprachwissenschaftlichen
Anschauungen, die heute längst überwunden oder stark modifiziert sind.
Ich nenne die 3 Breslauer Schulprogramme von Schönermark: Beiträge
zur Geschichte der französischen Sprache aus Rabelais' Werken (1861,
1866, 1874), die nichts desto weniger reiche Mitteilungen und manche

scharfsinnige Beobachtung bieten. Bezüglich der Besprechung der syn-
taktischen Einzelheiten steht etwas höher L. Schäffer's Grammatische
Abhandlung über Rabelais': Archiv f. d. Studium der neuer. Sprach. u.
Lit. 35, 221 ff., während die Arbeit von Eckard (Sur le style de Rabe-
lais. Progr. Marienburg 1861), sowie die beiden schwedischen Disser-
tationen von Leander (Lund 1871) und Bodstedt (Stockholm 1872) ganz
ohne Einfluss auf die fortschreitende tiefere Erkenntnis der Rabelais'schen
Syntax bleiben mussten. Dagegen sei hervorgehoben, dass die Studie
von A. Loiseau, Rapport de la langue de Rabelais avec le patois de
la Tourraine et de l'Anjou (1867) eine lange Reihe hübscher Be-
obachtungen enthält, wenn auch bei dem leitenden Gesichtspunkte des
Verfassers für die Formulierung der syntaktischen Norm wenig abfällt.
Eigentlich der erste, der Rabelais' Syntax wenn auch nur in einem
Ausschnitte systematisch im einzelnen durchforschte, ist G. Radisch mit
seiner Dissertation „Die Pronomina bei Rabelais. Ein Beitrag zur
französischen Grammatik des XVI. Jahrhunderts" (Leipzig 1878). Ob-
wohl hier im Vorwort die unleugbare Notwendigkeit, Rabelais' Sprache
einmal genauer ins Auge zu fassen, anerkannt wird, wählt R. doch für
seine Betrachtung nur das Pronomen aus, „weil von den für die Gram-
matik charakteristischen Merkmalen des ganzen Zeitraumes diejenigen,
welche von besonderer Wichtigkeit zu sein scheinen, nämlich die syn-
tactischen, bei dieser Wortklasse wohl am schärfsten ausgeprägt sind."
Nachdem R. einleitend (S. 7) versprengte altfranzösische und dialek-
tische Absonderlichkeiten in Rabelais' Stilisierung mit richtiger Erkennt-
nis ihres vereinzelten und dabei beabsichtigten Auftretens von seiner
systematischen Untersuchung ausgeschlossen hat, geht er ohne weitere
Klassifikation des Pronominalapparats an die entwicklungsgeschicht-
lichen Darlegungen und behandelt in Kapitel I (S. 8—24) ·Personalia
und Reflexiva, II (S. 24—30) Possessiva, III (S. 31—37) Demonstrativa,
IV (S. 38—46) das Relativum, V (S. 46—50) Interrogativa, VI (S. 50—56)
Indefinita. Namentlich der vierte Abschnitt fördert die Kritik der
sprachlichen Erscheinungen, indem er die Angaben und Aufstellungen
bei Diez, Mätzner, Burguy und Orell sowie der Spezialarbeiten wie z. B.
Gessner, Zur Lehre vom französischen Pronomen (Programm des
Collège Royal Français in Berlin) 1873 und 1874, mannigfach ergänzt
und berichtigt. Im ganzen sind die Bemerkungen gut gesammelt und
übersichtlich angeordnet, wennschon in den einzelnen Kapiteln un-
gleichmässig. Auch fehlt eine zusammenfassende Überschau als Ab-
schluss. Man ist genötigt selbst die Ergebnisse zu abstrahieren, sobald
man zur Ausnutzung des Gewonnenen für allgemeinere grammatische
Studien vorschreiten will. Trotzdem darf man der günstigen Re-

zension Ulbrich's in der Zeitschr. f. nfranzös. Sprach. und Lit. I 240 beistimmen.

Nach einer Reihe von Jahren sind nun mehrere junge Romanisten an eine erneute Prüfung des reichen Stoffes gegangen und so 1886—88 vier bezügliche Dissertationen entstanden. Drei davon, die von Töpel, Sänger und Hörnig, griffen das Thema weiter und lieferten „Syntaktische Untersuchungen zu Rabelais", während Orlopp sich auf eine bezeichnende Frage, die der Wortstellung, beschränkte.

Töpel darf die zeitliche Priorität beanspruchen: 1886 ist seine Arbeit in Leipzig approbiert, 1887 gedruckt worden, war jedoch weder auf Sänger (s. S. 7), der sie zu spät kennen lernte, noch auf Hörnig (s. S. 7), der von vornherein seine Aufmerksamkeit anderen Eigenheiten widmete, von Einfluss. In den Vorbemerkungen giebt T. einen Überblick der ihm zu gebote stehenden Hilfsmittel und sieht sich da zu dem Geständnis genötigt, dass ihm für die Lösung seiner speziellen Aufgabe nichts von früheren Studien brauchbar erscheine. So baut er sich denn seine Untersuchungen, nachdem die vergleichsweise herangezogenen ähnlichen Arbeiten zu anderen Autoren aufgezählt sind, ganz selbständig auf. Es sollen der präpositionelle Gebrauch, die Kasuslehre und das Verbum, soweit es für letztere in Betracht kommt, besprochen werden. Aber obwohl in dieser Weise die Begrenzung des Themas umschrieben wird, muss man ein kurzes Wort über den Plan der Untersuchungen völlig vermissen. Nirgends, weder zu Anfang noch am Schluss, findet sich eine zusammenfassende Erörterung die sich auf höheren Standpunkt stellt, und die Fäden der lose aneinander gereihten Einzelbetrachtungen in eine Hand nimmt[1]). Der Leser muss sich also, zumal bei den vollständigen Mangel irgend einer Inhaltsübersicht, das Gesuchte aufspüren und herausklauben, schwierig genug bei der recht äusserlichen Verknüpfung der einzelnen Mitteilungen.

Einige Notizen zu diesen seien hier angeschlossen. S. 3—15 sind Stellen zum Gebrauche von de gesammelt und unter beliebig ausgewählte Arten des Vorkommens gruppiert. Die Entwicklungsgeschichte tritt dabei aber fast ganz in den Hintergrund. Aus der räumlichen

---

1) Vgl. Schipper über G. König „Der Vers in Shakspere's Dramen": Jahrbch. d. dtsch. Sh.-Ges. 24 (1889) S. 138: Auf jedwede einleitende oder allgemein orientierende Bemerkung ist Verzicht geleistet. Überhaupt wird in neuerer Zeit die Sitte — mir erscheint sie als eine Unsitte — mehr und mehr beliebt, eine philologische Untersuchung so kahl und nüchtern wie ein Rechenexempel abzufassen. Das Gefühl dafür, dass eine abgerundete, gefällige Form auch derartigen Arbeiten nur zum Vorteil gereichen kann, scheint allmählich ganz zu erstorben.

Grundbedeutung des Genitivs leitet T. im Beginn die Briefdatierung
Rabelais' ab und flicht dann notenweise den genitivus qualitatis oder
comparationis ein. Warum wird da der lokative Fall, wofern ihm wirk-
lich die beigemessene Wichtigkeit zukommt, so dürftig und schwäch-
lich belegt? Die zeitliche Bedeutung lässt T. als eine parallele und
dabei doch untergebene darauf folgen. Dann musste aber die Vor-
stellung des Ausgehens von einem Zeitpunkte als die leitende Idee
scharf betont und nicht die oder jene Einzelerscheinung eines tempo-
ralen de nur durch einen Gedankenstrich angefügt werden. Etwas
breiterer Raum wird sodann dem kausalen Genitiv zugestanden, wo
wenigstens deutlich drei Unterarten geschieden werden: den des Ur-
hebers beim Passiv, den instrumentalen und den motivierenden möchte
ich sie nennen. Die Zahl der Beispiele durfte hier beschnitten werden,
da es sich doch um allgemein geläufige Dinge handelt. Dagegen fehlt
ein solches auf S. 8 („anders würde man sich heute wenden"!) zur Ver-
tretung der gegenwärtigen Ausdrucksweise. S. 8—14 stehen in einem
„Nachtrag" Belege für die bekannten von der Grammatik nach dem
inhaltlichen Charakter getrennten Genitiv zusammen, die logischer und
erfolgsicherer in die Hauptauslassungen eingearbeitet worden wären
und S. 14 f. stehen dazu wieder „Nachträge" für die genitivi qualitatis,
causae, loci (hier in dieser Reihenfolge, die also der obigen entwicklungs-
geschichtlichen Rangordnung schroff ins Gesicht schlägt!), deren Sonder-
behandlung aus keinem Umstande ersichtlich wird.

    Ich bin auf diesen Abschnitt ausführlicher eingegangen, um damit
die Schrift im ganzen zu kennzeichnen. Denn auch in den übrigen
Kapiteln finden wir dieselbe Art, zerstreute Fälle aufzustapeln, sachlich
Unverbundenes als zusammengehörig zu betrachten, aus wenig bezeich-
nenden und zufälligen Erscheinungen allgemeine Normen zu abstrahieren.
à (davon äusserlich getrennt „A, wechselnd mit en, nach Verben"!), en,
par, parmy, entre, pour u. s. w. werden ebenso nach einer Anzahl von
Fällen durchgesprochen, ohne dass irgendwo der Versuch einer tieferen
Charakteristik gewagt würde. Manche Angaben, z. B. die über jouxte
(S. 39), sind sogar rein lexikalisch und brauchten nur aus einem Glossar
ausgeschrieben zu werden. Erheblicheren Wert oder wenigstens den
Reiz der Neuheit konnten diese Spenden aus einem wohl bei der Lek-
türe angelegten Kollektaneenheft überhaupt bloss bei unbedingter Voll-
ständigkeit beanspruchen. Allerdings sei anerkannt, dass verschiedene
Stichproben die Verlässlichkeit der Stellenangaben nach Wortlaut und
Zahlcitat bewiesen.

    Das mit II. überschriebene Kapitel bringt nun eine alphabetisch
geordnete Aufzählung der transitiva des Rabelais'schen Sprachgebrauchs,

„um die Kasuslehre zu ergänzen und zu vervollständigen" (S. 48 ff.).
Wo hat denn aber T., wie er im Programm verheissen, die Kasuslehre
besprochen? Etwa in den flüchtigen Notizen bei den Präpositionen de
und ä? Diese Verbentabelle liess sich mit wenig Müheaufwand fabri-
zieren, wenn bei der Lektüre die Feder die etwaigen Lücken der vor-
handenen trefflichen Glossarien ausfüllte. Praktische Bedeutung ver-
mag ich ihr kaum eher zuzuerkennen als für die Theorie. Man würde
die Poetik z. B. schon weit mehr fördern, wenn man aus einem Schrift-
steller — selbstredend am besten aus einem hervorragenden — alle
Allegorieen zusammentrüge.

Mit den Unterscheidungsmerkmalen der Rubriken kann man sich
nicht befreunden. Wer spürt ein durchgreifendes Trennungsmoment
heraus, wenn die unter A genannten Verba charakterisiert werden als
„teils veraltet, teils überhaupt gänzlich ausser Gebrauch gesetzt [!, viel-
leicht durch Dekret?!] und bald bei Sachs, bald bei Littré, bald bei
beiden nicht verzeichnet", die unter B hingegen als „selten und wenig
üblich heute, z. T. im Dict. de l'Acad. fehlend"? Zudem wird die
Übersichtlichkeit fortwährend durch „Nachträge", anscheinend Reste
einer Nachrevision, gestört. Was soll man ferner über das Prinzip der
Anordnung sagen, wenn Abteilung E Verben zusammenfasst, die ein-
geführt sind durch: „die Bedeutung haben aufgegeben oder das Object
gewechselt . . ."? Ohne engere Verbindung schliesst die Abhandlung
dann (S. 68—70) mit einigen nach Ts. Ansicht bemerkenswerten Fällen
des Accusativobjects.

Ein Gesammturteil muss hervorheben, dass die Systematik recht
schwach, meistens ziemlich verworren ist, die Auswahl der Beispiele
eine willkürliche, die Methode der Behandlung ungleichmässig. Weiter-
greifende Gedanken und eine kombinierende allgemeinere Kritik waren
von einem Manne zu verlangen, der nach dem beigefügten Lebenslaufe
über jugendliche Unreife und die ersten Ansätze schriftstellerischer
Federführung hinaus ist. Eigentliches Interesse mag der Arbeit wohl
nur die spezielle Lexikographie abgewinnen, worin sie die korrekte
Form (die wenigen leichten Druckfehler wie Fgypte S. 64 Zl. 6 v. u. ver-
bessern sich selbst) unterstützt. Die grammatische Wissenschaft und
die „Rabelais-Philologie" dürfen also den erhofften Gewinn nur in be-
scheidenem Masse einstreichen.

Viel sachgemässer und brauchbarer unterrichtet Sänger über die
Dinge, in deren Besprechung er sich mit Töpel berührt. Hier paart
sich — wie es eigentlich bei einem selbstverständlich ist, dessen Disser-
tation sich auf der Teilnahme an Adolf Tobler's Kolleg aufbaut und
Suchier's Censur passiert ist — gediegene grammatische Schulung mit

weiter sicherer Herrschaft über den Stoff. Dazu tritt ein klarer Vortrag und eine glückliche Darstellungsweise der behandelten Probleme. Die älteren Leistungen anderer hat er vollkommen durchgearbeitet, ist aber auch gegenüber Töpel, dessen Studien er noch nach Abschluss der seinigen kennen lernte und heranzog, völlig berechtigt selbständig aufzutreten. Seine übersichtlichen Zusammenstellungen, vorzüglich mit als Grundstock einer allgemeineren Darstellung verwendbar, erstrecken sich auf das Verbum und die Präpositionen als diejenigen Redeteile, die neben dem Fürwort die bezeichnendsten Merkmale aufwiesen. Beim Zeitwort geht er zunächst auf „die Arten" ein, indem er eine Reihe von Worten bespricht, welche die moderne Sprache als Impersonalia, Transitiva (41 Stück), Reflexiva eingebüsst hat, mag sie sie auch in andersartiger Konstruktion verwenden. Interessant ist hier der S. 12 besprochene innere Accusativ bei Intransitiven, der sich auch direkt als figura etymologica findet. Weshalb ist dabei ein deutlicher Name wie dieser vermieden und z. B. bei frappa un si grand coup — allerdings einer textlich fraglichen Stelle — der Hinweis auf das griechische πλογὴν τύπτειν unterlassen? Einen sprachgeschichtlich wertvollen Beitrag steuert der folgende Abschnitt über die Umschreibung des Verbums und seine Stellvertretung durch faire bei, wo man bei letzterer Eigentümlichkeit den charakteristischen Unterschied von dem germanischen Gebrauche vermisst, ,thun' in seiner verbalen Selbständigkeit zu belassen, ohne den Begriff zum Hilfsverb herabzudrücken (vgl. im heutigen Englisch noch to do im Nachsatze). Das Passiv ist übrigens im grossen ganzen heute noch ebenso reflexiven Ersatzes fähig wie damals (was S. 19 geleugnet wird). „Person und Numerus" bringt sachkundig vorgeführte Beispiele von Vergleichen altfranzösischen und Rabelais'schen Gebrauchs. Nach einigen hübschen Bemerkungen über die Tempora wendet sich S. (S. 25) zu den wichtigen Kapiteln der Modi und der nichtmodalen Verbalformen. Seine Auseinandersetzung für den Konjunktiv ist zwar gründlich und entbehrt auch nicht des Neuen, aber eine weise Benutzung der umfassenden Forschungen Weissgerber's über den subjonctif des 16. Jahrh., 1887 in der Ztschrft. f. nfrzs. Spr. und Lit. veröffentlicht, würde sie dem Abschlusse viel näher geführt haben. Was A. Gille in Herrig's Archiv 82, 455—460 über die Veränderungen, denen der französische Konjunktiv im 15. und 16. Jahrhundert unterlag, mitgeteilt hat, ist zwar recht lehrreich, aber für uns speziell fast bedeutungslos, da er bloss zweimal auf Rabelais zu sprechen kommt. S. 32—48 werden die Besonderheiten von Infinitiv und Particip in logisch scharfer Aufeinanderfolge der Einzelpunkte abgehandelt, und dann betrachten noch 19 Seiten den Geltungsbereich der Präpositionen, ebenfalls in durchaus verhältnissrichtigem Umfange. Es sei betont, dass die verschiedenen Bedeutungen hier in weit weniger gezwungenem Zusammenhange entwickelt werden als bei Töpel, beispielsweise für de. Im ganzen erscheint die Leistung Sänger's höchst beachtenswert. Sie strebt mit Geschick dem vorgesteckten Ziele zu und räumt Hindernisse ohne Scheu vor Mühe mit Takt aus dem Wege. Namentlich ist man — trotzdem auch hier jede registerartige Hilfe fehlt — viel leichter als bei Töpel im stande, etwas Bestimmtes aufzufinden, von dessen Aufnahme in die Reihe der aufgezählten Sprachaltertümer man überzeugt ist. Der Stil ist naturgemäss trocken. Doch behagt solche Nüchternheit, hinter der ein thatsächlicher Kern steckt, hundertmal besser als die Redensarten in den allgemeinen Abschnitten Töpel's, der allerdings auch seinen Lebenslauf schliesst: „ein warmer Freund von Politik und politischer Diskussion, lieferte ich auch journalistische Aufsätze." Aber feuilletonistische Spiegelfechterei ist in syntaktischen Deduktionen am allerwenigsten angebracht.

Hörnig hat eine gleichbetitelte fleissige Studie vorgelegt, die ebenfalls schon Töpel kennt, freilich ohne sich in ein ausgesprochenes Verhältnis zu ihm zu stellen. Man empfängt hier zwei eingehend durchforschte Ausschnitte Rabelais'scher Verbalsyntax, deren Mittelpunkte aber weder äusser- noch innerlich verknüpft sind. Im ersten Teile, der 64 Seiten enthält, wird ein allseitiges Bild der konjunktivischen Beziehungen angestrebt, und es sei gleich hinzugefügt, mit recht gutem Erfolge. S. 64—72 verbreiten sich sodann über Tempora und Modi hypothetischer Sätze mit unabhängiger Bewegung auf dem vielumstrittenen Boden dieses heiklen — auch von Sänger S. 30 ff. im Vorbeigehen gestreiften — Themas. Die jedem Unterabschnitte vorausgeschickten Bemerkungen, die sich mehr ins Allgemeine ergehen, sind präzis gefasst und nicht mit der typischen Dürre forterbender Sätze ausgestattet. Die ganze Darlegung ist reich gegliedert, was auch äusserlich durch einen knappen Inhaltsüberblick veranschaulicht wird. Die Genauigkeit der sachlichen Mitteilungen, das fortwährende Belegen durch die in ausgedehntestem Masse berücksichtigte Litteratur und das durchgreifende Verständnis der sprachlichen Erscheinungen im ganzen wirkt äusserst wohlthuend und erweckt sicherstes Zutrauen. Ganz trefflich ist die an den Eingang gestellte Bibliographie der — nach meiner Zählung — 64 Hilfsmittel, deren Menge die obigen Rivalen beträchtlich überragt. Hörnig's mit grösster Umsicht angelegtes Büchelchen liest man mit wachsender Teilnahme, um so mehr als es doch durch Bepflanzen eines Feldes von den Konkurrenten, die nach verschiedenen Seiten plänkeln, vorteilhaft absticht und eine gefällige wohldurchdachte Schreibart aufweist. Untergeordnete Verschiedenheiten zu erinnern unterbleibt hier über der vollen Anerkennung des Ganzen. Warum ist als Erscheinungsjahr der Töpel'schen Schrift 1886 angegeben? Eine begrenztere Aufgabe versucht Orlopp zu erledigen. Seine beinahe fünf Bogen starke und dazu in kleinen Lettern gedruckte Dissertation widmet sich ausschliesslich der Wortstellung des grossen Meisters satirischer Sprachbehandlung. Mit den benutzten Vorarbeiten macht O. nur gelegentlich in Anmerkungen bekannt und doch wird er einräumen, dass er reichlich aus ihren Ergebnissen schöpft, somit gewiss über sie hinaus zu einem höheren freieren Ausblick hätte gelangen können. Dem ist aber nicht so. Zwar hinterlässt die Darlegung äusserlich keinen unangenehmen Eindruck; und bei diesem wenig einladenden Spezialkapitel feiert ebenso wenig Langweiligkeit des Vortrags ihre Orgien wie die abgedroschene Phrase. Andrerseits aber ist ein wirkliches Facit, wie es der Nichtspezialist eben wünscht, selten gezogen, und die Notizen beruhen fast nur auf einer überfeinen Durchsiebung kleinlicher Dinge. Ich verzichte hier deshalb darauf, einmal probeweise einige davon unter die Lupe zu nehmen. Der erste Hauptabschnitt, der die Stellung der einzelnen Satzglieder zum Verbum finitum bespricht, scheint besonders sauber und durchsichtig gearbeitet. Die Paragraphen über die Inversion im Vorder- und im Nachsatz geben trotz der ausführlichen Selbsteinwürfe, Ausnahmefälle u. s. w. ein schmuckes Bild dieses überaus wichtigen Gebrauchs der gedanklichen Syntax. S. 20 ist 'Heischesatz' entschieden ein sehr glücklich eingeführter Terminus. Nicht allen Ansprüchen dürfte das Kapitel über das Objekt (S. 30—44) gerecht werden. Doch wird hier ebenso wie in den folgenden über prädikative und adverbielle Bestimmungen mancherlei Altes in umgeprägter handlicherer Form, daneben auch einiges Neue beigebracht. Die Stellung der von einer modalen Verbalbildung abhängigen Satzglieder wird im zweiten Hauptteile viel kürzer abgethan; man sieht zu deutlich, wie der Verfasser zum Schlusse eilt und darum die zweite Hälfte seiner Abhandlung auf Kosten der angeschwollenen ersten arg beschneidet. Aus ebendemselben Grunde sind auch die zusammenfassenden Abschlussnotizen (S. 79) kärglich ausgefallen. Nichtsdestoweniger ist in Orlopp's Schrift eine nützliche Studie zu dem nun bald durch alle Jahrhunderte und Perioden des französischen Schrifttums durchgehetzten Thema der Wortstellung anzuerkennen. Für Rabelais selbst ergiebt sich freilich wenig Charakteristisches, und es wäre zu wünschen, dass die künftigen Forschungen auf diesem Gebiete, unter denen man eine über das Nomen in Aussicht gestellte mit besonderer Hoffnung erwarten darf, sich weniger aufs Detail einliessen und darüber den Blick auf die Bedeutung der Erscheinungen fürs Allgemeine nicht abstumpften.

Leipzig 1889.

Zusatz. Das Erscheinen dieses Übersichtsartikels ist infolge des Konrad Hofmann gewidmeten Jubiläumsbandes der „Rom. Forschungen" um fast 2 Jahre verzögert worden. Seitdem habe ich nun, infolge mancherlei äusserer Anlässe, meine Aufmerksamkeit fast nur literar-historischen Stoffen gewidmet. Doch fühlte ich dem Leser gegenüber die Verpflichtung, wenigstens in aller Kürze über das hauptsächliche Neue auf diesem Felde eine rasche Auskunft anzufügen. Die am Schlusse obigen Artikels erwartete Arbeit über das Nomen bei Rabelais ist 1890 als Leipziger Dissertation von Eug. Platen er-schienen, ebenfalls ,Syntaktische Untersuchungen zu Rabelais' betitelt. Sie behandelt den bestimmten und den unbestimmten Artikel, das Sub-stantiv, das Adjectiv, das Zahlwort, und zwar durchaus selbständig, da, den kurzen Vorbemerkungen zufolge, die Spezialstudien zu Rabelais gar nichts Bezügliches boten. Andererseits ist behufs genügender Fundierung und Vergleichung eine grössere Anzahl grammatikalischer Abhandlungen herangezogen worden; aus Haases reichhaltigen Rezen-sionen in der „Zeitschrift für neufranzös. Literatur" wäre wohl manche Angabe dieses kundigen Sammlers verwendbar gewesen. Ausserordent-lich fleissig und gediegen, mit trefflich gewählten Belegen ausgestattet und gut rubriziert ist die Betrachtung des Artikelgebrauchs, die volle Hälfte der Schrift einnehmend. Der Abschnitt über das Substantiv verbreitet sich bloss über das abweichende Geschlecht einer Anzahl von verschiedenartigen Wörtern. Schon oben habe ich angemerkt, dass mir derlei Notizen, noch dazu wenn sie nirgends zu einem allgemeineren Gesichtspunkte ansetzen, wesentlich lexikologischer Natur zu sein scheinen. Über den Numeruswechsel ist wenig Neues beigebracht. Über das Adjectiv bietet P. mehrere hübsche Bemerkungen, die frei-lich bis auf das über die Komparation Gesagte in die Formenlehre ge-hören. Das Zahlwort weist so mannigfache interessante Wandlungen auf, dass sich eine ausführliche Sonderdarlegung lohnte. P. hat hier seine Vorgänger Schritt für Schritt genau befragt; doch durfte die Ab-handlung nicht kurz abschliessen: „Stellung der Zahlwörter. Über die Stellung der Zahlwörter bei Rabelais handelt Philippsthal, p. 71 ff." Ein striktes Gesammturteil möchte ich nicht ohne die nötige Nach-prüfung fällen, und diese ist mir zur Zeit unmöglich. Es muss an-erkannt werden, dass P. im ersten, grossen Teile seiner Arbeit viel

Neues, Wissenswürdiges und dogmatisch Verwertbares enthält. In der Methode zeigt sich öfters Tobler'sche Schule; allenthalben aber tritt liebevolle, wennschon nicht immer tiefe Erfassung der durchgreifenden Probleme hervor. Die Arbeit bedeutet nach der sachlichen Seite sicher eine Förderung.

Über die neueste Abhandlung auf unserem Gebiete, Karl Ernst, ‚Syntactische Studien zu Rabelais', die (s. Literaturbibl. f. germ. und roman. Philol. XI S. 357) über die Kongruenz des Participii präteriti und den Gebrauch der Hilfsverba handelt und 91 Seiten zählt, kann ich nicht berichten, da mir diese 1890 gedruckte Greifswalder Dissertation weder durch Bibliotheken noch durch den Verleger (Gustav Fock in Leipzig), bei dem ich sie bestellte, zugänglich wurde.

Am Ende spreche ich den Wunsch aus, dass ein verständnisvoller Sachkenner einmal den gesamten Stoff der Rabelais'schen Grammatik eingehend und lichtvoll geordnet vorführe. Die Ausdrucksweise des gewaltigen Satirikers ist ebenso bedeutsam für die neufranzösische Schriftsprache, wie Luthers Dialektwahl für die neuhochdeutsche ausschlaggebend wirkte. Möge die betreffende Forschung auch hier durch hervorragende Einzelstudien zur Beherrschung des grossen Ganzen vordringen, wie es nun auch in der literargeschichtlichen Würdigung des Meisters François von Chinon geschieht[1]). Denn, wie es Darmesteter-Hatzfeld, Le 16. siècle en France p. 61 richtig heisst, ‚Une pareille oeuvre ne pouvait rester sans action sur la littérature romanesque du 16. siècle, und diese ward ja die Quelle des neuen Literaturidioms.

---

1) Vgl. meine Anzeige von Ehrich's Schrift über Rabelais' Verhältnis zur Gargantua-Chronik: Literaturbl. f. germ. und roman. Philol. XI S. 155—157.

Leipzig 1891.

Zu Guiraut de Cabreira.

Von

H. Patzig.

Unter den vielen Namen, deren Guiraut de Cabreira gegen Ende des zwölften Jahrhunderts gedenkt, erwähnt er auch Frizon.

> Del Formanes
> ni del Danes
> ni d'Antelme ni de Frizon

wisse der Spielmann zu singen (Bartsch, Denkm. d. prov. Lit. 92. 35). Birch-Hirschfeld, Ueber die den provenzalischen Troubadours bekannten epischen Stoffe (Halle 1878) lässt unentschieden, ob statt del Danes vielmehr de Danes zu lesen und an die Danae der Narcissussage zu denken, oder ob unter lo Danes der allerdings schon 90. 26 genannte duc Augier, Ogier le Danois, zu verstehen sei. Eine Beziehung des Formanes auf Fromont de Sens (Milá y Fontanals de los trovad. en Esp. 276) ist nicht gut möglich. Es liegt nahe bei dem zweimal gesetzten Artikel es als Adjektivendung zu betrachten und den Fehler in dem weder als Eigennamen bekannten noch als Adjektiv einen Sinn gebenden Formanes zu suchen. So vermutete ich als dem Danes am besten entsprechend Normanes, was, wie ich sehe Bartsch schon im Jahre 1856 vorschlug. Mit dem Normannen (Normanes Analogiebildung, vgl. afr. Normandeus bei Godefroy) wäre Richard sans peur und mit dem Dänen vielleicht Havelok gemeint, den Guiraut wenn auch nicht aus dem erhaltenen Lai, so doch aus dem für diesen und Gaimar die gemeinsame Quelle bildenden älteren Gedicht kennen konnte (vgl. Rom. Stud. 4, 430). Den Namen Antelme gleich deutschem Andhelm, das zwar bei Förstemann fehlt, aber von Grimm Gr. II² 706 belegt wird, trägt einer der Helfershelfer des Gaufrois de Frise im Bauduin de Sebourc (VII. 316 Anthiames de Roussie, später aber Aliamme); doch ist bei Guiraut wohl eher an Antiaumes zu denken, der in der späteren Fassung des Amis et Amiles der Sohn des letzteren ist (auch der Vater trägt gleichen Namen, vgl. Amis et Amiles hrsg. von Hofman X und Anceaume im Roman Milles et Amys bei Dunlop-Liebrecht 136); am Ende des zwölften Jahrhunderts wird freilich seine Geschichte noch nicht mit der des Amis et Amiles in Verbindung gebracht worden sein; im alten Gedicht heissen die Söhne Morans

und Gascelins, der Vater wird nicht genannt. Im übrigen ist es auch noch frag-
lich, ob nicht spätere Zusätze in Guirauts Gedicht aufgenommen sind.

Was nun den Träger des Eigennamens — denn ein solcher liegt vor —
Phrizon betrifft, so möchte ich auf den Phrison der Carmina Burana 32 hinweisen,
dessen Namensform auf on ebenso wie das g in gnanus (9) auf Entlehnung aus
dem romanischen, bezw. einen italienischen Verfasser deutet. Nachdem dort ge-
schildert ist, wie im Februar trotz dem Räuber Aquilo durch Hymenaeus der
Liebesbund geschlossen wird (wo ich übrigens Strophe 2 teletis statt Thetis zu
lesen vorschlage) und wie die elementa supera coeunt et infera, heisst es am
Schlusse:

Ista Phrison decantabat
iuxta regis filiam,
aegram quae se simulabat,
dum perrexit per viam
desponsari.

Sed haec gnanus
notans sponso retulit;
mox truncatur ut profanus,
tandem sponso detulit.

Leider ist es mir nicht gelungen die Quelle, aus welcher der Verfasser dieser
Zusatzstrophen schöpfte, aufzufinden. Dass es sich um den Phrison Guirauts
handelt, ist nicht zu beweisen; man kann es aber wohl bis auf weiteres an-
nehmen, da sonst kein Träger des Eigennamens Phrison als Held eines Ge-
dichtes erscheint und das in den Carmina Burana von ihm Erzählte ganz den
Abenteuern, wie sie in den französischen bezw. provenzalischen Rittergedichten
vorkommen, entspricht. Das Lied hat jedenfalls den Zweck die Königstochter
zur Verlobung zu überreden. Das Natürlichste ist an die Verlobung mit dem
im letzten Verse erwähnten Bräutigam zu denken, das Natürlichste ist ferner,
truncatur ut profanus als eine in Folge der Angabe des Zwerges eintretende
Strafe anzusehen und mit dem dazu gehörigen detulit auf Phrison zu beziehen.
Dann ergäbe sich etwa folgender Sachverhalt:

Phrison, der die Braut im Auftrage des Bräutigams oder ihrer Verwandten
geleitet, sucht die sei es aus jungfräulicher Scheu, sei es aus Neigung zu einem
anderen gegen die Ehe sich sträubende Königstochter durch Vortrag eines Liedes
zu derselben zu bestimmen; vielleicht war er ein Sänger. Ein Zwerg, der ent-
weder in Diensten des Bräutigams bezw. der Braut stehend das Verfahren Phrisons
für unpassend hält oder diesen zum Nutzen des anderen Liebhabers unschädlich
machen will, denunziert ihn. Phrison wird in Folge dessen etwa von Abgesandten
des Bräutigams übel mitgenommen, führt aber schliesslich die Braut demselben
glücklich zu (deferre wie Sueton. Caes. 27: Octaviam condicionem ei detulit).
Etwas Aehnliches findet sich in dem Gurunslied bei Keyser und Unger Streng-
leikar S. 57.

Berlin, 27. August 1889.

9 780259 7834